《文选》版本研究

(增订本)

傅 刚 著

序（第一版）

　　《文選》是我國現存最早的文學總集，它選錄的作品上起秦漢，下逮南朝的梁代。這個時期的一些優秀作品多數都保存於此書之中。此書問世以後就在文人中產生了很大影響。尤其是隋唐以後實行科舉制度，特重以詩賦爲主要内容的進士科，所以當時士人無不以《文選》爲學習詩文的主要範本。正如李善在《上文選注表》中説的：「後進英髦，咸資準的。」據云大詩人李白早年曾三次擬作此書中的詩文；杜甫更告誡他兒子要「熟精《文選》理」。到了宋代，此風仍未衰歇。所以陸游在《老學庵筆記》中記載當時人的諺語説：「《文選》爛，秀才半。」即此數例，就充分顯示了當年的盛況。

　　《文選》一書既在士人中廣泛傳習，那麽對它的注釋也就應運而生。最早對《文選》進行音釋的，大約是蕭統的姪孫蕭該。他在西魏攻克江陵時入北，一直活到了隋代，著有《文選音》三卷（《舊唐書·儒林傳》作「文選音義」）。比他稍後的是揚州人曹憲，據説他活了105歲，卒於唐太宗貞觀年間，他也著有《文選音義》。唐代的《文選》學者如李善、公孫羅、許淹等皆出於他門下。從這一情況看來，蕭該久處長江中游及關中一帶，而曹憲則久居長江下游，活動範圍不同，他們所傳的《文選》，在某些文字上或其他方面有所異同應該是難免的。

　　曹憲一派的《文選》學者如李善、公孫羅、許淹等皆有著作行世，而李善注至今流傳。在李善注行世之後，還有人從事過《文選》的注釋工作，其中留存至今的是唐玄宗開元時人呂延祚組織呂延濟、劉良、張銑、呂向和李周翰等所作的「五臣注」。此外，據現藏在日本的舊鈔本《文選集注》，在唐代還出現過陸善經等人對《文選》的注釋。這些注釋今多散佚，惟李善和「五臣」二注傳世。

李善和"五臣"的《文選》注其用意有很多差別。大體上說：李善注詳於名物訓詁和典故出處，"五臣"注較重對文義的串釋。唐代的多數士人研讀《文選》，似乎主要在學習作品的寫作技巧，再加上"五臣"注成書後曾得到唐玄宗的表彰，因此大行於世。這種情況曾引起晚唐五代人李匡乂、丘光庭等人的批評。到了宋代，像蘇軾、洪邁等又起而和之，從此"五臣"注遂不大爲人重視。尤其到清代考證之學大盛，學者大抵從《文選》注中鈎稽古人對名物、訓詁的解釋和輯錄古書佚文。顯然，"五臣"注對此全不合用，這就更形成了李善注獨盛的局面。於是許多學者的研究《文選》，其着力之點往往在於李善的注文。所以直到近年，還有研究者聲稱"《文選》學就是《文選》李注學"，這決不是偶然的。

有人把《文選》學等同於《文選》李注學，這不僅是出於他們對"五臣"注的輕視，也由於長期以來人們很少見到比較可信的李善注版本。原來自南宋後期以降，在社會上廣爲流傳的《文選》，大抵是把李善注和"五臣"注合在一起的"六家"（"五臣"在前）或"六臣"注。單獨刊刻的李善注本和"五臣"注本雖然存在，卻都鮮爲人知。以至清代編纂《四庫全書》時所見的李善注本也不過是汲古閣本。在這個版本中，個別地方還殘留着删削未盡的"五臣"注義。因此，《四庫總目》認爲李善注已經散佚，現存的版本是從"六家"或"六臣"本分出來的。後來清嘉慶年間，胡克家得到了一個南宋尤袤刊本的李善注，約請顧廣圻、彭兆蓀等作《文選考異》，斷言尤刊本也已經和"五臣"注相羼雜。直到20世紀的40年代，日本學者斯波六郎作《文選索引》時亦持這一觀點。70年代中期，隨着尤刊本的發現，程毅中、白化文兩位先生首先對今本李善注是從"六家"或"六臣"本分出之説提出反證，但由於他們當時尚未見到北京圖書館所藏北宋監本殘卷，所以在論證方面尚有不足。因此要對《文選》一書進行深入的研究，就首先要對它的版本源流作一番詳盡的探索。

應該指出的是：過去的學者，特別是清代一些學者，雖對《文選》下過很深的功夫，而且也作出了不少成績，但限於當時的條件，他們所見到的刻本《文選》已經很少。例如：現藏北京圖書館的北宋監本殘卷和南宋尤袤刊本的李善注；現藏臺灣省的南宋陳八郎刊本和現藏日本、韓國的舊刊本單"五臣"注，以及韓國所藏奎章閣本"六家"注，他們都未曾見及。再加上他們深受李匡乂等人的影響，認爲"五臣"注本所依據的主要是李善注，其不同於李注處，只不過是出於無知臆改。因此形成這樣的觀點：凡今存李善注本中的錯字，有不少是由於"五臣亂善"；凡李善與"五臣"的文字不同處，均出"五臣"臆改，因此都是錯的。按照這種看法，"五臣"注自然沒有價值可言。但實際情況却並不是這樣。如所周知：從《文選》成書到它第一次被毋昭裔雕版付印共經歷了四百年左右；從李善和"五臣"注成書到被雕版印刷，則各有三百多年和二百年左右的時間。在這樣漫長的歲月中，《文選》和各種注本都是靠各種手寫本流傳。即以李善注而論，據李匡乂《資暇錄》説，就有"初注""覆注""三注""四注"之別，李匡乂自稱"嘗將數本並校，不惟注之贍略有異，至於科段互相不同"。李匡乂所見的幾種寫本，恐未必都是李善手稿，而多半出於別人傳抄。因此他所說的"贍略有異"就難免有抄寫者加以增删的可能。再說古代人抄寫典籍，有不少是爲了供本人閱讀，他們往往在閱讀過程中，抄錄一些他自己認爲有用而實見他書的材料，甚至記下他個人的意見，而後來的傳抄者不明真相，誤以爲書中原文而抄在一起。這樣的例子在古書中是常見的。即以《文選注》而論，也確有這種情況，如班固《兩都賦》題下注"自光武至和帝都洛陽，西京父老有怨。班固恐帝去洛陽，故上此詞以諫，和帝大悦"數語，許多學者已指出它既非李注，亦非"五臣"注，而是傳抄時誤入的話。所以要探究《文選》及李善注、"五臣"注的原貌，不但不能局限於目前常見的幾種版本，也不能限於已經發現的幾種宋刻本，還須上溯到雕版以前的寫本和某些具有重要意義的舊鈔本。我們應當引爲幸事的是：從近代以來，敦煌寫本的發現以及保存於日本、韓國的舊鈔本、舊刻本的重新爲國人所知，大大拓寬了人們的眼界，甚至對古代一些權威學者所得出的結論都有了重加審視的必要和可能。

傅剛博士這部《〈文選〉版本研究》正是適應這個要求而產生的。他多年以來一直潛心於《文選》學的研究，他的博士論文《昭明文選研究》，詳究《文選》的體例和蕭統的文學思想，材料翔實，富於獨到之見，因此得到了許多著名專家的好評，已經獲得了首屆全國優秀博士學位論文獎。他獲得博士學位後，又到北京大學博士後流動站，師事袁行霈學兄，專攻《文選》的版本源流問題。爲此，他不惜跑遍北京、上海、鄭州等各大城市，舉凡各大圖書館及高等學校所藏《文選》的各種罕見版本，彌不精心閱讀，詳加勘比，鉤玄提要，辨明其得失，掌握其特點。他還博考史志及歷代官私藏書目錄，詳究歷代所藏各本《文選》的情況，辨明李善、"五臣"及《文選》其他注本存佚情況，並從中考定宋人所見李善注情況與今天之不同，論證切實，令人心服。

傅剛博士還對國內外現存各種較早的《文選》版本，包括各種寫本、鈔本和刻本一一作了敘錄，對這些本子作了仔細的校勘和考訂，並對這些版本的重要意義作了詳細的說明。如關於"永隆本《西京賦》"部分，他指出了此本價值在於：（一）"保留舊注原貌"；（二）"可定李善本、五臣本原貌"；（三）"可正六臣本、六家本因分節不同而引起的謬誤"。爲了說明這三點，他通過對各本的比勘，指出其異同及其原因，從而論證了前人所謂"善作某""五臣作某"的說法，往往並不合於事實；而且從有些例子看來，由於善注多采前人舊注，因而襲用前人所據之本，而"五臣"注往往依據蕭統原書，有時更近蕭統原貌。這個論斷不但是一反前人成說，而且有唐初舊寫本爲據，確切可信。在談到敦煌寫本斯 3663 號成公子安《嘯賦》殘卷時，他舉出七處文字，指出其中六處同於北宋監本李善注而不同於陳八郎本五臣注；但又指出此本卷末題"《文選》卷第九"，似其所據即蕭統三十卷本原書，因爲《嘯賦》在李善注本中應屬第十八卷。又孟 01452 號束廣微《補亡詩》至曹子建《上責躬應詔詩表》部分，既注意到這個寫本諱"民"不諱"淵"的特別現象；又指出其注文雖多與李善注同，而又頗有差別，如關於謝靈運的介紹，李注用《宋書》，而此本用丘淵之《新集錄》。這說明在唐代，除了李善注和"五臣"注外，還有不少其他注本在社會上流行。在鈔本部分，作者對日本"九條家本"（古抄無注本）與現存刻本作詳盡校勘，證明此本應屬李善注本系統，并且論證其"確保存了許多古本原貌"。在刻本部分，作者對北宋監本和尤刻本作了詳細比較，指出兩本頗有不同,證明尤袤在刊刻此書時,並未見到監本,證明在尤袤之前,"已有非監本系統的單李善本流傳"。在談到六家注時,作者對韓國奎章閣所藏六家本作了詳細的研究,證明此本底本爲北宋哲宗元祐九年(1094)二月秀州州學本。經過作者仔細比勘,考定此本所載李善注基本上就是北宋監本,而"五臣注"則據平昌孟氏刊本,這個平昌孟氏本又出自五代毋昭裔刊本。因此,這個"六家注"本,雖屬朝鮮舊刻,而底本則爲最早出現的"六家"本,並且所據都是較早的刊本,彌足珍貴。這個"六家注"本的存在,從某種程度上説可以略補北宋監本殘缺及平昌孟氏本散佚的損失。

傅剛博士在本書最後一個部分詳考了《文選》李善注的各種版本,通過詳盡的校勘和查證,指出尤刻本與北宋監本不是同一版本;但又經過詳細的考證,證明尤刻本亦非從六家注中分出,而是"以李善本的底本,又參據了五臣、六臣等版本而成"。對於歷來認爲李善注殘本的永隆本《西京賦》,作者也作了詳盡的校勘,證明此本的正文依據的是薛綜注本,而非李善注本,從而證明此卷中一些過去被人認爲是李善注本的文字,其實却出於薛綜注;而過去被人認爲是"五臣注"的文字,却正是李善注。因此作者認爲"刻本時代的李善、五臣已經與唐代的李善、五臣產生了非常大的差異,而後人不知,仍然依據刻本討論李善與五臣的異同優劣,結論自然是錯誤的"。又如關於《文選》的文體分類問題,胡刻作三十七類,而陳八郎本"五臣"注作三十九類,多出"移""難"二體。過去一些學者,大抵都從三十七類之説,以"五臣"本爲不足據,而作者旁徵博引,依據各種版本,論定不但陳八郎本,而且各種"五臣"注均爲三十九類;他還引證晁公武《郡齋讀書志》、王應麟《玉海》及日本古鈔本《文選》等,證明了李善本原注也是三十九類。這樣就大大地改變了歷來人們對《文選》的看法,使《文選》學研究的領域發生了十分重大的變化,而這些成果的取得,端賴於長期地、細緻地對原始資料進行一絲不苟的校勘、考訂。尤其應該提到的是有關《文選》的多數資料,大部分屬於善本或藏於國外,即使一些複製材料,亦頗不易得。傅剛博士不辭辛勞,畢數年之力,悉數掌握了這些寶貴資料,終於在《文選》學研究的領域裏作出令人矚目的突出成績。古人云："無冥冥之志者，無赫赫之功。"傅剛博士正是久蓄這種"冥冥之志"，長期鍥而不捨，才取得了這種成績。我覺得以傅剛博士的學力及其孜孜不倦的精神，他又正當壯年，正大有爲之時，只要堅持不懈，其前途是無可限量的！

1999 年 6 月 10 日
曹道衡謹序

序① (第二版)

《文選》是現存最早的以文體分類的文學總集，由南朝梁代昭明太子蕭統（501—531）主持編纂。它是研究從先秦至齊、梁時期文學作品最重要的典籍之一。雖然現存文獻記載中沒有《文選》自編成後至南朝晚期流傳的資料，但我們知道它從梁朝覆滅時皇家藏書被焚燬的灾難中幸存了下來，因此《隋書·經籍志》（《經籍志》乃文獻學專著）才得以將其列入存書目錄。

公認最早爲《文選》作注的人其實是蕭氏家族的一員，即蕭該（6世紀後期）。蕭該的祖父梁鄱陽王蕭恢（476—526）是梁武帝蕭衍（464—549）的弟弟，因此蕭該也就是蕭統的族侄。梁朝末年，年少的蕭該應該在江陵時就接觸到了《文選》。江陵爲荆州治所，是一個充滿文學氣息的地方。《文選》編成以後，其副本很可能流傳到了荆州這個梁元帝蕭繹建立朝廷的地方。

蕭該入隋後參加了著名的韻書《切韻》的編纂，他注過《漢書》，爲時所重。他爲《文選》所作的注稱作《文選音義》，儘管此書已經失傳，但根據書名來判斷，它應該是一部解釋文本字義及發音的著作②。《文選》學肇始的一個重要促因，來源於隋唐時期的學者曹憲，他在揚州設壇教授《文選》。與蕭該相同，曹憲也專注於編寫音義以注釋文本中單字的意義及發音，但曹憲的《文選音義》現亦已失傳。

雖然曹憲的《文選音義》没能流傳下來，但他門下許多學生得其

---

① 本序乃美國華盛頓大學亞洲語言文學系教授、美國國家人文與科學學院院士康達維（David Knechtges）用英文撰寫，由傅斯原譯。
② 日本存唐寫本《文選集注》中有蕭該《文選音》佚文。

真傳。據《舊唐書》記載，這些學生包括許淹、李善（627—690）及公孫羅，在《新唐書》中，又添加了魏模的名字。

曹憲衆多學生中最爲出色的非李善莫屬。李善出生於江都（今揚州），即曹憲教授《文選》的地方。李善所作的《文選》注，成爲這部經典的閱讀範本，而李善注本身也成爲《文選》學的一個重要内容。李善在爲《文選》作注的同時，也給原書重新分篇：蕭統原書三十卷，而李善的注本則分爲六十卷。在658年，李善將自己所作的《文選》注呈獻給唐高宗。

李善注是迄今爲止對理解《文選》文本用語最重要也是最有用的工具，他注釋字詞的音義，引經據典説明字詞的用法，並旁徵博引各類後世多已失傳了的文獻，爲作品的字詞出處作説明。雖然李善的注釋如此豐富，在唐代仍有一些學者對它持較強烈的批評態度，認爲李善注没有充分地詮釋文本的大意。718年，吕延祚向唐玄宗呈獻了一部新的《文選》注，而這距離李善向高宗獻注已過去了60年。吕延祚所上的這部注，是由通常所説的五臣共同完成的，即：吕延濟、劉良、張銑、吕向和李周翰。

在唐朝晚期出現了一些針對"五臣注"的強烈批評，其中最著名的是李匡乂（9世紀末）所著的《非五臣》。他的名字也被寫爲李匡文，但李匡乂通常被認爲是正確的寫法。李匡乂是唐朝皇室成員，還是《資暇集》的作者，而他的《非五臣》是一部非常有意思的作品，值得學者悉心研究。其中除了對"五臣注"批評之外，李匡乂還提供了一個非常重要的信息，即李善在向朝廷獻注後又對它進行了四次修改。

《文選》的流傳歷史一直是一個極度複雜和困難的學術課題。當我於四十多年前開始研究《文選》時，唯一一部詳細的有關版本的研究，是日本學者斯波六郎博士（1894—1959）的著作。他在1959年發表了一篇長達一百多頁的《文選諸本的研究》作爲他的《文選索引》的引言。雖然斯波的著作很有幫助，但書中引用的材料局限於日本這個斯波能够接觸到的範圍裏。因此，有許多存藏於日本以外圖書館的重要刻本和寫鈔本，没有被列入斯波的書中。

在斯波六郎以外，第一個對《文選》做出全面性研究的學者是北京大學的傅剛教授。傅教授於 1996 年在中國社會科學院曹道衡教授（已故）的指導下獲得了博士學位。他的博士畢業論文《昭明文選研究》於 2000 年在中國社會科學出版社出版。在他的研究中，傅教授對《文選》編纂的背景進行了調查研究，其中包括漢魏六朝著書、編集動因、編集體例、編集撰人例、文體辨析與總集的編纂、齊梁文壇的創作與批評。在充分掌握了這些背景知識之後，傅教授開始着手討論《文選》中更加重要的問題，例如《文選》的編者及編纂年代、《文選序》對文體的認識、《文選》的分類、《文選》收錄標準，以及《文選》與《詩品》《文心雕龍》的比較。傅教授的研究同時還包括了一些關於《文選》文體的詳細討論，其中包括了賦、詩、文三個種類。在我看來，傅教授對於這些題目的研究，是迄今為止在單本書中最透徹和全面的。這本書是我在華盛頓大學的所有研究生都必讀的課本，我 2010 年在哥倫比亞大學開設《文選》討論課的時候也不例外。

傅教授於 1996 年在北京大學進行博士後研究，在這期間他對《文選》版本進行了更深入的研究，其成果於 2000 年在北京大學出版社出版。這本書確實是一個創新。與斯波六郎 1959 年的版本研究不同，傅教授能夠親自調查大量中國國內及海外的《文選》寫本、鈔本和刻本。正因為如此，他能夠細心地比較《文選》的各種版本，並驗證了《文選》不同版本的產生時間和可信度等重要信息。這項任務不僅要求研究者對《文選》具有精深的知識，還要求其熟知中國和東亞的版刻歷史，以及能夠閱讀古代寫本的能力（很多寫本、鈔本都存有異體字和俗體字）。傅教授擁有以上所述的所有能力，並且還具有與《文選》一書相應年代文學史的全面知識。

傅教授於 2000 年出版的超過 400 頁的關於《文選》版本的著作提供了一份完整的《文選》學史中的書目文獻，包括從史志目錄、官修目錄和家藏目錄中可以獲得的各種信息，以及《文選》在明清時期的刻印史。傅教授書中最有價值的部分就是《文選》版本敘錄，這部分包含的版本目錄按寫本、鈔本和刻本三部分歸類。寫本部分詳細敘錄了十六個出自敦煌和吐魯番的寫本，以及收藏在日本的《文選集注》。鈔本部分則包括了對日本所藏 5 個《文選》鈔本所作的頗具價值的敘錄。

在刻本部分裏，傅教授仔細考證了《文選》自宋以後最重要的刻本，包括北宋天聖明道本和以北宋哲宗元祐九年（1094）秀州本爲基礎的韓國奎章閣六家本——這些沒有被充分研究過的版本。

傅教授此次新版書除包含了上述內容外，又增加了他最近十餘年所撰寫的有關《文選》版本研究的新內容。比如他增加了一篇關於《文選》學史的長篇論文，簡潔而又深入地述寫了中國、韓國、日本的《文選》研究史。傅教授曾在中國香港、中國臺灣，韓國及日本等地長時間進行教學和研究，所以他對這些地方的學術情況相當了解。他的新書還包括兩篇關於日本鈔本的長篇文章：一部收藏在愛知縣豐田市猿投神社的鈔本；另一部曾屬於京都西園寺家族，現藏於宮內廳（皇室）的鈔本。猿投神社的鈔本有兩個版本，都屬於鎌倉時代：1281 年的弘安本和 1302 年的正安本。這兩個鈔本都保存了《文選》中的卷一，即班固的《兩都賦》和張衡的《西京賦》。傅教授指出《西都賦》中有一句在所有刻本裏都寫作"度宏規而大起"，但在弘安本裏寫作"慶宏規而大起"。對此現象傅教授敏銳地評論道："弘安本《西都賦》中'慶宏規而大起'一句，具有特別的文獻價值。據我們現在所見的寫鈔本和刻本，'慶'字都作'度'，後代學者考訂認爲蕭統《文選》原貌應該作'慶'，但均無版本證明，今得弘安本足以證明了。"僅此一例便足以證明，《文選》版本學在《文選》研究中對於查證每一個字的正確解讀的重要性。作爲《文選》的英譯者，我必須嚴謹地對待每一行裏的每一個字，因此，我非常感謝傅教授在他的書裏提供了如此重要的信息。

在傅教授的這本修訂版新書中，另一個新增的內容，是一篇對備受爭論的《文選集注》這個寫本涉及的一系列複雜問題的詳細討論。《文選集注》原有一百二十卷，但只有區區二十多卷留存下來。手稿的一部分被保存在日本各地，羅振玉（1866—1940）曾對其中的十六卷進行拍照和影寫。1934 年至 1941 年這段時間，殘存寫本的二十三卷曾以《舊鈔本文選集注殘卷》的書名在日本印行過。上海古籍出版社於 2000 年又據以將現存的殘卷彙總出版，由南京大學周勛初教授負責編輯。

學者們無法就這部《文選》版本的時間和出處達成一致。周勛初認爲《文選集注》出自唐代，例如他指出文本裏面只避了唐朝前兩位皇帝李淵（高祖）和李世民（太宗）的諱，而沒有避李顯（中宗）、李隆基（玄宗）或宋朝的任何一位皇帝的諱。此外，某些字如"閉"和"惡"一類字的書寫方式與唐朝的書寫體一致。所以，周教授的結論是《文選集注》當出自中唐時期。

近年來，日本九州大學的陳翀教授提出了一個觀點，認爲《文選集注》的編纂者是平安時期的詩人學者大江匡衡（952—1012）。傅教授對上述諸觀點及涉及的所有材料，甚至就更多相關的材料作了考察和評論。對於陳翀的假設，傅教授寫道："此説是近年來關於《文選集注》作者研究的最新成果，是否能夠成立，恐怕還要作多方面的考察。"這是傅教授對複雜問題采取謹慎態度的一個很好的例子。我想鼓勵傅教授在不久的將來寫出一部與《文選集注》研究相關的專著。

我非常高興中國的出版社重新出版傅教授的《〈文選〉版本研究》，這是在過去二十年中出版的最重要的《文選》學著作之一。有了這部修訂版，之前未能獲得這部珍貴作品的學者和圖書館，就可以從它豐富的書目文獻材料和傅教授敏鋭的洞察力及淵博的知識中獲益。傅教授於新版中增加的材料尤爲可喜，主要因爲它提供了關於只有在日本才能接觸到的寫本的信息。我真誠地希望傅教授將會繼續他對《文選》版本的研究。

美國華盛頓大學亞洲語言文學系教授　　康達維（David Knechtges）
美國國家人文與科學學院院士

2014 年夏

目　錄

總論 …………………………………………………………（1）

上篇　歷代《文選》版本著録彙考

史志著録的《文選》版本 ……………………………………（3）

官修目録中的《文選》版本 …………………………………（11）

家藏目録中的《文選》版本 …………………………………（35）
　宋代家藏目録中的《文選》版本 …………………………（37）
　明代家藏目録中的《文選》版本 …………………………（41）
　清代家藏目録中的《文選》版本 …………………………（47）
　近現代家藏目録中的《文選》版本 ………………………（60）

《文選》版本在明清的存藏和流傳 …………………………（83）
　一、《文選》版本在明代的存藏和流傳 …………………（85）
　二、《文選》版本在清代的存藏和流傳 …………………（94）

《文選》學史 …………………………………………………（109）
　一、隋唐至明清的《文選》學研究 ………………………（111）
　二、20世紀《文選》學研究 ………………………………（123）

中篇 《文選》版本叙録

寫本 ·· (143)
  一、永隆本《西京賦》（伯 2527 號，伯 2528 號）········ (146)
  二、東方曼倩《答客難》和揚子雲《解嘲》
    （伯 2527 號）·· (152)
  三、沈休文《恩倖傳論》至范蔚宗《光武紀贊》
    殘卷（伯 2525 號）···································· (153)
  四、任彦昇《王文憲集序》（伯 2542 號）················ (155)
  五、王仲寶《褚淵碑文》（伯 3345 號）·················· (156)
  六、陸士衡《演連珠》（伯 2493 號）····················· (157)
  七、王元長《三月三日曲水詩序》（伯 2707 號、
    伯 2543 號）·· (158)
  八、謝靈運《會吟行》及樂府八首（伯 2554 號）······ (159)
  九、李蕭遠《運命論》（伯 2645 號）····················· (160)
  十、顔延年《陽給事誄》（伯 3778 號、斯 5763 號）·· (160)
  十一、陸佐公《石闕銘》（伯 5036 號）·················· (161)
  十二、王仲宣《登樓賦》（伯 3480 號）·················· (162)
  十三、成公子安《嘯賦》（斯 3663 號）·················· (162)
  十四、左太冲《吴都賦》（Дx01502 號）················· (164)
  十五、《文選序》（吐魯番寫本）·························· (165)
  十六、《文選集注》·· (166)

鈔本 ·· (173)
  一、古抄《文選》殘二十一卷······························· (175)
  二、古抄《文選》卷七·· (177)
  三、九條家本·· (178)
  四、觀智院本《文選》卷第二十六·························· (182)
  五、三條家本《五臣注文選》卷第二十··················· (183)

刻本 ··· (187)
  一、李善注本 ··· (189)
  二、五臣注本 ··· (206)
  三、六家本 ··· (216)
  四、六臣本 ··· (223)

下篇　《文選》版本考論

國内藏本研究 ··· (231)
論李善注《文選》版本 ··· (233)
《文選》李善注原貌考論 ··· (261)
永隆本《西京賦》非盡出李善本説 ······································· (288)
關於現存幾種五臣注《文選》 ··· (298)
關於近代發現的日本古抄無注三十卷本《文選》 ··························· (307)
《文選》三十九類説考辨 ··· (314)
從《文選序》幾種寫鈔本推論其原貌 ····································· (322)
《文選》敦煌寫本研究 ··· (334)

國外藏本研究 ··· (369)
《文選集注》的發現、流傳與整理 ······································· (371)
日本猿投神社藏《文選》古寫本研究 ····································· (409)
日本宫内廳藏《文選》古寫本卷二研究 ··································· (430)
日本冷泉家藏《文選》古寫本卷二研究 ··································· (449)
日本宫内廳藏九條本《文選》研究 ······································· (466)
俄藏敦煌寫本 Φ242 號《文選注》發覆 ··································· (508)
論韓國奎章閣本《文選》的文獻價值 ····································· (524)
論《文選》所收陸機《挽歌》三首
  ——兼論宋本《樂府詩集》《陸士衡集》的編輯與
  《文選》的關係 ··· (539)

主要參考文獻 ·· （549）
  《文選》之部 ·· （549）
  古代文獻 ·· （552）
  現代文獻 ·· （559）

主要人名索引 ·· （571）

主要書名索引 ·· （578）

主要詞語索引 ·· （584）

後記（第一版） ·· （591）

後記（第二版） ·· （594）

後記（增訂本） ·· （600）

總論

（一）《文選》版本研究的意義和價值

《文選》版本研究是"《文選》學"的主要內容之一，也是這一研究的基礎工作。由於《文選》是現存最早的文學總集，故《文選》版本的研究直接對秦漢以迄六朝文學文獻的整理工作產生影響；其次，"《文選》學"具有一千多年的歷史，它在封建文化事業中占有重要地位，李善注、五臣注的優劣構成了這一門學問的基本內容，但到底孰優孰劣，其版本的原貌如何，並沒有明確的了解，因而爭論的雙方往往站在錯誤的立場進行錯誤的討論。厘清李善注本和五臣注本的系統，儘量恢復其原貌，從而確定《文選》李善注和五臣注的實際文獻價值，總結"《文選》學"這一門古老學術的研究經驗、成績及不足，是當代"選學"研究的重要任務；同時，《文選》版本的研究，將對以後全面整理《文選》，乃至整理漢魏六朝的文獻，提供十分可靠的基礎。

（二）《文選》版本研究的歷史、現狀及主要存在的問題

關於《文選》版本研究，前人主要集中在李善注是否從六臣注本抄出這一問題上，事實上這一研究涉及的範圍更廣，如蕭統《文選》三十卷本原貌大致如何，李善注、五臣注版本的源流遞變，六家合并注本的產生及其演變，現存寫本、鈔本與刻本的對比研究，等等，這些都是前人未曾注意但意義重大的問題。

前人集中研究李善注本，是基於這樣兩個事實：第一，從南宋以後，世重李善而貶五臣，因此產生了對李善注本清理的學術要求；第二，又從南宋以來，單行李善注本世所罕傳，北宋監本既不易得，即南宋尤袤刻本也難得一見，明末以迄清初，學界流行的是汲古閣本，而該本多有不合李善之處，故整理《文選》諸版本以圖恢復李善注本原貌，便成爲當時學術界一大任務。這一研究以《四庫全書總目》和胡克家《文選考異》爲代表，其觀點成爲《文選》版本的權威結論，一直影響到今日。在他們之後，20世紀中葉，日本學者斯波六郎博士也集中研

究了這一問題，所得結論亦同於胡克家。從此以後，《四庫全書總目》《文選考異》以及斯波六郎《文選諸本的研究》所作出的共同結論：世無單李善注，現行李善注本係從六臣本中抄出，就成爲定論。這就是前人關於《文選》版本研究的基本情況，也是學術界直到目前爲止普遍信從的結論。這個結論是錯誤的，而致誤的原因，與他們依據的版本密切相關。

我們先對四庫館臣的工作進行調查。《四庫全書總目》"文選注六十卷"條下説："其書自南宋以來，皆與五臣注合刊，名曰六臣注文選，而善注單行之本，世遂罕傳。此本爲毛晉所刻，雖稱從宋本校正，今考其第二十五卷陸雲《答兄機詩》注中有向曰一條、濟曰一條；又《答張士然詩》注中，有翰曰、銑曰、向曰、濟曰各一條。殆因六臣之本，削去五臣，獨留善注，故刊除不盡，未必真見單行本也。"我們看到，《四庫總目》爲李善注係從六臣本中摘出觀點的形成奠定了基礎。同時我們也看到，四庫館臣的結論是依據於毛晉汲古閣本的。的確，汲古閣本有《總目》所述六臣本特徵，如果僅對汲古閣本下此結論，或許有一定的道理，但是若説李善注本從南宋以來，"皆與五臣注合刊"，就不合於事實了。因爲存世的李善注單行本，起碼有兩種，即北宋天聖明道本和南宋尤袤刻本，而這兩種刻本都没有《總目》所説的六臣本特徵。因此，四庫館臣依據汲古閣本對李善注下的結論是完全錯誤的。

四庫館臣之後，清嘉慶十四年（1809）江南布政使胡克家又約請當時著名版本學家顧廣圻、彭兆蓀對其所得尤袤刻本校勘重刻，並完成《文選考異》十卷。其結論是："夫袁本、茶陵本固合并者，而尤本仍非未經合并也。何以言之？觀其正文，則善與五臣已相屬雜，或沿前而有訛，或改舊而成誤。悉心推究，莫不顯然也。觀其注，則題下篇中，各嘗闌入呂向、劉良，頗得指名，非特意主增加，他多誤取也。觀其音，則當句每未刊五臣，注内間兩存善讀，割裂既時有之，删削殊復不少。崇賢舊觀，失之彌遠也。然則數百年來，徒據後出單行之善注，便云顯慶勒成，已爲如此，豈非大誤！"從胡克家的工作看，他采用的底本是尤刻本，比四庫館臣所據版本可靠得多，但是尤刻本也並不能完全反映單行李善注本的真實面貌，它與單行李善注本即北宋的國子監本具有很大的差別。事實上尤刻本參據了五臣本或六臣本，所以該本有一些五臣本的特徵，這樣，胡克家的結論自然不適合單行李善注本，後人以之作爲對所有李善注本的結論，就更是錯誤的了。

　　自胡克家以後，中國的學者基本上沒有人再對《文選》版本進行全面系統的研究，這或許是認爲胡克家的意見已成定論，沒有研究的必要。尤其是"五四"以後，"《文選》學"受到新文學革命的衝擊，更少有人問津。倒是東鄰日本，掀起了《文選》研究的熱潮，其中以斯波六郎博士的版本研究最有代表性。斯波六郎博士先是自1937—1938年間寫成《文選諸本的研究》一文，又從1949年開始，歷時九年，編成《文選索引》一書。在《文選諸本的研究》中，斯波博士共調查了三十三種版本，並參考了唐寫本《文選集注》和敦煌寫本《西京賦》。他的結論是："胡刻本的底本尤本所傳承的不是唐代李善單注本，實爲六臣注本，不過抽出了其中的李善注部分。因此可知胡克家在《文選考異序》中說的'夫袁本、茶陵本固合并者，而尤本仍非未經合并也'，竟爲不易之論。但尤袤也決不至於僅從六臣注本中抽出李善注而不加改動，這一點亦見於袁說友的跋文：'尤公博極群書，今親爲讎校。'"正如日本學界所稱，斯波博士是六朝文學研究的泰斗，對《文選》的研究有着三十多年的歷史（平岡武夫《關於文選索引的編纂和出版》，《文選索引》第一册序），因此斯波博士的研究結論被認爲是不易之論。當然斯波博士的工作是無可挑剔的，他和他的助手僅是爲《文選索引》做準備，就做了二十五萬張卡片；他的版本研究，不僅詳細調查了三十三種版本，而且利用了唐代寫本，這是胡克家等人沒有見到因而也沒有做過的工作，但是他的結論仍然是錯誤的。首先從他使用的版本看，斯波六郎的研究共選擇使用了李善注及李善、五臣合注版本三十三種，從數量上看，遠遠超過了胡克家，但是從版本的時代看，他所用宋版僅有六臣注的贛州本和《四部叢刊》影宋本，至於李善注本，最早的只是明翻元張伯顏本，他甚至連胡克家用過的尤刻本也沒有見過。作爲他李善注研究結論的依據，竟然只是胡刻本，而這個胡刻本也與中華書局1977年影印本以及中華書局1974年影印尤袤原刻本不完全相同，這自然會影響到他結論的準確性。其次，從斯波六郎的工作看，他關於李善注本的研究可以分作兩部分：首先他重新論證了胡克家關於世傳李善注本是從六臣本中抄出的觀點；其次他再論證胡刻本是"最存李善舊觀者"。這個研究以及研究的結論，對斯波六郎來說是有意義的，因爲他所面臨的學術課題是，世無單行李善注本，所有的（如他見到的胡刻本）也是從六臣本中抄出者，在這種情況下，他通過比勘諸本，發現胡刻本（以及胡刻本的底本尤刻本）是保留李善注舊貌最多的版本。這對他以及他的時代來說，應該是非常大的貢獻。但是當我們現在知道了尤刻本與北宋監本的不同，知道了單行李善注本一直存世，而尤刻本也並非從六臣本中抄出的事實時，才知道斯波博士的工作其實是沒有多少意義的。因爲他費盡氣力論證的胡刻本，本來就是單行的李善注本，當然也就是保留了最多的李善注舊觀了。

從以上所論，我們清楚地了解了前人關於《文選》版本研究的誤斷，主要是受到版本的限制，而對寫本和刻本這兩個不同階段中的李善注和五臣注具有不同的特徵缺乏足夠的了解，因而對刻本與寫本之間的關係、刻本與刻本之間異同的產生原因也缺乏足夠的認識。這一點正是當代學者研究《文選》版本的立足點和切入點。

值得說明的是，對胡克家和斯波六郎等人的結論，當代學者有人進行了批評。比如程毅中、白化文兩位先生曾於1976年《文物》第11期發表《略談李善注〈文選〉的尤刻本》一文，以目錄學和《文選》的版刻史料來否定"李善注《文選》出於六臣本"的觀點。他們提出，尤袤《遂初堂書目》中只有李善注《文選》和五臣注《文選》，唯獨沒有六臣本《文選》，所以不能說尤刻本是從六臣本中抄出；其次，根據現有的史料，最早的六臣本是北宋崇寧五年（1106）刊刻，政和元年（1111）畢工的廣都裴氏刻本，比起北宋監本李善注要晚好幾十年，所以也不能說李善注《文選》從六臣本中抄出。程、白兩位先生的觀點有一定的道理，但是無論是胡克家，還是斯波六郎，所論還都止於尤刻本，並沒有指北宋監本。事實上，尤刻本和監本是完全不同的兩個系統的版本，這一點程、白兩位也並不清楚，他們沒有對尤刻本和監本做過類似胡克家和斯波六郎所做過的校勘工作。就這一點說，程、白兩位的工作遠沒有胡克家和斯波博士的工作可信。

關於"李善本《文選》從六臣本抄出"的說法，學術界其實存在着一個誤會，從我們前引四庫館臣、胡克家和斯波六郎三家的觀點可以看出，他們在提出結論時，都僅限於各自所依據的版本。如四庫館臣是對汲古閣本而言，胡克家是對尤刻本而言，斯波六郎是對胡刻本而言，但是後人却由之理解爲對全部的李善本而言。這一者是因爲他們在論述的時候，可能並不清晰所致；二者主要還是讀者根本不了解不同版本的李善注具有很大區別的原因。對此，程、白在批評《四庫總目》時說："可是他們又根據汲古閣本的一些錯誤，推論宋代人也未必真見單行本，那就太武斷了。從此以後，許多人沿襲了這種説法，認爲現存的李注《文選》並非原本，而是從六臣本中重新摘鈔出來的。"其實《總目》並未推論宋人也"未必真見單行本"，原話明指毛晉汲古閣本，而非指宋人。但是後人（包括程、白兩位）以爲《總目》所指宋人也是事實。這樣就產生了一個誤解，產生的原因倒是要由四庫館臣以及胡克家等人負責的。因爲他們雖然專就汲古閣本和尤刻本而言，却並不知道這兩種版本與真正的單行李善注本有什麼區別，在他們的意識裏也是將這兩種版本作爲單行李善注本的代表的。因此他們的結論表面上是專就各自研究的版本而言，實質上也以爲便是對全部單行李善注本的結論，如《四庫總目》說："其書自南宋以來，皆與五臣注合刊，名曰六臣注文選，而善注單行之本，世遂罕傳。"這個說法當然不合乎事實，因此它雖然討論的是汲古閣本，但却讓人理解爲是對所有的李善注本而言。後人正是受這樣一種潛在的事實影響，或者贊成，或者反對。贊成的人固然將這結論置於全部李善注本之上，反對的人也是以此爲基礎而展開的批評，他們都混淆了汲古閣本、胡刻本乃至尤刻本與北宋國子監本之間的界限。由於這種混淆，無論是贊成者還是反對者，都只能是錯誤的意見。

（三）本人的工作和結論

如前所言，李善本《文選》是否從六臣本中摘出，只是《文選》版本研究的一個內容，除此以外，蕭《選》三十卷本、五臣注本、六家本、六臣本，以及寫本、鈔本等，都還有許多需要考核事實、理清綫索、恢復舊貌等具有重大意義的問題。因此，本人的工作即在掌握現有版本的基礎上，對上述內容進行全面的研究。

　　本人此次提交的博士後報告，共分三部分：上篇是"《文選》版本歷代著錄匯考"。《文選》版本的刻印是需要研究的問題，同樣它在歷史上的存傳，也是需要清查的問題。對歷代官、私藏書的調查，可以幫助我們了解《文選》版本在不同時代的流傳情況，並藉以考察《文選》在學術研究史中的地位。本人在查閱二百多種史志及官、私藏書志的基礎上，對《文選》版本在歷史上的收藏及流傳進行了敘述和研究，首次理清了《文選》版本刻、存和流傳的歷史綫索。本篇共含四個專題。第一，史志著錄的《文選》版本。調查的史書有《隋書·經籍志》《舊唐書·經籍志》《新唐書·藝文志》《宋史·藝文志》和明焦竑的《國史經籍志》。通過調查，對隋唐以來國家藏書中的《文選》版本有了一個清楚的了解。第二，官修目錄中的《文選》版本。調查的官修目錄有宋《崇文總目》《中興館閣書目》；明《文淵閣書目》《內閣書目》；清《四庫全書總目》，《天祿琳琅書目》《續目》以及《現存書目》《錄外書目》等。官修目錄是各朝代國家的實際藏書，於作者、版本乃至書的內容等，往往有所解說，因此較史志更能反映書籍的當時面貌。比如《中興館閣書目》著錄的李善注本，詳記分類，其中有今本《文選》失載的"難"體，這對於考訂《文選》分類，具有非常重要的文獻價值。當然官修目錄也並不完全可靠，如《天祿琳琅書目》所記清宮內藏書，每書均有解題，在書名、函數、冊數之下詳記內容、考證、藏印等，本來是十分有意義的工作，但由於版本情況的複雜以及工作的不細緻，將明版誤錄爲宋版處不少。本文在登錄時，都加以分析辨正，指明原書的錯誤。除國內官私所藏外，《文選》版本由於各種原因流至海外，主要集中在日本，其中有一些版本爲我國所未有，這對於《文選》版本的研究具有十分寶貴的價值，基於這個原因，本文附錄了一部分日本研究機構所藏《文選》版本，以作《文選》版本研究的參考。第三，家藏目錄中的《文選》版本。本文調查了藏有《文選》的宋、明、清私家目錄共六十四種，對《文選》版本首次作了比較清楚的梳理，對一些私家著録的錯誤也作了糾正。第四，《文選》版本在明清的存藏和流傳。這裏的版本主要是指宋、元版本。明清以來，宋、元版《文選》在民間存藏和流傳的情況較爲複雜，綫索也不清楚，本篇根據各藏家的著録，又廣稽筆記、題跋等，大致勾勒出其遞藏的基本情況，對明清兩代的《文選》版本學研究有了比較清楚的了解。

中篇是"《文選》版本敘録"。分"寫本""鈔本""刻本"三部分。"寫本"部分共敘録十六種有價值的唐人寫本，對唐代《文選》原貌進行了一定程度上的清理，同時對寫本特徵作了比較明確的分析，闡述了寫本與刻本間傳承演變的複雜關係。"鈔本"部分擇要介紹了在日本發現的五種古鈔本，由於這些鈔本的卷數多，能夠比較全面地反映早期《文選》特徵，對研究蕭統《文選》三十卷本原貌極有幫助。"刻本"部分又分"李善注本""五臣注本""六家本"和"六臣本"，共介紹、分析了八種宋刻本。關於"李善注本"，主要解決了李善本並非從六臣本中抄出的問題，指出單行李善本一直就有存傳，後人所據的尤刻本與單行李善本並非同一系統，具有不同的特徵，不可以用考察尤刻的結論作爲單行李善本的結論；同時指出即使尤刻，也並非抄自六臣本，而仍然是以李善本（可能是李善本的古寫本）爲底本，但參據了五臣或六臣本，因而有的地方與刻本六臣本特徵相同。關於"五臣注本"，首次指出現存兩種宋代刊本（陳八郎本和杭州鍾家刻本）並非同一系統刊本，糾正了長期以來將這兩種刊本混同的錯誤認識；同時指出杭州本與傳世六臣本的底本五臣注相同，而陳八郎本則是以古寫五臣本爲底本但又參據了李善本（北宋監本），因此該本也具有李善本的某些特徵；此外，李善本、五臣本的優劣，是"《文選》學"的重要問題，本文在校勘、分析的基礎上充分肯定了五臣本的版本價值，對前人的誤說誤信作了澄清。關於"六家本"，本文根據韓國奎章閣本，首次指出了中國歷史上第一個李善、五臣合并注本是刻於北宋哲宗元祐九年（1094）的秀州州學本，而非史料所記的北宋崇寧五年（1106）鏤版、政和元年（1111）畢工的廣都裴氏刻本，後世所有的六家本和六臣本都從秀州本出。關於"六臣本"，進一步論證了斯波六郎關於六臣本"不是以單行李善注本、單行五臣注本爲底本，所據是一個五臣李善注本,只不過顛倒了李善與五臣的順序"的觀點。但本人還認爲,六臣本的依據六家本,並不是簡單的顛倒順序,也並非"不是以單行李善注本、單行五臣注本爲底本",而是在以六家本爲底本的基礎上,又參據了單行李善本和五臣本;并且特别值得指出的是,這個單行李善本和五臣本,與現存的李善本和五臣本有許多地方並不相同。這個材料對於研究宋代《文選》版刻具有十分重要的價值。

下篇是"《文選》版本考論"。由十篇(包括一篇附録)文章組成:1.《論李善注〈文選〉版本》,集中討論李善注是否從六臣本抄出的問題。本文通過對前人關於《文選》版本研究工作過程和結論的調查,探清了他們所處的學術背景,所掌握文獻的來源,工作的起點和立論的依據,首先指出他們的結論是錯誤的,同時具體分析了這種錯誤結論產生的癥結所在,使我們對前人研究工作的局限和不足,有了一個清楚的了解;其次,我們也實事求是地評價了前人在具體問題上的研究成績,充分肯定了他們的研究方法和工作態度。本文的調查表明,對前人研究過程、工作方法如果不作深入的考察,僅對其結論表示贊成或反對,可能會導致一種更加不着邊際的意見。2.《〈文選〉李善注原貌考論》,通過對唐代李善注寫本的分析調查,探討李善注本的原貌。本文在對寫本調查的基礎上,根據唐代寫本至宋代刻本已經發生極大變化,後人常所依據的刻本李善注的一些特徵其實可能並不是原始李善本的事實,提出了一個重要觀點,即對《文選》版本的研究,一要分爲寫本和刻本兩個階段,二對李善注和五臣注概念的使用必須加以限定。3.《永隆本〈西京賦〉非盡出李善本説》,本文詳細分析了敦煌寫本《西京賦》,驗定這個公認的唐代李善注本殘篇,其實並非純粹的李善注本,而是以薛綜注本爲底本,又參校以李善注的合成本。根據這個結論,後人如斯波六郎博士,依據永隆本來判定刻本李善注本(尤本)非從單行李善本而出的觀點就十分不可靠了。4.《關於現存幾種五臣注〈文選〉》,主要介紹現存四種五臣注本,其中三種刻本,一種鈔本。刻本中陳八郎本是目前保存最爲完整的宋刻本,杭州猫兒橋鍾家刻本僅存兩卷。這兩種宋本不是同一系統。陳八郎本雖爲完帙,但非純粹的單行五臣注本,而是以五臣古本爲主,又參據了北宋監本李善注。不過它雖非單行的五臣注本，却保留了許多後世刻本五臣注本所沒有的古本五臣注特徵，這是它的價值所在。杭州本雖非完帙，却與兩宋以來六家本、六臣本的五臣注底本是同一系統，它的單行本面貌可以考定六家本和六臣本因合併而損失的原本特徵。朝鮮正德年間刻本刊刻雖晚，但經過校勘，發現它與杭州本基本相同，完全可以用來充作杭州本使用。這就彌補了杭州本是殘本的缺憾。值得格外說明的是，杭州本、朝鮮本與韓國奎章閣本的五臣注底本也基本相同，而奎章閣本的五臣注本，來自北宋的平昌孟氏，孟氏本則又來自五代蜀毋昭裔刻本，這樣，杭州本和朝鮮刻本的文獻價值就十分寶貴了。5.《關於近代發現的日本古抄無注三十卷本〈文選〉》，通過對殘卷的考察，從十個方面指出殘卷異於或勝於刻本的優點，並在一定程度上探討了它對恢復蕭統《文選》原貌所具有的文獻價值。6.《〈文選〉三十九類說考辯》。《文選》分類是《文選》版本研究中的一個重要問題，學術界一般遵從三十七類或三十八類說。後來臺灣學者游志誠根據現存宋紹興三十一年陳八郎本提出了三十九類說。本人經過調查，同意游說，同時在陳八郎本基礎上，又從內證上找到蕭統對《文選》分類編排的規定，同時在外證上根據宋人目錄記載中記録有刻本所無的"難"體事實，以及朝鮮正德年間刻五臣注本、唐寫本《文選集注》和日本古抄九條家本等都有"難"體的事實，充分論證了《文選》分類原爲三十九類的觀點。7.《俄藏敦煌寫本 Ф242 號〈文選注〉發覆》。俄羅斯聖彼得堡所藏敦煌寫本《文選注》，是不同於李善本和五臣本的注本。自 20 世紀初被從敦煌盜劫以後，一直藏在俄羅斯聖彼得堡亞洲研究中心，未向世人公布，後來才由上海古籍出版社和俄羅斯科學院東方文學研究所聖彼得堡分所合作出版。本文通過仔細研究，發現這一寫卷產生於唐太宗時期，不僅比李善注早，而且曾爲李善以及後來的五臣所依據，因此這一寫卷具有非常重要而且珍貴的文獻價值。8.《論韓國奎章閣本〈文選〉的文獻價值》，韓國首爾大學奎章閣藏六家本《文選》，其底本是中國第一個六家合并注本秀州州學本，此本中國早已失傳，且不見任何著録，因此奎章閣本對研究六家本、六臣本《文選》的刊刻和流傳極具文獻價值。此外，這個本子的李善注底本是北宋國子監刻本，五臣注本是北宋平昌孟氏刻本，這些本子也早已在中國失傳,因此奎章閣本保存的秀州本的價值是無可估量的。本文集中討論奎章閣本這些獨具的文獻價值,指出它在《文選》學史上具有非常重要的地位。9.《〈文選〉敦煌寫本研究》。本文詳細研究了十二種敦煌寫本,通過與各刻本、鈔本,以及有關的史書、類書比勘,力圖探查蕭統三十卷本《文選》原貌。10.《論〈文選〉所收陸機〈挽歌〉三首——兼論宋本〈樂府詩集〉〈陸士衡集〉的編輯與〈文選〉的關係》,本文通過對《太平御覽》等類書所錄陸機《挽歌》佚詩的調查,與《文選》所載陸機三首《挽歌》進行對比研究,指出陸機所作《挽歌》並不僅此三首,《文選》所錄是編者從作者"王侯挽歌"和"士庶挽歌"兩組詩中選錄的結果。由於《陸機集》早已佚失,因此後人搜輯整理《陸士衡集》,《文選》便成爲主要依據。又不獨《陸士衡集》,即《樂府詩集》的編輯,也多依靠《文選》。本文由陸機作品推論出《文選》一書對於宋以後編輯古代作家作品曾經起過非常重要的作用,因此研究漢魏六朝時期文學總集和別集,離不開對《文選》版本的研究。

說明:以上《總論》是2000年初版時所寫,僅限於當時書稿內容。2000年以後,筆者又搜集了數種重要的日本藏古寫本,陸續作研究,撰寫成文,主要是《〈文選集注〉的發現、流傳和整理》《日本猿投神社藏〈文選〉古寫本研究》《日本宮内廳藏〈文選〉古寫本卷二研究》《日本宮内廳藏九條本〈文選〉研究》《日本冷泉家藏〈文選〉古寫本卷二研究》等。日本學者對這些寫本有不少研究,但主要是音訓內容,這些寫本在《文選》學研究中的價值、它們與其他寫鈔本和刻本間的關係如何,則鮮少有研究。中國學者對這些寫本幾乎不了解,更無專門的討論。因此,筆者從《文選》版本研究角度,對這些寫本的文獻特徵和價值,通過校勘,進行了深入討論,從而引起中國學者對這些寫鈔本的注意,促進了《文選》寫鈔本研究的深入開展。通過這些寫鈔本研究,我對刻本出現之前的《文選》面貌,以及寫鈔本與刻本間的關係有了一些初步的想法,曾經以《據日本現存寫鈔本討論刻本前的〈文選〉面貌兼論寫本與刻本的關係》爲題撰文,試圖深化我在2000

年初稿時就提出的版本研究，必須將寫鈔本與刻本分開，必須對李善注和五臣注概念的使用加以限定的觀點。但因爲用例與專文的寫鈔本研究重合，所以便將這個看法放在《日本冷泉家藏〈文選〉古寫本卷二研究》中。此外，本書上篇增加了一節《文選學史》，對隋唐至明清，以及二十世紀的《文選》學研究作了材料梳理和理論總結。

上 篇

歷代《文選》版本著録彙考

史志著錄的《文選》版本

本書討論的《文選》版本，主要指蕭統所編三十卷本和唐李善注本以及呂延濟等五臣注本。這是因爲蕭統原本早已佚失，賴以流傳並成爲後世研究、學習底本的《文選》只有李善注的六十卷本和呂延濟等五臣注的三十卷本。《文選》版本見錄於史書經籍、藝文志，自《隋書》始，其後《舊唐書·經籍志》《新唐書·藝文志》《宋史·藝文志》並有記錄。史書經籍、藝文志是官方藏書及當時撰述的著錄，因此具有極高的權威性。同時由於或朝代更替，或內亂掃蕩，古代藏書大量遺失，後人欲考鏡學術源流，察知古書原貌，不得不依靠史志。唐代劉知幾批評前代目錄學，説："四部、《七錄》《中經》、秘閣之輩，莫不各逾三篋，自成一家。史臣所書，宜其輒簡。"（《史通·書志篇》）這實在是當時人嫌其繁複而後人却怨其簡略了。假使如劉知幾所説，史書取消書志，則我們現在對於古代已散佚之書，恐怕難以考知端倪了。儘管現在史志著錄很簡單，但仍然可以幫助我們對書籍在各朝代的存佚情况和流傳情况進行學術研究，對每一種書版本的變化有清楚了解。這一特徵在《文選》版本研究中尤其重要而突出。以下依時代順序著列各史志關於《文選》版本的目錄。

《隋書·經籍志》四卷　唐長孫無忌等奉敕撰（中華書局標點《二十四史》本）

　　《文選》三十卷　梁昭明太子撰

　　案，《梁書·昭明太子傳》記太子蕭統"所著文集二十卷；又撰古今典誥文言，爲《正序》十卷；五言詩之善者，爲《文章英華》二十卷；《文選》三十卷"。案，《隋志》著錄除《文選》外，又有《古今詩苑英華》十九卷，當即是《梁書》本傳所記之《文章英華》。《南史》本傳則記爲《英華集》，皆爲一書。《正序》，《隋志》不載，蓋當時已佚失。此外，《隋志》還記天監八年（509）蕭統有《孝經義》一卷。考蕭統天監八年僅九歲，自不能有所著述，當是史臣據梁時史料所記。如《梁書》本傳記蕭統天監八年九月，"於壽安殿講《孝經》，盡通大義"，《隋志》著録當與《梁書》同一來源。

《文選音》三卷　蕭該撰

案，蕭該是梁鄱陽王蕭恢之孫，屬蕭統子侄輩，故其爲《文選》注音，當亦有家業家聲的内容。《隋書》本傳記他在梁荊州陷落後至長安。性篤學，《詩》《書》《春秋》《禮記》並通大義，尤精《漢書》。撰有《漢書音義》十二卷，《范漢音》三卷，及《文選音》三卷，咸爲當時所貴。尤其《文選音》的撰寫，開創了中國"文選學"的先聲。案，《文選音》，本傳稱作《文選音義》，不書卷數，《隋志》著録爲三卷，兩《唐志》均著録爲十卷。

《舊唐書・經籍志》一卷　後晉劉昫等撰（中華書局標點《二十四史》本）

《文選》三十卷　梁昭明太子撰
《文選》六十卷　李善注

案，《舊唐書・儒學傳》記："李善者，揚州江都人。方雅清勁，有士君子之風。明（案，當作"顯"，唐人避中宗諱，多稱"明"）慶中，累補太子内率府録事參軍、崇賢館直學士，兼沛王侍讀。嘗注解《文選》，分爲六十卷，表上之，賜絹一百二十匹，詔藏於秘閣。"案，李善之學傳自曹憲，《舊唐書・儒學傳》記："曹憲，揚州江都人也。仕隋爲秘書學士。每聚徒教授，諸生數百人，當時公卿已下，亦多從之受業。憲又精諸家文字之書，自漢代杜林、衛宏之後，古文泯絶，由憲此學復興。……年一百五歲卒。所撰《文選音義》，甚爲當時所重。

初，江、淮間爲《文選》學者，本之於憲，又有許淹、李善、公孫羅復相繼以《文選》教授，由是其學大興於代。"曹憲授《文選》於江、淮間，由是而建立了"文選學"，其所著《文選音義》，新、舊《唐志》均不載，尤其《舊唐志》，主要依據毋煚《古今書録》及《開元内外經録》而成，其所著録多爲開元以前書，這説明曹憲之書在開元以前便已佚失了。其傳世者，據兩《唐志》，僅有《爾雅音義》二卷和《文字指歸》四卷，因此無從知道曹憲《文選音義》究竟是什麽面貌，卷帙幾何了。然《唐書》本傳稱李善注解《文選》分爲六十卷，此説爲後人所承襲，如《四庫全書總目》説："《文選》舊本三十卷，……江都李善爲之注，始每卷各分爲二。"李善是否爲第一個將三十卷分爲六十卷的人，恐還很難定論。與他同時且爲同學的公孫羅注《文選》，也是六十卷，這不能説是公孫羅因襲李善的注例吧。同門師兄弟都將《文選》一分爲二，倒使我們懷疑是曹憲的創例，可惜曹書已失傳，無可考證了。

《文選》六十卷　公孫羅注

案，《舊唐書·儒學傳》記："公孫羅，江都人也。歷沛王府參軍，無錫縣丞。撰《文選音義》十卷，行於代。"據此，公孫羅與李善又是同僚。

《文選音》十卷　蕭該撰
《文選音》十卷　公孫羅撰

案，《舊唐書》本傳及《新唐志》並稱《文選音義》。

《文選音義》十卷　釋道淹撰

案，《新唐志》作"僧道淹"。《舊唐書·儒學傳》記："許淹者，潤州句容人也。少出家爲僧，後又還俗。博物洽聞，尤精詁訓。撰《文選音》十卷。"又《新唐書·儒學傳》記："句容許淹者，自浮屠還爲儒，多識廣聞，精故訓，與羅等并名家。"據此則《文選音義》一書爲許淹還俗後所爲，兩《唐志》題名理應作"許淹"才是。

《新唐書·藝文志》四卷　宋歐陽脩、宋祁撰（中華書局標點《二十四史》本）

  梁昭明太子《文選》三十卷
  蕭該《文選音》十卷
  僧道淹《文選音義》十卷
  李善注《文選》六十卷
  公孫羅注《文選》六十卷
    又《音義》十卷
  李善《文選辨惑》十卷
  《五臣注文選》三十卷　衢州常山尉吕延濟、都水使者劉承祖男良、處士張銑、吕向、李周翰注。開元六年，工部侍郎吕延祚上之。

  案，吕延祚上《進集注文選表》説："往有李善，時謂宿儒，推而傳之，成六十卷。忽發章句，是徵載籍，述作之由，何嘗措翰，使復精核注引，則陷於末學；質訪指趣，則歸然舊文。只謂攪心，胡爲析理？臣懲其若是，志爲訓釋。乃求得衢州常山縣尉臣吕延濟、都水使者劉承祖男臣良、處士臣張銑、臣吕向、臣李周翰等，或藝術精遠，塵游不雜，或詞論穎曜，巖居自脩，相與三復乃詞，周知秘旨，一貫於理，杳測澄懷，目無全文，心無留義，作者爲志，森乎可觀。記其所善，名曰集注，并具字音，復三十卷。"所謂"五臣注"，吕延祚不與焉。晁公武《郡齋讀書志》説："（吕）延祚以李善止引經史，不釋述作意義，集吕延濟、劉良、張銑、吕向、李周翰五人注，延祚不與焉。復爲三十卷，開元六年延祚上之，名曰五臣注。"表稱"復爲三十卷"，指五臣將李善六十卷本復回到蕭統三十卷原貌，因此，李善本因一卷分二而將原書式樣改變，致使後人難窺原貌的遺憾，在五臣注三十卷本中又可以得到彌補。

  又案，《五臣注文選》，《舊唐志》不載，按《舊唐志》著錄多爲開元之前書（見前），此或説明《五臣注文選》在開元以後才得以流行。

曹憲《文選音義》卷亡。
康國安注《駁文選異義》二十卷

案，《舊唐志》不載。《新唐志》又有《康國安集》十卷，注稱："以明經高第直國子監，教授三館進士，授右典戎衛録事參軍，太學崇文助教，遷博士，白獸門內供奉、崇文館學士。"清徐松《登科記考》（《南菁書院叢書》本）卷二十七有康安國，注稱："顔魯公《康希銑神道碑》，父安國，明經高第。又云，君之先君至南華，四代進士，登甲科者七人，舉明經者一十三人。蓋謂自希銑之父國安至希銑之侄璀及璀之子南華爲四代。"《新唐書·藝文志》及顔真卿《康希銑神道碑》均作"康國安"，當是徐松誤。《新唐志》將康國安列於張九齡之下，當亦爲盛唐時人。康書不見録於他書，所謂"注《駁文選異義》"，於義亦不甚通，抑或抄寫有誤。

許淹《文選音》十卷

案，即前僧道淹，題"許淹"是。

《宋史·藝文志》八卷　元脱脱撰（中華書局標點《二十四史》本）

蕭統《文選》六十卷　李善注
《五臣注文選》三十卷
吕延祚注《文選》三十卷

案，中華書局點校本《宋史·藝文志校勘記》說："'吕延祚'原作'吕延祚'。案，此書即《五臣注文選》，《郡齋讀書志》卷二十五、《玉海》卷五十四都說是唐吕延祚集五人的注而成，據改。"案，《宋史·藝文志》爲元丞相脫脫撰，於北宋以前之書取材於吕夷簡《三朝國史藝文志》、王珪《兩朝國史藝文志》、李燾《四朝國史藝文志》，於南宋之書則取材於陳騤等《中興館閣書目》及張攀等《中興館閣續書目》。由於兩宋諸書目"前後部帙，有亡增損，互有異同"，脫脫合爲一志，雖稱"刪其重複"，仍難免重見迭出，亦有未加詳審而一書誤作兩書者，即如此書著録。

又案，由唐至宋，曹憲《文選音義》之外，若蕭該、公孫羅、許淹等人之書亦相繼亡失，今幸東鄰日本尚傳有《文選集注》殘卷（近人羅振玉曾影印其中十六册），尚可窺見唐人《文選》音注之一斑。

《宋史·藝文志》以後，《明史·藝文志》乃清人張廷玉所撰，一依黄虞稷《千頃堂書目》爲根據。黄意在搜集有明一代藝文，故凡《宋志》以前所録古籍，悉屏不收，今欲勘《文選》版本在明代的著録，於《明志》已無可徵查，可爲彌補者只有焦竑《國史經籍志》了。

《國史經籍志》六卷　明焦竑撰（《叢書集成初編》本）

《文選》三十卷　梁昭明太子集

《文選音》十卷　蕭該集撰

又十卷　釋道淹撰

又十卷　許淹撰　又十卷　公孫羅撰

注《文選》三十卷　唐吕延濟等五臣注

又六十卷　李善注　又六十卷　公孫羅注

《文選辨惑》十卷　李善撰

案，明萬曆二十二年（1594），大學士陳士陛議修國史，薦竑專領其事，收書"以當見存之書"，實則不然。因此，以上所録《文選》諸書，並不能説明其在明代的存亡。《四庫全書總目》批評其書説："叢鈔舊目，無所考核，不論存亡，率爾濫載。古來目録，惟是書最不足憑。"今引於兹，聊作參考。

官修目錄中的《文選》版本

除史志目錄外，現存官修目錄當以北宋王堯臣、王洙、歐陽脩等撰《崇文總目》爲最早。今從《崇文總目》始，以時代爲序著列如下。

《崇文總目》十二卷　宋王堯臣、王洙、歐陽脩等撰（《叢書集成初編》本）

《文選》三十卷　原釋：吕延濟注
《文選》六十卷　梁太子統編　原釋：唐李善因五臣而自爲注。（見《東觀餘論》）

案，現行《崇文總目》有《四庫全書》本（十二卷）和《叢書集成初編》本（五卷，補一卷，附一卷），《四庫》本係從《永樂大典》中輯出，《總目》稱："《崇文總目》十二卷，宋王堯臣等奉敕撰，蓋以四館書併合著錄者也。宋制以昭文、史館、集賢爲三館，太平興國三年（978）於左升龍門東北建崇文院，謂之三館新修書院。端拱元年（988），詔分三館之書萬餘卷，別爲書庫，名曰秘閣，以別貯禁中之籍，與三館合稱四館。景祐元年（1034）閏六月，以三館及秘閣所藏或謬濫不全，命翰林學士張觀、知制誥李淑、宋祁等看詳，定其存廢，訛謬者删去，差漏者補寫。因詔翰林學士王堯臣、史館檢討王洙、館閣校勘歐陽脩等校正條目，討論撰次，定著三萬六百六十九卷，分類編目，總成六十六卷，於慶曆元年（1041）十二月己丑上之，賜名曰《崇文總目》。"則是書本爲六十六卷。《提要》又稱原書每類有叙，每書有解釋，後被鄭樵删去。《叢書集成初編》本所載關於李善本原釋，輯者秦鑒按："黃長睿校正《崇文總目》云，按李善注在五臣前，此云李善因五臣自爲注，非是。"案《崇文總目》的誤釋，似表明北宋時五臣注影響遠大於李善注，所以連王堯臣、歐陽脩等人也產生了誤解。此外，抑或當時已有六臣合注本，五臣居李善前（六家本），故王堯臣、歐陽脩等據之而誤判。案，六臣注本雖至南宋陳振孫《直齋書錄解題》

始見著錄，然北宋時實已有刻本，如秀州州學本、廣都裴氏刻本。然雖有六臣本存世，一般藏書目錄似並不予以重視，不獨《崇文總目》不錄，即如尤袤《遂初堂書目》、晁公武《郡齋讀書志》以及官藏之《中興館閣書目》，包括元修《宋史·藝文志》都不著錄（詳見本篇第三節）。

《中興館閣書目輯考》五卷附《續目》一卷　宋陳騤等撰（續）宋張攀等撰，趙士煒輯（《中國歷代書目叢刊》本）

案，《中興館閣書目》，南宋淳熙四年（1177）十月秘書少監陳騤上書乞編撰書目，五年六月撰成呈上。原書七十卷，序例一卷，分五十二門。《續書目》上於嘉定十三年（1220），秘書丞張攀等撰，爲淳熙之後收書目錄。二書早已佚失，近人趙士煒（孟彤）從《玉海》《山堂群書考索》《直齋書錄解題》《困學紀聞》《漢書藝文志考證》《詞學指南》《小學紺珠》《宋史·藝文志》等書中輯得，諸書稱引，或稱《中興書目》《館閣書目》，或稱《淳熙書目》，或稱《書目》。（見趙士煒《自序》）

《文選》六十卷
　　原釋：《文選》，昭明太子蕭統集子夏、屈原、宋玉、李斯及漢迄梁文人才士所著賦、詩、騷、七、詔、册、令、教、表、書、啓、箋、記、檄、難、問、議論、序、頌、贊、銘、誄、碑、志、行狀等爲三十卷（與何遜、劉孝綽等選集）。李善注析爲六十卷（《玉海》引至此）。善，高宗時人，淹貫古今，不能屬辭，時號書簏。所注博引經史，釋事而忘其義。其子邕嘗補益之，與善注並行。（《考索》前十九，參《玉海》五四）

（《五臣注文選》）三十卷
　　原釋：呂延祚等集注。初李善不釋述作之意，故延祚與周翰等復爲集注。（《考索》前十九）

案，宋人書錄解題多據唐人，亦有不實之辭，如稱《文選》爲蕭統與何遜、劉孝綽等選集。唐人稱《文選》以何遜在世故不錄其文（晁公武《郡齋讀書志》引竇常語），自屬無稽，而此稱何遜參加編選亦不合事實，蓋《文選》成於何遜去世之後也。又者，五臣注題名吕延祚，也不確切，這又導致《宋史·藝文志》的錯誤。

《文淵閣書目》四卷　明楊士奇等撰（《叢書集成初編》本）

《昭明文選》一部六十一册殘缺
《昭明文選》一部六十册完全
《昭明文選》一部三十册殘缺
《昭明文選》一部三十册完全
《昭明文選》一部二十九册完全
《昭明文選》一部三十册闕
《昭明文選》一部十九册闕
《昭明文選》一部二十一册闕

案，明永樂中，楊士奇據文淵閣東閣明室藏書編定書目，所錄諸書，以千字文編號，自"天"字至"往"字，凡二十號。但有册數，而無卷數。《四庫全書簡明目錄》批評説："自《七略》至《崇文總目》，記載中秘之書，未有如是之潦草者。"

《内閣書目》八卷　明張萱等撰（《叢書集成續編》本）

《文選》十册全　唐李善注
　　　　又二十九册全
　　　　又二十册不全
　　　　又九册不全
《文選》五十八册全　六臣注

《五臣同異》一冊全　莫詳采集姓氏，以五臣《文選》與李善《文選》校其同異。

又一冊全

案，《内閣書目》爲萬曆中改編的明室藏書目，因文淵閣以後散佚、新收較多而改定。《書目》所稱《五臣同異》不明姓氏，當爲尤袤《李善與五臣同異》一書。

《四庫全書總目》二百卷　清紀昀等撰（中華書局 1993 年影印本）

《文選注》六十卷（李善注本）
《六臣注文選》六十卷

案，《四庫全書》編纂於乾隆時，總纂官爲紀昀。館臣對應收入正文和應著錄書名之書，一一撰述解題，最後由紀昀統稿，纂成目錄，即《四庫全書總目》，又稱《四庫全書總目提要》或《四庫提要》（以下簡稱《提要》）。《提要》於每書之撰述、内容、版本等一一考其得失，於學術源流革變，提示尤爲明晰，向來受到學者的好評。然畢竟收書太多，釋題之人未必精於其書，故難免於擇版、解題上有闕漏。如《六臣注文選》，《提要》稱爲明袁褧刻本，其實袁本是五臣注在前的六家本，而此書是李善注在前的六臣本，則《提要》與所收書實非一物。

《天禄琳琅書目》十卷　清于敏中等撰（《文淵閣四庫全書》本）

宋版集部

《六臣注文選》二函二十冊　六十卷

案，據本目解題，此書爲北宋刊本。有趙孟頫、王世貞、王穉登、周天球、張鳳翼、汪應婁、王醇、曹子念、李楷等人跋，其實應是南宋贛州本。又案，本目所載同一版《六臣注文選》共有四部，其餘三部分別是二函十六册（兩部）和六函三十册。關於六函三十册本，本目解題稱係前版而摹印在後。又說："書中有'寶慶寶應州印'及'官書不許借出'木記。案，《文獻通考·輿地考》載宋理宗寶慶間以逆全（案，即李全）之亂，降淮陰郡爲淮安軍。又以寶印①縣爲寶應州，是寶應州之名自理宗時始建，故官印於州名之上冠以紀年。此本係北宋時刻版，印於南宋，而稱爲'官書'，則知爲北宋官刻，宜其雕槧精良，甲於他版也。"是此書爲北宋刻版南宋摹印。

《六家文選》六函六十一册

案，據本目解題，此本爲北宋廣都裴氏刻本。解題說："此書與前四部別爲一版，亦未載刊刻年月，惟昭明序後有'此集精加校正，絕無舛誤，見在廣都縣北門裴宅印賣'木記。考《一統志·四川統部表》載益州蜀郡，東晉分成都，置懷寧、始康二郡。又分廣都縣，置寧蜀郡。是廣都縣之稱，得名最古。宋時鏤板，蜀最稱善。此本字體結搆精嚴，鎸刻工整，洵蜀刊之佳者。木記應是當時裴姓書肆所標，亦廖氏世綵堂之例也。"

元版集部

《文選》六函六十一册　六十卷

案，據解題，此本爲元張伯顔刻本。解題說："張伯顔無考。其樵刻此書頗得宋槧模範。第書中只收李善一人之注，而又錄呂延祚《進五臣注表》，未免自淆其例矣。"案，錢大昕《十駕齋養新錄》引鄭元祐《僑吳集》有《平江路總管致仕張公壙志》云："公諱世昌，字正卿，

---

①　崔文印《〈校讀天祿琳琅書目〉札記》稱鈔本作"寶應"，影印本誤作"寶印"。文載《書品》1996年第3期。

成宗賜名伯顏，由將作院判官累任慶元路同知，延祐七年升奉政大夫，池州路同知。告老，以平江路總管致仕。"

明版集部

《六家文選》

案，本目所載明版六家《文選》共十部，皆明袁褧刻本。分別是三函三十冊一部、六函六十一冊六部、六函六十冊一部、十函六十一冊一部、六函六十二冊一部。解題於第一部三函三十冊本下說："此書摹刻甚精，校勘亦審，實與宋槧同工。序後標：'此集精加校正，絕無舛誤，見在廣都縣北門裴宅印賣。'又五十二卷末葉標：'毋昭裔貧時常借《文選》不得，發憤曰："異日若貴，當版鏤之，以遺學者。"後至宰相，遂踐其言。'並注云：'出《揮塵錄》。'此二條宋槧中本有之，係存其舊。其六十卷末葉有'吳郡袁氏善本新雕'隸書木記，則袁褧所自標也。褧識語云：'余家藏書百年，見購鬻宋刻本《昭明文選》有五臣、六臣、李善本、巾箱、白文、大字、小字殆數十種。家有此本，甚稱精善，而注釋本以六家爲優，因命工翻雕，匡廓字體，未少改易。始於嘉靖甲午，成於己酉，計十六載'云云。其四十四卷末葉標'丁未六月初八日李宗信雕'，五十六卷末葉標'戊申孟夏十三日李清雕'。李宗信、李清疑皆當日剞劂高手，故自署其名。而丁未爲甲午後之十三年，僅刻至四十四卷，戊申又丁未後之一年，僅刻至五十六卷。且其成也，經十六載，則袁氏之擇工選藝以求毫髮無憾之意，亦概可見矣。"袁刻之精，世所稱譽，書賈往往以袁本冒充宋本。本目所記其餘九本，皆被書賈挖去木記、識語，僞作宋本，解題都一一指出。

《六臣注文選》六函六十冊

解題說："此亦明翻宋槧而別爲一版，摹刻頗佳。其目錄內於昭明、五臣銜名之次，割補一行，似是明時刊梓者自署其名而書賈去之以售其作僞之術。又於卷六十後刻'河東裴氏考訂'云云，'訂'字亦作

'金'旁,且字畫紙墨,判然各異,不能掩也。"案,六臣本以李善注置前,五臣注置後,六家本反是,以五臣注置於李善注之前,這是兩種版本系統。廣都裴氏本是六家本,而此本既是六臣本而冒充六家本,不亦謬乎!疑此著錄"六臣"或爲"六家"之誤。

《天禄琳琅書目》爲清乾隆四十年敕命大學士于敏中等據昭仁殿藏書所編。書凡十卷,著錄宋、元、明版及影抄四百二十九部。其據經、史、子、集四部分類,每類又以宋版、金版、影宋抄、元版、明版等區別。每書均有解題,在書名、函數、册數之下記内容、考證,再下詳記藏印,以及諸家考證。所言頗爲精到,然失考處亦多。

《天禄琳琅書目後編》二十卷　清彭元瑞等撰（廣文書局影印本）

宋版集部

　　《文選》六函六十一册

　　案,此本係贛州本,爲季振宜舊藏。

　　《六家文選》六函六十册

　　案,本目共記《六家文選》八部,其中四部有國子監准敕節文,三部爲北宋廣都裴氏刊本,一部爲宋明州本。據《天禄琳琅書目前編》,裴氏刊本僅一部,《後編》卻著錄有三部,内中攙有假冒者。清張允亮編《天禄琳琅現存書目》"明版"部中於袁褧刊本《六家文選》下即注"原題宋版",可見彭元瑞等誤將袁本當作裴氏本。又施廷鏞《故宫圖書記》説:"《天禄琳琅後編》著錄之書,南陽葉焕彬氏德輝,據《書目》所載,考訂其版本,已多名實欠真。今就書審察,尚有不止此者。如宋版集部類,《六家文選》一書係明袁褧刻本,惟袁氏跋文已無,而卷末之'吴郡袁氏善本新雕'書牌,已挖換'紹興乙亥萬卷堂鐫'等字。其紙墨之色,觸眼即覺與四周不同;然而據此書牌定爲宋刊。又如元版集部類,亦有《文選》一部,與明袁褧本行款字體,纖毫無異,所有卷末半頁,則已撕補,竟亦定爲元刊。"(《圖書館學季刊》第 1 卷第 1 期,1926)

元版集部

《文選》六函六十册

案,即張伯顔刻本。

明版集部

《六家文選》

案,本目著録明袁褧刻本四部,萬曆崔孔昕刻六臣注本一部。

案,清嘉慶二年(1797)昭仁殿天禄琳琅藏書(即于敏中《天禄琳琅書目》著録之書)毀於火,乾清宫復修後,重命善本補藏其中,敕命大學士彭元瑞等續撰《後編》,次年乃成。書凡二十卷,著録宋、金、元、明版六百六十三部,體例一依《前編》。按《天禄琳琅後編》書散佚甚多,1934 年張允亮編《故宫善本書目》列爲"天禄琳琅後編現存書目"一編,張氏《前言》説:"今日故宫所遺,舉無《前編》一帙也。《後編》凡宋版二百二十四種,今存三十三種,景宋鈔十種,今存二種。遼版、景遼鈔各一種,今並存,實宋刻也。金版一種,今佚,元版一百二十種,今存六十二種,明版二百九十種,今存二百三種,明鈔八種,今存七種。綜計宋版佚者,逾十之八,元版佚二之一,明版佚三之一。"於此可見宋版書散佚嚴重。《故宫善本書目》除列"天禄琳琅後編現存書目",又列"天禄琳琅録外書目",張氏《前言》説:"今以《後編》存書爲'天禄琳琅現存書目',其天禄未録,散庋各宫者,簡册實繁,舊槧名鈔,往往而在,或當時檢擇所未及,或《後編》既成而續進也,則編爲'天禄琳琅録外書目'。"今將《存目》和《録外書目》中

《文選》書目介紹於下，以見清宮所藏《文選》版本佚存情況。

《天禄琳琅現存書目》

宋版集部

　　《文選》六函六十册　第九帙

　　案，即明州本。

元版集部

　　《六家文選》六函六十册

　　案，此即明袁褧覆宋本。《後編》誤題元版。

　　《文選》六函六十册

　　案，此即明唐藩覆元張伯顏本。《後編》誤題元版。

明版集部

　　《六家文選》

　　案，此即袁褧刻本，共兩部。分別爲六函二十册、第一帙和四函二十四册、第四帙。此外本編末附有藏璽未著録之書亦有一部：六十卷六十册，注："原題宋版。"

　　《六臣注文選》四函三十册　第三帙

　　案，即萬曆二年（1574）崔孔昕刻、萬曆六年徐成位重校本。

《天禄琳琅録外書目》

宋本集部

　　《六家文選》六十卷四十冊

　　案，即廣都裴氏本，其三十四卷配明袁褧本。

明版集部

　　《六家文選》六十卷

　　案，即袁褧刻本，共四部，其中一部五十六卷，缺卷五十一至卷五十四。又一部嘉靖二十八年（1549）洪楩覆宋本。

　　《六臣注文選》六十卷

　　案，共三部，兩部崔孔昕刻本，一部未著刻書人。

　　《文選》六十卷二十四冊

　　案，即毛晉汲古閣刻本，李善注。有朱筆録何焯評校。

　　以上是中國官修目録所著録的《文選》版本，大致可以看出《文選》版本在各代流傳和刊刻的情況。除此之外，尚有一部分《文選》版本因各種原因流至國外，主要集中在日本。其中有一些《文選》版本爲我國所未有，如古抄白文卷子本，這對於《文選》研究具有十分寶貴的文獻價值。今擇其主要者介紹於下，以作參考。

《日本國見在書目録》　　藤原佐世撰（《古逸叢書》本，黎庶昌、楊守敬編，清光緒十年〈1884〉遵義黎氏刊本）

案，此書編於日本清和天皇貞觀末年（876）之間，晚於《隋書·經籍志》二百二十年，早於《舊唐書·經籍志》五十餘年、《新唐書·藝文志》一百五十年，由此可見此書的價值。其有關《文選》版本的著錄有以下幾種：

《文選》卅　昭明太子撰
《文選》六十卷　李善注
《文選鈔》六十九　公孫羅撰
《文選鈔》卅
《文選音義》十　李善撰
《文選音決》十　公孫羅撰
《文選音義》十　釋道淹撰
《文選音義》十三　曹憲撰

剛案，這一著錄頗有與兩《唐志》不同者，如曹憲《文選音義》，兩《唐志》不錄，而《舊唐志》主要依據毋煚《古今書錄》及《開元内外經錄》而成，這說明曹憲《文選音義》於唐開元以前就已傳入日本。又，《日本國見在書目錄》著錄李善《文選音義》不爲兩《唐志》記載，本傳也沒有提及。又公孫羅撰目均不同於兩《唐志》，這也很令人感到疑惑。日本所藏古鈔本《文選集注》中有《文選鈔》和《文選音決》的文字，證明這兩種書的確存在，不致有錯，那麼兩《唐志》著錄的《文選注》六十卷和《文選音義》與這兩種書又有何異同呢？此外，《日本國見在書目錄》不曾著錄《五臣注文選》，說明《五臣注文選》在《日本國見在書目錄》編輯的中唐時期還未傳入日本。這種記載對於研究早期《文選》版本具有很重要的參考價值。

《圖書寮漢籍善本書目》　宮内省圖書寮編（日本昭和五年〈1930〉東京築池活板製造所鉛印本）

《文選》斷簡一軸

解題説：＂舊抄卷子本，審其書體，殆是鎌倉初期所寫。現存諸葛孔明《出師表》一首耳。本文無注，紙背間引公孫羅《文選鈔》，可珍也。尾有明治己卯畑成文觀識語稱：'右《出師表》東寺古篋底所傳，大江匡房真迹云：＂必有來由，古色靄然，最可寶重矣。＂'首有'讀杜草堂'印，又紙背有'連'黑印記。＂

《文選》六十卷目録一卷六十一册

案，此即贛州本。解題説此本＂中間有應永間校記，舊藏楓山文庫，僧玄興所進。德川家康云：每册題下有'玄興'印記。（《經籍訪古志》《御書籍來歷志》《古文舊書考》所載本。）＂《古文舊書考》是日本明治時期著名學者島田翰所作，專考日本所藏之舊抄本、宋槧本、舊刊本及元、明、清、韓國之刊本。該書卷二＂六臣注《文選》六十卷＂條下説：＂御府所藏宋本，凡二，一通係德川氏紅葉山文庫舊藏，近藤正齋以爲明初覆宋本者是也。……是書大版大書，字大如錢，楮墨精絶，而版樣則極雅古。予則以爲其版成於汴時，修版至南渡後也。＂案，＂紅葉山文庫＂即＂楓山文庫＂，是日本慶長七年（1602）德川幕府第一代將軍德川家康所建，着力收藏善本古籍。該文庫藏書是内閣文庫漢籍特藏的四大系統之一。僧玄興，據島田翰説，是永禄、慶長間的名僧，字南化，賜號定慧圓明國師。《經籍訪古志》又説：＂近藤守重云，此本板式古樸，仿佛宋槧，然審定之，當是明初覆刻，非宋時原刊也。未知果然否。＂近藤守重即近藤正齋，則島田翰判爲宋本，亦未爲確論，森立之等闕疑。

《文選》六十卷目三十一册

案，此即明州本。解題説：＂宋刊本。左右雙邊，每半葉十行，行二十乃至二十三字不等，注文雙行，行三十字。總目卷一二抄配。（原以別本抄補，序文並卷一二卷中缺葉，近年以岩崎文庫所藏宋刊同種本重抄目録及卷一二而配之。）卷三首行題：文選卷第三；次行題：梁昭明太子撰；第二行題：五臣並李善注；卷六十後有明州司法參軍盧欽跋云（略）。據其所言，則此爲北宋刊版南宋重修本也。摹刻之精，殆駕前本而上之。卷三十四末有：'正和二年十一月十五日專以我家秘説授申武州太守而從二位行式部大輔菅原在輔。'又卷二十尾有'永禄九年林宗二'識語，每册首葉欄眉有'妙覺寺常住口典'印記。"

《六家文選》六十卷目一卷三十一册

案，即明袁褧刻本。《解題》稱舊藏楓山文庫，每册首有"馮時芳印""秘閣圖書之章"兩印記。

《六家文選》六十卷六十册

解題説："明袁褧刊本，與前本同，舊藏昌平黌。首有'下楊生'印，每册首有'淺草文庫''内務省文庫印''書籍館印''大學圖書之印'印；又每册尾有'昌平坂學問所'的印記。"案，"昌平坂學問所"，是日本江户時期漢學巨擘林羅山開設的書院。日本寬政九年（1797）湯島林氏家塾改爲幕府官學，稱爲"學問所"。該學問所藏書即以林羅山及其後裔舊藏爲主，又包括了大阪庶民學者木村孔恭（蒹葭堂）本、近江西大路藩主市橋長昭本、豐後藩主毛利高標本等。昌平坂學問所藏書是内閣文庫藏書四大系統之一。

《六臣注文選》六十卷目一卷三十五册

案，即明崔孔昕刻本。解題稱每册首有"德藩藏書"印記，男爵毛利元功所獻。

案，日本圖書寮是皇宫内的御藏，創建於日本文武天皇太寳元年

(701），1949 年 6 月 1 日，圖書寮移交宮內廳，改稱爲"書陵部"，一直沿襲至今。圖書寮收藏主要由東山御文庫的舊藏，以皇室手鈔本爲主的歷代禁内圖書，桂宮、伏見宮等四親王家藏書，九條、鷹司、柳原、白川、壬生家等公家世襲的圖書，古賀、松岡、毛利德山等江户時代的諸侯（大名）家藏圖書，德川家康紅葉山文庫的部分收藏，原内閣文庫的若干宋元本等七部分組成。

《經籍訪古志》　澀江全善、森立之撰（上海廣益書局 1916 年排印本）

《文選》零本一卷　舊抄卷子本　温故堂藏

解題："現存第一卷一軸。首有顯慶三年李善《上文選注表》，梁昭明太子撰《文選序》，序後接本文，題：文選卷第一 賦甲。次行：京都上 班孟堅 兩都賦二首並序 張平子西京賦一首。界長七寸五分，幅一寸，每行十三字，卷末隔一行題：文選卷第一。不記抄寫年月，卷中朱墨點校頗密，標記、傍注及背記所引有陸善經、善本、五臣本、《音决》《鈔》《集注》諸書及'今案'云云語。考字體墨光，當是五百許年前鈔本。此本無注文而首冠李善《序》，蓋即就李本單録出本文者。"案，楊守敬《日本訪書志》不同意森立之説，認爲："此本若就李本所出，李本已分《西京》爲二卷，則録之者必亦二卷，今合三賦爲一卷，仍昭明之舊，未必鈔胥者講求古式如此。"楊氏復以此本與善注、五臣注本對校，證明皆非出於二本，而是源於未注之本。

又　舊抄卷子本　求古樓藏

解題："僅存《吴都賦》'礫而不窺玉淵者，未知驪龍之所蟠'已下數紙。界長七寸九分強，每行幅九分，行十四字。此本當亦依李善本録出者。背寫佛經，經末題《菩薩戒羯磨文釋》文鈔，文永三年丙寅六月十日書寫畢，知此本在文永已前也。"

《文選》李善注六十卷　明刊本　求古樓藏

解題："每卷首題'奉政大夫同知池州路總管府事張伯顏助率重刊'，前有成化丁未希古序云：'今板本藏在南廱者，歲久，刓缺不完，近得善本，止存李善注，間有增注者，頗簡要明白，因命儒臣校讎訂正，刻梓以傳，其於五臣之注皆在刪除而獨留善注者，蓋以蘇子瞻謂五臣乃俚儒之荒陋者，反不如善故爾。'卷有'讀耕齋之家'藏印。"案，"讀耕齋"爲林羅山第四子林靖之號，則此本出自林氏之藏。

《文選》六臣注六十卷　宋槧本　足利學藏

案，此即明州本。解題説："首有李善上表，卷首題：文選卷第一；下記：五臣並李善注。每半板十行，行廿一字，注三十餘字，疏密不整。界長七寸三分，幅五寸一分。左右雙邊，字畫精嚴。鎸刻鮮朗，宋刻中尤精妙者。籤題篆書'李善五臣文選'六字，下爲界格，夾書卷數，乃爲當時裝潢之舊。每卷首尾有'金澤文庫'印記。第三、第六、第十二、第十五、第三十、第三十九諸卷末有九華叟跋記'永禄三年學庠寄進平氏政朝臣'，捺'福壽應穩'朱印。末又有'三要'加朱墨點記，卷中點校頗密。"案，此"九華叟"即日本足利學校第七代庠主上杉九華，於日本永禄三年（1560）回歸故里大隅（今鹿兒島）省親，途中在相州爲當地城主北條氏康、北條氏政父子相邀約，講授《周易》並《三略》，北條氏以當時金澤文庫舊藏宋刊本《文選》作爲禮資，贈與上杉九華。此本《文選》今藏足利學校，昭和三十七年（1962）六月，被指定爲"日本國寶"。又，"三要"即足利學校第九代庠主三要野衲。金澤文庫，原是日本中世紀時代武家北條氏政權的文教設施，至日本正嘉二年（1258）這一家族的北條實時出家爲僧，日本建治元年（1275）北條實時從鐮倉遷居六浦莊，將其所藏全部日漢書籍於稱名寺建庫收儲，是爲金澤文庫之始，約早於足利學校二百年。

又宋槧本　楓山官庫藏

案，此即《圖書寮漢籍善本書目》所載之贛州州學本。詳見上文。

又明嘉靖己酉翻雕宋本　求古樓藏

案，此即明袁褧刻本。

又慶長丁未活字刊本

解題："卷首體式與足利學校所藏宋本同，蓋依足利本活字刷印者。目錄首題云：茶陵前進士陳仁子校補。考宋本無總目（宋板諸書多然），而此則依陳氏本補入，已不可輒以爲原於元刻也。卷末有紹興跋文，亦依別本添補者。每半板十行，行二十三字，注雙行，界長八寸二分，幅五寸四分，四周雙邊。此本慶長丁未歲直江兼續用銅雕活字印行世，因稱直江板。嘗見有羅山先生真迹跋文本，云：'此本近歲米澤黄門景勝陪臣直江山城守某開板於要法寺，余請秋元但馬守泰朝，而後泰朝告景勝而得之以寄余。'此可以見概略矣。又有寬永中活字刊本，依此本重刊。"

又朝鮮國銅雕活字本　福山鹽田屯藏

解題："每半板十行，行十七字，界長八寸三分，幅五寸八分，大板大字，體式與前本略同，惜此本殘缺不完，所存僅十九本耳。"

《文選集注》零本三卷　舊抄卷子本　賜蘆文庫藏

解題："見存第五十六、第百十五、第百十六合三卷，每卷首題：

文選卷第幾；下記：'梁昭明太子撰'及'集注'二字。界長七寸三分，幅九分，每行十一字，注十三四字。筆迹沉着，墨光如漆，紙帶黄色，質極堅厚，披覽之際，古香襲人，實係七百許年舊鈔。注中引李善及五臣、陸善經、《音決》《鈔》諸書，注末往往有'今案'語，與温故堂藏舊鈔本標記所引合。就今本考之，是書似分爲百二十卷者，但集注不知出於何人。或疑皇國紀傳儒流所編著者歟？其所引陸善經、《音決》《鈔》等書逸亡已久。（陸善經注《文選》，遍檢史志不載其目，考見佐世《見在書目》，《文選音決》十卷，公孫羅撰；《文選鈔》六十九卷，公孫羅撰；又載《文選鈔》卅卷，缺名氏，未知孰書。第百十五卷首題云："今案，鈔爲郭林宗。"）今得藉以存其崖略，豈可不貴重乎！小島學古云：'此書曾藏金澤稱名寺，往歲狩谷卿雲、清川吉人一閱歸來，爲余屢稱其可貴，而近歲已歸於賜蘆之堂，故得縱覽。'此本曾在金澤而無印記，當是昔時從他假借留連者矣。近日小田切某又得是書零片二張於稱名寺敗簏中，一爲第九十四卷，一不知卷第，今歸僧徹定架中。聞某氏亦藏第百二卷，他日當訪之。"

《内閣文庫圖書目録》　内閣文庫記錄局編（日本明治二十三年〈1890〉内閣記錄局鉛印本）

利部（リ）

《李善注文選》六十卷

案，此爲明鄧原岳校明萬曆三十年（1602）版。

《六臣注文選》六十卷

案，此部著録六臣本共七部。其中一部爲宋版，四部爲明版（嘉靖二十八年（1549）版兩部，僅標明版的兩部），一部爲日本慶安五年（1652）版，一部爲寛文二年（1662）版。

毛部（毛）

《文選》六十卷（李善注本）

案，此部著録李善本四部，三部明版（嘉靖元年版、隆慶五年版、萬曆二十九年鄧原岳校本各一部），一部清胡克家刻本。

《文選》六臣注六十卷

案，此部著録六臣本七部，並見利部。

内閣文庫屬日本國立公文書館，是日本國家圖書館之一，也是日本儲藏漢籍古本最多的藏書機關。内閣文庫的漢籍特藏，主要有"紅葉山文庫本""昌平坂學問所本""醫學館本"和"釋迦文院本"四大系統。

《静嘉堂文庫漢籍分類目録》　静嘉堂文庫編（日本昭和五年〈1930〉東京單式印刷株式會社鉛印本）

（色）《文選》正文　（山子點）一二卷　片山世璠點　萬延二刊　十三册

（竹）《文選》零本　（卷一〇）（二軸）　古寫二册

（皕）同（張伯顔本）六〇卷　明刊（覆元）　二〇册

（守）同（張伯顔本）六〇卷　明弘治刊　二〇册

（十）同（胡本）六〇卷考異一〇卷　（考）清胡克家撰　清嘉慶刊（覆宋）二四册

（竹）同（胡本）六〇卷考異一〇卷　（考）清胡克家撰　清同治八刊（覆宋）二四册

同六〇卷　清何焯評　清乾隆刊（朱墨套印）　一六册

（敬）同六〇卷（卷二〇以下未刊）　秦鼎校刊　一〇册

（皕）同（宋贛州學刊六臣注本）六〇卷　宋刊（有配）　六一册
（十）《六家文選》六〇卷　明嘉靖刊（袁聚覆宋）　三〇册
（宮）《六臣注文選》六〇卷　明萬曆刊　六一册
（敬）《文選》（六臣全注）六〇卷　清乾隆二五刊　一二册
　　　同（《文選》六臣注）六〇卷　寬永二刊　三一册

案，各《文選》版本前"色""竹"等字爲原藏家代字，具體是：色：色川三中；竹：竹添井井；皕：皕宋樓；守：守先閣；十：十萬卷樓；敬：中村敬宇；宮：宮島藤吉。案，静嘉堂文庫是三菱財團所建，創建人爲三菱二代主岩崎彌之助，至岩崎小彌太（三菱四代主）最後建成。它是日本除"御物"之外，搜儲漢籍宋元古本最富的一個文庫，其中最有價值的是1907年岩崎氏家族在中國購得的歸安陸心源"皕宋樓""十萬卷樓"和"守先閣"舊藏珍本四千一百四十六種，合計四萬三千二百十八册。這批漢籍的東移，給當時中國士大夫心理上的震撼是巨大的。起因是1905年至1906年間，日本漢籍目錄學家島田翰數登陸氏"皕宋樓"而心起異志，遂謀之岩崎氏家族，最終僅以十萬元（李玉安等《中國藏書家辭典》說是十一萬八千元）就從陸心源之子陸樹藩手中購走。1985年中國學者嚴紹璗先生有機會得入静嘉堂文庫參觀，他說：

> 當工作人員燃明書屋的燈光時，我們便躋身於當年歸安陸氏的舊藏之中了。文庫於典籍的保藏，至爲講究，書架皆係樟木或櫻木制成，配以對開式玻璃門，室内能控制濕度，並能通風換氣，但不裝空調，也不用電扇。我從書架上隨手撿取一部朱熹的《詩集傳》，係南宋寧宗、理宗時刊本，翻閱數卷，見天頭寬大，筆力遒勁，雖有抄補，然墨光如漆。"詩卷第一"頁上，可辨認者有"袁又愷藏書""五硯主人"等印章，爲袁廷檮之舊藏。卷首尚有清人吴之璦道光年間的手識，行草體，署"戊申"，當爲1848年。此真可謂滿室皆是珍本秘集。我這時似乎才明白，八十年前日人島田翰登"皕宋樓"，何緣產生那樣一種驚羨和劫奪之心了。（《漢籍在日

本的流布研究》第八章《日本漢籍的私家特藏》)

皕宋樓號稱宋刊古本二百種，實際約一百二十種，而北宋刊本最爲稀見。在這一百二十種宋刊本中，有十八種被指定爲日本"重要文化財"。

《東方文化學院京都研究所漢籍目録》 東方文化學院京都研究所編 （日本昭和十三年〈1938〉三秀舍主鉛印本）

《文選》殘一卷 （存卷第二十六 昭和十一年本所用京都觀智院藏元德二年鈔本景照）

《文選》六十卷 （明成國公懷遠朱純臣補葺先世所翻元張伯顔本印）

《文選》六十卷 （琴川毛氏汲古閣據宋本校刊 素位堂藏板）

《文選》六十卷 （同治八年金陵書局據汲古閣本校刊）

《文選》六十卷附《考異》十卷 （《考異》 清胡克家撰 同治八年潯陽萬氏據鄱陽胡氏本重校刊）

《六臣注文選》六十卷 （嘉靖二十八年錢塘洪楩刻本）

《六臣注文選》六十卷 （句容蔣先庚重校刊本）

《文選集注》殘十六卷

（存卷第四十八、第五十九、第六十二、第六十三、第六十六、第六十八、第七十一、第七十三、第七十九、第八十五、第八十八、第九十一、第九十三、第九十四、第一百二、第一百十六 闕名撰。卷第四十八第五十九，民國七年上虞羅氏用家藏唐鈔本影印，餘十四卷據武藏金澤文庫京都小川氏藏鈔本景寫石印）

補遺

《六家文選》（嘉靖十三年至二十八年吳郡袁氏嘉趣堂用宋蜀本景刊。有盛昱識語）

東方文化學院京都研究所 1923 年於京都成立，後改稱"東方文化研究所"。1948 年以後并入京都大學，1949 年 1 月以"人文科學研究所"之名正式展開學術活動。該所收藏漢籍最具價值的是陶湘"涉園"藏書。20 世紀 30 年代中期，東方文化研究所僅以時價三萬元，從陶湘處購得漢籍善本五百七十四種，凡二萬七千九百三十九冊[①]。

《東方文化研究所續增漢籍目録》　東方文化研究所編　（昭和十六年〈1941〉十月十五日開明堂鉛印本）

《文選》殘一卷　（存卷第一　昭和十三年本所用大阪上野氏藏鈔本景照）

《古鈔本五臣注文選》殘一卷　（存卷第二十　昭和十二年東方文化學院用東京三條氏藏本影印　《東方文化叢書》第九　東方文化學院捐）

案，此書目當是京都研究所改稱後的續增書目。除上録二書之外，還有一些日本刊本，兹不登録。

---

① 本文關於日本各藏書機構的介紹，均採自嚴紹璗先生《漢籍在日本的流布研究》一書，特此致謝。

家藏目錄中的《文選》版本

中國私家藏書的歷史悠久，葉昌熾《藏書紀事詩》就從五代毋昭裔叙起。其實五代之前私家藏書亦極爲顯著，如東漢蔡邕即富藏書。《三國志·魏書·王粲傳》記蔡邕說王粲："此王公孫也，有異才，吾不如也。吾家書籍文章，盡當與之。"又如南朝任昉、沈約都以藏書著名。《梁書·任昉傳》記他"墳籍無所不見，家雖貧，聚書至萬餘卷，率多異本。昉卒後，高祖（蕭衍）使學士賀縱共沈約勘其書目，官所無者，就昉家取之"。於此可見任昉藏書的豐富。然漢魏以來私家藏書雖代不乏人，却無書目留傳，衡是言之，自然要以宋人爲古。今以時代爲序，擇宋、明、清私家藏書目録中有《文選》者著録於後，以見民間《文選》版本的存傳情况。

宋代家藏目録中的《文選》版本

《郡齋讀書志》四卷　　晁公武撰（《文淵閣四庫全書》本）

《李善注文選》六十卷

右梁昭明太子蕭統纂。前有序，具述其所作之意，蓋選漢迄梁諸家所著賦、詩、騷、七、詔、策、令、教、册秀才文、表、上書、啟、彈事、箋、記、書、移、檄、難、對問、議論、序、頌、贊、符命、史論、連珠、銘、箴、誄、哀策、碑、志、行狀、弔、祭文類，輯之爲三十卷。寶常謂統著《文選》以何遜在世不録其文，蓋其人既往而後其文克定，然所録前人作也。唐李善注析爲六十卷。善，高宗時爲弘文學士，博學，經史百家無不備覽，而無文，時人謂之"書簏"。初爲輯注，博引經史，釋事而忘其義，書成上進，問其子邕，邕無言，善曰："非耶？爾當正之。"於是邕更加以義釋，解精於五臣。今釋事、加義者兩存焉。蘇子瞻嘗讀善注而嘉之，故近世復行。

《五臣注文選》三十卷

　　右唐呂延祚集注，延祚以李善止引經史，不釋述作意義，集呂延濟、劉良、張銑、呂向、李周翰五人注，延祚不與焉。復爲三十卷，開元六年延祚上之，名曰五臣注。

　　晁公武，字子止，人稱"昭德先生"，故此書又稱《昭德先生郡齋讀書志》。金人南侵，公武舉家隨父沖之入蜀避亂，爲四川轉運使井度的屬官。井度字憲孟，紹興十一年（1141）官四川轉運使，在蜀二十餘年，家富藏書，因與公武交好，悉舉以贈公武。《四庫全書總目》說："蓋原志四卷爲井氏書，後志二卷爲晁氏書，並至南渡而止。附志一卷則（趙）希弁家書，故兼及於慶元（1195—1200）以後也。"趙希弁，袁州人，宋宗室子。南宋藏書家，仿晁氏《讀書志》以家藏書續爲《附志》二卷。晁《志》此錄《文選》類目共三十六類，所缺者爲"辭""史述贊""論"三類，應當是漏抄。值得注意的是，在晁氏所錄三十六類中，有兩類爲尤刻及六臣諸本所未標出，即"移""難"二目。"移"爲諸本脫漏，已得到學術界的認同，如胡克家《文選考異》卷八"移書讓太常博士"條下注云："陳（案，即陳景雲）云，題前脫'移'字一行，是也。各本皆脫，又卷首子目亦然。"又黃季剛先生《文選平點目錄校記》第四十三卷內逕標"移"目，注云："意補一行。"但各家對"難"類却未有說明。晁《志》所錄，可證宋時李善注《文選》有"移"，也有"難"。除了晁《志》著錄可作證明外，南宋紹興三十一年（1161）建陽崇化書坊陳八郎刻本《五臣注文選》（該本今藏臺灣地區，但北京大學圖書館藏有一帙清蔣鳳藻心矩齋影寫本），總目錄及卷內目錄均標"移""難"二體。又，汲古閣本毛氏刻李善注《文選》，總目中亦標有"移""難"二目，當是毛氏據五臣本所定。以上敘述表明，"移""難"二體的標出確爲《文選》原貌，這樣，《文選》便不是通行所說的三十八類而是三十九類。①

---

　　① 關於此點可參見拙文《論〈文選〉"難"體》，載《浙江學刊》1996 年第 6 期，及《文選三十九類說補證》，載《文獻》1998 年第 3 期。

《遂初堂書目》　尤袤撰（《文淵閣四庫全書》本）

《李善注文選》
《五臣注文選》

　　尤袤（1127—1194），字延之，號遂初居士，無錫（今屬江蘇）人。南宋目錄學家、藏書家、文學家。與楊萬里、范成大、陸游齊名，時稱"南宋四大家"。取孫綽《遂初賦》作藏書堂名，構"遂初堂"於九龍山下。此書分經、史、子、集四部44類，僅記書名，不具解題，《四庫全書總目》以爲係傳寫者刪削。今本非其原書，於版本著錄較細，如《前漢書》著有川本、吉州本、越州本、湖州本等，爲目錄學創一佳例。然僅止經、史二部，集部無，故此處著錄之"《李善注文選》"，未知是何種版本。前人多疑尤刻《文選》乃自六臣本中挑出，程毅中、白化文兩位先生《略談李善注〈文選〉的尤刻本》（《文物》1976年第11期）據《遂初堂書目》著錄了李善本和五臣本而未有六臣本的事實，否定這一看法。

　　這一批評是正確的：第一，尤袤之前有單李善注本實物（即今藏中國國家圖書館北宋刻遞修本）存在；第二，尤袤作有《李善與五臣同異》一文（中華書局1974年7月據北京圖書館藏宋淳熙八年尤刻本影印本卷末附，此文胡克家未見），爲尤袤參校兩種版本異同而作，説明尤氏手中有單李善注爲底本。至於《遂初堂書目》所著錄的《李善注文選》，究係何書，尚未可遽定，抑或就是尤氏自己所刻書，因爲在該目"文史類"中亦載有《文選考異》一書，則尤氏《書目》亦著錄自己所著書。又，此書前有毛開仲序，稱延之"始自青衿，迨夫白首"，則《書目》爲尤氏晚年所作。書後又有魏了翁跋，稱："寶慶（1225—1227）初元冬得罪南遷，過錫山訪前廣德使君，則書厄於火者累月矣。"是尤氏之書於寶慶初已毀於祝融矣。

《直齋書録解題》二十二卷　陳振孫撰　（《文淵閣四庫全書》本）

《文選》六十卷

梁昭明太子蕭統德施撰，唐崇賢館學士江都李善注。北海太守邕之父也。

《六臣注文選》六十卷

唐工部侍郎吕延祚開元六年表上，號五臣集注。五臣者，常山尉吕延濟、都水使者劉承祖男良、處士張銑、吕向、李周翰也。以李善注惟引事，不説意義，故復爲此注，後人並與李善原注合爲一書，名六臣注。東坡謂五臣乃俚儒之荒陋者，反不及善。如謝瞻詩"苛慝暴三殤"，引"苛政猛於虎"，以父與夫爲殤，非是。然此説乃實本於善也。

李善注此句，但云"苛猶虐也"，初不及三殤。不審直齋之説何所本。（隨齋批注）

陳振孫（1183—約1261），曾名瑗，字伯玉，號直齋。又據今人陳樂素考證，謂即陳玉父①。南宋藏書家、目録學家。《四庫全書總目》説："其例以歷代典籍分爲五十三類，各詳其卷帙多少，撰人名氏，而品題其得失，故曰'解題'。"則此書特點即在解題。又説："然古書之不傳於今者，得藉是以求其崖略，其傳於今者，得藉是以辨其真僞，核其異同，亦考證之所必資，不可廢也。"案，《六臣注文選》之見録於書目者，此書爲最先。據現有材料，最早的六家合并本是北宋哲宗元祐九年（1094）秀州州學本，其後是廣都裴氏刻本，於崇寧五年（1106）開始刻版，政和元年（1111）刻成（見朱彝尊《曝書亭集》卷五十二《宋本六家注文選跋》）。後又有紹興二十八年（1158）趙善繼知明州時重修本，其初版當爲北宋末南宋初；此外還有南宋紹興三十二年

---

① 見徐小蠻、顧美華點校本《直齋書録解題附録》，上海古籍出版社，1987年。

（1162）刻贛州本①，時間都早於尤袤。尤刻《文選》卷尾稱："雖四明、贛上各嘗刊勒，往往裁節語句，可恨。"此"四明""贛上"即指明州本、贛州本，然而這些六臣注本，尤袤以及晁公武均未著錄，但這並不表明自陳振孫著錄時起才有六臣本問世。又，隨齋者，四庫館臣亦不知何人。

明代家藏目錄中的《文選》版本

《濮陽蒲汀李先生家藏書目》一卷　李廷相撰（《叢書集成續編》本，臺灣新文豐出版公司，1988年）

中間朝西頭櫃三層

　　《文選》二套　十六本

中間朝東頭櫃二層

　　《文選》三套　三十本

三櫃三層

　　《文選》二套　三十本　蘇刻

東間南架二層

　　《文選》二套　二十本

李廷相（1481—1544），字夢弼，號蒲汀，濮州（今河南濮陽）人。明藏書家。弘治十五年（1502）進士。官順天巡撫，至南京户部尚書，建藏書樓曰"雙檜堂"。藏書印有"濮陽李廷相書畫記""濮陽李廷相雙檜堂書畫私印""濮陽李廷相家圖籍印"等。

《萬卷堂書目》四卷　朱睦㮮撰　（《觀古堂書目叢刻》本，清光緒二十八年〈1902〉刊，民國十年〈1921〉增補重印，湘潭葉德輝觀古

---

① 此據杜信孚、漆身起《江西歷代刻書》，江西人民出版社，1994年。

堂長沙刻本)

《文選》六臣注六十卷
《文選》五臣注六十卷

朱睦㮮(約1518—1587),字灌甫,號西亭,安徽休寧人。明宗室。明藏書家、學者。《明詩綜·小傳》:"字灌甫,號西亭,周定王六世孫。……先是,海內藏書富者推江都葛氏、章丘李氏,灌甫傾貲購之……,起萬卷堂,諷誦其中。汴亡之後,漂蕩於洪流怒濤,可勝嘆哉。"此指崇禎十五年(1642)事,李自成決黃河灌開封,書堂盡爲水溺。《書目》所記"五臣注六十卷",當爲誤記。明人著録往往有以六臣本誤爲五臣本者,如祁承㸁《澹生堂藏書目》著録有"五臣注《昭明文選》二十册,六十卷,李善等注",其實便是六臣本。五臣注本從未有六十卷者。

《四明天一閣藏書目録》一卷　范欽撰　(《叢書集成續編》影印《玉簡齋叢書》本)

宿字號厨
　　《昭明文選》二十本
列字號厨
　　《六家文選》三十本
往字號厨
　　《昭明文選》二套二十本
冬字號厨
　　《文選》三十本,又三十本

范欽(1506—1585),字堯卿,一字安卿,號東明,鄞縣(今浙江寧波)人。嘉靖十一年(1532)進士,官至兵部右侍郎。天一閣建成於嘉靖四十至四十五年（1561—1566）。天一閣藏書主要來源有二：一得之於同郡豐坊萬卷樓；二是范欽每官一地，無不盡力搜購，故其藏書最後達七萬餘卷。天一閣藏書主要爲宋元以來刊本、稿本、鈔本，而以明刻本爲主。其中尤多明代的地方誌書、政書、詩文集等。天一閣是中國私家藏書的楷模，歷四百年而不毀，備受後人稱贊。本目係分櫥目錄，共分三十二櫥，僅錄書名、冊數。清嘉慶十三年（1808）阮元撫浙時，命范懋柱編《天一閣書目》，該目於版本解説較詳，故附錄於此。

《天一閣書目》五卷　清范懋柱撰　（清嘉慶十三年〈1808〉文選樓刻本）

　　梁《昭明文選》六十卷　刊本　梁昭明太子蕭統撰　唐六臣注　明新安潘惟時、潘惟德校刻
　　《文選》六十卷　刊本　梁昭明太子撰　唐六臣注
　　《文選》六十卷　刊本　唐李善暨五臣注　明張伯顏刊
　　《文選》六臣注六十卷　刊本　明嘉靖己酉吳郡袁生褧校
　　《文選》六十卷　刊本　明嘉靖癸未李廷相識云："《文選》一書，古今學士大夫靡不重之，顧乏善本，近時所見惟唐府版而頗艱於得。旌德汪諒氏偶獲宋刻，鋟諸梓，濮陽李子爲之書而鑱諸首。"

《晁氏寶文堂書目》三卷　晁瑮撰　（古典文學出版社，1957年）

　　《文選》　元刻
　　《文選》　唐府刻善注二十本
　　《漢文選》　蘇刻六臣注三十本
　　《六臣文選》　汪板
　　《文選六臣注》　南監刻
　　《六臣注文選》　徽刻

《六家文選》　蘇刻

晁瑮（約1506—1576），字君石，號春陵，開州（今河南濮陽、清豐一帶）人。嘉靖二十年（1541）進士，官至國子監司業。家富藏書，藏書樓曰"寶文堂"。《四庫全書總目》說："此本以御制爲首，上卷分總經、五經、四書、性理、史、子、文集、詩、詞等十二目；中卷分類書、子雜、樂府、四六、經濟、舉業等六目；下卷分韵書、政書、兵書、刑書、陰陽、醫書、農圃、藝譜、算法、圖志、年譜、姓氏、佛藏、道藏、法帖等十五目。其著錄極富，雖不能盡屬古本，而每書下間爲注明某刻，亦足以考見明人版本源流。"

《百川書志》二十卷　高儒撰　（《觀古堂書目叢刻》本）

《李善注文選》六十卷

　　梁太子蕭統選，唐李善注，自秦漢六朝，十代人物，精力盡在此書。

高儒，字子醇，自號百川子，涿州（今河北涿州）人。明藏書家、目錄學家。此書編成於嘉靖十九年（1540），體例仿晁公武《郡齋讀書志》，每書名之下有簡明解題。分經、史、子、集四志，下分子目九十三門。

《世善堂藏書目錄》二卷　陳第撰　（《叢書集成初編》本）

《昭明文選》六十卷（李善注三十卷）

陳第（1541—1617），字季立，號一齋，福建連江人。明藏書家、目錄學家、音韵學家。藏書樓曰"世善堂"。編《世善堂書目》二卷，分經、四書、子、史、集、各家六部，與傳統四部分類不同。鮑廷博跋稱陳第："平生遊歷，幾遍天下，所至市書，不遺餘力，其間枕函帳秘，借抄於金陵焦氏、宣州沈氏者尤多。藏二百餘年，後嗣不復能守。乾隆初年，錢唐趙谷林先生（昱）費多金往購，則已散佚無遺矣。目錄一册，即其家元本，予從趙氏丐得之，內經谷林先生圈出所稱斷種秘册者，約三百餘種。予按其目求之，積四十年，一無所得，則當時散落誠可惜也。"又案，陳第此目所著《文選》當有誤。明人刻李善注《文選》有三十卷本，如故宮博物院藏《昭明文選》三十卷本即是。然此目正文既言六十卷，注文又稱三十卷，似不合。

《趙定宇書目》　趙用賢撰　（古典文學出版社，1957年）

徽板《文選》三十本

趙用賢（1535—1596），字汝師，號定宇，江蘇常熟人。隆慶五年（1571）進士，官至吏部侍郎。卒諡文毅。據家藏書編有《趙定宇書目》一册，不分卷。

《脈望館書目》　趙琦美撰　（《涵芬樓秘籍》本）

秋字號
　　《文選》三十本　二套　袁家板
　　徽板《文選》三十本
餘字號　不全　舊宋元板書
　　《文選》一包

趙琦美（1563—1624），原名開美，字仲朗，號玄度，後改字元度，自號清常道人，常熟人。趙用賢子，喜藏書，其藏書樓曰"脈望館"。編有《脈望館書目》，按千字文排號，僅錄書名、卷數。歿後，書盡歸錢謙益絳雲樓。錢遵王《讀書敏求記》說："予嘗論牧翁絳雲樓，讀書者之藏書也；趙清常脈望館，藏書者之藏書也。"於此可見趙氏藏書之豐富。錢謙益《刑部郎中趙君墓表》稱其藏書之富與讎校之勤"近古所未有"。

《澹生堂藏書目》十四卷　祁承㸁撰　（光緒十八年〈1892〉徐氏鑄學齋刊本）

　　《昭明文選》本文十册
　　《五臣注昭明文選》二十册　六十卷　（李善等注）

　　祁承㸁（1563—1628），字爾光，號夷度，又稱曠翁，晚號密士老人，浙江山陰（今紹興）人。萬曆三十二年（1604）進士，官至江西右參政。建藏書樓名"澹生堂"，撰《澹生堂藏書目》十四卷，著錄所藏書九千餘種，十萬餘卷。該目分四部，記書名、册數、卷數、撰者。又案，明人著錄，往往以五臣注與六臣注混，此處著錄的五臣本，實應爲六臣本。

《紅雨樓書目》　徐㷼撰　（古典文學出版社，1957年）

　　《昭明文選》白文三十卷
　　《文選》六臣注六十卷

　　徐㷼（1570—1645），字惟起，一字興公，閩縣（今福建福州）人。明藏書家、目錄學家。藏書處名"紅雨樓"，仿鄭樵《通志・藝文略》、馬端臨《文獻通考・經籍考》體例，成《紅雨樓書目》。書按四部分類，所收明代集部較多，是考明代藝文的重要資料。徐㷼又撰《徐氏家藏書目》四卷，自序稱積書十年，合其父、伯、兄所儲，可盈五萬三千餘卷。案，此爲其初藏，至編《紅雨樓書目》時，已達七萬餘卷矣。又撰有《紅雨樓書跋》二卷，考索圖籍金石頗詳，然於《文選》，未著書跋。

《近古堂書目》二卷　不著撰人　（《叢書集成續編》本，臺灣新文豐出版公司，1988 年）

《李善注文選》
《六臣注文選》

此書目不著撰人，日本學者長澤規矩也以爲應是明末人。① 此書間記版本，"宋刻""宋版"等，均冠書名之上。惟於《文選》，未明版本。

清代家藏目録中的《文選》版本

《絳雲樓書目》四卷　錢謙益撰　陳景雲注　（《叢書集成初編》本）

《李善注文選》六十卷
《六臣注文選》三十卷　袁尚之、田叔禾家皆有翻宋刻本。

錢謙益（1582—1664），字受之，號牧齋，晚號矇叟，又號東澗、東澗遺老、峨眉老衲、石渠舊史等，江蘇常熟人。萬曆三十八年（1610）進士。崇禎時，官至吏部侍郎。入清，授禮部右侍郎，旋歸鄉里。詩文與吳偉業、龔鼎孳並稱江左三大家。錢氏以藏書聞名江南，其書主要得自劉子威（鳳）厞載閣、錢功父（允治）懸磬室、楊五川（儀）七檜山房以及趙玄度（琦美）脈望館。又不惜重金，廣收古本，書賈雲集門前。先建藏書樓曰"拂水山房"，晚居於紅豆山莊，名其書樓曰"絳雲樓"。編有《牧齋書目》一卷，又撰《絳雲樓書目》四卷，《補遺》一卷。本目分七十三類，著録版刻、書名、册數，有卷數、籍貫及其他注記。此記《六臣注文選》三十卷，不知爲何版本。袁尚之

---

① 見［日］長澤規矩也編著《中國版本目録學書籍解題》，梅憲華、郭寶林譯，書目文獻出版社，1990 年。

即袁褧，所刻爲北宋廣都裴氏本；田叔禾即田汝成，所刻爲元茶陵本（見孫星衍《平津館鑒藏記》），二書均爲六十卷，此不知牧齋何指。又，牧齋藏書極重宋本，此若爲宋本，則不聞宋本《六臣注文選》有三十卷者。錢氏絳雲樓藏書於順治七年（1650）不幸爲六丁攝去，所餘之書無多，遂舉以贈其族孫錢曾。錢曾《寒食行》注云："絳雲一燼之後，所存書籍，大半皆趙玄度脈望館校藏舊本，公悉舉以相贈。"（葉昌熾《藏書紀事詩》卷四引）

《文瑞樓藏書目錄》十二卷　金檀撰　（《叢書集成初編》本）

　　《六臣注文選》六十卷
　　汲古閣《文選》六十卷

　　金檀，字星軺，桐鄉（今安徽桐城）人。清藏書家，藏書樓名"文瑞樓"。自編《文瑞樓藏書目錄》十二卷，後由楊蟠作序，顧修刻入《讀畫齋叢書》。楊序稱："凡宋明人諸集，分以時代，尤易檢閱，則有識者所共賞也。"此即該目特點，然分類過細，又以"古文""騷賦""四六"列子部，不能不謂爲失誤。《文選》即入"古文"一類。

《述古堂藏書目》四卷附《宋板書目》一卷　錢曾撰　（《叢書集成初編》本）

　　《文選李善注》六十卷　六十本　宋板
　　《文選六臣注》六十卷　六十本　宋板

　　錢曾（1629—1701），字遵王，號也是翁，別號貫花道人，江蘇常熟人。清初藏書家、目錄學家、版本學家。少學於族祖錢謙益，絳雲樓藏書被焚後，燼餘之書及部分詩文稿盡贈予他。藏書達三十年，最喜宋版，建書樓名"述古堂"，另有"也是園""莪匪樓"。據其藏書，先後編有《述古堂藏書目》《也是園藏書目》《讀書敏求記》。三本書目體例、詳略各有不同。《也是園藏書目》著録最多，凡三千八百餘種；《述古堂藏書目》間載册數及版本，著録二千二百餘種；《讀書敏求記》最少，章鈺彙合《讀書敏求記》各傳本，批校考證，共得六百三十四種。究其實，《也是園藏書目》與《述古堂藏書目》是遵王藏書目録，《讀書敏求記》則是其珍秘之書的解題目録。總之，三書各有所長，不可偏廢。以《文選》論，三書著録既有版本之不同，亦有考訂詳略之異。瞿鳳起曾將三書合編爲《虞山錢遵王藏書目録彙編》（古典文學出版社，1958年），於閲讀至爲便捷。今將餘外二書著録的《文選》版本一並登録於下。

《也是園藏書目》十卷　錢曾撰　（《叢書集成續編》本）

　　《李善注文選》六十卷
　　《六臣注文選》六十卷
　　《五臣注文選》三十卷

　　剛案，此目比《述古堂藏書目》多《五臣注文選》，又不記版本，實則三種《文選》皆爲宋版。

《錢遵王讀書敏求記校證》四卷　管庭芬原輯，章鈺補輯　（《清人書目題跋叢刊》四，中華書局，1990年）

　　《李善注文選》六十卷
　　　　古人注詩，類有體例。漢唐諸大儒依經疏解，析理精妙，此注經之體然也。史家如裴松之之注《三國》、劉孝標之注《世説》，旁搜曲引，巧聚異同，使後之覽者知史筆有如料揀，非闕漏不書耳。若夫郭象注《莊》，晉人謂離《莊》自可成一子，是亦一説也。至於集選，宜詮釋字句所自出，以明作者之原委，如善注《文選》其嚆矢焉。善注有張伯顏重刻元板，不如宋本遠甚，予所藏乃宋刻佳者，中有元人跋語，古香馤蔆，閲之不免以書簏自笑。

《五臣注文選》三十卷

　　宋刻《五臣注文選》，鏤板精緻，覽之殊可悦目，唐人貶斥吕向，謂比之善著，猶之虎狗鳳鷄。由今觀之，良不盡誣。昭明《序》云，都爲三十卷，此猶是舊卷帙，殊足喜耳。

　　剛案，上文中加點字"詩""如""嚆""刻""著""之""都"，據章鈺校，分别應爲"書""所""噶""刊""注""如""部"。

《曝書亭書目四種·竹垞行笈書目》　朱彝尊撰　（鈔本　燈崖閣抄校書籍本）

生字號

　　《文選》三十一本

雪字號

　　《文選》二套

　　朱彝尊（1629—1709），字錫鬯，號竹垞，浙江秀水（今嘉興）人。清初藏書家。藏書樓名"潛采堂""曝書亭"。此目爲《曝書亭書目》四種之一。卷後有唐翰跋稱："先生手定，然未見全本，各家鈔本互有同異。此册以'心事數莖白發，生涯一片青山，空林有雪相待，古道無人獨還'二十四字編目，不分四部，殆行笈之記號也。"

《季滄葦藏書目》一卷　季振宜撰，黄丕烈補（《士禮居叢書》本）

延令宋板書目

　　《六臣注文選》六十卷　六十本

《六臣注文選》　六十本

《集注文選》三十卷　十五本

宋元雜板書

宋板《李善文選》六十卷　三十一本

宋刻《六臣注文選》六十卷

季振宜（1630—?），字詵分，號滄葦，泰興（今江蘇揚州）人。清藏書家。家財巨萬，力購江南各家藏書，錢曾述古堂藏書，多被他所收購。編有《季滄葦藏書目》一卷，首題"延令宋板書目"，次爲"宋元雜板書"，每書記卷數、册數、版本。季振宜藏書既富且精，精本佳槧極多。《天禄琳琅書目》著録之《文選》，多爲他所藏。季氏藏書印有"滄葦""御史振宜之印""季振宜藏書""吾道在滄州""柱下史"等。

《傳是樓宋元本書目》　徐乾學撰　（《叢書集成續編》本）

宋本《文選》六十卷　六十本

又　三十本

又　三十一本

宋本　《六臣注文選》六十卷　六十本

徐乾學（1630—1694），字原一，號健庵，江蘇崑山人。清藏書家、目録學家。官至刑部尚書。築藏書樓有七楹，聚書數萬卷。訓其子道："吾何以傳汝曹哉？""所傳者唯是矣。"因名藏書樓爲"傳是樓"。編有《傳是樓書目》四卷，以千字文爲編號，不按四部分類。一字爲一櫥，凡五十六櫥，收書三千九百餘種（據李玉安、陳傳藝《中國藏書家辭典》）。然《二徐書目合刻》本《傳是樓書目》，則分經、史、子、集四部，惟與通行四部分類不同。據日人長澤規矩也説，此本以劉喜海所藏鈔本爲底本，集部僅存嘉靖以後別集。自漢至明初之別集則據馬玉堂鈔本而補，猶缺總集、詩文評（《中國版本目錄學書籍解題》）。徐氏又編有《傳是樓宋元本書目》，專記所藏宋元精槧。是書以千字文編號，《文選》一類屬"宙字下格"。此本所記前三種宋本《文選》當是李善注。黃丕烈《士禮居彙抄書目三種》於《傳是樓宋元本書目》所記《文選》三十本之上注曰："案，此李善本今歸士禮居。"又，黃本於此三十本下著錄"李善"二字，此與《叢書集成續編》本不同。徐氏藏印有"健庵"朱文橢圓印、"傳是樓"朱文方印、"健庵考藏圖書"朱文方印、"崑山徐氏家藏"及"黃金滿籝不如一經"諸印。

《培林堂書目》　徐秉義撰　（《二徐書目合刻》本，王存善輯，1915年鉛印本）

　　《六臣注文選》六十卷　三十冊
　　又　三十冊

徐秉義（1633—1711），字彥和，號果亭，江蘇崑山人。乾學弟。清藏書家。官至内閣學士兼禮部侍郎。藏書處名"培林堂"，與乾學互通佳本名抄，或借本抄録。仿《傳是樓書目》作《培林堂書目》。

《佳趣堂書目》一卷　陸漻撰　（《觀古堂書目叢刻》本）

　　《文選》六十卷　李善注

陸漻，字其清，吳縣（今江蘇蘇州）人。清藏書家。與曹溶、朱彝尊等相交，所藏書達一千六百餘種，數萬卷。居聽雲室，另辟佳趣堂，鑒藏圖籍。編有《佳趣堂書目》，記書名、卷數、撰者等。惟其藏書不輕易借閱，何焯《跋柳仲塗集》説：陸君其清，"不輕與人通假書籍。倦圃、竹垞兩先生欲鈔録其藏本甚秘者，尋常小書，即不肯出。亦必葉數卷數相當，始得各易所無。"

《楝亭書目》四卷　曹寅撰　（《叢書集成續編》本）

《六家文選》明版　四函三十二冊

曹寅（1658—1712），字子清，號楝亭，又號荔軒，原籍豐潤（今屬河北）。清文學家、藏書家，爲小説家曹雪芹祖父。官江寧織造通政使。喜藏書，精校勘，有《楝亭藏書十二種》。

《孝慈堂書目》一卷　王聞遠撰　（《叢書集成續編》本）

《昭明文選》李善注　六十卷　元張伯顏刊，明唐藩翻雕

王聞遠（1663—？），字聲宏，號蓮涇，晚號灌稼村翁，吳縣（今江蘇蘇州）人。家富藏書，藏書處名"孝慈堂"。仿錢曾《述古堂藏書目》撰《孝慈堂書目》，類分八十五目。王氏藏書後多歸於黃丕烈士禮居。藏書印有"太原叔子藏書"白文長方印、"華亭王聞遠印"朱文、"右軍後人"白文聯珠印、"東吳王蓮涇藏書畫記"朱文長方印、"購書良不易子孫守勿替"朱文長方印、"清氈是我家舊物"白文方印、"擁書豈薄福所能"白文方印等。

《怡府書目》　允祥撰　（民國二十五年〈1936〉北平圖書館傳抄德化李盛鐸藏舊鈔本）

《文選》　元板　三十本
《文選》　明板　二十四本
《六臣文選》　宋板　六套　計五十九本
《六臣文選》　宋板　六套　計六十本
《六臣文選》　明板　六套　計六十本
《六臣文選》　明板　六套　計六十本

  《昭明文選》　　明板　　六套　　計六十一本
  《六家文選》　　元板　　六套　　計六十一本
  《六家文選》　　宋板　　六套　　計六十本
  《昭明文選》　　明板　　四套　　計十六本
  《文選》　　宋板　　六十冊　　不全

  允祥，清聖祖十三子，世宗即位封怡親王。嗜典籍，廣爲收藏。徐乾學、季振宜藏書經何焯介紹，全歸怡府。乾隆三十七年（1772）四庫館開，各藏書家均奉旨進呈，惟怡府以親王原因未獻。怡府藏書多秘籍精槧，如《文選》，宋本即有四種。怡府藏書歷經百年，後其曾孫載垣於咸豐十一年（1861）被誅，書始散落。山東楊紹和、吳縣翁同龢、潘祖蔭、杭州朱學勤等人都收藏有他的藏書。有《怡府書目》一册，收書 4500 種，不分卷，亦不分類，只記書名、册數、版刻。藏書印有"怡府世寶""安樂堂藏書"等。

《知聖道齋書目》　　彭元瑞撰　　（《玉簡齋叢書》本）

  《李注文選》二十本

  彭元瑞（1731—1803），字掌仍，一字輯五，號芸楣，江西南昌人。清目錄學家。乾隆二十二年（1757）進士，官至工部尚書。乾隆中主編有《天禄琳琅書目後編》，又有《知聖道齋讀書跋》二卷。本目以陳毅所藏鈔本校理，分四部，僅記書名、撰者、册數。

《上善堂宋元板精鈔舊鈔書目》一卷　　孫從添撰　　（民國十一年〈1922〉海寧陳乃乾傳抄嘉興劉承幹嘉業堂藏本）

宋板

  宋板《文選》三十卷　　錢求赤藏本

校本《文選》　歸震川手批本

孫從添，字慶增，號石芝，江蘇常熟人。諸生。清藏書家。性嗜典籍，藏書逾萬卷，藏書處名"上善堂"。編有《上善堂宋元板精鈔舊鈔書目》一卷，分宋板、元板、名人鈔本、舊鈔本、校本，摘錄書名、卷數、舊藏者、手跋、抄者。此目錄所記之"錢求赤"，即錢謙益兄謙貞子錢孫保，富收藏，精於校勘，藏書處名"懷古堂"。孫氏又有《藏書紀要》，是我國第一本全面論述藏書技術的專著。

《孫氏祠堂書目》七卷　孫星衍撰　（《叢書集成初編》本）

《文選注》六十卷　唐李善注
　　一、元張伯顏刊本；一、明毛晉刊本；一、胡克家仿宋刊本
《六臣注文選》六十卷
　　一、明仿宋崔孔昕刊本、一、明洪楩仿宋刊本

孫星衍（1753—1818），字淵如，號伯淵，陽湖（今江蘇武進）人。清藏書家、目錄學家。乾隆五十二年（1787）進士，官至山東布政使。藏書樓名"平津館"，編有《孫氏祠堂書目》，分外編三卷、內編四卷。又有《廉石居藏書記》一卷、《平津館鑒藏書籍記》三卷、續編一卷、補遺一卷。其他著述多種。此目所記元張伯顏刊本，孫氏《廉石居藏書記》內編有介紹。又其《平津館鑒藏書籍記》詳記六臣注崔孔昕刻本和洪楩刻本。

《清吟閣書目》四卷　瞿世瑛撰　（1918年仁和吳氏雙照樓鉛印本）

《文選》　邵子湘手批
《文選》　彭羨門朱墨圈點、沈竹亭過黃梨洲評

瞿世瑛，字良玉，號穎山，錢塘（今浙江杭州）人。清藏書家。藏書樓名"清吟閣"。編《清吟閣書目》，分鈔本、名人批校鈔本、名人批校刊本、影宋元鈔本四卷。本目中所記邵子湘（1637—1704），名衡，清初詩人；彭羨門（1631—1700），名孫遹，字駿孫，羨門是其號；沈竹亭不詳；黃梨洲（1610—1695），名宗羲，字太冲，號南雷，學者稱梨洲先生。清吟閣藏書於咸豐十年（1860）毀於戰火。

《求古居宋本書目》一卷附《考異》一卷　黃丕烈撰　（《叢書集成續編》本）

《文選》李注本　四十八册
《李注文選》　殘本　二十三册
《六臣注文選》

黃丕烈（1763—1825），字紹武，一字承之，號蕘圃，又號復翁、佞宋主人、秋清居士、知非子、抱守主人、求古居士等，長洲（今江蘇蘇州）人。清藏書家、目錄學家、校勘家。乾隆五十三年（1788）舉人。辭官後專事收藏、校勘和著述。藏書獨嗜宋本，自號佞宋主人。所收宋本達百餘種，專辟一室貯藏，題爲"百宋一廛"。藏書室有"讀未見書齋""陶陶室""學海山居""紅椒山館""學耕堂"等。與周錫瓚、顧之逵、袁廷檮並稱乾嘉間四大藏書家。所著有《百宋一廛賦注》（賦爲顧廣圻撰）、《士禮居題跋記》（潘祖蔭編）、《士禮居題跋記續》、《再續》（繆荃孫編）、《蕘圃藏書題識》（繆荃孫編）等。又據其藏書刻有《士禮居叢書》22種。蕘圃藏書印有"百宋一廛""陶陶室"等。其書後爲楊以增、汪士鐘所得。本目有蕘圃自記稱："百宋一廛賦後所收俱登此目内，有賦載而已易出者，茲目不列。"然葉德輝叙説："按目中見於賦所載者，約居其半，則自題之語亦不盡然。"目中李善注《文選》當得自錢遵王述古堂（見《士禮居彙抄書目》）。又本目後有葉啓倬跋稱："目中宋本有翻雕者，……其同時先後爲他氏刻者。《文選》

李善注六十卷爲嘉慶己巳鄱陽胡克家刻。"則胡刻《文選》底本或出自求古居。

《鑑止水齋書目》四卷　許宗彥撰　（1930年鉛印本）

　　宋板《文選》六十本

　　許宗彥（1768—1818），字周生，一字固卿，又字積卿，浙江德清人。清藏書家、學者。嘉慶四年（1799）進士，官至兵部主事，在官兩月即辭歸，以讀書爲事。藏書樓名"鑑止水齋"。撰《鑑止水齋書目》四卷。

《藝芸書舍宋元本書目》　汪士鐘撰　（《叢書集成初編》本）

宋板書目
　　《李善注文選》　抄補　六十卷
　　又　存三十三卷，内抄三卷
　　《六臣注文選》六十卷
　　又張之綱本　六十卷
元板書目
　　《李善注文選》六十卷
　　又　六十卷

　　汪士鐘，字閬源，長洲（今江蘇蘇州）人。官至户部侍郎。清藏書家。藏書樓名"藝芸書舍"。嘉慶時，江南四大藏書家黃丕烈、周錫瓚、顧之逵、袁廷檮藏書後均歸於汪氏藝芸書舍。編有《藝芸書舍宋元本書目》，分宋板書目和元板書目兩部分。該目由顧廣圻作序。據本目潘祖蔭跋稱，汪氏之書，"咸豐庚申以前，書已散失，經、史佳本，往往爲楊致堂丈所得。兵燹以後，遂一本不存"。楊致堂即海源閣主人楊以增。葉昌熾《藏書紀事詩》卷六説："汪氏書長編鉅册，皆歸菰里瞿氏，歸楊氏者其畸零也。"瞿氏即鐵琴銅劍樓主人瞿鏞。汪氏藏書印有"民部尚書印""三十五峰園主人"印，"汪士鐘字春霆號朖園書畫印"等。

《唫香仙館書目》　馬瀛撰　潘景鄭校訂　（古典文學出版社，1958年）

　　《文選》六十卷　梁昭明太子蕭統編

　　馬瀛，字二槎，浙江海寧人。清藏書家。家富藏書，陳鱣"向山閣"藏書散出後，大半爲他所購。又收有項元汴天籟閣部分圖書。編有《唫香仙館書目》，内多世所未見之本，亦多前代名賢藏本。又因藏有宋本《漢書》《晉書》，因以"漢晉"名其齋。馬氏藏印有"二槎秘笈""二槎藝文""宋臨安三志人家""古鹽馬氏""紅藥山房收藏私印"等。

《鳴野山房書目》　沈復粲撰，潘景鄭校訂　（古典文學出版社，1958年）

　　《六臣注文選》六十卷
　　《六家文選》二十本

　　沈復粲（1779—1850），字霞西，山陰（今浙江紹興）人。清金石學家、藏書家。藏書樓名"鳴野山房"。編有《鳴野山房書目》。

《稽瑞樓書目》　陳揆撰　（《叢書集成初編》本）

　　《文選》二十册　又《考异》四册
　　《文選》六十卷　十册

陳揆（1780—1825），字子準，江蘇常熟人。清藏書家、校勘家。因購得唐劉賡《稽瑞》一書，而以之名其藏書樓。與同鄉張金吾結爲知交，賞奇辨疑，有無通假。張金吾《愛日精廬文稿·陳子準別傳》云："君藏書先金吾十餘年，彼時郡中若周香嚴錫瓚、袁壽階廷檮、顧抱冲之逵、黃蕘圃丕烈四先生輩，皆以藏書相競，珍函秘笈，流及吾邑者蓋寡。及金吾有志儲藏，袁氏書早散不及見，而三家之宋元舊槧及秘不經見者陸續四出。嘉湖書賈往往捆載而來，閱之如入龍宮寶藏，璀璨陸離，目眩五色。君與金吾各擇其尤者互相夸示，而要必以書賈先至家爲快。五六年中，兩家所得蓋不下三四萬卷。"（葉昌熾《藏書紀事詩》卷六）如此則周、顧、黃三家書頗入陳、張二家。又黃廷鑑《藏書二友記》稱錢謙益、毛晉二家藏書亦多入陳、張之藏（同上）。由此可見陳、張藏書的精秘豐富。此目所記《文選》二十冊，當爲尤刻本。

《帶經堂書目》四卷　陳徵芝藏　陳樹杓編　（清宣統三年〈1911〉順德鄧實《風雨樓叢書》鉛印本）

《文選注》六十卷　舊刊本　先大父臨何義門校並自參校　唐李善注

《六臣注文選》六十卷　元大德刊本　不著編輯者名氏，係大德年間刊本，有"大學生章""唐國經史之章""辛夷館印""蕭庵""嘯閣""浴龍書屋""陳琪芳子壽"各圖章。有無名氏校勘，於訓詁音切頗詳審。

陳徵芝，字蘭鄰，閩縣（今福建福州）人。清藏書家。嘉慶七年（1802）進士。藏書樓名"帶經堂"。黃丕烈書散出後，歸於王惕甫，陳徵芝官浙江時，王惕甫書又歸於他。陳氏藏書後又散出，大半歸於周星詒。此目爲蘭鄰之孫陳樹杓編，順德鄧實依原稿本刊刻，周星詒、陸心源批校。

《愛日精廬藏書志》三十六卷　張金吾撰　（《清人書目題跋叢刊》四，中華書局，1990 年）

　　《文選》六十卷　北宋刊本　明句容縣官署

　　據張氏題跋，即南宋紹興二十八年（1158）補修之明州本，而非其所題北宋刊本。全書缺卷一、二、三、二十二至二十四共六卷。張金吾（1787—1829），字慎旃，一字月霄，昭文（今江蘇常熟）人。清藏書家。其叔即張海鵬，曾刊《學津討原》等書。金吾得其家傳，所收又逾於前人。嘉慶二十五年（1820）張金吾選擇其中宋元舊刻及鈔本，編爲《愛日精廬藏書志》三十六卷，續四卷。每書皆注版本，又輯錄各家文集、《經義考》、《小學考》、《全唐文》中有關序跋及識語，再就原書加以考證，開以後藏書志體例。

近現代家藏目錄中的《文選》版本

《結一廬書目》四卷　朱學勤撰　（《觀古堂書目叢刻》本）

　　《文選》六十卷　計三十二本
　　明吳郡袁氏仿宋刊本。臨馮氏竇伯、陸氏敕先、何氏義門、惠氏定宇、顧氏澗薲校宋本。又無名氏據諸書校。

　　朱學勤（1823—1875），字修伯，仁和（今浙江杭州）人。清藏書家。咸豐三年（1853）進士，官至大理寺卿。朱氏藏書豐富，樓名"結一廬"，在當時與豐順丁日昌持靜齋、長沙袁芳瑛臥雪樓並稱而聞名於海內。其書多得自長洲顧湘舟（沅）藝海樓、仁和勞季言（格）丹鉛精舍和南昌彭芸楣（元瑞）知聖道齋。此目按四庫分類，錄書名、卷數、撰者，詳記版本及舊藏者名。朱氏所藏《文選》爲明袁褧刻本，題記所稱馮竇伯等校，當爲馮、陸、顧等校宋刊李善注本；何校則指何義門據宋刊校汲古閣本（參閱《愛日精廬藏書續志》等）。朱氏藏書後歸豐潤張佩綸。

《豐順丁氏持靜齋書目》五卷　丁日昌藏　江標編　（《江刻書目三種》本）

《六臣注文選》六十卷　宋茶陵本

丁日昌（1823—1882），字禹生，別字雨生，廣東豐順人。曾官江蘇巡撫，時值江南兵亂，江浙一帶藏書大量散出，多被其收購。同治初年收上海郁松年宜稼堂宋元舊本和普通本數萬卷，後又得蘇州顧湘舟精槧善刻。數年之內，藏書之富稱雄一時，當時與瞿氏鐵琴銅劍樓、楊氏海源閣齊名。藏書樓名"實事求是齋"，後改名爲"百蘭山館"，又命名爲"持靜齋""讀五千卷書室"。延請著名版本目錄學家莫友芝、江標等爲他整理校勘，編成《持靜齋書目》四卷附一卷，分宋元校抄及舊刊本五類。本目所記《文選》列"宋本集部"，又題稱"宋茶陵本"，皆誤，茶陵本應是元陳仁子所刻。案，陳仁子號古迂，南宋度宗咸淳十年（1274）舉漕試第一。南宋滅亡後，入元誓不出仕，營別墅於東山，專事講學、著述和刻書。因此，後人著錄茶陵本，往往題稱宋本，如繆荃孫《清學部圖書館善本書目》即記"宋陳仁子校補宋刊本"。

《鐵琴銅劍樓藏書目錄》　瞿鏞撰　（光緒丁酉年〈1897〉誦芬室校刊本）

《文選》二十九卷附《李善與五臣同異》一卷　宋刊殘本

題梁昭明太子撰，又題文林郎守太子右內率府錄事參軍崇賢館直學士臣李善注上。原書六十卷，今存卷一至六，卷二十三、二十四，卷三十一至三十九，卷四十九至六十。卷每半葉十行，行十八至二十一字不等；注十九字至二十二字不等。書中匡、朗、勛、殷、讓、煦、貞、征、驚、樹、恒、桓、構、遘，俱有缺筆。行款字體與淳熙辛丑尤文簡刻本無異。惟尤刻版心中分注大字若干數、小字若干數，此本作總數若干字。其卷五十五《演連珠》"日月發揮"以上及"下愚由性"以上，尤本有"善曰"二字。案，下文既有"善曰"，則此處劉孝標注甚明，實不當有"善曰"。是本皆無之，而空二字。又卷五十九《頭陀寺碑文》注"劉虬曰'菩薩圓浄'"以上，此本有"《法華經》曰：慧日大聖尊久乃説是法"十四字，尤本無之，是此本刻在尤本之後，重加校正矣。後附影抄宋本一帙，題曰"李善與五臣同異"，附見於後，以大字標李本，小字注云：五臣作某字。今鄱陽胡氏重刻淳熙本所無，後有分隸跋云："池陽郡齋既刻《文選》與《雙字》二書，於以敬事昭明之意。今又得《昭明文集》五卷而並刊焉。嗚呼，所以事於神者至矣。夫神與人相依而行也，吏既惟神之恭，神必惟吏之相，則神血食，吏禄食，斯無兩愧。淳熙八年，歲在辛丑八月望日，郡刺史建袁説友書。"亦胡刻所無。又説友復有一跋，胡刻據陸貽典校本附録《考異》後，惟"補"字下闕損"學者是所謂成民而致力於神者歟。淳熙辛丑三月望日建袁説友題"二十七字。

此本今藏中國國家圖書館。據瞿氏所見之淳熙辛丑尤袤刻本，版心注大字若干，小字若干；又《頭陀寺碑文》注文"菩薩圓浄"上無"法華經曰"十四字，瞿氏據此判斷其所藏之殘宋本當在淳熙本之後。今案，中華書局1974年影印尤刻本有此十四字，而胡刻本無，似表明胡刻底本早於中華書局影印本。但胡刻本多淳熙以後補版，而中華書局影印尤刻本却無一補版（《目錄》及《李善與五臣同異》爲補刻），因此程毅中、白化文兩位先生認爲胡刻的底本是一個屢經修補的後期印本，而中華書局影印尤刻本却是一個初版的早期印本（參見《略談李善注〈文選〉的尤刻本》，載《文物》1976年第11期）。瞿氏所判爲誤。

《文選》六十卷　宋刊本

案：即贛州本。瞿氏題記稱："舊傳趙松雪、王弇州所藏宋槧本，今入内府，外間不可得見。是本同出一板，而摹印稍後，字畫未能清朗，然大小字俱有顏平原筆法。楮墨古香，固自可珍。潛研錢氏所見僅六卷，即此本也。若竹垞朱氏所見王氏賜書堂藏本，乃崇寧五年鏤板至政和元年畢工者，五臣注在前，李注在後，又吳郡袁氏本所自出也。"

《六臣文選》六十卷　明刊本

案，即明袁褧重刻北宋廣都裴氏刊本。瞿鏞説："竹垞朱氏謂宋時蜀箋如是，惟宋刻有鏤板畢工年月，翻本無之，書估恒以楮印精好者僞稱宋本眩人，藉以別真僞云。"

六臣《文選》六十册　明刊本

案，此即明唐藩重刻元張伯顔本。瞿氏説："《文選》善注，淳熙辛丑尤延之刻本外即推張本爲善，汲古閣本多脱誤。如左太冲《吳都賦》'趫材悍壯'注引'胡非子'，'胡'誤改'韓'，不知胡非子爲墨子弟子，此本不訛。又張平子《思玄賦》脱'爛漫麗靡，藐以迭蕩'二句並注；曹子建《箜篌引》脱'百年忽我遒，生存華屋處'二句；鮑明遠《放歌行》脱'今君有何疾，臨路獨遲回'二句；曹子建《求通親親表》脱'有不蒙施之物'一句；枚叔《七發》脱'自太子有悦色'至'然而有起色矣'二段並注，有數百字之多。此本皆不闕。雖翻本亦足珍矣。"

瞿鏞，字子雍。江蘇常熟人。其父瞿紹基建恬裕齋藏書，積書十萬餘卷，後因避德宗載湉諱，改名"敦裕齋"。瞿鏞繼承父志，益加搜集，藏書又豐。後因收得古鐵琴與古銅劍，遂名"鐵琴銅劍樓"，收藏皆爲宋元舊刻之本。瞿氏藏書與山東聊城楊以增海源閣相侔，有"南瞿北楊"之稱。撰有《鐵琴銅劍樓藏書目錄》二十四卷，書前有宋翔鳳序，稱："蓋其所收藏皆宋元舊刻暨舊抄之本，至明而止，則從邑中及郡城故家展轉搜羅，卷逾十萬，擁書之多，近世未有過之者也。既列其目，而每書之後，必載其行款，陳其同異，以見宋元本之至善者，教子孫以長守，此其意甚切而其志甚遠也。"

《舊山樓書目》　趙宗建撰　（古典文學出版社，1957 年）

《宋刊文選》
缺廿六頁，抄全，價人公贈與譜弟王文韶相國。十二本。
《元刊文選》
明馮嗣宗校，復張伯顏刊（丁砾筆注）。十六本。
《袁刻文選》　二十四本
《茶陵本文選》
茶陵陳氏刊本（丁砾筆注）。廿本。
《胡刻文選》　十二本

趙宗建（1827—1900），字次侯，一字次公，江蘇常熟人。清末藏書家。藏書樓名"舊山樓"，撰有《舊山樓書目》二冊，又作有《舊山樓藏書記》。卒後，藏書多歸於盛宣懷。

《碧琳琅館書目》　方功惠撰　（民國二十一年〈1932〉國立北平圖書館傳抄東方圖書館藏舊鈔本）

景宋本　仿宋淳熙本《昭明文選注》六十卷　二十四本　四函
元本　元刻《昭明文選注》六十卷　三十本　二函
明本　袁刻仿宋本大字《文選》六臣注六十卷　三十本　一箱
明本　明刻《文選》六臣注六十卷　三十本　四函
批點汲古閣《李注文選》六十卷　十六本　一函
海錄軒批《李注文選》六十卷　十二本　一函

剛案，此書目所記"明茶陵本"當爲明翻茶陵本。茶陵本乃元陳仁子所刻，不可稱明本。方功惠（？—1889），字慶齡，號柳橋。巴陵（今湖南岳陽）人。清末藏書家。在廣州任職三十餘年，藏書達二十餘萬卷。建碧琳琅館藏書。撰有《碧琳琅館書目》四卷，又撰《碧琳琅館藏書記》一冊。方氏此書目似著錄未全，據李希聖《雁影齋讀書記》（1936年上海蟬隱廬影印本）所記，還應有一帙宋贛州本《文選》。據李希聖記，該書卷首有"宋本"二字，隸書橢圓印（朱文）；又有"番禺俞守義藏"印（朱文）；"年年歲歲樓珍藏書"印（朱文）；"會稽沈氏光烈字君度"印（白文）。又稱："此書歷經趙承旨、文待詔鑒藏，故卷中有'趙氏子昂'印（朱文）、'松雪齋藏書'印（朱文）、'停雲生'印（白文）、'翰林待詔'印（朱文）。目錄有'張之洞審訂''無競居士'等印，其餘諸印不盡記。"又稱此書卷末有陳蘭甫跋，此陳蘭甫當指陳澧，所引跋文亦與陳澧《跋文選南宋贛州本》（《東塾集》卷四，光緒壬辰刊本）合。李希聖述此本遞藏情況爲："此本自趙氏、文氏以後，展轉歸番禺侯君謨康，由侯氏歸陳蘭甫（陳澧跋文亦稱得自侯康）。沈君度從陳氏購之，方氏又得自沈氏。"又，李氏稱方功惠得《文選》善本有十，因名"十文選齋"，以此本爲冠，然檢查方氏《碧琳琅館書目》，《文選》僅有七部，可知該書目著錄不全。

《抱經樓藏書志》六十四卷　沈德壽撰　（《清人書目題跋叢刊》四，中華書局，1990年）

《文選》六十卷　元刊元印　汲古閣舊藏

剛案，即元張伯顏刊本，有余璵序。沈氏稱："案元刊元印，每葉二十行，行二十字，小字注雙行，版心間有字數及刊工姓名。卷中有'汲古主人'朱文方印、'甲'字朱文方印、'吳越王孫'白文方印、'張鐘穎印'白文方印、'稼逮'朱文方印、'惟書是寶'朱文方印。"

《六家文選》六十卷　明袁褧覆宋本　魯瑤仙舊藏

案，沈氏稱此書卷末有"吳郡袁氏善本翻雕"八字，卷中有"祖州"朱文葫蘆印、"蔡氏書印"朱文方印、"蕭山蔡陸士藏玩書畫鈐記"陽文方印、"瑤仙秘藏"朱文方印、"東里生"白文方印、"簡肅公三十三世裔文蕭公二十一世孫"朱文方印、"瑤仙收藏"朱文方印、"睦州學錄廉訓桐溪"白文方印。

《六家文選》六十卷　明萬曆刊本

案，沈氏稱此書有汪道昆萬曆三年（1575）序和徐成位萬曆戊寅（六年）跋。又稱目錄後有"見龍精舍重校"一行、"冰玉堂重校"一行；卷中有"赤水後人"朱文方印。據杜信孚《明代版刻綜錄》（江蘇廣陵古籍刻印社，1983年），見龍精舍萬曆年間刻過《六臣注文選》。又冰玉堂爲陳所蘊堂號，陳氏萬曆二年（1574）刊刻過《六臣注文選》。

《文選李善注》六十卷《考異》十卷　胡氏仿宋刊本　四明陳氏舊藏

案，此即胡克家刻本。沈氏稱卷中有"四明陳氏文則樓藏書記"朱文方印、"讀書須識忠孝字"白文方印、"陳僅之印"白文方印、"漁珊"朱文方印、"餘山所讀書"朱文方印。

沈德壽，字藥庵。清藏書家。浙江慈溪人。積書三萬五千餘卷，貯於"抱經樓"中。仿陸心源《皕宋樓藏書志》作《抱經樓藏書志》六十四卷。

《萬卷精華樓藏書記》一百四十六卷　耿文光撰　（《山右叢書初

編》本，山西人民出版社，1986年）

《文選注》六十卷　（李善注本）

案，此即明嘉靖元年（1522）汪諒刻本。耿氏逕題"元本"，又稱："前有李廷相《雕文選》引稱爲宋本，實元張伯顏重刊者，蓋未細考也。"

《文選注》六十卷附《考異》十卷

案，此即胡克家刻本，耿氏題稱"仿宋本"。

《文選注》六十卷

案，此即清乾隆三十七年（1772）葉樹藩海録軒刻本。

《六臣注文選》六十卷　不知編輯者名氏

耿文光（1830—1908），字星垣，又字斗垣，一字酉山，號蘇溪漁隱，山西靈石人。清目録學家、藏書家。藏書所名"萬卷精華樓"，編有《萬卷精華樓藏書記》一百四十六卷和《蘇溪漁隱讀書譜》四卷。《藏書記》著録書名、卷數、撰者姓名、版本、解題。於每本之下輯有各家跋語，又加案語，多爲其讀書心得。

《楹書隅録》五卷《續編》四卷　楊紹和編　（中華書局，1990年）

元本《文選》六十卷　六十一册六函

案，此即元張伯顏刻本。楊氏稱卷首有孫星衍題語，乃大興朱筠舊藏。楊紹和父親楊以增寓吴時托黄丕烈從甪直嚴氏處購得。

楊紹和（1832—1875），字彦和，號勰卿，山東聊城人。其父楊以增創海源閣，藏書甚富。紹和繼承父志，專心收藏，曾收有怡府及黄丕烈、汪士鐘等藏書，與瞿氏鐵琴銅劍樓齊名，於時有"南瞿北楊"之稱。編《楹書隅録》五卷、《續編》四卷，詳記行款、題跋、藏印。原爲同治初年編，故紹和晚年搜集之書未入。紹和卒後，書由其子楊保彝、楊敬夫繼承。辛亥革命後頗經盜匪之亂，藏書散失大半，爲近代藏書史一大厄。海源閣藏書新中國成立後歸於北京圖書館和山東省圖書館。

《善本書室藏書志》四十卷　丁丙撰　（中華書局，1990年）

《文選》六十卷　明汪諒翻元本
《文選》六十卷　明嘉靖晉藩刊本
《增補六臣注文選》六十卷　嘉靖洪氏刊本
《六家文選》六十卷　明吴郡袁氏仿宋刊本
《增補六臣注文選》六十卷　明翻茶陵陳氏刊本

《六家文選》六十卷　明刊本

案，丁氏稱此本卷末木記已被剜去，與袁氏本題銜既不同，當爲明時别一刊本，不能定爲誰氏也。有"樂安孫氏珍藏書畫印""孫嵩私印""鐵崖三圖記"。丁丙（1832—1899），字嘉魚，别字松生，號松存，錢塘（今浙江杭州）人。清藏書家。與兄丁申皆嗜書，家有"嘉惠堂"藏書。與瞿鏞、陸心源、楊以增並稱清末四大藏書家。藏書達八千餘種，二十萬卷。編有《八千卷樓書目》二十卷，又撰《善本書室藏書志》四十卷。《藏書志》著録書名、卷數、版本。又有解題，多考證之語。丁氏藏書於光緒三十三年（1907）售於江南圖書館，現存於南京圖書館。

《傳忠堂書目》四卷　周星詒原輯，羅振常重編　（民國二十五年〈1936〉上虞羅振常蟫隱廬石印本）

　　《文選》六十卷　二十四冊

　　案，此即胡克家刻本，陳徵芝過錄何焯校本。羅振常稱此書原僅注"胡刻"二字，漏記"過校"，據蔣鳳藻《秦漢十印齋藏書目》補。

　　周星詒（1833—1904），字季貺，原籍河南祥符，遷至浙江山陰（今紹興）。官至福建知府。清末文學家、藏書家、目錄學家。所藏雖無宋元精槧，但多前賢手錄稿本及名家校本。其中一部分得自陳徵芝帶經堂，約居十之二三。藏書處爲"書鈔閣"。後因抵償公款，以六千金將書售與蔣鳳藻，故蔣氏書後所編《秦漢十印齋藏書目》與周目同者占十之六七。葉昌熾《藏書紀事詩》卷七稱周星詒仿楊少師（即五代楊凝式）之例，鐫"癸巳人"一印，藏書精本用以押尾。其子亦仿趙鷗波（即趙孟頫），有"甲寅人"一印。

《皕宋樓藏書志》一百二十卷　陸心源撰　（中華書局，1990年）

　　《文選》六十卷　宋贛州學刊本　朱卧庵舊藏

　　剛案，陸氏稱："卷中有'毛晉一名鳳苞'陰文方印，'汲古閣'陽文方印，'字子晉''汲古閣世寶'兩陰文方印，'毛褒之印'陽文方印，'華伯氏'陰文方印，'毛氏藏書子孫永寶'朱文長印，'朱卧庵考藏印''休寧朱之赤印''留耕堂印'兩陰文方印，'留與軒浦氏珍藏'朱文方印，'浦玉田藏書記'方印。"案，朱卧庵名之赤，明末人。明亡後曾爲道士，精賞鑒收藏。

《文選》六十卷　明覆元張伯顏本

案，此即明弘治元年唐藩朱芝址刊本。又，陸氏《儀顧堂續跋》卷十三有《元張伯顏槧本〈文選〉跋》，似陸氏尚有一帙元刊《文選》，此書《皕宋樓藏書志》不載。傅增湘《藏園群書經眼錄》卷十七稱此實爲明嘉靖元年金臺汪諒刊本，陸心源誤題元刊。又據日本《靜嘉堂文庫漢籍分類目錄》，此書正著錄爲明刊。

《六家文選》六十卷　明袁褧覆宋本

陸心源（1834—1894），字剛甫，一字潛園，號存齋，晚號潛園老人，歸安（今浙江吳興）人。清末藏書家。曾購得上海郁松年宜稼堂藏書及周星詒等諸家藏書，十餘年得書十五萬卷。因讀《亭林遺書》，遂名其書堂曰儀顧堂。又建皕宋樓，專藏宋元舊槧及名人精抄、手校本，自稱有宋本二百種，實則不足此數。另建十萬卷樓，貯明以後秘刻及精抄精校書。又於潛園中建守先閣，貯普通書。皕宋樓與瞿氏鐵琴銅劍樓、楊氏海源閣、丁氏八千卷樓合稱清末四大藏書樓。陸氏仿張金吾《愛日精廬藏書志》體例，撰《皕宋樓藏書志》一百二十卷，著錄罕見的宋元刻本及舊刻書，詳記書名、卷數、版本、行款等。解題採《四庫提要》、阮元《四庫未收書目提要》及張金吾《愛日精廬藏書志》之要，三書未著錄時，各撰解題一篇，敘其流別。陸氏另有《儀顧堂題跋》十六卷、《續跋》十六卷。卒後，其子陸樹藩不能守業，竟售與日本岩崎氏靜嘉堂文庫。今靜嘉堂文庫登錄書，尚保留皕宋樓、十萬卷樓及守先閣之名。

《秦漢十印齋藏書目》四卷　蔣鳳藻撰　（鈔本）

《文選》六十卷　宋刊本　（李善注本）
《文選》六十卷　陳蘭鄰臨何義門校本　（李善注本）

案，陳蘭鄰即陳徵芝。陳氏書歸於周星詒，周又售與蔣鳳藻。蔣鳳藻字香生，吳縣人。清末藏書家。曾官福寧知府，頗得徐㶿、謝肇淛、陳第等遺書。與周星詒交好，周虧公帑，無以償，蔣鳳藻出三千金盡收周氏之書，貯於心矩齋中。曾聘葉昌熾爲他彙刊有《鐵華館叢書》六種，又刊有《心矩齋叢書》。撰有《秦漢十印齋藏書目》四卷和《鐵華館藏集部善本書目》。

《故宮所藏觀海堂書目》　楊守敬藏　何澄一編　（民國二十一年〈1932〉北平故宮博物院圖書館鉛印本）

《文選》　日本古鈔本
　　存二十一卷。缺卷二至卷四，卷十一至卷十四，卷十七，卷十八。有"新宮城書藏"朱印。十一冊。

《文選》六十卷　二十冊

案，即明汪諒翻元本。

又　六十卷　明刊本　十六冊
又　六十卷　十二冊

案，即清葉樹藩海錄軒朱墨本，錄何焯評點。

又　六十卷　十冊

案，即汲古閣本，錄何焯評。

《六家文選》六十卷　二十冊

　　案，即明袁褧刻本，共三部，其餘兩部一爲二十冊，一爲三十一冊。

　　又　五十卷　二十冊

　　案，即日本刊本，有"森氏開萬册府之記"朱印。

　　楊守敬（1839—1915），字惺吾，號鄰蘇，湖北宜都人。1880年至1884年隨何如璋、黎庶昌出使日本。時值日本維新之初，摒棄舊學，古書外流。楊守敬盡力搜集，廉價購古籍三萬餘卷以歸。撰有《日本訪古志》十五卷，對了解日本藏書極有幫助。歸國後於黃州租屋藏書，名"觀海堂"。1926年，藏書歸於故宮博物院，今歸北京大學圖書館。然古抄《文選》殘本二十一卷，今歸臺北故宮博物院。①

《木樨軒藏書題記及書錄》　李盛鐸撰，張玉範整理（北京大學出版社，1985年）

　　《文選》六十卷　（存卷十三至六十）　宋刊本

　　案，即宋淳熙尤袤刻紹熙計衡修補本。書末有淳熙辛丑（八年，1181）尤袤跋、袁說友跋，又紹熙壬子（三年，1192）計衡修板跋。有"寶勝院"楷書長方朱文印、"楊守敬印"白文方印。後有楊守敬跋和袁克文跋，袁跋稱楊守敬獲自日本又輾轉歸李木齋。楊氏《日本訪書志》著錄此書，其《留真譜初編》亦有留真。

―――――――

　　① 楊氏所藏日本古抄二十一卷，據此書目著錄當是原卷，但臺北故宮博物院圖書館藏楊本，似爲過錄本。原卷現在是在臺灣地區還是在日本，還需要再調查。

《文選》六十卷　明刊本

案，即明嘉靖元年（1522）汪諒覆元張伯顔本。

《重刊新雕文選》三十卷

剛案，此爲五臣注本，清末長洲蔣鳳藻心矩齋影抄宋紹興三十一年（1161）建陽陳八郎宅刻本。五臣注本傳世極少，錢曾《讀書敏求記》曾著録一部，李木齋據此便以爲此書底本即出於錢氏，其實不然。蔣氏對底本來源未作交代，但該底本現藏臺北"中央圖書館"，有汲古閣毛表、徐乾學、蔣鳳藻諸人印；最晚爲王同愈、吴湖帆、蔣祖詒所收藏，獨無錢氏印章或題識，知非也是園中物。

《文選》殘本四卷　北宋刊本

案，係明州本。李木齋稱爲北宋刊、南宋初修補者，存卷二十、二十一、二十七、二十八四卷。據李氏介紹之行款與藏印，此本與1927年故宫博物院編《故宫善本書影初編》所録明州本應爲同一帙。故宫博物院本闕卷二十至二十九凡十卷，李盛鐸得此四卷，潘宗周寶禮堂得卷二十二至二十五四卷。《故宫善本書影初編》爲傅增湘所編，但傅氏《藏園訂補邵亭知見傳本書目》説他清點故宫時，宫中尚存五十一卷，佚去九卷，與《書影》所記不符，或者傅氏清點以後又佚一卷。原書現存臺北故宫博物院，據該院《善本舊籍總目》著録，確爲五十卷。傅氏又説所佚九卷中的八卷（卷二十至二十八），爲盛昱意園收得，1912年盛氏書散，爲景賢所得，後袁克文得四册，餘爲李木齋收去。據傅氏説，袁克文還將其中第二十六卷析出與他易書，傅氏《雙鑑樓善本書目》有著録。又，周叔弢《自莊嚴堪善本書目》亦著録與李氏相同之四卷，且稱與寶禮堂所藏同爲一帙，疑即由李氏輾轉傳去。李氏藏書後歸北京大學圖書館，今北京大學圖書館所整理《木樨軒藏書題記及書録》，唯於此本無標號，當已爲李氏讓出。

李盛鐸（1858—1935），字椒微，號木齋，德化（今江西九江）人。近代藏書家。曾出任駐日本使館公使，辛亥革命後任大總統府顧問、參政院參政、議長等職。其藏書繼承乃祖、乃父餘緒，而更有所擴大，先後收購寧波范氏、商丘宋氏、意園盛氏、曲阜孔氏、聊城楊氏、四明盧氏、巴陵方氏、長沙袁氏等名家藏書，達十萬餘卷。出使日本期間，得島田翰幫助，盡購國內不常見或久佚之古書以歸。其中日本古活字本、古刻本和古鈔本，以及朝鮮古刻本尤多。藏書後售與北京大學，另一部分則售與美國哈佛大學圖書館。

《寶禮堂宋本書錄》 潘宗周撰 （江蘇廣陵古籍刻印社，1984 年）

《六臣注文選》殘本　一冊

案，即宋明州本，存卷二十至二十五四卷。詳見上文《木樨軒藏書題記及書錄》"《文選》殘本四卷"條。

潘宗周（1858—1939），字明訓，廣東南海人。經商致富，以巨資蓄書。先後收有"藝芸精舍""宜稼堂""海源閣""讀有用書齋"等名家藏書。因得袁克文宋刻《禮記正義》和《公羊經傳解詁》二書，遂名其齋"寶禮堂"。編有《寶禮堂宋本書錄》四冊，著書名、卷數、版式、刻工、藏印等。藏書經後人全數捐給國家，今藏中國國家圖書館。

《觀古堂藏書目》四卷 葉德輝撰 （1915 年葉氏觀古堂鉛印本）

貳號

《文選》六臣注六十卷二十本 （元大德古迂書院刻本）

叄號

《文選注》六十卷十六本 （清胡克家刻本）

拾號

《文選注》六十卷十本　　（汲古閣本）

肆拾號

《文選注》六十卷十二本　　（乾隆海錄軒刻套印本）

葉德輝（1864—1927），字煥彬，一字漁水，號郋園，一號直山，別號朱亭山民，湖南長沙人。家藏書十萬餘卷，藏書樓名"觀古堂"，與傅增湘有"北傅南葉"之稱。精目錄、版本之學，有《書林清話》十卷、《書林餘話》二卷，是研究目錄、版本重要的參考書。又有《郋園讀書志》十六卷、《觀古堂藏書目》四卷。藏書後被其子葉啓倬、葉啓慕賣與日本人。

《涵芬樓燼餘書錄》　　張元濟撰　　（商務印書館，1951年）

《六臣注文選》六十卷　　宋刊本　　六十册

案，即《四部叢刊》影印之底本。張氏本書解題說："是本無刊版時地，審其字體，當爲建陽刊刻。避寧宗嫌諱，則必在慶元（1195—1200）以後也。"張氏稱此本得自端方，缺卷三十至三十五，因此這六卷爲抄配者。從《四部叢刊》影印本看，無任何藏印及題跋，那麼端方以前的遞藏情況就不清楚了。除涵芬樓所收這本外，傅增湘也收得一本，題稱南宋建本，書中有明陳淳藏印，爲臨清徐昉舊藏（見傅增湘《藏園訂補邵亭知見傳本書目》）。此書從王文進《文禄堂書影》看，本是明陳淳之物，後歸季振宜，又入汪士鐘藝芸書舍，最後輾轉至徐昉而入傅增湘之手。傅氏藏書後全部捐贈北京圖書館。又，周叔弢曾藏有與此相同版本的一卷（卷五），後亦捐贈北圖。周氏《自莊嚴堪善本書目》於其書亦僅注宋刻本，都沒有像張元濟那樣明確判爲慶元以後刻本。

張元濟（1867—1959），字筱齋，號菊生，浙江海鹽人。近代出版家、圖書館事業家。1901 年到上海商務印書館工作，力購古今圖書。先後收得歸安陸氏、長洲蔣氏、會稽徐氏、太倉顧氏等藏書。於館內特闢涵芬樓收藏。不久，又收盛氏意園、丁氏持靜齋、繆氏藝風堂的大部分藏書。1924 年名爲"東方圖書館"，1926 年對外開放。1932 年 1 月 28 日，涵芬樓藏書慘遭日軍炸毀，僅有五百部精品移存在上海金城銀行倉庫，其餘全部化爲灰燼，這是中國現代藏書史上的一大浩劫。對幸存的五百部精品，張氏親加著錄，編爲《涵芬樓燼餘書錄》五冊。張元濟主持商務印書館多年，校印《百衲本二十四史》，影印《四部叢刊》正、續編，輯印《續古逸叢書》和《叢書集成初編》，爲弘揚傳統文化作出了不可磨滅的貢獻。

《群碧樓善本書錄》六卷　鄧邦述撰　（民國十七年〈1928〉江寧鄧邦述刻本）

《增補六臣注文選》六十卷　六十冊

案，即元茶陵陳仁子刻本，又稱茶陵本。鄧氏題爲"宋茶陵陳氏刻本"，因該書有"淳祐七年丁未春月上元日刊"木記一條。淳祐是南宋理宗年號，丁未即公元 1247 年，鄧以爲此本乃陳仁子入元以前刊刻，是元大德己亥（1299）本之祖本。剛案，書賈喜歡作僞，淳祐木記或爲書賈所爲亦難料定。

《寒瘦山房鬻存善本書目》七卷　鄧邦述撰

《六家文選》六十卷　六十冊

即明袁褧刻本。有"別下齋印""蔣光煦印"等，原爲海寧蔣光煦舊藏。

《文選》六十卷　二十册

案，即明汪諒刻本。

《文選》六十卷　二十册

案，即嘉靖晉藩刻本。

鄧邦述（1868—1939），字孝先，號正闇，稱漚夢老人、群碧翁，江寧（今江蘇南京）人。近代藏書家、目録學家、文學家。曾入端方幕下，協助收購丁氏八千卷樓藏書，籌辦江南圖書館。因收得宋本《群玉詩集》《碧雲集》兩種唐人集（曾經黃丕烈收藏），遂名其書樓爲"群碧樓"。後又得孟郊、賈島兩種明刻，又把"郊寒島瘦"作爲藏書樓名。《群碧樓善本書録》是他售書與中央研究院書目，《寒瘦山房鬻存善本書目》是鬻而未盡者之書目。

《適園藏書志》十六卷　張鈞衡撰　（臺灣廣文書局，1968年）

《文選》六十卷　宋刊本

尤刻本。張氏稱此本乃宋印祖本，書後袁説友跋已佚，《李善與五臣同異》一卷亦不存。有"謙牧堂藏書記"印，係揆敘舊藏。此書後歸其子乃熊，乃熊稱本是汪閬源舊藏。

張鈞衡（1872—1927），字石銘，浙江吴興人。近代藏書家。酷嗜典籍，家有九松精舍，另建有適園，藏書十餘萬卷。編有《適園藏書志》，實爲繆荃孫代筆。卒後，藏書傳與其子乃熊。

《芹圃善本書目》　張乃熊撰　（臺灣廣文書局，1969年）

《文選》六十卷

案，即南宋尤袤刻本，見上。

《文選》六十卷

案，即六家本。明刊。宣德三年（1428）高麗古活字本。

《文選》六十卷

案，係李善注本。明成化刊本。

《文選》六十卷　三十冊

案，係汲古閣刊本。祝芷塘過錄何義門批校。

張乃熊，字芹圃，一字芹伯，鈞衡長子。寓居上海，廣求善本。尤致力於黃丕烈批校題跋之書，所得極宏富，人莫能比。藏書於抗戰期間悉售與中央圖書館，今藏臺灣。

《雙鑑樓善本書目》　　傅增湘撰　　（民國十八年〈1929〉江安傅增湘藏園刻朱印本）

《文選》二十五卷

案，即宋明州本。存卷三至五、卷九至十一、卷十五至十七、卷二十一至二十三、卷二十六至三十五、卷四十五至四十七。據傅氏《藏園群書經眼錄》，他於 1921 年從寶應劉啓瑞家得二十四卷，出自內閣大庫，蝶裝八冊，以蟲傷不可復理，改定為二十四冊。傅氏又從袁克文處得第二十六卷，爲天禄琳琅舊藏，實與此二十四卷非一帙，而與故宫博物院藏五十卷者爲一帙。詳見本篇《木樨軒藏書題記及書録》"《文選》殘本四卷"條。

《文選》二卷

案，即宋建州刊本。存目録一卷和第十一卷。據《藏園群書經眼録》，傅增湘 1931 年以六千金從臨清徐坊處收得全帙建本《六臣注文選》，與張元濟涵芬樓所藏本同。但涵芬樓藏本缺卷三十至三十五，印本亦差晚，此則六十卷完整。曾經明陳淳、孫朝肅、孫孝若及清季振宜、汪士鐘等遞藏。

《文選》六十卷

案，即明刊本，共四部，即唐藩翻元張伯顔本、嘉靖時翻茶陵本、崔孔昕刻本、汲古閣刻本。汲古閣刻本有臨何義門、錢湘靈批校。

《六臣注文選》六十卷

日本慶長活字本，傅氏稱從四明本（即明州本）出。

傅增湘（1872—1949）字沅叔，一字淑和，號書潛，筆名清泉、逸叟，自號雙鑑樓主人、藏園居士，四川江安人。光緒進士，選庶吉士，散館授編修。曾任中華教育會副會長、内閣教育總長、大總統顧問、北京財政委員會委員長、故宮博物院管委會委員。1927 年任故宫圖書館館長。精目録、版本，搜書之勤、藏書之富、版本之精，爲近代藏書家之首。因藏有宋元刊《資治通鑑》兩部，遂名其藏書處爲"雙鑑樓"。又取蘇軾"萬人如海一身藏"之句，名其居"藏園"。1929 年編有《雙鑑樓善本書目》四卷，收書一千二百八十七種，宋刊有一百八十餘種。又編有《藏園群書題記》《藏園群書經眼録》《藏園訂補郘亭知見傳本書目》等。早年發願校書一萬卷，竟如其願。1947年以藏園群書中的三百七十三部、四千三百册，捐贈給北平圖書館。逝世後，後人又先後無私捐獻四百八十部、三千五百餘册，今藏中國國家圖書館。

《嘉業堂藏書志》　　劉承幹撰　　（民國間鈔本）

《六臣注文選》六十卷

案，即宋贛州刻本。劉氏據此本刻工張明、嚴忠、金祖同見於宋孝宗時刻本《世説新語》，斷此爲乾道（1165—1173）、淳熙（1174—1189）間刻本。

《文選》六十卷

案，即明唐藩刻本，李善注。

劉承幹（1881—1963），字貞一，號翰怡，浙江南潯人。劉承幹1910年開始藏書，先後購得寧波盧氏抱經樓、獨山莫氏影山草堂、仁和朱學勤結一廬、豐順丁氏持静齋、太倉繆氏東倉書庫等家遺書。全盛時期達五十七萬餘卷，號稱六十萬卷。其中珍本、善本約計有宋、元刊本兩百種，明刊本二千種，清刊本五千種，鈔本二千種。嘉業堂藏書以宋刊《史記》等前四史爲鎮庫之寶。清末民初，嘉業堂與陸心源䤿宋樓、蔣汝藻密韵樓、張鈞衡適園合稱吴興四大藏書樓。藏書後售與復旦大學圖書館和浙江省圖書館。

《自莊嚴堪善本書目》　　周叔弢撰　　（天津古籍出版社，1985年）

《文選》六十卷　北宋刻遞修本　十四册

案，即北宋天聖（1023—1032）、明道（1032—1033）間刊本，諱字至"通"而止。出自内閣大庫。存二十一卷。

《文選》六十卷　南宋明州本　四册

剛案，存四卷，與李木齋所藏相同，應從彼處流出。周氏稱："《天禄琳琅書目續編》卷七著錄，即此本，潘氏寶禮堂所藏數卷，與此爲一帙。"

《六臣注文選》六十卷　宋刻本　一册

案，即南宋建州本，存一卷，卷五。

周叔弢（1890—1983），一名暹，江蘇揚州人。新中國成立後曾任天津市副市長。喜藏書，搜求孤本、善本，不惜巨資。傅增湘《周君叔弢勘書圖序》稱周氏藏書，卷帙必取其周完，楮墨務求精湛，尤重昔賢之題識與傳授之淵源。凡俗書惡印、點污塗抹之累，寧從割舍，不予濫收。故其藏書不侈閎富之名，而特以精嚴自勵。20世紀40年代他曾爲自藏書目作序，稱："數十年精力所聚，實天下公物。不欲吾子孫私守之。四海澄清，宇内太平，應舉贈國立圖書館，公之世人。"於此可見其藏書品格。自1952年至1957年，他先後無償捐獻藏書四萬餘册、文物一千二百六十多件，卒如其言。周氏藏書今存中國國家圖書館。

《文選》版本在明清的存藏和流傳

《文選》一書，自有版刻以來，即爲藏書家視爲珍秘之書，而百方羅致，以求庋藏①。對明清藏書家來說，宋元板《文選》已難得覓見，若有幸購得，自然奉爲寶物而不輕易示人。這當然對書籍的保管非常有利，但對流傳、使用來說，就是一大弊病了。以胡克家的《文選考異》爲例，他約請了當時深孚衆望的版本學家顧廣圻和彭兆蓀從事這一工作，以他們這樣的身份也只見到一種宋刻，而且還是經過修補的後印本。《文選考異》自然就有許多局限，以致得出錯誤的結論。

　　《文選》版本大致說來有三種系統，即李善注本、五臣注本和六臣注本。李善注本最早者爲北宋天聖年間刊刻的國子監本，其後有南宋淳熙年間尤袤刻本、元張伯顏刻本，明清間的刻本基本便從宋元版本而來。五臣注本刊刻最早，五代時蜀毋昭裔曾刻有一部，但此本早已失傳。現在存見的五臣本有臺北"中央"圖書館所藏南宋紹興三十一年（1161）陳八郎刻本，此本曾經清蔣鳳藻心矩齋影寫，原爲李盛鐸木樨軒所藏，今藏北京大學圖書館。陳八郎本外，尚有南宋杭州開箋紙馬鋪鍾家刻本，此本今僅存二十九、三十兩卷，前者藏北京大學圖書館，後者藏中國國家圖書館。六臣本實際上分五臣在前、李善在後和李善在前、五臣在後兩種，前者稱六家本，後者稱六臣本。六家本的傳世版本主要有宋廣都裴氏刊本、宋明州刻本，以及明袁褧覆廣都本；六臣本有南宋贛州刻本、建州本（即《四部叢刊》影宋本），以及元茶陵陳仁子古迂書院刻本（又稱茶陵本）等。以下分別就明清兩朝民間藏書家庋藏《文選》版本的情況加以介紹。

一、《文選》版本在明代的存藏和流傳

　　明人去宋未遠，所見所藏宋版《文選》多於清人。但正如清人孫

---

① 葉德輝《書林清話》卷六"宋刻書著名之寶"條記："宋板書自來爲人珍貴者，一《兩漢書》，一《文選》，一《杜詩》，均爲元趙文敏松雪齋故物。"

星衍所説："《文選》善本行世最少。"① 李善注本《文選》不惟在清代不易多見，即明人也所見不多。清阮元曾得一部尤刻本，據他在《南宋淳熙貴池尤氏本〈文選〉序》中説："此册在明曾藏吴縣王氏、長洲文氏、常熟毛氏。"② 王氏當爲王寵，文氏即文徵明，都是明代著名藏書家。毛氏即毛晉，既是藏書家，又是書商。然毛晉雖有尤刻本《文選》，他所刻的李善注《文選》却不是根據的尤刻，其中很多地方還雜有五臣注痕迹。《四庫全書》所收李善注《文選》，即毛氏汲古閣本，四庫館臣懷疑他本人没有見到過李善本，所刻的李善注本是從六臣本中抄出的。這當然是一種猜測，阮元曾以尤刻本與汲古閣本對校，稱"毛板訛脱甚多"，因而懷疑毛氏汲古閣本《文選》或爲"刊板後始獲此本，未及校改"③。李善本之外，明人所藏以六臣本和六家本爲多。《天禄琳琅書目》卷三著録了四部宋本六臣注《文選》，本來均是私家收藏，後入内府。其第一種，二函，二十册本，《書目》定爲北宋刊本，稱："是書不載刊刻年月，而大小字皆有顏平原法。案，明董其昌《跋顏真卿書送劉太冲序後》有'宋四家書派皆宗魯公'之語，則知北宋人學書，競習顏體，故摹刻者亦以此相尚。其鐫手於整齊之中寓流動之致，泂能不負佳書。至於紙質如玉，墨光如漆，無不各臻其妙，在北宋刊印中亦爲上品。"其實此本即贛州州學本，據杜信孚、漆身起《江西歷代刻書》説，此本刻於南宋紹興三十二年（1162）④。但《天禄琳琅書目》所載第三種六函三十册本，《書目》稱與此本同版而摹印在後，"書中有'寶慶寶應州印'及'官書不許借出'木記。按《文獻通考·輿地考》載宋理宗寶慶間以逆全（按即李全）之亂，降淮陰郡爲淮安軍。又以寶印縣⑤爲寶應州，是寶應州之名自理宗時始建，故官印於州名之上

---

① 《元本〈文選〉跋》，見楊紹和《楹書隅録》卷五所引，中華書局1990年影印本。
② 阮元《揅經室三集》卷四，中華書局，1993年。
③ 同上。
④ 杜信孚、漆身起《江西歷代刻書》，江西人民出版社，1994年。
⑤ 此據中華書局《清人書目題跋叢刊》本，1995年版。崔文印《校讀〈天禄琳琅書目〉札記》以中華書局藏鈔本與之相校，稱鈔本作"寶應縣"，又據《文獻通考》卷三一八《輿地考》："以寶應縣爲寶應州。"是"印"爲"應"之誤，宋亦無寶印縣。文載《書品》1996年第3期。

冠以紀年。此本係北宋時刻版，印於南宋，而稱爲官書，則知爲北宋官刻，宜其雕槧精良，甲於他版也"。據此，似贛州本的底本亦出於北宋。

此本載有元趙孟頫，明王世貞、王穉登、周天球、張鳳翼、汪應婁、王醇、曹子念，清初李楷及乾隆皇帝諸人跋文，可見其珍貴。據跋文及藏印，可知此本最早爲元趙孟頫所藏，後爲徐縉所得。徐縉字子容，吳縣人，歷官吏部左侍郎，卒諡文敏。張鳳翼跋稱："予嘗見此書於徐文敏嗣君架上，云是文敏所鍾愛，以貽其後之人者。其紙墨精好，神采焕發，令人不忍去手；且其間有趙文敏識數語①，則知此書嘗入松雪齋中。夫先後相去二百年而遙，而去一文敏復歸一文敏，豈《文選》之爲文也，固自有夙緣耶！"徐縉卒後，此書傳其後人，然終不能守，復爲華亭朱大韶得去，王世貞及王穉登跋文都稱在朱氏家中見到此本。又據王世貞跋文，朱大韶卒後，"有客持以見售，余自聞道，日束身團焦，五體外無長物，前所得《漢書》，已授兒輩，不復置几頭，寧更購此？因題而歸之"。看來朱氏去世後，此本復又流出，王世貞既未購藏，不知竟歸何人。此本又載周天球八十歲時題跋，他說五十餘年前曾在崦西公家見過此書，周天球八十歲時是萬曆二十一年（1593）②，五十餘年前當爲嘉靖二十二年（1543）以前。崦西公即徐縉，周天球少從文徵明游，時或在徐縉處見到此書。待萬曆二十一年周天球再次見到此書時，則已落入汪道會處了。汪氏字子嘉，歙（今屬安徽）人，著有《小山樓稿》。就在這同一年，曹子念也在汪道會處見到此書（見曹跋）。汪道會之後，此本爲湯賓尹購藏，汪應婁、王醇並有跋記其在湯氏處所見之情形。王醇所見當萬曆二十三年（1595），去周天球、曹子念在汪道會處見此書僅隔二年，則已易主矣。湯賓尹之後，此書又不知幾易其主，惟清順治六年（1649）李楷題跋，稱此書爲吳君所得，藏印中有"吳宇衡印"，想即此人。除了上述各藏家之外，此本藏印還有"洪雲行印""王嚴"等人。

---

① 崔文印稱鈔本作"手識數語"。
② 王欣夫《藏書紀事詩補正》卷二記《過雲樓書畫記·周公瑕墨蘭卷》有"萬曆甲午冬日，八十一翁周天球作於鑑止堂"題記，萬曆甲午是二十二年（1594）。上海古籍出版社，1987年。

這一部六臣注《文選》經趙孟頫收藏以來，遞藏流傳至於清初，最終歸入內府。皇室收藏，本爲幸事，然孰料嘉慶二年（1797）乾清宫失火，殃及一墙之隔的昭仁殿，不僅此書，所有《天禄琳琅書目》著録之書並付一炬，這也是《天禄琳琅書目後編》著録之書，無一《前編》之書的原因①。書林之厄，這一次也算是極大的災難了。至於莫棠在劉承幹嘉業堂所藏贛州本《文選》跋文中稱其即與趙松雪所藏爲同一部②，當爲誤識。嘉業堂藏贛州本《文選》，另有出處，詳見後文。

　　《天禄琳琅書目》著録的第二種六臣注《文選》，二函，十六册。《書目》稱此書與前部係出一版，而紙墨之色、摹印之工，亦無軒輊，洵堪用寶。此本藏印有"鼎""元""季雅""陳帆之印""汪洪度印""於鼎""吳肇南印""雪晴齋書畫記""翠竹山房""玉女峰""樵父""奇滋""真籟發而清風至""俞異庵""平子氏""俞氏書畫之印""敬彦""攄誠效義靖遠功臣世家""南浦別字蒙谷"等。其中汪洪度，字於鼎，前本《文選》亦有其藏印，與洋度爲兄弟。"鼎元"與"季雅"皆明王世貞印。但"鼎元"却係"鼎元"之誤。葉昌熾《藏書紀事詩》卷三引《東湖叢記》説："毛子晉云：'王弇州藏書，每以"貞元"二字印鈐之，又别以"伯雅""仲雅""季雅"三印。'"又引莫友芝《宋元舊本書經眼録》説："《晉書》宋本，有'鼎元''季雅'印。毛晉跋云：'此書爲王弇州所藏，"貞元"本唐德宗年號，印恰符先生名字，故其秘册往往摹而用之，下必繼以三雅印。'"葉昌熾説："'貞'從籀文作'鼎'，故《天禄琳琅》凡遇'鼎元'印，皆誤作'鼎'。"陳帆，字際遠，號南浦，又別字蒙谷，藏印中"南浦別字蒙谷"即陳帆之印。汪、王、陳三人之外，餘印無考。除了以上著録的藏印，《書目》稱還有"清暉館"一印，編者以爲是歙縣吳孔嘉，其有《清暉館集》。但《藏書紀事詩》卷三載明人孫七政亦有清暉館，則不知究屬何人了。

　　《天禄琳琅書目》所載第三種六臣注《文選》，二函十六册。《書目》稱此書亦前版而摹印，並出一時。卷六十末有"朱氏明仲家塾"

---

① 參見施廷鏞《天禄琳琅查存書目》，載《圖書館學季刊》第1卷第3期（1926）。
② 參見《嘉業堂書影》，1929年吳興劉氏影印本。

識語，藏印亦有"明仲"，然其人已無可考。此書本爲宋趙孟堅所藏，孟堅字子固，號彝齋，寶慶二年（1226）進士，官至朝散大夫，知嚴州府。卷五十八有"子固"白文印一枚。其餘藏印有"翠竹齋""梅華屋""玉蘭堂""竹塢""江左""梅溪精舍""鐵硯齋""王印履吉""古吳王氏""季振宜藏書""宋本""五峰樵客""浙右項篤壽子長藏書""徐尚德萬卷樓藏書印""坦齋""桂岩書籍""一丘一壑""別峰""天柱道人""梅月"等。前六種印爲文徵明所有，"鐵硯齋"及"古吳王氏"即王履吉印。王履吉即明人王寵，文徵明《王履吉墓誌銘》說："君諱寵，字履仁，後更字履吉，別號雅宜山人。"葉昌熾《藏書紀事詩》卷二說："滂喜齋藏宋刻《雲齋廣錄》有'王履吉印''鐵研齋'二朱記。又宋刻《東觀餘論》、元本揚子《法言》，並有'古吳王氏''王履吉印'，與'竹塢''玉蘭堂''翠竹齋''梅溪精舍''五峰樵客''文氏'諸印，雜側不分。當是雅宜遺書，身後盡歸竹塢。"文氏一門盡精藏書，藏印中"五峰樵客"即文徵明侄兒文德承。又項篤壽，字子長，明藏書家，其弟即項元汴，兄弟並好收藏，築萬卷堂貯之。《讀書敏求記校證·補遺》記："馮柳東云：'《六臣注文選》，余嘗見曹倦圃侍郎藏本。第一卷有"浙西項氏篤周萬卷堂圖籍印"。'"項篤周即項元汴，如是則項氏兄弟並藏有《六臣注文選》。文中的曹倦圃即曹溶，明末清初藏書家，有《靜惕堂書目》。據此記載，項元汴所藏《文選》後爲靜惕堂所有。季振宜是清人，此處不論，惟藏印中有"宋本"一顆，當亦爲季氏所有，而非毛晉。除以上諸人外，餘印無考，然大致可以見出此本《文選》遞存情況。此書在宋曾爲趙孟堅所藏，入明爲王寵所藏；王寵卒後，書盡歸文徵明，其後輾轉落入項篤壽之手。清初季振宜收得，後入內府。

《天祿琳琅書目》著錄的第四種六臣注《文選》，六函三十册，即前引之北宋寶應官府本。藏印有"宋本""呼童掃落花""南楚車氏鑒藏""即是深山""江左""竹塢""玉蘭堂""王履吉印""古吳王氏""武陵人""桃花源里人家""彥敬""季振宜藏書""吾道在滄州""滄葦""御史振宜之印""吾唯知足""三華吳氏圖書""原喆之印""浙右項篤壽子長藏書"等。就藏印看，此本遞藏情況與上一部大致相同。

藏家可考者有王寵、文徵明、項篤壽、季振宜等。

《天禄琳琅書目》又著録六家《文選》一部，六函六十一册。《書目》稱："此書與前四部别爲一版，亦未載刊刻年月，惟昭明序後有'此集精加校正，絶無舛誤，見在廣都縣北門裴宅印賣'木記。考《一統志・四川統部表》載益州蜀郡東晉分成都，置懷寧、始康二郡，又分廣都縣，置寧蜀郡，是廣都縣之稱，得名最古。宋時鏤版，蜀最稱善，此本字體結構精嚴，鎸刻工整，洵蜀刊之佳者。木記應是當時裴姓書肆所標，亦廖氏世綵堂之例也。"此即廣都本，爲明袁褧覆宋本的底本。木記亦爲袁本保留。此本藏印有"汲古主人""毛氏子晉""與之父""鏡機子""子晉"等。《書目》稱卷六十後有"袁氏昌安堂珍藏"識語，又稱未詳其人，其實昌安堂乃明人袁褧齋名，則此本或由袁褧傳至毛晉。

除以上五種宋版《文選》外，《天禄琳琅書目》著録的元版《文選》僅有一種，六函六十一册，是張伯顔刻本。《書目》稱："張伯顔無考，其摹刻此書頗得宋槧模範，第書中只收李善一人之注，而又録吕延祚《進五臣注表》，未免自淆其例矣。"按錢大昕《十駕齋養新録》引鄭元祐《僑吴集》有《平江路總管致仕張公壙志》云："公諱世昌，字正卿，成宗賜名伯顔。由將作院判官累任慶元路同知，延祐七年（1320）升奉政大夫池州路同知。泰定五年（1328）改福寧州尹，後遷漳州路總管。告老，以平江路總管致仕。"此本乃張伯顔於延祐年間刻於池州，即以尤刻爲底本。《書目》未著録藏印，其遞藏情況就不清楚了。

以上是《天禄琳琅書目》著録的宋元版《文選》情況，從中可以想見這些版本的珍貴，可惜全部毀於嘉慶二年（1797）之火，這是無可挽回的損失。同年，乾清宫復修，重命善本補藏其中，並命大學士彭元瑞等續編《後編》，次年告成。書凡二十卷，著録宋、金、元、明版六百六十三部，體例一依《前編》。《後編》著録的宋版《文選》共有九部，一部贛州本，季振宜舊藏；一部明州本，藏印有王寵、文徵明、毛晉、毛表，以及慈谿楊氏等家。《書目》稱書首副葉"慈谿楊氏"印上墨書"石田耕叟"四字，目録中列《古文苑》中《文選》所未收之文，各卷中間有評語，皆爲一人手迹，其人不可考，當是慈谿楊簡的後人。此二部《文選》外，又四部有國子監准敕節文，三部爲宋廣都裴氏刻本。但其中恐有假冒者，清張允亮編《天祿琳琅現存書目》，在"明版"中於袁褧刊本《六家文選》下即注："原題宋版。"可見彭元瑞等誤將袁本當作裴氏本了。彭元瑞誤題宋版的情況尚不在少數，版本學家施廷鏞曾於1924年參加清宮善後委員會，從事整理昭仁殿藏書，他在《故宮圖書記》中說："《天祿琳琅後編》著錄之書，南陽葉煥彬氏德輝，據《書目》所載考訂其版本，已多名實欠真。今就書審察，尚有不止此者。如宋版集部類《六家文選》一書，係明袁褧刻本，惟袁氏跋文已無，而卷末之'吳郡袁氏善本新雕'書牌，已挖換'紹興乙亥萬卷堂鐫'等字。其紙墨之色，觸眼即覺與四周不同，然而據此書牌定爲宋刊。又如元版集部類，亦有《文選》一部，與明袁褧本行款、字體纖毫無異，所有卷末半頁，則已撕補，竟亦定爲元刊。"① 除了施文所指這兩種外，《後編》著錄的第四種《六家文選》（四函二十冊），有莊虎孫跋文，略云："宋槧《文選》二十冊，得之外舅東山王氏，是吳文定公貽其五世祖文恪公者，每冊有'叢書堂'記，乃文定藏書之所也。"此本實即袁褧刻本，今藏中國國家圖書館，《北京圖書館古籍善本書目》著錄爲12398號。然據莊氏跋文，定爲宋版的並非始自彭元瑞，而是自明吳寬以來就誤以爲宋本，所以作爲珍貴的禮物贈給王鏊，而王氏子孫守之三百年復歸王氏之婿莊虎孫。其後宋犖撫吳時又得之莊氏，輾轉流傳，並以爲宋本也。

《後編》著錄的三部廣都裴氏刻本，前兩部同一版式，在昭明序後有"此集精加校正，絕無舛誤，見在廣都縣北門裴宅印賣"木記，書末刻記："河東裴氏考訂諸大家善本，命工鋟於宋開慶辛酉季夏至咸淳甲戌仲春工畢。把總鋟手曹仁。"據刻記，此本刊刻已在南宋末年。開慶爲理宗年號，然開慶僅有一年，時當己未（1259），辛酉（1261）則是景定二年，不當稱"開慶辛酉"，所以此書來歷有些可疑。今臺北故宮博物院圖書館尚藏有一帙，據吳哲夫先生《故宮善本書志》介紹說，此本每半葉十一行，行大字十八字，小注雙行，行二十六字，左右雙欄，版心白口。僅存卷一至十七、二十七、二十八、五十一至五十七等

---

① 施廷鏞《故宮圖書記》，《圖書館學季刊》第1卷第1期（1926）。

二十六卷，餘皆以明袁褧覆刊裴本補配。首附李善《上文選注表》暨國子監准敕節文，次附吕延祚《進集注文選表》，其後有"嶺南李天麟君瑞父手記"手書題記一行，再次附目録。避宋諱至孝宗止，光宗以下寧宗、理宗、度宗諸帝諱皆不闕筆，未詳其故①。吴文又稱此本昭明《文選序》已佚，此説與游志誠先生《昭明文選學術論考》所言不合。案，游氏稱今藏臺北故宫博物院圖書館的宋廣都裴氏本，其書每半葉十一行，行二十字，小字雙行，亦行二十字。先爲昭明《文選序》，次爲李善《上國子監文選注表》，表後有准敕節文②。二説不同，不知是否爲同一版本。不論如何，此開慶咸淳本並非袁褧刻本的祖本是肯定的。

關於廣都裴氏刻本，一般都信從朱彝尊的説法，朱氏《宋本六家注〈文選〉跋》説："六家注《文選》六十卷，宋崇寧五年鏤版，至政和元年畢工。墨光如漆，紙堅緻，全書完好。序尾識云：見在廣都縣北門裴宅印賣。蓋宋時蜀箋若此也。"③ 據朱彝尊之説，廣都裴氏本刻於北宋徽宗時，是蜀本，也是袁褧刻本的祖本。朱彝尊所見本出於太倉王氏賜書堂，王氏即明人王錫爵。標有"崇寧五年鏤版至政和元年畢工"字樣的北宋刻本，除了朱彝尊於王氏賜書堂所見外，又據章鈺《錢遵王〈讀書敏求記〉校證補遺》"五臣注文選"條引馮柳東説，他在清曹溶静惕堂處也見到過。他説："六臣注《文選》，予嘗見曹倦圃侍郎藏本，每卷首有'宋崇寧五年鏤版至政和元年畢工'字一行，墨光如漆，紙堅白無痕，蓋宋代蜀箋。"似乎王氏藏本後來遞傳至曹溶處。但馮柳東所見的這個宋本並不是北宋原本，而是南宋嘉定二年（1209）翻刻本。馮柳東説："是本遇宋諱皆缺筆，每卷尾有'嘉定二年成都裴氏鏤版印賣'字一行，是爲南宋蜀本。"看來北宋崇寧五年本，除了朱彝尊外，再未見有誰見到過，這的確是一個疑點。從馮柳東所説看，我們懷疑朱彝尊在王氏賜書堂所見之本，其實就是馮柳東在曹溶處所見到的本子，這樣的話，到底有没有北宋的刻本就更加值得懷疑了。考察南宋開慶咸

---

① 吴哲夫《故宫善本書志》，臺灣《故宫圖書季刊》第四卷，第二册，1973年。
② 游志誠《昭明文選學術論考》，臺灣學生書局，1996年，第521頁。
③ 朱彝尊《曝書亭集》卷五十二，《四部叢刊》本。

淳本記，並不排除河東裴氏與廣都縣裴氏即一人的可能性。并且如果開慶咸淳本是廣都裴氏本覆刻本的話，又不應該稱作"考訂諸大家善本"，這樣的識記，總給人以河東裴氏乃這一刻本的首創者的感覺。

　　總之，或許開慶咸淳本不可靠（如稱"開慶辛酉"語），或許朱彝尊所見有誤。正是因爲這樣一些誤識，後人往往混淆二本的區別，或者將朱氏所見本作爲袁褧刻本的祖本，或者將開慶咸淳本作爲袁本的底本。如傅增湘《藏園群書經眼錄》卷十七"六家文選六十卷"條記其在故宮昭仁殿所見宋刊大字本《文選》："是書字體古茂疏勁，版式闊大，與眉山刊蘇文忠、蘇文定、秦淮海諸集相類，蓋即蜀中刊本。考其行格與明袁褧嘉趣堂翻宋廣都裴氏本同，當爲裴氏原刊本。"案，此本即開慶咸淳本，1929年故宮博物院圖書館編《故宮善本書影初編》收錄，這是傅增湘亦將開慶咸淳本認作袁本的祖本了。又如吳哲夫先生亦稱開慶咸淳本即朱彝尊所見本："細審此本避南宋帝諱至孝宗止，則其付梓年代必不得早於高宗，竹垞審之未諦也。"這是持此本與崇寧政和本相同的看法。據吳文介紹，此本鈐有"陳氏子有""竹素堂""丙戌進士""淮南蔣氏宗宜""西樵公子""思珍堂""豫園主人""雲間潘氏仲履及圖書""李天麟印""憲簾草堂""君瑞父""沅叔審定"諸藏書鈐記。前三鈐記爲陳所蘊藏書印，陳所蘊字子有，萬曆進士，仕至南太僕少卿，著有《竹素堂》正、續集。次三印記無考。又次二印爲潘允端所用，潘氏字仲履，明上海人，嘉靖四十一年（1562）進士，以四川右布政使移疾歸。以下三鈐記爲李天麟藏書用章。最後一鈐記爲傅增湘藏書章。吳哲夫又稱此本爲《天祿琳琅書目》著錄，考《書目前編》僅著錄一部《六家文選》，乃汲古閣所藏，《後編》共著錄三部廣都裴氏本，藏印並與此本不同，是此書並未經《天祿琳琅書目》著錄。

　　《後編》著錄的三部廣都裴氏本存藏情況：1. 四函三十二冊本，藏印有朱大韶、潘允端、顧從德等家。又有"慈谿"鈐記，當爲明人楊氏；"琅琊王氏珍玩"鈐記，爲明歸有光妻王氏。此外又有"馬○之印""堅耐之印""軍曲""充庵"等鈐記，皆無考。2. 六函六十冊本，藏印有朱大韶"及第進士藏書畫印記"、吳寬"古太史氏"、宋濂"景濂"及王氏"琅琊王氏珍玩"諸鈐記。又有"開山第一家藏書畫印""聯部尚書"

"何喬""金吾伯子印信""超然堂印"（據陳德芸《古今人物別名索引》，清吳長讀書堂爲"超然堂"，不知是否其人，待考）等不可考。
3. 四函三十二册本，藏印有"楚王之章""于氏家藏""南州高士東海豪家""琅琊王氏珍玩""琅琊王元美氏"等。《書目》稱此書爲"明楚府藏本，又入于氏、王氏；其八字一印則徐氏也；元美，王世貞字"。

明人所藏《文選》，除了《天禄琳琅書目》前、後編著録的情況，從一些私家藏書著録中，也可窺見其在民間的存藏。就目前所能見到的明人藏書目録，皮藏有《文選》的藏家主要有李廷相、朱睦㮮、范欽、晁瑮、高儒、陳第、趙用賢、趙琦美、祁承㸁、徐𤊹等。然諸家著録僅晁瑮《寶文堂書目》①、趙用賢《趙定宇書目》②、趙琦美《脈望館書目》③ 等記版本（范欽《四明天一閣藏書目録》④ 不著版本，然范懋柱編《天一閣書目》⑤ 則詳記版本），餘皆不明。明記版本的諸家，僅晁瑮藏有一部元刻，趙琦美以千字文編號著録，餘字號爲舊宋元板書，中有《文選》一包，可惜未詳細説明爲何種版本，以及是哪一家注本。

以上是明代民間所藏《文選》版本的大致情況，從《天禄琳琅書目》前、後編的著録情況看，明代所藏宋、元版《文選》的六家本、六臣本比較多，李善本的宋版未見著録，元版亦僅見於《前》《後》編各一部⑥，至於五臣本，則一部也没有。這説明李善本與五臣本行世的確太少。又從現存的明代藏書目録看，民間宋版《文選》，則連六臣本、六家本也不多見了。

二、《文選》版本在清代的存藏和流傳

與明代藏書家相比，清代藏書家的著録更加專業化，除了書名、作

---

① 晁瑮《寶文堂書目》，古典文學出版社本，1957年。
② 趙用賢《趙定宇書目》，古典文學出版社本，1957年。
③ 趙琦美《脈望館書目》，《涵芬樓秘籍》本。
④ 范欽《四明天一閣藏書目録》，《玉簡齋叢書》本，清宣統二年（1910）上虞羅氏刻本。
⑤ 范懋柱《天一閣書目》，清嘉慶十三年（1808）文選樓刻本。
⑥ 施廷鏞《故宮圖書記》説《後編》元版集部類《文選》與明袁褧刻本纖毫無異，指爲後人僞以明版充元版。但是袁刻本是六家本，而《後編》著録的元版却是張伯顔所刻的李善本《文選》，二書完全不同，難以作僞，故疑施氏所指有誤。

者、卷册外,清人於版本一項,所記更爲詳細,如宋版、元版、明版、宋元抄、舊抄等,一一記叙明白。此外清人藏書並不僅限於藏,而多親自校訂、整理,故藏書家兼學問家傾向十分明顯。以《文選》爲例,藏書志除了記其爲某版之外,往往還記其與其他版本的異同、優劣,這爲後人的版本研究提供了方便,這也是我們作清代《文選》版本存藏研究遠勝於明代的地方。

清初私家著録的宋元版《文選》,當以錢曾《述古堂藏書目》《也是園藏書目》季振宜《季滄葦藏書目》徐乾學《傳是樓宋元本書目》等,最爲明確。錢曾《述古堂藏書目》① 著録兩部宋版,一部李善注,一部六臣注。除此之外,《也是園藏書目》② 又著録有《五臣注文選》一部。關於李善注本和五臣注本,錢曾《讀書敏求記》有詳細的解説,他説李善本有元人跋語,從現有的材料看,似乎不見有元人跋語的李善本。案,錢遵王所藏李善本,馮武和陸貽典曾借校過,張金吾《愛日精廬藏書續志》③ 卷四"文選六十卷"條録馮、陸二人跋語,馮武在己亥歲(即順治十六年,1659)校過一次,陸貽典則在次年校過。陸跋説:"庚子(即順治十七年,1660)正月二十四日,借遵王宋刻本校。"馮、陸校本後爲顧廣圻所得,嘉慶元年(1796)顧氏又借得同鄉周錫瓚(香嚴)藏殘宋尤袤刻本重爲細勘。據顧廣圻説,馮、陸所據本即周香嚴藏尤刻本,而馮、陸二氏在與錢曾藏李善本相校後,並没有説錢氏藏本與尤刻本有何差異;其後顧廣圻在用馮、陸校本與周氏藏本相校後,也没有説這兩個本子與錢氏藏本有什麽差異,這説明錢氏述古堂藏李善本可能就是尤刻本。至於錢曾所説有元人跋語的話,很可能他將尤刻本後作跋的袁説友當作了元人。《錢遵王讀書敏求記校證》卷四於"述古堂注宋板二字入宋板書目"下,章鈺引黄丕烈説:"此宋刻毛氏曾以勘家刻本,秉筆者陸敕先(貽典)也。此校本今歸予家,丙寅夏予亦得宋刻,與此甚合。以陸校知之,後有宋人跋。"④ 章鈺案稱:"此宋人

---

① 錢曾《述古堂藏書目》,張金吾《愛日精廬藏書續志》,《叢書集成初編》本。
② 錢曾《也是園藏書目》,臺灣《叢書集成續編》本。
③ 張金吾《愛日精廬藏書續志》,《清人書目題跋叢刊》四,中華書局,1987年。
④ 錢曾撰,管庭芬原輯,章鈺補輯《錢遵王讀書敏求記校證》,《清人書目題跋叢刊》四。

跋,陸敕先據尤本校汲古本時曾見之,文已不全。胡克家覆刊尤本,據跋中'尤公親爲讎校,有補'云云,證明尤刻之顯有改易,並照錄其文,入《文選考異》卷十之末。"據此,陸校本後入黃丕烈士禮居,而從陸氏校語得知,述古堂藏李善本後有宋人跋語;又據章鈺説,這個宋人跋語,即胡克家《文選考異》卷十末所附"尤公親爲讎校"一段文字,亦即袁説友之跋。看來,的確是錢曾誤將宋人當作元人了,而他所藏的李善本也的確是尤刻本。

述古堂所藏六臣注本,《讀書敏求記》没有説明,不知是何種版本。至於《也是園藏書目》所載五臣注本,《讀書敏求記》僅説是"宋刻五臣注《文選》,鏤版精緻,覽之殊可悦目",然而到底是陳八郎本,還是杭州貓兒橋本,不可詳知。查錢謙益《絳雲樓書目》,有李善注《文選》六十卷,及六臣注《文選》三十卷。案,《書目》所稱六臣注本三十卷,當爲誤記。錢牧齋在此條後有小字注稱:"袁尚之、田叔禾家皆有翻宋刻本。"袁即明人袁褧,曾翻刻北宋廣都裴氏六家本;田即田汝成,所刻爲元茶陵本(見孫星衍《平津館鑒藏書籍記》),二書都是六十卷,不知牧齋所藏爲何本?若是宋本,則不聞宋本六臣注《文選》有三十卷者。至於李善注本,不知是否即也是園所藏本。

與錢遵王同時,季振宜藏書亦甲海内。據錢曾《述古堂藏書目序》説:"丙午、丁未之交,胸中茫茫然,意中惘惘然,舉家藏宋刻之重複者,折閱售於泰興季氏。"是知錢遵王部分宋版書曾在康熙五、六年間,轉售給季振宜,但這轉售書中是否有《文選》就不得而知了。據季振宜《季滄葦藏書目》①,季氏所藏《文選》共有五部:

六臣注《文選》六十卷(六十本)

六臣注《文選》(六十本)

集注《文選》三十卷(十五本)

宋板李善《文選》六十卷(三十一本)

宋刻六臣注《文選》六十卷

以上五部《文選》版本中,起碼有四部是宋版,除了《書目》標明的

---

① 季振宜《季滄葦藏書目》,《叢書集成初編》本。

兩部宋刻外，集注《文選》三十卷本，即宋杭州猫兒橋河東岸開箋紙馬鋪鍾家刻五臣注本。此本流傳至今，僅存第二十九、三十兩卷，一存北京大學圖書館，一存中國國家圖書館，鈐有"御史振宜之印"。《書目》中没有標明年代的兩部六臣注本，起碼有一部是宋版。據《天禄琳琅書目》卷三著録，季氏藏宋版六臣注《文選》有兩部，一部曾經宋趙孟堅所藏，其後遞藏於文徵明、項篤壽、王寵及季振宜；一部是署爲寶應縣官書的北宋本，曾經文徵明、項篤壽、王寵所藏。此外，《天禄琳琅書目》卷十明版部還著録季振宜所藏一部明袁褧刻本，這數目似乎正合《季滄葦藏書目》的著録，但其實季振宜所藏《文選》版本，並不止於這五部。據《天禄琳琅書目後編》卷七宋版部著録，有季振宜藏印的還有三部：一部是宋贛州州學刻六臣注本，一部是六家本，還有一部是南宋紹興二十八年（1158）明州刻本，曾經慈豁楊氏、文徵明、毛晉及季振宜遞藏。《後編》著録的宋版，並不可全信，如第二部六家本，即明袁褧刻本，但如贛州本和明州本，却是可信的。這樣，季振宜所藏宋版《文選》不是四部，而應是六部了，而總數也達到了八部而非五部。

季氏所藏的李善本，未被《天禄琳琅書目》著録，可能没有進呈內府，其書後爲阮元所獲。阮元《南宋淳熙貴池尤氏本〈文選〉序》説此書在明曾藏吳縣王氏、長洲文氏、常熟毛氏，至清則有句容笪氏、泰興季氏、昭文潘氏和吳氏，阮元即從吳氏手中獲得。從這遞藏綫索看，季振宜此書後售與昭文潘家，潘家又售與同縣吳氏，吳氏又轉售與阮元。清邵懿辰《增訂四庫簡明目録標注》説宋尤刻本傳世有二，一即胡果泉（克家）重雕所據，一即阮元文選樓藏本。胡克家所據本出自周香嚴，阮元藏本即出自季振宜家。季振宜藏五臣注本，遞藏不甚清楚，至清末王懿榮始見，今北京大學圖書館和中國國家圖書館分別藏有第二十九和三十兩殘卷。據蕭新祺《宋刻本〈文選〉五臣注殘帙簡介》説，此本有清王懿榮題籤，季振宜舊藏[①]。今見卷第二十九有"御史振

[①] 蕭新祺《宋刻本〈文選〉五臣注殘帙簡介》，《古籍整理出版情況簡報》第203期，1989年1月10日。

宜之印"及"閱芳齋"兩鈐記。據雷夢水《書林瑣記・隆福寺街書肆記》介紹，原由修綆堂主人孫誠儉於上海收得第三十卷，又從青島收得第二十九卷。雷氏稱此書即南宋紹興三十一年刻本，則是與陳八郎本混淆了①。案，又據《黃裳書話》記載，20 世紀 50 年代黃氏於上海溫知書店曾見到第三十卷，是孫助廉從朱遂翔處收得，朱則從九峰舊廬主人王綬珊處收得②。這是迄今所知杭州本《文選》兩殘卷的來歷。

季振宜所藏的明州本，後入內府，爲《天祿琳琅書目》所著錄。據傅增湘先生《藏園訂補邵亭知見傳本書目》卷十六說，丙寅年（1926）傅氏清點故宮藏書時，宮中尚存五十一卷，佚去九卷。其中八卷光緒中佚出，爲盛昱收得，民國初年歸袁克文。袁氏析出第二十六一卷與傅氏易書，其餘七卷不知飄轉何所。剛案，傅氏所言九卷者，當是第二十至第二十八卷，但是 1927 年所印《故宮善本書影初編》又稱佚去十卷，即卷二十到二十九。此本今藏臺北故宮博物院，據臺北故宮博物院 1983 年編印的《"國立"故宮博物院善本舊籍總目》介紹，此本今存五十卷，正缺卷二十至二十九。此九卷的遞藏情況大約是：前八卷自宮中佚出後，爲盛昱所得，其後爲袁克文收去。袁氏以其中的第二十六卷與傅增湘易書，其餘七卷亦分散於各家。其中第二十二至第二十五卷爲潘宗周寶禮堂收去，見潘氏 1939 年所印《寶禮堂宋本書錄》。潘氏之外，周叔弢得到了其餘的四卷，即第二十、二十一、二十七、二十八四卷。這九卷殘本，今皆存於中國國家圖書館，此明州本雖多經分散，最後仍能歸於一處，是爲幸事。唯何時能與臺北所藏合爲一帙，以成完璧，俾寶物不損，則是關心《文選》版本的學者所企盼的。不過，從以上介紹的民國以來各藏家所著錄的情況看，似乎都不見有第二十九卷，又不知此卷最終飄零何處了，這仍然是一大憾事。

季振宜藏宋本六臣注《文選》，有一部是建刻本。王文進《文祿堂訪書記》③"六臣注《文選》六十卷"條記，宋刻建本，半葉十行，行

---

① 雷夢水《書林瑣記・隆福寺街書肆記》，人民日報出版社，1988 年。
② 黃裳《黃裳書話》，北京出版社，1996 年，第 205 頁。
③ 王文進《文祿堂訪書記》，北京琉璃廠文祿堂書籍鋪印本。

十八字，注雙行二十三字，綫口，宋諱避至"慎"字，有"季振宜""滄葦""汪士鐘""閬源真賞""孫朝肅""恭生""孫孝若圖書記""臨清徐坊三十六歲後號曰蒿庵""譚錫慶學看宋板書籍"各印。案，孫朝肅，明代藏書家，萬曆進士，是著名藏書家孫七政的孫子。但他字恭甫，因此王欣夫認爲王文進所記此印的"生"字，應是"甫"字之誤①。孫孝若，據葉昌熾説，應是孫朝肅的兒子。徐坊是近代藏書家，有藏書堂名"歸樸堂"，1916年去世後藏書散出，爲傅增湘及一些書賈購去。印中的譚錫慶即當時的大書賈。此本從徐坊家流出後，爲傅增湘用六千金購得。傅氏稱此本完整，僅抄補二十餘頁（但王文進却説季振宜補抄五十餘頁），遠勝張元濟涵芬樓藏本。又據傅氏説，此本還有明人陳淳之印②。據以上所説，可略知此本的遞藏爲，陳淳—孫朝肅父子—季振宜—汪士鐘—徐坊—傅增湘，至於譚錫慶，則是經手賣書的人。又其中由汪士鐘至徐坊間的遞藏已不甚清楚了。

徐乾學也是清初著名藏書家，與錢遵王、季振宜同時。徐氏藏書樓名傳是樓，因編有《傳是樓藏書目》和《傳是樓宋元本書目》。據《傳是樓宋元本書目》③ 著録，徐氏藏宋本《文選》有：

宋本《文選》六十卷	六十本
又	三十本
又	三十一本
宋本六臣注《文選》六十卷	六十本

以上四部《文選》，除最後一部標明爲六臣注外，其餘三部當有一部李善注本和一部五臣注本。黄丕烈《士禮居彙抄書目》（鈔本）在所載《傳是樓藏書目》著録的"又三十本"條下注"李善"，又題注説："此李善本今歸士禮居。"這説明徐氏《書目》著録的這一部是李善注

---

① 葉昌熾《藏書紀事詩附補正》卷三王欣夫《補正》。上海古籍出版社，1989年，第213頁。

② 傅增湘先生有關建本的記載，可分别參見《藏園群書經眼録》（中華書局，1983年）、《藏園訂補邵亭知見傳本書目》（中華書局，1993年）。及《張元濟傅增湘論書尺牘》（商務印書館，1983年）。

③ 徐乾學《傳是樓宋元本書目》，1915年王存善鉛印本。

本，大約在嘉慶十一年（1806）歸於黃氏士禮居①。又今藏臺灣地區的南宋紹興三十一年（1161）陳八郎刻五臣注本，鈐有"乾學徐健庵"印記，是徐氏藏書亦有五臣注本。徐乾學傳是樓在清初號稱"藏書甲天下"，黃宗羲《傳是樓藏書記》説："喪亂之後，藏書之家多不能守。異日之塵封未觸，數百年之沉於瑶臺牛篋者，一時俱出，於是南北大家之藏書，盡歸先生。先生之門生故吏遍於天下，隨其所至，莫不網羅墜簡，搜抉緹帙，而先生爲之海若。"於此可見徐乾學當明清之際，搜求故家圖書的不遺餘力，也可見出他在喪亂之後搶救圖書所作出的貢獻。又據陸心源《宋槧婺州九經跋》説："絳雲樓未火以前，其宋元精本大半爲毛子晉、錢遵王所得。毛、錢兩家散出，半歸徐健庵、季滄葦。徐、季之書，由何義門介紹，歸於怡府。"據此知徐氏藏書，多出於毛、錢二家，比如陳八郎本五臣注《文選》，就是從毛氏汲古閣收得。

　　清初著名的藏書樓，還應該算上常熟毛氏汲古閣。汲古閣創建於明末毛晉之手，毛晉是著名的藏書家和書商，藏書多達八萬多册，多宋元善本書，我們從《天禄琳琅書目》著録的圖書多有毛氏藏印可以看出。毛晉死後，其子毛扆承繼父志，節衣縮食，甚至變賣田産以購書、刻書。毛氏雖藏書精富，却没有留下一份目録。世傳《汲古閣珍藏秘本書目》，却是毛扆的售書目録，這當中没有《文選》。事實上毛氏不僅刻過一部李善注本，而且其所藏《文選》宋元版本種類既多且精。今據各家有關藏書志記載，彙集考證，擬得一份汲古閣藏《文選》目録。

　　汲古閣所藏宋元本《文選》李善本、六家本、六臣本和五臣本，各種都有：

　　　　李善注《文選》六十卷　　南宋尤袤刻本

剛案，兹據阮元《南宋淳熙貴池尤氏本〈文選〉序》，阮氏稱他所得之南宋尤刻本，曾經毛氏所藏。

　　　　六臣注《文選》六十卷　　宋贛州州學刊本

剛案，兹據陸心源《皕宋樓藏書志》。陸氏稱："卷中有'毛晉一名鳳苞'陰文方印，'汲古閣'陽文方印，'字子晉''汲古閣世寶'兩陰

---

① 參見江標《黃蕘圃先生年譜》，中華書局，1988年，第41頁。

文方印,'毛褒之印'陽文方印,'華伯氏'陰文方印,'毛氏藏書子孫永保'朱文長印。"案,此本今藏日本靜嘉堂文庫。

  六家本《文選》 六函六十一冊 宋廣都裴氏刻本
剛案,茲據《天禄琳琅書目》。

  六家本《文選》 宋明州刻本
剛案,茲據傅增湘《藏園訂補邵亭知見傳本書目》、潘宗周《寶禮堂宋本書錄》及王文進《文禄堂訪書記》等。案,此本臺灣地區藏五十卷,中國國家圖書館藏八卷。

  五臣注《文選》三十卷 宋陳八郎刻本
剛案,茲據王頌蔚《寫禮廎遺著》①及顧廷龍《讀宋槧五臣注〈文選〉記》等。此本原藏汲古閣,後歸於徐乾學傳是樓,有"徐健庵"諸印。原裝楠木匣,面刻"傳是樓藏書"字樣。其後爲蔣鳳藻十印齋收得,光緒癸卯(1903)王同愈得於蔣鳳藻家,後又傳於蔣祖詒,而最終歸於臺北"中央"圖書館。據王同愈的跋説,此本有宋人藏印,又有宋人校讀所留紅筆印記。是宋刊、宋印、宋讀,其寶貴可知。又據王頌蔚説,是書以兩宋本配合而成,卷一至卷三,每半葉十二行,行大字二十四至二十二不等,小字二十七八不等;卷四以下每半葉十三行,行大字二十五,小字二十七至三十五不等。又説卷二十一至二十五俱是抄補,卷三十六亦抄補太半,惟抄補之卷無毛氏印記,故疑毛氏藏時宋本尚不闕也。又此本曾經蔣鳳藻心矩齋影寫,德化李木齋藏有一部,今歸北京大學圖書館。

  六臣注《文選》六十卷 元張伯顔刻本
剛案,茲據沈德壽《抱經樓藏書志》(中華書局《清人書目題跋叢刊》五)。

  從以上對毛氏汲古閣藏《文選》版本的調查看,可見出毛氏所藏各種注本都有,種類齊全,版刻富而且精。

  清初還有一位特殊的藏書家,即怡親王允祥。允祥是清聖祖十三子,世宗即位封怡親王。嗜典籍,廣爲收藏,徐乾學、季振宜藏書經何

---

① 王頌蔚《寫禮廎遺著》,民國四年(1915)鮮溪王氏刊本。

焯介紹，全歸怡府。乾隆三十七年（1772）四庫館開，各藏書家均奉旨進呈，唯怡府以親王原因未獻。怡府藏書多秘籍精槧，僅宋本《文選》就有四種十九套之多。據《怡府書目》[①] 著錄，怡府所藏《文選》版本有：

《文選》　　元板　　三十本

《文選》　　明板　　二十四本

《六臣文選》　　宋板　　六套　　計五十九本

《六臣文選》　　宋板　　六套　　計六十本

《六臣文選》　　明板　　六套　　計六十本

《六臣文選》　　明板　　六套　　計六十本

《昭明文選》　　明板　　六套　　計六十一本

《六家文選》　　元板　　六套　　計六十一本

《六家文選》　　宋板　　六套　　計六十本

《昭明文選》　　明板　　四套　　計十六本

《文選》　　宋板　　六十冊　　不全

怡府藏書歷經百年，後其曾孫載垣於咸豐十一年（1861）被誅，書始散落。山東楊紹和、吳縣翁同龢、潘祖蔭、杭州朱學勤等人都收有他的藏書，但各家所得《文選》並不多[②]。他這麼多的宋版《文選》，却已流落殆盡了。

著錄有宋版《文選》的藏書家，除了上述諸家外，還有孫從添上善堂、許宗彥鑑止水齋、黃丕烈求古居等。孫從添，江蘇常熟人，其《上善堂宋元版精鈔舊鈔書目》著錄兩種《文選》，一是宋版三十卷本，原爲錢求赤藏書；一是歸震川手批本。許宗彥《鑑止水齋書目》[③] 著錄宋版《文選》一部。這兩家所藏《文選》，究竟是什麼來歷，尤其是錢求赤藏本，是否與錢謙益或錢遵王藏本有關呢？限於史料，不好臆測。

---

① 《怡府書目》，民國二十五年（1936）北平圖書館傳抄德化李盛鐸藏舊鈔本。

② 據葉昌熾爲潘氏所編《滂喜齋宋元本書目》（民國十四年〈1925〉海寧陳氏慎初堂鉛印本），潘氏有一部宋版《文選》，但不知是否爲怡府藏書。又朱學勤《結一廬書目》（《觀古堂書目叢刻》本）僅著錄一部明版。

③ 許宗彥《鑑止水齋書目》，1930 年鉛印本。

黃丕烈《求古居宋本書目》著錄了三部《文選》：《文選》李注本（四十八冊）、《李注文選》殘本（二十三冊）、六臣注《文選》。① 據江標《黃蕘圃先生年譜》，黃丕烈於嘉慶元年（1796）以重價收得馮寶伯（武）、陸敕先（貽典）手校本《文選》，當即《書目》著錄的殘本二十二冊；又於嘉慶十一年（1806）孟夏收得宋本李注《文選》，即《書目》著錄的四十八冊本。

　　稍晚於黃丕烈的張金吾、汪士鐘，是清代中期最有影響的兩位藏書家。張金吾《愛日精廬藏書志》及《續志》② 分別著錄有兩部宋刊，前者是紹興二十八年明州本，原爲明句容縣官署藏本，缺六卷；後者即原藏黃丕烈士禮居的馮武、陸敕先校宋本，看來是從士禮居流傳而來。汪士鐘《藝芸書舍宋元本書目》著錄有宋版《文選》四部和元版兩部：

宋板書目

　《李善注文選》　抄補　六十卷

　又　存三十卷　内抄三卷

　《六臣注文選》　六十卷

　又　張之綱本　六十卷

元板書目

　《李善注文選》　六十卷

　又　六十卷

　　先是，江南四大藏書家：黃丕烈（蕘圃）、周錫瓚（香嚴）、顧之逵（抱冲）、袁廷檮（壽階），嘉慶後盡歸汪氏藝芸書舍。這四家中，黃、周二家均藏有宋本《文選》，其中黃氏是兩部李善注本，一部六臣注本。李善注本有一部是馮、陸校殘宋本，後入張月霄愛日精廬；另一本不知是否即汪氏著錄之本。周錫瓚則有一部殘宋尤本，顧千里曾借校過，或即汪氏著錄的"又三十卷"本。六十卷本李善注，後歸於張鈞衡適園，據張氏《適園藏書志》③ 說，此本出自揆叙，則汪氏得自揆叙

---

① 黃丕烈《求古居宋本書目》，《觀古堂書目叢刻》本。
② 張金吾《愛日精廬藏書志》，《清人書目題跋叢刊》四，中華書局，1987年。
③ 張鈞衡《適園藏書志》，張氏家刻本。

謙牧堂。至於此書目中的《六臣注文選》，即南宋建本，曾藏季振宜處，汪氏以後，歸於傅增湘。元版李善《文選》，即元張伯顏本，繆荃孫編《清學部圖書館善本書目》① 及《京師圖書館善本書目》② 有著錄，稱有"汪士鐘字春霆號朖園圖書畫印"白文長方印。但據《京師圖書館善本書目》著錄，僅存十一之六十，凡五十冊。

近代以來收藏宋、元本《文選》的藏書家，根據我所見到的藏書目錄和藏書志、訪書志等，有丁日昌持靜齋、瞿氏鐵琴銅劍樓、趙宗建舊山樓、方功惠碧琳琅館、沈德壽抱經樓、楊氏海源閣、陸心源皕宋樓、蔣鳳藻秦漢十印齋、李盛鐸木樨軒、潘宗周寶禮堂、葉德輝觀古堂、張元濟涵芬樓、鄧邦述群碧樓、張鈞衡適園、傅增湘雙鑑樓、劉承幹嘉業堂、周叔弢自莊嚴堪、沈知方粹芬閣等。在這些藏家中，有的可以看出遞藏的綫索淵源有自，有的則不記來歷。前者如楊氏"海源閣"所藏元張伯顏刻本，據楊紹和《楹書隅錄》③ 所記，此書爲楊以增從用直嚴氏處購得，書首有孫星衍跋語，稱原藏大興朱少河家。案，朱少河即朱錫庚，其父朱筠，父子都是藏書家。朱錫庚《李善注〈文選〉諸家刊本源流考》記載此書頗詳，稱是張伯顏初刻本，在余璉所序的三黑口本之前④。據孫星衍跋語稱，他的跋語是在朱少河家觀賞了此本之後所題，而非其購書後題。但是孫氏亦藏有一部元張伯顏本，見《孫氏祠堂書目》⑤ 及《廉石居藏書記·內編》⑥，不知二書是否相同。此本今歸中國國家圖書館，但據《中國版刻綜錄》介紹，它並非元刻本，而是明嘉靖元年汪諒刻本，因爲目錄後鎸有北京書肆汪諒鬻書廣告。不過這樣明顯的標誌，爲什麼朱錫庚、孫星衍、楊氏父子等都沒有發現呢？

明汪諒刻本出於張伯顏本，前人往往將其廣告删去以充元刻，不僅海源閣此本，又陸氏皕宋樓所藏元刻本，據傅增湘《藏園群書經

---

① 繆荃孫《清學部圖書館善本書目》，《古學匯刊》第一集，1912 年上海國粹學報社排印本。
② 《京師圖書館善本書目》，民國五年（1916）八月編印。
③ 楊紹和《楹書隅錄》，中華書局 1990 年影印本。
④ 朱錫庚《李善注〈文選〉諸家刊本源流考》，《雅言》第七卷，1943 年。
⑤ 孫星衍《孫氏祠堂書目》，清嘉慶十五年（1810）金陵孫忠愍祠刊本。
⑥ 孫星衍《廉石居藏書記》，《叢書集成初編》本。

眼録》①説，也是明汪諒本，而陸心源誤題元刻。陸氏所藏，今已歸日本静嘉堂。

除此以外，張鈞衡適園所藏南宋尤袤刻本也很值得注意。據張氏《適園藏書志》説，此本有"謙牧堂藏書記"印，是揆叙舊藏。又據其子張乃熊《芹圃善本書目》②説，原爲汪閬源舊藏，則此書是從謙牧堂傳入藝芸書舍。張氏此本是六十册，與瞿氏鐵琴銅劍樓所藏二十九卷殘本不知是什麼關係。因爲據傅增湘《藏園訂補郘亭知見傳本書目》説，瞿氏藏本出自揆叙，則二家所藏是同一出處。

以上諸家所藏《文選》最有來歷的，當屬方功惠所藏贛州本。方功惠號柳橋，巴陵（今屬湖南）人，清末藏書家，在廣州任職三十餘年，藏書達二十餘卷，建碧琳琅館藏書。撰有《碧琳琅館書目》四卷，又撰《碧琳琅館藏書記》一册。但是方氏所藏贛州本，不見於《碧琳琅館書目》，當是方氏撰寫《書目》時尚未收購此本。據李希聖《雁影齋讀書記》③記載，方氏收藏的贛州本，該書卷首有"宋本"二字，藏印有趙子昂、俞守義、沈君度等印。又稱卷末有陳蘭甫跋。李希聖述此本遞藏情況説："此本自趙氏、文氏以後，展轉歸番禺侯君謨康，由侯氏歸陳蘭甫。沈君度從陳氏購之，方氏又得自沈氏。"案，文氏當指文徵明，其藏書印有"停雲"。陳蘭甫即陳澧，其《跋〈文選〉南宋贛州本》④即稱此本得自侯康。案，此本出自趙松雪所藏，彌足珍貴。世藏宋贛州本，當以《天禄琳琅書目》著録之趙松雪藏本最爲珍貴，可惜毁於清嘉慶二年（1797）宫火。據傅增湘《藏園訂補郘亭知見傳本書目》⑤卷十六説，他所見到的贛州本，日本静嘉堂藏有全帙，張之洞遺書中亦有一帙。静嘉堂所藏本原出陸氏皕宋樓，據《皕宋樓藏書志》介紹，書中藏印有毛晉、朱之赤等人。張之洞藏本下落不明。除了這兩家藏本外，劉承幹嘉業堂和瞿氏鐵琴銅劍樓也都各藏一部。劉氏所藏是

---

① 傅增湘《藏園群書經眼録》，中華書局，1983 年。
② 張乃熊《芹圃善本書目》，臺灣廣文書局，1969 年。
③ 李希聖《雁影齋讀書記》，1936 年上海蟬隱廬影印本。
④ 陳澧《東塾集》卷四，光緒壬辰刊本。
⑤ 傅增湘《藏園訂補郘亭知見傳本書目》，中華書局，1993 年。

殘本，據莫棠跋嘉業堂藏贛州本《文選》説，此本原藏湖南某氏，爲完帙三十册，後被其拆出四册由輪船運送至上海出售，不料輪船沉没於江，遂成斷璧。剩下的二十六册，爲繆荃蓀得其六，書賈柳蓉村得其餘二十册。瞿氏所藏，據《鐵琴銅劍樓藏書目録》説，與内府所藏趙松雪本同出一版，"而摹印稍後，字畫未能清朗，然大小字俱有顔平原筆法，楮墨古香，固自可珍。潛研錢氏所見僅六卷，即此本也"。文中所説的錢氏，即錢大昕。錢氏所見贛州本《文選》，參見《竹汀先生日記鈔》①。

在近代諸藏書家所藏的《文選》版本中，有幾家藏本是很值得注意的。一是楊守敬得自日本的尤袤刻本，是計衡紹熙三年（1192）補修本。此本後歸李盛鐸，今藏北京大學圖書館②。其次是蔣鳳藻所藏南宋紹興三十一年（1161）陳八郎刻五臣注本。此本不見蔣氏《秦漢十印齋藏書目》③和《鐵華館藏集部善本書目》④，但不知名撰《蔣香生先生所藏善本書目》⑤却有記録（該《書目》記：文選注　十六本　宋刻）。蔣氏曾據宋本影刻一部，後歸李盛鐸，今亦藏北京大學圖書館。三是張元濟和傅增湘所藏之南宋建本六臣注。張氏藏本後印入《四部叢刊》。此本據張氏《涵芬樓燼餘書録》⑥説，得自端方處，但卷三十至三十五爲抄配。傅氏藏本是完帙，本是明陳淳所藏，後依次爲季振宜、汪士鐘、徐坊所藏。四是周叔弢所藏之北宋天聖明道年間（1023—1033）國子監刻本，這是最早的李善注刻本。原藏内閣大庫，不知何時散出，劉啓瑞曾收得十六葉，傅增湘也曾收得數葉⑦。周氏所藏爲二十一卷。又臺北故宫博物院也藏有十一卷，正是周氏藏本的前半部分，應該是同一帙。

從以上介紹看，清代以來民間所藏宋、元本《文選》並不多，以傅增湘那樣淵博的目録和版本學家，所見也不多。他在《藏園訂補郘亭知

---

① 錢大昕《竹汀先生日記鈔》，1934年上虞瞿氏鐵琴銅劍樓重印晉石廠叢書本。
② 見《木樨軒藏書題記及書録》，張玉範整理，北京大學出版社，1985年。
③ 蔣鳳藻《秦漢十印齋藏書目》，鈔本。
④ 蔣鳳藻《鐵華館藏集部善本書目》，瑞安陳氏刻本。
⑤ 《蔣香生先生所藏善本書目》，鈔本。
⑥ 張元濟《涵芬樓燼餘書録》，商務印書館，1951年。
⑦ 前者見劉文興《北宋李善注文選校記》，載《北平圖書館館刊》5卷5期，1931年；後者見《藏園群書經眼録》，中華書局，1983年。

見藏本書目》中說世藏宋尤袤刻本僅有楊氏寶禮樓藏一帙，最全；其餘如李木齋（盛鐸）所藏，有紹熙補版；瞿氏鐵琴銅劍樓和南皮張氏所藏均爲殘本。案，楊氏寶禮樓藏本，今存中國國家圖書館，1974年中華書局影印行世。當然，傅氏所見也並不完全，如張鈞衡藏本，他似乎就沒有見到過。但民間諸本，轉相遞藏，各家著錄，往往是同一書，加上世寶宋本，藏家惡習，每有拆贈，如袁寒雲曾將宋明州本（天禄琳琅藏本）中的第二十六卷拆出與傅增湘易書；又如湖南某氏將宋贛州本拆出四册運至上海出售，結果竟沉於水。因此流傳至後代，宋本越來越少。與民間藏本相比，内府藏書相對來說比較可靠，但是最可靠的藏書，可能就是最危險的藏書，過分集中，一旦發生變故，那是一點挽救的餘地也没有的。如清代嘉慶時的宫火，就將天禄琳琅藏書全部焚燒，這是令後人痛恨不已的事。自然的災禍出於無奈，而出自人爲的破壞則尤爲可惡。曾見《故宫已佚書籍書畫目録四種》①載有《賞溥杰書畫目》一册，是溥儀1922年9月賞賜溥杰的書畫目録，其中僅宋版《文選》就有八部，説明清宫當時尚有爲數不少的宋本珍品。這些書後來已不知下落，本書的編者《序言》中説，1925年查點清宫，發現有四種借書及賞書名單，内計宋、元、明版書籍二百餘種，唐、宋、元、明、清五朝字畫一千餘件，皆屬琳琅秘籍縹緗精品，天禄書目所載寶笈三編所收，擇其精華，大都移運宫外，國寶散失，至堪痛惜。這些人爲的破壞是深令後人扼腕的。

以上是我們對明、清以來官、私所藏《文選》宋、元版本遞藏情況的大致調查，由於所見不多，難免掛一漏萬；不過，明、清兩代主要藏書家的書目、書志，大體皆曾寓目，有的因爲沒有宋、元本《文選》，所以未作介紹。唯對各藏家的傳承綫索勾勒甚難，文中所論難免有誤。雖據藏書史料所記，某家書入某家，但這並非是説前者的全部藏書都已歸入後者，所以不能據此作出判定。因此本文所論遞藏，主要依據書目、書志已有明確記載的事實，以及書中所鈐的藏印。進一步的討論，當待來日有更多更細緻的材料。所論錯謬之處，敬請讀者批評。

---

① 《故宫已佚書籍書畫目録四種》，故宫博物院民國二十三年（1934）第三版。

《文選》學史

一、隋唐至明清的《文選》學研究

　　《文選》是南朝梁昭明太子蕭統主持編選的一部詩文總集，也是現存最早的一部詩文總集。它收錄了自先秦以迄齊梁八個朝代一百三十多位作家的七百多首作品，是後世學習、研究這一時期文學史的重要參考文獻，也是古典文獻整理的重要依據。因爲漢魏以來許多作家作品都已佚失，幸賴於《文選》的收錄，才得以讓後人了解這些作家的創作情況。而後世整理漢魏六朝文獻，往往也以《文選》作爲主要的依據。《文選》不僅是研究古代文學的基本文獻，也是研究古代語言、音韵、訓詁等的重要文獻，後人說它是"訓詁之資糧"，清代學者往往通過《文選》的研究，來探討古音義，因此，《文選》學實疆域闊大，沾溉學術者甚多。

　　《文選》編成後不久，蕭統就陷入了"埋鵝事件"，不久即病逝，這個事件自然會影響到《文選》的流布。即使如此，《文選》仍以它高於其他選本的價值，受到當時人的重視和喜愛。《太平廣記》卷二百四十七"石動莆"條記："（北齊）高祖嘗令人讀《文選》，有郭璞《遊仙詩》，嗟嘆稱善。諸學士皆云：'此詩極工，誠如聖旨。'動筩即起云：'此詩有何能，若令臣作，即勝伊一倍。'高祖不悦，良久語云：'汝是何人，自言作詩勝郭璞一倍，豈不合死？'動筩即云：'大家即令臣作，若不勝一倍，甘心合死。'即令作之。動筩曰：'郭璞《遊仙詩》云：青溪千餘仞，中有一道士。臣作云：青溪二千仞，中有兩道士。豈不勝伊一倍？'高祖始大笑。"案，這條材料出隋侯白《啓顏錄》，當不致有誤。北齊高祖高歡武定五年（547）去世，說明在這之前《文選》已經傳至北朝。蕭統531年去世，至547年僅十六年，而《文選》已經傳至北齊，可見流傳速度之快，亦可見《文選》在當時已受矚目。北朝情況如此，南朝應該更爲關注這本選集，可惜沒有材料進一步證實這一點。

　　《文選》傳至隋代，蕭統從子蕭該爲作《音義》。蕭該博學，尤精《漢書》，撰有《漢書音義》，其作《文選音義》，則有樹立家學的目的。

蕭該此書,《隋志》著録爲《文選音》三卷,兩《唐志》則著録爲《文選音義》十卷。蕭該注《文選》,實開"選學"先河。但蕭該的《文選》學似乎没有流傳下來。據《隋書·儒林傳》記,蕭該在荆州陷落後,與何妥同至長安,後仕隋爲國子博士。蕭該精《漢書》,著有《漢書音義》和《文選音義》,咸爲當時所貴。據此,可知蕭該是在長安時作《文選音義》,而且隨他學習的人也還不少,可是現有的資料却未見他有什麼傳人。但這是一個值得研究的問題,比如説五臣本《文選》,其正文與李善本頗多歧異,那麼他們使用的底本有什麼根據呢?我們頗懷疑五臣的底本可能就出自蕭該。黄季剛先生《文選平點》説:"頃閲余仲林《音義》,考其舊音,意非五臣所能作,必蕭該、許淹、曹憲、公孫羅、僧道淹之遺。"又説:"余所稱舊音,乃六臣本音,及汲古閣本音不在善注中者,稱爲舊音,或舊注音。五臣既譾陋,亦必不能爲音,今檢核舊音,殊爲乖謬,而直音、反切間用,又絶類《博雅音》之體,縱命出於五臣,亦必因仍前作。"① 案,余仲林即余蕭客,清初人,著有《文選音義》一書。又黄氏所説"僧道淹",即許淹。據黄氏所説,五臣所注之音,大皆繼承前人,而非如他們所説的自具字音。我們懷疑不僅五臣依據的《文選》音可能就是蕭該的《文選音義》,他們所依據的三十卷底本,也同樣出於蕭該。當然這還只是猜測,還有待進一步發掘史料來證明。

《文選》形成"學",是在隋末唐初,創始人是曹憲。曹憲曾經仕隋爲秘書學士,聚徒教授,諸生數百人。撰有《文選音義》十卷,早已失傳,不知曹憲之學與蕭該有無關係。《舊唐書·儒林傳》説此書甚爲當時所重,"初江淮間爲《文選》學者,本之於憲。又有許淹、李善、公孫羅,復相繼以《文選》教授,由是其學大興於代"。劉肅《大唐新語》也有類似的説法:"江淮間爲《文選》學者,起自江都曹憲。貞觀初,揚州長史李襲譽薦之,徵爲弘文館學士。憲以年老不起,遣使就拜朝散大夫,賜帛三百匹。憲以仕隋爲秘書,學徒數百人,公卿亦多從之學,撰《文選音義》十卷,年百餘歲乃卒。其後句容許淹、江夏

---

① 黄侃平點,黄焯編次《文選平點》,上海古籍出版社,1985年,第3頁。

李善、公孫羅相繼以《文選》教授。"這個記載比《舊唐書》更爲詳細，從中可以見出《文選》學在當日興盛的景況。曹憲不僅撰有《文選》研究專著，又帶出一批研究《文選》的學生，因此促成了《文選》大大興盛於當時的景況。據兩《唐志》記載，曹憲的這些學生也都有《文選注》專書，如許淹有《文選音義》十卷，李善注《文選》六十卷，公孫羅注《文選》六十卷，又《音義》十卷。這些專書除李善注本外，都已失傳了。但20世紀初，日本發現了唐寫本《文選集注》殘本，此書原爲一百二十卷，今所存不過二十餘卷。《集注》以李善本爲底本，依次録《鈔》《音决》、五家本和陸善經本。據《日本國見在書目録》記載，公孫羅有《文選鈔》五十卷、《文選音决》十卷，因此後人都認爲《集注》所載《鈔》和《音决》，都是公孫羅的書，其實這是個誤識。因爲《集注》卷四十七曹子建《贈徐幹詩》有"《鈔》曰：羅云從此以下七首，此等人並子建知友云云"的話，可見《鈔》非公孫羅所撰。《文選集注》的編輯年代不可知，大約在唐末宋初。由於此書在中國歷史上未見任何著録，只在日本發現，以致前人懷疑是否出自日本人之手。但這個結論顯然不確，因爲這個寫本有避唐諱，應該是唐人所爲。此本如果出自唐人之手的話，是很有意義的事情，因爲據現存的材料，李善注本在唐代似乎不太受歡迎。六臣注《文選》載唐玄宗的話："比見注本，唯只引事，不説意義。"即批評李善本。晚唐李匡乂《資暇録》説："世人多謂李氏立意注《文選》，過爲迂繁，徒自騁學，且不解文意，遂相尚習五臣者，大誤也。"李匡乂是批評世人習五臣的不良風氣，不過從他的話中，可以看出，當時人多習五臣而非李善。但就是產生在這樣背景裏的《文選集注》，却以李善注爲底本，説明李善本還是受到有識之士的重視的。唐代大詩人白居易《偶以拙詩數首寄呈裴少尹侍郎》詩説："《毛詩》三百篇後得，《文選》六十卷中無。"這裏説的六十卷《文選》，或即爲李善注本，因爲五臣注本是三十卷，這也説明白居易所讀的《文選》，很可能就是李善注本。

《文選》在唐代深受讀書人的歡迎，一些大詩人、大作家都曾深入學習過《文選》。近人李審言先生曾撰有《杜詩證選》和《韓詩證選》，説明杜甫、韓愈的寫作都深受《文選》沾溉，這是堅確不移的事實。

杜甫有兩首詩論到《文選》，一是《水閣朝霽奉簡嚴雲安》"呼婢取酒壺，續兒誦《文選》"，一是《宗武生日》"詩是吾家事，人傳世上情。熟精《文選》理，休覓彩衣輕"。這兩首詩一是讓兒子誦讀《文選》，一是說熟精《文選》理與寫詩之間的關係，都證明杜甫受到《文選》的深刻影響。唐代另一位大詩人李白也非常看重《文選》，《酉陽雜俎》記："（李）白前後三擬《文選》，不如意，悉焚之，惟留《恨》《別賦》。"可見李白對《文選》所下的功力之深。除了這些大作家外，唐代士子也都把《文選》作爲必讀書。比如20世紀初發現的許多敦煌寫本《文選》，從字體看，有好有劣，亦可見閱讀的人水平參差不齊。此外還有一篇《西京賦》，是唐高宗永隆年間弘濟寺僧所寫，則見《文選》的流傳更是深入道俗了。韓愈《唐故中大夫陝府左司馬李公墓誌銘》說李邢："年十四五，能暗記《論語》《尚書》《毛詩》《左氏》《文選》，凡百餘萬言。"① 這裏以《文選》與經書相提，作爲士子必誦之書，已說明唐時的風氣。《文選》與經書並論，早在唐玄宗開元時就是如此了。據《舊唐書·吐蕃傳上》記，開元十八年吐蕃使奏稱金城公主請賜《毛詩》《禮記》《左傳》《文選》各一部，玄宗令秘書省寫與之。金城公主遠嫁吐蕃，所索書以《文選》與經典同請，亦見《文選》在當時所居的地位，並見其書遠播異域、影響深遠的情形。又《舊唐書》卷八十四《裴行儉傳》載："高宗以行儉工於草書。嘗以絹索百卷，令行儉草書《文選》一部，帝覽之稱善，賜帛五百段。"唐人不僅讀、誦、抄寫《文選》，還興起一股不大不小的注釋風潮。除了上引幾家注本外，據《集賢注記》卷中說："開元十九年三月，蕭嵩奏王智明、李玄成、陳居注《文選》。先是馮光震奉敕入院校《文選》，上疏以李善舊注不精，請改注。從之。光震自注得數卷。嵩以先代舊業，欲就其功，奏智明等助之。明年五月，令智明、玄成、陸善經專注《文選》，事竟不就。"② 又劉肅《大唐新語》所記亦相類似。案，開元十九

---

① 〔唐〕韓愈撰，劉真倫、岳珍校注《韓愈文集彙校箋注》卷二十四，中華書局，2010年，第2588頁。

② 〔唐〕韋述《集賢注記》，中華書局，2015年，第250頁。

年（731）之前《文選》的注本已有曹憲、公孫羅、許淹、李善及五臣等，但馮光震上疏仍以李善爲説辭，説明當時仍以李善注影響最大。而玄宗在吕延祚上《進集注文選表》時，曾加以獎賞，稱爲好書，爲什麽還要批准馮光震的改注呢？這或許説明唐人對當時流行的各家注本都不滿意，都有自己的注釋體例。今見敦煌寫本有兩種出於李善、五臣之外的注本，一是俄藏標孟01452號，起自束廣微《補亡詩》至曹子建《上責躬應詔詩表》①；一是日本永青文庫藏純注本，起自司馬相如《喻巴蜀檄》至司馬相如《難蜀父老文》。這兩種注本的出現，可以幫助我們了解唐代注釋《文選》的一般面貌。

　　《文選》的影響在唐時已極深遠，上至朝廷，下至百姓，遠至異域。上引金城公主遠嫁吐蕃，以《文選》隨身，自然會對吐蕃產生影響。而周邊國家亦多重《文選》。比如日本在七世紀就傳進了《文選》，據嚴紹璗先生説，日本《十七條憲法》已多采用《昭明文選》②。又，大約成於唐代同時的《日本國見在書目録》已著録了《文選》多部。高麗國同樣寶重《文選》，現藏在韓國奎章閣的一部《六臣注文選》，其底本是北宋哲宗元祐九年（1094）刊刻的秀州州學本。此本不僅在中國早已失傳，而且從未有過著録。又一部藏在成均館大學的全帙《五臣注文選》，保留了五臣注本全貌，對於僅有一部建刻五臣本的中國，是具有非常珍貴的價值的。高麗傳入《文選》，當也在唐代，《舊唐書·東夷列傳》説："（高麗）俗愛書籍，至於衡門厮養之家，各於街衢造大屋，謂之扃堂，子弟未婚之前，晝夜於此讀書習射。其書有《五經》及《史記》《漢書》，范曄《後漢書》，《三國志》，孫盛《晉春秋》，《玉篇》《字統》《字林》，又有《文選》，尤愛重之。"《舊唐書》成於晚唐，則《文選》之傳入高麗，必在此之前。至於在國內，《文選》更是士子學習的教材。《朝野僉載》卷六記唐國子監助教張簡曾在鄉學教《文選》，可見《文選》是普及於朝野的。

---

　　① 俄藏敦煌文獻中有關《文選》的寫本有四種，1993年12月，上海古籍出版社與俄羅斯科學院東方學研究所聖彼得堡分所合作，雙方同時出版《俄藏敦煌文獻》，該書於所藏文獻重新編號，原孟01452號寫本重新標爲Φ242號。
　　② 見嚴紹璗《漢籍在日本的流布研究》，江蘇古籍出版社，1992年。

《文選》流傳以後，應該説對其他的總集是一個衝擊。由於《文選》在選文定篇上的權威性，以及它擁有了大量注本，人們遂將閲讀的注意力漸漸集中固定在這本書上，使得其他選集逐漸失去讀者，而慢慢佚失了，這當然是非常可惜的事情。除了對總集造成衝擊外，《文選》對别集也有一定衝擊。讀者閲讀的目的原本是以精華文章爲主，從這個角度説，《文選》足以滿足讀者的要求。我們看到唐初的一些類書，已經以《文選》取代别集的名稱了。比如《藝文類聚》卷八十二"芙蕖"條引劉楨、江淹、謝朓等人的詩，不稱引詩人，而逕稱"《文選》曰"。如"芙蓉散其華"本出自劉楨的《公宴詩》，《藝文類聚》却逕稱"《文選》曰：芙蓉散其華"。又如"神飆自遠至，左右芙蓉披"出自江淹《雜體詩》，"魚戲新荷動"出自謝朓的《游東田》，而都稱《文選》。這樣在很大程度上取消了别集的獨立性，也衝淡了别集的影響。由唐至宋，總、别集的大量散佚，當然與時代的動亂有關，但經典選本的衝擊，也是一個重要因素。宋代以後，重編前代别集，有許多只能依靠《文選》等書，這一方面固然顯示了《文選》作爲歷史文獻的價值，另一方面也説明這些經典選本在流傳過程中已經無意地造成了别集的散亡。

　　《文選》至宋代，在讀書人中造成了更大的影響。陸游《老學庵筆記》卷八説："國初尚《文選》，當時文人專意此書，故草必稱'王孫'，梅必稱'驛使'，月必稱'望舒'，山水必稱'清暉'。至慶曆後，惡其陳腐，諸作者始一洗之。方其盛時，士子至爲之語曰：《文選》爛，秀才半。"這是宋代以辭科取士所造成的。又據鄭文寶《南唐近事》説："後主壬申，張佖知貢舉，試'天鷄弄和風'。佖但以《文選》中詩句爲題，未嘗詳究。有進士白云：'《爾雅》䳟，天鷄；鶛，天鷄。未知孰是？'佖大驚，不能對，亟取《爾雅》檢之，一在《釋蟲》，一在《釋鳥》，果有二，因自失。"案，"天鷄弄和風"出於謝靈運《於南山往北山經湖中瞻眺》。《文選》既爲考試題目，當然引起讀書人重視。宋人對《文選》的精熟程度，可能比唐人有過之而無不及。舉一例可概其餘，比如修《新唐書》的宋祁，小名"選哥"，嘗自稱手抄《文選》三過，這確可與李白的三擬《文選》比肩。宋代的《文選》學，最大的成就當是各種刻本的産生和流傳。自五代毋昭裔首次刊刻

《文選》，至於宋代，隨着印刷術的進步和發展，《文選》的刊印無論在數量還是質量上都取得了令人矚目的成績。現在知道的《文選》刻本有廣都裴氏刻本、秀州本、明州本、贛州本、建州本、杭州貓兒鋪鍾家刻本、陳八郎本、周必大本、平昌孟氏刻本等，官刻、私刻，五臣、李善、六臣，諸本俱備。不過李善本刊刻較五臣爲晚，五臣本最早由毋昭裔刊刻問世，李善本要到北宋仁宗天聖年間才由國子監刻出，這表明直到仁宗時五臣注的影響仍然大於李善注。韓國奎章閣本《文選》所載沈嚴《五臣本後序》可以證實這一點。他說："……製作之端倪，引用之典故，唐五臣注之審矣。可以垂吾徒之憲則，須時文之揹擕，不其博歟！"但事情也不完全如此，比如北宋初年大作家晏殊，所作《類要》大量徵引《文選》，即是李善注本，這表明有學問的人是知道優劣的。這和後來的蘇軾一樣，都對李善注加以贊賞。除了刊刻以外，不少學者對《文選》已開始加以考訂，如姚寬的《西溪叢語》就是代表作。

宋人重《文選》，從陸游所說可以見其大概。總的情況是北宋重五臣《文選》，這從沈嚴的序中可以見出。一般以爲宋人重李善《文選》，是由於蘇軾的褒李善貶五臣所致。《老學庵筆記》說："建炎以來，尚蘇氏文章，學者翕然從之，而蜀士尤盛。亦有語曰：'蘇文熟，吃羊肉。蘇文生，吃菜羹。'"則見宋人對蘇軾是極爲推崇的，既然蘇軾那樣推崇李善，所以也就推動了李善《文選》的影響。這應該是一個事實。不過，我們也注意到，在蘇軾之前，晏殊編《類要》，只取李善《文選》，而不及五臣《文選》。晏殊是真宗、仁宗時人，歷任華要，既是朝廷重臣，又是文壇耆宿，廣攬人才，獎掖後進，"一時名士，多出其門"（歐陽修《歸田錄》卷一語）。他的重李善《文選》，勢必對當時學人產生影響。

《文選》不僅是讀書人學習辭章的重要書籍，它的體例也對後代總集的編纂產生了極大影響。《文鏡秘府論》引"或曰"[①]說："梁昭明太子撰《文選》，後相效著述者十有餘家，咸自盡善。"說明仿效《文選》編集者很多。仿效之名，或曰"續"，或曰"擬"，如《新唐志》

[①] 此即殷璠《河岳英靈集序》，載《文苑英華》卷七百十二。

載有孟利貞《續文選》十三卷、卜長福《續文選》三十卷、卜隱之《擬文選》三十卷，都是賡續《文選》之作。這個事實說明後人已把《文選》作爲選本的典範來看待了。又不獨集部，即唐以後的類書也參照過《文選》的體例。唐初所編《藝文類聚》序說："《流別》《文選》專取其文，《皇覽》《遍略》直書其事，文義既殊，尋檢難一。爰詔撰其事且文，棄其浮雜，删其冗長，金箱玉印，比類相從，號曰《藝文類聚》。"表明此書兼取前代類書和總集的體例，事居於前，文列於後，於總集中只取《文章流別集》和《文選》，亦見《文選》的地位。據史料記載，唐人編集，或續或擬，或於《文選》以外搜括文章，都以《文選》爲根據（參見《玉海》卷五十四"唐文府"條及"唐太和通選"條），說明《文選》已成爲後人編輯文集的範本。再後來如北宋初所編《文苑英華》，體例基本按照《文選》，又以《文選》所選詩文迄於梁代，故此書即起自梁末，取上續《文選》之意。

宋以後，《文選》影響日深，廣、續之文，代有製作，如明人劉節有《廣文選》，周應治有《廣廣文選》等。且各種評點本也紛紛問世，構成了中國古代文章評點的重要內容。此外，自五代以後，由於雕版印刷術普及，《文選》的刊刻促進了該書的流傳，這當然加深了《文選》學的影響。在有刊板之前，《文選》的流傳主要靠寫鈔本，這樣部帙龐大的書，抄寫起來總是不方便的。更重要的是，寫鈔本流行期間，大大地損傷了原貌。因爲，抄寫《文選》多數是爲了自己的學習，抄寫者的水平不一，往往導致抄寫者會對原有的注釋采取增删的態度。這樣，《文選》在流傳過程中就不可避免地距離原貌越來越遠。大致說來，這樣的破壞有兩個方面，一是正文，既是抄寫，難免會出現錯誤，抄漏抄錯是經常發生的；此外，抄寫的人並不一定用規範的楷書，有行也有草，輾轉流傳，後來者往往辨認錯誤而以訛傳訛。比如胡克家刻本李善注本，卷三十一江淹《雜體詩》中所擬東晉孫綽的詩，題目誤爲"張廷尉"，很顯然這裏的"張"字是"孫"字之誤。這樣的例子很多，因此，後人研究《文選》，是要考慮到這種情況對《文選》的損害的。第二表現在注文上，注文的增删，比正文更多，這是可以想象得到的。因爲抄寫者水平有高有低，有的人可能會對一些他認爲很淺的注解删除不抄，還有的人會覺得李善或五臣注還有可以補充的地方，因此會將補充之注標在一旁，這樣，等到後人刊刻的時候，就分不清楚哪些是原注，哪些是後人增加之注，就會一起刻入《文選》。比如尤刻本卷十九《洛神賦》，題下注文引了"《記》曰"一段文字，説曹植此賦本是懷念甄妃所作；並説原名爲《感甄賦》，後來被魏明帝曹叡改爲《洛神賦》。這段注文不見於其他刻本，很顯然不是李善的原注，而是後人妄增的文字。總之，現有的《文選》與原貌之間是有差距的，其注文表現爲累積地增加，這都是由於寫鈔本階段不定型所致。刻本出現以後，應該説基本定型了，因增删而導致文本變形的機會減少了。所以説刻本的出現，不僅促進了《文選》的傳播，加深了影響，也保證了《文選》本身的質量。不過由於存在以上所説的情形，這給後人的學習和研究帶來了新的課題。研究《文選》的注釋，品評其真僞優劣，鑒別版本異同等，都成爲《文選》學的一個重要内容。比如，南宋尤袤在刊刻了李善本之後，又專門寫了一卷《李善與五臣同異》，對比説明李善本和五臣本的不同之處。不過以現存南宋五臣本殘卷與尤刻本相校，發現尤袤的這一工作還是比較粗糙的，有許多不同的地方都没有指出來。

  李善作注的體例和五臣有非常大的不同，這一點吕延祚上《進集注文選表》時就指出來了。吕延祚説李善作注是"忽發章句，是徵載籍，述作之由，何嘗措翰？使復精覈注引，則陷於末學，質訪指趣，則巋然舊文，只謂攪心，胡爲析理。臣懲其若是，志爲訓釋……相與三復乃詞，周知秘旨，一貫於理，杳測澄懷，目無全文，心無留義，作者爲志，森乎可觀"。吕延祚這裏當然是攻擊李善，不過也説明了他們是兩種不同的注釋體例，這兩種不同的注，從唐代以來就存在爭議。有的贊成李善，有的贊成五臣，態度也都非常激烈。大致説來，從唐至北宋前期，世重五臣而輕李善，但自北宋後期以迄當代，李善受到了空前的重視，而五臣則受到了比較多的批評。唐人的態度，可以從唐玄宗對吕延祚上表的敕文中看出。唐玄宗説："朕近留心此書，比見注本，唯只引事，不説意義，略看數卷。卿此書甚好。"可見唐玄宗是批評李善注而讚揚五臣注的。唐玄宗的態度應該是代表了當時人的觀點，或者至少是對當時的讀書人產生了影響，所以唐末李匡乂《資暇録》也説："世人多謂李氏立意注《文選》，過爲迂繁，且不解文意，遂相尚習五臣。"這説明唐人喜用五臣本的原因是他們串解了文意，而李善只注出處，不能滿足一般讀書人的要求。這樣看來，唐代的讀書人是多讀五臣本《文選》的。這種態度一直持續到北宋，北宋仁宗天聖四年（1026）沈嚴爲平昌孟氏所刻五臣本《文選》作序，説："製作之端倪，引用之典故，唐五臣注之審矣。可以垂吾徒之憲則，須時文之掎摭，是爲益也，不其博歟！"① 事實上，《文選》的最早刊刻也是五臣本，五代時蜀毋昭裔貧賤時曾向別人借閲過《文選》，其人有難色，毋昭裔因而發願説，等到將來貴時，一定要將它刻板以遺學者。後來毋昭裔仕蜀爲宰相，果然實踐了諾言。與五臣注本相比，李善本的刊刻要晚得多。據《宋會要輯稿》記，李善本的最早刊刻，是在北宋真宗景德四年（1007）八月，可惜這次刊板並未完成即毀於宮火。其後到了仁宗天聖三年（1025）才又開始校勘刊印，至天聖七年雕造完成，天聖九年進呈。李善本的刊刻，表明了世人對它的重視，但在當時似乎仍然以五臣本爲主。北宋哲宗元祐九年（1094）秀州州學第一次將五臣與李善本合并在一起，仍然是以五臣本爲主，這個順序的本子被稱爲六家本，以別於後來的六臣本。這表明一直到北宋後期，五臣本仍然擁有重要的地位。

　　南宋以後，李善本漸漸取代了五臣的地位，大約在紹興三十二年（1162）由贛州州學刊刻的六臣本《文選》，將秀州本以五臣本爲主改爲以李善本爲主，就是説，秀州本是將五臣注放在前面，李善注放在後面，而贛州本則將這個順序顛倒了一下，將李善注放在前面，五臣注放在後面，即所謂的六臣本②，這表明世人開始將學習的重心放在李善注上了。從此以後，李善注越來越受到重視，而五臣注却受到了越來越多的批評，以至南宋以後，似乎未見有五臣本的刊刻。即使宋刻五臣本，保存也越來越少了。到現在，國內似乎僅有臺灣地區藏有一部陳八郎刻

---

　　① 沈嚴此序見韓國奎章閣本《文選》，是書乃據北宋元祐九年（1094）秀州州學合并六臣注本翻刻，秀州本早佚，且不見於藏書家著録。關於奎章閣本情況，見傅剛《文選版本敘録》，載北京大學中國傳統文化研究中心編《國學研究》第五卷，北京大學出版社，1998年。

　　② 贛州本是不是第一個將李善注置於前面的，還不敢肯定，但起碼在贛州本時已經流行六臣本了。

本，是建刻。至於南宋杭州刻本，則只有兩殘卷存世。

對五臣的批評，最早大概是唐末李匡乂的《資暇錄》和丘光庭的《兼明書》。李匡乂說："（五臣）所注，盡從李氏注中出，開元中進表，反非斥李氏，無乃欺心歟！"李氏又舉例説明五臣隨便改易文字，如曹植樂府詩《名都篇》"寒鼈炙熊蹯"句，五臣擅改"寒"爲"炰"。又如曹植《七啓》"寒芳苓之巢龜，膾西海之飛鱗"句，五臣亦改"寒"爲"搴"。五臣作注參考李善是不争的事實，不過如李匡乂所舉數例，恐未必就是五臣所爲。以《七啓》此字爲例，作"搴"字並不始於五臣，在他們之前的《文選鈔》已寫作"搴"，並解釋説："搴，取也。"又《文選音決》雖作"寒"字，但注稱："或作搴。"① 則見五臣是有依據的，而不是隨意輕改。其實五臣並不僅僅參考李善，在他們之前的《文選鈔》《文選音決》乃至蕭該、曹憲等人的《文選音》，都曾有參考②。這些注本後世都已佚失不傳了，後人無從考五臣的來歷，所以常常將五臣視作始作俑者，五臣因此遭受了許多批評。丘光庭的《兼明書》與李匡乂相同，也是批評五臣的淺陋無識。但在唐代五臣備受重視，因此李、丘二家的意見似乎在當時並没有引起多大的注意。這種情況直到北宋晏殊使用李善注《文選》、蘇軾對五臣展開批評之後，才開始有所改變，對五臣的批評和對李善的讚揚都多起來了。晏殊、蘇軾是大文學家，他們的態度在當時是具有權威性的。蘇軾明確褒揚李善的《文選注》，稱是："本末詳備，極可喜，所謂五臣者，真俚儒之荒陋者也，而世以爲勝善，亦謬矣。"因此自蘇軾批評了五臣之後，世人開始重視起李善注，並逐漸了解了李善注所具有的文獻價值。這也是有歷史原因的，因爲到了宋代，唐以前的許多文獻都已失傳，而李善注却保留了不少前代的文獻，這對於後人來説，當然是十分難得的事。李善注的這一價值，到了今天，更加顯示出其重要性，我們研究漢魏六朝文學，除了要依靠《文選》外，在很大程度上還要依靠李善的注。此外，唐

---

① 見唐寫本《文選集注》卷第六十八，日本京都大學文學部景印舊鈔本，第9集。
② 詳見拙作《俄藏敦煌寫本Φ242號〈文選注〉發覆》，原載《文學遺產》2000年第4期。收入本書。

人距漢魏六朝不遠，一些當時習用的語言、讀音等，已經不甚清楚而需加以注釋，至於今天，這種注釋更是我們閱讀《文選》所不能離開的了。不過，就這一點説，五臣注也是具有價值的。雖然五臣不注出處，但他們能够串釋文意，對於不熟悉漢魏六朝語言的後人來説，有助於進一步閱讀文獻。因此對於李善和五臣的優劣，作爲今天的研究者是應該以科學的態度區別對待的，而不應盲目陷入古代學術的門户之見。

後人往往批評明人治學空疏，就《文選》的研究看，似不如清人那樣精粹，但也還是有自己的特色的。明人頗重批評、評點，如《孫月峰先生評文選》（孫鑛）、《文選瀹注》（閔齊華）、《文選尤》（鄒思明）、《選詩》（郭正域）、《選賦》（郭正域）等，或評文章結構，或闡釋文意，或褒贊辭采，間或考辨字句，對後人理解作品，頗有幫助。不過往往有憑臆肆言的毛病，又常常引用古人之説而不注出處，這些都是後人批評的地方。但總的説來，一時代有一時代的學術，明人雖然有空疏之弊，但這也是當時的風氣所致，並不能完全怪罪個人。即使這樣，也還是有不少較有價值的著作。

應該説從宋代以後，李善注已經成爲"《文選》學"的一個重要内容，對李善注的訂正、補充和疏理，都是前代學者用力甚多的地方，這以清代的研究爲代表。如何焯《義門讀書記》、余蕭客《文選音義》、汪師韓《文選理學權輿》、孫志祖《文選李注補正》、王煦《文選李注拾遺》、胡克家《文選考異》、朱珔《文選集釋》、梁章鉅《文選旁證》、胡紹煐《文選箋證》等，都是《文選》學研究的重要著作，顯示了清代《文選》研究的重要成就。

總的説來，《文選》一書及其所代表的文章風格，被視爲封建社會的文學典範，因此在20世紀初的五四運動中，曾作爲新文學革命的討伐對象被聲討過。當時著名的口號是"桐城謬種，選學妖孽"，這造成了以後的幾十年裏幾乎無人研究《文選》的局面，並因此導致了在當今的《文選》學研究中，中國學者在一些方面已經落後於國外學者的難堪境地，這也是我們需要進行學術反思的地方。

二、20世紀《文選》學研究

　　《文選》學自隋唐以來，已成爲中國古代學術的主要内容之一，研究的著作可謂是汗牛充棟。其實《文選》的影響不僅僅體現在學術研究上，它更重要的影響還是體現在中國古代文學創作上。古代作家學習並師法《文選》，在前節所提到的李白、杜甫、韓愈等唐代大作家的創作中，已十分清楚地看到了，唐以後，這種學習的風氣愈加濃厚，以《文選》作爲學習八代文學的標本。張之洞《書目答問》説"國朝漢學、小學、駢文家，皆深《選》學"，這是指清代而言。事實上自唐代以來的文學家和批評家往往以學習《文選》爲口號，因此到了"五四"時期，新文化運動便以《文選》學和桐城派作爲討伐的對象。1917年7月，《新青年》雜誌第3卷第5號《通訊》一欄發表了錢玄同致陳獨秀的信，信中説："惟《選》學妖孽所推崇之六朝文，桐城謬種所尊崇之唐宋文，則實在不必選讀。"這就是後人習慣的"選學妖孽，桐城謬種"，遂成爲"新文化運動"向封建舊文學宣戰的口號。應該説這樣的口號在當時的背景裏具有非常重要的革命意義。陳獨秀在1917年2月《新青年》上發表《文學革命論》，明確提出："推倒雕琢的阿諛的貴族文學，建設平易的抒情的國民文學；推倒陳腐的鋪張的古典文學，建設新鮮的立誠的寫實文學；推倒迂晦的艱澀的山林文學，建設明瞭的通俗的社會文學。"唯有推倒舊的才能建立新的，歷史的發展進程也證明了這一點。辛亥革命從政治上結束了封建時代，"新文化運動"則從文化上結束了它。陳獨秀、錢玄同等文學革命先輩們以敏鋭的感覺意識到了這一點，他們的文學革命業績是不朽的。

　　關於錢玄同所提的這個口號，其實還有現實的背景在内，它與當時北大新舊兩派陣營的對峙有關。我們知道，北京大學前身是京師大學堂，自1860年開辦京師同文館便開始醖釀了。1898年正式成立京師大學堂，但至1902年因八國聯軍入侵而遭到破壞。1902年京師大學堂恢復，由張百熙（字野秋，長沙人，早年擔任過光緒皇帝侍讀）任管學大臣。張聘吳汝綸（字摯甫，桐城人）爲大學總教習。吳接任後不久因病卒於原籍，張又薦副教習張筱甫爲總教習，嚴復任京師大學堂譯書局總辦，林紓任副總辦。張筱甫字鶴齡，陽湖派古文家；嚴復亦師吳汝綸，爲古文家。1912年姚永概任北京大學文科學長，姚本人也是桐城派，同時的桐城派教授還有馬其昶、汪鳳藻等人，因此桐城派在北大文科占據着優勢。這種情況到了1914年夏錫祺代姚主持北大文科以後才有改變。夏引進章太炎一派學者，如黃侃、馬裕藻、沈兼士、錢玄同等先後到北大文科任教。這一派注重考據訓詁，以治學嚴謹著稱。1916年蔡元培任北大校長，1917年1月13日，他聘請陳獨秀任文科學長，11月李大釗因章士釗之薦來北大任圖書館主任。1920年8月，魯迅正式受聘爲北大兼職講師。1917年底胡適來北大講授"中國哲學史"。至此，北大形成了新舊兩派。從以上北大歷任教授成員的組成可以看出，桐城派在北大的確造成過很大的影響，而章太炎一派雖然不像桐城派那樣保守，但這一派恪守古文傳統還是很明顯的，其中黃侃更是以精《選》學聞名。錢玄同本是章太炎弟子，本也是舊派陣營中人，但他却從舊陣營中衝出，對桐城派和《文選》學口誅筆伐。"新文化運動"對舊文學傳統的討伐，影響深遠，以致"五四"以後，《文選》已成爲腐朽文學的標誌，學者聞而生畏，已鮮有研習了。這是中國20世紀《文選》學研究未能取得更多成績的主要原因。

雖然如此，我們看到以黃侃（季剛）爲代表的《文選》學研究仍然在艱難的環境中延續着古老的傳統，並取得了優秀的成績。黃季剛先生被章太炎先生稱爲近代"知選學者"，他對《文選》研究頗深，手批圈點，卓見迭出。黃氏死後，他的侄子黃焯據其批點的《文選》，重新整理，編輯成書，1985年由上海古籍出版社出版，署名《文選平點》。季剛先生深精經、史、文字、音韵、訓詁之學，所作圈點評箋，都具有真知灼見。如本書卷四評江淹的《雜體詩·顏特進》"巡華過盈瑱"句說："'巡'與'循'通，'循'讀'循省'之'循'，猶言巡省榮華之遇。六朝造語多未必合本訓，當以意求之。……案此'巡華'亦其方物也。何焯云'巡華未詳所出'，案'巡華'與別本上之'承榮'對，亦一意耳，初無所出。"解釋"巡華"二字，可謂卓見。又如卷五推論李陵《答蘇武書》作僞時間說："此殆建安以後人所爲，而尤類陳孔璋，以其健而微傷繁富也。劉知幾以爲齊梁人作，則非也。《太平御覽》四百八十九引此篇，謂出《李陵別傳》。詳別傳之體，盛於漢末，亦非西漢所有也（西漢人有別傳者，惟東方朔及陵，皆後人所爲），《類聚》三十八有蘇武《報李陵書》，全是儷詞，恐蘇、李往復諸書，尚未必一時所僞託。"所論有據，雖未必是陳琳所作，但據別傳體產生的時代作推論，較爲合於實際。除此之外，黃季剛先生特別重視古文的誦讀，所謂"口到"，據黃焯先生所作《後記》説："回思四十年前，先從父嘗取《選》文抗聲朗誦，焯竊聆其音節抗墜抑揚之勢，以爲可由此得古人文之聲響，而其妙有愈於講説者。蓋今所録圈點之文，率先從父昔之所喜而諷誦者，雖朗誦之音節不可得傳，而其得古人文之用心處，則可於此覘之矣。"這一點是昔之學者的長處，而今之學者多已失之，季剛先生的這些圈點，可供後學者細細揣摩。據黃焯先生《文選平點後記》説，黃季剛先生平點《文選》事在壬戌夏日，當是 1922 年，距錢玄同高呼"選學妖孽"的 1918 年，僅四年。

　　黃季剛先生之後，對《文選》做出卓越貢獻的當數高步瀛先生，高氏著《文選李注義疏》一書，力圖對李善注進行仔細的清理。"在本書中，凡涉及古代典章制度的問題，他都能標舉衆説，擇善而從。對於一些有不同説法，而限於史料尚難判定是非的問題，他也源源本本，加以辨析。尤其難得的是，李注所引的許多古書，往往僅舉書名，而《義疏》則對現存的典籍都一一覆核，説明見某書某篇或某卷。凡已佚的古書，也多能從類書或其他典籍中徵引佚文加以印證或考定源委。凡李注引文與今本或類書所引文字有所出入，也一一作了校勘，並加按斷。"①高氏作《義疏》的緣由，據其叙中説是有鑒於李善注文在後世屢遭羼亂、改竄，"精神面目皆已失真，而綴學之士，雖力爲杷疏，終不能復其本元，斯則可爲太息者也"。這説明他的目的是要恢復李善注原貌。應該説高氏在他那個時代憑藉其深厚的學養才力，又充分利用了所能够使用的材料，闡明義例，區分鑒別，盡其能力使久已被羼亂的李善注得以漸近原貌。這些成就都是學術界所共鑒的事實。可惜高步瀛先生因病去

---

① 參見曹道衡、沈玉成《文選李注義疏點校前言》，中華書局，1985 年，第 2 頁。

世，計劃中的六十卷，僅完成八卷，這是《文選》學研究的一大損失①。

黃、高的《選》學研究，都還是繼承的清代乾嘉學風，但在材料的選擇上，能夠注意使用新發現的寫、鈔本，顯示了新的研究傾向。除了黃、高以外，也還有一些學者對《文選》開展研究，如劉盼遂的《文選校箋》《文選篇題考誤》，徐英的《文選類例正失》，祝文白的《文選六臣注訂訛》等，就《文選》原文篇題、編輯體例以及六臣注的疏誤，進行批評。就總的研究傾向看，這些課題都還屬於傳統《選》學的内容。當然所謂傳統云云，是就其方法而言，但畢竟是新世紀的學術研究，研究者以專題論文的形式，集中討論問題的態度，都已和舊《選》學有了區别。1936年中華書局出版了駱鴻凱先生的《文選學》一書，標誌着《文選》研究的新開端。學術界對本書的評價是"第一次從整體上對《文選》加以系統、全面的評介，作者不僅對《文選》自身的纂集、義例、源流、體式有獨到的見解，還對如何研讀《文選》指出了門徑"，因此認爲它是"新選學"的開山之作②。《文選學》分纂集、義例、源流、體式、撰人、撰人事迹生卒著述考、徵故、評騭、讀選導言、餘論等十個專題，及"文選分體研究舉例""文選專家研究舉例"等附錄，就《文選》學所涉及的理論問題，進行了系統的研究探討。駱鴻凱先生是黃季剛先生的學生，精於古文字、聲韵、訓詁及《楚辭》《文選》之學，早年治學特重家法，於《文選》崇昭明之旨趣而尊李善之詮注③。這種態度於書中分明可見，但一部"新選學"的開山之作，却由舊學方法作支撐，正顯示了學術傳統的正常嬗遞過程。

約與駱鴻凱同時，周貞亮亦著有《文選學》。據王立群教授所説，周著是講義，由武漢大學鉛印行世，時間當在1931年之前，較駱氏爲早。但駱氏部分文章亦在1931年發表，是二人寫作《文選學》的時間相近，甚或周著還要在駱著之前④。如果是這樣的話，以往認爲駱氏

---

① 高氏此書1949年以前曾由北平文化學社排印出版，1985年經曹道衡、沈玉成先生點校，中華書局重又出版。
② 許逸民《再談"選學"研究的新課題》，載《文選學論集》，時代文藝出版社，1992年。
③ 見馬積高爲《文選學》所撰後記，中華書局，1989年。
④ 參見王立群《周貞亮〈文選學〉與駱鴻凱〈文選學〉》，載《文學遺産》2001年第3期。

《文選學》是"新選學"開山之作的說法，是要作修正的。

周貞亮師從譚獻、張之洞，譚獻曾有意爲李善注作義疏，因此周貞亮是繼承了譚獻的"選學"傳統的，而這部《文選學》正是他應武漢大學之邀教授"文選學"的講義。周貞亮精於"選學"，不僅從這部《文選學》中可以見出，筆者在武漢大學圖書館見到周氏爲研究《文選》所做的準備工作有其手抄前人注解《文選》多種，如元方回《文選顔謝鮑詩評四卷》一册、清薛傳均《文選古字通疏證》六卷（與《四六叢話》合訂一册）、近人李詳《文選拾瀋》二卷（與《文選拾遺》合訂一册）、清朱銘《文選拾遺》八卷、清傅上瀛纂輯《文選珠船》二卷（與《學古堂日記》合訂一册）、清胡紹煐《文選箋證》三十二卷八册、清許巽行《文選筆記》六卷（依徐行可藏原稿校鈔本二册）、清余蕭客《文選紀聞》三十卷四册等。

周貞亮、駱鴻凱所進行的新研究，並不是孤立的，在這前後，對《文選》的體例、編者等屬於後來所稱"新選學"內容的探討，也有所進行。較有影響的如 1946 年朱自清在《國學季刊》第 6 卷第 4 期發表的《〈文選序〉"事出於沉思義歸乎翰藻"說》，分析"沉思"和"翰藻"的含義和當時使用的情況，指出其作爲《文選》收錄標準的實際內容。另外一篇值得注意的文章是何融的《〈文選〉編撰時期及編者考略》，發表於 1949 年《國文月刊》第 76 期。在這篇文章中，作者提出《文選》並非蕭統一人編纂，而是在東宮學士的幫助下完成的；其次，作者還對《文選》的編纂時期作了大致的推定，認爲當在普通三年（522）至普通七年之間。這些觀點都是十分有價值的，它直接開啓了"新選學"的研究課題。

20 世紀前半葉的《文選》研究，還有一項重要的內容，即由於《文選》寫鈔本的發現帶來的《文選》版本研究上的突破。所謂寫鈔本主要是指 20 世紀初發現的敦煌寫本和日本發現的早期鈔本。敦煌寫本多產生於唐代，還有一些可能產生於六朝時期，當然距《文選》的原貌最近，在某些方面具有的價值是宋以後的刻本所不能比擬的，這對研究蕭統《文選》原貌以及李善注、五臣注原貌，都十分重要。敦煌出土的《文選》寫本，主要集中在法國，是由伯希和從敦煌盜劫而去。

此外匈牙利人斯坦因也盜劫了一部分，今藏英國倫敦不列顛博物館。又俄國人奧登堡也在1914—1915年組織一個"俄國新疆考察隊"盜劫了一部分，今藏俄羅斯聖彼得堡亞洲研究中心。1917年羅振玉《鳴沙石室古籍叢殘》曾影印了四種《文選》寫本，羅振玉、劉師培、蔣斧等並作有提要，對寫本的文獻價值做了初步研究。這部分寫本的公布，大大促進了《文選》學研究，爲許多學者提供了便利。如後來高步瀛作《文選李注義疏》，就使用了敦煌寫本；而日本的斯波六郎博士作《文選諸本的研究》，也都以這些作爲唐代《文選》的主要材料。在這些寫本中，比較令人注意也最爲珍貴的是唐代永隆年間弘濟寺僧所抄寫的《西京賦》，這是李善注本。永隆是高宗年號，當680—681年，此卷卷末有"永隆年二月十九日"字樣，當是永隆二年（681），因爲永隆改元是在八月，既稱二月，當是永隆二年無疑。永隆二年上距李善《上文選注表》的顯慶三年（658）僅二十三年，而下距李善卒年——高宗永昌元年（689）尚有八年，說明弘濟寺僧抄寫《西京賦》時，李善猶在，於此可見這個寫本的珍貴。應該說這個寫本是最接近李善注原貌的，今人的研究也正是從這一點出發，將它作爲李善注原貌來校訂刻本李善注的。高步瀛如此，斯波六郎也是如此，今人饒宗頤並以之與日本所傳唐寫本《文選集注》、《四部叢刊》影宋本、胡克家刻本等進行詳細比勘，進一步探究唐代李善注《文選》的原貌及獨具的文獻價值。20世紀初關於《文選》寫本的利用，限於條件，主要是羅振玉所影印的幾種，此外如1938年日本學者神田喜一郎所編《敦煌秘籍留真》[①]及1947年陸志鴻整理的《敦煌秘籍留真新編》[②]也在不同程度上爲學術界所利用。至於俄藏敦煌文獻，則直到1993年以後，才由中俄兩國學者共同携手編輯出版[③]，其中珍貴的寫本，新版編號爲Φ242號起束廣微《補亡詩》迄曹子建《上責躬詩表》，是一種出於六臣注以外的注釋，爲研究唐初《文選》注提供了樣本。

[①] 《敦煌秘籍留真》，日本昭和十三年（1938）小村寫真製版所京都影印暨鉛印本。

[②] 《敦煌秘籍留真新編》，1947年臺灣大學照相版本。

[③] 《俄藏敦煌文獻》，俄羅斯科學院東方學研究所聖彼得堡分所、俄羅斯科學出版社東方文學部編，上海古籍出版社，1993—1997年。

除了敦煌寫本以外，東鄰日本也陸續發現了許多寫鈔本。寫本如産生在唐代的《文選集注》，這是一個未見於本國任何史料記載的寫本，原藏日本金澤稱名寺，清末董康首先發現，隨即報告日本政府，而被列爲國寶①。《集注》原書爲一百二十卷，集李善、五臣、陸善經、《音决》、《鈔》等書，其中後三種現在都已佚失，而李善和五臣的注也與後世刻本存有許多差異。毫無疑問，《集注》本的發現，對研究唐代《文選》學以及探求李善、五臣原貌，都具有十分珍貴的價值。此本在1918年由羅振玉先生最先影印，共十六卷，題爲《唐寫文選集注殘本》。羅氏影印本並不完全，而且所印各卷也多有脱漏。1935年，日本京都大學文學部又以"影印舊鈔本"名義印了二十四卷，1942年完成，是比較完全的印本，但也仍然有遺漏，如現存於中國境内的幾種就没有影印進去（現藏中國國家圖書館的曹子建《求自試表》二十二行，藏天津藝術博物館的卷四十八殘卷等）。關於這個寫本的出處，由於它未見於中國史料記録，又發現於日本，因此日本學者往往以爲是日本人編纂而成。這個説法中日學者間有不同的看法，近來留日學者陳翀博士利用新發現的日本平安時期材料提出當是日本平安朝中期大學寮大江家紀傳道之代表人物大江匡衡所撰②，此説是近年來關於《文選集注》作者研究的最新成果，是否成立，恐怕還要作多方面的考察。

　　《文選集注》以外，日本天理圖書館還藏有一個純粹的注本，也是出於李善和五臣之外的，所存篇目是司馬相如《喻巴蜀檄》、陳琳《爲袁紹檄豫州》、鍾會《檄蜀文》、司馬相如《難蜀父老文》等。此本日本學者岡村繁先生作過研究③，中國臺灣學者游志誠先生在《敦煌古鈔

----
　　① 董康《書舶庸譚》卷八："小林詢大坂某會社屬介紹收購上海某君所藏《文選集注》之結果。《文選集注》者，吾國五代時寫本。除六臣外，兼及曹憲等注，即六臣注亦較通行本爲長。以分卷計之，當有一百廿卷。森立之《經籍訪古志》言金澤稱名寺藏有零本，余於光宣之際偕島田前往物色之，得卅二卷。曾以語内藤博士白諸政府，列入國寶。"董康著，朱慧整理《書舶庸譚》，中華書局，2013年，第284頁。
　　② 參見陳翀《〈文選集注〉之編撰者及其成書年代考》，載《域外漢籍研究集刊》第六輯，中華書局，2010年。
　　③ 見《永青文庫藏敦煌本〈文選注〉箋訂》，載《久留米大學文學部紀要》，國際文化學科編第3號（1993）。

本文選五臣注研究》一文中，也作過專題研究①。不過游氏結論認爲是出自五臣注，恐還需要進一步論證。

　　日本所藏最爲豐富的還是鈔本，據日本學者阿部隆一《本邦現存漢籍古寫本類所在略目録》介紹，有二十七種之多。其中多爲私人收藏，外間很難見到。不過其中最有價值的也都已發表，如古抄白文殘二十一卷本、觀智院藏卷第二十六、三條家藏五臣注卷第二十、九條家藏白文殘二十二卷本等。這些鈔本的價值是非常高的，對研究《文選》原貌以及早期李善注、五臣注，都具有重要的參考價值。這些鈔本中，以古抄白文殘二十一卷本較爲人知。它最早著録於森立之的《經籍訪古志》，僅一卷，森立之稱爲五百許年前鈔本，是日本的正平時代，約當中國元順帝至正前後。1880 年中國學者楊守敬隨何如璋、黎庶昌出使日本，除搜得森立之所著録的這一鈔本外，又搜得另外二十卷。楊氏將這二十一卷鈔本帶回國後歸藏故宮博物院，現存臺北故宮博物院。此本帶回來以後，很引起學者的重視，黃季剛先生曾經借校，這在他的《文選平點》中有所反映。又如高閬仙先生《文選李注義疏》也採用此本參校。此本在當時應該有許多人過録，如向宗魯先生、徐行可先生等。向宗魯先生過録本後又爲屈守元先生過録，徐氏藏本即爲黃季剛先生借校者，現已不知去向。除這幾家以外，傅增湘先生也曾過録一本，今存中國國家圖書館②。

　　《文選》寫鈔本的發現，對進一步加深《文選》學研究，提供了新的材料基礎，其實除了寫鈔本外，一些以前不易見到的珍貴版本的發現，也同樣是 20 世紀《文選》學研究的重要内容。《文選》版本研究是《文選》學的基礎，這點在宋以後尤爲突出。由於版本的問題，常導致研究者得出錯誤的結論，《四庫全書總目》根據汲古閣本對李善注本所作的錯誤結論是一個明顯例證。爲什麽前人的研究要依靠不可信的版本呢？這當然與善本不易見到有關。比如研究李善注，一般使用的是

---

　　① 游志誠《敦煌古鈔本文選五臣注研究》，1995 年臺灣敦煌學研討會論文稿本。
　　② 這個寫本具有很高的文獻價值，詳參拙文《關於近代發現的日本古抄無注三十卷本〈文選〉》，載《文學遺産》1997 年第 6 期，收入本書。

汲古閣刻本，清嘉慶年間胡克家好不容易得到了南宋尤袤刻本，立刻組織著名版本學家顧廣圻、彭兆蓀以元茶陵本和明袁褧覆宋本進行比勘，作《文選考異》十卷。可惜由於尤刻本並非唐宋以來傳承有緒的李善注本，以致他們所作的結論，即世無李善單注本，所傳李善注都是從六臣本中摘出的觀點，只能是錯誤的結論。要研究刻本李善注，當然要依靠北宋國子監刻李善注本，但這個刻本傳世極少，四庫館臣未見到，其他的人更難見到，所以影響了關於李善注的研究結論。到了 20 世紀 30 年代，日本學者斯波六郎博士作《文選諸本的研究》，雖然號稱搜集了三十多種版本，但他連尤刻本也沒有見過，宋本中僅有六臣本的贛州本和明州本，最關鍵的北宋國子監本沒有見過，所以他也與胡克家一樣，得出的是錯誤的結論。北宋國子監本，當然也是一個遞修本，即天聖明道本，是在 20 世紀 20—30 年代才從內閣大庫流出，最後為周叔弢先生收得後半部分，今存中國國家圖書館。至於前半部分的殘卷，則藏於臺北故宮博物院。這個本子問世後，傅增湘先生曾作過校錄，別的人似乎就很少利用過了。

北宋監本的發現，對研究刻本李善注是非常重要的，通過對它的研究，可以推翻《四庫全書總目》、胡克家《文選考異》、斯波六郎《文選諸本的研究》等的結論，因此這是 20 世紀《文選》版本最重要的發現之一。而與此同等重要，甚至說是超過了這個版本的重要程度的，可能要算是韓國奎章閣本的發現。

韓國奎章閣本是六家《文選》，該書底本是北宋哲宗元祐九年（1094）二月秀州（今浙江嘉興）州學本。據秀州州學本的跋稱，秀州州學將國子監本與五臣注本合并為一本，這當是第一個六臣合并注本。跋中所稱的國子監本即北宋天聖年間國子監刊刻的李善注本，秀州本使用的這個監本比現在中國國家圖書館所藏的天聖明道本還要好，因為天聖明道本是一個遞修本，而非國子監原本。秀州本使用的五臣注本是平昌孟氏刻本，這個刻本是在當時流傳的兩川二浙刻本基礎之上加以刊正的本子。秀州本所用的這兩個底本來歷清楚，又早已失傳，因此具有很高的文獻價值。尤其在今天，北宋天聖明道本也多有殘缺且分散在海峽兩岸，而五臣注本也僅存一部建刻的陳八郎本和杭州鍾家所刻的兩殘卷，秀州本的文獻價值更不待言。陳八郎本據該書江琪的跋説是將監本與古本參校互證而成，這説明該本並非純粹的五臣注，許多方面都從於李善本。今以陳八郎本與六臣本相校，的確如江琪所説。這就是説陳八郎本還不能完全作爲五臣本使用。杭州本今存兩殘卷，以之與秀州本的底本平昌孟氏本相校，基本相合，這就是説孟氏本完全可以作爲杭州本使用。從以上所論看，奎章閣本所擁有的這兩個注本，完全可以作爲李善和五臣的底本使用。事實上筆者所作《文選》版本研究博士後課題，利用奎章閣本解決了不少歷史上懸留的問題。如第一部六家合并注本的産生、六臣本與六家本之間的關係、李善注與五臣注之間的關係、杭州本與陳八郎本的不同等，都能依靠奎章閣本取得較爲滿意的解釋①。

應該説奎章閣本很早就傳入中國，中國的藏書家如陳乃乾、張乃熊、楊守敬、高君定等都有收藏②。又據朴現圭《臺灣公藏韓國古書籍聯合書目》③ 介紹，張乃熊所藏書有 "宣賜之記"（朱方，朝鮮内賜印）及 "伯温"（朱方）、"山人" 等鈐印，似乎表明此書乃明朝時朝鮮所贈。印中的 "伯温" "山人" 或爲劉基④。但可惜的是，這部珍貴的《文選》却没有引起中國學者的重視，没有人對它進行校勘和研究，這是《文選》版本研究工作中的缺憾。

以上是 20 世紀上半葉《文選》研究的主要情形，可以看出其研究

---

① 拙作《〈文選〉版本叙録》，原刊《國學研究》第 5 卷，北京大學出版社，1998 年。又參《論韓國奎章閣本〈文選〉的文獻價值》，原刊《文獻》2000 年第 3 期，收入本書。

② 分别見張元濟《涵芬樓燼餘書録》（商務印書館，1951 年）、張乃熊《芹圃善本書目》（廣文書局，1969 年）、嚴寶善《販書經眼録》（浙江古籍出版社，1994 年）。

③ 朴現圭《臺灣公藏韓國古書籍聯合書目》，文史哲出版社，1991 年。

④ 此説尚待查證。張氏藏書今存我國臺灣，不知該書後是否有宣德三年卞季良自述鑄庚子字的跋，如果有的話，則此 "伯温" 可能不是劉基，因爲劉基死於 1375 年，而宣德三年却是 1468 年。但如果該書無卞季良的跋，則見奎章閣本刊刻還要早於宣德三年，那就有可能是劉基所藏。案，據《奎章閣圖書韓國本綜合目録》（漢城大學校圖書館編，漢城：保景文化社，1994 年）介紹，韓國所藏古本《六家文選》有十二本之多（包括殘本），其刊刻年代，有的著録未詳，有的著録爲中宗時、成宗時、光海君時；刊印字體分别有訓練都監字、校書館木活字、甲寅字等，因知韓國所刻《六家文選》的年代不一，我們今天所見到的這部由韓國正文社影印的《文選》，書後附有卞季良之跋，也許並非刊刻最早的書。以上所述，都還有待進一步查證。

的方法、目的、關注的視角，既與傳統"選學"有聯繫，也開導了後來的新研究。這種新研究，到了20世紀60年代，日本學者神田喜一郎博士在《新的文選學》中提出了"新文選學"的概念，以後清水凱夫教授的有意識研究，使得這一概念形成了有風格、有方法的研究派別，並逐漸在當代《文選》學研究中取得了越來越多的認同。清水凱夫教授的研究成果及"新文選學"的主要內容，中國學者許逸民先生曾歸納爲六個方面：《文選》的編者，《文選》的選錄標準，《文選》與《文心雕龍》的關係，沈約聲律論，簡文帝蕭綱《與湘東王書》和對《文選》的評價[①]。不過，對這一概括，清水凱夫並不完全同意，他重申他的"新文選學"有四大課題。第一課題，無論如何也是傳統"選學"完全缺乏的《文選》真相的探明。這一大課題，僅個別地澄清各個問題，是終究不能解決的。只有在以下諸課題分別澄清後，才能有機地綜合分析考察的方法求得其結果。第二個課題，是弄清如下先行理論對《文選》的影響關係，這一課題自然也應該與第一課題聯繫起來考察的。第三個重大課題是弄清各個時代對《文選》接受、評價的變遷。換言之，即擴充和充實歷來所說的"文選學史"。第四個課題，是徹底地探討版本、訓詁學的歷史，補上欠缺的部分，使傳統"選學"已進行的工作變得更加充實。從清水凱夫本人闡述的"新選學"內容看，比較許逸民的總結又擴大了許多。這個差別主要是因爲許氏是根據清水凱夫已經做過的工作而言，而清水凱夫的重新認定，則包括了許多未來的計劃。從清水凱夫第四個課題的認定看，他已經將傳統"選學"的版本、訓詁等內容也引入了"新選學"。

清水凱夫教授四個課題的認定，已明顯與神田喜一郎博士當初所提出的"新選學"有了區別。在神田博士那裏，"新文選學"既不包括各種譯注本，也不包括斯波六郎博士的版本研究。如果按照清水教授的認定，那麼"新文選學"在日本實際上並非從20世紀60年代才開始，而

---

① 見許逸民《再談"選學"研究的新課題》，載《文選學論集》，時代文藝出版社，1992年。

應該從斯波六郎博士的研究工作開始算起了①。但這樣一來，就帶來了新的問題，如果斯波六郎博士的研究也屬於"新選學"內容的話，那麼傳統"選學"的版本研究（如胡克家等人的工作）應該如何看待呢？事實上"新選學"剛提出的時候，其基本内容正如許逸民所總結的一樣，清水凱夫的既成研究也證明了這一點。只是隨着清水凱夫本人的思考成熟，以及中日兩國學者的批評而陸續增加了如清水教授後來所説的第三、第四兩課題的内容。

　　從"新選學"提倡者所指出的内容看，雖然這個提法發生在日本，但實際上20世紀中國學者的研究，如前述駱鴻凱、何融等人的研究，已開始在先。自20世紀50年代以來，關於《文選》編者、選録標準等問題的討論，更得到了加强。比較有影響的如殷孟倫《如何理解〈文選〉編選的標準》（《文史哲》1963年第1期）、王運熙《蕭統的文學思想和〈文選〉》（《光明日報》1961年8月27日）、郭紹虞《〈文選〉的選録標準和它與〈文心雕龍〉的關係》（《光明日報》1961年11月5日）等。總的説來，20世紀80年代之前，中國的《文選》研究還處於零星的、不成系統的狀態，20世紀80年代中後期才進入一個新階段。由北京大學、長春師範學院等多單位聯合所作的《文選譯注》似乎是一個標誌，而1988年在長春召開的第一届《昭明文選》國際學術研討會，更是表明中國《文選》學研究步入一個新的時期。在此之後，又分別在長春、鄭州召開了兩届國際學術討論會，并且成立了中國《文選》學研究會，表明中國《文選》研究已經國際化，而且進入了規範的、有系統的研究狀態。就當前已經開展的工作來説，如鄭州大學古籍整理研究所編纂的《中外學者文選學論集》《文選學論著索引》（中華書局，1998年），四川師範大學屈守元教授的《文選導讀》（巴蜀書社，1993年），南京大學周勛初教授整理影印的《唐鈔文選集注彙存》（上海古籍出版社，2000年），北京大學傅剛教授的《昭明文選研究》（中國社會科學出版社，2000年）、《〈文選〉版本研究》（北京大學出版

---

① 斯波六郎博士的研究成果發表於20世紀50年代，但其研究却早在30年代初期就開始了。

社，2000年），四川大學羅國威教授的《敦煌本〈昭明文選〉研究》（黑龍江教育出版社，1999年）、《敦煌本〈文選注〉箋證》（巴蜀書社，2000年），廣西師範大學胡大雷教授的《文選詩研究》（廣西師範大學出版社，2000年）等。此外，幾次國際學術會議論文集，如《昭明文選研究論文集》（吉林文史出版社，1988年）、《文選學論集》（時代文藝出版社，1992年）、《文選學新論》（中州古籍出版社，1997年）、《昭明文選與中國傳統文化》（吉林文史出版社，2001年）等，都代表了中國當代學者的研究成績。

大陸學者以外，港臺學者關於《文選》的研究也取得了令人矚目的成績。香港著名學者饒宗頤教授的《敦煌本文選斠證》（《新亞學報》第3卷1—2期）、《日本古抄文選五臣注殘卷校記》（《東方文化》1956年3卷2期）是根據寫本、鈔本對《文選》版本進行研究的力作。文中所得出的一些結論，非常具有啓發性。但或許由於條件限制，饒氏未能采用與敦煌寫本（永隆本）和古抄五臣注殘卷有直接關係的北宋國子監本及陳八郎本等對勘，因此所獲結論又難免有缺陷。臺灣學者對《文選》的研究極爲重視，出版過研究專著多種，如林聰明《昭明文選研究考略》（文史哲出版社，1975年）、《昭明文選研究初稿》（文史哲出版社，1986年），陳新雄、于大成《昭明文選論文集》（木鐸出版社，1976年），邱榮鐊《文選集注研究》（文選學研究會，1978年本），李景濚《昭明文選新解》（暨南出版社，1990年），游志誠《昭明文選學術論考》（臺灣學生書局，1996年）、《文選學新探索》（駱駝出版社）等。此外，臺灣地區有不少大學開設了《文選》研究課程，博士、碩士論文中有不少以《文選》研究爲題。碩士論文如丁履譔《文選李善注引詩考》、李鎏《昭明文選通假考》、周謙《昭明文選李善注引左傳考》、黃志祥《北宋本文選殘卷校正》等。從題目看，這些論文集中在對李善注的研究上，這仍是傳統"選學"的內容。

海外"選學"研究的重鎮仍是日本，除以清水凱夫教授爲代表的"新選學派"外，傳統的"選學"研究成果仍然集中在版本上。由於日本藏有豐富的早期寫本、鈔本，對它們的研究成爲日本"選學"研究者的一個特色。此外，版本研究仍以斯波六郎博士爲代表，其後岡村繁教授對斯波六郎博士的結論進行了較大的修正,結論同於中國學者程毅中、白化文先生①。日本學者之外的歐美"選學"研究主要集中在翻譯上,英、法、德、美都出現了許多很有成就的《文選》研究學者,做出了非常好的成績。其中尤以近年美國學者康達維教授全文翻譯《文選》的工作爲代表,值得我們欽佩。這一工作的難度,凡了解《文選》的人,可想而知。我們滿懷敬意地祝願康達維教授工作的早日完成②。

從以上所述20世紀《文選》學研究的情況看,前半世紀的研究因五四運動的衝擊,造成了"選學"比較沉寂的局面,後半世紀,特別是80年代中期以來,"選學"研究呈現出繁榮的景象。儘管如此,我們也看到,前半世紀雖然沉寂,但如黃侃、高步瀛二氏的研究,仍然是一個高峰。如高氏的《文選李注義疏》直到今天仍然沒有賡續者。此外,20世紀初發現的許多寫、鈔本也並沒有引起當代中國"選學"研究者的足夠注意,但在海外如日本,卻有很深入的研究。應該說海外"選學"研究的興起,是20世紀的一大成績,這標誌着"選學"研究的世界化,是傳統"選學"所不具備的內容,也是中國學術研究的目標和方向之一。這是當代學者特別要注意的地方。就《文選》研究的理論內容而言,海外"新選學"和中國當代學者在諸如《文選》的編者、體例、編輯宗旨、文體分類,以及《文選》的編纂背景、《文選》與相關典籍的關係等方面,都作了比較深入的研究,也取得了較爲矚目的成績。但《文選》的版本研究,卻是"新選學"研究的一個薄弱點。這一方面是因爲"新選學"研究者最初想要與傳統"選學"劃分疆域而有意避開所致,另一方面是因爲清水凱夫教授又提出加入版本研究的內容,但至目前,這一派似乎還沒有展開研究。20世紀的《文選》版本研究,從系統、規範方面來看,當推日本學者斯波六郎博士的《文選諸本的研究》,這一研究在胡克家《文選考異》所得結論的基礎上重又進行了深入的分析,最終重新論證了胡克家的結論。不管這結論本身正

---

① 參見[日]牧角悦子《日本研究〈文選〉的歷史與現狀》,載《昭明文選研究論文集》,時代文藝出版社,1992年。
② 參見康達維《歐美〈文選〉研究述略》,載《昭明文選研究論文集》。

確與否，我們看到，他們對《文選》版本的研究，始終只局限在李善注本上，事實是《文選》版本研究除此之外，起碼包括有蕭統《文選》三十卷本原貌考察，李善注、五臣注版本源流遞變，六家合并注本的產生及演變，現存寫鈔本與刻本的對比研究，等等，這些都是前人未曾注意，但意義重大的問題。

中 篇

《文選》版本叙録

蕭統《文選》編成之後，即以寫本、鈔本廣泛流傳。至唐初，經李善與五臣爲之作注，《文選》流傳更廣，到晚唐五代蜀毋昭裔即有刻本傳世。宋以後，《文選》愈受重視，故雖部帙龐大，仍刊刻不輟。刻本流行，寫、鈔本遂日漸稀少，今所能見者，惟敦煌寫本數卷及東鄰日本所傳殘本耳。刻本却不同，宋刻雖少，仍有數帙完整地流傳下來。至於明、清刻本，更不足稱奇。但由於封建時代藏書的分散與封閉，無論官藏、家藏都不易見到，因此前人對《文選》版本的研究，便受到資料不全的限制，又由於這種限制，往往作出一些錯誤的判斷。比如清胡克家的《文選考異》，此書的實際操作者是顧廣圻、彭兆蓀，以顧、彭這樣的大版本學家，也僅見到一種宋刻本（尤袤刻本），而且還是一個屢經修補的後期版本，而用與此本作比勘的，僅有元陳仁子茶陵本和明袁褧刻本，至於宋刊贛州本、明州本、建本，以及五臣注陳八郎本，他們都沒有見到。當發現尤刻本與茶陵本、袁本有差異，且顯爲尤本錯誤的時候，往往遽下判語，稱係尤袤擅改，却不知尤刻之前的版本即已如是。胡克家以後，對《文選》版本的研究，時有好的文章問世，但總體來看，仍然零亂，不系統。倒是日本學者斯波六郎所作《文選諸本的研究》，比較系、細緻地分析、研究了三十三種《文選》版本，對《文選》版本研究作出了貢獻。但斯波六郎博士的研究也有許多不足，他所得出的結論"胡刻本的底本尤刻本所傳承的不是唐代李善單注本，實爲六臣注本，不過抽出了其中的李善注本"，其實是錯誤的。筆者經過近兩年的資料搜求，奔波於北京、上海、鄭州等地，查看了《文選》的唐宋寫、鈔本，以及大陸現存的多種宋刊本，發現了前人研究中導致錯誤的問題所在；對尤刻本的來歷，李善注本非從六臣本出的依據，第一部五臣、李善合并本的産生時間、特徵，及其與後來六家本、六臣本關係等《文選》版本研究中極爲關鍵的問題，作了較深入的研究，並得出了初步結論。今分別以寫本、鈔本、刻本三種不同形式，作叙錄如下。

寫　本

所謂寫本，主要指時代較早的手寫《文選》版本，以與產生時代偏後，依據某種底本再行傳寫的鈔本區別。現在所能見到的寫本《文選》，主要有敦煌寫本和日本所藏古寫本《文選集注》。

敦煌文獻最早於 1907 年被匈牙利人斯坦因盜劫，現藏倫敦不列顛博物館。1908 年法國學者伯希和又盜劫了最稱菁華的部分，今存巴黎國立圖書館。1914 年至 1915 年，沙俄人奧登堡組織領導的"俄國新疆考察隊"也從敦煌盜走了一部分，現藏於俄羅斯聖彼得堡亞洲研究中心。關於法藏敦煌文獻中的《文選》，羅振玉曾據伯希和的影印又印成《鳴沙石室古籍叢殘》，篇目爲伯①2527、2528 號張平子《西京賦》（因抄於唐高宗永隆年間，故又稱永隆本）、伯 2527 號起東方曼倩《答客難》至楊子雲《解嘲》、伯 2525 號起沈休文《恩倖傳論》迄范蔚宗《光武紀贊》、伯 2542 號任彥昇《王文憲集序》。1986 年，臺灣黃永武博士編成《敦煌寶藏》，所收《文選》寫本除羅氏已影印之外還有伯 2493 號陸士衡《演連珠》，伯 2543 號王元長《三月三日曲水詩序》，伯 2554 號謝靈運《會吟行》，鮑明遠《樂府八首》之《東武吟》《出自薊北門行》《結客少年場行》《東門行》《苦熱行》《白頭吟》，伯 2645 號李蕭遠《運命論》，伯 2658 號揚子雲《劇秦美新》及班孟堅《典引》，伯 3345 號王仲寶《褚淵碑文》，伯 5036 號陸佐公《石闕銘》並《序》等。藏於英國倫敦不列顛博物館的《文選》寫卷有編號爲斯 9504 號江文通《恨賦》，斯 3663 號成公子安《嘯賦》，斯 5736 號顏延年《陽給事誄》，斯 6150 號楊德祖《答臨淄侯箋》等。

關於俄藏敦煌文獻，1993 年至 1998 年，上海古籍出版社與俄羅斯科學院東方學研究所聖彼得堡分所合作出版了《俄藏敦煌文獻》，已經出版的《文選》篇目有 Ф242 號起自束廣微《補亡詩》（存末一首）迄曹子建《上責躬應詔詩表》（殘），Дx01502 號左思《吳都賦》，Дx01551 號張景陽《七命》，以及尚未出版的任彥昇《王文憲集序》

---

① 伯，即法國學者伯希和（Paul Pelliot）。

等。以下先介紹法藏敦煌寫本。

法藏敦煌寫本《文選》，雖篇目不少，但稱完整、清楚者，主要是羅振玉《鳴沙石室古籍叢殘》所印諸篇。其中，永隆本《西京賦》與《答客難》《解嘲》爲李善注，《恩倖傳論》《史述贊》《光武紀贊》及《王文憲集序》爲白文無注。叙錄如下。

一、永隆本《西京賦》（伯 2527 號，伯 2528 號）

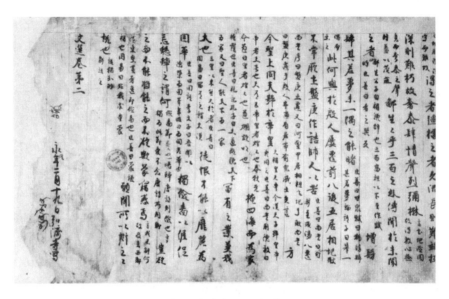

圖 1　永隆本《西京賦》

此卷係單李善注，卷末有"永隆年二月十九日弘濟寺寫"一行，故稱永隆本。永隆是唐高宗李治年號，當公元 680 年至 681 年，然永隆改元是在八月二十三日，此卷明稱二月，應爲永隆二年（681）無疑。此上距李善《上文選注表》的顯慶三年（658）僅二十三年，而下距李善卒年的高宗永昌元年（689）尚有八年，是弘濟寺僧抄寫《文選》時，李善猶在，於此可見永隆本的珍貴。全篇今存三百五十三行，起《西京賦》"井幹疊而百增"至賦末李善注爲止。"世"字、"虎"字、"治"字皆缺筆。以永隆本與後世刻本相校，其校勘價值略有數端：

(一) 保留舊注原貌

李善於《西京賦》"薛綜注"下稱:"舊注是者,因而留之,並於篇首題其姓名,其有乖謬,臣乃具釋,並稱臣善以別之,他皆類此。"又於《甘泉賦》"楊子雲"下注稱:"舊有集注者,並篇内具列其姓名,亦稱臣善以相別,他皆類此。"可見"臣善曰"是李善注的原貌,而後世刻本將"臣"字挖去,失其原貌,今於永隆本可睹其舊。這種面貌當貫穿於有唐一代。中唐時期,日本和尚圓仁撰《入唐求法巡禮行記》,卷一有記:"臣善者,在此白塔寺撰《文選》矣。"這是因爲圓仁僅見《文選》,對李善其人不熟悉的緣故,所以據《文選》而稱"臣善"。但白化文先生等校注本又進一步推論:"李善在注完《文選》後上表進呈給皇帝,自稱'臣李善',後來五臣注和六臣注引用李善注,常稱'臣善',這是因爲最原始的稿本是進呈本的緣故。可以判斷圓仁所見的《文選》大概是五臣注本。"① 據白先生的意思,李善原注當爲"臣李善",至於"臣善"者乃是五臣注和六臣注所爲,所以他判斷圓仁所見的本子是五臣注本。今以永隆本爲證,可見善注原貌即稱"臣善",那麼圓仁所見既有可能是五臣注,也有可能是李善注。

(二) 可定李善本、五臣本原貌

自有李善注、五臣注兩種版本之後,無論正文、注文便常有異文。後世之刊刻者及校勘者,往往在文中加以校記,或稱"善作某",或稱"五臣作某",從而再判斷孰優孰劣。一般説來,大都傾向李善,而批評五臣,常常稱之爲"五臣亂善"。其實不同版本的異文,所致原因極爲複雜,是不能憑主觀臆見妄加雌黄的。現存李善刻本,其原始底本與五臣、六臣的原始底本到底是怎樣的關係,還一時很難説清楚,當然也就不好評判孰優孰劣了。以永隆本爲例,如"長廊廣廡,連閣雲蔓",

---

① 白化文、李鼎霞、許德楠校注,周一良審閲《入唐求法巡禮行記校注》,花山文藝出版社,1992年,第81頁。

李善注系統的北宋天聖明道年間國子監本（以下簡稱"監本"）①、南宋尤袤刻本、清胡克家刻本，"連"字均作"途"，而五臣注本系統的南宋陳八郎本、六臣注（包括六家注）系統的南宋明州本、贛州本、建本（即《四部叢刊》本）均作"連"。又六臣本校記皆稱："善本作'途'。"今以永隆本校證，結論恰與後世刻本相反。李善原注本正作"連"字。又如永隆本"長風激於別島"，監本、尤刻本"島"字作"隯"，陳八郎本、明州本、贛州本皆作"島"，其校記皆稱："善本作'隯'。"這説明"連""島"本爲李善用字，而"途""隯"則非爲李善用字。仔細研究這二字的來歷，似可説明一些問題。永隆本中這二字都有改動，"連"字正是在"途"字上用粗筆描成，"島"字則是寫在墨筆塗抹後的"隯"字旁邊，這説明寺僧先抄寫的是"途""隯"，後又改成"連""島"。這決不是一般的誤抄。"連"字似不可證明，先説"島"字。五臣注是"海曲曰島"，説明五臣所見底本爲"島"。李善於此字無注，但引薛綜注："水中之洲曰隯。"（尤刻、明州本等注文於"隯"下又有"音島"二字，永隆本無，當爲衍文。）這説明薛綜注文底本是"隯"字。但蕭統《文選》選輯《西京賦》，並不是薛綜之本，所以《文選》正文原作"島"。後李善作注，取薛綜舊注，遂將薛綜用字録於文中。我更懷疑李善逕取薛綜《兩京賦》正文及注文作底本，再另行加注，所以薛綜正文中的一些特殊用字也保留下來。比如明州本在李善注"菌，芝屬也。抱朴子曰：芝有石芝，菌，求隕切"之後有"薛綜'島'爲'隯'"之注。永隆本、尤刻本無此五字，陳八郎本也沒有，可見這五字既非善注，也非五臣注，當是能見到薛綜底本的抄寫者所爲，這説明薛綜正文正作"隯"，而李善照録。至於五臣注本，由於不録舊注，所以用字便與薛綜不同。正是這樣的原因，便造成了李善本與五臣本的差異。由於五臣底本依據蕭統原書，所以在許多地方顯示了比李善本更近蕭統原書原貌的優點（這一觀點還將在以後的版本分析中陸續展開）。由此可知，"途"字也是依據於薛綜底本。進一步的研

---

① 本文引用之第一至第十六卷北宋國子監本，均據臺灣學者張月雲教授《宋刊〈文選〉李善單注本考》，見《故宮學術季刊》第2卷第4期，臺北故宮博物院，1985年，第53—94頁。

究表明，永隆本《西京賦》是由寺僧根據薛綜和李善兩個注本拼湊而成，其正文和薛注依據的是薛本，又在此基礎之上抄寫了李善注，所以才有正文與李善注不一致的地方。詳細情況參見本書下篇《永隆本〈西京賦〉非盡出於李善本説》。

（三）可正六臣本、六家本因分節不同而引起的謬誤

六臣本、六家本都是以李善注與五臣注合并而成。六臣本以李善注在前，五臣注居後；六家本反是。這樣一來，原先李善注分節作注的舊貌，勢必破壞。以六家本爲例，它是以五臣注爲底本，再合并李善注。往往李善下注的地方與五臣不同，合并的時候只能以五臣爲主，遂將李善注原先分節之處移到五臣分節之處。比如明州本《西京賦》以"封畿千里，統以京尹；郡國宮館，百四十五"四句爲一節，永隆本却以兩句爲一節，於"統以京尹"處下注，再於"百四十五"處下注。這樣，當六臣注合并時，往往將李善本數節注文匯集於一處，於是就在六臣本中出現一節中雜有兩個以上"善曰"的現象。由於李善注例是，凡有舊注，照録於上，然後再以"臣善曰"區别，那麼六臣合并注文時，就常會將舊注録入李善注中而產生謬誤。例如明州本《西京賦》以"天梁之宫，寔開高闈；旗不脱扃，結駟方蘄；櫟輻輕騖，容於一扉"六句爲一節，而永隆本却兩兩一節，共分三節。三節都有薛綜注，李善注僅有一處，置於第二節薛注下。再看明州本的合并："翰曰，天梁，宫名……乃一扉之地而容也。綜曰（案，即薛注），天梁，宫名，宫中之門謂之闈，此言特高大［也］。（《爾雅》曰），熊虎爲旗，扃，關也，謂建旗車上有關制之，令不動摇曰扃。每門解下之。今此門高，不復脱扃，結駕駟馬，方行而入也。蘄，馬銜也。［臣］善曰，《左氏傳》曰，楚人惎之脱［扃，古熒反］（蘄，巨衣切）。《楚辭》曰青驪結駟齊千乘。［蘄，巨衣反］馭車欲馬疾，以筆櫟於輻，使有聲也。"案，上引注文中的"［］"爲明州本脱文，"（）"爲永隆本無。在這一節注文裏，永隆本第一節注起"天梁"至"高大也"；第二節起"熊虎爲旗"至"蘄，巨衣反"；第三節起"馭車"至"使有聲也"。其中第三節爲薛綜注，但在明州本合并注中却歸爲李善注了。此外，明州本漏掉"扃，古

熒反"四字,又誤接以"蕲,巨衣切"四字,在永隆本中,這四字是置於第二節之末的。案,《左傳》宣公十二年記:"楚人惎之脱肩。"可見這是原文,明州本誤。至於以"反"名注音,也是永隆本的特點。這是因爲唐大曆以後諱"反"字,故以"翻""切"等名取代的原因。所以後世刻本注音,都用"某某切"。永隆本的校勘價值從上述三點已約略可以見出。

此外,饒宗頤先生《敦煌本文選斠證》曾舉出十四點,主要有:永隆本有可證今本古籍之疑誤者;永隆本與各本皆有奪誤,據未經竄改之李善注,猶可推尋原意,較勝胡克家之捫索;善注所引古籍,永隆本多與原文吻合,他本每多歧異;善注徵引古籍或有删節時,各本因之每有或再删剟,致違原義;他本善注有不合崇賢體例者,以永隆本對照,可知其曾經後人羼亂①。但永隆本也有不足之處,有的是抄寫錯誤,如"要羨門乎天路"注引樂府詩曰:"美人在雲端,天路隔無相期也。"尤刻作"天路隔無期"。案,此詩《玉臺新咏》卷一録爲枚乘詩,即作"天路隔無期",顯見是寺僧抄寫錯誤。此外,永隆本注例亦不嚴格。據李善稱"其異篇再見者,並云已見某篇,他皆類此"(《東都賦》"光漢京於諸夏"句注),然永隆本常有重見者。如《西京賦》"前開唐中,彌望廣潒"句,永隆本全録注文解釋"唐中",尤刻本則省作"唐中已見《西都賦》"。類似這種不嚴格的地方,永隆本尚不在少數。

在永隆本中還發現兩處有趣的注文,即李善注不稱"臣善"而稱"臣君"。分别見於"鳥不暇舉,獸不得發""遷延邪睨,集乎長楊之宫"兩句注文中,饒宗頤先生説:"疑'君'字用以代'善'之名,並非筆誤,如《文選集注》,任昉《奏彈曹景宗》文末作'臣君誠惶誠懇',乃以'君'字代'昉'之名,又任昉《奏彈劉整》文開端作'御史中丞臣任君稽首言','君'字亦所以代作者之名也,殆唐人風尚

---

① 見陳新雄、于大成編《昭明文選論文集》第一册,臺灣木鐸出版社,1976年,第97—196頁。

如此。"① 除此之外，屈守元先生説古鈔本二十卷《文選》的《西京賦》有兩處標記引"臣君曰"，一是"繚亘綿聯"（標記：繚亘，本注云：猶繚了也。臣君曰，亘當爲垣），一是"桁地絡"（標記：桁，陸曰，臣君曰，以善反，申布也）。這兩處永隆本均作"臣善曰"②。饒氏説是唐人風尚，未必正確，恐還應該解釋爲家諱的原因，因爲上呈御覽，故又稱"臣君"。屈守元先生認爲家諱不適用於學術著作，但《文選》不少作品取自家集，如任昉作品，其子侄輩稱父名時即以"君"稱。故避家諱的現象是存在於《文選》中的。又，饒先生所舉任昉之例，乃指古鈔本《文選》而言，後世刻本並改爲"任昉"和"臣昉"。永隆本及古鈔本旁記這幾處"臣君"的稱呼，當是李邕留下的痕迹。《新唐書·文苑傳》記李邕曾對李善之注有所補益，此處雖不見李邕補益之文，極有可能是他對父親《文選注》作整理時留下的痕迹。

　　永隆本出世後，研究者頗多，羅振玉將它印入《鳴沙石室古籍叢殘》，先後撰寫校記、提要的有蔣斧、劉師培等③。蔣斧稱此本爲"崇賢（李善）初次表上之本"，劉師培則稱爲"李注未經紊亂之本"。案，後世學者對此卷研究判斷的前提是本卷乃唐寫《文選》全本所存之殘卷，故或稱初注本，或稱未經紊亂之本。但從本卷末署題"永隆年二月十九日弘濟寺寫"看，不像是抄寫全本《文選》者。因爲如果全本抄寫，不應該在第二卷標出抄寫年月，而應全本抄寫完畢再落款。因此，我認爲這是當日寺僧試筆，或爲某種目的（如學習、誦讀等）而抄寫的單篇文章。如果是這一情形的話，則寫本忠實於原本的程度，要由抄寫的目的而定。比如抄寫者是爲了試筆，那就可能抄得簡單；又比如抄寫者是爲了學習，那就要看抄寫人的文化水平，以及他的要求如何。如果抄寫者文化水平較高，一些他認爲較簡單的注釋可能便會棄抄，如此

---

① 見陳新雄、于大成編《昭明文選論文集》第一册，臺灣木鐸出版社，1976 年，第 97—196 頁。
② 屈守元《文選導讀》，巴蜀書社，1993 年，第 128—129 頁。
③ 蔣斧、劉師培的提要，並見王重民《敦煌古籍叙録》，中華書局，1979 年，第 310—314 頁。

等等。經進一步研究，我的結論是《西京賦》並非純粹出自李善注，事實上寺僧抄寫時參照了薛綜和李善兩種注本，其正文及薛綜注部分依據的是薛本，在此基礎之上又抄寫了李善注。因此，此卷是不能作爲李善注原貌的依據來使用的①。

二、東方曼倩《答客難》和揚子雲《解嘲》（伯2527號）

兩篇共一百二十行，由東方朔《答客難》"不可勝數"起，至揚雄"或釋褐而傅"止，是李善注本的第四十五卷。書法工整，"世""治""虎"各缺末筆，"旦"字不缺，所以蔣斧懷疑它是高宗時內庫本。本卷注例同永隆本，李注皆稱"臣善曰"，所引《漢書》舊注，並各冠姓名在李注前，又注音亦稱"反"。其正文有與後世李善注本異者，如《答客難》"今世之處士"句下，尤刻有"時雖不用"四字，五臣注的陳八郎本和六臣注的明州本並無此四字，明州本校記說："善本有'時雖不用'一句。"但此卷恰恰沒有這四個字，這說明南宋時李善注系統與五臣注系統已經淆亂，當時人所見到的李善本也並非原始本子。又如《解嘲》"纖者入無間"，"纖"，明州本、陳八郎本作"纖"，尤刻本作"細"。明州本校記說"善本作'細'"，建州本（即《四部叢刊》底本）校記說"五臣本作'纖'"。而此卷作"纖"，近於後世的五臣本、六臣本，遠於後世的李善本。此卷的注文可訂後世刻本之失，如《解嘲》"或鑿壞以遁"句下注，尤刻本全作"服虔曰"，事實上，服虔注僅"范雎入秦，藏於囊中"一句，以下所引《史記》一段文字實爲李善注，此卷於《史記》上有"臣善曰"可證。

與永隆本相比，本卷所脫李善注較多。如《解嘲》一篇共脫善注九處，是否表明此卷亦爲李善未定之本，尚不可肯定。因爲《文選》注本流行於後世，成爲士子科舉的教科書，有嫌李善簡略而又加注的，也是有可能的。從注例看，此卷較爲嚴格，如《解嘲》的"五殳入而秦喜""庸夫高枕而有餘""三仁去而殷虛（尤刻本作"墟"）"等句注

---

① 參見本書下篇《永隆本〈西京賦〉非盡出李善本説》。

文,寫本均稱"已見某某",但尤刻本又全出其注。這似乎也表明是後來的抄寫者所爲。

三、沈休文《恩倖傳論》至范蔚宗《光武紀贊》殘卷(伯2525號)

本卷爲白文無注,據羅振玉《鳴沙石室古籍叢殘》影印本,起《恩倖傳論》"政以賄成"至《光武紀贊》末,共三十九行。又據劉師培《敦煌新出唐寫本提要》,本卷起自沈約《恩倖傳論》"屠釣卑事也",羅氏當爲漏刻。此卷羅振玉以"虎"字缺筆,定爲唐初,蔣斧據"虎"字缺筆,而"世"字六見,"民"字三見,皆不缺筆,定爲武德本(618—626)。王重民則以乙卷(伯2493號)《演連珠》筆迹同於此卷而判爲同一書,又據其"淵"字不避的事實,認爲"虎"因"淵"而避,絕無未諱"淵"先諱"虎"之理,從而確定爲陳隋間寫本。案,王氏根據有些牽強,他先證此卷與《演連珠》同書,再證諱"虎"之不當,這便使他的論證有了漏洞,僅據字迹來判斷,未免有猜測的成分,而此卷"虎"字缺筆,却是明明白白的。

本卷行十五六字不等,書法工整,但多俗體字,當是初唐民間流行字體。卷末標"文選卷第廿五",説明所抄爲三十卷本。其可訂正後世刊本者有二。

其一是格式。以《史述贊》爲例,尤刻本以"史述贊三首("史"前空三字,"首"後空七字)班孟堅"爲一行,次行齊前行"史""贊"字,録"述高紀第一"。本卷格式是:頂格録"史述贊述高紀一首",空兩字録"班孟堅"。這一格式可能更近於原貌。與日本古抄白文二十一卷本比較,二本都没有"三首"字樣,但日抄更缺首題"述高紀一首"五字。有一點是共同的,本卷與日抄都在正文之後著録題目。日抄作"述高紀第一",本卷作"述高紀一首"。本卷第二首《成紀一首》與第一首格式相同,但正文之後題録"述成紀第十",第三首《述韓英彭盧吳傳一首》,正文之後又不著録題目,而日抄正文之後則作"述韓英彭盧吳傳第四"(題目與尤本同)。相比之下,本卷不如日抄規範。又者，本卷班固三首《贊》，每篇正文前題下均著"班孟堅"（日抄因正文前不錄題目，所以見不到這一格式），似乎反映出當初編集者從《漢書》中挑選作品時的工作情形：每挑一首，均著錄作者一次。由於編集倉促，未及統稿，所以留下這樣的面貌。本卷最後一篇《光武紀贊一首》，格式與日抄相同，正文前著錄題目、作者，正文後不錄。這種格式使人懷疑是否漢代作品（如《漢書》）題目均置於文後，而南朝時則將題目置於文前（如《後漢書》）。如果是這樣，更見出《文選》編纂的倉促：由於未及統稿，所以從每一部文集中挑選作品，仍然保留着該文集的原貌。

其二是文字。本卷有同於後世所刻李善本者，也有同於五臣本者，往往顯示出五臣本優於善本，説明不可偏拘一見一味稱揚李善本。如本卷《述成紀》"亦允不陽"的"亦"，北宋本、尤刻本作"光"，明州本則同此卷。案之日抄，正作"亦"。又如《光武紀贊》"深略緯天"的"天"，尤本作"文"，據李善注引《周書》曰"經緯天地曰文"，似表明李善所見當爲"文"字。然五臣注説"言謀策先於萬物，智略能經緯天地"，是五臣又以爲"天"字。今明州本《文選》及日本古抄白文本《文選》並作"天"，似作"天"較合。但查《後漢書》，此字又作"文"，則"文"字亦有根據。此外又有諸本並誤而此卷不誤者，如《恩倖傳論》"郡縣掾史"的"史"（兹句所在之頁，羅振玉影印本脱），諸本並作"吏"，胡克家《考異》引何焯校云"吏改史"，陳景雲謂《宋書》作"史"。案，日抄亦作"史"。掾史是漢以後職權較重的長官掾屬，分曹治事，稱作"掾史"，因此作"史"者是。又如卷五十八《陳太丘碑文》"遣官屬掾史"，北宋本、建本、明州本、尤本、陳八郎本並作"吏"，但《文選集注》和日抄白文本均作"史"。可見這個字刻本皆傳寫訛誤。本卷亦有誤抄之處，如《述韓英彭盧吳傳》"非昨唯殃"的"昨"，應作"祚"。

四、任彦昇《王文憲集序》（伯2542號）

本卷爲白文無注①，起自"若乃金版玉匱之書，海上名山之旨"的"之旨"，至"攻乎異端，歸之正義"的"歸之"，共八十行，每行十六字至十九字不等。羅振玉以其避"衷"字諱，而定爲隋朝寫本。然同是"衷"字，同葉"莫不摠制清衷"便没有缺筆，所以不可憑一字而遽斷。以之與後世刻本校，其合於五臣處多，然亦有合於李善處。略舉兩列，以見一斑。合於五臣處如"袁粲有高世之度，脱落風塵"的"風塵"，監本、尤本、建本並作"塵俗"，建本校記稱："五臣本作'風塵'字。"案，日本古抄白文本亦作"風塵"。合於李善處如"申以［止］足之誡"（本卷脱"止"字）的"誡"，明州本、建本作"戒"，校記稱："善本從言。"胡克家《考異》也説明袁褧刻本及元茶陵本有此校記，説明宋、元人（袁本乃覆宋本，故校記代表宋人意見）所見李善本作"誡"字。然而尤袤刻本却作"戒"，這是尤刻參據了五臣本的原因。本卷與日本古抄白文殘卷相合處頗多，如"斯固通人之所苞"的"苞"字（諸本並作"包"），"以本官領丹楊尹"的"楊"字（諸本並作"陽"），"及即位有詔毁發舊塋"的"毁發"字（尤本作"廢毁"）等。又如"其唯神用者乎"句下，監本、尤本、明州本、建本有"然檢鏡所歸，人倫以表，雲屋天構，匠者何工（尤本脱"工"字）"十六字，而本卷與日抄並無。這説明早期寫本的差異尚不太多，及後世日益傳抄，差訛便時有發生了。

以上四種寫本出於羅振玉《鳴沙石室古籍叢殘》，也是敦煌寫本中最爲清晰、完整者。除此之外，日人神田喜一郎編《敦煌秘籍留真新編》（1947年臺灣大學影印本）選有揚雄《劇秦美新》、班固《典引》殘文（伯2658號）和王儉《褚淵碑文》後半部分（伯3345號）。《劇秦美新》及《典引》殘缺太甚，字迹漫漶不清，兹介紹

---

① 承徐俊兄指謬，謂此卷當與法藏伯2707號、伯2543號任彦昇《王文憲集序》拼合作一卷，原稱"首尾並殘"不確。

《褚淵碑文》一文。

五、王仲寶《褚淵碑文》（伯3345號）

本卷白文無注，存五十五行，行十八至二十字不等。起"誠由太祖之威風"的"由"以下至卷末。卷末題"文選卷第廿九"，當是三十卷本舊貌。王重民以"淵""民"不避，定爲唐以前寫本。本卷合於李善本處如"群後恇慟"的"後"，監本、尤本同。建本校記："五臣本作'臣'字。"南宋杭州本（全稱爲"杭州貓兒橋河東岸開箋紙馬鋪鍾家刻本"）正作"臣"。又如"物不能害其貞"的"貞"，"言象所未形"的"形"，都合於監、尤本，六臣本校記均稱五臣本分別作"身""刑"，這合於杭州本和明州本。合於五臣本處如"衛君當祭而輟祀"的"祀"，"齊侯趨車而行"的"侯"，都合於杭州本、明州本。這又說明古寫本並無後世李善、五臣間那麽多的區別，有許多都是傳抄者所致，實非關李善、五臣也。

本卷可校後世刻本處如"嗣主荒怠於天位"的"主"，監本是，尤本則誤作"王"。又如"薨於第"，各本均於"第"前有"私"字。證之日抄白文本及《文選集注》，"私"爲衍文。又如"追贈太宰侍中錄尚書公如故給節羽葆鼓吹增班劍爲六十人"的"公""增"字，監本、尤本並脱，明州本、陳八郎本脱"公"字，證之日抄及《文選集注》，二字均爲原文。

與其他寫卷相同，本卷抄錯處亦不在少。如"又以君母艱"的"君"當作"居"，"丁顏之合禮"應爲"顏丁之合禮"①，"廢昏繼絶"的"絶"當爲"統"，"匡贊奉時之葉"的"葉"當爲"業"，"時膺土寓"的"寓"應爲"宇"等。古本抄寫者或囿於水平，或有其他原因，故常用俗體字，亦常有誤，不規範處實際上是超過刻本的，這提醒我們對寫、鈔本更要審慎對待，而不可盡信。

---

① 徐俊兄謂原卷"丁顏"行側有"✓"，則書者已乙正。

六、陸士衡《演連珠》（伯2493號）

　　本卷存一百四十五行，缺第一首及末首。起自第二首"［應］博則凶"（"應"字脱）。書法至工，每行十六字。於"治"字不諱，見第四十一首："故暗於治者。""治"，日抄作"化"，是日抄諱"治"。

　　其可正後世刻本處極多。首先在次序上，監本、尤本、建本均以"臣聞足於性者，天損不能入"首作爲末首，本卷及日本古抄白文本均以之接於"臣聞適物之技，俯仰異用"首之後，而以"臣聞理之所開，力所常達"作爲末首。其次在異文上，寫卷可作訂正的如第二十一首"瞽史清耳"的"史"，尤本作"叟"，五臣本則作"史"，五臣注亦然，寫卷及日抄均作"史"，可證尤本之誤。此是尤刻本（或其底本）擅改之例，監本不誤，即作"史"。又如第三十三首"則夜光與碔砆匿曜"的"碔砆"，尤本作"武夫"，寫卷從石，日抄從金。然尤本李善注文則作"碔砆"，稱："《戰國策》曰，白骨疑象，碔砆類玉。"則"碔砆"本與"夜光"對文，尤刻本正文誤。案，尤刻正文與監本同，但監本注亦作"武夫已見上文"，尤刻所引《戰國策》注，當從別本來。再如第二十七首"非假北里之操"，監本、尤本誤"北"爲"百"。胡克家《考異》説："按五臣'百'作'北'，袁、茶陵二本校語云，善作'百'，五臣作'北'，'百里'不可通，此必有誤。疑'里'作'牙'，劉及善無注，以百牙自不煩注耳。"這是未見寫本而妄擬的錯誤。寫卷及日抄均作"北"，應以"北里"爲是。建本五臣注以"北里"爲樂曲名，解釋説："夫悦耳目者，以適時而爲美，何必假北里之操，待西施之容而後樂哉。"案，曹植《七啓》有"揚北里之流聲"，李善注引《史記》曰："紂使師涓作新淫之聲，北里之舞，靡靡之樂。"可見北里是舞樂。

　　以此寫卷與尤本對勘，發現許多異文與李善注文也相符合。比如第二首"是以物稱權而衡殆"，尤本、建本"稱"均作"勝"，李善注云"'勝'或爲'稱'"，説明李善所見已有兩種異文。據李善注，"稱""勝"意義相同，又引《吳録》子胥曰："越未能與我争稱負也。"這一異文倒是可以互代。又如第十一首"耀夜之月，不思倒日"，監本、尤本、建本"月"均作"目"，善注、五臣注亦作"目"解。此類異文的產生，大概有兩種原因，一是《文選》自編成以來，屢經傳寫，訛誤在所難免；二是如王重民先生所說，李善作注，用劉孝標舊注，遂以劉本易昭明舊第，而又校其異文以入注。這一情形與永隆本《西京賦》相同，詳見前文。

七、王元長《三月三日曲水詩序》
（伯2707號、伯2543號）①

王元長《三月三日曲水詩序》有兩殘卷，一存九行（伯2707號），一存五十四行（伯2543號）。前者起自"我大齊之握機創歷"，至"澤普汎而無"；後者起"用能免羣生於湯火"，至《王文憲集序》"古語云，仁人之利，天"止。書法至工，每行十七字。本寫卷異文合於日抄白文本處頗多，如"雷風通嚮"的"嚮"（尤本、建本作"饗"，監本作"響"），"定璽固其洪業"的"璽"（監本、尤本、建本作"爾"），"序倫正俗"的"序"（監本同"序"，尤本則作"厚"），"綏旌卷悠悠之斾"的"旌"（尤本作"旂"），"諷儶之情咸蕩"的"諷儶"（尤本、建本作"風舞"），"信凱宴于在藻"的"宴于"（尤本、建本作"讌之"）等。此外也有不少與日抄及後世刻本不同處，如"悔食來王"的"悔"，尤本、建本作"侮"，袁本作"海"。李善注稱"古本作晦"，又引《周書》，則作"侮食"。胡克家《考異》說："案，'海'字當是也，詳注意。上句當云古本作'海食'，而引此以解之。其上作'晦'，下作'侮'，不相應，皆訛字，唯袁此一字未誤也。""海"字之說，清儒皆從宋王應麟《困學紀聞》（見孫志祖《文選李注補正》、徐攀鳳《選注規李》、胡紹煐《昭明文選箋證》），似較合文意。但袁本來歷尚不清楚，《文選集注》引呂向、陸善經注均作"侮"，且據李善所說，唐以前即已有異文，皆與"海"字無涉，故很難定論是非。再

---

① 據徐俊兄提示，王元長《三月三日曲水詩序》尚有法藏伯4884號一卷。

如"綱帷宿置"的"綱"字，尤本、建本均作"緹"，但李善引《南都賦》曰"朱帷連綱"，表明原字應作"綱"。《文選集注》李善正文及注均作"綱"可證。不過《集注》案語稱五家本、《鈔》"綱"爲"緹"，則"緹"字亦有來歷。

八、謝靈運《會吟行》及樂府八首（伯2554號）

本卷共存七十一行，行十四字至十六字不等，書法至工。起陸機樂府詩《短歌行》後半部分（下半部分亦殘）："以秋芳來日苦短（下缺）樂蟋蟀在房樂以（下缺）日無感憂爲子忘我（下缺）短歌可咏長夜無荒"，下接"樂府一首五言"，以下是謝靈運《會吟行》，再下是鮑照樂府詩五首：《出自薊北門行》《結客少年場行》《東門行》《苦熱行》《白頭吟》（殘）。本卷於版本校勘上的價值表現在以下兩個方面。

第一，可證尤本陸機十七首樂府詩順序確爲錯置。案，尤本陸機樂府十七首順序分別是《猛虎行》《君子行》《從軍行》《豫章行》《苦寒行》《飲馬長城窟行》《門有車馬客行》《君子有所思行》《齊謳行》《長安有狹邪行》《長歌行》《悲哉行》《吳趨行》《短歌行》《日出東南隅行》《前緩聲歌》《塘上行》，這與五臣本、六臣本倫次不同。尤袤《李善與五臣同異》也説："自《齊謳行》至《塘上行》史（案，"史"應作"十"）篇，五臣與善本倫次不同。"這説明尤袤之前的李善本已經顛錯。胡克家由於未見到尤袤此文，故他説尤氏於此"失著校語"是不對的。這一不同的倫次，驗之敦煌寫本，可證是李善本錯誤。因爲本卷在謝靈運《會吟行》之前是五臣本陸機十七首樂府的最後一首《短歌行》，而非尤本的最後一首《塘上行》。

第二，可證《文選》原卷的著録格式。從寫卷看，編者於類題之下標"五言"字樣，如謝靈運樂府，編者於類題"樂府一首"之下標出"五言"，不再於《會吟行》下標出。又如鮑照樂府，編者於"樂府八首"下標"五言"，就不再在以下《東武吟》等題下標出。今刻本（尤本、建本、明州本）恰相反，這遂使胡克家得出錯誤結論。胡刻本《結客少年場行》題下無"五言"二字，《考異》説："茶陵本此下有

'五言'二字,以後六首同,是也。袁本全無者非。"袁本乃翻北宋廣都裴氏刊本,大概還保留了《文選》原貌。

九、李蕭遠《運命論》(伯2645號)

本卷存三十四行,起"孟軻、孫卿,體二希聖,從容正道,不能維其末"的"其末",至"豈獨君子恥之而弗爲乎"的"恥"止。案,此卷與敦煌文物研究所藏《運命論》當爲同一卷。據李永寧先生《本所藏〈文選·運命論〉殘卷介紹》,該卷從"之而弗爲乎,蓋亦知爲之而弗得矣"起,至"其爲名乎,則善惡書於史策,毀譽"止,正接此卷之後,其書體、行字亦皆符合,知此卷即前半段。敦煌文物研究所藏卷,參見李文介紹①。其合於日抄處如"應聘七十(國)而不(一)獲其主",均無"國"字,但日抄有"一"而本卷無。又如"故遇之而不怨,居之而不疑(也)",無"也"字,"升之於雲則雨施[之]",有"之"字;又"受濁以濟物,不傷其清"的"其"字,尤本作"於"。其不同處如"封己養高,勢動人主"的"封",本卷作"潔","猶有不得賓者焉"的"者",本卷作"至"。又此句之前尤本有"雖造門"三字,建本校記説:"五臣本無'雖造門'三字。"本卷無,同於五臣本。

本卷"淵""民""治"皆不諱,或爲陳隋寫本。

十、顏延年《陽給事誄》(伯3778號、斯5763號)

《陽給事誄》有兩寫卷,一份藏於法國,編號爲伯3778號;一份藏於英國,編號爲斯5763號。前卷缺篇首部分,後者僅七行八十九字,起"典而爲之誄",至"如彼騑騑"。二卷相校,僅有一異字,即"狐續既降"的"降",英藏卷作"降",同於後世刻本,法藏卷作"隆",與後世刻本不同。英藏卷短少,兹重點介紹法藏卷。

---

① 李永寧《本所藏〈文選·運命論〉殘卷介紹》,《敦煌研究》1983年第3卷。

兹卷黃永武《敦煌遺書最新目錄》誤題爲"陶徵士誄"，蓋此文之後有"陶徵士誄一首"題目，實則無其文。本卷起"奔擾，棄軍爭免"（此句前隱約有"力屈，受陷勃寇，士師"字樣）至末。本卷同於日抄爲兩"殉"字（"以死殉節者哉""授命殉節"），今刻本作"徇"。又寫卷"授"字，日抄及刻本均作"投"。寫卷有合於五臣本處如"帝圖斯難"的"難"，"料敵壓難"的"壓"，杭州本同，尤本、建本均作"艱""厭"。其獨異之處如"勇烈之至"的"至"（尤本、建本作"志"），"古之志烈"的"志烈"（尤本、建本作"烈士"），"函郜堙阻"的"郜"（尤本、建本作"陝"），"朔馬東驚"的"驚"（尤本、建本作"鶩"），"狐續既隆"的"隆"（監本、尤本、建本作"降"），"在滑之坰"的"坰"（尤本、建本作"垌"），"憑巘結間"的"間"（尤本、建本作"關"）。其中當然有寫誤，但也可能是寫本更爲恰當些。如"狐續既隆"的下句爲"晉族弗昌"，若從"隆""昌"對文看，似當以"隆"爲是。案，此事出《左傳·文公六年》，賈季（即狐射姑）派續鞫居殺掉陽處父。五臣注說："晉封處父於溫，後改封陽，及處父被狐、續所殺，而在晉陽氏不昌盛也。"這是說在晉之陽氏族因狐、續誅殺處父後而致衰敗，其原因在於狐、續的勢盛，所以是"狐續既隆，晉族弗昌"。這樣的解釋也許比作"降"更好一些。

十一、陸佐公《石闕銘》（伯5036號）

存四十五行，部分下半殘缺。起"箕坐椎髻之長"的"髻"，至"御天下之七載也，構兹"止。其同於日抄如"伐罪弔民"的"弔"（尤、建本作"吊"），"歷代規謨"的"謨"（尤、建本作"暮"），"或以布治"的"治"（尤本作"化"），"銅爵鐵鳳之工"的"爵"（尤本作"雀"），"堙没罕稱"的"堙"（尤、建本作"湮"）等。其獨異之處如"計猶投水"的"猶"（尤、建本作"如"），"歸旋臺之珠"的"旋"（尤本作"琁"），"選中明之士"的"中明"（尤、建本作"明中"），"陳圭置檗"的"檗"（尤、建本作"臬"）。此卷不諱"民""治"，似爲唐以前寫本。

十二、王仲宣《登樓賦》（伯3480號）

存十四行，行二十三字。賦前有劉希夷《白頭翁》，後有《落花篇》及馮待徵《虞美人怨》。此卷夾在詩篇之中，故饒宗頤先生稱其非《文選》寫本①。賦中"兮"字盡皆刪去，當爲抄寫者所爲。寫卷多用別體字和同音假借字，如"棄求"（寡仇）、"俠清漳"（挾）、"陶沐"（牧）、"汾濁"（紛）、"通於懷土"（同）、"弗襟"（禁）、"翼王道之[一]平"（冀）、"斬瓜"（匏）、"天慘慘而奇色"（無）、"返側"（反）等。括號內字爲今本《文選》用字。以此寫卷與日抄二十卷本相校，以上加點各字無一用於日抄中，或可見出早期寫卷使用字體的不規範情況。

以上是所見法藏敦煌寫卷的大致情況，除此之外，英國倫敦博物館，以及俄羅斯科學院東方學研究所聖彼得堡（前蘇聯列寧格勒）分所，也都有一些《文選》殘卷。英藏寫卷即編號爲斯② 3663號的成公綏《嘯賦》，以及斯6150號楊德祖《答臨淄侯箋》、斯5736號顏延年《陽給事誄》等。《答臨淄侯箋》僅存十五字，故不予敘錄，《陽給事誄》見前，《嘯賦》介紹如下。

十三、成公子安《嘯賦》（斯3663號）

本卷起"自然之至音"，至卷末止，共三十七行。卷末題"文選卷第九"，當爲三十卷本者。書法爲行楷，不諱"世"字。卷中頗有合於日本古抄白文處，如"泝繚眺而清昶"的"繚眺"（案，此二字監本、建本均同，惟尤本作"飄眇"。胡克家《考異》說："袁本、茶陵本'飄眇'作'繚眺'，注同。案《晉書》作'繚眺'，尤改恐誤。"尤本與北宋監本非同一系統，故尤本不能代表李善注原貌。然尤本亦有底

---

① 《敦煌本文選斠證》之二，載《新亞學報》第3卷第2期，1958年。
② 斯，即英國學者匈牙利人斯坦因。

本,今尤本異於監本處,並不一定是尤袤所爲。又如寫卷"尼父忘味而不食"的"尼"(監本、建本均同,但尤本改作"孔"字),"逸氣奮涌"的"涌"(監本、尤本作"湧"),"百獸率儛"的"儛"(監本、尤本、建本作"舞")等。

以此卷與刻本相校,多合於李善注本,而極少合於五臣注本。今以寫卷與李善注的北宋監本和五臣注的南宋陳八郎本相校,列表於下:

表1

寫卷	監本	陳八郎本
摠八音之至和,固樂極而無荒	○○	總、故
或冉弱而柔橈	撓	擾
橫鬱鳴而滔涒	○	嗚
蔭修竹之蟬蜎	○○	嬋娟
音均不恒	○	韵
羌殊尤而絕世	○	純
寧子檢手而嘆息	○	斂

從上表看,寫卷全同李善注本(第二句中的"橈""撓"相通),而異於五臣注本。這個事實説明此卷乃蕭統三十卷本原貌,因爲唐代流行的李善注爲六十卷本,五臣注爲三十卷本。在李善注本中,成公綏《嘯賦》置在卷十八,而此卷明標"卷第九",則是三十卷本無疑。既是三十卷本而又不同於五臣注本,只能是出自蕭《選》三十卷本無疑了。

本卷行間多有注音,爲反切之雙字,一左一右置於正字兩旁。王重民《敦煌古籍叙録》説:"審其筆迹,稍與正文不同,蓋是後人所加。卷末有朱筆云:'鄭承爲景點訖',點讀當即出此鄭君手。又案凡音反切者,則無點讀,(僅屬均兩字例外。)則反切亦當爲此鄭君所移入;若然則余點識四聲以代反切之説,蓋信而有徵矣。所注反切,疑本於隋唐間爲《選》學者所著述。"① 王氏並將注音輯録於《叙録》中,可參看。

---

① 王重民《敦煌古籍叙録》,中華書局,1979年,第322頁。

九第卷選文　號三六六三斯 ▼

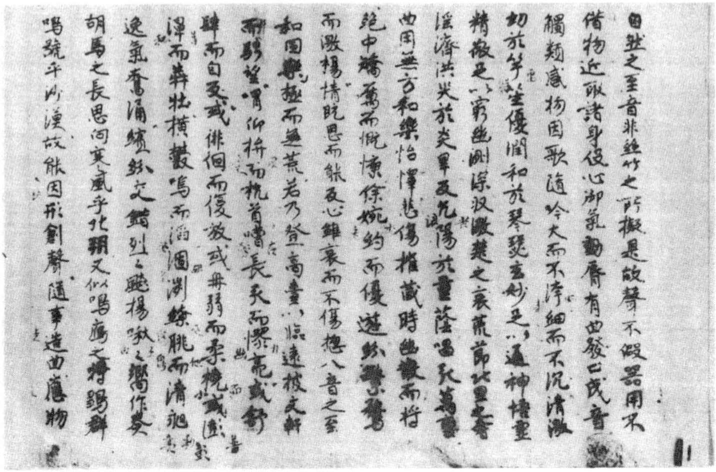

自然之至音非絲竹之所擬是故聲不假器用不
借物近取諸身役心御氣動脣有曲發口成音
觸類感物因歌隨吟大而不洿細而不沉清激
切於竽笙優潤和於琴瑟玄妙足以通神悟靈
精微足以窮幽測深收激楚之哀荒節北里之奢
淫濟洪災於炎旱反亢陽於重陰唱引萬變
曲用無方和樂怡懌悲傷摧藏時幽散而將
絕中矯厲而慨慷徐婉約而優遊紛繁騖
而激揚情既思而能反心雖哀而不傷總八音之至
和固極樂而無荒若乃登高臺以臨遠披文軒
而騁望喟仰抃而抗首嘈長引而憀亮或舒
肆而自反或徘徊而復放或冉弱而柔撓或澎
濞而奔壯橫鬱鳴而滔涸冽縹眇而清昶
逸氣奮涌繽紛交錯列列飈揚啾啾響作奏
胡馬之長思向寒風乎北朔又似鳴鴈之將雛群
鳴號乎沙漠故能因形創聲隨事造曲應物

圖 2　敦煌《嘯賦》殘片，斯三六六三號《文選》卷第九

俄藏《文選》敦煌寫卷，據黄永武《敦煌遺書最新目録》（新文豐出版公司，1986 年）著録，共有四種：1. 孟① 01451 號（Дx②1502A 號）《文選》左思《吴都賦》；2. 孟 01452 號（弗③ 242A 號）《文選》曹植《上責躬應詔詩表》；3. 孟 02859 號（Дx1551 號）《文選》李善注卷三十五《七命》；4. 孟 02860 號（Дx2606A 號）任彦昇《王文憲集序》。1993 年上海古籍出版社與俄羅斯科學院東方學研究所聖彼得堡分所合作，雙方同時出版《俄藏敦煌文獻》，使得這一珍貴文獻得以面世。其中《七命》僅存三殘行，且字迹漫漶不清，故不作叙録。至於束廣微《補亡詩》（殘）至曹子建《上責躬應詔詩表》（殘），因有專文介紹，詳見下篇《俄藏敦煌寫本 Φ242 號〈文選〉注發覆》，今僅介紹《吴都賦》。《吴都賦》登載於該書第八册，編號爲 Дx01502，本文使用該書編號。

十四、左太冲《吴都賦》(Дx01502 號)

存二十三行，行十五至十七字，起自“波而振緡想萍實之復形”，

① 孟，即俄羅斯科學院東方學研究所孟列夫（L. N. Monshikov）。
② 本書原標作“舊”某某號，今遵照徐俊教授説，改爲“Дx”。
③ 弗，即弗卢格（K. K. Flug），撰有《敦煌鈔本録》。

至"其吐哀也則□風暴興或"止。與刻本相校,頗有異同,如寫卷第一個字"波",諸本並作"水",其他如"畢天下之至多"(尤本、建本、陳八郎本作"異"),"揖天吳與楊侯"(尤本、建本、陳八郎本作"陽"),"放雙轡而賦珎羞"(尤、建、陳本作"方"),"嚼皷晨"(尤、建、陳本作"醹皷震")等。此外,有同於李善本而異於五臣本處,如"吳愉越吟"的"愉",尤本同,建本校記稱"五臣作歈",陳八郎本正作"歈";又"動鐘磬之鏗耾"的"耾",尤本同,建本校記稱"五臣從金",陳八郎本正作"鈜"。

此卷於"嚼""操"二字之下注音,或即蘇聯《亞洲民族研究所藏敦煌漢文寫本目錄》提要所説:"附極少的注釋於本文之下。"未見此卷者,或許誤會爲李善注和五臣注,是提要所言不明確所致①。

十五、《文選序》(吐魯番寫本)

見黃文弼《吐魯番考古記》②,書中附有該《序》圖版,又有作者所寫校記。稱此《序》爲1928年作者在吐魯番考察時友人馬君所贈。據云出於三堡(即哈拉和卓)西北張懷寂墓中,蓋爲初唐所寫。案,張懷寂墓誌稱懷寂於長壽二年(693)去世,長壽三年(694)安葬,則寫本當是此前所爲。又墓誌稱懷寂"雅善書劍,尤精草隸",今觀寫本書法頗工,或是張懷寂所書,故亦隨葬墓中。如是,則見《文選》在唐初已傳至邊庭,可以考察唐代"文選學"之一斑。此《序》現存十七行,起"(懷)沙之志"至"自姬漢以來"。首末數行殘。以今李善本《文選序》與寫本互校,文字大致相同,但寫本多用當時通行之別體字。如"憔悴"作"顦顇","正始"作"政始","桑"作"桒","濮"作"濮","粲"作"粂","厭"作"猒","鄒"作"邹","互"作"牙","箴"作"葴","戒"作"戎","析"作"枅","誄"作

---

① 白化文《敦煌遺書中〈文選〉殘卷綜述》即據提要疑爲李善注。《昭明文選研究論文集》,吉林文史出版社,1988年,第220頁。

② 黃文弼《吐魯番考古記》,中國科學院考古研究所編輯,中國科學院印行《考古學特刊(第三號)》,1954年。

"諫","蕭敝"作"蕭散","居"作"凥","以"作"巳"等約十五處,詳見黃文所引。其餘與刻本不同之字,可見唐時《文選》原貌,如"既言如彼",寫本作"既其如彼";"表奏箋記之列"的"列",寫本作"別";"譬陶匏異器"的"器",寫本作"品",皆與上野本《文選序》同①。又有當時的異體字,如"弔祭悲哀之作"的"弔",寫本作"予";上野本亦同。"各體互興"的"互"寫作"牙",案,此字後世刻本有誤認爲"牙"的,如《西京賦》"置互攔牲",北宋監本李善注誤作"置牙攔牲",尤刻、陳八郎本及六臣本都不誤,作"互"。

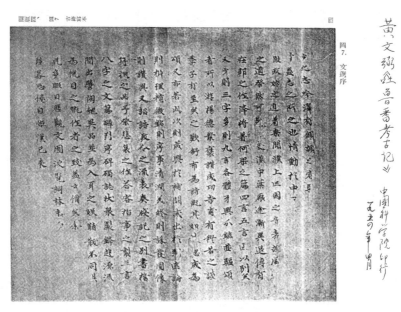

圖 3　敦煌寫本《文選序》(黃文弼《吐魯番考古記》)

十六、《文選集注》

《文選集注》原爲日本金澤文庫之物,後陸續散出。原書爲一百二十卷,集李善、五臣及陸善經、《音決》、《鈔》等書。現存可見者二十四卷,日本京都大學文學部於 1935 年以"影印舊鈔本"名義印行,

---

① 關於上野本《文選序》,見下篇《從〈文選序〉幾種寫、鈔本推論其原貌》。

1942年印成（見《京都大學文學部影印舊鈔本》第三集至第九集）。其卷數爲：八、九、四十三、四十七、四十八、五十六、五十九、六十一、六十二、六十三、六十六、六十八、七十一、七十三、七十九、八十五、八十八、九十一、九十三、九十四、一百二、一百十三、一百十六。1918年羅振玉先生影印了十六卷，這對中國的《文選》研究起到了極大的推進作用。羅氏印本有序，叙述了他影印十六卷《集注》殘本的過程。羅氏序文又稱海鹽張氏及楚中楊氏所得尚有三卷，存佚今已不可知。案，臺灣大通書局所印《羅雪堂先生全集》，較十六卷本多出卷八（左太冲《蜀都賦》）、卷九（左太冲《吳都賦》上半，至"出車檻檻，被練鏘鏘"）、卷四十七（曹子建《贈徐幹》、《贈丁儀》二首）、卷五十六（起鮑明遠《東武吟》至陸韓卿《中山孺子妾歌》）、卷一百十三（潘安仁《馬汧督誄》、顔延之《陽給事誄》）五卷，以及卷六十一上（起袁陽源《效白馬篇》"秦地天下樞，八方湊才賢"至鮑明遠《擬古》前二首）、卷六十一下（江淹《雜體詩》起《陸平原羈宦》"朱黻咸髦士，長纓皆俊人"至《張黃門苦雨》"索居慕儔侶"止）。想是羅振玉印十六卷本之後所得之寫卷。

　　羅振玉影印本並不完整，與日本京都大學影印本相比，不僅沒有印足二十三卷，即使同一卷中也脱漏甚多。如卷八十五，羅本僅有嵇叔夜《與山巨源絶交書》和孫子荆《爲石仲容與孫皓書》，而卷八十五下全脱。又如卷七十三，羅本僅有曹子建《求自試表》和《求通親親表》，日本影印却自諸葛孔明《出師表》起。再如卷八十八，羅本僅司馬長卿《難蜀父老文》（脱題目），而日本影印本此前却還有陳孔璋《檄吳將校部曲文》（脱題目）和鍾會的《檄蜀文》，司馬長卿的《難蜀父老文》題目就與《檄蜀文》末句同葉。羅氏由於未見題目，故在卷一總目錄中根據今本《文選》著錄《難蜀父老文》爲"檄"類。然《文選集注》此文實爲"難"類，"難"字即標在《檄蜀文》末句"各具宣布，咸使知聞"下，並有陸善經注："難，詰問之。"這分明表示"難"體的確單獨列類，與五臣注本（陳八郎本）一起證明了《文選》實爲三十九類，而非通常所説的三十七類或三十八類。

　　《文選集注》最早著錄於日人森立之《經籍訪古志》，該書卷六

《總集類》記《文選集注》零本三卷（卷第五十六、第百十五、第百十六），原爲賜蘆文庫藏。森立之判爲七百許年前舊抄，這大約是中國南宋時代。森立之的判斷，依據於紙、墨，且暗示爲日本人所抄。對於《集注》編者，森立之亦疑爲日人（"《集注》不知出於何人，或疑皇國紀傳儒流所編著者"）。對森立之的觀點，中國學者並無不同意見，如羅振玉在影印本序中就說："其寫自海東，抑出唐人手，不能知也。"雖然懷疑爲唐人，但也還稱"寫自海東"。近年屈守元先生則判斷產生於南宋書坊大刊"六臣注本"一類本子之後。理由是"這種本子是以南宋書坊刻經書的"注疏釋文三合本"、史書的'三家注本'、集部的什麼'千家注''五百家注本'，這種風氣爲其時代背景的。"① 此說時間未免太後了些，因爲：第一，《文選集注》所集《音決》、《鈔》、陸善經本，唐以後已不見著錄，南宋時期更沒有編《集注》的條件；第二，《文選集注》所存《文選》舊貌頗有與宋刻本不同者，如產生於南宋，不應與宋刻有太大的差異；第三，《文選集注》反切注音均用"某某反"，而非如宋刻的全用"某某切"。因爲從中唐大曆起，始諱"反"字，故後世刻本均不再用"反"名，這也證明《集注》並非產生於南宋時。

這個寫本的編者和抄寫時代，從20世紀初以來就展開討論，大抵早期的意見以爲出自唐土。1971年臺灣地區學者邱燮鐳赴日進行學術交流時，曾根據卷第六十八卷首的"□州田氏藏書之印"的鈐記，判斷此書原爲北宋田偉博古堂所藏②。但邱燮鐳教授的觀點很快得到了潘重規先生的糾正，潘重規先生於1975年1月12日在《"中央"日報》發表《日本藏〈文選集注殘卷〉綴語》一文，指出此田氏實爲清末駐日公使署的參贊田潛，上述藏印多是田潛所鈐。那麼據藏印認爲是北宋田偉的藏書顯然就站不住脚了。最近的研究表明，此本抄寫當爲日本學者，但編者是何人，仍在討論中。

《文選集注》最大的特點便是集唐代各家之注，除李善與五臣以

---

① 屈守元《〈文選〉導讀·導言》，巴蜀書社，1993年，第144頁。
② 見邱燮鐳《今存日本之〈文選集注〉殘卷爲中土唐寫舊藏本》，臺灣《"中央"日報》1974年10月30日第10版。

外，還有陸善經注及不知名的《音決》和《鈔》。關於陸善經，《集賢注記》卷中說："開元十九年（731）三月，蕭嵩奏王智明、李玄成、陳居注《文選》。先是馮光震奉敕入院校《文選》，上疏以李善舊注不精，請改注。從之。光震自注得數卷。嵩以先代舊業，欲就其功，奏智明等助之。明年五月，令智明、玄成、陸善經專注《文選》，事竟不就。"① 據此，陸善經曾參加蕭嵩的班子，但未竟功。然《文選集注》不僅引陸善經注，而且注明陸善經本與諸本的異同，這說明陸善經是有一個完整的注本的。大概是陸善經從蕭嵩班子退出後獨立完成的作品。關於《音決》和《鈔》，中國典籍一無著錄、引用，其最早見錄於日本藤原佐世《日本國見在書目錄》，稱《文選鈔》六十九卷、《文選音決》十卷，皆公孫羅撰。公孫羅的著作，兩《唐志》僅著錄《文選》六十卷，《音義》十卷，不聞有《音決》和《鈔》名。但《日本國見在書目錄》作於日本寬平年間（889—897），相當於晚唐昭宗時期，此書所記不應有假，因此一般均認爲《文選集注》所錄《音決》和《鈔》就是公孫羅之書。屈守元先生引向宗魯先生說，《鈔》即兩《唐志》的六十卷本，《音決》即兩《唐志》的十卷本。《見在書目》稱《文選鈔》六十九卷，所多九卷，或爲後人附益，或"九"字誤衍②。將《音決》和《鈔》歸於公孫羅，日本學者斯波六郎博士表示懷疑，主要的證據有以下幾點。

第一，如果二書同一作者，則書中正文文字理應相合，而其實並非如此。如謝玄暉《和王著作八公山詩》"仟眠起雜樹"，《集注》說："今案，《音決》、五家、陸善經本'仟'爲'阡'。"這說明《音決》此字與《鈔》不同，顯非一人所爲。

第二，如果是同一作者，二書所載篇章理應相合，而其實又非如此。如《集注》卷六十一上，江文通《雜體詩三十首》篇題下按語稱："以後十三首《抄》脫。"亦見二書必非同一作者。

第三，《集注》卷四十七曹子建《贈徐幹詩》有"《鈔》曰，羅云從此以下七首，此等人並子建知友云云"。這是《鈔》非公孫羅所撰的

---

① 陶敏輯校《集賢注記》，中華書局，2015年，第250頁。
② 屈守元《〈文選〉導讀·導言》，第64頁。

明證①。看來《音決》或爲公孫羅所撰，《鈔》當另有別人。據森立之《經籍訪古志》説，《集注》卷第一百十五卷首題云："今案，《鈔》爲郭林宗。"今存唐代史料並不見郭林宗其人②，據從森立之所説情形看，此按語夾在卷第一百十五有些可疑，因爲從現在可見的《集注》各本看，前面諸卷均引用《鈔》注，爲何先用的不加按語，而要到卷一百十五始加按語？余讀《文選集注》，所疑同於斯波六郎博士，亦以爲二書作者不同。

　　《文選集注》是以李善注爲底本，所以它先引李善注，其次是《鈔》《音決》，再次是五臣、陸善經。這個順序似乎表明編者的體例是根據注者時代先後而排列：李善與公孫羅同時，雖難判孰先孰後，總是李善影響大一些；五臣又早於陸善經，所以將陸善經殿後。其實情況並非如此，《鈔》也許要早於李善。如《集注》卷五十九謝玄暉《郡内登望》"言税遼東田"句注，《鈔》曰："遼東田未詳。或云李繁後漢末時爲太守，棄官避難歸遼東也。"李善則解爲管寧典故："《魏志》曰：管寧聞公孫度令行海外，遂至於遼東。皇甫謐《高士傳》曰：人或牛暴寧田者，寧爲牽牛着凉處自飲食。"由此可見《鈔》早於李善。因爲《鈔》首先對此典出處不詳，所引或曰也無善注，如果後出，當應參考善注。五臣注後出，即用善注。類似的情況很多，如同卷沈休文《應王中丞思遠咏月》，《鈔》曰："王中丞，不得名，字思遠，爲御史中丞。"據此注，《鈔》實不知王思遠的名。李善注曰："蕭子顯《齊書》曰：王思遠爲御史中丞。竟陵王表曰，王思遠，字思遠。"（案，今本《文選》無"竟陵王表"一句。）顯然李善注較《鈔》準確、完整，《鈔》如後出，當於善注有所參考。如果如上述所言，《鈔》早於李善注，但《文選集注》仍然以李善注爲底本，這在普遍重五臣本的唐代以及北宋初年，倒是一個值得十分注意的現象，對研究李善注《文選》的流傳是很有幫助的。

　　《文選集注》既爲早期鈔本，又擁有中土早已失傳的《文選鈔》

---

① 見斯波六郎《文選諸本的研究》，載《文選索引》第一册，日本京都大學人文科學研究所，1957年，第85—86頁。
② 據傅璇琮等編《唐五代人物傳記資料綜合索引》，中華書局，1982年。

《文選音决》及陸善經注本,故爲中日學者所重視。日本學者斯波六郎博士曾對《文選集注》做過極認真、細緻的研究工作,成果收入作者的《文選諸本的研究》一書。斯波博士的結論是,《文選集注》擁有最多的舊李善注。對這一結論,日本學者岡村繁著文反對。他以《蜀都賦》爲例,對《集注》本、明州本、袁本、尤本、胡刻本進行了比勘,結果發現,"惟有《集注》本中的李善注,比其他新版本多出很多數量。可以推測,《文選集注》中的李善注,應該是經過特別增補李善的注後,第二次才產生的注。這一事實即可證明,《集注》本中有而現存版本中缺漏的引注,並非如一般所說是版本脱文所致;而是《集注》本中的李善注比其他版本李善注多,後者要比'版本脱文説'合理恰當"①。其實,《文選集注》的情況比較複雜,筆者也比勘了數卷,發現有的部分是《集注》本中善注多於刻本,而有的部分是《集注》本中的善注少於刻本,還有的部分相差不多。比如謝惠連《七月七日夜咏牛女》一篇,《集注》本中善注少於刻本,而《陳太丘碑文》,《集注》本則與刻本相差不多。因此,岡村繁先生所説《集注》本善注多於刻本,並不能代表全貌。這個結果説明斯波博士與岡村繁先生結論都比較片面。李善注的寫本、鈔本與刻本間的關係極爲複雜,唐宋以來,士子競以《文選》爲學習的主要典籍,抄寫甚多,訛誤自然難免。又由於各抄寫者情況不同,嫌李善注煩瑣者,可能有所删減;而嫌李善注簡略者,可能有所增添,因此現行刻本的善注並不一定是李善原貌,而抄寫本雖時代較早,但也仍然有可能是改變過了的善注。筆者很同意岡村繁先生的這個意見:"從前討論《集注》李善注與現存刻本李善注兩者關係時,一向都將二者置於同一系統,且設定位於同一單綫的前後上,因此判斷《集注》本真正擁有較多的李善注,而現存版本是遭後人竄改的版本。"② 岡村繁先生提出應改變以同一單綫的前後傳承關係考察《集注》本(還應包括其他寫本、鈔本)與刻本間關係的觀點是正確的。

---

① [日]岡村繁《〈文選集注〉與宋明版本的李善注》,載《文選學論集》,時代文藝出版社,1992年,第45—46頁。

② 同上。

鈔　本

《文選》鈔本，主要集中在日本。漢籍東傳起碼在 4 世紀後半期便已開始，而《文選》在 7 世紀初日本聖德太子制定的《十七條憲法》中就已引用①。又據島田翰《古文舊書考》卷一載，日本天平七年（當唐開元二十三年，735），唐人袁晉卿從遣唐使至日本，通《爾雅》《文選音》，因授大學音博士。由於漢籍的傳入，帶動了日本的抄書事業，《文選》自然是抄寫的主要典籍之一。楊守敬説："蓋日本所得中土古籍，自五經外，即以《文選》爲首重，故其國唐代曾立《文選》博士，見其國《類聚國史》。"② 日本《文選》古鈔本數量既多，品類亦全，有白文鈔、五臣注、李善注、集注等，據阿部隆一《本邦現存漢籍古寫本類所在略目錄》（《阿部隆一遺稿集》第一卷《宋元版篇》）介紹，現存《文選》古鈔本有二十七種之多。其中有許多爲私人收藏，外間難以得見。如中村宗彦教授《本邦古鈔本〈文選〉卷一管見》也僅介紹了十六種③。余所見共七種，今就其中最有價值的五種作叙錄如下。

一、古抄《文選》殘二十一卷④

　　此本最早著錄於森立之的《經籍訪古志》，僅一卷（卷一），森立之稱爲五百許年前鈔本，是日本的正平時代，約當中國元順帝至正前後。森立之又説："此本無注文，而首冠李善序，蓋即就李本單錄出本文者。"案，李善僅有《上文選注表》，森立之誤以爲序。1880 年至 1884 年中國學者楊守敬隨何如璋、黎庶昌出使日本，除搜得森立之所著錄的這一鈔本外，又得另外二十卷。楊氏《日本訪書志》卷十二説："古抄無注《文選》三十卷，缺一、二、三、四、十一、十二、十三、

---

① 嚴紹璗《漢籍在日本的流布研究》，第 8 頁。
② 《日本訪書志》卷十二，清光緒二十年蘇園刻本。
③ 見中村宗彦《九條本文選古訓集》，風間書屋，昭和五十八年（1983）。
④ 楊守敬有過錄本，藏於臺北故宫博物院圖書館，本文初稿寫作時未見，只能據傅增湘過錄本叙錄。其後乃得臺灣清華大學朱曉海教授幫助複印一份，助益甚多，在此表示感謝！

十四、十七、十八十卷，存二十卷。"關於其來歷，楊氏以爲當從古抄卷子本出，並非從五臣、李善注本略出。因爲"若從善注出，必仍六十卷；若從五臣出，其中文字必與五臣合。今細校之，乃同善注者十之七八，同五臣十之二三，亦有絕不與二本相同而爲王懷祖、顧千里諸人所揣測者"。關於抄寫年代，楊氏據其紙質字體，判爲元明間。關於行款，楊氏稱每半葉八行，行十七字，字大如錢。至於森立之對第一卷的判斷，楊氏不同意他的"從李本單録出"的結論。理由是："若就李本所出，李本已分《西京》爲二卷，則録之者必亦二卷，今合三賦爲一卷，仍昭明之舊，未必鈔胥者講求古式如此。"楊氏還據古鈔本文字亦有絶不與李善合者，證其非出善本。然古鈔本前有李善《上文選注表》，楊氏解釋爲"蓋日本鈔古書往往載後來之箋注序文，如《孝經》本是明皇初注本，而載元行冲《孝經疏序》，其他經書、經注本又往往載孔穎達之疏於欄格上，蓋爲便於講讀也。鈔此本者固原於未注本，而善注本已通行，故亦以冠之也"。楊守敬的意思是古鈔本底本爲三十卷本，抄寫時代雖在元、明間，但底本當爲李善注之前的寫本。

　　楊守敬共得古鈔本二十一卷，影寫帶回國後歸於故宫博物院，現存臺北故宫博物院。古鈔本帶回後，頗受學者重視，如黄季剛（侃）先生曾經借校，其成果反映在他的《文選平點》[①]中。又如高步瀛先生《文選李注義疏》也采用古鈔本參校。古鈔本原本後歸臺灣，據屈守元先生説，現大陸僅有他尚存一通臨寫本。筆者1994年前往北京圖書館看書，發現傅增湘先生曾於1914年（甲寅年）10月和11月兩次以古鈔本與胡刻本對校，並以胡刻本爲底本過録了古鈔本異文。由此，古鈔本面貌便基本可以了解了。余嘉錫先生形容傅氏藏書、校勘之用意説："先生嘗恨學者讀書不見善本，故於所藏書，既擇其罕見者若干種付之剞劂外，尤不吝通假，近涵芬樓所影印之《叢刊》，底本多假自先生。猶以不能盡刻其書爲憾，則手寫其校記，將次第爲書，以示學者。……又以書不能盡校，則撮其要旨，存其大都，著之題記，使學者因以窺見板本、文字之異同，於讀書知所別擇。蓋先生嘉惠後學之心如此其拳拳

[①] 黄侃著，黄焯編次《文選平點》，上海古籍出版社，1985年。

不已也。"① 於此可見傅增湘先生藏書、校書之用意和胸懷!

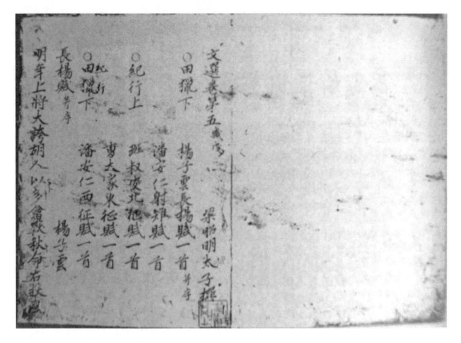

圖4　楊守敬過録日本室町初鈔本

　　古鈔本二十一卷，無論在格式、篇題以至文字上，都有許多與刻本不一致處，可以糾正刻本、恢復蕭《選》舊貌處不少。關於這一鈔本的文獻價值，參見本書下篇《關於近代發現的日本古抄無注三十卷本〈文選〉》。

二、古抄《文選》卷七

　　一軸，白文。行十三、十四、十五字不等。共三首賦，即顏延年《赭白馬賦》、鮑明遠《舞鶴賦》、班孟堅《幽通賦》。其中《赭白馬賦》不全，起自"維宋十有二載"至末。封面題籤：古抄文選　赭白馬賦　舞鶴賦　幽通賦　無注古本　卅刃。卷末有"文選卷第七"字樣，是知所抄爲三十卷本。《赭白馬賦》卷末有"楊守敬印"及"星吾

---

① 余嘉錫《藏園群書題記序》，傅增湘《藏園群書題記》，上海古籍出版社，1989年，第1頁。

海外訪得秘笈"朱印各一枚,則此卷是楊守敬從日本所得。楊氏《日本訪書志》卷十二"古抄文選殘本二十卷"條說:"今古鈔卷子殘卷往往存收藏家。"小字注:"余亦得二卷。"除去其著録的從森立之處所得卷一外,此卷應是"二卷"之一。本卷現藏北京大學圖書館。

《赭白馬賦》有標注,如"維宋十有二載"上有注:"善本作'維宋二十有二載',五臣本作'維宋十有四載'。"又"自前世而間出"句,注稱:"刊本(案,當指《四部叢刊》影印本,亦即本書所說的建本)'世'並作'代',避唐諱。足知此爲六朝舊傳本。"從其稱引《四部叢刊》本看,此標注應爲近人,又必不爲楊守敬,因爲楊氏卒於 1915 年,而將《六臣注文選》印入《四部叢刊初編》的時候是 1919 年,故知標注者當爲另一人。然避諱之說亦不確實。

《赭白馬賦》中避"世"用"代",却不避"民"。案,不避"民"字在以下二賦中屢見。不僅如此,在《幽通賦》中,亦不避"世"字,如"道修長而世短兮",仍用"世"字。標注者僅勘查《赭白馬賦》一首,未及後二首,故其判語不可信。

此卷抄寫較粗糙,如《幽通賦》自第三句"風而蟬蛻兮"起至"承靈訓其虛徐兮" 246 字脫,却又誤將它抄於"黎淳耀於高辛兮"之後。又《舞鶴賦》"於是窮陰殺節,急景"後脫"凋年,涼沙振野,箕風"八字。

與刻本相校,此卷異文頗多,有同於善本處,也有同於五臣本處,又有獨異之處,而合於古抄二十一卷本處亦不在少,但抄脫、誤抄也在在可見。

三、九條家本

原九條家舊藏,現爲皇室御物,藏於宮內廳,共二十二卷,欠卷五、六、九、二十四至二十八、三十,其中卷十四重複,故實爲二十一卷。昭和十三年(1938),當時的東方文化研究所研究員吉川幸次郎博士攝影,照相本據云分藏於當時日本的各帝國大學。臺灣大學圖書館亦藏一部,2000 年我奉命赴臺灣實踐大學任客座,曾入臺灣大學圖書館查閱。但照相本過於繁重,其時時間又過倉促,未能深入研究。2003

年，我赴日本東京大學任外國人教師，其間於早稻田大學圖書館見到照相本的複印件，遂複制以爲研究之用。2010年，又承陳翀教授惠贈九條本原攝照片，文字清晰，可補複印件諸多字跡模糊之失，在此向陳翀教授表示感謝！①

　　九條本卷一首爲李善《上文選注表》，其次是蕭統《文選序》，隨後是正文。與古抄白文殘二十一卷本相同。據其卷數，乃爲三十卷本。白文，無注，卷内有殘缺。此書曾經日本學者點讀，故有許多訓點、傍記、標記、背記。點讀者於卷末留下姓名、年代。其中最早者爲康和元年（1099），最晚者爲康永二年（1343），其間歷二百四十四年。所可寶貴者，確知此鈔本在公元1099年，即北宋哲宗元符二年以前，尤其是它出於李善注本（詳見下論），則愈見其珍貴了。

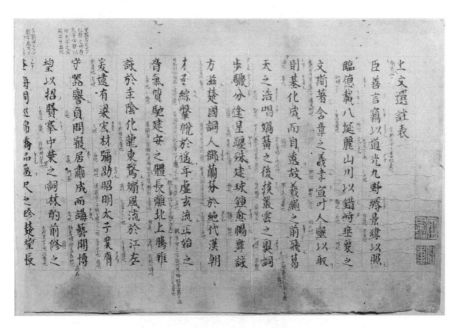

圖5-1　九條家本《上文選註表》

---

　　① 本文初撰於博士論文寫作期間，大約是1993年前後，當時未見到九條本，只能憑藉日本學者中村宗彥《九條本文選古訓集》加以敘録。中村宗彥過録本有誤，如漏"移""難"二目，余當時敘録亦不能確定。其後見到照相本，始知中村宗彥有誤，而余初稿不能確定的敘録因得以修正。今借再版之際，對原文略加修改，希讀者察之。

九條本保留了不少三十卷本古貌，如在行款上，它與刻本不同，以第一卷《兩都賦》爲例。此鈔本首行直接《文選序》，題：文選卷第一　賦甲　梁昭明太子撰；次行低前一格：京都上　班孟堅兩都賦二首并序；三行低前三格：張平子西京賦一首。這一格式與日抄白文二十一卷本同，而與刻本不同。刻本（尤本）作首行：文選卷第一；次行低前兩格：梁昭明太子撰；三行低前一格：文林郎守太子右内率府録事參軍事崇賢館直學士臣李善注上；四行低首行一格：賦甲；五行低前一格：京都上；六行低前一格：班孟堅兩都賦二首。此抄不合於刻本而合於日抄白文二十一卷本的還有《東都賦》所引"明堂詩"等，正文"其詩曰"即直接"於昭明堂"，詩題"明堂詩"等各題均在各詩之後，正如高步瀛《文選李注義疏》所說："與《三百篇》古式同。"又在異文上，此抄《西都賦》亦無"從流之隈，汧涌其西"八字；《東都賦》"白雉詩"無"嘉禋阜兮集皇都"七字；《神女賦》中"玉""王"二字正與刻本相反，即是宋玉寝，夢與神女遇，"玉異之""白王""王曰"、"玉對曰"。於此可見九條本的確保存了許多古本原貌。

圖5-2　九條家本《文選》卷第一

持校此鈔本，發現它有許多合於李善注本之處。

第一，古鈔本應有的類題，此鈔缺。如卷十二歐陽堅石《臨終詩》應有類題：臨終。五臣注陳八郎本和日抄白文二十一卷本可證。案，《文選序》説："凡次文之體，各以彙聚，詩賦體既不一，又以類分，類分之中，各（九條本作"略"）以時代相次。"説明《文選》的排列原則是先分類，每類之中再以時代先後排列作者順序。今刻本皆以歐陽堅石《臨終詩》列入"咏懷"一類（陳八郎本與汲古閣本除外），然而歐陽建是晉人，在"咏懷"中却排在劉宋的謝惠連之後，顯然與體例不合。胡克家《文選考異》説："此不得在謝惠連下，當是'臨終'自爲一類。"斯波六郎博士也同意這一看法，但因他所據爲汲古閣本，没有見到古抄二十卷本和陳八郎本，而九條本恰又没有標出，所以態度有些懷疑。與此相同的是，卷二十二"書"類中劉子駿《移書讓太常博士》和孔德璋《北山移文》亦應單列"移"類，因爲劉歆是西漢人，而排在他之前的却是南朝的劉孝標。胡克家《文選考異》引陳景雲説："題前脱'移'字一行。"黄季剛先生《文選平點》也説："題前以意補'移'字一行。"陳景雲、黄季剛意見，已得日本藏《文選》白文二十一卷、九條家藏二十二卷本以及五臣注陳八郎本證實，是此説非僅據《文選》編例推論，而是有版本依據的。關於《文選》三十九類的討論，詳細可參拙作《〈文選〉三十九類説補證》，原載《文獻》1998年第3期，亦收入本書。

第二，有關作品順序合於李善本而異於五臣本。尤刻本卷二十八陸機《挽歌》三首，順序不同於陳八郎本和明州本、贛州本，即以"流離親友思"置於第三，"重阜何崔嵬"置於第二。五臣本、六臣本與此相反。尤袤《李善與五臣同異》也指出："二首，五臣與善本倫次不同。"又同卷陸機《樂府十七首》，尤本順序也與五臣本、六臣本不同。按尤本順序是：《猛虎行》《君子行》《從軍行》《豫章行》《苦寒行》《飲馬長城窟行》《門有車馬客行》《君子有所思行》《齊謳行》《長安有狹邪行》《長歌行》《悲哉行》《吴趨行》《短歌行》《日出東南隅行》《前緩聲歌》《塘上行》；而五臣本（陳八郎本）、六臣本（贛州本、明州本）自《齊謳行》開始，分別是《日出東南隅行》《長安有狹邪行》

《前緩聲歌》《長歌行》《吳趨行》《塘上行》《悲哉行》《短歌行》。尤袤對此也說："自《齊謳行》至《塘上行》史（剛案，應作"十"）篇，五臣與善本倫次不同。"這說明宋刻李善本與五臣本於此確有區別，這應是劃分李善本與五臣本的一個標誌。日本古抄白文二十一卷本此卷缺。所以無從考校，九條本此兩處並同尤本，由此可以確定九條本是李善本系統。對九條本《文選》的詳細介紹，可參看阿部隆一《東山御文庫尊藏（九條家舊藏）舊鈔本《文選》について》一文①，及本書所收拙作《日本宮內廳藏九條本〈文選〉研究》。

四、觀智院本《文選》卷第二十六

日本天理圖書館藏，1980 年編入《天理圖書館善本叢書漢籍之部》第二卷，由八木書店印行。此鈔本爲白文無注，卷首缺，卷尾完整，有題識"文選卷第廿六"。存自賈誼《過秦論》（前缺，起自"明智而忠信，寬厚而愛人"）至韋弘嗣《博奕論》七篇。卷末有"元德二年中春於莊嚴寺書畢"字樣。日本元德二年相當於中國元朝天曆三年（1330）。從其稱"卷第二十六"看，所抄底本爲三十卷本。然而在第四篇《王命論》之前又抄有"論二"二字，這就不對了。因爲三十卷本原貌是分上、下（古抄二十一卷本可證），李善一分爲二後改爲一、二、三、四，此鈔本既爲三十卷本，不當作"論二"。鈔本旁注、標注甚多，旁注大都爲音注，標注有《鈔》《音決》及五臣向、濟之注，像是從《文選集注》中引來。以《文選集注》與此鈔本《四子講德論》所引三條《鈔》注對照，文字一樣，可證。此鈔本日本學者很重視，花房英樹在本文解說中推測它"達到了蕭統的原本"，並根據《日本國見在書目錄》有蕭統《文選》三十卷的記載，說："其傳寫本的殘卷便是這個殘卷二十六吧。"這種說法也只能是一家之言而已。

---

① 《阿部隆一遺稿集》第一卷《宋元版篇》，慶應義塾大學附屬研究所斯道文庫編，東京汲古書院，1993 年，第 519—545 頁。

五、三條家本《五臣注文選》卷第二十

五臣注鈔本,僅傳此一卷,原日本三條公爵家藏,現藏天理圖書館。昭和十二年(1937)東方文化學院影印,列《東方文化叢書》第九。1980年天理圖書館印入《天理圖書館善本叢書漢籍之部》第二卷。書前有花房英樹解説,稱它爲日本平安朝(8世紀末至12世紀)鈔本,則其底本可能是唐寫本。

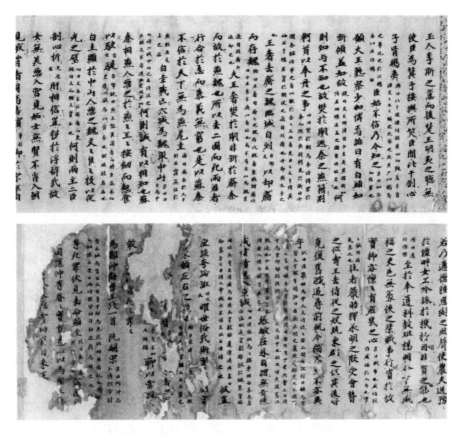

圖6　三條家本《五臣注文選》卷第二十

此本影印時裱爲長軸,行十五六字不等,注雙行,每行二十二三字。紙背有日本正曆二年(991)具平親王撰《弘決外典鈔》卷第一。起鄒陽《獄中上書自明》"玉人李斯之意",末篇爲阮嗣宗《爲鄭沖勸

晉王箋》（篇首至"褒德賞功，有自來矣"，以下脱）。卷内多有脱缺，江文通《詣建平王上書》"女有不易之行信而"句下缺；中間又缺去任彦昇《奉答敕示七夕詩啓》《爲卞彬謝修卞忠貞墓啓》《上蕭太傅固辭奪禮啓》三篇及《奏彈曹景宗》前半，即接"軍事左將軍郢州刺史湘西縣開國侯臣景宗"句迄篇終。《奏彈劉整》篇首至"范及息逡道是採"，下脱文至沈休文《奏彈王源》"丞臣王源忝籍世資"。以下除《爲鄭冲勸晉王箋》外，皆爲完篇。此卷附有日人解説，稱"原紙數共二十二枚"，可知原本散佚已多，又非卷子本，重印時才裱成長軸。這樣容易使人誤爲原本抄脱，而不知是紙頁散失的緣故。饒宗頤先生曾以此本與《四部叢刊》本、胡刻本、《集注》本以及古刊史書合校，校記原載《東方文化》第三卷第二期，後收入作者文集《文轍》①，可參看。

此既爲早期鈔本，當具有重要校勘價值，然細讀下來，發現其中抄脱、抄重者很多，如鄒陽《獄中上書自明》"籍荆軻首以奉丹之事"句下注文，此抄於"購將軍之首"下脱三十九字。又同篇"載吕尚而歸以王天下"句下注，此抄重複"中庶子蒙使爲光言於秦王曰"一段十九字。以此抄與南宋紹興三十一年（1161）五臣注刻本陳八郎本比較，不同處很多，有的屬於正文，有的屬於注文。饒宗頤先生因未見陳八郎本，僅以六臣本與之校，自屬不當，他所得的一些結論也需要修改，比如他的第五條結論"可證六臣本校語之歧異"，舉鄒陽《書》"披心腹"例。"腹"字，六臣本校記謂："五臣作'腸'。"然日抄實作"腹"。饒先生校記中説："此種分歧，或由於據本不同，或由於校勘誤混，亦六臣本使人致疑處。"其實，六臣本（建本）並不誤，陳八郎本便作"腸"。又如同篇"始終相保"的"保"，六臣本校稱："五臣作'報'。"日抄作"保"，但陳八郎本正作"報"。宋代刻本，系統比較難以辨清，李善注系統如此，五臣注也如此。五臣注本除陳八郎本外，還有杭州開箋紙馬鋪鍾家刻本，它與陳八郎本也有許多歧異。所以像六臣本校記所稱的五臣本與日抄五臣注不合，却可能和陳八郎本合。以此抄及陳八郎本與《文選集注》對勘，發現《集注》中所引五臣注往往

---

① 饒宗頤《文轍》，臺灣學生書局，1981年。

也有刪節。如沈約《奏彈王源》"以彼行媒，同之抱布"句注，陳八郎本及此抄李周翰注文是："《禮》，男女非有行媒，不相知名。《詩》：'氓之蚩蚩，抱布貿絲。匪來貿絲，來即我謀。'言源以行媒之禮同抱布之事。"但《集注》本引李周翰注逕從"言源"開始，共十二字。這是因爲前面李善注已經引了《禮記》和《毛詩》，所以編者便將五臣注刪節了。由此可知《文選集注》中所集各家注，也並非原貌，可能經過了編者的改動。看來，對《文選集注》也同樣要十分愼重，不可作爲唯一的標準。

刻　本

《文選》自五代以來，屢經雕印，它既是讀書人必讀之書，也是藏書家寶愛的插架之物。《文選》刻本有李善注系統、五臣注系統、六家注系統，以及屬於六家注系統的六臣注本。今分別叙録如下。

一、李善注本

　　李善本最早刊刻，當在北宋真宗景德四年（1007）八月，《宋會要輯稿·崇儒》四之三記："景德四年八月，詔三館秘閣直館校理，分校《文苑英華》、李善《文選》，摹印頒行。……李善《文選》校勘畢，先令刻板，又命官覆勘。未幾，宮城火，二書皆燼。至天聖中，監三館書籍劉崇超上言：李善《文選》援引該贍，典故分明，欲集國子監官校定浄本，送三館雕印。從之。天聖七年（1029）十一月板成，又命直講黃鑑、公孫覺校對焉。"景德四年詔印的李善注《文選》，至大中祥符年間（1008—1016）才告完成。王應麟《玉海》卷五十四引《實録》説："景德四年八月丁巳，命直館校理校勘《文苑英華》及《文選》，摹印頒行。祥符二年（1009）十月己亥，命太常博士石待問校勘。十二月辛未，又命張秉、薛映、戚綸、陳彭年覆校。"又據宋程俱《麟臺故事》卷二："大中祥符四年（1011）八月，選三館秘閣直官、校理校勘《文苑英華》、李善《文選》，摹印頒行。"景德四年詔印的《文選》，至祥符四年八月才得以印行。然而此書雕板後不久即遭火厄，這就是《宋會要輯稿》所説的："宮城火，二書皆燼。"關於這次宮城之火，沈括《補筆談》記："祥符中，禁中火。"又宋江少虞《宋朝事實類苑》卷三十一記："大中祥符八年（1015），榮王宮火延燔。"可見起火是祥符八年的事。至天聖年間劉崇超才又上言重新校勘刻印。《宋會要輯稿》没有具體説明從天聖幾年開始，今見韓國奎章閣所藏六家本《文選》，書末附有這一次校勘、雕造、進呈的年月及各主事官名單。略云：天聖三年（1025）五月校勘了畢。校勘官有公孫覺、賈昌朝、張遹、王式、王植、王旼、黃鑑。天聖七年十一月雕造了畢。校勘印板有公孫覺、黃鑑。天聖九年進呈。進呈者有藍元用、皇甫繼明、王曙、薛奎、陳堯佐、呂夷簡。由此可見在天聖三年便完成了校勘，那麼劉崇超上言還應在此之前。天聖七年雕板後，經過校對，在天聖九年才進呈皇帝，正式發行還當在九年之後。今中國國家圖書館藏一殘帙北宋刻本，鑒定爲天聖、明道中刻本，即國子監本。此外，臺北故宮博物院亦藏相同一帙殘本，共十一卷（卷一至六、卷八至十一，卷十六）。據張月雲先生《宋刊〈文選〉李善單注本考》①，即天聖明道本，與國圖所藏當爲同一帙。這大概是今藏《文選》李善注最早的刻本。其次便是南宋淳熙八年尤袤刻本，1974 年中華書局影印行世。南宋以後的刻本系統都很清楚，斯波六郎博士曾列有版本系統表，李善注系統爲：

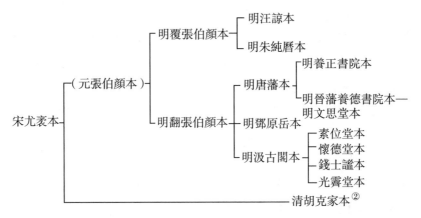

據斯波博士說打括號的元張伯顏本爲他未見。張伯顏本出於尤本，清人如孫星衍、耿文光、丁丙、陸心源、楊紹和等均持此說，確然不假。今中國國家圖書館藏一部，存五十卷，卷十一至六十，其中卷四十一配明嘉靖元年汪諒刻本。以其與尤本校，可看出二本之間的傳承關係。如卷十二《海賦》，元本"珊瑚琥珀"十六字不脫，同尤本（與胡刻異）；又《洛神賦》李善注亦有"《記》曰"一段；卷二十七錄《樂府》三首，以《君子行》置於卷末；卷二十八陸機《挽歌》三首順序

---

① 張月雲《宋刊〈文選〉李善單注本考》，《故宮學術季刊》第 2 卷第 4 期，臺北故宮博物院，1985 年。

② 見《文選諸本的研究》，載《文選索引》第一册，日本京都大學人文科學研究所，1957 年，第 85—86 頁。

均同尤本。卷中字句偶有不同處，如《海賦》"臣唐之代"的"臣"，尤本作"巨"；卷四十九《晉紀·論晉武帝革命》，作者署"于令升"，尤本作"干令升"。這種情況或如陸心源《儀顧堂續跋》所説："當是伯顔據六臣本所改以掩其襲取尤本之迹耳。"

汲古閣本的出處，《四庫總目提要》説它是從六臣本來，然四庫館臣本意並不僅論汲古閣本，而是由汲古閣本對宋以後所有李善注刻本的判語，即認爲世上本來便没有李善注單行本，所有者皆從六臣本中摘出。這一結論當然是錯誤的，這是因爲四庫館臣没有見到宋刻李善本的緣故。《四庫總目提要》批評的汲古閣本的缺點，在北宋本、尤本中並不存在。但問題是清人往往由此將汲古閣本看作與尤本、張伯顔本同一系統，對汲古閣本與張伯顔本不同的地方，僅以汲古閣本脱誤來解釋。這種意見是錯誤的。説汲古閣本出於李善注系統，即從尤本、張本來，有許多地方解釋不通。

首先，《四庫總目提要》所批評的卷二十五陸雲《答兄機詩》有五臣注"向曰""濟曰"各一條；又其《答張士然詩》有五臣注"翰曰""銑曰""濟曰"各一條。李善注本中插入五臣注是不可想象的，難怪《提要》説是"殆因六臣之本，削去五臣，獨留善注，故刊除不盡，未必真見單行本也"。汲古閣本如從尤本、張本出，無論如何也不會愚蠢地加進五臣注文的。

其次，汲古閣本所標類目與尤本、張本均不同。《文選》五臣注與李善注在類目的標寫上有異，因此便有三十七類説、三十八類説和三十九類説。尤本實際標出三十七類，但卷四十三劉子駿《移書讓太常博士》一文，經清儒辨正，認爲本題之上應標"移"目[①]，因此又有持三十八類説者。根據判斷應標出"移"目的相同道理，卷四十四司馬相如《難蜀父老》之上亦應標"難"目，五臣注陳八郎本和《文選集注》證實了這一點[②]，

---

① 見胡克家《文選考異》卷八，中華書局1977年影印《文選》附録。
② 關於三十九類説，臺灣學者游志誠首先撰文論證，見《論〈文選〉之難體》，載游氏《昭明文選學術論考》，臺灣學生書局，1996年，第141—168頁。余亦撰文補充，見拙作《論〈文選〉"難"體》，《浙江學刊》1996年第6期，及《〈文選〉三十九類説補證》，載《文獻》1998年第4期。

於是便有三十九類說。汲古閣本是李善系統，但在卷四十三卷首目錄中標出了"移""難"二目。此外，汲古閣本還在卷二十三歐陽堅石《臨終詩》上標出"臨終"二字，這是《文選》"詩"類中的子目，尤本、張本、胡刻本均無，但陳八郎本有。那麼汲古閣本怎麼會有這許多與五臣本一樣的標記呢？

第三，汲古閣本較尤本、張本脫文太多，詳見阮元《南宋淳熙貴池尤氏本文選序》及《楹書隅錄》《鐵琴銅劍樓藏書目錄》。汲古閣本如從尤本、張本來，不會有如此多脫文。

第四，汲古閣本正文、注文亦多與李善異而與五臣同。如卷三十九鄒陽《獄中上書自明》"白圭顯於中山，中山人惡之於魏文侯，投以夜光之璧"句，同於陳八郎本和明州本。尤本脫"中山"二字，又多"文侯"二字。明州本校記說："善本少一'中山'字。"又說："善本有二'文侯'。"但汲古閣本此處却同於五臣本、六家本。又如卷十八《長笛賦序》"獨臥鄘縣平陽鄔中"句，尤本無"縣"字，建本校記稱："善無'縣'字。"汲古閣本此處同五臣本。此外，汲古閣本亦多有不同於尤本而同於敦煌寫本永隆本和北宋國子監本處。如卷二《西京賦》"增桴重棼"的"增"，同永隆本（亦同於明州本、建本），尤本作"櫓"。又卷十七《舞賦》"華袿飛髾而雜纖羅"句注文，尤本作："《子虛賦》曰：雜纖羅，垂霧縠。"汲古閣本脫"垂霧縠"三字，同於北宋國子監本。這些明顯的差異都不能說汲古閣本從尤本、張本來。

毛晉是明末著名書商，刻書極多，但於《文選》僅刻有此一種。當毛晉之時，李善注的尤本、張伯顏本以及明人翻刻本都有存世，毛晉刻書不可能愚笨到去從六臣本中挑出李善注。那麼汲古閣本從何而來呢？從毛晉的藏書中去調查，或許可以給我們以啓發。毛晉不僅是書商，而且是當時著名的藏書家，前後共得八萬四千冊，構汲古閣、目耕樓以庋之。所藏宋元本既多且精，可惜沒有留下藏書目錄。今《叢書集成初編》所收《汲古閣珍藏秘本書目》乃毛氏售書與潘末之目，並非其藏書總目，內中沒有《文選》。然據其他各家藏書記所載，毛晉所藏宋元本《文選》頗多，大略有以下幾種。

第一，《李善注文選》六十卷，宋刻。（《錢遵王讀書敏求記校證》

"李善注文選六十卷"下章鈺補校引黃丕烈云："此宋刻，毛氏曾以勘家刻本。"又阮元《南宋淳熙貴池尤氏本文選序》說："此册在明曾藏吳縣王氏、長洲文氏、常熟毛氏；本朝則句容笪氏、泰興季氏、昭文潘氏，以至吳氏。獨怪册中皆有汲古閣印。而毛板訛脫甚多，豈刊板後始獲此本，未及校改邪？"①)

第二，《文選》六十卷，宋贛州州學刊本，朱卧庵舊藏。(陸心源《皕宋樓藏書志》說："卷中有'毛晉一名鳳苞'陰文方印，'汲古閣'陽文方印，'字子晉''汲古閣世寶'兩陰文方印，'毛襃之印'陽文方印，'華伯氏'陰文方印，'毛氏藏書子孫永寶'朱文長印。"②)

第三，《六家文選》六十一册，北宋廣都裴氏刻本。(《天禄琳琅書目》稱卷中有"汲古主人"朱文印、"毛氏子晉"朱文印及"子""晉"兩小朱文印③。)

第四，《文選》六十卷，宋明州刊紹興二十八年補修本。(見傅增湘《藏園訂補邵亭知見傳本書目》④。)

第五，《五臣注文選》三十卷，宋板。(王頌蔚《寫禮廎遺著·古書經眼録》"重校新雕文選三十卷"條稱卷中有"汲古閣虞山毛氏""汲古閣收藏""東吳毛表毛奏叔氏"諸印記⑤。案，即陳八郎本，現藏臺灣地區，詳見以下"五臣注文選"叙録。)

第六，《文選》六十卷，元刊元印。(沈德壽《抱經樓藏書志》稱卷中有"汲古主人"朱文方印⑥。)

據以上調查，毛氏汲古閣所藏宋元本《文選》，可謂種類齊全。李善注、五臣注、六家本、六臣本各系統都有。然這幾種《文選》均與汲古閣本不同，很難說毛氏依據的是哪一本。唯一的解釋是，毛晉刊印李善注，却主要參以五臣注、六臣注校改。所以汲古閣本所標三

---

① 阮元《南宋淳熙貴池尤氏本文選序》，《揅經室三集》卷四，《四部叢刊》本。
② 陸心源《皕宋樓藏書志》，中華書局，1990年。
③ 于敏中等《天禄琳琅書目》，《清人書目題跋叢刊》十，中華書局，1995年。
④ 傅增湘《藏園訂補邵亭知見傳本書目》，中華書局，1993年。
⑤ 王頌蔚《寫禮廎遺著》，民國四年（1915）鮮溪王氏刊本。
⑥ 沈德壽《抱經樓藏書志》，《清人書目題跋叢刊》十，中華書局，1995年。

十九類全同陳八郎本（在所有刻本中，只有陳八郎本標三十九類，可見汲古閣本標類上參照了該本），卷中正文及注亦多同於五臣本，至有誤將六臣本中五臣注刻入李善注。黃丕烈曾說："汲古閣刻書富矣，每見所藏底本極精，曾不校，反多肊改，殊爲恨事。"（葉德輝《書林清話》卷七引陳鱣跋元大德本《後漢書》語）毛氏倒並非不校，但參校多臆改，且又有疏忽耳。段玉裁《汲古閣說文訂自序》略云："毛晉及其子扆，得宋小字本，以大字開雕，周錫瓚出初印本，有扆親署云：'順治癸巳汲古閣校改弟五次本。'卷中旁書朱字，復以藍筆圈之，凡其所圈，一一剜改。考毛氏所得小字本，四次以前微有校改，至五次則校改特多，往往取諸小徐《繫傳》，亦間用他書。今世所存小徐本，乃宋張次立所更定，而非小徐真面目，而據次立剜改，又識見駑下。凡小徐佳處，少所采掇；而不必從者，乃多從之。學者得之，以爲拱璧，豈知其繆戾多端哉！"（《書林清話》卷七引）毛氏所刻《文選》，情況大概與此差不多，所以刻出的書與哪一系統也挨不上。既然如此，斯波六郎博士以之出於張伯顏本的結論就不準確了。

一般說來，宋刻以後的刻本（包括六臣本、六家本），系統清楚，傳承關係都有交代。因此本節叙錄僅介紹宋本而不及元以後刻本（以上汲古閣本因需辨正，故不憚辭費，略述其來歷）。

（一）北宋天聖明道本（國子監本）

今藏中國國家圖書館，據《北京圖書館古籍善本書目》稱，存二十一卷，即卷十七至十九、卷三十至三十一、卷三十六至三十八、卷四十六至四十七、卷四十九至五十八、卷六十。十四冊，十行十七字，小字雙行二十五或二十六字，白口，左右雙邊。北圖這一著錄源於周叔弢《自莊嚴堪善本書目》，因爲此書先爲周氏收藏，後捐北圖。據周氏《書目》，此書本爲內閣大庫藏，卷中"通"字缺末筆。1994年11月余往北圖查書，發現此書實際存況並不同於著錄。本書始自卷十五《思玄賦》"增煩毒以迷惑兮"至"迺白露之爲霜"；下葉同篇自"命王良掌策駟兮"至"伐河鼓之磅硠"；又下葉卷十六《嘆逝賦》

自"（譬日）及之在條，恒雖盡而弗悟"至末"聊優遊以爲老"。再以下才是卷十七《文賦》自"（故取）足而不易。或藻思綺合"至"流管弦而日新"。在卷十七至十九卷末，有羅振玉篆書題"北宋本文選注殘卷"字樣，落款爲"叔弢□□，上虞羅振玉題"，有羅振玉印一枚。以下在卷三十之前有勞健跋文。據勞健跋文，周叔弢先生所收此本，前後當有兩次。第一次當爲1927年（丁卯）12月，收十九卷共四百零二葉，勞健所見是也。第二次所收時間不詳，爲十七至十九卷。至於卷十五、十六的殘葉是否也爲周氏所收，但未加著録，還是周氏捐贈後，北圖又收得而附於是書之前，就不得而知了。不過，如爲北圖後收，《北京圖書館古籍善本書目》也應著録明白才是，而其著録却與周氏相同。北宋監本散出時間未詳，劉啓瑞曾從京師書肆中收得十六葉，據劉文興《北宋本李善注文選校記》稱："北宋刊李善注《文選》殘葉，存十四紙，又半紙，《西都》《東都》二賦文略具；又兩半紙，則《離騷》文。"① 又據傅增湘《藏園群書經眼録》，他曾於庚申（1920）四月在劉啓瑞家見到這十六葉，並説他自己也收得數葉，但未見著録於《雙鑑樓善本書目》。據傅氏所言，劉啓瑞最遲在1920年就已購得，這又較周氏爲早了。除劉、周所藏外，臺北故宫博物院也藏有十一卷（原藏舊北京圖書館）。

國圖所藏北宋監本，除未著録的上述卷十五、十六幾殘葉外，其後二十一卷亦間有殘缺。卷十七《洞簫賦》從篇首至"誠可悲乎其不安也"，以下殘。《舞賦》從"（亢音高歌爲）樂方。歌曰擥予意以弘觀兮"至"超遺物而度俗"。案，"樂方"句前兩半葉，曾被王文進《文禄堂書影》所影寫，始自"（試爲寡）人賦之。玉曰唯唯"至"亢音高歌爲（樂方）"。可惜原物不知流落何方了。卷十八《琴賦》前缺，從"情舒放而遠覽"至篇末。卷十九《補亡詩》自篇題至第二首"匪惰其恪"止。卷五十一《四子講德論》自篇首至"利見大人，鳴聲相"止。卷五十二缺卷首目録。又《王命論》篇題缺，正文自篇首至"昔在帝堯之禪"。卷六十《齊竟陵文宣王行狀》"非直旦暮千載古乃萬世一"

---

① 劉文興《北宋本李善注文選校記》，《國立北平圖書館館刊》5卷5期，1931年。

句下脱至《弔屈原文》"之因自喻其辭曰"。《弔魏武帝文》自篇首至"舉勍敵其如遺"句注文"《漢書》梅福上書曰"止。北宋本至此而止，以下全脱。

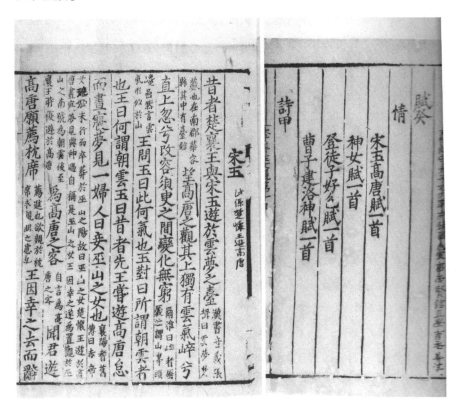

圖7　北宋天聖明道間刻本

此本早於尤刻，以二本對校，不同處極多。如卷十七、十八諸賦，李善注多同於袁本、茶陵本，而與尤本多歧異。卷十九《洛神賦》，監本也無"《記》曰"一段注文，與尤本明顯不同。今以尤本《出師表》與監本校，參以胡克家《文選考異》所引袁本、茶陵本，可見監本往往同於袁本、茶陵本，而不同於尤本。（1）"未嘗不嘆息痛恨於桓靈也"句下注，尤本有"桓靈後漢二年用閹竪所敗也"，監本無"用閹竪所敗也"六字，此同於袁本。（2）"深追先帝遺詔"句，監本無"遺詔"二字，同於袁本、茶陵本。（3）"臣不勝受恩感激，今當遠離"句，監本無"激今"二字，同於袁本、茶陵本。

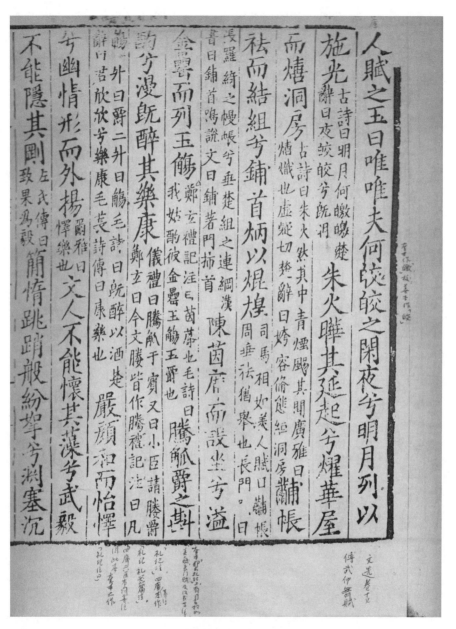

圖8　天聖明道本《舞賦》(《文選》卷十七)

再以《齊竟陵文宣王行狀》爲例，尤本與監本亦多歧異。(1)"樂分龍趙，詩析齊韓"句注，尤本作："應劭《漢書注》曰：申公作魯詩，韓嬰作韓詩，後倉作齊詩也。"監本作："應劭曰，申公作魯詩，韓嬰作韓詩。臣瓚曰，韓固作齊詩也。"奎章閣本、明州本、建本及袁本、茶陵本均同監本。胡克家《考異》說："袁本、茶陵本無'漢書注'三字。案，無者是也。"又說："袁本、茶陵本'後倉'二字作'臣瓚曰韓固'五字。案，二本是也。'韓'乃'轅'之訛，《儒林傳》可證。尤據顏注《藝文志》所引改之，非。"（2）"東夏形勝，關河重複"句注，尤本"尚書王曰"上有"東夏會稽郡也"五字，監本無。案，五臣銑注稱："東夏，會稽郡也。複，阻也。"尤本此五字，疑為五臣注誤入。（3）"良田廣宅，符仲長之言"句下注，尤本作"少好學"，監本作"少好事"，奎章閣本、明州本、建州本同監本。從以上諸例看，監本明顯與尤本不是同一系統，而與明州本、建本的李善注系統相同。這是因為明州本、建本皆來源於奎章閣本底本秀州本，而秀州本的李善注底本即北宋天聖年間國子監本（詳見"奎章閣本"條下），尤刻本則自有來歷。

北宋天聖明道本基本同於秀州本的李善注，但它畢竟是遞刻本，有一些在後刻時出現了錯誤。如《齊竟陵文宣王行狀》中"越人之巫，睹正風而化俗"句注，尤本作"范曄《後漢書》"。天聖明道本則作"華嶠《漢書》"，驗之秀州本，是天聖明道本誤。又如"進督南徐州諸軍事，餘悉如故，並表疏累上，身沒讓存"句，"表"字天聖明道本作"奏"，秀州本、明州本、建本及五臣注杭州本並作"表"。案，《文心雕龍·章表》說："漢定禮儀，則有四品：一曰章，二曰奏，三曰表，四曰議。章以謝恩，奏以按劾，表以陳請，議以執異。"是表與奏，其用不同，奏用於按劾，表用於陳請。此句言竟陵王蕭子良死前讓督南徐州諸軍事之事，當以"表"字為是。

天聖明道本卷一至卷十六中的十一卷，今存臺北故宮博物院，張月雲撰有《宋刊〈文選〉李善單注本考》，可參看。

（二）尤刻本

此即南宋淳熙八年（1181）尤袤於池陽郡齋（今江西貴池）所刻本，清嘉慶十四年（1809）胡克家即以此本為底本校勘重雕。然胡刻本的底本是一個屢經修補的後印本，與尤刻本原貌有許多不同，又脫去

《李善與五臣同异》與袁説友兩跋文。1974年7月中華書局據北京圖書館所藏尤袤刻本影印問世,此本據《中國版刻圖録》稱:"原爲楊氏寶選樓藏書,初印精湛,字字如新硎,無一補版,可稱《文選》李注惟一善本。"這説明此本是尤刻的初印本,其價值自然在胡刻本之上。

尤刻本卷末附有尤袤跋文,稱:

> 貴池在蕭梁時寔爲昭明太子封邑,血食千載,威靈赫然,水旱疾疫,無禱不應。廟有文選閣,宏麗壯偉,而獨無是書之板,蓋缺典也,往歲邦人嘗欲募衆力爲之不成。今是書流傳於世皆是五臣注本,五臣特訓釋旨意,多不原用事所出。獨李善淹貫該洽,號爲精詳,雖四明、贛上各嘗刊勒,往往裁節語句,可恨!袤因以俸餘鋟木,會池陽袁史君助其費,郡文學周之綱督其役,逾年乃克成。既摹本藏之閣上,以其板置之學官,以慰邦人所以尊事昭明之意云。

對尤袤的這段話,應作幾點説明:第一,尤稱:"今是書流傳於世皆是五臣注本。"只在表明南宋時仍以五臣注本流行,並非當時無李善注本,北宋國子監刻李善注便是明證。有的人據此指出尤袤刻李善注時没有底本,而是從六臣本中摘出善注,當是誤解。第二,尤又稱:"雖四明、贛上各嘗刊勒,往往裁節語句,可恨!"此指明州本與贛州本,前者爲六家本,後者爲六臣本。由於此句緊接"獨李善淹貫該洽,號爲精詳"之後,往往容易使人誤解四明、贛上亦是李善本,如清陳澧《跋文選南宋贛州本》即説:"尤延之淳熙辛丑刻本跋云:贛上嘗刊李善注本。"[①] 其實尤袤並未説過贛上刻李善本的話,這是陳澧誤解後的發揮。又,陸心源《儀顧堂續跋·景宋鈔尤本文選考異跋》稱尤袤序云:"衢州本,余家有其書,四明本亦尚有存者,皆六臣注,非單行善注。"[②] 尤袤跋文及《考異》都没有這樣的話,不知陸氏引於何處。如果可信的話,也可以證明四明、贛上即是明州本和贛州本。第三,尤袤刻書在南宋孝宗淳熙八年(1181),早在北宋真宗大中祥符四年(1011)國子監便刊印頒行了李善注本,以後又有天聖年間的刻本,但尤袤跋語一

---

① 陳澧《跋文選南宋贛州本》,《東塾集》卷四,清光緒十八年(1892)菊坡精舍刊本。
② 陸心源《儀顧堂續跋》,《清人書目題跋叢刊》二,中華書局,1990年。

字未提,似乎他也沒有見過。但《遂初堂書目》中著錄有《李善注文選》,此外他又著有《李善與五臣同異》一文,說明尤袤手中握有單李善注底本。而尤刻本所附袁說友的跋稱:"《文選》以李善本爲勝,尤公博極群書,今親爲讎校,有補學者。"已明謂尤袤握有單李善底本。今以尤刻與北宋天聖、明道本校,歧異甚多,顯然非從天聖明道本來。

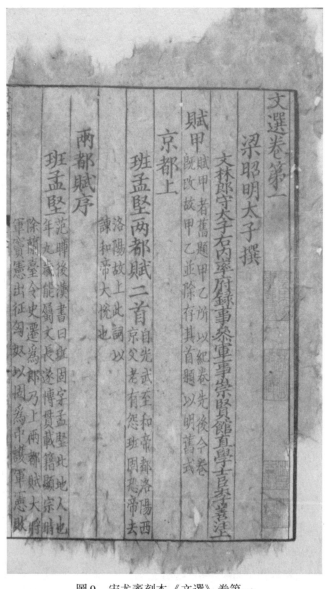

圖9　宋尤袤刻本《文選》卷第一

對尤刻本的研究，當以清胡克家約請顧廣圻、彭兆蓀所作的《文選考異》最爲代表。但由於顧、彭二人所依據的尤刻是屢經修補的後印本①，而且也沒有見到天聖明道本和其他宋本，所以往往得出錯誤的結論。他們的最主要觀點是："夫袁本、茶陵本固合并者，而尤本仍非未經合并也。"認爲尤本乃從六臣本中摘出。這一觀點又得到了日本學者斯波六郎博士的加强②。

胡克家《文選考異》與斯波博士的《文選諸本的研究》影響至大，"世無李善單注本，今存李善單注本乃從六臣本中摘出"的觀點遂爲大多數學者所接受。應該說，這一觀點所產生的影響也得力於《四庫總目提要》。四庫館臣根據汲古閣本《文選》卷二十五陸雲《答兄機詩》注中有五臣向曰、濟曰各一條，及《答張士然詩》注中有翰曰、銑曰、向曰、濟曰各一條，認爲該書"殆因六臣之本削去五臣，獨留善注，故刊除不盡，未必真見單行本也"。此論若專對汲古閣本而發，尚有可說，不幸竟爲後世學人泛議李善注本。這以後又有胡克家《文選考異》以及斯波六郎的《文選諸本的研究》問世，這一觀點幾成定論。四庫館臣的錯誤在於沒有見到宋刻本，以汲古閣本概論李善注本，自然得不出正確結論；胡克家等的錯誤也在於他們沒有參見更多的宋本，如同是南宋的贛州本、明州本、建本，尤其是他們沒有見到北宋的國子監本，即使他們掌握的尤刻，也是屢經修補的後印本。這樣，第一，他們不能與產生於同時的其他宋刻參校；第二，尤其不能與早於尤刻的北宋國子監本參校，所以有時會得出錯誤的結論，往往將尤本中一些錯誤直斥爲尤袤所爲，其實在尤袤之前便是如此了。比如尤本卷十九《洛神賦》注引《記》曰一段文字，胡克家《考異》説："此二百七字，袁本、茶陵本無。案，二本是也。此因世傳小説有《感甄記》，或以載於簡中，而尤延之誤取之耳。"此注文爲尤袤所加，遂成鐵案。其實早在尤袤之前姚寬（1105—1162）《西溪叢語》就引用過這一條注文。姚寬卒年在公

---

① 參見程毅中、白化文《略談李善注〈文選〉的尤刻本》，《文物》1976年第11期。
② 見斯波六郎《文選諸本的研究》，載《文選索引》第一册，日本京都大學人文科學研究所1957年版。

元 1162 年，尤袤刻書在 1181 年，可見並非尤袤所加。又者，這一條注文北宋國子監本不載，則姚寬所見《文選》又非監本，當是尤袤所用的底本。

至於斯波六郎博士的工作，雖然他參照了三十三種版本，使用的宋刻有明州本、贛州本、《四部叢刊》影宋本，但北宋國子監本沒有見到，而且尤本也是根據胡克家重雕本，這便使他的工作有了局限。更主要的是，他對真李善本的判定標準建立在唐寫永隆本之上。他以胡刻本與永隆本以及袁褧刻本、《四部叢刊》影宋本對勘，發現胡刻同於永隆本少，而同於六臣本的袁本、《四部叢刊》本多，遂得出胡刻的底本尤刻本非李善單注本，而是從六臣本中摘出的結論。這一結論是偏頗的，沒有具體考察唐寫本的實際情況以及寫本與刻本之間的關係。我們不妨從以下兩個方面來進行考察：第一，永隆本能不能作爲判定李善本的唯一標準。永隆本是李善注本，又產生於李善生前，其價值自然無可非議，這一點我們在前面已作過論述。但是作爲寫本有一點需明白，當日寫、鈔本極多，各寫本之間並不完全相同，常常有字句的異同。這有各種各樣的情況，如與抄寫人自身的水平有關，有的可能抄寫得比較規範，書法工整，用標準字，有的可能草率一些，使用一些俗體字，永隆本便有不少俗體字。同時，抄錯、寫錯也在所難免。在今天寫本已極稀少的情況下，永隆本自然彌足珍貴，但說到底它仍不過是寺僧抄寫，在唐代當然不足稱道，所以若以永隆本置於唐代的《文選》寫本中，它是不會被選作《文選》的定本的。以永隆本與日本古抄白文無注本校，可以發現它們之間也有許多不同。所以不能説尤刻本不同於永隆本便不是真李善注本。（當然，尤刻本本身是不是真李善注本，則是另外一個問題）。第二，寫本與刻本間的關係。李善注本的刊刻，最早開始於北宋景德四年，後因宮城起火，雕板被毀，至天聖年間始又刻成。據此知監本以前並無李善刻本問世，則監本底本當然是寫本。宋人刻書（尤其是國子監刻書），對底本的選定及校勘極嚴肅認真，往往詳參眾本。《宋會要輯稿・崇儒》四之一記景德二年（1005）七月刁衎等上言：“《漢書》，歷代名賢競爲注釋，是非互出，得失相參，至有章句不同，名氏交錯。苟無依據，皆屬闕疑。其餘則博訪羣書，遍觀諸本，校定凡三百四十九，簽正三千餘字，録爲六卷以進。"由此可見國子監刻書非據一本，而是參校衆本，以成一家之定本，所以才具有權威性。國子監李善注本的刊刻也當如是，既非從一本，那麽它與任何一種唐寫本當然不會一致。斯波博士以尤刻本與唐寫本對勘，以二本的一些不同來判定尤刻本非真李善注本，這個方法是錯誤的。

　　以上的考察説明了前人工作方法上的失誤，所以得出的結論也當然是錯誤的。胡克家、斯波六郎等關於尤刻出於六臣注本的説法雖然錯誤，也還有一部分事實爲基礎，這錯誤的結論也是建立在對尤刻本細緻調查的基礎上的。他們更根本的錯誤則在於誤以尤刻代指李善本，以尤刻本本身的一些特徵，泛論李善本，即他們從尤刻本得出的結論，最終超越了尤刻本，而作爲對所有李善本的結論。他們不知道在尤刻本之前還有國子監本，也不知道尤刻本與國子監本的區別何在。有意思的是，這樣的錯誤，連反對胡克家、斯波六郎觀點的人也仍然沒有意識到。如程毅中、白化文先生《略談李善注〈文選〉的尤刻本》，即以北宋早有國子監本，且在六臣本之前爲理由，認爲單李善注不可能從六臣本出。這也是以尤刻與監本相同的誤識。以這樣的誤識得出的結論是錯誤的。因爲尤刻不同於監本，不論監本是否從六臣本出，都不能否認尤刻大量參據五臣注的事實。因此，胡克家及斯波六郎博士的結論儘管錯誤，但他們所做的工作是不能否定的，因爲尤刻本的確有合於五臣或攙入五臣的地方。如王仲寶《褚淵碑文》"太宗即世，遺命以公爲散騎常侍、中書令、護軍將軍，送往事居，忠貞允亮"句注，尤刻本在"左氏傳"之前有"太宗，明帝也"五字，北宋本及其他六臣注本均無。胡克家《文選考異》卷十説："袁本、茶陵本無此四字（剛案，胡刻本脱"也"字，故云"四字"），案，無者最是。"這五字即五臣吕延濟注，原文是"太宗即明帝也。即世，崩也"，尤刻誤入善注。又如卷四十六《王文憲集序》，明州本"申以止足之戒"的"戒"，校記説："善本從言。"北宋天聖明道本即作"誡"，但尤刻從五臣作"戒"。尤刻本這樣一些顯然是參據五臣注的特徵，是我們研究尤刻本的基礎和起點，由這個起點導出的結論，並不就是胡克家、斯波六郎等人的觀點。首先，這些特徵並非尤袤所爲，在他之前已有類似刻本；其次，即使尤袤的底本，也即具有這一刊本特點的最先刻印者，也非從六臣本中摘出。理由是單李善注本一直存世。《册府元龜》卷八百十一《總録部》"聚書"條記："梁孫騭，開平初歷諫議常侍。騭雅好聚書，有六經、《史》、《漢》、百家之言，凡數千卷。泊李善所注《文選》，皆簡翰精專，至校勘詳審。"這說明五代時李善注寫本仍完整存世。至景德四年以後，國子監雕板印出，其他刻書者没有必要從六臣本中摘出。

以尤刻本與現存六家本、六臣本相校，可看出兩者間還是有很大差別的。如（1）卷十九《洛神賦》注引《記曰》文字，明州本、贛州本、《四部叢刊》影宋本及陳八郎本並無；（2）卷二十八陸機《擬樂府十七首》順序，尤刻本與各本並不同；（3）卷二十七曹丕《燕歌行》，尤本置於《善哉行》之前，與五臣、六臣各本並不同；（4）卷二十八陸機《挽歌詩》三首，尤刻以"流離親友思"首置於第三，與五臣、六臣各本置於第二首者並不同。

尤刻本底本如果從六臣本中摘出，前提是當時没有單李善本，那麽，這些與六臣本不同之處的依據在哪裏呢？因此，對尤刻本的研究，在得出結論之前，須明了兩個前提：第一，尤刻本不能代表單李善注本，不管它是否從六臣本中抄出，都不能用來對單李善注本下結論（不論是贊成的還是反對的）；第二，尤刻本與北宋國子監本，即天聖明道本不一樣，不是傳統意義上的底本與後刻本關係。依據這兩個前提及前述尤刻本諸事實，我的結論是，尤刻本（或可說是其底本）是一個以李善本爲主要依據，又旁參五臣、六臣而合成的本子。之所以這樣說，是基於它大體上合於李善本（國子監本），但又有大量注文及正文遵從五臣的事實。

現在的問題是，既然當日已有李善單注本（監本）行世，爲什麽還會產生這樣的本子呢？這需要結合書商刻書的一般規律而論。北宋監本的問世，說明李善注價值已爲人們所重視，正如劉崇超所說："李善注《文選》，援引該贍，典故分明。"這樣，人們對李善注本的需求就會增加。國子監本一共刻了多少，尚無資料說明，估計也不會太多，因爲連尤袤都没有提起。又者，假使尤刻底本產生於南宋初年，因金兵入侵，朝廷南渡，北宋監本包括版片或多已爲金人捆載以北①，故南宋時監本既少見，而國子監亦未刻《文選》。這樣的情況下，書商應讀者的需求，自然要考慮刊刻李善本《文選》，但由於見不到監本，只能以其他傳世的李善本爲依據。從姚寬的《西溪叢語》記載看，尤袤之前已有非監本系統的李善單注本流傳，這很可能正是尤刻本的底本。因此尤刻本諸多不同於監本而同於五臣本的特徵可能並非尤袤所爲，而是他依據的底本刊刻者所爲。這個刊刻者當是地方書商，或許由於其所依寫本原就與監本不同，或許出於牟利目的而參據了五臣本。這樣的操作方法與毛晉汲古閣刻本相似，因此就出現了一個既不同於監本又不同於五臣本的李善本。由於尤刻本之前的這些刊本盡已失傳，於是後人都把責任推到了尤袤身上。

有一點必須提請大家注意，即我們所説的李善本、五臣本，主要依據於宋以後刻本，那麽刻本的李善注如最早的北宋國子監本就一定是唐代的真李善注本嗎？根據我們閲讀唐代寫本（如敦煌寫本、《文選集注》本）的經驗，後世所謂李善本特徵，可能原本恰恰是五臣本特徵，還有一些可能是《文選鈔》《文選音決》以及陸善經本特徵。比如《文選集注》卷五十九謝靈運《石門新營所住四面高山回谿石瀨修竹茂林》詩"庶持乘日用"句中的"持"字，《集注》説："今案，五家本'持'爲'恃'。"這表明唐代的《文選》此句僅有李善作"持"和五臣作"恃"兩種區别，但在刻本中則發生了變化，北宋監本作"特"，五臣本（奎章閣本底本）却作"持"。奎章閣本校記稱："善本作'特'字。"建州本此字正文作"特"，校記稱："五臣作'持'。"這表明宋人把原本是李善本的"持"當作了五臣本，而把五臣本的"恃"當作了李善本，又因爲誤認了"恃"字字形，故又寫成了"特"字。又如同卷謝靈運《田南樹園激流植楥》詩"靡迤趨下田，迢遞瞰高峰"句，《集注》説："今案，《鈔》曰'田'（剛案，此處"田"字脱）爲'岫'，《音決》'迢遞'爲'岹嶆'。"但在刻本中，却把"岫"字誤作

---

① 參見王國維《五代兩宋監本考》，載《王國維遺書》第十一册，上海古籍書店，1983年。

了五臣本特徵。奎章閣本作"岫"，建州本校記則稱："五臣作'岫'。"殊不知作"岫"者本是《鈔》，而非五臣。上述這些情況告訴我們，刻本的系統只能根據刻本而論，如果再從此上溯至寫、鈔本以探其源流系統則是十分危險的。正是這樣的原因，我們只能根據尤刻本不同於監本的事實進行討論，至於尤刻本的可能來歷，則只好暫付闕如了。

二、五臣注本

五臣注本最早刻於五代，流行日久，但宋以後五臣注受到嚴厲批評，很少再有刊刻，而流傳也日漸稀少了。現存的五臣注宋刻本，據我所知僅臺北"中央"圖書館藏一部南宋紹興三十一年（1161）陳八郎刻本。此書曾經長洲（今江蘇蘇州）蔣鳳藻影抄，後爲李盛鐸收得，今藏北京大學圖書館。此外，又有宋杭州開箋紙馬鋪鍾家刻本，僅存二十九、三十兩卷，分別藏於北京大學圖書館和中國國家圖書館。現作叙錄如下。

（一）陳八郎本

該本爲三十卷完帙，共十六册，分裝二函。竹紙，色黃。每卷半葉或十二行或十三行，行二十三字，注文小字雙行，行二十八字。版心白口，雙黑魚尾，上象鼻有大小字數，無刻工姓名。曾爲近人王同愈所存，故書首葉有栩緣老人桃鐙（王同愈）序，又有吳湖帆小記。書前有兩木記，其一是："凡物久則弊，弊則新。《文選》之行尚矣，轉相摹刻，不知幾家，字經三寫，誤謬滋矣，所謂久則弊也。琪謹將監本與古本參校考正，的無舛錯，其一弊則新與。收書君子，請將見行版本比對，便可概見。紹興辛巳（1161）龜山江琪咨聞。"其二是："建陽崇化書坊陳八郎宅善本。"

文選卷第一　京都上

班孟堅兩都賦并序　東都賦　張平子西京賦

兩都賦序

班孟堅　銑曰廣書班固國子孟堅扶風安陵人九歲能屬文至明帝時為蘭臺令史遷為郎後竇憲出征匈奴以固為中護軍憲敗坐免官繚中明帝脩洛陽西土文老怨帝不都長安固作兩都賦以諷之

或曰賦者古詩之流也　向曰或者不定之辭昔成康沒而頌聲寢王澤竭而詩不作　翰曰言成王康王既沒德澤不流詩頌都寢息也　大漢初定日不暇給　翰曰漢王升為天子故稱大漢日不暇給言不暇崇文化　至於武宣之世乃崇禮官考文章　銑曰武帝宣帝始立禮官考校文章　內設金馬石渠之署外興樂府協律之事　日漢時有賢良並待詔於此石渠閣名石渠署司也樂府聚樂之所協律都尉武帝置之以考校律呂　以興　翰曰興　廢繼絕潤色鴻業是以眾庶悅豫福應尤盛　向曰鴻大也言所獲祥瑞並盛　白麟赤鴈芝房寶鼎之歌薦於郊廟　令樂府作歌以進郊廟

圖 11　臺北中央圖書館影印陳八郎本《文選》目錄

陳八郎本爲現存唯一宋刊五臣注全本，故對於《文選》研究具有李善本、六臣本所不能代替的重要價值。在版本上，它可以糾正許多李善本、六臣本的錯誤。約論如下：

其一，《文選》標類應爲三十九類，而非現存諸本所示的三十七類。《文選》類目，向據現存的李善本、六臣本定爲三十七類，今據陳八郎本，在卷四十三"書"類劉孝標《重答劉秣陵沼書》下劉子駿《移書讓太常博士》之上應標出"移"目。又，卷四十四"檄"類鍾會《檄蜀文》下司馬長卿《難蜀父老》之上應標出"難"目。關於"移"，胡克家《文選考異》卷八引陳景雲語云："陳云，題前脫'移'字一行。"陳氏沒有說明依據，或屬臆測。近人黃季剛先生《文選平點·目錄校記》即逕標"移"目，注明"意補一行"。其實黃氏見過日本古鈔本白文無注本《文選》，該本"移"即單標一類，不應再依據"意補"。經過以上諸人的工作，學界一般接受了三十八類的觀點。考陳景雲及黃季剛"意補"的理由，當與《文選》體例有關。在《文選序》中，蕭統明言："凡次文體，各以彙聚。詩賦體既不一，又以類分，類分之中，各（日抄白文無注本及九條家本並作"略"）以時代相次。"這就是說《文選》編排體例是每一類中文章各以時代先後爲順序排列，而現存諸本（尤刻本、胡刻本、建州本、明州本、贛州本）卷四十三"書"類中漢劉子駿《移書讓太常博士》居然置於梁劉孝標《重答劉秣陵沼書》之下，因此他們才以爲應補出"移"目。對陳氏之意，胡克家深有體會，在卷二十三"詩"類中，他也發現了歐陽建《臨終詩》不應排在謝惠連之下，《文選考異》卷四說："此不得在謝惠連下，當是'臨終'自爲一類。"以上的推斷都是極爲正確的，今得日本古鈔白文無注本證實"移"的確單列一類（《臨終》所在之卷已佚，故無法證實）。又得陳八郎本證實"移""臨終"均各標出。與"移"的理由一樣，"難"也應單獨列出。在卷四十四中，今存諸本並以漢司馬長卿《難蜀父老》置"檄"類三國鍾會《檄蜀文》之下，可見此處漏刻"難"體，這一錯誤在陳八郎本中得到了糾正。陳本於司馬相如文之上獨標"難"類。"移""難"並爲《文選》所分文體，當是不爭的事實。除上舉諸證外，宋人一些讀書志也證實了這一點。如南宋晁公武

《郡齋讀書志》卷二十著録李善注《文選》，即有"移""難"二目；又如王應麟《玉海》卷五十四引《中興書目》也著録了這兩種文體。尤爲重要的證據，《文選集注》卷八十八司馬長卿《難蜀父老》題前明標"難"類，並附陸善經解釋。這些都足以證明《文選》確是三十九類，而非三十七類或三十八類。

其二，李善本、六臣本刻印時因誤讀草書而造成了一些錯誤。如卷三十一江淹《雜體詩》中的"張廷尉雜述綽"首，"張"字顯係"孫"字之誤，這是因爲草書中二字相近的原因。北宋本、尤刻本、明州本等並作"張"，惟陳八郎本作"孫"，糾正了其他各本的錯誤。（《文選集注》正作"孫"字。）除因誤讀草書致誤外，還有在抄書時誤將注文抄入正文的錯誤。如尤刻本卷二十六謝靈運《登江中孤嶼一首》中有句"亂流趨正絶，孤嶼媚中川"，"正絶"二字乃注文"水正絶流曰亂"中字，而誤抄入正文，遂使後世讀詩者雖枉費心機，百般解釋都不能解通。今得陳八郎本可以改正，原來此句本作"亂流趨孤嶼，孤嶼媚中川"，這正是謝靈運典型的聯綿句法。這樣一讀，此詩即豁然會通①。又除陳八郎外，韓國奎章閣本《文選》也正作"孤嶼"，這是又一有力證明。

其三，自李善將三十卷本擴爲六十卷本之後，蕭《選》三十卷本原貌便遭到了破壞。宋以後，三十卷本的五臣注本也逐漸失傳，後人欲睹原貌便很困難了。陳八郎本的出現彌補了這一缺憾。

陳八郎本屬建刻，在它之前杭州馬鋪鍾家亦刻有五臣注本，今存二十九、三十兩卷，然兩相對校，歧異甚多，可見不是一種出處。陳八郎本前所載江琪木記說他將監本與古本參校考正，所以與"見行版本"不同。江琪所說的"見行版本"或即杭州本。惟宋國子監僅刻印過李善注本，江琪稱他以監本與古本參校，當即以李善本與古寫本參校，因此陳八郎本多與李善本同，而與六臣本不同。今見明州本、建州本校記所稱"五臣作某"往往與陳八郎本不合，而與杭州本合。明州本早於陳八郎本，自當不合；建州本具體年代不詳，若如張元濟所說刻於慶元時，其與陳本不合，則說明刻書者所見五臣本非陳八郎本。陳八郎本之

---

① 此爲鄭騫先生揭示，見臺北"中央"圖書館1981年影印陳八郎本《文選》跋。

前已有杭州本，但刻書者不遵杭州本，却以李善本與古寫本參校而定新五臣注本，當是一種商業行爲。這一事實用於解釋尤刻本的產生，是最好不過的了。但是陳八郎本並非没有依據，江琪所稱"古寫本"應該可信，不僅如此，我更懷疑此"古寫本"可能與奎章閣底本平昌孟氏五臣注所依據的底本有關係。據奎章閣本所載北宋沈巖爲平昌孟氏五臣注本所寫的序說，孟氏所據的舊本成公綏《嘯賦》脱"走胡馬之長嘶，迴寒風乎北朔"二句，又屈原《漁父》脱"新沐者必彈冠"一句，陳八郎本《嘯賦》正脱此二句，但《漁父》却不脱，或爲刻書者所加。如果這樣的話，則陳八郎本的文獻價值是十分可貴的了。

陳八郎本曾經毛晉、徐乾學、沈淪、蔣鳳藻以及近人王同愈、蔣祖詒諸人收藏。書中無錢遵王之印，恐非《讀書敏求記》所著録的五臣注本。此本曾經清末王頌蔚著録，詳見《寫禮廎遺著·古書經眼録》①。顧廷龍先生《讀宋槧五臣注〈文選〉記》對本書行款及遞藏記述尤詳②，顧先生所引其外叔祖王同愈跋亦載陳八郎本之前，稱其於光緒癸卯（1903）得諸蔣香生（鳳藻）家。然此書最晚爲蔣祖詒收藏，其先即密韻樓蔣氏。蔣祖詒携此書赴臺，後歸臺北"中央"圖書館。1981年"中央"圖書館值館慶之際，影印五十部問世，遂使學人有機會一睹真貌。因五臣本傳世稀少，見到的人不多，且又有誤傳之處（如以爲陳八郎本即錢曾也是園中物），故略辭費如上。

（二）杭州貓兒橋河東岸開箋紙馬鋪鍾家刻本

共存兩卷，卷二十九存北京大學圖書館，卷三十存中國國家圖書館。該書半葉十二行，行大字十九字，小字雙行，行二十七字。左右雙邊，白口單魚尾。書法爲歐體。卷三十末行有"錢唐鮑洵書字"。底葉有"杭州貓兒橋河東岸開箋紙馬鋪鍾家印行"木記。各卷首載本卷目録。首行頂格書"文選卷第×"，次行空七格書"梁昭明太子撰"，再空二格書"五臣注"。以下爲本卷目録。

---

① 王頌蔚《寫禮廎遺著》，民國鮮溪王氏刊本。
② 顧文見《史語所周刊》第9卷第102期，1929年。

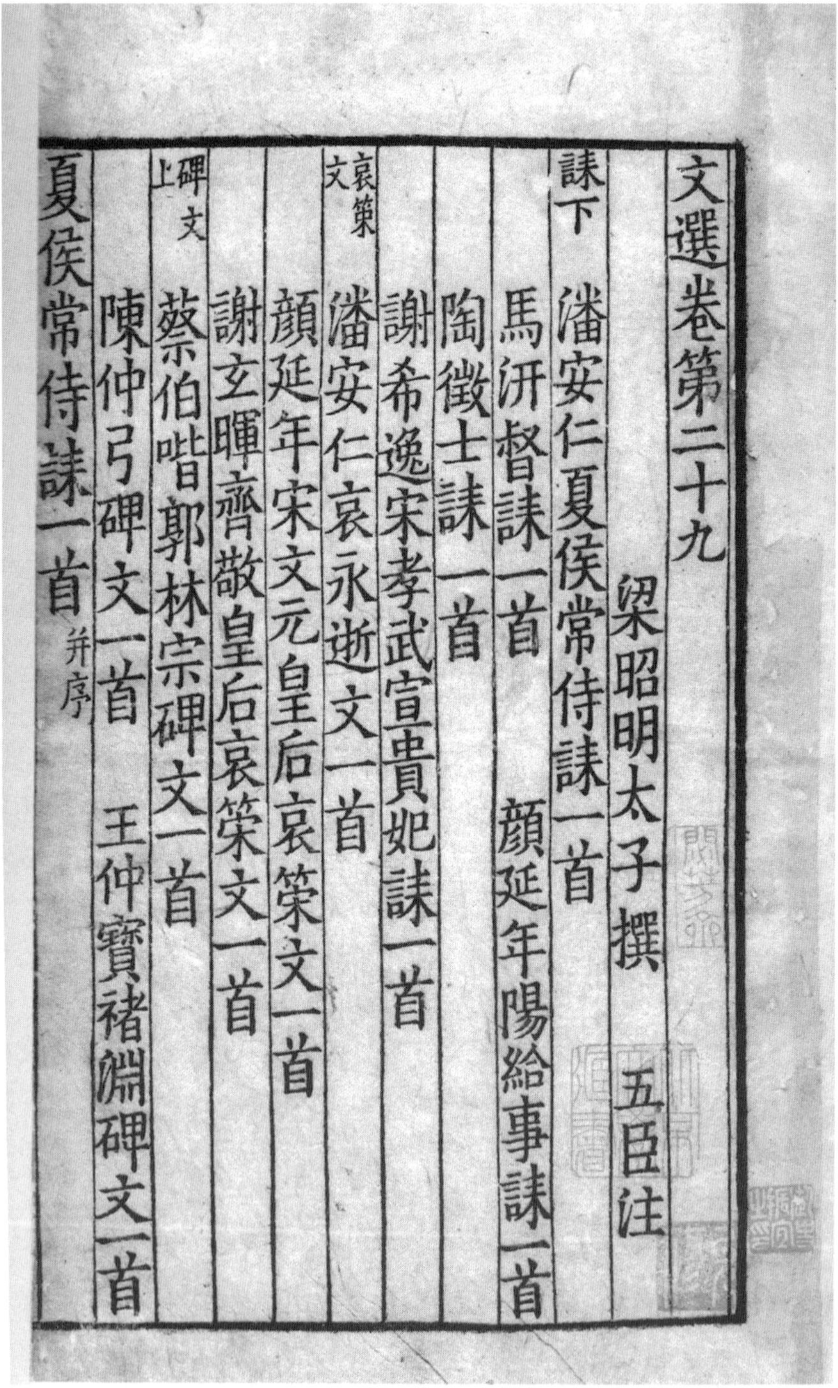

文選卷第二十九

梁昭明太子撰　五臣注

誄下　潘安仁夏侯常侍誄一首

馬汧督誄一首　顏延年陽給事誄一首

陶徵士誄一首

謝希逸宋孝武宣貴妃誄一首

哀策文　潘安仁哀永逝文一首

顏延年宋文元皇后哀策文一首

謝玄暉齊敬皇后哀策文一首

碑文上　蔡伯喈郭林宗碑文一首

陳仲弓碑文一首　王仲寶褚淵碑文一首

夏侯常侍誄一首并序

圖 12　宋杭州猫兒橋鍾家刻本《五臣注文選》卷第二十九

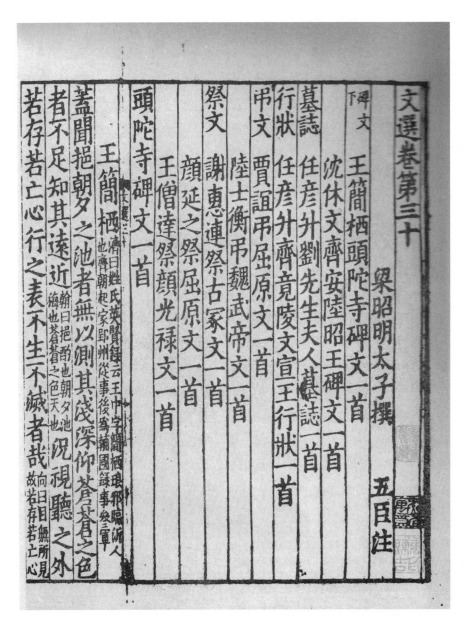

圖13　宋杭州貓兒橋鍾家刻本《五臣注文選》卷第三十

此本與陳八郎本頗多歧異，非同一系統。又六臣本校記所云"五臣作某"，多與杭州本合。如卷二十九《馬汧督誄》"櫪馬長鳴"的"櫪"，建州本校記稱："五臣本作'櫪'字。"正與杭州本同。然此字，陳八郎本却作"歷"。又如"將穿城響作因焚積火薰潛氐殲焉"句，建州本校記:"五臣本有'城'字。"又説:"五臣本無'之'字。"明州本、奎章閣本因底本是五臣本,故同杭州本,校記則説: "善本無'城'字。"又説:"善本作'薰之潛'。"陳八郎本於此處同於李善本,而與杭州本異。以杭州本與明州本、奎章閣本相校,發現兩者多相同,故知明州本、奎章閣本的五臣注底本與杭州本底本爲同一來源。意者杭州本即出於奎章閣本底本平昌孟氏所刻本。

杭州本僅存二卷,中間似亦有補配者。卷三十任昉《齊竟陵文宣王行狀》"黜殯之請,至誠懇惻"句注文爲:"翰曰,衛大夫史魚病將卒,同善注。是爲黜殯也。言竟陵將死,此請亦勤懇而惻痛。"陳八郎本及其他六臣本此注爲:"翰曰,衛大夫史魚病將卒,謂其子曰,我數言蘧伯玉賢而不能進,言彌子瑕不肖而不能退,是吾事君之不忠矣。我死勿以我殯於正堂,殯我於側室足矣。是爲黜殯也。"(下同陳本)初讀至此處,驚以爲杭州本從六臣本中抄出,因爲有"同善注"三字。經仔細觀察,發現此葉自"過且令誠懼不息"至"易名之典,請遵"及下葉自"前烈謹狀"至《弔屈原文》的"闐茸尊顯兮",字體頗與他葉不同。第一,他葉字體稍模糊,惟此二葉極清晰(二者在縮微底片上對比尤爲顯明)。第二,他葉書法爲歐體,較明顯,而此二葉字體方正。一些典型字的寫法,明顯不同。如"兮"字,此二葉寫作"兮",他葉則寫作"兮";又如"曰"字,此二葉較扁方,他葉則稍長。尤其是三點水偏旁的寫法,他葉是典型的歐體,即三點水直綫而下,上兩點帶下,下點趯鋒向上,呈倒三角形狀,而此葉則分散開來。因此可見此二葉乃後來補配,非原本。

杭州本的刊刻年代,説法不一,李致忠《古書版本學概論》認爲是北宋刻本。北京圖書館編《中國版刻圖錄》則認爲是南宋初年,該書説:"卷三十後有'錢唐鮑洵書字''杭州猫兒橋河東岸開箋紙馬鋪鍾家印行'二行。案紹興三十年刻本釋延壽《心賦注》卷四後有'錢唐鮑洵書'五字,與此鮑洵當是一人。如以鮑洵一生可有三十年左右工作時間計算,則此書當是南宋初年杭州刻本。猫兒橋本名平津橋,在府城小河賢福坊內,見《咸淳臨安志》。卷中宋諱桓、構等字均不缺筆,則因南宋初年避諱制度未嚴之故。紹興初思溪王氏刻《新唐書》,北宋英宗以下諱均不避，即其一例。又考建炎三年升杭州爲臨安府，因推知此書之刻當在建炎三年前。總之，此書雖未必爲北宋本，定爲南宋初年刻，當無大誤。"剛案，王肇文《古籍宋元刊工姓名索引·采用書版本簡介》稱《中國版刻圖錄》中"《徐鉉文集》"條曾提及杭州本五臣注《文選》刻工有沈紹、朱禮、朱詳、胡杏，寫板工人有鮑洵。沈紹等四人是南宋初年人，曾參加刊刻過《龍龕手鑑》及《樂府詩集》。傅增湘《藏園群書題記·宋本〈樂府詩集〉跋》謂《樂府詩集》當成於南北宋之際的官刻，而《龍龕手鑑》，李致忠稱爲南宋初期浙江刻本。這樣看來，杭州本《文選》應是南宋初期刊成。

此書來歷據蕭新祺《宋刻本〈文選〉五臣注殘帙簡介》①，本是清季振宜舊藏，王懿榮題籤。(案，卷二十九有"御史振宜之印"及"閬芳齋"兩鈐記②。)先由中國書店收進，後將第二十九卷售與北京大學，第三十卷售與北京圖書館。其實，嚴格地説，此書並不是中國書店所收，據雷夢水《書林瑣記·隆福寺街書肆記》介紹，原由修緶堂主人孫誠儉於上海收得第三十卷，又從青島收得第二十九卷。雷氏稱此書即南宋紹興三十一年刻本，則是與陳八郎本混淆了③。案，又據《黄裳書話》記載，20世紀50年代黄氏於上海温知書店曾見到第三十卷，是孫助廉從朱遂翔處收得，朱則從九峰舊廬主人王綏珊處收得④。這是迄今所知杭州本《文選》兩殘卷的來歷。

以杭州本與陳八郎本比較，杭州本更能保存五臣注原貌，而陳八郎本却使用了不少李善注。又以杭州本與奎章閣五臣注底本相校，二書基本相同，可知杭州本即來源於北宋平昌孟氏刻本。是杭州本雖殘，却完全可以依據奎章閣本考察杭州本。完整的五臣注《文選》，中國僅有南宋陳八郎本一部，但不能如實反映五臣注原貌，杭州本又殘缺，殊爲遺憾，如今可以利用奎章閣本五臣注底本來彌補這一缺憾了，這是值得欣

---

① 蕭新祺《宋刻本〈文選〉五臣注殘帙簡介》，《古籍整理出版情況簡報》第203期，國家古籍整理領導小組辦公室編。1989年1月10日號。
② 閬芳齋未詳何人齋名。
③ 雷夢水《書林瑣記》，人民日報出版社，1988年，第58—66頁。
④ 黄裳《黄裳書話》，北京出版社，1996年，第205頁。

慰的事。除此以外，韓國成均館大學還藏有一部正德己巳（1509）刊五臣注《文選》，亦爲高麗刻本，此本日本東京大學見藏一部，費振剛先生曾據以影印，承費先生惠示，余以之與杭州本及奎章閣本相校，均相同，説明此高麗刻五臣注《文選》與杭州本同一系統，是又爲杭州本以外的又一部能夠反映五臣注原貌的完整的五臣注本，其價值自然彌足珍貴。

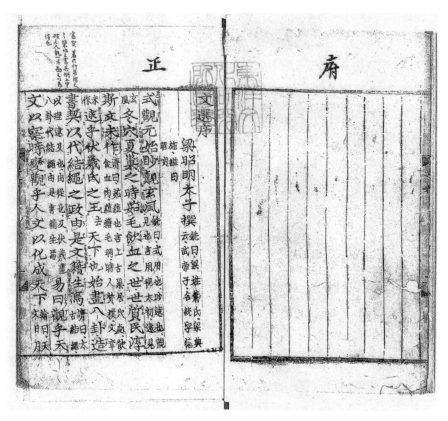

圖14　朝鮮正德年間刻本《文選》

三、六家本

六家本未詳始於何時，資料顯示北宋崇寧五年（1106）鏤版，至政和元年（1111）畢工的廣都裴氏刻本爲最早。朱彝尊《曝書亭集》

卷五十二説："六家注《文選》六十卷，宋崇寧五年鏤版，至政和元年畢工，墨光如漆，紙堅緻，全書完好。序尾識云：見在廣都縣北門裴宅印賣。蓋宋時蜀箋若是也。"清《天祿琳琅書目》曾作著録。傅增湘《藏園訂補邵亭知見傳本書目》亦作著録，稱故宫博物院藏有原本，存卷一至十七、卷二十七至二十八、卷五十一至五十七。鈐有雲間潘仲履、陳所藴及蔣宗誼印記。此書今藏臺北故宫博物院，有識語云："河東裴氏考訂諸大家善本命工鏤於宋開慶辛酉季夏至咸淳甲戌仲春工畢。"則是南宋刊本。據吴哲夫《故宫善本書志》介紹，此書即朱彝尊所見本①，恐未必然。因朱氏所見本明標有北宋崇寧五年鏤板木記，應是北宋本。朱氏所見本後藏在曹溶處，馮柳東曾見到。可見朱氏所説不假②。其實，即使朱氏所説的北宋廣都裴氏刻本也不是最早的六家本③。最早以五臣、李善合并的應是北宋元祐九年（1094）刊刻的秀州州學本，裴氏本以及明州本都從它而出。此本中國似未見有著録，朝鮮曾以古活字刊出，今藏韓國奎章閣。此本至爲珍貴，可以解決《文選》版本中許多懸而未決的問題，故特作叙録如下。因其底本即秀州本，故以原名著録。

（一）秀州本

韓國奎章閣所藏，爲六家本。最早的刊刻年代不詳。該書底本是北宋哲宗元祐九年（1094）二月秀州（今浙江嘉興）州學本。書末詳引天聖四年（1026）沈嚴的《五臣本後序》：

> 《文選》之行，其來舊矣。若夫變文之華實，匠意之工拙，梁昭明序之詳矣；製作之端倪，引用之典故，唐五臣注之審矣。可以垂吾徒之憲則，須時文之掎撼，是爲益也，不其博歟！雖有拉拾微缺，衒爲己能者（《兼明書》之類是也），所謂忘我大德而修我小怨，君子之所不取焉。二川、兩浙，先有印本，模字大

---

① 吴哲夫《故宫善本書志》，《故宫圖書季刊》第4卷第2期，臺北"故宫博物院"，1973年，第68—69頁。
② 詳見本書上篇《〈文選〉版本在明清的存藏和流傳》。
③ 見章鈺《錢遵王讀書敏求記校證補遺》"五臣注文選"條，長洲章氏丙寅年刻本。

而部帙重，較本粗而舛脫夥。舛脫夥則轉迷豕亥，誤後生之記誦；部帙重則難置巾箱，勞遊學之負挈。斯爲用也，得盡善乎？今平昌孟氏，好事者也，訪精當之本，命博洽之士，極加考覈，彌用刊正（舊本或遺一聯，或差一句，若成公綏《嘯賦》云"走胡馬之長嘶，迴寒風乎北朔"，又屈原《漁父》云"新沐者必彈冠"，如此之類。及文注中或脫誤一二字者，不可備舉，咸較史傳以續之。字有訛錯不協今用者，皆考五經、《宋韵》以正之）。小字楷書，深鏤濃印，俾其帙輕可以致遠，字明可以經久。其爲利也，良可多矣。且國家於國子監雕印書籍，周鬻天下，豈所以規錐刀之末爲市井之事乎？蓋以防傳寫之草率，懼儒學之因循耳。苟或書肆悉如孟氏之用心，則五經、子、史皆可得而流布，國家亦何所藉焉。孟氏之本新行，尚慮市之者未諒，請後序以志之，庶讀者詳焉，則識僕之言不爲誕矣。時天聖四年九月二十七日。前進士沈嚴序。

從沈嚴此序可以見出幾點：

1. 孟氏刻本之前已有二川、兩浙刻本。二川，當指毋昭裔刻本，後爲毋守素帶至中原後，又有兩浙刻本，然都"模字大而部帙重，較本粗而舛誤夥"。

2. 孟氏刻本在二川、兩浙刻本基礎之上，詳加考覈、刊正，改成"小字楷書，深鏤濃印"，説明孟氏刻本已經對毋昭裔刻本作了改動。

3. 序中説"舊本"當指二川、兩浙之五臣注本，該書《嘯賦》應脫"走胡馬之長嘶，迴寒風乎北朔"兩句，又《漁父》應脫"新沐者必彈冠"句。查奎章閣本在《嘯賦》這兩句中有校記，"走"下説："善本作'奏'字。"又"嘶迴"下説："善本作'思向'字。"明州本、建州本同此，是秀州本五臣注底本乃從孟氏本來。這也説明校記必爲秀州州學學官所爲，而非韓國刻書者所加。

4. 以明州本與此本校，其正文及注文與此本基本相同（包括五臣注與李善注因合并致誤處），遂證明明州本即從秀州本而來。

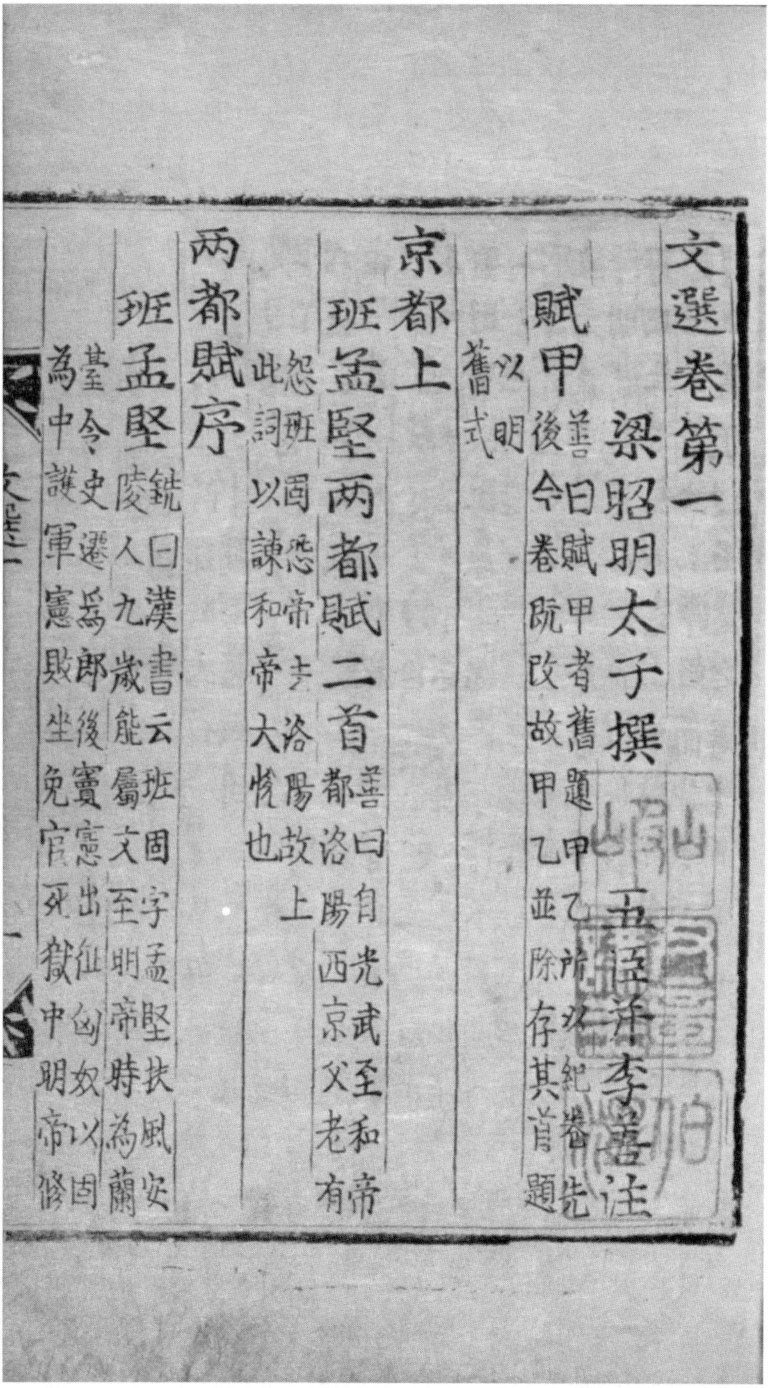

圖15　朝鮮活字本五臣并李善注《文選》卷第一

沈嚴《五臣本後序》後是李善本校勘、雕造、進呈年代及各主管人名單，分別是天聖三年（校勘）、七年（雕造）、九年（進呈），名單見本節"李善注本"叙録。這一材料補充了史書關於天聖本記載的許多缺漏。在此之後是秀州州學將以上二本合并的跋，謂：

<blockquote>
秀州州學今將監本《文選》逐段詮次，編入李善並五臣注，其引用經史及五家之書，並檢元本出處對勘寫入。凡改正舛錯脱剩約二萬餘處。二家注無詳略，文意稍不同者，皆備録無遺。其間文意重疊相同者，輒省去留一家，總計六十卷。元祐九年二月　日。
</blockquote>

據此，我們可以知道：第一，秀州州學此本是第一次將五臣與李善合并，時間是北宋元祐九年（1094）二月。第二，秀州州學所用五臣注底本是平昌孟氏刻本，李善注底本是天聖年間國子監本。第三，合併本對孟氏本和監本都作了對勘改錯的工作，糾正處達兩萬多處。第四，原五臣、李善二本文意重疊相同者，合并本僅留一家的編例，始於此本。今見各合并本"善同五臣某注"或"五臣某同善注"之例，都從此而來。第五，由此知後來六家本（如崇寧五年開始刊刻、政和元年完成的廣都裴氏刊本，明州本）、六臣本（贛州本、建州本）都從秀州州學本而出。

六家本以五臣在前，李善在後，故其底本依據的是五臣本，文中校記常作"善本作某字"。又注釋亦詳五臣而略李善，故常作"善同五臣注"。此本具有合并本的明顯特點：第一，五臣與李善下注的位置是不同的，如卷二《西京賦》，永隆本以"天梁之宫，寔開宫闈"爲一句，用薛綜注："天梁，宫名，宫中之門謂之闈。此言特高大也。"以下是"旗不脱扃，結駟方蘄"句，先引薛綜注，次用李善注："熊虎爲旗。扃，關也。謂建旗車上，有關制之，令不動搖曰扃。每門解下之，今此門高，不復脱扃，結駕駟馬，方行而入也。蘄，馬銜也。臣善曰，左氏傳曰，楚人甚之脱扃，古熒反。楚辭曰，青驪結駟齊千乘。蘄，巨衣反。"再下一句是："櫟輻輕騖，容於一扉。"用薛綜注："馭車欲馬疾，以棰櫟子輻，使有聲也。"但在秀州本中，這三句合并爲一句，先引五臣翰注，翰注之後緊接以薛綜第一、二兩句注文，然後空一格接李善注，這就使人産生薛綜注是李周翰所引的誤解。然而更大的錯誤是，第二句中李善注文後又緊接引第三句的薛綜注，遂使薛綜注文變爲李善注文。這是因爲李善注例，《西京賦》全用薛綜注，偶用己注，再加"臣善"以示區別。由於在篇題下已注明用薛綜注，故篇內凡薛注不再標出姓名而逕置於前面。這樣一來，合并者便發生了不應有的錯誤。第二，李善注例是，舊有集注者，並篇內具列其姓名，亦稱"臣善"以相別。秀州本由於是以五臣在前，李善在後，常常以李善所引前人之注誤入五臣，而將"善曰"之後注文單獨隔開。如賈誼《吊屈原文》"側聞屈原兮自沉汨羅，造托湘流兮敬吊先生"，秀州本注："銑曰，造，就也。湘，水名。汨羅水流入湘川，故就托此水而吊之。先生即屈原也。韋昭曰，皆水名，羅，今爲縣，屬長沙，汨水在焉。汨音覓。善曰，列子曰，吾側聞之，言至湘水托流而吊。"其實"韋昭曰"以下都是李善注文，但在合并本中，使人誤以爲五臣所引。

秀州本雖以五臣爲底本，也偶有參據李善之處，如《吊魏武帝文》"機答之曰"一句，杭州本、陳八郎本都沒有，秀州本校記亦稱："五臣本無此一句。"顯然此句據李善本補入。該本卷首是《文選序》，其後緊接國子監准敕節文，與彭元瑞《知聖道齋讀書跋》卷二所記相合。後人既未見到國子監本，多引明袁褧翻刻廣都裴氏本所載此文，不知裴氏本正從秀州本來。准敕節文之後是李善《上文選注表》和呂延祚《進集注文選表》。李善上表格式及署名皆同日本古抄本，而與尤刻本不同，説明它保留了國子監本原貌。秀州本書後有宣德三年（1428）閏四月朝鮮崇政大夫判右軍都總制府事、集賢大提學知經筵春秋館事兼成均大司成、世子貳師卞季良跋，述其用庚子字印書事。宣德三年是明宣宗年號，但這只表示卞季良鑄字年代，並非此本刊印時間。據《奎章閣圖書韓國本綜合目錄》（修正版），韓國所藏古本《六家文選》有十二部之多（包括殘本），其刊刻年代，有的著録未詳，有的著録爲中宗時、成宗時、光海君時。刊印字體分別有訓練都監字、校書館木活字、甲寅字等，但無庚子字。著録顯示與此本相同的有三部，一部刊年未詳，兩部爲光海君時（1608—1623）[①]。又，此本前有金學注解題，亦未説明刊印年代，可見此本何時在朝鮮開雕尚不清楚。朝鮮刻印的《六

---

① 《奎章閣圖書韓國本綜合目録》，首爾大學校圖書館編，保景文化社，1981年初版，1994年修正版。

家文選》，當於明以後傳入中國，張元濟《涵芬樓燼餘書錄》稱陳乃乾藏有一部①。此外張乃熊亦曾收藏②。楊守敬則從日本收得一部。

（二）明州本

　　中國國家圖書館藏有二殘本，一存二十四卷，即卷三至五、卷九至十一、卷十五至十七、卷二十一至二十三、卷二十七至三十五、卷四十五至四十七。一存九卷，卷二十至二十八。臺北故宫博物院亦藏一殘本，共五十卷，缺卷二十至二十九。然遠在東鄰，日本足利學校遺蹟圖書館却藏有完帙，1975年由足利學校遺蹟圖書館後援會影印問世。明州（今浙江寧波市南）因境内有四明山得名，尤袤刻本跋語所稱"四明"即指明州本。宋時在此置市舶司，爲對高麗、日本的貿易港。日本所藏明州本《文選》，當與此有關。

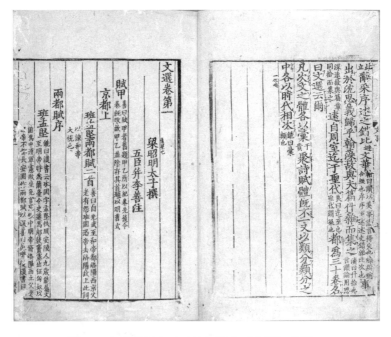

圖16　宋明州刻本五臣并李善注《文選》卷第一

① 張元濟《涵芬樓燼餘書錄》，商務印書館，1951年。
② 朴現圭《臺灣公藏韓國古書籍聯合書目》，文史哲出版社，1991年。剛案，據《書目》介紹，張乃熊所藏書，有"宣賜之記"（朱方，朝鮮内賜印）及"伯溫"（朱方）等鈐印，或即表明此書乃明朝時朝鮮所贈。

明州本刊刻年代不詳,今存皆宋紹興二十八年(1158)遞修本,書末附有盧欽跋,述修明州本始末。然足利學校藏本無此跋。明州本全依秀州州學本,故其特點與秀州本同,如前敘錄《西京賦》中薛綜注誤入李善注,以及李善注誤入五臣注的現象,明州本亦同。尤其是《嘯賦》"走胡馬之長嘶"兩句,秀州本獨有的校記,明州本全同秀州本。但明州本編修時,當有所勘正,故有些地方糾正了秀州本的錯誤。如卷六十秀州本《齊竟陵文宣王行狀》"刀筆不足宣功,風體所以弘益"句李善注"王永,字安期",明州本將"永"改爲"承"。案,秀州本底本是北宋國子監本,底本如是(北宋天聖明道本可證),後袁褧覆宋廣都本亦從而作"永",明州本據《晉書》校改。贛州本、《叢刊》本及元茶陵本並校改。又如卷五十八《褚淵碑文》,秀州州學本多處漏脱李善注文,明州本一一補足。

四、六臣本

宋刻六臣本有贛州本及建州本,即《四部叢刊》影宋本,均刻於南宋,較六家本爲晚,亦從六家本來。

(一)贛州本

此本以李善居前,五臣居後,稱爲六臣本。每卷末列校對、校勘、覆校姓名。如卷第一末云:州學司書蕭鵬校對,鄉貢進士李大成校勘,左從政郎充贛州州學教授張之綱覆校。各卷所記校勘人不全同,其他卷中所記還有蕭人杰、吳拯、李孝開、劉格兆、劉才劭、陳烈、管獻民、楊楫、吳撝、蕭倬、嚴興父、鄒敦禮、李盛、李汝明等。版心有刻工姓名,其中張明、陳壽、嚴忠、金祖同見於宋孝宗時刻本《世說新語》,劉承幹《嘉業堂藏書志》說贛州本刻於南宋乾道(1165—1173)、淳熙(1174—1189)年間。案,尤袤刻《文選》跋文稱"雖四明、贛上,各嘗刊勒","贛上"即指贛州本,則見此本淳熙八年(1181)以前已經刻成。今見杜信孚、漆身起《江西歷代刻書》①，稱此書刻於紹興三十二年（1162）。

圖17　贛州本李善五臣注《文選》

---

① 杜信孚、漆身起《江西歷代刻書》，江西人民出版社，1994年。

對贛州本的研究，當推斯波六郎博士爲代表。在《文選諸本的研究》中，他提出贛州本"不是以單行李善注本、單行五臣注本爲底本，所據是一個五臣李善注本，只不過顛倒了李善與五臣的順序"。就是說贛州本以六家本爲底本，只不過將六家本中五臣在前、李善在後的順序顛倒過來而已。這個結論是正確的。六臣本既以李善居前，說明它所依據的底本必須是李善本，這就要求該本必須有這樣一些特點：其一，文中各斷句下注的位置必須同於李善本；其二，標示異同的校記必須說明"五臣作某字"，而不能說"李善作某字"；其三，詳李善注，略五臣注，遇有重疊相同之注文，應刪五臣，並標出"五臣同善注"。

以卷五十八《陳太丘碑文》爲例來檢驗發現：1. 本文全依六家本斷句，如"四爲郡功曹，五辟豫州，六辟三府，再辟大將軍，宰聞喜半歲，太丘一年"。六家本於此斷句，用五臣吕向注，然李善本則在下句"德務中庸，教敦不肅"下斷開加注。依合并本編例，既以李善爲底本，當然以李善本下注的位置爲準。此本依六家本斷句下注的特徵，說明其底本是六家本。2. 本文有兩處校記標"善本作某字"，一是"不遷怒"之下作"善本作貳字"，二是"會遭黨事禁錮"下作"善本作固字"。這是依據六家本留下的痕迹。原本中校記大多都已相應改動，但也有少數因疏忽而漏脫。最爲顯著的，當是卷十八《嘯賦》中"走胡馬之長嘶，迴寒風乎北朔"兩句。據沈嚴《五臣本後序》，這兩句爲原五臣本所無，孟氏校勘補入，但與李善本有不同，因此秀州本校記於"走"下校云"善本作奏字"，又於"迴"下校云"善本作思、向字"，贛州本則改爲"奏胡馬之長嘶，迴寒風乎北朔"，於"奏"下校云"五臣本作走"，這還是將秀州本顛倒過來。但是於"嘶"字和"迴"字又全從秀州本。這充分證明贛州本底本只能是秀州州學本。3. 本文中沒有出現"善同五臣"的現象，但在卷三十九鄒陽《獄中上書自明》"借荆軻首以奉丹之事"句用五臣向注之後，有"善同向注"語。又本文"弘農楊公……慚於文仲竊位之負"句下，此本有因襲並割裂善注的現象。案，李善注爲："范曄《後漢書》曰……寔大位未登，愧於先之也。袞職，謂三公也。《周禮》曰，……知柳下惠之賢而不與立也。"（共74字）其中"袞職謂三公也"六字，奎章閣本、明州本、袁褧刻本並無，北宋監本、唐寫集注本並贛州本、《叢刊》本均有。此六字暫置不論，李善注文至"知柳下惠之賢而不與立"却是各本都相同的。但贛州本却於"三公也"之後脫漏，稱"銑曰同善注"。再接以"舉手謂指麾百官也"（一段共 41 字）。在奎章閣本中，張銑"三公也"之前注文確與善注相近，但據《集注》本，五臣張銑注並無"三公也"以前的注文，只有"舉手謂指麾而言也"（共 43 字），杭州本五臣注同《集注》本。這個事實表明，贛州本底本正是六家本，或即秀州州學本。《叢刊》本是出自贛州本，故與贛州本同。

贛州本當然不是簡單地將六家本五臣注與李善注顛倒一下，編刻者做了大量的工作，比如加強了李善注。在卷五十八王仲寶《褚淵碑文》中，奎章閣本多處漏掉李善注（如"方高山而仰止，刊玄石以表德"句，又如"元首惟明，股肱惟良"等句），贛州本並詳加注出。斯波六郎博士曾指出此本的長處是：第一，明州本、袁本省略之善注，此本詳出；第二，明州本、袁本所缺之五臣注，此本有存；第三，明州本、袁本於正文、注文有誤，而此本不誤。斯波博士由於沒有見到奎章閣本，不知有秀州本，故舉明州本爲例，實即明州本從秀州本出，它所具有的特點也正是秀州本的特點。

斯波博士又指出此本的特色有六：1. 正文中，校注李善、五臣異同較明州本、袁本爲多；2. 李善注中的音釋比明州本、袁本多；3. 它本善注中"已見上文""已見某篇"的字樣，十之八九於此可見；4. 對李善注、五臣注的取舍不全同於明州本、袁本；5. 注文的分合不全同明州本、袁本；6. 李善注引舊注的位置，與明州本、袁本不同。斯波博士又說："所謂特色，都是後人妄加增添的結果，此本的缺點，也正因此而不顯。"[①]

（二）建州本

據傅增湘《藏園群書經眼錄》介紹，此本是建州刻本。1919 年商

[①] 見《文選諸本的研究》，載《文選索引》第一冊，日本京都大學人文科學研究所，1957 年。

務印書館據涵芬樓所藏宋刊建州本六臣注《文選》印入《四部叢刊》初編。此書張元濟《涵芬樓燼餘書錄》定於慶元（1195—1200）以後。建州本出自贛州本，如前引《陳太丘碑文》贛州本所獨具的特點，各本並不同，惟建州本相同。但建州本對贛州本也作了一些勘改，如贛州本《馬汧督誄》"心焉摧割"句，校記云："善本作剝字。"建州本正文作"心焉摧剝"，校記云："五臣本作割字。"又如卷五十八《褚淵碑文》"餐東野之秘寶"的"野"字，贛州本如字，建州本作"抒"。由於贛州本傳世稀少，一般不易見，而建州本經過商務印書館影印，1987年8月中華書局再次影印出版，研究者幾可人手一册，方便研讀，嘉惠學人，當是建州本的最大優點。

《四部叢刊》據以影印的建州本，其中卷三十至三十五爲抄配，該本據張元濟《涵芬樓燼餘書錄》説出自端方所藏。除此之外，傅增湘1931年以六千金收得一部，六十卷完整（僅抄配二十餘葉），比《四部叢刊》本時間要早，係初印本[①]。傅增湘藏書後捐北京圖書館，但《北京圖書館古籍善本書目》却沒有著録此書，不知現在藏於何處了。

---

① 見《張元濟傅增湘論書尺牘》，商務印書館，1983年，第291頁；又《藏園群書經眼録》，中華書局，1983年，第1472頁。

下 篇

《文選》版本考論

國內藏本研究

論李善注《文選》版本

(一) 問題的提出

自北宋以來，李善注《文選》一直受到讀書人的重視。北宋真宗景德四年（1007）曾經下詔刊刻，後因宮城起火，書板燒燬。至天聖年間，國子監重又雕板印行。然南渡之後，監本多失散，或爲金人捆載以北，故世間流傳稀見。至孝宗淳熙八年（1181），尤袤於池陽郡齋（今安徽貴池）開雕印書，這就是後來流行的尤刻本。後世刻本如元張伯顏本、明汪諒本、朱純臣本、唐藩朱芝址本、晉藩養德書院本、鄧原岳本、清胡克家本等並從尤刻本而出，影響至大。

對李善刻本的研究，當以《四庫全書總目提要》爲代表。《提要》說：

> 其書自南宋以來，皆與五臣注合刊，名曰"六臣注文選"，而善注單行之本，世遂罕傳。此本爲毛晉所刻，雖稱從宋本校正，今考其第二十五卷陸雲《答兄機詩》注中有向曰一條、濟曰一條；又《答張士然》詩注中，有翰曰、銑曰、向曰、濟曰各一條。殆因六臣之本，削去五臣，獨留善注，故刊除不盡，未必真見單行本也。[①]

《提要》的意思很明確，即汲古閣本是從六臣注本中抄出，毛晉未必見到單李善注本。在四庫館臣之後，清嘉慶十四年（1809）江南布政使胡克家又約當時著名版本、校勘學家顧廣圻、彭兆蓀對尤刻本細加批正，完成《文選考異》十卷。結論是：

> 夫袁本、茶陵本固合并者，而尤本仍非未經合并也。何以言之？觀其正文，則善與五臣已相屢雜，或沿前而有訛，或改舊而成

---

① 《四庫全書總目》，中華書局，1983年，第1685頁。

誤。悉心推究,莫不顯然也。觀其注,則題下篇中,各嘗闌入吕向、劉良,頗得指名,非特意主增加,他多誤取也。觀其音,則當句每未刊五臣,注內間兩存善讀,割裂既時有之,删削殊復不少。崇賢舊觀,失之彌遠也。然則數百年來,徒據後出單行之善注,便云顯慶勒成,已爲如此,豈非大誤!①

文中所説袁本指明袁褧覆北宋廣都裴氏本,是六家本,即五臣注在前,李善注在後。茶陵本指元陳仁子刻本,是六臣本,即李善注在前,五臣注在後。二者都是合并本,顧、彭以之作爲尤刻參校本。《文選考異》的結論與《四庫提要》一樣,即尤刻也是從合并本中摘出。

胡克家《文選考異》問世後,關於李善注本是從六臣本中摘出的觀點便成爲定論。此後關於李善注《文選》版本的觀點,基本便遵從《四庫提要》和《文選考異》。1957年,日本著名學者斯波六郎博士發表了《文選諸本的研究》論文,在這篇重要的論文裏,斯波博士根據他對三十三種《文選》版本以及日本所藏古鈔本《文選集注》的調查、研究,得出了與胡克家一樣的結論。他説:

> 胡刻本的底本尤本所傳承的不是唐代李善單注本,實爲六臣注本,不過抽出了其中的李善注部分。因此可知胡克家在《文選考異序》中説的"夫袁本、茶陵本固合并者,而尤本仍非未經合并也",竟爲不易之論。但尤袠也決不至於僅從六臣注本中抽出李善注而不加改動,這一點亦見於袁説友的跋文:"尤公博極群書,今親爲讎校。"(《文選諸本的研究》)

上引三種中日學者在不同研究條件下得出的相同結論,具有極大的説服力。尤其是顧廣圻、彭兆蓀以及斯波博士,是在對他們所能見到的各種版本進行了認真、細緻的逐一調查、研究之後,才慎重提出的結論,是值得我們重視的。他們的工作經驗向我們表明,無論贊成還是反對他們的結論,都必須對他們的工作進行重新調查、論證,這正是本文的工作基礎。

---

① 《文選考異序》,中華書局1977年影印胡刻本附録。

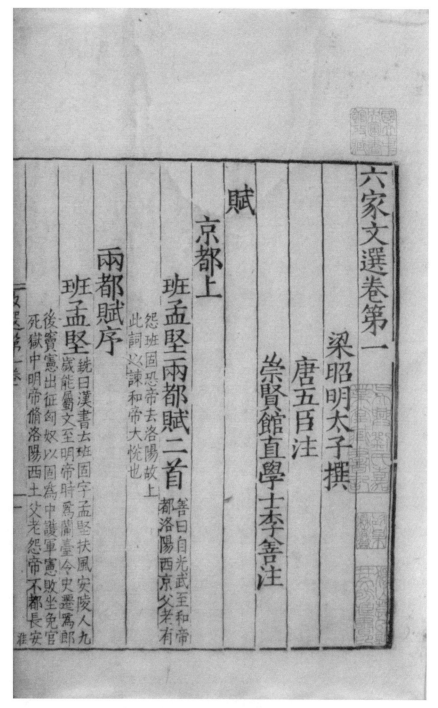

圖 18　明袁褧刻本《六家文選》卷第一

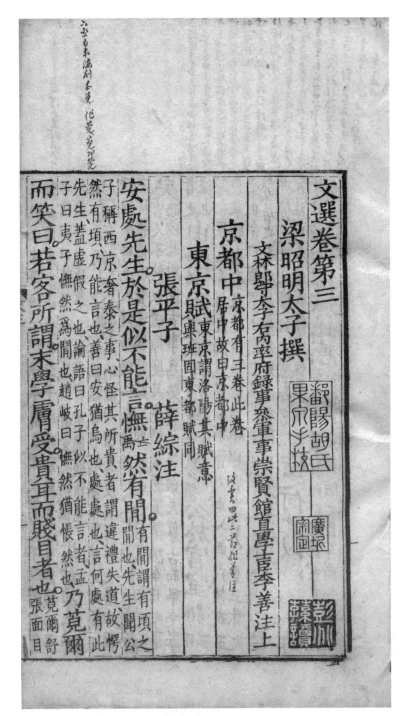

圖19　胡克家刻《文選》卷第三

四庫館臣以及胡克家、斯波博士的研究結論，到 1976 年程毅中、白化文先生《略談李善注〈文選〉的尤刻本》發表，始遇到强有力的批評。該文批評説：

> 李注《文選》，見於《崇文總目》和《郡齋讀書志》等宋代書目，尤袤的《遂初堂書目》中明明只有李善本和五臣本兩種，唯獨没有六臣本，當然更不能説他是從六臣注本摘出來的。六臣本什麽時候才有刻本，還值得研究。根據現在所見到的材料，最早的六臣本是所謂廣都裴氏刻本，於崇寧五年（1106）開始刻版，政和元年（1111）刻成。比起北宋刻李注本來，還要晚好幾十年。而且它轉録了國子監本的"准敕雕印"公文，更足以説明六臣本的流行在李注本刻印之後。再説，古書在傳抄、傳刻中難免有些改動，《文選》確實存在李善本與五臣本相混的某些迹象，但不能根據一兩點現象就説李善本已經失傳，否則就是以偏概全了。

程、白二先生是以目録學和《文選》版刻史料來否定"李善《文選》出於六臣本"的觀點，這是有一定的道理的，但是他們對胡克家和斯波六郎的工作並没有作過重新論證，即是説，儘管目録學和版本史料可以反駁胡、斯波的結論，但却不能够推翻他們的工作。也就是説，胡克家和斯波六郎在《文選》版本上的調查工作必須引起我們足够的重視，我們不能用"古書在傳抄傳刻中難免有些改動"一句話就來否定他們的工作。何况在尤本中，李善與五臣相混的現象，並不是"一兩點"。以下我們就從對《四庫提要》《文選考異》和《文選諸本的研究》的工作調查開始我們的論證。

（二）對《四庫提要》《文選考異》及《文選諸本的研究》工作的調查

《四庫全書總目提要》是乾隆時期敕撰，由總纂官紀昀主持，很多著名學者都參加了這一工作，故極具權威性。《提要》關於李善注《文選》的結論影響很大，後世學者多依此論。但四庫館臣這一工作的確比較草率，因爲四庫所收的李善《文選》並不是比較好的版本，而是當時俗行的汲古閣本，這是極不應該的。據《天禄琳琅書目》，内府所藏李善《文選》版本，起碼還有元張伯顏刻本，且當時民間所藏尤刻亦不在少，若一定要求宋本，也不是找不到，無論如何都不應該用汲古閣本。四庫館臣工作的草率還表現在對六臣本《文選》的著錄上，據《提要》稱所收六臣本爲明袁褧刻本，而實際上却是南宋建州本（即《四部叢刊》影宋本），《提要》與被其介紹的書，完全是兩回事。這種失誤自然降低了《提要》的價值。

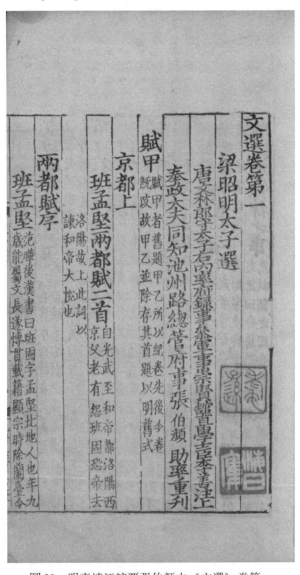

圖20　明嘉靖汪諒覆張伯顏本《文選》卷第一

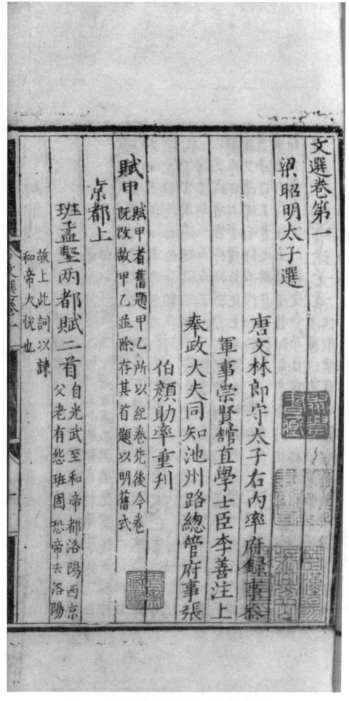

圖21　明晉藩覆張伯顏本《文選》卷第一

由於工作底本的失誤，使得《提要》的結論不能不有局限。即僅說汲古閣本出於六臣注《文選》尚有一部分事實，不幸，後世學者都將《四庫提要》此語當成了對全部李善注本的結論。清以來的目錄學家、藏書家也都將汲古閣本視爲尤刻系統的仿宋本。斯波六郎所作李善注《文選》版本系統表，即以汲古閣本出自元張伯顏本，而張伯顏本即出自尤刻。這樣，《四庫提要》關於汲古閣本出自六臣本的結論，自然也就成爲全部李善注本的結論了。其實，汲古閣本來歷並沒有這麽清楚、簡單，它不能簡單地劃入尤刻系統，也不是什麽仿宋本。對汲古閣本不同於李善本的地方，用脫誤來解釋是錯誤的（如阮元《南宋淳熙貴池尤氏本文選序》、瞿鏞《鐵琴銅劍樓藏書目錄》等）。説汲古閣本出於李善注系統，即從尤本、張本來，有許多地方解釋不通。

　　首先，《四庫提要》所批評的卷二十五陸雲兩首詩中羼入五臣注現象，是怎樣解釋也説不通的。因爲其他各本李善注《文選》都沒有這種現象，汲古閣本如從尤本、張本出，既無必要，也不可能會加入五臣注；其次，汲古閣本所標類目與尤本、張本均不同。《文選》五臣注與李善注在類目的標寫上有異，因此便有三十七類説、三十八類説和三十九類説。尤本實際標出三十七類，但卷四十三劉子駿《移書讓太常博士》一文，經清儒辨正，認爲本題之上應標"移"目（見胡克家《文選考異》卷八），因此又有持三十八類説者。根據判斷應標出"移"目的相同道理，卷四十四司馬相如《難蜀父老》之上亦應標"難"目。五臣注陳八郎本（刊於南宋紹興三十一年）證實了這一點。臺灣學者游志誠先生《論〈文選〉之難體》[①] 首先闡發了這一觀點，於是便有三十九類説。（前此亦有人持三十九類觀點，如劉麟生《中國文學八論》[②]、褚斌杰《中國古代文體概論》[③]，但都沒有出示依據。）汲古閣本是李善系統，但在卷四十三卷首目錄中標出了"移""難"二目。此外，汲古閣本還在卷二十三歐陽堅石《臨終詩》上標出

[①] 游志誠《昭明文選學術論考》，臺灣學生書局，1996年，第141—178頁。
[②] 劉麟生《中國文學八論》，中國書店，1985年。
[③] 褚斌杰《中國古代文體概論》，北京大學出版社，1990年。

"臨終"二字，這是《文選》"詩"類中的子目，尤本、張本、胡刻本均無，但陳八郎本有。那麼出於李善本系統的汲古閣本怎麼會有這許多與五臣本一樣的標記呢？第三，汲古閣本較尤本、張本脫文太多，詳見阮元、瞿鏞所說以及葉樹藩海錄軒刻本《文選》序。汲古閣本如從尤本、張本來，不會有如此多脫文。第四，汲古閣本正文、注文亦多與李善異而與五臣同。如卷三十九鄒陽《獄中上書自明》"白圭顯於中山，中山人惡之於魏文侯，投以夜光之璧"句，同於陳八郎本和六家本的明州本（南宋紹興二十八年補修）。尤本脫"中山"二字，又多"文侯"二字。明州本校記說："善本少一'中山'字。"又説："善本有二'文侯'。"但汲古閣本此處却同於五臣本、六家本。又如卷十八《長笛賦序》"獨卧鄜縣平陽鄔中"句，尤本無"縣"字，建州本校記稱："善無'縣'字。"汲古閣本此處同五臣本。此外，汲古閣本亦多有不同於尤本而同於唐寫永隆本和北宋國子監本處。如卷二《西京賦》"增桴重棼"的"增"，同永隆本，尤本作"橧"。又卷十七《舞賦》"華褂飛髾而雜纖羅"句注文，尤本作"《子虚賦》曰：雜纖羅，垂霧縠"。汲古閣本脫"垂霧縠"三字，同於北宋天聖明道本。這些明顯的差異都不能説汲古閣本從尤本、張本來。

　　毛晉是明末著名書商，刻書極多，但於《文選》僅刻有這一種。當毛晉之時，李善注的尤本、張伯顏本以及明人翻刻本都有存世，毛晉刻書不可能愚笨到去從六臣本中挑出李善注。那麼汲古閣本從何而來？通過對毛晉藏書的調查，我們發現毛氏汲古閣所藏宋、元本《文選》版本，可謂種類齊全。李善注、五臣注、六家本、六臣本各系統都有，可見他並非"未見單行本"。事實上毛氏刻書並不忠實於原本，而是廣參衆本，其間亦有"不必從者，乃多從之"的錯誤。以之類推《文選》，情形亦差不多。既然如此，清儒及斯波六郎以之出於尤刻系統，當然是誤識。關於這一點，詳見本書中篇《〈文選〉版本叙錄·刻本·李善注本》。

　　四庫館臣的錯誤在於没有利用宋本，而後人又將四庫館臣根據汲古閣本得出的結論當成全部李善注本的結論，於是就產生了對李善注本錯誤的判斷。那麼胡克家的工作成績在哪裏，局限又在哪裏呢？

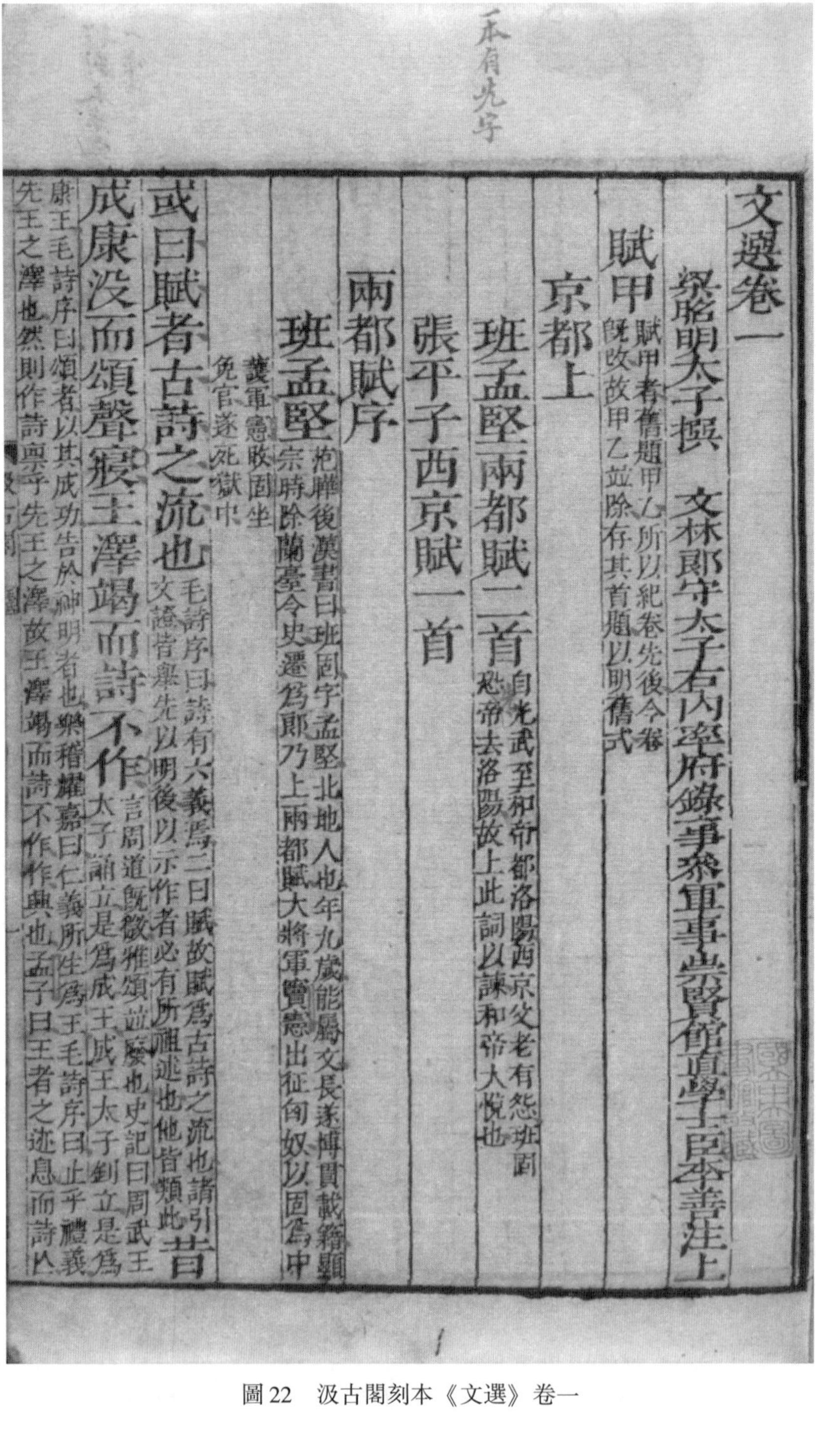

圖 22　汲古閣刻本《文選》卷一

首先，胡克家采用的底本是宋尤袤刻本，但是一個屢經修補的後期印本，卷中有多處重刊的記載，這樣它就與初印的尤刻本有了差異，所以不能完全反映尤刻的原貌。比如胡刻本卷五十六《石闕銘》中"伐罪吊民"的"民"字，1974年中華書局影印的尤刻本就作"人"字。胡刻本與尤刻本差異還是很多的，詳見中華書局1977年影印胡刻本所附《〈文選〉胡刻本與尤刻本異文》。由於底本的局限，就使得胡克家的《文選考異》先天有些不足。如卷一《西都賦》"後宫之號，十有四位，窈窕繁華，更盛迭貴，處乎斯列者，蓋以百數"句注文"俗華視真二千石"，《考異》説："袁本、茶陵本'俗'作'容'。案，此尤校改之也。"其實在尤刻本中正作"容"字，尤袤並未校改。這是胡克家《文選考異》因底本局限而導致的第一個錯誤。

第二，由於胡克家等僅見到一種後印的尤刻本，既没有見到李善注的北宋國子監本，也没有見到六臣注系統的廣都裴氏本、明州本、贛州本和建本，其用來參校的只有元茶陵本和明袁褧刻本，因此往往將尤本中出現的錯誤直斥爲尤袤所爲，而不知在尤袤之前便是如此了。比如尤本卷十九《洛神賦》注引"《記》曰"一段文字，胡克家《考異》説："此二百七字，袁本、茶陵本無。案，二本是也。此因世傳小説有《感甄記》，或以載於簡中，而尤延之誤取之耳。"此注文爲尤袤所加，遂成鐵案。其實早在尤袤之前，姚寬（1105—1162）《西溪叢語》就引用過這一條注文。姚寬卒於1162年，尤袤刻書在1181年，可見並非尤袤所加。又者，這一條注文北宋國子監本不載，則姚寬所見《文選》又非監本，當是尤袤所用的底本。又如卷二《西京賦》"奮隼歸鳧，沸卉砰訇"句注，尤本薛注作："奮迅聲也。"其實"奮"字應爲"集"字，敦煌寫本永隆本、明州本都作"集"。如果正文作"集隼歸鳧"，則注文"奮迅聲也"就不好落實了。所以胡克家《考異》説："袁本、茶陵本無此四字，案，無者最是。詳袁、茶陵所載五臣濟注有'沸卉砰訇，鳥奮迅聲'之語，既不得於'奮'字讀斷，亦不得移作上句之解。尤不察所見正文'奮'爲'集'之誤，乃割取五臣增多薛注以實之，斯誤甚矣。"胡克家又冤枉了尤袤，此四字並不是尤袤所加，北宋監本此處與尤本相同，胡克家没有見到監本，僅據六臣本判定尤本誤改,自然是胡克家的誤判。又者,這四字注文也見於永隆本,考永隆本抄成於 681 年,五臣注上表在 718 年,永隆寺僧決不可能從五臣注抄來。這裏需要説明的是,永隆本其實也不是純粹的李善注本,它的正文依據的是薛綜本,注文則用的李善本,但對薛本誤字,即改用李善本。即如這個"奮"字,原出薛本,但永隆寺僧改從李善作"集"。由於薛本正文作"奮",故薛注便解釋"奮"字而作"奮,迅聲也"。但後人不知永隆本抄寫的真相,以爲薛綜本與李善本都作"集"字,因而對薛注"奮迅聲也"四字注文,感到不可理解,故以爲是傳寫訛誤①。關於永隆本,可參見本書《永隆本〈西京賦〉非盡出李善本説》一文。

  以上這兩點錯誤對胡克家的工作來説,都不是致命的,仍然不影響他的結論。因爲,即使胡克家沒有意識到尤袤有底本,他指斥尤袤是弄錯了對象,那麼只要修正一下對象,將其結論放到尤刻的底本上,其結論仍然是成立的:他通過對尤刻六十卷本《文選》一字一句的核實調查,掌握了大量的尤本依從五臣的證據,這個事實一般説來是很難否定的。看來關鍵之處不在這裏,而在於尤刻本能否代表單李善注本,它與在它之前的李善注本如國子監本是不是相同。其實胡克家的結論極其慎重,他只説"尤本仍非未經合并"者,這是他對尤本作了充分的調查工作之後所得出的關於尤本的結論。如果就尤刻本自身討論的話,這結論沒有錯;問題是今人既看到了國子監本刊刻的史料記載,又看到了監本實物,遂主動將這些與胡克家結論聯繫起來,認爲胡克家對尤本的結論,也就是對監本,換言之對全部李善注本的結論。混淆尤本與北宋監本界限的並不是胡克家(當然胡克家沒見過監本),而是今人。

  這裏我們先解決一個前提,即對胡克家工作重新調查,以驗證他關於尤刻本出於六臣注的結論是否有道理。這也是反對胡克家結論的今人

---

① 如高步瀛《文選李注義疏》説:"各本所見皆非也。薛自作'集'。'集隼'與'歸鳧'對文,承上四句而言。猶揚子雲以'雁集'與'鳥飛'對文也。善必與薛同,則與五臣亦無異。傳寫訛'奮'耳。"中華書局,1985 年,第 382 頁。

所不能回避的。

據《文選考異》，尤袤在刊刻《文選》時，刪改添加處極多，僅《考異》卷一就達 142 條。這 142 條並非全是尤袤所爲，如前文所論，有些是尤刻底本中就存在的。在這些刪除中，最能支持胡克家觀點的就是尤袤以五臣亂善處。以《考異》卷九爲例，明言五臣亂善處有 33 條。這裏以《考異》卷九所論尤刻第五十一卷爲例，對胡克家的工作重新調查。選擇這一卷的原因，一是因爲在這一卷中五臣亂善處較多，二是因爲用以核校的北宋國子監本以及唐寫《文選集注》本、日本古抄白文殘本第二十六卷都具有這一卷內容。爲什麼采用下列幾種本子來核校胡克家的《文選考異》呢？這是因爲北宋國子監本是最早的單李善注本，它比任何一種六臣注合并本都早，可以驗證單李善注刻本的原貌；明州本是產生於南宋的補修本，其底本或許早在北宋末，它比胡克家用以參校的茶陵本、袁本都早；《集注》本是以李善注爲底本的合并注本，包括五臣以及中土早已失傳的初唐時期《文選鈔》《文選音決》等書的內容，《集注》的年代一般以爲是唐末；日抄第二十六卷殘卷（又稱觀智院本），抄成於元代，白文無注，屬於三十卷本系統。用這幾種刻本及寫、鈔本核校《文選考異》，應該能夠說明問題了。以下是核校表（表 2）：

表 2

《考異》引文	《考異》	北宋本	明州本	《集注》本	日抄
國家無事	袁本云，善無家字。茶陵本云，五臣有。案，此尤校添之也。《史記》《漢書》《賈子》俱有。	無家字	同袁本（以下用○表示）		家
俛首係頸	茶陵本頸作頭，云五臣作頸。袁本云善作頭。案，此尤校改之也。《史記》《漢書》《賈子》俱作頸。	頭	○		頸

續表

《考異》引文	《考異》	北宋本	明州本	《集注》本	日抄
銷鋒鍉鑄以爲金人十二	袁本、茶陵本云：鍉鑄，善作鑄鍉。案，尤校改之也。《漢書》作鍉鑄，《賈子》作鏑鍉，鏑即鍉也。鍉句絶，鑄下屬。《史記》作銷鋒鑄鐻，似四字連文。鐻鍉亦異，未審善果何作。	鑄鍉	○		鏑鑄
率罷散之卒（以上出《過秦論》）	袁本云，善作罷弊。茶陵本云，五臣作疲散。案，此尤校改之也，《史記》《漢書》俱作罷散。善所見或爲弊字也。《賈子》作疲弊可證。	罷弊	○		罷散
東方曼倩	袁本、茶陵本云，善作茜。案，此尤校改正之也。前作倩，自不得有異，但所見傳寫誤。	茜	○		茜
而佛於耳	案，而字不當有，《漢書》無，各本皆衍。又案，下順於耳句，袁、茶陵二本校語云，善無而，五臣有，然則此以五臣亂善。（剛案，尤刻下句"順於耳"前無"而"字，但袁刻本有，故有這樣的校語。）	而（下句"順於耳"前無"而"字）	○		而（又,下句"順於耳"句前無"而"字,同尤刻。）
終無益於主上之治	茶陵本云，五臣作治，袁本云，善作理。案，此亦尤校改之也。《漢書》治，但善避諱，尤改非也。	理	○		治

續表

《考異》引文	《考異》	北宋本	明州本	《集注》本	日抄
躬親節儉（以上出《非有先生論》）	茶陵本無躬字，親下校語云，五臣作躬。袁本躬下校語云，善有親字。此初刻同茶陵所見，後用袁所見修改添之也。《漢書》作躬節儉，與五臣同。	躬親節儉	躬節儉（躬下注：善本作親字。）		躬親節儉
故美玉蘊於砥砆	案，砥砆當作武夫。注引《戰國策》及張揖《漢書注》，皆不從石。袁、茶陵二本所載五臣翰注乃作砥砆，是善武夫，五臣砥砆。音以武夫，各本所見亂之而失著校語。此誤入五臣音，皆非也。又案，引張揖曰者，《子虛賦》注也，《史記》、《漢書》正作武夫，今彼正文及善注引張揖《國策》盡爲砥砆，恐亦爲五臣所亂，而並注中改之也。	砥砆（注作武夫）	○	砥砆（注文同尤刻作武夫）	
寂寥宇宙	茶陵本寥作聊，云五臣作寥。袁本云，善作聊。案，此尤以五臣本改之也。袁、茶陵注中作聊，尤改恐未必是。	聊	○	聊	聊
大廈之材	茶陵本廈作夏，云五臣作廈。袁本云，善作夏。案，尤本以五臣亂善，非也。凡此字夏、廈錯見者，疑皆善夏，五臣廈，餘以此求之。	（北宋本以下皆脱）	○	夏	廈
莫不肌栗憎伏	袁本、茶陵本云，肌，善作饑。案，饑，傳寫誤，尤校改正之也。		肌慄（善本作肌栗二字）	肌	肌

續表

《考異》引文	《考異》	北宋本	明州本	《集注》本	日抄
是以北狄賓洽	茶陵本云，五臣作洽，袁本云，善作合。案，此尤以五臣本改之也。注不見明文，無以考之。		○	合	合
而旌旗僕也	茶陵本云，五臣作旌，袁本云，善作斿。案，此尤以五臣本改之也。斿即旌字。前已屢見，當各依其舊。		○	斿	旌
先生曰夫匈奴者	茶陵本先生曰夫作先生夫子曰，云，五臣作先生曰夫。袁本云，善作先生夫子曰。案，此尤校改正之也。先生夫子曰，乃傳寫之誤。		○	先生夫子曰	先生夫子曰
驚邊扤士（以上出《四子講德論》）	袁本、茶陵本扤作机。何云，《能改齋漫錄》作扤。案，何校是也。善不音注者，已見《上林賦》扤士卒之精下也。又此字見於《史記》《漢書》《鹽鐵論》者甚多，其訓損也、耗也，其音五官反。袁、茶陵二本所載銑注云，机，動也，而不著校語，以五臣亂善，致爲乖謬。尤作扤，亦非。		机	扤	机

　　從上表看出，除第6、8、9三條同於北宋本外，餘者幾乎全同六臣本；又有十條同於日抄白文殘卷。《集注》本僅有《四子講德論》一篇，而在本篇的八條中，也只有三條相合，而這三條中還有兩條也同於日抄白文殘卷本，因此還不能完全說這三條同於李善本。此外，在上表

中也説明了胡克家由於所見不廣，往往對尤袤的批評没有道理。如第9條"碱砆"二字，《集注》本及北宋本正文均同，注文則作"武夫"，可見這錯誤由來已久，並非尤袤所改正。根據以上的調查，胡克家説尤刻出於六臣注本當然是錯誤的，但若説是參據了六臣本則具有一定的道理。

現在我們再來調查斯波六郎的工作。

斯波六郎《文選諸本的研究》共調查了三十三種版本，但宋本僅有明州本、贛州本和《四部叢刊》影宋本。真正能説明問題的宋尤袤本、北宋國子監本都没有見到，這是他在版本上的局限。他的工作方法先是以胡刻本與《集注》本、日抄五臣注本合校，然後又以胡刻本與永隆本、袁本、《四部叢刊》影宋本合校。所謂日抄五臣注本即日本古抄五臣注第二十卷殘本，又稱三條家本。一般認爲它抄成於日本平安朝（8世紀末至12世紀），所以極具文獻價值。斯波六郎合校了《奏彈曹景宗》《奏彈劉整》《答臨淄侯箋》《與魏文帝箋》《答東阿王箋》等五篇文章的部分内容。合校的結果，全部二十一條都不與《集注》本合，而大都與五臣注本相合。斯氏又以胡刻本《西京賦》與敦煌寫本永隆本以及明袁褧刻本、《四部叢刊》影宋本合校了正文和注文，結果是胡刻本不合於永隆本，却合於袁本和《四部叢刊》本。此外，斯波六郎又從以下四個方面進一步論證：（1）胡刻本的正文、注有與舊鈔本俱不合，而合於舊抄五臣本處，又有與舊抄李善本和舊抄五臣本不合，而與袁本、《四部叢刊》本相合處；（2）胡刻本，李善夾注的位置往往與舊抄李善本不合；（3）胡刻本正文間所夾音釋與唐抄李善書式不合；（4）胡刻本李善注中往往混雜有五臣注。根據以上的調查，斯波六郎證實了胡克家《文選考異》中的結論。斯波六郎採用了新發現的敦煌寫本及日本古鈔本，而結論竟與胡克家相同，應該説他們對於尤刻本的研究成果是十分具有説服力的。你可以不同意他們的結論，但却無法推翻他們所揭露的事實，也就是説我們今天的研究是繞不開他們的工作的。

（三）尤刻本與北宋國子監本的差異

四庫館臣以及胡克家、斯波六郎的結論遭到了現在研究者的批評，程毅中、白化文兩位先生是其代表。但在程、白二氏的批評中有一點是誤會了前人，即在批評《四庫全書總目》的結論時說："可是他們又根據汲古閣本的一些錯誤，推論宋代人也'未必真見單行本'，那就太武斷了。從此以後，許多人沿襲了這種說法，認爲現存的李注《文選》並非原本，而是從六臣注中重新摘鈔出來的。"其實《提要》並未推論宋人也"未必真見單行本"，原話（見前文所引）明指毛晉汲古閣本，而非指宋人。但是後人（包括程、白二氏）以爲《提要》所指宋人也是事實。這樣就產生了一個誤解，產生的原因倒是要由四庫館臣以及胡克家等負責的。因爲他們雖然專就汲古閣本和胡刻本而言，却並不知道這兩種版本與真正的單李善注本有什麽區別，在他們的意識裏也是將這兩種版本作爲單李善注本的代表的。因此他們的結論表面上是專就各自研究的版本而言，實質上也以爲便是對全部單李善注本的結論。後人正是受這樣一種潛在的事實影響，或者贊成，或者反對。贊成的人固然將這結論置於全部李善注本之上，反對的人也是以此爲基礎而展開的批評，他們都混淆了汲古閣本、胡刻乃至尤刻與最早的李善注本，也即北宋國子監本之間的界限。由於這種混淆，無論是贊成者還是反對者，都只能是錯誤的意見。

以程、白二氏論文爲例，該文反對的主要理由有三點：（1）北宋早有國子監刻的李注本。（2）尤袤的《遂初堂書目》中明明只有李善本和五臣本兩種，唯獨没有六臣本，當然更不能説他是從六臣注本摘出來的。又者，根據六臣注本刊刻的史料記載，最早的是廣都裴氏本，其時間比北宋刻李注本還要晚好幾十年。而且它轉録了國子監本"准敕雕印"公文，更足以説明六臣本的流行在李注本刻印之後。（3）古書在傳抄、傳刻中難免有些改動，《文選》確實存在李善本與五臣本相混的某些迹象，但不能根據一兩點現象就説李善本已經失傳，否則就是以偏概全了。

從以上三點看，該文是以目録記載和《文選》版刻史料來論證李善注本根本不可能從六臣注本中出，因爲六臣注本比單李善注本（北宋監本）晚，所以單李善注是無論如何也不能從六臣本中摘出的。應該説這樣的推論是十分有道理的，但是，如果要保證這一推論正確，必須同時保證汲古閣本、尤刻本與北宋國子監本是同一種版本，事實上，汲古閣本不僅不同於監本，也不同於尤刻本。至於尤刻，它同樣也不同於監本。這樣，程、白二氏論文引用了非尤刻本的材料來證實尤刻本，當然難以保證其推論的正確性了。

尤刻本不同於北宋國子監本，在上一節會校表中已略可見出，這裏再以卷十七傅毅《舞賦》爲例，參以六家本的明州本，以見尤刻與監本的不同（表3）。

表3

尤刻本	北宋本	明州本李善注
明月爛以施光	列	爛（校語：善本作列以施光）
注○毛詩曰：文茵暢轂。鄭玄注曰，茵，蓐也。詩曰，我姑酌彼金罍。鄭玄曰，君黄金罍，玉觿，玉爵也。周禮曰，朝覲有玉几玉爵。	注○鄭玄禮記注曰，茵，蓐也。毛詩曰，我姑酌彼金罍。玉觿，玉爵也。	同北宋本（以下用○表示）
注○馬融論語注曰，凡觴一升曰爵，二升曰觚。	禮記注曰（下同）	○
注○言皆欲騁其材能效其技也。左氏傳曰致果爲毅。	左氏傳曰，致果爲毅。	○
注○紛挈相著牽引也。	紛挈相著也。	
注○起鄭舞之下有淮南子曰四十字。	無淮南子曰四十字。	○
注○姁偷，和悦貌。態，謂姿態也。	姁偷，和悦貌。	○
注○妖蠱，淑艷也。	叔	淑
注○司馬彪曰，髾，燕尾也，衣上假飾。子虛賦曰，雜纖羅，垂霧縠。司馬彪曰，纖，細也。	注○司馬彪曰，髾，燕尾也。子虛賦曰，雜纖羅。司馬彪曰，纖，細也。	○
注○孔子謂老聃曰，先生似遺物離人。	孔子謂老聃曰，遺物離人。	同尤本

從以上十條看，尤刻本與北宋本差別很大，顯然不是同一版本。程、白的批評就失去了依據，而值得修正了。胡克家、斯波六郎的結論

是有事實依據的,我們不能因不同意他們的結論就簡單地抹殺他們的工作。在對《文選考異》重新論證時可以發現尤刻中有那麼多顯然是遵從六臣本的地方,怎麼可以說是"一兩點現象"呢?對於尤刻本這樣一些參據六臣本的特徵,顯然應該作爲我們研究尤刻本的基礎和起點。

(四) 尤刻本來歷

那麼尤刻本是否如胡克家等所說是從六臣本中摘出呢?我以爲也不可能。第一,如程、白所引證的那樣,尤刻之前已有單李善注本行世,後起的六家本晚於它(六家本的最早產生並非如程、白所說的崇寧五年(1106)開始刻版,政和元年(1111)畢工的廣都裴氏本,詳見下文),尤刻或尤刻底本完全沒有必要去在六臣注本中摘鈔李善注,這樣所費的工作量及所需財力更大;第二,尤袤刻書時手中握有單李善注底本,這從尤刻本所附尤袤著《李善與五臣同異》一文可以看出。此外尤刻本所附袁說友的《跋》稱"《文選》以李善本爲勝,尤公博極群書,今親爲讎校,有補學者",已明謂尤袤握有單李善底本。又尤袤之前的姚寬所見到的單李善注本與尤刻本相近,當爲尤袤所據。以尤刻本與現存六家本、六臣本相校,可看出兩者還是有很大差別的。如(1)卷十九《洛神賦》注引"《記曰》"文字,明州本、贛州本、《四部叢刊》影宋本及五臣注的陳八郎本並無;(2)卷二十八陸機《擬樂府十七首》順序,尤刻本與各本並不同;(3)卷二十七曹丕《燕歌行》,尤本置於《善哉行》之前,與五臣、六臣各本並不同;(4)卷二十八陸機《挽歌詩》三首,尤刻以"流離親友思"首置於第三,與五臣、六臣各本置於第二者並不同。

根據以上事實,我的結論是,尤刻本(或可說是其底本)是一個以李善爲主要依據,又旁參五臣、六臣而合成的本子。之所以這樣說,是基於它大體上合於李善本(國子監本),但又有大量正文及注文遵從五臣的事實。現在的問題是,既然當日已有單李善本(監本)行世,爲什麼還會產生這樣的本子呢?這需要結合書商刻書的一般規律而論。北宋監本的問世,說明李善注價值已爲人們所重視,正如北宋劉崇超所説:"李善注《文選》,援引該贍,典故分明。"① 這樣,人們對李善注本的需求就會增加。國子監本一共刻了多少,尚無資料説明,估計也不會太多,因爲連尤袤都没有提起。又者,假使尤刻底本產生於南宋初年,因金兵入侵,朝廷南渡,北宋監本或多已爲金人捆載以北,南宋時監本宜乎少見,而當日讀書人對李善本的需求較大,於是有刻書者便應時而起。尤刻本不同於監本,可以想見該底本刻印者有意爲之。因爲監本是國家刊行,奉敕雕印,私人不得任意刻印,更不敢有所改動。此外,與監本不同,才好贏利,這也是後世刻書的一個共同的特徵,那麼具體怎樣操作呢?意者北宋末南宋初,其時容或有李善注寫本在,而五臣注本(若平昌孟氏刻本,詳見後)、六家本(北宋元祐九年秀州州學本,詳見後)也都已問世,都可供書商參校勘刻。於是便出現了一個既不同於監本,又不同於五臣、六臣本的李善本,這便是尤刻本的來歷。對這一種刻書方式的描述,並非全憑想象,南宋紹興三十一年(1161)建刻陳八郎本就是最好的實物證明。又前述汲古閣本的產生,以及清葉樹藩海録軒刻本,都是解釋尤刻本來歷的最有力旁證。

這樣的結論還涉及一個問題,即程、白論文所説的尤袤《遂初堂書目》中只有李善本和五臣本兩種,唯獨没有六臣本。按照程、白二先生的意思,《遂初堂書目》中没有六臣本的著録,似乎説明尤袤没有見過六臣本,所以"當然更不能説他是從六臣注本中摘出來的"。那麼尤袤到底見没見過六臣本呢?其實尤本所附尤袤跋文説得很清楚。原話是:"今是書流傳於世皆是五臣注本,五臣特訓釋旨意,多不原用事所出。獨李善淹貫該洽,號爲精詳,雖四明、贛上各嘗刊勒,往往裁節語句,可恨!"這裏的"四明"即指六家本的明州本,"贛上"即六臣本的贛州本。但由於此句緊接"獨李善淹貫該洽,號爲精詳"之後,往往容易使人誤解四明、贛上也是李善本。如清陳澧《跋文選南宋贛州本》即説:"尤延之淳熙辛丑刻本跋云:贛上嘗刻李善注本。"② 其實尤袤並未説贛上刻的是李善本,這是陳澧誤解後的發揮。據陸心源《儀顧堂續

---

① 《宋會要輯稿·崇儒》四之三,中華書局,1957 年。
② 〔清〕陳澧《跋文選南宋贛州本》,《東塾集》卷四,清光緒壬辰(1892)刊本。

跋·景宋鈔本〈文選考異〉跋》稱尤袤云："衢州本，余家有其書，四明本，尚有存者，皆六臣注，非單行善注。"尤袤跋文及《考異》都沒有這樣的話，不知陸氏引自何處。如果可信的話，也可以證明四明、贛上即是明州本和贛州本。這樣説來，尤袤是擁有六家合并注本的，他完全可以據以校刊李善《文選》。

（五）李善注版本的刊刻及六家合并注本的出現

李善注本最早刊刻，當在北宋真宗景德四年（1007）八月，《宋會要輯稿·崇儒》四之三記："景德四年八月，詔三館秘閣直館校理，分校《文苑英華》、李善《文選》，摹印頒行。……李善《文選》校勘畢，先令刻板，又命官覆勘。未幾，宮城火，二書皆燼。至天聖中，監三館書籍劉崇超上言；李善《文選》援引該贍，典故分明，欲集國子監官校定淨本，送三館雕印。從之。天聖七年（1029）十一月板成，又命直講黃鑑、公孫覺校對焉。"景德四年詔印的李善《文選》，至大中祥符年間才完成。王應麟《玉海》卷五十四引《實錄説》："景德四年八月丁巳，命直館校理校勘《文苑英華》及《文選》，摹印頒行。祥符二年（1009）十月己亥，命太常博士石待問校勘。十二月辛未，又命張秉、薛映、戚綸、陳彭年覆校。"又據宋程俱《麟臺故事》卷二："大中祥符四年（1011）八月，選三館秘閣直官、校理，校勘《文苑英華》、李善《文選》，摹印頒行。"看來景德四年詔印的《文選》，至祥符四年八月才得以印行。然而此書雕板後不久即遭火厄，這就是《宋會要輯稿》所説的"宮城火，二書皆燼"。關於這次宮城之火，沈括《補筆談》記："祥符中，禁中火。"① 又宋江少虞《宋朝事實類苑》卷三十一記："大中祥符八年（1015），榮王宮火延燔。"② 可見火起是祥符八年的事。至天聖年間，劉崇超才又上言重新校勘刻印。然而是天聖何年的事，《宋會要輯稿》没有交代。今見韓國奎章閣所藏六家本《文選》，書末附有這一校勘、雕造、進呈的年月及各主事官名單。略云：

---

① 〔清〕周城《宋東京考》卷二引，中華書局，1988年。
② 〔宋〕江少虞《宋朝事實類苑》卷三十一，上海古籍出版社，1981年。

天聖三年（1025）五月校勘了畢。校勘官有公孫覺、賈昌朝、張遹、王式、王植、王畋、黃鑑。天聖七年十一月雕造了畢。校勘印板有公孫覺、黃鑑。天聖九年　月　日進呈。進呈者有藍無用、皇甫繼明、王曙、薛奎、陳堯佐、呂夷簡。既然天聖三年便完成了校勘，那麽劉崇超上言還應在此之前。天聖七年雕板後，經過校對，在天聖九年進呈皇帝，正式發行還當在九年之後。

這便是李善注《文選》被雕板印行的記載，可見並非從六臣注本中摘出。這是因爲一者北宋監本刊印時，世間有現成的單李善注本傳世。《册府元龜》卷八一一《總錄部》"聚書"條記："梁孫騭，開平初歷諫議常侍。騭雅好聚書，有"六經"、《史》、《漢》、百家之言，凡數千卷。洎李善所注《文選》，皆簡翰精專，至校勘詳審。"這說明五代時李善注寫本仍完整存世，這就證明了監本的刊刻是有單李善注底本的。其次，六臣注本比監本產生的時間晚，據朱彝尊《宋本六家文選跋》① 說，最早的六臣本是廣都裴氏刻本，於崇寧五年（1106）開始刻板，政和元年（1111）刻成。這大概是關於六臣本的最早記載。其實六臣本並非以廣都本爲最早，最早者應是北宋元祐九年（1094）所刻的秀州（今浙江嘉興）州學本。

秀州本的刊刻，國內似無記載，所以不爲人所知，幸有韓國奎章閣本完整地保存了秀州本原貌。奎章閣本刻於朝鮮世宗十年即明宣德三年（1428），係庚子印本，其底本即秀州本②。秀州本是六家本，即五臣在前，李善在後。書末詳引天聖四年（1026）沈嚴的《五臣本後序》：

> 《文選》之行，其來舊矣。若夫變文之華實，匠意之工拙，梁昭明序之詳矣；製作之端倪，引用之典故，唐五臣注之審矣。可以垂吾徒之憲則，須時文之掎摭，是爲益也，不其博歟！雖有拉拾微缺，衒爲己能者（《兼明書》之類是也），所謂忘我大德而修我小怨，君子之所不取焉。二川、兩浙，先有印本，模字大而部帙重，

---

① 〔清〕朱彝尊《宋本六家文選跋》，《曝書亭集》卷五十二，《四部叢刊》本。
② 奎章閣刊刻時間參見韓國學者白承錫教授《韓國〈文選〉研究的歷史和現況》，載《鄭州大學學報（哲學社會科學版）》1993年第5期。今姑從其說。

較本粗而舛誤夥。舛誤夥則轉迷豕亥，誤後生之記誦；部帙重則難置巾箱，勞遊學之負挈。斯爲用也，得盡善乎？今平昌孟氏，好事者也，訪精當之本，命博洽之士，極加考覈，彌用刊正（舊本或遺一聯，或差一句，若成公綏《嘯賦》云"走胡馬之長嘶，迴寒風乎北朔"，又屈原《漁父》云"新沐者必彈冠"，如此之類。及文注中或脫誤一二字者，不可備舉，咸較史傳以續之。字有訛錯不協今用者，皆考五經、《宋韵》以正之）。小字楷書，深鏤濃印，俾其帙輕可以致遠，字明可以經久。其爲利也，良可多矣。且國家於國子監雕印書籍，周鬻天下，豈所以規錐刀之末爲市井之事乎？蓋以防傳寫之草率，懼儒學之因循耳。苟或書肆悉如孟氏之用心，則五經、子、史皆可得而流布，國家亦何所藉焉。孟氏之本新行，尚慮市之者未諒，請後序以志之，庶讀者詳焉，則識僕之言不爲誣矣。時天聖四年九月二十七日。前進士沈嚴序。

從沈嚴此《序》可以見出幾點：第一，孟氏刻本之前已有二川、兩浙刻本。二川，當指毋昭裔刻本，後爲毋守素帶至中原後，又有兩浙刻本，然都"模字大而部帙重""較本粗而舛誤夥"。第二，孟氏刻本在二川、兩浙刻本基礎之上詳加考核、刊正，改成"小字楷書，深鏤濃印"，説明孟氏刻本已經對毋昭裔本作了改動。第三，《序》中説"舊本"，當指二川、兩浙之五臣注本。該書《嘯賦》脱"走胡馬之長嘶，迴寒風乎北朔"兩句，又《漁父》應脱"新沐者必彈冠"一句。第四，奎章閣本在《嘯賦》此句下有校記："善本作'思向'字。"明州本、《四部叢刊》本同此，是二本底本從秀州本來，這也説明校記必爲秀州學官所爲，而非韓國刻書者於宣德三年時加。第五，五臣本及六臣本音釋往往與唐代寫本不同，當與孟氏刻本以宋韵校改有關。以孟氏爲例證，也説明宋人編校時，爲閱讀方便，已多改用宋韵了。第六，以明州本與此本校，其正文及注與此本基本相同（包括因合并致誤處），遂證明明州本即從秀州本出。

如上所述，秀州本的五臣注底本是平昌孟氏本，孟氏本印行後，原先毋昭裔所刻本漸漸就失傳了。現在所見北京大學圖書館和中國國家圖書館藏宋杭州貓兒橋河東岸開箋紙馬鋪鍾家刻本（存二十九、三十兩殘卷），經查校，與孟氏本相同，可見孟氏本印行後，當時便都采用了這一刻本。五臣注本除孟氏本、杭州本外，還有宋建刻陳八郎本（今藏臺灣），今尚存完帙（然其中亦多補版）。以之與杭州本校，二者多不合，其正文及注遵從李善處不少。據該本卷首宋人江琪稱，陳八郎本的刊刻乃以監本與古本參校考正，監本即李善注本，可見此本並非五臣原貌。這一情況正與尤刻本的刊刻相同。

秀州本的李善本底本是北宋國子監本。在沈嚴《五臣本後序》後是李善本校勘、雕造、進呈年代及主管人名單，分別是天聖三年（校勘）、七年（雕造）、九年（進呈），詳見前引。這一材料補充了史書關於天聖本記載的許多缺漏。在此之後是秀州州學將以上二本合并的跋，説：

> 秀州州學今將監本《文選》逐段詮次，編入李善並五臣注，其引用經史及五家之書，並檢元本出處對勘寫入。凡改正舛錯脱剩約二萬餘處。二家注無詳略，文意稍不同者，皆備錄無遺。其間文意重疊相同者，輒省去留一家，總計六十卷。元祐九年二月　日。

據此，我們可以知道：第一，秀州州學此本是第一次將五臣與李善合并，時間是北宋元祐九年（1094）二月。其次，秀州州學五臣注底本是平昌孟氏刻本，李善注底本是天聖年間國子監本，以北宋天聖明道本與之相校，正相合契，可證。第三，合并本對孟氏本和監本都作了對勘改錯的工作，糾正達兩萬多處。第四，原五臣、李善二本文意重疊相同，合并本僅留一家的編例，始於此本。今見各合并本"善同五臣某注"或"五臣某同善注"之例，都從此而來。第五，由此知後來六家本（如廣都裴氏刊本、明州本）、六臣本（贛州本、建州本）都從秀州本出。

對以上第五點申論如下：這主要是兩個依據，一是廣都本、明州本等都較秀州本晚出；二是用廣都本、明州本與秀州本合校，基本相同。這裏所説的廣都本，是指明袁褧覆宋本。因爲廣都本早已失傳，清《天祿琳琅書目》中著錄有多部廣都本，其中許多是明袁褧本。今臺灣藏有一部，但爲南宋開慶辛酉（1261）開雕至咸淳甲戌（1274）完成的後出本。因此這裏權用袁本，袁本基本上反映了廣都本的面貌。這裏舉一個例子,即秀州本在合并時造成的錯誤,明州本也相一致。由於秀州本是以五臣爲底本,而五臣本與李善本分句作注的位置不同,這樣在合并時,只能依據五臣,因而勢必要改動李善的原貌。比如在《西京賦》中,李善本(據永隆本)以"天梁之宮,寔開宮闈"爲一句,用薛綜注:"天梁,宮名,宮中之門謂之闈。此言特高大也。"以下是"旗不脱扃,結駟方蘄"句,先引薛綜注,次用李善注:"熊虎爲旗,扃,關也。謂建旗車上,有關制之,令不動搖曰扃。每門解下之,今此門高,不復脱扃,結駕駟馬,方行而入也。蘄,馬銜也。臣善曰,左氏傳曰,楚人甚之脱扃,古熒反。楚辭曰,青驪結駟齊千乘。蘄,巨衣反。"再下一句是:"櫟輻輕鶩,容於一扉。"用薛綜注:"馭車欲馬疾,以棰櫟於輻,使有聲也。"但在秀州本中,這三句合爲一句,先引五臣翰注,翰注之後緊接以薛綜第一、二兩句注文,然後空一格接李善注,這就使人產生薛綜注是李周翰所引的誤解。然而更大的錯誤是,第二句中李善注文後又緊接以第三句的薛綜注,遂將薛綜注文變爲李善注文。這是因爲李善注例,《西京賦》全用薛綜注,偶用己注,再加"臣善"以示區別。由於在篇題下已注明用薛綜注,故篇內凡薛注不再出姓名而置於前面。這樣一來,六家合并的時候,就發生了將薛注歸入五臣注和歸入善注的錯誤。另外,李善注例是,舊有集注者,並篇內具列其姓名,亦稱臣善以相別。秀州本由於是以五臣在前,李善在後,常常以李善所引前人之注誤入五臣,而將"善曰"之後注文單獨隔開。如賈誼《吊屈原文》"側聞屈原兮自沉汨羅,造托湘流兮敬吊先生",秀州本注:"銑曰,造,就也。湘,水名。汨羅水流入湘川,故就托此水而吊之。先生即屈原也。韋昭曰,皆水名,羅,今爲縣,屬長沙,汨水在焉。汨音覓。善曰,列子曰,吾側聞之,言至湘水托流而吊。"其實"韋昭曰"以下都是李善注文,但在合并本中,使人誤以爲五臣所引。以上是秀州本的特徵,明州本與此完全相同,可見明州本從秀州本而出。

廣都本、明州本是從秀州本出,而非秀州本從二本出的最有力證據是《嘯賦》"走胡馬之長嘶"兩句及這兩句的校記,據沈嚴《序》,這兩句是孟氏刻書時所補,原五臣本沒有,秀州本合并時,又加上兩條校記,指出與李善的異文。這一秀州本獨有的特徵,原封不動地出現在明州本和袁刻本中，只能説明二本是出自秀州本。

　　六家本的廣都本、明州本出自秀州本，六臣本的贛州本、建州本（即《四部叢刊》影宋本）也是出自秀州本系統。關於這一點，斯波六郎已經提出。（當然斯波博士並不知道秀州本，只是以爲出自六家本。）他説贛州本"不是以單行李善注本、單行五臣注本爲底本，所據是一個五臣李善注本，只不過顛倒了李善與五臣的順序"。就是説贛州本以六家本爲底本，只不過將六家本中五臣在前、李善在後的順序顛倒過來而已。這個結論基本是正確的。六臣本既以李善居前，説明它依據的底本必須是李善本，這就要求該本必須有這樣一些特點：第一，文中各分句注的位置必須同於李善本；第二，標誌異同的校記，必須説明"五臣作某字"，而不能説"李善作某字"；第三，詳李善注，略五臣注，遇有重疊相同之注文，應刪五臣，並標出"五臣同善注"。

　　但從贛州本、建州本看，第一，分句下注的位置全同秀州本、明州本；第二，文中校記常有"善本作某字"，如卷五十九《陳太丘碑文》中出現兩次，這是依據六家本留下的痕跡；第三，卷三十九鄒陽《獄中上書自明》"借荆軻首以奉丹之事"句，用五臣向注之後，有"善同向注"語。從這些事實看，南宋以後產生的六臣本確如斯波六郎所説，是出於六家本系統，只不過顛倒了李善與五臣注的順序。不過我們要特別指出的是，南宋的六臣本，也並非簡單地顛倒六家本的順序，實際上，六臣本的編者還是做了不少校勘工作的。而且值得注意的是，六臣本中的校語所引據的李善本和五臣本，有些與今傳各種李善、五臣刻本均不相同，説明南宋時傳世的刻本或寫本有一些與今傳各本不同。比如卷五十八《褚淵碑文》"餐東野之秘寶"句的"野"字，贛州本校記説："善作杼，古序字，五臣作序。"但查今傳各種李善本和五臣本，都沒有作"杼"和"序"的，可知贛州本編者所見李善本、五臣本，與今傳各本不同。這是一個很有意義的材料，對我們研究南宋《文選》的刊刻和流傳極有幫助。

　　從以上所論，我們知道了第一部六家合并本是元祐九年的秀州本，其五臣本是平昌孟氏刻本，李善底本是北宋國子監刻本。其後才有廣都本、明州本的產生，二本都從秀州本出。南宋以後出現的六臣本乃是將六家本五臣、李善注的順序顛倒而成，但在編輯過程中，也參據了單行的李善本和五臣本，其中有些是與今傳各本不同的版本。

秀州本卷首是《文選序》，其後緊接國子監准敕節文，與彭元瑞《知聖道齋讀書跋》卷二所記相合。後人既未見到國子監本，多引明袁褧翻刻廣都裴氏本所載此文，不知裴氏正從秀州本來。准敕節文之後是李善《上文選注表》和呂延祚《進集注文選表》。李善上表格式及署名皆同日本古抄白文三十卷本，而與尤刻不同，説明它保留了國子監本原貌。秀州本在明宣德三年於朝鮮重新刊印，書後有宣德三年閏四月朝鮮崇政大夫判右軍都總制府事、集賢大提學知筵春秋館事兼成均大司成、世子貳師卞季良跋，述其用庚子字印書事。

以上是本文關於李善注《文選》版本的論述。首先，我們認爲尤刻本不能代表單李善注本，它與北宋國子監本不同。對尤刻本的結論，是不能作爲對李善注本的結論的；其次，胡克家、斯波六郎的工作值得我們重視，他們對尤刻本所作的調查是可信的，其結論用於尤刻本具有一定的道理，但並不完全對，因爲尤刻本並非從六臣注本摘出，而是以李善本爲底本，又參據了五臣、六臣等版本而成；第三，李善注本的刊刻最早爲北宋國子監本，是以單李善注寫本爲底本的；第四，最早的六家合并本是北宋元祐九年的秀州州學本，其後廣都裴氏刻本、明州本以及六臣本的贛州本、建州本（《四部叢刊》影宋本）都從秀州本而出。

《文選》李善注原貌考論

（一）李善注刻本面貌

　　《文選》李善注本自宋以後，傳世極爲稀少，明、清之人往往扼腕慨嘆。清人孫星衍說："《文選》善本行世最少。"以明清藏書家著錄的李善注本看，宋版也僅有南宋尤袤刻本一種，北宋國子監本則很少在民間庋藏。清人胡克家約請著名版本學家顧廣圻爲他校刻《文選》，也只有一種尤刻，而且還是後印本，這自然影響到他關於李善注本的研究結論。他所說的李善注本乃從六臣注本中摘出的錯誤結論，竟然影響到現在，這一則是後人的盲信，另外也由於唐以來單行李善注本難得而見的原因。就刻本說，最早的李善注本即北宋天聖年間國子監刻本，此本今存中國國家圖書館，殘二十一卷，原爲周叔弢先生藏，出自內庫。另外臺北故宮博物院亦藏有十一卷。國圖藏本著錄稱自卷十七至卷十九，又卷三十、三十一、三十六至三十八、四十六、四十七、四十九至六十。其中卷三十以下十九卷有勞健題跋，稱："丁卯（1927）十二月，余自唐山來天津，適叔弢新得北宋本李注《文選》，凡存十九卷，出以見示，開函展玩，見其字畫樸茂渾古，異於他宋刻書。宋諱缺筆至禎字，止通字，亦爲字不成。"據此知勞健僅見十九卷，則其時周氏尚未得前幾卷。此本著錄爲二十一卷，其實並非如此，而是始自卷十五《思玄賦》"增煩毒以迷惑兮"至"遒白露之爲霜"，及"命王良掌策駟兮"至"伐河鼓之磅硠"；卷十六《嘆逝賦》"（譬日）及之在條，恒雖盡而弗悟"至"聊優遊以娛老"，以下才是卷十七《文賦》，自"（故取）足而不易"至賦末。這樣算來，實際共存二十四卷。臺灣所藏十一卷，據張月雲《宋刊〈文選〉李善單注本考》，爲卷一、二、三、四、五、六、八、九、十、十一、十六。其卷十六所存爲《閒居賦》，無一篇與國圖藏本重複。如此看來，這兩部分殘本當爲同一帙。

　　筆者曾以國圖藏監本與尤刻本對校，發現二者差異甚大，可以斷定不是一個系統。因此，要研究李善注本，決不可依據尤刻本。無疑北宋國子監本是唯一可靠的李善注本，基本可以反映李善注的原貌。

據史料記載，李善注《文選》在宋真宗景德四年（1007）即命摹印頒行，至大中祥符四年（1011）才告完成。但雕板不久即毀於宮城之火。至天聖年間，監三館書籍劉崇超重又上言雕印李善注《文選》，天聖七年（1029）十一月板成①。這就是李善注本第一次雕印的情形。今國圖所藏《文選》著錄爲天聖明道本，是因爲此本避"通"字諱。天聖元年（1023）章獻太后臨朝稱制，令天下諱其父劉通名諱，至明道二年（1033）遂不復諱，據此定爲天聖明道本。但事實上，此本並非嚴格地諱"通"，甚至不諱處超過了諱處。據張月雲介紹，臺灣藏本情形也差不多，"於全部十一卷殘本中，僅得在卷十中正文一處見之，餘則多見於注文。"（國圖藏本與此不同，主要在正文中避諱，注文中反而多處不諱。）這個情形說明現存的監本是個遞修本，時間比天聖、明道年間還要晚。因此還很難說它完全代表了李善注第一次刻本的面貌。尤其它還是一個殘本，全部加起來，也不過三十五卷，而且前面十多卷還都是殘卷。這對於研究李善注仍然是很大的缺憾。

然而這一缺憾，現在似乎可以得到彌補。近年來在韓國首爾大學奎章閣發現一部六家本《文選》，其李善注底本即爲北宋國子監本，五臣注底本則爲北宋平昌孟氏刻本，遠早於國內所藏杭州貓兒橋五臣注兩殘卷，是最接近於五代蜀毋昭裔所刻五臣注《文選》的刻本。此書後附有五臣本序和李善本校勘、雕印的時間表以及校勘官、雕造官和進呈官的名單。如前文所述，《宋會要》等史料曾記載了《文選》在天聖年間開雕，至十一年板成的情況，但到底何時開雕，中間有怎樣的過程，哪些人參加，都不甚清楚。今得這一名單，可謂一清二楚。特不嫌繁冗，鈔錄如下：

天聖三年五月校勘了畢
　　校勘官將仕郎守許州司法參軍國學説書臣公孫覺
　　校勘官將仕郎守常州晉陵縣主簿國學説書臣賈昌朝
　　校勘官文林郎守宣州寧國縣主簿國學説書臣張逵

---

①　參見《麟臺故事》卷二、《玉海》卷五十四、《宋會要輯稿·崇儒》四之三。

校勘官承務郎守彭州錄事參軍國學說書臣王式
校勘官文林郎守泗州錄事參軍國學說書臣王植
校勘官將仕郎守信州貴溪縣令國學說書臣王旼
校勘官宣德郎守饒州軍事判官國學說書臣黃鑑

天聖七年十一月　日雕造了畢
　　校勘印板承奉郎守大理寺丞充國子監直講兼北宅故河州
　　　觀察院教授臣公孫覺
　　校勘印板朝奉郎守秘書丞騎都尉臣黃鑑

天聖九年　月　日進呈
　　管勾雕造供備庫副使銀青光祿大夫檢校太子賓客兼御史大夫同
　　　管勾景靈宮公事並奉真殿兼同勾當三館秘閣公事翰林司上騎
　　　都尉中山縣開國子食邑五百戶臣藍元用
　　管勾雕造供備庫副使帶御器械銀青光祿大夫檢校工部尚書兼御
　　　史大夫同勾當三館秘閣公事等兼管勾起居院兵吏部官告院提
　　　舉國子監書籍庫兼同勾當御前忠佐軍頭引見司上輕車都尉保
　　　定郡開國侯食邑一千五百戶臣皇甫繼明
　　金紫光祿大夫行尚書工部侍郎參知政事上護軍太原郡開國侯食
　　　邑一千六百戶食實封四百戶臣王曙
　　正奉大夫給事中參知政事柱國河東郡開國公食邑二千五百戶食
　　　實封八百戶賜紫金魚袋臣薛奎
　　金紫光祿大夫行給事中參知政事柱國潁川郡開國公食邑二千五
　　　百戶食實封一千戶臣陳堯佐
　　推忠協謀同德佐理功臣光祿大夫行尚書吏部侍郎同中書門下平
　　　章事昭文館大學士監修國史上柱國東平郡開國公食邑五千戶
　　　食實封一千九百戶臣呂夷簡

　　從此表我們知道了李善《文選》最早從天聖三年開始校勘，主持校勘的人是公孫覺、黃鑑等，天聖七年十一月板成，由公孫覺、黃鑑校對，天聖九年進呈，有呂夷簡等六人。這其中天聖七年板成的材料見於《宋會要輯稿》，於史書中得到印證，證明這個附錄的真實可靠。這樣，我們對李善本《文選》在北宋雕印的過程就了解得很清楚了。

在此附錄之後，又有一段秀州州學的跋文，稱：

> 秀州州學今將監本《文選》逐段詮次，編入李善並五臣注，其引用經史及五家之書，並檢元本出處對勘寫入，凡改正舛錯脱剩約二萬餘處。二家注無詳略，文意稍不同者，皆備錄無遺；其間文意重疊相同者輒省去留一家，總計六十卷。元祐九年二月　日。

這一條材料極爲重要，第一，它説明奎章閣本覆刻的即是秀州州學本；其次，它告訴我們《文選》六家合并注本最早於秀州州學合成。在此之前，學人一直對六家合并注本產生於何時、哪一種版本最早不清楚，一致以爲朱彝尊所説北宋崇寧五年（1106）鏤板、政和元年（1111）畢工的廣都裴氏刻本爲最早的六家合并注本。現在奎章閣本提供的這個秀州州學跋，可以將此問題完全澄清，元祐九年（1094）的秀州本比政和元年畢工的裴氏本早十八年，事實上，所有在此之後的六家本（如廣都裴氏刻本、明州本）、六臣本（如贛州本、建州本）都從秀州本出（關於六家本的研究，將另文撰述）。秀州州學本的發現，爲我們研究李善注以及五臣注提供了非常可靠的實物證據。因爲它的李善注底本是北宋天聖年間的國子監本，五臣注則是天聖四年的平昌孟氏刻本，兩者都是最早的刻本，其文獻價值自不待言。

值得説明的是，韓國奎章閣本《文選》雖刊於朝鮮宣祖年間，相當於中國的明朝萬曆年間，但朝鮮刻書的質量非常高，其忠實於原著的程度要超過中國。這是因爲，一者，朝鮮人雖然具有比較高的漢文化水平，但畢竟不如中國的讀書人對古典文獻那樣熟稔，因此也就不大會像中國的讀書人那樣敢於在文獻上校正臆改，這樣反而更能保留原著的面貌；二者，朝鮮對刻書的罰例非常嚴酷，據張秀民先生《中國印刷術的發明及其影響》介紹："朝鮮政府對校書館刊印書籍，定有賞罰辦法：凡無錯誤，則監印官啓達論賞，唱準人許給別仕。每一卷一字誤錯者，監印官、均字匠等笞三十，印出匠每一卷一字或濃墨、或熹微者，笞三十，每一字加一等，並計字數治罪。後改爲每一卷有三字以上錯誤，監印官、唱準人、均字匠、印出匠都要受罰（《宣宗大王實錄》卷七，又《大典通釋》卷三）。這樣嚴厲對待排印工的法律是各國少有的。所以活字本中往往一二字挖去，另紙帖補。因爲認真負責，所以錯字比明活字本少。"李晬光《芝峰類説》:"聞祖宗朝凡書籍有誤者監印官杖之,故絕無錯字。"據此,對奎章閣本使用北宋國子監本和平昌孟氏本的可靠性,應是無可懷疑的。那麽,奎章閣本李善注與現存北宋天聖明道本是否一致呢?筆者以兩本相校,結果基本一致,可以肯定奎章閣本李善注即國子監本。

茲以卷十九曹植《洛神賦》爲例來説明這一比較的結論。首先需要説明的是,奎章閣本底本秀州本在對李善、五臣兩本合并時,依據的是五臣本,這就表現出兩個特點:其一,注文在排列順序上,五臣注在前,李善注在後。其二,正文依據五臣本,凡遇與李善本不同的地方,加校記作"善本作某字"。在《洛神賦》一文中,共有十二處差異,經與天聖明道本對校,全部符合,而以奎章閣本、天聖明道本與尤刻本相校,合者七處(其中一處合天聖明道本而不合奎章閣本),不合者五處。這個結果充分説明奎章閣本的李善注即北宋國子監本,而尤刻本則與此不同。爲了更明確説明這一問題,茲將奎章閣本的李善注、五臣注與天聖明道本、尤刻本對比結果列表如下(表4):

表 4

奎章閣本五臣注	奎章閣本李善注	天聖明道本	尤袤刻本
對楚王説神女之事	×	×	×
余從京師言歸東藩	域	域	域
爾乃税駕乎蘅皋	迺	迺	迺
容與乎陽林	楊	楊	陽
若之此艷也	此之	此之	此之
秾纖得中	衷	衷	衷
腰如約素	束	束	約
奇服曠世	代	代	世
徙倚仿偟	旁傍	旁	傍
嘆匏瓜之無匹(兮)	兮	兮	兮
顧望懷愁	怨	怨	怨
御輕舟而上泝	愬	愬	泝

(注:表中 × 表示無對應字。)

從上表可以看出奎章閣本李善注與天聖明道本基本相同，而尤刻本則依違於李善、五臣之間，這説明尤刻本在刊刻時有可能參照了五臣注本。但奎章閣本李善注與天聖明道本也並不是絲毫無爽，在正文和注文上也還有一些差異，大致表現爲：1. 注音的位置間有不同。如宋玉《高唐賦》"其始出也㬥兮若松樹"句，奎章閣本分别在正文"㬥""樹"下小字注音"對""音時"，注文中則不加注；但天聖明道本則在注文中分别注"徒對切""音時"。這是因爲李善注例音釋均在注文內的緣故，張雲璈《選學膠言·序》説李善"音釋多在注末，而不在正文下。凡音在正文下者，皆非李氏舊也"。奎章閣本底本秀州本是以五臣注爲主，因此在正文中加音釋的情形當是依據的五臣本。這樣正文內既已注音，李善注文內的音釋便省去了。2. 正文和注文間有不同。這有些是天聖明道本脱誤，如同篇"風止雨霽，雲無處所"，天聖明道本脱"所"字，但奎章閣本此處並無校記，説明李善注本原有"所"字。天聖明道本脱誤造成這樣的原因，大概是兩方面的：一者今存天聖明道本爲遞修本，在遞修的過程裏漸漸與原刻本產生了差異；二者秀州本在合并過程中曾經參照原文作了一些修改，即如秀州州學官所説："凡改正舛錯脱剩約二萬餘處。"這樣，秀州本自然會與天聖明道本並不完全一致。但這些差異都是枝節上的，並不影響二書在基本面貌上的一致。由此，我們可以這樣下結論：奎章閣本底本秀州本李善注完全可以作爲北宋國子監本使用。我們認爲，奎章閣本的發現，彌補了長期以來國子監本殘缺不全的遺憾，對研究李善注《文選》版本具有十分重大的意義。

（二）從永隆本看李善注本原貌

李善注《文選》遲至北宋天聖年間才有刻本，在此之前主要靠寫、鈔本流傳。從古籍整理的意義上講，李善注本就不如五臣注本那樣可靠。這是因爲五臣注本在五代時就得以刊刻，它的面貌基本定型，而李善注却靠寫、鈔本傳世，那麼寫、抄者脱誤增删的機會就大大超過五臣本。應該説雖然北宋國子監刊刻了李善本，但在南渡之後，監本刻版盡爲金人捆載以北①，故監本流傳甚少，後世學者主要依靠南宋尤袤的刻本。如前文所言，尤刻本並不是真李善注本，後人欲求李善注原貌就顯得很困難了。現在由於中國國家圖書館提供的便利，我們可以很方便地看到北宋天聖明道本，又由於中外的文化交流，也可以看到藏於韓國首爾大學的奎章閣本，這對於了解刻本李善注的原貌提供了很好的條件。但是刻本李善注能否反映原貌呢？從李善作注的唐顯慶年間到北宋天聖年間，已經過了三百多年，寫、鈔本幾經流傳，對原貌的損傷是必然的。那麽研究者面臨的問題是：這種損傷的程度如何？是什麽意義的損傷？事實上要想恢復唐代李善注原貌，幾乎是不可能的，但是我們可以根據現存刻本與所見的幾種寫、鈔本對比，對李善注原貌作一些考察。

　　現存的李善注寫、鈔本大約有以下幾種：1. 唐永隆年間弘濟寺僧所寫《西京賦》殘卷，即敦煌寫本伯2527、2528號，世稱"永隆本"。2. 同被著録爲伯2527號敦煌殘卷東方朔《答客難》和揚雄《解嘲》。以上兩種均藏於法國，1917年羅振玉影印入《鳴沙石室古籍叢殘》。3.《文選集注》，唐寫本，現藏日本。這是今日可以見到的三種早期李善注寫本，其中永隆本和《文選集注》所反映的早期李善注特徵較爲突出，故本文集中分析，藉以考察李善注原貌以及由寫本到刻本的訛變過程。

　　先看《西京賦》，由於此卷卷末有"永隆年二月十九日弘濟寺寫"一行字，故世稱永隆本。永隆是唐高宗李治年號，當公元680—681年，然永隆改元是在八月二十三日，此卷明稱二月，應爲永隆二年無疑。此上據李善上《文選》注表的顯慶三年（658）僅二十三年，而下距李善卒年的高宗永昌元年（689）尚有八年，是弘濟寺僧抄寫《文選》時，李善猶在，於此可見永隆本的珍貴。正是這個原因，研究者對永隆本是李善注真貌毫不懷疑，有所爭論的只是它到底是李善的初注本，還是定本這一點。比如劉師培《敦煌新出唐寫本提要》認爲是"李注未經綮

---

① 參見王國維《五代兩宋監本考》，《王國維遺書》第十一册，上海古籍書店，1983年。

亂之本也"①，即是定本。但以永隆本與今本相校，詳略多不同。根據《新唐書·李邕傳》："父善，顯慶中爲《文選注》，表上之。始善注《文選》，釋事而忘意，書成以問邕，邕意欲有所更。善曰：試爲我補益之。邕附事見義，善以其不可奪，故兩書並行。"因此蔣斧就認爲它是李善初次表上之本，而今本則是李邕補益之本②，這是又一種說法。除了李邕補益之說外，唐末李匡乂《資暇錄》又說："李氏《文選》有初注成者，覆注者，有三注、四注者，當時旋被傳寫之。其絕筆之本，皆釋音訓義，注解甚多，余家幸而有焉。嘗數本並校，不惟注之贍略有異，至於科段互相不同，無似余家之本該備也。"據此，李善注原就有三注、四注，并且有三四種不同傳本，李匡乂曾加收藏，且加以校勘，應該是可信的。以上對永隆本的解釋，儘管説法不一，但學界認爲是李善注本則是沒有疑問的。其實情況並非如此，永隆本實際上並非盡出李善，它的正文部分依據的是薛綜本，關於此點可參見拙文《永隆本〈西京賦〉非盡出李善本説》。不過永隆本儘管不完全出自李善本，但仍可以根據它的注文部分以及它與薛綜本的異文，尋繹李善本真貌，因此在對早期李善本的考察中，永隆本仍是我們研究的重要依據。

　　研究李善注本的原貌，可以從正文和注文兩方面考察，《文選》行世，不僅注文各本歧異甚多，就是正文也同樣有很多差異。這一者是由於李善和五臣所據底本本身就有異文，二者則是歷代傳抄訛誤。第一種情形如陸機《演連珠》第二首"是以物稱權而衡殆"的"稱"，刻本並作"勝"，李善注說："'勝'或爲'稱'。"說明此字在李善時已有兩種異文。這樣的例子在《文選》中還有不少，如《西都賦》"度宏規而大起"的"度"，李善注說："度或爲慶。"除了李善出校的字外，還有許多確實存異但李善並未出校的字，以《西京賦》爲例，他與薛綜的歧異很多，明顯的約有十三處，見下表（表5）：

---

① 王重民《敦煌古籍叙錄》，中華書局，1979年，第312頁。
② 同上書，第311頁。

表 5

永隆本	薛綜注	李善注
正睹瑤光與玉繩		搖
墱道麗倚以正東	墱	隥
美往昔之松槢		喬
期不陀陊		陁
毚兔聯猭	猭	遬
攎鸑粿	鸑粿	騛粿
凌重甗	甗	巘
㩴昆鮞	昆	鯤
張甲乙而襲翠被		帳
巨獸百尋是爲曼延	曼	漫
增蟬蛸以此豽	蟬婑①	嬋娟
奮長袤之颯纚		袖
躭樂是從		湛

　　以上十三例異文顯示了李善與薛綜的不同，但李善並沒有出校，他所出校的兩處，都是對字的判斷。比如"繚亘綿聯"的"亘"，李善校説："亘當爲垣。"這表明他與薛綜此字所本都作"亘"，但他認爲作"垣"正確。又如"柞本槩棘"的"柞"，李善注："賈逵《國語注》曰：槎，斫也。柞與槎同。"這也表明李善此字所本與薛綜一樣，都作"柞"。從李善的校語看，似乎他所見的《文選》，沒有作"垣"和"槎"的，但是，這兩個字到了刻本階段都出現了。比如"垣"字，尤袤刻本、陳八郎本、奎章閣本、《四部叢刊》影宋本都同；"槎"字，陳八郎本、奎章閣本同，尤刻本、《四部叢刊》本則作"柞"，這兩個字的變化反映了《文選》從寫本到刻本漸漸遠離李善本真貌的過程。

　　從唐代以後，《文選》從傳寫到刊刻，訛誤愈增愈多，這是《文選》異文產生的第二種情形。在這種情形裏，又分兩種情況，一種是純

---

① 婑，奎章閣本、尤刻本、胡刻本並作"娟"。永隆本此字疑作"嫺"，避諱故作"婑"。

粹的抄寫訛誤，比如江淹《雜體詩三十首》中孫廷尉（綽）的"孫"，北宋監本、尤刻本、建州本都作"張"字，顯然是因草書字體致訛。此字《文選集注》不誤，當是後人傳抄所致。第二種情況則出於整理者的整理有誤，這也許是《文選》存在異文的主要原因。比如《西京賦》"苯䔿蓬茸，彌皋被崗"句，永隆本有注爲"臣善曰，苯音本，䔿，子本反"，但六家本此處無注，這是因爲李善注音皆放在注文内，而六家本往往置於正文下的原因。六家本的做法，顯然改變了李善注原貌。當然這種改變還不能説是訛誤，但如《吴都賦》"桂箭射筒，柚梧有篁"句，就是整理者造成的訛誤。此句中的"柚"字，尤刻、胡刻同，又都於正文下注音爲"由"，實際上此字的正字作"由"，《文選集注》和北宋監本可證。而且不論寫本、刻本，李善所引劉逵注文也都作"由"，可見"柚"是誤字。又據《文選集注》，此字在唐代，各家注本均無歧異，也没有音釋，有音釋者當始於刻本時。如六家本的秀州本、《四部叢刊》影宋本，李善本的尤刻本，五臣本的陳八郎本等正文都作"柚"，又都有音釋作"由"，這是以正字當作注音字了。還有一種情形是整理者往往將寫本中前人的旁注旁批當作原本刻入，比如王元長《三月三日曲水詩序》"侮食來王，左言入侍"一段，尤刻本李善注引《漢書·匈奴傳》文字，《文選集注》無，當是後人的旁注，刊刻時因不能分辨而誤入。又尤刻在《漢書》注之後，有李善校語："古本作'晦食'。"《文選集注》亦無，也當是後人的旁批。此外，在李善注"《周書曰》"注文後，尤刻還有揚雄《蜀王本紀》一段 26 字注文，而在《文選集注》中，這個注文却出自《文選鈔》，由此可見整理者對《文選》原貌的破壞。今傳刻本往往有將李善、五臣之外的别家注作爲李善、五臣注刻入者，這都是整理者不能分辨所致。

以上所述刻本違離李善注原貌的情形，在永隆本《西京賦》中也是非常明顯的。今以永隆本爲底本，揀其主要異文，以監本[1]、尤本、

---

[1] 按即北宋天聖明道本。包括《西京賦》在内的前十六卷殘卷今藏臺北故宫博物院，本文所據一從張月雲《宋刊〈文選〉李善單注本考》，一從傅增湘過録本（今藏中國國家圖書館），一從韓國奎章閣本校記。

陳八郎本以及朝鮮奎章閣本、正德已巳刻五臣注本（簡稱朝鮮刻本）相校，藉以探討李善本的原貌，並及考察寫本是如何訛變爲刻本的面貌的。

表 6

永隆本	監本	尤刻	陳八郎本	朝鮮刻本	奎章閣本
集重陽之清瀓	瀓	瀓	澄	澄	澄
睹瑶光與玉繩		睹	覩	覩	覩
反宇業業	反	反	及	及	及
櫟輻輕騖	櫟	轢	櫟	櫟	櫟
連閣雲曼	途	途	連	連	連
望叫寶以徑廷	衁	衁	叫	叫	叫
墱道麗倚以正東	墱	墱	隥	隥	隥
長風激於別島	隯	隯	島	島	島
期不陀陊		陀	陁	陁	陁
瑰貨方至	瑰	瓌	瓌	瓌	瓌
剖析豪氂	毫氂	毫釐	毫氂	毫氂	毫氂
邪界細柳	邪	邪	斜	斜	斜
繚亘綿聯	垣	垣	垣	垣	垣
聚似京峙	似	以	似	似	似
鮪鯢鱨魦	魦	魦	鯊	魦	魦
集隼歸鳧	奮	奮	集	集	集
在於靈囿之中	彼	彼	於	於	於
柞木翦棘		柞	槎	槎	槎
璿弁玉纓	璿	璿	瓊	瓊	瓊
建玄戈	戈	弋	弋	弋	弋
載獫猲獢	獢	獞	獞	獢	獢
光炎燭天	炎	炎	焰	焰	焰
失歸忘趣	趨	趨	趣	趣	趣

續表

永隆本	監本	尤刻	陳八郎本	朝鮮刻本	奎章閣本
矢不虛舍		舍	捨	捨	捨
廼有迅羽輕足		乃有	乃使	乃使	乃使
植跃如竿		如竿	隅中	隅中	隅中
攄鷺梟		狒猾	髵猾	髵猾	狒猾
凌重巘		陵重巘	陵重巘	陵重巘	陵重巘
置牙擺牲	牙	互	互	互	互
方駕授邕	雍	饔	饔	饔	饔
徒御説	説	悦	悦	悦	悦
相羊（乎）五柞之館	相羊	相羊乎	儀羊乎	儀羊乎	儀佯乎
擽昆鯯		昆	鯤	鯤	鯤
大駕幸乎平樂(之館)	××	××	之館	之館	之館
張甲乙而襲翠被		張	帳	帳	帳
烏獲舡鼎	舡	扛	扛	扛	扛
侲童逞材	童	僮	僮	僮	僮
振朱屣於盤樽	朱屣	朱屣	朱履	珠履	珠履
壹顧傾城	壹	一	一	一	一
聲烈彌枺	聲、枺	馨、茂	馨、茂	馨、茂	馨、茂

　　以上我們擇要對校了四十處異文，從中可以説明許多問題。首先我們看到，李善注刻本在許多地方保留了原貌，如"澂""睹""反""邪""璿""炎""朱屣"等字，當與李善原本一致。其次，我們也看到，現存的宋代李善本，北宋監本和南宋尤刻本並不一致，而是有着很大的差異，這一點前文已經説過，從《西京賦》又得到了證明。比如"櫟"和"轢"，"瑰"和"瓌"，"毫氂"和"毫釐"，"似"和"以"，"魦"和"鯋"，"戈"和"弋"，"牙"和"互"，"雍"和"饔"，"説"和"悦"，"相羊"和"相羊乎"，"舡"和"扛"，"童"和"僮"，"壹"和"一"，"聲""枺"和"馨""茂"等。又從這些差異

中,可以看到北宋監本全同於寫本,而尤刻本却不合,不惟不合,且有多處同於刻本的五臣本,如"弋""互""饗""悦""扛""僮""一""馨""茂"。從這個事實看,胡克家和斯波六郎等人關於李善注本是從六臣本中抄出的觀點,起碼在尤刻本中得到了支持。事實上胡克家等人下結論的依據,正是建立在對尤刻本調查的基礎之上的。但是由尤刻本調查而來的結果,却不能用以概括李善本,北宋監本便是强有力的證明。其實即使是尤刻本,也並非如胡克家、斯波六郎所説的那樣,是從六臣本中抄出,關於此點可以參見本書中篇《〈文選〉版本叙録》,此處不擬詳論。不過僅就上表提供的材料看,也可以證明尤刻本有它自己的來歷。比如"轢""鼇""以""鯽"等,既不同於李善本,也不同於五臣本,顯示了尤刻有自己的底本系統。胡克家《文選考異》的實際作者是顧廣圻、彭兆蓀,是乾嘉時期的著名版本學家,得出這樣的結論,真是糊涂一時了。因爲判定尤刻從六臣本中抄出的前提是不存在李善本,而尤袤如果没有見到李善本的話,他所抄出的李善注,斷句下注的位置肯定都和六臣本一樣,而不可能知道李善本原注位置。今見尤刻斷句與北宋監本以及永隆本基本一致,即此可證尤刻非從六臣本中抄出。

當然尤刻可能有參據六臣的地方,除了正文和注文中一些用字外,還有一些斷句上的例證。比如《西京賦》"繚亘綿聯,四百餘里。植物斯生,動物斯止"句,尤刻將這兩句並爲一句,在"動物斯止"下加注文,這個斷句下注的位置和六臣本一樣。但是北宋監本以及永隆本都在"四百餘里"處斷開加注,這説明尤刻此處似乎參據了六臣本。再如同篇的"炙魚鮆,清酤欱。皇恩溥,洪德施"句,永隆本在"清酤欱"句下斷開作注(監本缺"皇恩溥,洪德施"正文和注文),尤刻却將這兩句合爲一句作注,和六臣本一樣。除此之外,斯波六郎還引了胡刻本卷四十《奏彈曹景宗》和《答臨淄侯箋》中兩處例證,在前一篇中,胡刻本在"若使郢部救兵微接聲援"和"則單于之首久懸北闕"後分兩句作注,《文選集注》却以兩句合爲一句作注;後一篇中,胡刻本於"銘功景鐘書名竹帛"句分注,後作"斯自雅量素所蓄也豈與文章相妨害哉輒受所惠竊備矇瞍誦咏而已",而《文選集注》却在"銘功景鐘……豈與文章相害哉"後作注，斯波六郎以這四個斷句不同的例子，作爲胡刻本從六臣本中抄出的證明。應該說這是鐵證如山的例子，但是我們也注意到，最後一個例子並不能證明斯波博士的觀點，因爲胡刻本不合於《文選集注》，但也不合於六臣本。比如奎章閣本和《四部叢刊》本都是以"若乃不忘經國之大美流千載之英聲銘功景鐘書名竹帛斯自雅量素所蓄也豈與文章相妨害哉"作注，後再於"輒受所惠竊備矇瞍誦咏而已"下作注，既不合於胡刻本，也不合於《集注》本。因此聯想到唐人李濟翁《資暇錄》所說："李氏《文選》有初注成者，覆注者，有三注、四注者，當時旋被傳寫之。其絕筆之本，皆釋音訓義，注解甚多，余家幸而有焉。嘗數本並校，不惟注之贍略有異，至於科段互相不同，無似余家之本該備也。"其中說到李善《文選》有不同的注本流傳，特徵之一是"科段互相不同"，這或許是指各本分句作注的位置不一樣，如果是這樣的話，胡刻本及其依據的尤刻本上述四處分句作注的位置，並不排除是從唐人所傳另一李善注本而來的可能。事實上，尤刻本確還曾參考過薛綜注本，如《東京賦》"迴行道乎伊闕，邪徑捷乎轘轅"句，尤刻在李善注之後又有"薛綜曰，轘轅坂十二曲，道將去復還，故曰轘轅"十八字，這個注文，北宋監本沒有，六臣本的韓國奎章閣本、《四部叢刊》影宋本也都沒有，應當是尤刻或尤刻底本依據薛綜注本加入的。又如同篇"守位以仁"句下，尤刻有校語稱"綜作人"。這個校語北宋監本和奎章閣本都沒有，但《四部叢刊》影宋本卻有，這說明它可能是尤刻或尤刻底本的編者所加，當然也有可能是南宋的六臣本所加，而爲尤刻錄入。總之，一些看似與六臣本相同的特徵，並不一定出自六臣本，對以上所述尤刻與永隆本及《集注》本的不同，還要謹慎對待。

　　根據上表我們發現問題的第三點是，永隆本有一些文字與後世李善注刻本不合，卻合於五臣注。比如"在於靈囿之中"的"於"和"失歸忘趣"的"趣"，這兩個字都是永隆本合於五臣注而不合於李善注。這個現象揭示了一個非常重要的問題，即研究者使用"李善注"和"五臣注"這兩個概念時，它的範圍要不要限定和如何限定。我們看到，宋以後的學者在論到《文選》版本時，往往會說某字李善注作某，五臣注作某，從而判定是非。事實上，當他說"李善注"和"五臣注"時，只是指他所見到的刻本的李善注和五臣注，並不能確指原始本的李善注和五臣注。比如上例中的"趣"字，《四部叢刊》本作"趨"，校語稱"五臣作趣"。按照校語的意思，是說李善作"趨"，五臣作"趣"，現據永隆本我們知道，其實原始的李善本並不作"趨"而是作"趣"。因此《四部叢刊》本校語所稱的李善注、五臣注，只能指刻本而言。但是歷代的研究者並未明了這一點，都是采用這個方法對《文選》版本作判斷。以胡克家爲例，他以尤刻本爲底本，校以明袁褧覆宋本和元陳仁子茶陵本，比如"皇恩溥洪德施"句及注"皇皇帝普博施也"，《考異》說："茶陵本正文下校語云：善無此二句。袁本有，無校語。尤初亦無，後修改添入。注七字，袁、茶陵皆無。案，善《魏都賦》注引《西京賦》曰：皇恩溥。似無者，但傳寫脱。其注七字，未審何出也。"胡克家判定尤刻原先無，後修改添入的理由，大概便根據茶陵本校語。其實茶陵本校語所說的李善本指的是北宋監本。據傅增湘過錄的北宋天聖明道本，確無此句及注文，可以證明這一點。但是根據永隆本，正文六字及注文七字都不缺，說明原始李善本有而刻本脱。因此胡克家使用"李善注"和"五臣注"概念時，應該限定於刻本，而不能概指原始本。這個現象告訴我們，關於《文選》版本研究，應該分爲寫本階段和刻本階段。寫本階段的李善注、五臣注和刻本階段的李善注、五臣注是有區別的，決不可以用後者代替前者。

　　事實上刻本階段的李善注，也是有很大區別的，比如北宋監本和尤刻本就是這樣，而近現代的研究者可以利用的基本上是尤刻本，甚至只是胡刻本，但却毫不加限定地使用"李善注"概念。不妨以斯波六郎的《文選諸本の研究》爲例，斯波博士關於李善注本的研究，可以分作兩部分：首先他重新論證了胡克家關於世傳李善注本是從六臣本中抄出的觀點；其次他再論證胡刻本是"最存李善舊觀者"。這個研究以及研究的結論，對斯波六郎來說是有意義的，因爲他所面臨的學術課題是，世無單李善注本，所有的（如他見到的胡刻）也是從六臣本中抄出者，在這種情況下，他通過比勘諸本，發現胡刻本（以及胡刻本的底本尤刻本）是保留李善注舊貌最多的版本。這對他以及他的時代來說應該是非常大的貢獻。但是當我們現在知道了尤刻本與北宋監本的不同，知道了單李善注本一直存世，而尤刻本也並非從六臣本中抄出的事實時，才知道斯波博士的工作其實是沒有多少意義的。因爲他費盡氣力論證的胡刻本，本來就是單行的李善本，當然也就是保留了最多的李善注舊觀了。那麼斯波博士的工作在選擇版本和使用"李善注"概念時，犯了什麼樣的錯誤呢？斯波六郎的研究共選擇使用了李善注及李善、五臣合注版本三十三種，從數量上看，遠遠超過了胡克家，但是從版本的時代看，他所用宋版僅有六臣注的贛州本和《四部叢刊》影宋本，至於李善注本，最早的只是明翻元張伯顏本，他甚至連胡克家用過的尤刻本也沒有見過。作爲他李善注研究結論的依據，竟然只是胡刻本，而這個胡刻本也與中華書局1977年影印本以及中華書局1974年影印尤袤原刻本不完全相同，這也會影響到他結論的準確性。由胡刻本到原始李善注，這中間起碼有三個環節：第一，胡刻並不全同於尤刻①；第二，尤刻全不同於北宋監本；第三，北宋監本與原始李善注也有很大差別。這三個環節不理清楚，或者根本沒有認識到這些，自然不能得出正確結論。

兹謹對斯波六郎的第一部分工作，即對他用胡刻本爲依據論證胡克家結論的過程，進行檢查，以見其錯誤之所在。斯波六郎選用的李善注底本是胡刻本，與之對勘的有唐抄永隆本、明袁褧覆宋本和《四部叢刊》影宋本，全部對勘共85例，結果他發現這85例胡刻本全與袁本和《四部叢刊》本相合，而不合於永隆本，由此得出胡刻本及其底本尤刻本確從六臣本中抄出的結論。這一論證的前提，即他以永隆本作爲判決是否李善注本的標準，是不正確的。在他對勘的85例中，不僅胡刻本不合永隆本，即北宋天聖明道本也大部分不合永隆本，但天聖明道本却有史料證明是單行的李善注本。其實永隆本只是出自唐代寺僧的一個鈔本而已，它的抄寫目的還有待研究，它的抄寫範圍，即它是不是全部李

---

① 程毅中、白化文兩位先生的《略論李善注的尤刻本》一文論述精詳，可參考，見《文物》1976年第11期。又中華書局1977年影印本附錄《胡刻本與尤刻本異文》悉數比列二本異同，亦可參考。

善注《文選》鈔本的一個殘卷也還需討論，這些都會對永隆本作爲李善注本的可信性產生影響。除此之外，我們有證據表明永隆本並非完全出自李善注，而是以薛綜和李善兩種注本爲底本的綜合產物。如果是這樣的話，以它作爲判斷刻本李善注真僞的標準當然是不正確的。

斯波六郎的第二部分工作是論證胡刻本是保存李善注舊貌最多的刻本，他采用了同樣的方法，以胡刻本與永隆本、袁本、《四部叢刊》本對勘。在所列29條異文中，胡刻本全同於永隆本，而與袁本和《四部叢刊》本不同；除此之外，斯波博士還引用了在其他卷中胡刻同於永隆本的證據，結論是胡刻本"在現存版本中，是最存李善舊觀者"。

如上所言，斯波六郎這兩部分工作在他所處的學術環境中是很有意義的，但在我們看來，這個方法本身是有缺陷的。因爲他用胡刻本異於永隆本的部分論證胡刻不是單行的李善注本，又用胡刻本同於永隆本的部分論證胡刻是最能保存李善舊貌者，這種論證的主觀性太大，是不符合事實的。事實上胡刻本所表現的這種面貌，只能用後世刻本在長期的傳抄過程中已經改變了原貌來解釋，而不能因它有同於刻本六臣本的地方，便說是從中抄出。正如我們前面所說，李善注、五臣注應該分爲寫本和刻本兩個階段，這兩個階段是不能混同的。斯波博士所說的五臣注，很有可能根本不是五臣注，它或是傳抄過程中後人所加，甚或原是李善注而誤爲五臣注。

我們仍以永隆本爲例，永隆本自發現以來，世無二詞，都以爲是李善注真面目，事實上它不是，從上文所列永隆本正文中薛綜與李善13處異文看，這是一個綜合了李善和薛綜兩種注本的寫本。我們看到，一些原屬薛綜的用字，在刻本中已成爲李善用字；而一些原爲李善用字，刻本反作爲五臣用字。比如"瑤光"的"瑤"，從永隆本看來，是薛綜作"瑤"，李善作"搖"，但後世刻本並作"瑤"，尤刻本如此，六臣本也如此，沒有任何校記。又如"耽樂是從"的"耽"，本是薛綜用字，李善則作"湛"，但刻本並作"耽"，也無校記，這是以薛綜代替李善的例子。至於李善被改作五臣的例子如"墱道"的"墱"，據永隆本，李善注作"隥道"，表明此字薛綜作"墱"，李善作"隥"。但在刻本中，尤本、《四部叢刊》本並作"墱"，陳八郎本、朝鮮正德年間刻本五臣注並作"隥",《四部叢刊》本校記說:"五臣本作隥字。"又如"張甲乙而襲翠被"的"張",永隆本中正文同,但李善注作"帳",表明薛"張"李"帳"。在刻本中則是陳八郎本、朝鮮刻五臣注本作"帳",尤本、《四部叢刊》本作"張",《四部叢刊》本校語說:"五臣作帳。"李善本用字被改作五臣本用字的例子,在永隆本中還有不少,說明這並不僅是偶然現象。

我們這裏想特別加以討論的,是永隆本中有幾個比較耐人尋味的字,即"連""島""集""戈"四字。首先,我們看"連"字,永隆本"連閣雲曼"一句,"連"字是在"途"字之上用重筆描成,表明寺僧先抄作"途"字,後又改爲"連"。爲什麼會這樣呢?如果僅僅是筆誤,爲什麼後世刻本恰恰有作"途"的呢?原來永隆本是以薛綜本爲底本,旁據李善本,凡抄寫者認爲李善用字優於薛綜者,則改從李善。即如此句,薛綜本作"途閣雲曼",寺僧抄寫後認爲作"連閣"義長,故改從李善。這表明此字薛作"途"而善作"連",唐人顏師古《匡謬正俗》所引李善本此句正作"連"字可證。但是到了刻本階段,我們看到北宋監本、尤刻本並作"途",相反五臣本如陳八郎本、朝鮮刻本,六臣本如奎章閣本、明州本、《四部叢刊》本却作"連",奎章閣本並有校語說:"善本作途。"在這裏,李善本和五臣本正好顛倒了一下。

其次再看"島"字,此字與"連"相似,在"長風激於別島"句中,"島"也是抄者涂抹了原字"隝"之後另寫在旁邊的。與"連"不同的是,"連"字薛綜及李善的注文都沒有提到,但"隝"字却出現在薛綜注中。這充分證明薛本作"隝",而善本作"島"。刻本的情形與此相反,北宋監本、尤本及《四部叢刊》本並作"隝",陳八郎本、奎章閣本、明州本並作"島"。《四部叢刊》本有校記稱:"五臣作島字。"

第三個是"集"字。永隆本"集隼歸鳧"句,薛綜注文是:"奮迅聲也。"李善則引《周易》"射集隼高墉之上"作注。初讀此注,頗爲不解,因爲正文中並無"奮"字,薛綜注從何而來呢?俟知道了永隆本是以薛綜和李善兩種注本爲底本的事實,對此就明白了。原來薛綜本作"奮隼歸鳧",故有這樣的注,但寺僧抄寫此句之前,已決定采用李善的"集"字,所以正文按照李善本抄作"集隼歸凫"以後,遂與薛注不相吻合了。此字北宋監本、尤本及《四部叢刊》本作"奮",陳八郎本、奎章閣本作"集",《四部叢刊》本校語稱:"五臣作集。"

最後一個是"戈"。永隆本"建玄戈"句,從抄寫面貌看,"戈"字原抄爲"弋",後又用濃筆描成"戈"字①。此字薛綜注作"弋",李善注不及,據以上分析,當是薛本作"弋",李善本作"戈"。刻本情形比較有意思,除了北宋監本作"戈"外,包括尤刻本在内的其他刻本都作"弋"字。奎章閣本、《四部叢刊》本都無校記。奎章閣本無校記,當是疏漏(該本應有校而無校之處甚多),《叢刊》本無校,則可能是南宋時所見已無異文,各本並作"弋"字(北宋監本亦隨金人南侵而罕傳於世)。案,此字清人何焯校稱應作"戈"爲是,作"弋"誤,何焯所說的理由大概也是寺僧改從李善的理由。

這四個字,除"戈"字外,原來都是李善用字,但到了刻本階段,全都改爲五臣用字了;並且編刻六臣合并注本時,都加校語稱李善作某字,五臣作某字,而後人的研究也便據刻本來討論李善和五臣的是非優劣,這些顯然是不對的。因此對李善注、五臣注概念的使用必須加以限定,切不可將刻本與寫本混同。

永隆本的注文與刻本相校,不同處也很多,在許多地方保留了李善注原貌。比如稱"臣善"以別於舊注之例,在永隆本中分明可見。此外,李善注分節也與五臣不同,但後人合并六臣注本時,因以五臣爲底本,所以分節也根據五臣,這樣就打亂了李善注分節原貌。比如明州本《西京賦》以"封畿千里,統以京尹;郡國宫館,百四十五"四句爲一節,永隆本却以兩句爲一節,於"統以京尹"處下注,再於"百四十五"處下注。這樣,當六臣注合并時,往往將李善本數節注文集於一處,於是就在六臣本中出現一節中雜有兩個以上"善曰"的現象。由於李善注例是,凡有舊注,照録於上,然後再以"臣善曰"區別,那麽六臣合并注時,就常會將舊注録入李善注中而產生謬誤。例如明州本

---

① 參見饒宗頤《敦煌本文選斠證》(一),載《昭明文選論文集》,臺灣木鐸出版社,1976年,第129頁。

《西京賦》以"天梁之宫，寔開高閈；旗不脱扃，結駟方蘄；櫟輻輕鶩，容於一扉"六句爲一節，而永隆本却兩兩一節，共分三節。三節都有薛綜注，李善注僅有一處，置於第二節薛注下。再看明州本的合并："翰曰，天梁，宫名……乃一扉之地而容也。綜曰（按即薛注），天梁，宫名，宫中之門謂之閈，此言特高大［也］。（爾雅曰），熊虎爲旗，扃，關也，謂建旗車上有關制之，令不動摇曰扃。每門解下之。今此門高，不復脱扃，結駕駟馬，方行而入也。蘄，馬銜也。［臣］善曰，左氏傳曰，楚人惎之脱［扃，古熒反］（蘄，巨衣切）。楚辭曰青驪結駟齊千乘。［蘄，巨衣反］馭車欲馬疾，以棰櫟於輻，使有聲也。"案，上引注文中的"［］"號爲明州本脱文，"（）"號爲永隆本無。在這一節注文，永隆本第一節注起"天梁"至"高大也"；第二節起"熊虎爲旗"至"蘄，巨衣反"；第三節起"馭車"至"使有聲也"。其中第三節爲薛綜注，但在明州本合并注中却歸爲李善注了。此外，明州本漏掉"扃，古熒反"四字，又誤接以"蘄，巨衣切"四字，在永隆本中，這四字是置於第二節之末的。按《左傳》宣公十二年記"楚人惎之脱扃"，可見這是原文，明州本誤。

一般説來，尤刻本以及據尤刻重刻的胡刻本，基本保留了李善本分節舊貌，即使尤刻本不易見到，也還可以根據胡刻本判斷李善注的分節位置。但是尤刻和胡刻有一些不同於唐寫本的地方，如前引"繚亘綿聯，四百餘里。植物斯生，動物斯止"和"炙炰夥，清酤敱。皇恩溥，洪德施"兩句，這就要靠永隆本來恢復李善舊貌了。

（三）從《文選集注》看李善注本原貌

《文選集注》原藏於日本，是董康宣統年間赴日本時於金澤文庫發現，並白諸内藤博士，轉達日本政府，列爲國寶。其後羅振玉影印出十六卷，題名爲"唐寫本文選集注殘本"。羅振玉影印並不完整，其後日本京都大學文學部影印舊鈔本，第三至第九集是《文選集注》，共二十三卷。日本京都大學影印本也不完全，如中國國家圖書館藏曹子建《求自試表》殘葉及天津藝術博物館藏第四十八卷殘卷，都爲原影印本所脱。除此之外，臺北故宫博物院所藏卷第九十八，也爲原影印本所未收,因此《文選集注》存世當有二十四卷。由於此書間有日人校讀印記,如第九卷末有"嘉曆改元之歲仲夏下弦之候燈下一見畢",嘉曆爲日本第九十六代後醍醐天皇年號,當公元1326年,因此日本學者咸以爲此書乃本邦人所編。對此,中國學者也因爲沒有史料記載,所以如羅振玉便模棱兩可地説:"其寫自海東,抑出唐人之手,不能知也。"① 1971年臺灣學者邱棨鐊赴日進行學術交流,仔細研究了《文選集注》,乃推翻這一結論,提出此書不僅出於唐人之手,而且原亦藏於中國。邱文發表於臺灣《"中央"日報》,大陸學者很少見到,一些研究者仍然沿用日本人説法,所以特此介紹如下。邱氏主要證據爲:第一,卷中唐帝諱缺筆,如"淵"寫作"㴋","民""世"分别寫作"㞢""卄",其爲唐人所寫無疑。第二,卷中有宋人鈐印,如卷六十八有"田偉後裔""審美珍藏"和"伏侯在東精力所聚""景偉庵印""七啓盦"等。又卷首有"□州田氏藏書之印"鈐記。田偉乃北宋人,官至江陵尉,因家於此,荆州即江陵。田偉藏書甚豐,至數萬卷,自號"博古堂"。卷中"荆"字損壞,然從卄從刀尚可辨認。又卷六十八有堂號鈐記,雖然"博古堂藏書章"缺泯殆盡,猶可辨其"専"旁及"古"字。由此可以斷定《文選集注》本來爲我國舊藏,所謂"平安書體"及"或寫自海東"之説當不攻自破。

邱文發表於《"中央"日報》1974年10月30日,1975年1月12日,潘重規復於該報發表《日本藏〈文選集注〉殘卷綴語》一文,補益邱氏之文。潘文據董康《書舶庸譚》,指出所謂"田偉後裔""景偉庵""七啓盦""伏侯"都是一人,即清末公使署一個姓田的參贊,他因見有"荆州田氏藏書之印",遂購回寫本,並鈐上"田偉後裔"的印記②。田氏藏本後售與廠肆,最終又被日本人購回。邱氏所謂北宋田偉所藏之説應該是錯誤的,此《文選集注》或出於日本學者之手,但其底本係何人所編,至今仍然是要討論的問題。

---

① 《唐寫本文選集注序》,1918年上虞羅氏日本影印本。
② 楊守敬《文選集注》卷六十八《跋》所稱:"惜伏侯持此卷屬題僅一日即返京師。"即此人。今中國國家圖書館藏曹子建《求自試表》殘卷,有田潛的跋,記其從日本所得《文選集注》之事,知田潛即其人。

《文選集注》編排有序，體例嚴謹，遇有異文，輒加按語。從時代看，它既產生於唐末，當是最存《文選》各家注舊貌的善本。是書共收五家注，除李善、五臣外，還有陸善經注及不知名的《音決》和《鈔》。關於陸善經，據《玉海》卷五十四引《集賢記》說，他曾參加蕭嵩注《文選》的班子，但未竟功。《文選集注》所錄陸善經注本，或者是陸善經從蕭嵩班子退出後獨立完成的作品。關於《音決》和《鈔》，中國典籍一無著錄、引用，其最早見錄於日本藤原佐世《日本國見在書目錄》，稱《文選鈔》六十九卷，《文選音決》十卷，皆公孫羅撰。《日本國見在書目錄》作於日本寬平年間（889—897），相當於晚唐昭宗時期，此書所記不應有誤，因此一般均認爲《文選集注》所錄《音決》和《鈔》，就是公孫羅之書。但事實上並非如此，斯波六郎《文選諸本的研究》[①]曾舉三例證明《鈔》與《音決》不是同一作者，讀者可以參看。

　　《文選集注》是以李善注爲底本，所以它先引李善注，其次是《鈔》《音決》，再次是五臣、陸善經。這種編排體例，在普遍重視五臣本的唐代是一個十分值得注意的現象。《文選集注》既以李善本爲底本，應該是較多地保留了李善注的舊貌，斯波六郎便認爲它擁有最多的舊李善注。對此，日本學者岡村繁教授著文反對，他以《蜀都賦》爲例，對《集注》本、明州本、袁本、尤本、胡刻本進行了比勘，結果發現，"唯有《集注》本中的李善注，比其他新版本多出很多數量。可以推測，《文選集注》中的李善注，應該是經過特別增補李善的注後，第二次才產生的注。這一事實即證明，《集注》本中有而現存版本中缺漏的引注，並非如一般所說是版本脫文所致；而是《集注》本中的李善注比其他版本李善注多，後者要比'版本脫文說'合理恰當"。[②] 其實《文選集注》的情況比較複雜，筆者也比勘了數卷，發現有的部分是《集注》本中的善注少於刻本，還有的部分相差不多。比如謝惠連

[①] 《文選索引》第一册，日本京都大學人文科學研究所1957年。
[②] 《〈文選集注〉與宋明版本的李善注》，載《文選學論集》，時代文藝出版社，1992年，第45—46頁。

《七月七日夜咏牛女》一篇，《集注》本中善注少於刻本，而《陳太丘碑文》，《集注》本則與刻本相差無幾。因此岡村繁先生所說《集注》本善注多於刻本，並不能代表全貌。總之，對此產生於唐末的編排有序、體例謹嚴的合并注本應該給予充分的信任。

與永隆本僅是單篇文章不同，《文選集注》存世共有二十四卷之多，它在許多方面保存了唐人注本舊貌。比如，它證實了《文選》分類是三十九類，而非常說的三十七類或三十八類。主張三十七類說者，主要依據現存版本如尤刻本、胡刻本、《四部叢刊》影宋本等。不過，對三十七類的說法，清人已有所懷疑。胡克家《文選考異》卷八在"移書讓太常博士"條下說："陳云題前脫'移'字一行。"陳氏即陳景雲，著有《文選舉正》六卷，可惜未刊。對於此點，近人黃季剛先生《文選平點》也在《移書讓太常博士》下說："題前以意補'移'字一行。"按照他們的說法，《文選》目錄中劉歆《移書讓太常博士》題前應該有"移"字，就是說"移"應獨立出來列爲一類，與"書""檄"等一樣，這樣，《文選》就是三十八類了。推測陳、黃等人的理由，大概依據的是蕭統《文選序》。蕭統在序中說："凡次文體，各以彙聚。詩賦體既不一，又以類分，類分之中，各以時代相次。"這表明《文選》編排體例是每一類中文章各以時代先後爲順序排列，但現行各本如尤刻、胡刻及《四部叢刊》本，在卷四十三劉孝標《答劉秣陵沼書》下，逕排劉歆《移書讓太常博士》一文。劉孝標是南朝梁人，劉歆是西漢人，按照體例，劉孝標應排在劉歆之後。故說明劉歆的移文應該單獨標類，這就是陳景雲、黃季剛的理由。但是根據同樣的道理，現行《文選》卷四十四"檄"類中排在三國鍾會《檄蜀文》之下的漢司馬相如《難蜀父老》，也應單獨列類，即"難"體與"檄""移"一樣，這樣，《文選》就不是三十八類，而是三十九類了。除了這種根據蕭統《文選序》所作的"意"測，當然也有版本依據，即現藏臺北"中央圖書館"南宋紹興三十一年（1161）陳八郎刻本，以及朝鮮正德年間五臣注刻本，都標三十九類。關於這一問題，參見本書下篇《〈文選〉三十九類說考辯》一文。文中除了上述證據外，還參據了宋人的著錄，如晁公武《郡齋讀書志》、王應麟《玉海》所引《中興館閣書目》、章如愚《山堂群書考索》等，所著録的《文選》都有"難"體可證。應該說以上的證據是非常充足的了。但還有些學者認爲版本上僅有五臣注本，不太可靠。不過，這一擔心現在又在《文選集注》中得到了解除。據日本京都大學影印本第八集《文選集注》卷第八十八，司馬相如《難蜀父老》題前有"難"字，不過這個"難"字，是置於前一篇鍾會《檄蜀文》末句"各具宣布咸使知聞"下，並有陸善經注文說："難，詰問之。"然後換行，題寫《難蜀父老》，再換行，題"司馬長卿"。這樣的格式，很明顯是以"難"爲單獨的類別的。

《文選集注》既集五家之注，五家不同的異文，都加按語說明，因此從《集注》一書基本可以看出唐代各家《文選》不同的面貌。比如該書卷六十三屈平《離騷經》李善注之後加按語說："《音決》案，序不入或並錄後序者皆非。今案，此篇至《招隱》篇，《鈔》脫也。五家有目而無書。"從這條按語看，《音決》的時代，有的《文選》寫本是將《序》列入正文的，這個《序》當即王逸《楚辭章句序》。又據《集注》編者案，《文選鈔》脫《離騷》至《招魂》諸篇，五臣注本則有目無文。但是今存卷六十六《招魂》和《招隱》，都有五臣注，這是《集注》編按的粗略之處。也有可能《集注》編者或非一人，而所據底本亦非一種所致。又如任彥昇《奏彈劉整》，《集注》在"奴教子當伯"下加按語說："陸善經曰，本狀云'奴教子當伯'已下，並昭明所略。今案，《鈔》、五家本此下云：'並已入衆……並不分逡。'"這是說自"奴教子當伯"至"並不分逡"一段，蕭統編《文選》時刪去，李善本同，但《鈔》和五臣本却保留。又下一段"便打息逡"下"整及母並奴婢等六人"至"整即主"，據《集注》按語，李善本無，但五臣本保留。這一些唐代各家注本《文選》的不同面貌，在刻本中已經完全混亂了。尤刻本和胡刻本將這些注文全數刻入正文，並加按語說："昭明刪此文大略，故詳引之，令與彈相應也。"這條按語不見於《集注》，且據尤刻按語與《集注》所録李善文字不能對等以及《集注》按語介紹的情形看，尤刻本按語决非李善所加，由此亦可見出刻本對李善本原貌的改動和破壞。

與永隆本反映的情形大致相同，從《文選集注》也可以看到後世刻本對李善本原貌的破壞。兹以《文選集注》卷五十九"雜詩"類爲例，藉以考察由寫本到刻本的訛變過程：

1. "園中屏雜氛"（《田南樹園激流植援》）

《集注》："今案《鈔》、陸善經本'園中'爲'中國'也。"剛案，"中國"當爲"中園"的誤寫，這是説李善、五臣都作"園中"，而《文選鈔》和陸善經本作"中園"。但在刻本中，五臣本如陳八郎本、朝鮮刻本保持原貌，作"園中"，李善本如北宋監本、尤刻本都作"中園"，這裏是將《文選鈔》和陸善經本當作李善本了。

2. "靡迤趨下田，迢遞瞰高峰。"（同上）

《集注》："今案，《鈔》曰爲'岫'；《音决》'迢遞'爲'岹嶢'。"剛案，"《抄》曰"後當漏"田"字。這是説此字唐代《文選》注本除《文選抄》作"岫"外，其餘各本並作"田"。但在刻本中，五臣本如陳八郎本、朝鮮刻本都作"岫"。又據《集注》案語，此詩《鈔》、《音决》和五臣本都次於《齋中讀書》之後，今陳八郎本、朝鮮刻本次序同此案語，但奎章閣本和《四部叢刊》本次序同於李善本，且無校語。奎章閣本底本是秀州本，是六家本的最早合并本，排列順序是先五臣後李善，因此它本應按照五臣本次序，此處明顯是疏忽了。《叢刊》本後出，且基本以六家本爲底本，所以此處便也沿襲秀州本之誤。

3. "嫋嫋秋風過，萋萋春草繁。"（《石門新營所住四面高山回谿石瀨修竹茂林》）

《集注》："案，《鈔》'草'爲'葉'；五家本'春'爲'青'。"剛案，陳八郎本、朝鮮刻本作"春"不作"青"，已不同於唐代五臣本。

4. "庶持乘日用"（同上）

《集注》："今案，五家本'持'爲'恃'。"剛案，陳八郎本、朝鮮刻本及奎章閣本並作"持"，北宋監本作"恃"。奎章閣本校語稱："善本作恃字。"《四部叢刊》本此字從善作"恃"，校語稱："五臣作持。"據《集注》，唐代寫本並無"恃"字，這是後起的訛字，這表明唐寫本"持"和"恃"的異文，到了刻本階段，已訛變爲"持"和"恃"，且五臣用"持"，李善用"恃"了。不過，與北宋監本不同，尤刻此字作"持",或許是其參據了五臣本,或許是有李善古本的依據。

5. "肴干酒未缺,金壺啓夕淪。"(《甑月城西門廨中》)

剛案,句中"缺"字,北宋監本、尤本同,朝鮮刻本及奎章閣本作"闕",《叢刊》本校語稱:"五臣作闕。"但據《集注》本,唐寫各本此字皆作"缺",且《集注》所錄五臣劉良注亦作"缺",可知刻本五臣注已違離原貌。又案,陳八郎本此字作"缺",或是參照五臣注古本①。又句中的"壺"字,監本作"臺",陳八郎本、朝鮮刻本、奎章閣本並作"壺",奎章閣本校語稱:"善本作臺字。"據《集注》,此字各本無異文,監本作"臺",也當是後人誤寫。此字尤刻作"壺",或是參據五臣,或當如陳八郎本一樣,參照了李善古本。

6. "始出尚書"(《始出尚書省》)

《集注》:"今案,《音決》、五家、陸善經本'書'下有'省'字。"剛案,北宋監本、尤本都作"始出尚書省",已改唐寫李善本原貌。

7. "乘此得蕭散"(同上)

《集注》:"今案,《鈔》、五家、陸善經本'乘'爲'因'。"剛案,陳八郎本、朝鮮刻本、奎章閣本作"因此得蕭散",監本、尤本作"乘此終蕭散",是刻本李善注的"終"字或爲後人所改。

8. "聊恣山泉賞"(《直中書省》)

《集注》:"今案,五家本'賞'爲'響'。"剛案,刻本並作"賞",則唐寫五臣本面貌已改。

9. "仟眠起雜樹"(《和王著作八公山詩》)

《集注》:"今案,《音決》、五家、陸善經本'仟'爲'阡'。"剛案,奎章閣本、朝鮮刻本並作"仟",同李善本。但陳八郎本作"阡",或當從五臣古本。

10. "日隱澗疑空"(同上)

---

① 案,陳八郎本卷首有宋人江琪木記一則,自謂"將監本與古本參校考證",監本即北宋天聖年間所刻李善注本,古本當是五臣注古寫本。所以陳八郎本有許多地方同於李善本,也有許多地方既不同於李善本,也不同於五臣注刻本,但却合於《集注》所載唐寫五臣本。

剛案，句中"疑"字，監本、尤本並作"凝"，已與唐寫李善本不同。

以上10例，可見從寫本到刻本的訛變過程。其中有的是字形訛誤所致，如第4例中的"特"字，即是由"持"和"恃"訛變而成。有的是李善用字訛爲五臣用字，如第3例，唐寫五臣本原作"青"，但刻本却從李善作"春"；又如第8例的"賞"，亦是。也有的是五臣用字訛爲李善用字，如第6例的"省"，唐寫李善本無，但刻本則從五臣添入。除此之外，還有很多原出於其他注本，但在刻本中已或混爲李善或混爲五臣了。比如第1例是將陸善經本混爲李善本，第2例是將《鈔》混爲五臣。如此等等，可以說在《文選集注》中比比皆是，可見研究《文選》版本要分爲刻本和寫本兩個階段，而對李善注和五臣注概念的使用也必須加以限定。這樣的情況，是以往《文選》版本研究中沒有注意到的。不充分研究這些現象和産生的原因，勢必會影響到研究的結論。

以上我們具體分析了李善注的寫本和刻本，可以見出李善本從唐代寫本到宋代刻本，其間發生了很大的變化，後人常所依據的刻本李善注的一些特徵，其實可能並不是原始李善本。因此我們提出，《文選》版本的研究，一要分爲寫本和刻本兩個階段，二對李善注和五臣注概念的使用必須加以限定。總的說來，寫本階段的李善注與五臣注間的分歧，比刻本階段李善注與五臣注間的分歧要簡單得多；而且據《文選集注》，唐代流傳的注本除了李善與五臣以外，還有《文選鈔》《文選音決》和陸善經注本。當然，這並不是唐代《文選》注本的全部，比如敦煌寫本Φ242號《補亡詩》至《上責躬應詔詩表》，就是這五家以外的注本，但到刻本階段，除李善、五臣外，其他各家基本失傳，而原來諸家間的分歧，有許多竟全歸之於李善和五臣，使得異文情形更趨複雜。後人不知，只能據刻本論李善、五臣，却將許多原非李善、五臣的東西，當成了李善、五臣。這是《文選》版本研究中存在的主要問題，也是導致結論錯誤的主要原因。因此只有在各個階段、各個版本事實清楚的情況下，才能進一步研究李善本或五臣本的原始面貌。

永隆本《西京賦》非盡出李善本説

永隆本《西京賦》自 20 世紀初發現以來，立刻震動了學術界。由於它全錄李善注，而單李善注《文選》又被認爲早已失傳，因此它的價值愈加珍貴，一時學者爭相研究。此本本是法國學者伯希和 1908 年盜劫的敦煌文獻中的一種，由於卷末有"永隆年二月十九日弘濟寺寫"字樣，故世稱"永隆本"。1917 年羅振玉搜集敦煌石室所出各類文獻資料 30 種，編爲《鳴沙石室古籍叢殘》，《西京賦》被錄入，其原編號爲伯 2527 和伯 2528。由於賦末書"文選卷第二"，且錄李善注，所以一般都認爲是出自李善六十卷本而無疑議。又此卷的抄寫年代標爲永隆年二月十九日，永隆是唐高宗年號，當公元 680 年至 681 年。永隆改元是在八月二十三日，此卷明稱二月，應爲永隆二年（681）無疑。這個時間上距李善上《文選》注表的顯慶三年（658）僅二十三年，而下距李善卒年，高宗永昌元年（689）尚有八年，是弘濟寺僧抄寫《文選》時，李善猶在，正是這個原因，永隆本《西京賦》格外引起今人的重視。

就近代以來的《文選》版本研究而言，從《西京賦》發現之日起，研究者無不將其作爲李善本的真貌而據以討論後世刻本的得失。比如國內最早進行研究的蔣斧説："知此爲崇賢初次表上之本，而今本北海補益之本也。廬山真面，隱晦千年，一旦見之，能無狂喜？其餘傳寫之異同，足資訂正者甚多。"[①] 其後羅振玉也説："此善注二卷，可正今本之失，其可貴不待言。"[②] 蔣氏稱他另外撰有校勘記，羅則無校。與他們同時的劉師培曾以茶陵本、明袁氏覆宋本、汲古閣本、胡刻本與此寫卷作過比較詳細的勘校，所得結論是："足證後世所傳李注本，已失唐本

---

① 《鳴沙石室古籍叢殘影印本題記》，見王重民《敦煌古籍叙錄》，中華書局，1979 年，第 311—312 頁。

② 《雪堂校刊群書叙錄》卷下，《敦煌古籍叙錄》，第 310 頁。

之真。"① 認真而詳細地研究過《西京賦》的，當屬日本學者斯波六郎博士，他在《文選諸本的研究》一文中，以《西京賦》與袁刻本、《四部叢刊》影宋本、胡刻本的正文和注文進行了認真的比勘。發現胡刻本多與寫卷不合，而與袁刻本和《叢刊》本相同甚多，對此現象，斯波六郎結論說胡刻本"多有失李善本舊貌處"②。當代學者中全面研究《西京賦》的首推饒宗頤先生，他的《敦煌本文選斠證》詳細比勘了永隆本與《四部叢刊》本、胡刻本的異同，結論約有十四條之多，大要是永隆本可以校正後世刻本之疑誤。饒氏之後，又有張錫厚、伏俊璉二先生，各有詳細的校注，結論亦與前人大抵相同③。以上諸家的研究，工作雖有精粗之別，依據及結論却都大致相同，即都將永隆本《西京賦》作爲原始的李善本。不過由於比勘的結果表明，寫本與刻本間的詳略異同差別較大，并且寫本中的注文常有不合李善注例的地方，如《東都賦》"光漢京於諸夏"句李善注說："其異篇再見者，並云已見某篇，他皆類此。"但寫本《西京賦》中許多類似的情况，都出注。如"美往昔之松喬"句，注文是："臣善曰，《列仙傳》曰，赤松子者，神農時雨師也，服水玉。又曰，王子喬者，周靈王太子晉也。道人浮丘公接以上嵩崙山。"案，赤松子與王子喬之注已見《西都賦》"庶松喬之群類"句下，因此尤刻本《西京賦》此句即注"松喬已見《西都賦》"。很明顯這是符合李善注例的，而永隆本却有乖此例。對此現象，研究者或以爲此卷是李善初注本，或以爲是未經紊亂之本。因爲據《新唐書·李邕傳》："父善，顯慶中爲《文選注》，表上之。始善注《文選》，釋事而忘意，書成以問邕，邕意欲有所更。善曰：試爲我補益之。邕附事見義，善以其不可奪，故兩書並行。"所以近人蔣斧認爲此卷乃李善初次表上之本，而今本則是李邕補益之本。然而不管寫本是不是李善定本，共同認定它是李善的原本却是大家的一致看法。

---

① 《敦煌新出唐寫本提要》，《敦煌古籍叙録》，第314頁。
② 載《文選索引》第一册，日本京都大學人文科學研究所，昭和三十二至三十三（1957—1958）年，第19頁。
③ 張錫厚《敦煌賦彙》，江蘇文藝出版社，1995年；伏俊璉《敦煌賦校注》，甘肅人民出版社，1994年。

確定永隆本是不是李善本的原本，對《文選》版本的研究具有十分重要的意義。因爲後世刻本的李善本和五臣本的源流比較混亂，二本常有互相羼雜的現象，孰是孰非，難以判定。如果能夠得到李善原本，自然就能夠以它爲依據，從而爲判別厘清二本傳承演變的過程提供了可能性。應該說近現代的《文選》版本研究，大都是從這一點開始工作的。我本人的研究也是這樣，在發表於《國學研究》第五卷的《文選版本叙錄》中，我對永隆本《西京賦》的判斷，也是將它視爲李善的初注本原本。但現在經過對原卷的仔細研究，終於發現此卷的正文部分並非李善底本，而是用的薛綜的底本。這就是說，永隆本《西京賦》並不是李善的原本，寺僧抄寫依據的是薛綜和李善兩種底本，現詳論如下。

（一）判斷的依據

判斷永隆本是不是李善本，一個最基本的依據是該本的正文和注文必須一致，但永隆本並非如此，它的李善注文常常和正文相左。比如"墱道麗倚以正東"的"墱"，薛綜注同，李善注却作"隥"。這說明薛本作"墱"，李本作"隥"，寺僧所抄正文用的底本是薛本。又如"凌重巘"的"巘"，薛綜注同，李善注却作"巇"，這也同上例一樣，表明寺僧所抄正文用的是薛本。這樣的例子，永隆本中尚有不少，今統計列表如下（表7）：

表7

永隆本	薛綜注	李善注
正睹瑶光與玉繩		摇
墱道麗倚以正東	墱	隥
美往昔之松檽		喬
期不陀陊		陁
毚兔聯猭	猭	遂
攎鷖景	鷖景	騁景
凌重巘	巘	巇

續表

永隆本	薛綜注	李善注
攦昆鮞	昆	鯤
張甲乙而襲翠被		帳
巨獸百尋是爲曼延	曼	漫
增蟬蛸以此豸	蟬蛸	蟬蜎
奮長褎之颯纚	褎	袖
耽樂是從		湛

  以上共有十三例，其中五例是薛綜無注，但正文與李善注相異，這說明正文所錄爲薛綜本。比如第一例"正睹瑤光與玉繩"的"瑤"，寫本正文作"瑤"，薛注無，李善注作"搖"，善注與正文相左，表明此字李善本與薛綜本原不相同，寺僧所抄正文，當據薛本。又如"張甲乙而襲翠被"的"張"，薛綜不加注，李善注引班固《漢書贊》曰"孝武造甲乙之帳"，可見李善本作"帳"字。此外還有一些是正文與薛注同，但李善無注的例子，如"跳丸劍之徽霍"的"徽"，薛綜注說："徽霍，跳丸劍之形也。"李善於此字無注，但今傳各種宋刻本，如北宋天聖明道本、南宋尤袤刻本、陳八郎刻本、明州本、建州本（《四部叢刊》影宋本），均作"揮"，或可說明李善本即作"揮"字。案，除刻本外，《藝文類聚》及日本九條家本《文選》亦作"揮"，可知此字自有來歷，而非後人傳抄訛誤。像這樣的例子，亦可說明薛本與李善本的不同，寺僧此處所據當爲薛本。不過這樣的結論畢竟帶有推測性，所以本文不作爲證據使用。以上十三個例子，可證寺僧所依底本爲薛綜本，否則難以解釋寺僧所抄李善本《西京賦》，爲何注文會與正文相差如此之多。

  如果以上所說不誤的話，寺僧抄寫時的情形，應當是同時握有薛綜本和李善本兩種底本。抄寫的時候，正文及薛綜注抄的是薛本，然後再抄李善注。爲什麼不是相反的情形呢？即寺僧全部按李善本的正文和注文過錄，遇見有薛綜與李善不同的地方，再加甄錄？從永隆本所展示的面貌看，似乎不存在這種可能性。因爲所謂甄錄，是要發現李善與薛綜的差異比較明顯，但像上表中的"橋"與"喬"，"陀"與"陁"，"曼"與"漫"等，或爲借字，或爲異體字，不涉意義，寺僧似乎没有必要一定要依據薛本。其次，如果底本是李善本，寺僧抄寫時，欲有取捨，必是發現李善不如薛綜，因此所舍當是李善，所取乃是薛綜。今觀永隆本正相反，如"長廊廣廡，連閣雲曼"的"連"，以及"長風激於别島"的"島"，這兩個字在寫本中均曾涂抹，"連"字是抄者在"途"字上用粗筆描成，"島"字則是先作"隝"，又用墨筆涂去，另在旁邊寫爲"島"。這個情形說明寺僧所據底本爲"途"和"隝"，後據别本改爲"連"和"島"。從注文看，在"長風激於别島，起洪濤而揚波"句下，薛注爲"水中之洲曰隝"，李善於此字無注，看來是薛綜本作"隝"，寺僧抄寫後，又根據李善本改作"島"。《文選》其他篇目也可爲佐證，如《吴都賦》"島嶼綿邈"，唐寫本《文選集注》正文作"島"，《集注》底本是李善注，可知"島"字即李善本。"連"字也當與此字相同，不過這個字薛綜、李善均未作注，似乎無從判斷，但從李善本《文選》其他篇目看，"連閣"一詞是李善本所有。如《吴都賦》"連閣相徑"句，《文選集注》亦作"連閣"，李善注並引《南都賦》"連閣焕其相徽"作注（案，此注尤刻、胡刻均不載），可見李善本皆作"連閣"（按尤刻本《吴都賦》、《南都賦》並作"連閣"，惟《西京賦》作"途閣"，已非李善本原貌）。此外，唐人顔師古《匡謬正俗》引文亦作"連"字可證。從"連""島"二字的涂改情形看，說寺僧所依底本是薛綜本當無大礙。

但是寺僧又並非全依薛本，這在《西京賦》後半部分更爲明顯，正文顯示有多例同於李善。比如"駢田偪庂"的"偪庂"，薛綜注作"偪側"，李善無注，但正文既與薛注不同，可見此字依據的是李善本（案，此字尤刻、建本作"庂"，陳八郎本及朝鮮奎章閣本作"側"）。這樣的例子還有"遂躋望北辰而高興"的"躋"，薛注作"隮"；"發引和"的"和"，薛注作"和"；"衡狹鷰濯"的"鷰"，薛注作"燕"。這幾個字李善皆無注，情形當與上例相同。永隆本中明顯棄薛從善的有兩例，一是"建玄戈"的"戈"，此字先作"弋"字，又用濃筆改爲"戈"（饒宗頤先生校記最先發明此説），薛注作"弋"說明寺僧先據薛綜本抄爲"弋",但"弋"爲誤字,所以寺僧其後可能又據李善本改爲"戈"字。可惜李善此字無注,未知是否即"戈"字。但另一處"集隼歸鳧"的"集"字,却明顯是棄薛從善之例。在這一句中,永隆本正文作"集",薛綜注:"奮迅聲也。"李善注引《周易》曰:"射集隼高墉之上。"初讀此句,對薛綜此注大惑不解,頗不明了薛綜注"奮"字來歷,因爲正文中並沒有"奮"字。但若知道了寺僧依據薛綜和李善兩種底本的事實,這個疑問就迎刃而解了。原來薛綜本作"奮隼歸鳧",所以注文解爲"奮迅聲也";而李善本則作"集隼歸鳧",注文亦隨而解釋"集"字。寺僧此處正文顯然用的是李善本,但又保留了薛注,由於正文用字已經改變,因而注文"奮迅聲也"就顯得突兀了。案,胡克家《文選考異》卷一稱"袁本奮作集,校語云,善作奮。茶陵本校語云,五臣作集。案,各本所見皆非也,薛自作集。集隼與歸鳧對文,承上四句而言,猶揚子雲以雁集與鳧飛對文也。善必與薛同,則與五臣亦無異,傳寫訛奮耳。"所謂袁本,即明袁褧覆宋廣都裴氏本,是六家本;茶陵本即元陳仁子刻本,是六臣本。胡克家由於沒有見到永隆本,所以判斷錯誤。《考異》又解釋薛綜注文"奮迅聲也",說是尤袤"割取五臣,增多薛注以實之"。今據永隆本,胡克家所言亦大錯。因爲永隆本抄寫時間在永隆二年(681),而五臣注上表在開元六年(718),此注必爲薛綜所爲。近人高步瀛雖然見到了永隆本,但不明白寺僧所抄依據了薛綜和李善兩個本子,所以判斷與胡克家一樣錯誤①。

根據以上對永隆本所作的分析,我們完全有理由說永隆本反映的並不是李善本原貌,不可以不加辨別地使用。近人往往用以與刻本比勘,藉以探求李善本真貌,由於不了解這個事實,所以結論當然錯誤了。

(二) 判斷的意義

揭示永隆本的上述事實,對於《文選》版本研究具有十分重要的

---

① 參見高步瀛《文選李注義疏》卷二,中華書局 1985 年點校本,第 382—383 頁。

意義。首先，對於我們判定永隆本並非《文選》的殘卷提供了證據。在《文選版本叙録》中，我曾根據永隆本卷末署名方式，推測它不是寺僧抄寫李善六十卷本《文選》所佚存的殘卷，因爲如果全本抄寫，不應該在第二卷標出抄寫年月，而應在全本抄寫完畢以後再落款。現在知道了永隆本的抄寫方式，證實了我的猜測。很明顯，如果目的是抄李善本《文選》的話，抄寫者不會使用兩個不同的底本，而只能按照李善本的面貌抄寫。因此，永隆本看來是寺僧取《文選》所載《西京賦》（或者還有《東京賦》）和薛綜注本合成的鈔本，不能簡單地視爲李善《文選》中的《西京賦》，雖然卷末也標有"文選卷第二"的字樣。這樣看來，我們只能稱永隆本爲《西京賦》注殘卷，而不能説是《文選》殘卷。這二者之間是有區别的，因爲作爲《文選》的殘卷，可以直接用來與《文選》的各版本比勘研究，以探討其傳承演變的過程。但如果不是《文選》殘卷，則不可作爲依據，雖然它具有非常重要的參考價值。事實上近代以來的研究者，恰恰是以它作爲李善注的真貌而來考察刻本的源流的，這樣得出的結論可能是不符合歷史事實的。比如斯波六郎博士《文選諸本的研究》，用了很大的篇幅，以永隆本與胡刻本、《四部叢刊》本、袁本作比勘研究，研究的結論完全建立在永隆本是李善本真貌的基礎之上。附帶説明一下，斯波六郎博士的研究，不僅没有弄清永隆本的事實，而且也没有弄清刻本李善本的事實。他以胡刻本代替尤刻並概論李善本，却不知道胡刻本的底本只是尤刻本的一個後印本，與初印本有許多差異①。問題還不在這裏，事實上即使尤刻本，也不是完全的李善本。在尤刻之前，還有一部北宋天聖年間國子監刊印的李善本，它與尤刻之間又有許多不同。因此根據胡刻本或尤刻本來概論李善本的特點，以及李善本與五臣本之間的關係，其實是非常不可靠的。就以斯波六郎文中所列胡刻、永隆本、袁本、《四部叢刊》本的正文比勘表爲例，表中列胡刻與永隆本不同處共八十五例（每例中的異字，或一處，或二三處），但其中有二十處北宋監本不同於胡刻而同於永隆本，這還不算未經斯波博士指出的異字。比如胡刻的"馨烈彌

---

① 參見程毅中、白化文《略談李善注〈文選〉的尤刻本》，載《文物》1976 年第 11 期。

茂",斯波六郎指出的是"馨"字,永隆本作"聲",其實"茂"也是異字,永隆本作"楸"。這兩個字,北宋監本並同永隆本①。胡刻與北宋監本有這麽大的差異,而斯波六郎取以作李善本的依據,所得結論即使僅限於胡刻和尤刻,也並不完全正確②,何況進而概論李善本呢?

其次,永隆本爲我們保留了薛綜本的部分面貌。薛綜所注《二京賦》,僅見史書著録(《隋書·經籍志》據《七録》著録説梁時有二卷,已亡佚;兩《唐志》著録爲《二京音》二卷),久已失傳,李善注《文選》,録入薛注,但薛綜本正文是何面貌,不得而知。今則可借永隆本略窺一二。

第三,李善注《文選》,體例是舊注是者,因而留之,至其乖謬,乃具解釋,稱臣善以示區別,《西京賦》注即是如此。但是所取乃前人之注,對前人所用正文如何處理呢?初讀永隆本,發現"連閣雲曼"和"長風激於別島"兩處涂改,且所改之字並非抄錯所致,因懷疑李善是否逕取薛綜注本作底本。現在看來,永隆本完全是寺僧合成所致,至於李善作注,仍然依據蕭統《文選》爲底本。

第四,有助於澄清《文選》版本研究中存在的錯誤認識。永隆本保存的李善與薛綜兩種不同面貌的事實,説明了《文選》所選文章,由於歷代傳抄的原因,在唐代已經有了很大的歧異,並不僅如李善在注中偶一出校的爲數不多的幾例。(如陸機《演連珠》第二首"是以物稱權而衡殆"的"稱",李善有校語説:"'勝'或爲'稱'。")這一事實對於後世版本的研究十分有幫助。後人見有《文選》異文,或稱五臣亂善,或稱尤袤擅改,其實不知道這異文可能還產生於五臣和李善之前。比如"驪駕四鹿"句,胡克家《文選考異》卷一説:"案,驪當作麗。薛注云,驪,猶羅列駢駕之也。驪亦當麗,唯薛正文作麗,故如此

---

① 北宋監本前十六卷今藏臺北故宫博物院,本文使用的監本有三個依據,一是傅增湘過録本,今藏中國國家圖書館;二是張月雲《宋刊〈文選〉李善單注本考》,載臺灣《故宫學術季刊》第 2 卷第 4 期,1985 年;三是奎章閣本底本關於李善本校記。此處所引"聲"字即據張月雲文,"楸"字則根據傅增湘過録本。

② 關於此點,參見本書下篇《〈文選〉李善注原貌考論》。

注之。若作驪，不可通，善必與薛同。袁、茶陵二本所載五臣濟注云，仍以驪馬駕之，是其本乃作驪。各本以之亂善，而失著校語，又並薛注中字改爲驪，甚非。"《考異》以爲正文"驪"字誤，其實不然，胡紹煐《昭明文選箋證》已經辨正。《考異》又稱薛綜本當作"麗"，今本作"驪"，乃後人所改，今據永隆本，可知薛綜本正文及注文均作"驪"，並非後人所改。《文選》一書，既收選周秦以來歷代文章，則這些文章在收錄之時，由於歷代傳抄的原因，歧文異字必不在少。至於唐代，《文選》學興，注《文選》者，據史書記載，有六七家之多。今存於世的唐寫本《文選集注》，還保存了李善、五臣、《文選鈔》、《文選音決》、陸善經五家。各家時有歧異，《集注》編者都作有按語，因此可見到五家《文選》的大致面貌。唐以後，除李善和五臣兩注本外，其餘諸家基本失傳，《文選集注》甚至不見於記載，致使後人每見《文選》異文，不是歸於李善，就是歸於五臣，而其實可能既不是李善，也不是五臣。此例甚多，如《離騷》"湯禹儼而只敬兮"的"儼"字，六臣本（《四部叢刊》本）校記說："五臣作儼。"事實上這個字據《文選集注》說，只有陸善經本作"儼"，並非五臣。這說明刻本時代的李善、五臣已經與唐代的李善、五臣產生了非常大的差異，而後人不知，仍然依據刻本討論李善與五臣的異同優劣，結論自然是錯誤的。這樣的情形在永隆本中也得到了證實，就是許多後世認爲是李善本的字，却可能出於薛綜本，還有一些認爲是五臣本的字，又恰恰是出於李善本。前表所列十三例中一些字就是這樣。比如"橙"字，薛綜本同，李善作"隥"，但後世刻本却恰恰相反，五臣本如南宋陳八郎本和朝鮮正德年間刻本均作"隥"，而李善本如北宋監本和南宋尤袤刻本均作"橙"，《四部叢刊》影宋本並有校記說："五臣本作'隥'字。"又如"瑤"字，據永隆本，原出薛綜本，至於李善本則作"搖"，但今刻本（李善、五臣）均作"瑤"，是李善本此字真貌已失。再如"連"和"島"，本是李善本字，薛綜本分別作"途"和"隯"，刻本李善注却從薛作"途"和"隯"，五臣本則作"連"和"島"，《四部叢刊》影宋本分別加校語說："善本作途"，"五臣作島"。刻本階段存在的這樣一些與原貌相去甚遠的情況，長期以來影響了《文選》版本的研究，導致不能得出正確的結論。因此，永隆本抄寫事實的揭示，不僅僅可以糾正刻本的一些錯誤，更重要地可以據其考察由寫本到刻本的訛誤過程，糾正《文選》版本研究中，長期以來依賴刻本討論李善、五臣原貌並據而定是非的錯誤方法和結論。

關於現存幾種五臣注《文選》

　　五臣注《文選》最早刊刻於五代，這也是《文選》的最早刻本，它比最早的李善刻本要早上近一百年。自唐至北宋很長一段時期内，五臣注本都是非常受歡迎的書。但自南宋以後，五臣注受到嚴厲的批評，刊刻不多，而流傳也越來越少了。因此明清以來，公私藏書中的五臣本《文選》都是極少見的。流傳至今，國内完整的五臣注《文選》，僅有臺北"中央圖書館"藏有一部南宋紹興三十一年（1161）陳八郎刻本（清長洲蔣氏心矩齋有影寫本，今藏北京大學圖書館）。除此之外，北京大學圖書館和中國國家圖書館分別藏有南宋初杭州刻本第二十九、三十兩卷。這是現今所知的國内所藏五臣本《文選》的全部情况。由於陳八郎本長期存於臺灣，見到的人很少，這對於大陸學者研究五臣注《文選》帶來極大不便；同時，臺灣學者對杭州刻本的情况也不甚了解，這樣，關於這兩部五臣注本有什麽異同就不很清楚了。由於這樣的原因，常見有人將這兩本書混爲一談；還有的人則將它們與清錢曾《讀書敏求記》著録的五臣本混淆。這都是没有親見該書且没有加以考察的緣故。

　　其實五臣注《文選》除了國内所藏這幾種外，韓國成均館及日本東京大學東洋文化研究所各藏有一部朝鮮正德四年（1509）刻本（北京大學圖書館亦藏有同一版本的第四卷）。雖然此書刊刻較晚，却很有價值，對研究五臣注《文選》極有幫助。國外五臣注本除此之外，日本天理大學附屬天理圖書館還藏有一部鈔本殘卷第二十卷，此本原爲三條公爵家藏物，故世稱三條家本，東方文化學院1937年曾影印出版。

　　五臣注《文選》長期以來受到批評，但很多批評者既未見到單五臣注本，也未見到單李善注本（明清以來的私家藏書，基本未見有北宋國子監本，即使南宋尤袤刻本，藏家也很少），據以批評的只是六家合并注本，而六家合并注本往往已掩蓋了單李善本和單五臣本的原貌。因此他們對於李善本的讚揚和對於五臣本的批評，其實並不切合實際，而往往得出很偏頗的結論。以下我們將現存幾種五臣本《文選》（包括殘卷）簡要介紹如下，述其特徵並及遞藏的經歷，以求全面了解其面貌。

（一）陳八郎本

該本爲三十卷完帙，共十六冊，分裝二函。竹紙，色黃。每卷半葉或十二行或十三行，行二十三字。注文小字雙行，行二十八字。版心白口，雙黑魚尾。上象鼻有大小字數，無刻工姓名。曾爲近人王同愈所存，故書首葉有栩緣老人桃鐙（王同愈）序。書前有兩木記，其一是："凡物久則弊，弊則新。《文選》之行尚矣，轉相摹刻，不知幾家。字經三寫，誤謬滋矣，所謂久則弊也。琪謹將監本與古本參校考正，的無舛錯，其一弊則新與！收書君子，請將見行版本比對，便可概見。紹興辛巳（1161）龜山江琪咨聞。"其二是："建陽崇化書坊陳八郎宅善本。"

陳八郎本爲現存唯一宋刻五臣注全本，故對於《文選》研究具有李善本、六臣本所不能代替的重要作用。在版本上，它可以糾正李善本、六臣本的許多錯誤。比如關於《文選》的分類，根據現存的李善本和六臣本，部類共區分爲三十七類。今據陳八郎本，在卷四十三"書"類劉孝標《重答劉秣陵沼書》下劉歆《移書讓太常博士》之上應標出"移"類目；又，卷四十四"檄"類鍾會《檄蜀文》下司馬相如《難蜀父老》之上應標出"難"類目。關於"移"，胡克家《文選考異》卷八引陳景雲語云："陳云，題前脫'移'字一行。"陳氏沒有說出依據，或屬臆測，近人黃季剛先生《文選平點·目錄校記》即逕標"移"目，注明"意補一行"。其實黃氏見過日本古抄白文無注本《文選》，該本"移"即單標一類，不應再依據"意補"。經過以上諸人的工作，學術界一般接受了三十八類的觀點。考陳景雲及黃季剛"意補"的理由，當與《文選》體例有關。在《文選序》中，蕭統明言："凡次文體，各以彙聚。詩賦體既不一，又以類分，類分之中，各以時代相次。"這就是說《文選》編排體例是每一類中文章各以時代先後爲順序排列，而現存諸本（尤刻本、胡刻本、建州本、明州本、贛州本）卷四十三"書"類中漢劉歆《移書讓太常博士》居然置於梁劉孝標《重答劉秣陵沼書》之下，因此他們才以爲應補出"移"目。對陳氏之意，胡克家深有體會，在卷二十三"詩"中他也發現了歐陽建《臨終詩》不應排在謝惠連之下，《文選考異》卷四説："此不得在謝惠連下，當是'臨終'自爲一類。"以上的推斷都是極爲正確的，今得日本古抄白文無注本證實"移"確單列一類（《臨終》所在之卷已佚，故無法證實）。又得陳八郎本證實"移""臨終"均各標出。與"移"的理由一樣，"難"也應單獨列出。在卷四十四中，今存諸本並以漢司馬相如《難蜀父老》置"檄"類三國鍾會《檄蜀文》之下，可見此處漏刻"難"目，這一錯誤在陳八郎本中得到了糾正。陳本於司馬相如之上獨標"難"類。除此之外，日本所藏唐寫本《文選集注》卷八十八司馬長卿《難蜀父老》題前明標"難"目，並附有陸善經的解釋"難，詰問之"。"移"和"難"並爲《文選》所分文體，當是不爭之事實。這樣，《文選》確是三十九類，而非三十七類或三十八類。

此外，李善本和六臣本在刻印時及在長期的流傳過程中所造成的錯誤，可以依據五臣本得到糾正。如卷三十江淹《雜體詩》中的"張廷尉雜述綽"首，"張"字顯係"孫"字之誤，這是因爲草書中二字相近的原因。北宋本、尤刻本、明州本等並作"張"，惟陳八郎本作"孫"（唐寫本《文選集注》亦作"孫"，説明此字之誤産生於唐以後），糾正了其他各本的錯誤。除因誤讀草書致錯外，還有在抄書時誤將注文抄入正文的錯誤。如尤刻本卷二十六謝靈運《登江中孤嶼》一首的"亂流趨正絶，孤嶼媚中川"，"正絶"二字乃注文"水正絶流曰亂"中字，誤抄入正文，遂使後人雖枉費心機，百般解釋都不能讀通。今得陳八郎本可以改正，原來此句本作"亂流趨孤嶼，孤嶼媚清川"，這正是謝靈運典型的聯綿句法。這樣一讀，此詩即豁然會通[①]。

陳八郎本屬建刻，在它之前杭州馬鋪鍾家亦刻有五臣注本，今存二十九、三十兩卷。然兩相對校，歧異甚多，可見不是一種出處。陳八郎本前所載江琪木記説他將監本與古本參校考正，所以與"見行版本"

[①] 此爲臺灣學者鄭騫教授揭櫫，參見臺北"中央圖書館"1981年影印宋紹興辛巳建陽陳八郎崇化書坊刊本《文選》跋。

不同。江琪所説的"見行版本"或即杭州本。惟宋國子監僅刻印過李善注本，江琪稱他以監本與古寫本參校，當即以李善本與古寫本參校，因此陳八郎本多與李善本同，而與六臣本不同。今見明州本、建州本校記所稱"五臣作某"往往與陳八郎本不合，而與杭州本合，説明明州本、建州本的五臣注底本與杭州本同一系統。（明州本、建州本均出自秀州州學本①，秀州本的李善注底本即北宋國子監本，五臣注底本亦即杭州本的祖本。）問題是陳八郎本晚於杭州本，但刻書者不遵杭州本，却以李善本與古寫本參校而定新五臣注本，當是一種商業行爲。這一事實用以解釋尤刻本的產生是最好不過的了。但陳八郎本並非沒有依據，江琪所稱"古寫本"應該可信。不僅如此，我更懷疑這個"古寫本"即是秀州本底本平昌孟氏五臣注所依據的底本。據秀州本所載北宋沈嚴爲平昌孟氏五臣注本所寫的序説，孟氏所據的舊本成公綏《嘯賦》脱"走胡馬之長嘶，迴寒風乎北朔"二句；又屈原《漁父》脱"新沐者必彈冠"一句，陳八郎本《嘯賦》正脱此二句，但《漁父》却不脱，或爲刻書者所加。如果是這樣的話，陳八郎本的文獻價值就更可貴了。

此本卷二十一至卷二十五俱爲抄配，又卷三十亦抄補太半，其餘各卷零星抄補亦有數十葉。所有抄配之葉均無毛晉藏印，故疑抄配當在毛氏藏書之後。此外，抄配之文出自六家本，而非單五臣本，故與原本不合。

陳八郎本曾經毛晉、徐乾學、沈澐、蔣鳳藻及近人王同愈、蔣祖詒諸人收藏。書中無錢遵王之印，恐非《讀書敏求記》所著録的五臣本，錢氏藏書應是杭州本（詳見下）。此本曾經清末王頌蔚著録，詳見《寫禮廎遺著·古書經眼録》。顧廷龍先生《讀宋槧五臣注〈文選〉記》對本書行款及遞藏記述尤詳②，顧先生所引其外叔祖王同愈跋亦載陳八郎本之前，稱其於光緒癸卯（1903）得諸蔣香生（鳳藻）家。按蔣氏收得此書後，又影寫一部，今藏北京大學圖書館。此書最晚收藏者爲蔣祖

---

① 秀州本今不存，韓國奎章閣藏古活字本六家《文選》，其所據底本即秀州本。此處爲行文方便，故以秀州本稱之。
② 見《史語所周刊》第 9 卷第 102 期，1929 年 10 月。

詒，其先即密韵樓蔣氏。蔣祖詒後携此書赴臺，終歸臺北"中央圖書館"。1981 年該館館慶之際，影印五十部問世，遂使學人有機會一睹真貌。

（二）杭州開箋紙馬鋪鍾家刻本

共存兩卷，卷二十九存北京大學圖書館，卷三十存中國國家圖書館。該書半葉十二行，行大字九字，小字雙行，行二十七字。左右雙邊，白口，單魚尾。書法爲歐體。卷三十末行有"錢唐鮑洵書字"。底葉有"杭州猫兒橋河東岸開箋紙馬鋪鍾家印行"木記。各卷首載本卷目錄。首行頂格書"文選卷第×"，次行空七格書"梁昭明太子撰"，再空二格書"五臣注"。以下爲本卷目錄。此本與陳八郎本頗多歧異，非同一系統。又六臣本校記所云"五臣作某"，多與杭州本合。如卷二十九《馬汧督誄》"櫪馬長鳴"的"櫪"，建州本校記稱："五臣本作'櫪'字。"正與杭州本同。然此字，陳八郎本却作"歷"。又如"將穿城響作因焚積火薰潛氏殲焉"句，建州本校記："五臣本有'城'字。"又説："五臣本無'之'字。"明州本、奎章閣本因底本是五臣本，故同杭州本，校記則説："善本無'城'字。"又説："善本作'薰之潛'。"陳八郎本於此處同於李善本，而與杭州本異。以杭州本與明州本、奎章閣本相校，發現兩者多相同，故知明州本、奎章閣本的五臣注底本與杭州本底本爲同一來源。意者杭州本即出於奎章閣底本平昌孟氏所刻本。

杭州本僅存二卷，中間似亦有補配者。卷三十任昉《齊竟陵文宣王行狀》"黜殯之請，至誠懇惻"句注文爲："翰曰，衛大夫史魚病將卒，同善注。是爲黜殯也。言竟陵將死，此請亦勤懇而惻痛。"陳八郎本及其他六臣本此注爲："翰曰，衛大夫史魚病將卒，謂其子曰，我數言蘧伯玉賢而不能進，彌子瑕不肖而不能退，是吾事君之不忠矣。（下同陳本。）"初讀至此處，驚以爲杭州本從六臣本中抄出，因爲有"同善注"三字。經仔細觀察，發現此葉自"過且令誡懼不怠"至"易名之典，請遵"及下葉自"前烈謹狀"至《吊屈原文》的"闐茸尊顯兮"，字體頗與他葉不同：第一，他葉字體稍有模糊，惟此二葉極清晰（二者在縮微底片上對比尤爲明顯）；第二，他葉書法爲歐體，而此二葉字體方正，一些典型字的寫法明顯不同。如"日"字，此二葉呈扁方形，他葉則稍長。尤其是三點水偏旁寫法，他葉是典型的歐體，即三點水直綫而下，上兩點帶下，下點趨鋒向上，呈倒三角形狀，而此葉則分散開來。因此可見這二葉乃後來補配，非原本。

杭州本的刊刻年代説法不一，李致忠《古書版本學概論》認爲是北宋刻本。北京圖書館編《中國版刻圖録》則認爲是南宋初年，該書説："卷三十後有'錢唐鮑洵書字''杭州猫兒橋河東岸開箋紙馬鋪鍾家印行'二行。案紹興三十年刻本釋延壽《心賦注》卷四後有'錢唐鮑洵書'五字，與此鮑洵當是一人。如鮑洵一生可有三十年左右工作時間計算，則此書當是南宋初年杭州刻本。猫兒橋本名平津橋，在府城小河賢福坊内，見《咸淳臨安志》。卷中宋諱桓、構等字均不缺筆，則因南宋初年避諱制度未嚴之故。紹興初思溪王氏刻《新唐書》，北宋英宗以下諱均不避，即其一例。又考建炎三年升杭州爲臨安府，因推知此書之刻當在建炎三年前。總之，此書雖未必爲北宋本，定爲南宋初年刻，當無大誤。"剛案，王肇文《古籍宋元刊工姓名索引·采用書版本簡介》稱《中國版刻圖録》中《徐鉉文集》條曾提及杭州本五臣注《文選》刻工有沈紹、朱禮、朱詳、胡杏，寫版工人有鮑洵。沈紹等四人是南宋初年人，曾參加刊刻過《龍龕手鑑》及《樂府詩集》。傅增湘《藏園群書題記·宋本〈樂府詩集〉跋》謂《樂府詩集》當成於南北宋之際的官刻，而《龍龕手鑑》，李致忠認爲是南宋初期浙江刻本。這樣看來，杭州本《文選》應是南宋初期刻成。

關於此書來歷，據蕭新祺《宋刻本〈文選〉五臣注殘帙簡介》，本是季振宜舊藏，清王懿榮題籤，由中國書店收進，後售與北京大學及北京圖書館[①]。剛案，卷第二十九有"御史振宜之印"及"閎芳齋"兩鈐記。如此看來，杭州本《文選》或當是錢遵王也是園中物，因爲錢氏藏書後多售與季振宜。文中所謂"中國書店"，實是當時開修綆堂的孫

[①] 蕭新祺《宋刻本〈文選〉五臣注殘帙簡介》，《古籍整理出版情況簡報》第 203 期，國家古籍整理領導小組辦公室編，1989 年 1 月 10 號。

誠儉。據雷夢水《書林瑣記·隆福寺街書肆記》，孫誠儉於上海收得第三十卷，又於青島收得第二十九卷①。不過，雷氏又稱此書乃南宋紹興三十一年刻本，則是與陳八郎本混淆了。又據《黃裳書話》，黃裳先生50年代初在上海溫知書店曾見到五臣注《文選》第三十卷，是孫助廉從朱遂翔處收得，朱則從九峰舊廬主人王綏珊處收得②。這是我們迄今所知《文選》兩部殘卷的來歷。

（三）朝鮮正德四年刻本

是書半葉十行，行大字十七字，小字雙行，行三十四字。卷首爲呂延祚《進集注文選表》和蕭統《文選序》。書寫格式爲"文選卷第一"，空四格書"賦甲"；次行"京都上"，空一格書"班孟堅西都賦一首"；第三行齊前行"班孟堅"書"東都賦一首"；第四行同前書"張平子西京賦一首"。與李善本及六家本不同，五臣本是先錄《進表》後錄蕭《序》。又，李善既以一卷析爲二卷，所以每卷僅列一篇，因此没有子目，五臣則不同，每卷均有子目，此當爲昭明舊式。

與陳八郎本一樣，此本"移""難"兩類目均標出，說明五臣本《文選》的文體分類是三十九類。至於李善本及六家本所標的三十七類，實爲宋人合并六家注本時漏刻所致。因爲現存的《文選集注》是以李善本爲底本的合并注本，"難"是作爲獨立的文體的。但朝鮮本與陳八郎本僅在分類上相同，二書歧異甚多，絶非同一系統。比如陳八郎本成公綏《嘯賦》脱"走胡馬之長嘶，迴寒風乎北朔"兩句，與平昌孟氏本的底本相同（這個底本應該就是江琪所説的"古本"），而朝鮮本於此却不脱。經過將這幾個版本校勘，我們發現，事實上朝鮮本與杭州本基本相同，這説明朝鮮本的底本即杭州本，甚或是杭州本的祖本，也即平昌孟氏刻本。可惜朝鮮刻本没有交代其底本來歷，本書第三十卷後有校書館校理黃琿寫於正德己巳十二月的跋，稱此本根據成廟朝刻本上雕，但成廟朝刻本的具體依據就不清楚了。

---

① 雷夢水《書林瑣記》，人民日報出版社，1988年。
② 黃裳《黃裳書話》，北京出版社，1996年，第205頁。

朝鮮刻本應該值得我們格外關注，因爲朝鮮刻印中國古籍用法極嚴，據張秀民先生所引《宣宗大王實錄》介紹，朝鮮政府對校書館刻印書籍，定有賞罰辦法；凡無錯誤，則監印官啓達論賞，唱準人許給別仕。每一卷一字誤錯者，監印官、均字匠等笞三十，印出匠每一卷一字或濃墨、或熹微者，笞三十，每一字加一等，並計字數治罪。後改爲每一卷有三字以上錯誤，監印官、唱準人、均字匠、印出匠都要受罰①。所以，孫從添《藏書紀要》說："外國所刻之書高麗本最好，五經、四書、醫藥等書，皆從古本。凡中夏所刻，向皆字句脱落，章數不全者，而高麗竟有完全善本者。"孫從添這裏所說的"高麗本"，是概稱，事實上流傳於中國的高麗本並不多，藏書家往往將所有流傳於中國的高麗本、朝鮮本統稱爲高麗本。從孫從添所言看，中國的藏書家對朝鮮刻本向來是很重視的，是作爲善本對待的。根據我們對《文選》版本的調查，完全證明了孫從添的説法。因此，在杭州本僅存兩卷的今天，朝鮮正德四年所刻這部五臣注《文選》是完全可以作爲宋本使用的。此本經北京大學中文系費振剛教授與日本東京大學東洋文化研究所協商，擬於中國出版，目前點校工作正在進行，相信本書的出版會對中國的《文選》研究起到推進作用。

（四）三條家本

原爲三條公爵家藏，現藏天理圖書館。昭和十二年（1937）東方文化學院影印，列《東方文化叢書》第九。1980年天理圖書館印入《善本叢書漢籍部》第二卷，由八本書店出版。書前有花房英樹解説，稱它爲日本平安朝（8世紀末至12世紀）鈔本，則其底本可能是唐寫本。此本影印時裱爲長軸，行十五六字不等，注雙行，每行二十二三字。紙背有日本正曆四年（996）具平親王撰《弘決外典抄》卷第一。本卷起鄒陽《獄中上書自明》"玉人李斯之意"，末篇爲阮嗣宗《爲鄭沖勸晉王箋》（篇首至"褒德賞功，有自來矣"以下脱）。卷内多有脱缺，江文通《詣建平王上書》"女有不易之行信而"句下缺；中間又缺

---

① 參見張秀民《中國印刷術的發明及其影響》，人民出版社，1978年，第126頁。

去任昉《奉答敕示七夕詩啓》《爲卞彬謝修卞忠貞墓啓》《上蕭太傅固辭奪禮啓》三篇及《奏彈曹景宗》前半，即接"軍事左將軍郢州刺史湘西縣開國侯臣景宗"句迄篇終。《奏彈劉整》篇首至"范及患逡道是采"，下脱文至沈休文《奏彈王源》"丞臣王源忝籍世資"。以下除《爲鄭冲勸晉王箋》外皆爲完篇。此卷附有日人解說，稱"原紙數共二十二枚"，可知原紙散佚已多，又非卷子本，重印時才裱成長軸。這樣容易使人誤爲原本抄脱，而不知是紙葉散失的緣故。饒宗頤先生曾以此本與《四部叢刊》本、胡刻本、集注本以及古刊史書合校，校記原載《東方文化》第 3 卷第 2 期，後收入作者文集《文轍》①，可參看。

此殘卷既爲早期鈔本，當具有重要校勘價值。然細讀下來，發現其中抄脱、抄重者很多，如鄒陽《獄中上書自明》："借荊軻之首以奉丹之事"句下注，此本於"購將軍之首"下脱三十九字。又同篇"載吕尚而歸以王天下"句下注，重複"中庶子蒙使爲光言於秦王曰"一段十九字。以此抄與陳八郎本及朝鮮刻本比較，不同處很多，有的屬於正文，有的屬於注文。饒宗頤先生因未見陳八郎本及朝鮮刻本，僅以六臣本與之校，難免有偏誤；他所得的一些結論有些也需要修改。比如他的第五條結論"可證六臣本校語之歧異"，舉此卷鄒陽《上書》"披心腹"例，"腹"字，六臣本校記說"五臣作'腸'"，饒先生校記中說："此種紛歧，或由於據本不同，或由於校勘誤混，亦六臣本使人致疑處。"其實六臣本並不誤，陳八郎本及朝鮮刻本均作"腸"字。又如鈔本同篇"始終相保"的"保"，六臣本校稱："五臣作'報'。"與陳八郎本正相同。上述這些情況說明，鈔本五臣注與刻本五臣注並不一致，六臣本所作的校語，只是根據宋時五臣刻本和李善刻本而言。至於刻本五臣注、李善注與寫、鈔本五臣注、李善注之間的區別，那是另一個問題。這提醒我們不能簡單地將寫、鈔本與刻本逕作比較，最好是在理清楚它們各自的系統、明了其區別之後再作比較。

以上是現存於世的幾種五臣注刻本和鈔本的大概情況，如能加以詳細比勘、研究，相信對於五臣注的真貌及價值將會有一個新的認識。

---

① 饒宗頤《文轍》，臺灣學生書局，1991 年，第 519—582 頁。

關於近代發現的日本古抄無注三十卷本《文選》

自梁蕭統編輯《文選》以來，至隋唐以成顯學。先有李善注本，後有五臣注本。至宋以後，爲學習方便，又將李善注與五臣注合并，遂成六臣注本。蕭統原本爲三十卷，李善將其一分爲二，析爲六十卷，從此以後，三十卷白文無注本遂漸失傳。由於李善一卷分爲二卷，因此改變了蕭統三十卷本的原貌。對蕭《選》原貌的研究，便成爲後世學者的一大課題。由於缺乏實物證明，後人的研究多少帶有揣測的内容。1880年至1884年，中國學者楊守敬隨何如璋、黎庶昌出使日本，發現日本竟傳有古抄白文無注三十卷本《文選》中的二十一卷，遂購回國内，頓時引起《文選》研究家的注意。黄侃校點《文選》、高步瀛的《文選李注義疏》都以此本參校，並對之作出了高度評價。楊守敬此本後歸故宫博物院，現藏臺北故宫博物院，因此大陸學者無由得見，對於這一鈔本的價值也就無從論起。但據屈守元先生説，楊氏此本有一部曾爲武昌徐行可（恕）先生、黄季剛先生借校。後巴縣向宗魯（承周）先生又從徐氏假得校録。再其後屈守元先生又從向氏手中借來臨寫一過。現在徐、向所藏本均已不知下落，唯有屈氏手中僅存他所臨寫之本。關於這一鈔本特點，屈先生曾略述數點於他的著作《文選導讀》和《昭明文選雜述及選講》中，可惜限於體例，這一鈔本的總體情況在屈著中尚不能見出。

其實楊守敬帶回的這一鈔本，並不僅有徐、向、屈幾家過録，現在大陸上所存也並非僅屈先生一部。筆者1994年在北京圖書館看書，發現傅增湘先生曾於1914年（甲寅）10月和11月兩次以古鈔本與胡克家刻本對校，並以胡刻本爲底本過録了古鈔本異文。傅增湘先生是近代著名藏書家、版本學家和校勘學家，平生校書近萬卷，向爲學界所重。而此一鈔本，他連續校録兩次，益見此本之可信。

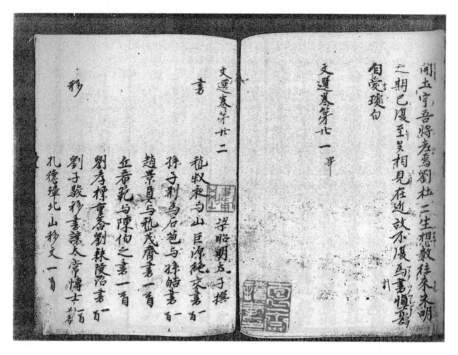

圖23　楊守敬過録本《文選》古鈔本

　　日本古鈔本《文選》最早著録於日本學者森立之的《經籍訪古志》，僅一卷（卷一），森立之稱爲五百許年前鈔本，是日本的正平時代，約當中國元順帝至正前後。森立之又説："此本無注文，而首冠李善序，蓋即就李本單録出本文者。"案，李善僅有《上文選注表》，森立之誤以爲序。此卷後爲楊守敬所得。除此之外，楊守敬還發現了另外二十卷。楊守敬《日本訪書志》卷十二説："古抄無注《文選》三十卷，缺一、二、三、四、十一、十二、十三、十四、十七、十八十卷，存二十卷。"關於其來歷，楊氏以爲當從古抄卷子本出，並非從五臣、李善本略出。因爲"若從善注出，必仍六十卷；若從五臣出，其中文字必與五臣合。今細校之，乃同善注者十之七八，同五臣十之二三；亦有絶不與二本相同而爲王懷祖、顧千里諸人揣測者"。關於抄寫年代，楊氏據其紙質、字體，判爲元、明間。關於行款，楊氏稱每半葉八行，行十七字，字大如錢。至於森立之對第一卷的判斷，楊氏不同意他的"從李本單録出"的結論。理由是："若就李本所出，李本已分《西京》爲二卷，則録之者必亦二卷，今合三賦爲一卷，仍昭明之舊，未必抄胥者講求古式如此。"楊氏還據古抄文字亦有絕不與李善合者，證其非出善本。然古鈔本前有李善《上文選注表》，楊氏解釋爲"蓋日本抄古書往往載後來之箋注序文，如《孝經》本是明皇初注本，而載元行冲《孝經疏序》，其他經書、經注本又往往載孔穎達疏於欄格上，蓋爲便於講讀也。抄此本者固原於未注本，而善注本已通行，故亦以冠之也。"這就是説古鈔本底本爲三十卷本，抄寫雖在元、明間，但底本當爲李善注之前的寫本。

古鈔本共二十一卷，無論在格式、篇題以至文字上，都有許多與刻本不一致處，可以糾正刻本，恢復蕭《選》舊貌處不少。今僅就傅增湘過録本及森立之、楊守敬二《志》，略作叙録如下：

（一）關於篇目次序及格式等

1. 李善《上文選注表》，刻本均列於蕭統《文選序》後，此鈔却置於首篇。楊守敬説："今善本、六臣本皆以昭明太子序居首，李善及五臣表次之，皆非也。"李善上表是給皇帝看的，應當列於《文選》之首，這從日本另一鈔本九條家本《文選》殘卷得到了證實。再就李善上表看，尤刻本落款爲"顯慶三年九月日上表"，而古鈔本却作："顯慶三年九月十七日文林郎守太子右内率府録事參軍（提行）事崇賢館直學士臣李善上注表。"驗之北宋國子監本（韓國奎章閣本底本），與古鈔本相同。

2. 刻本卷一篇題由於李善以一卷分爲兩卷，就將蕭《選》原卷一班孟堅《兩都賦》、張平子《西京賦》三賦分開，僅保留《兩都賦》，這樣卷首子目只能列"班孟堅兩都賦二首"，從而失去了蕭《選》原貌。今據古鈔本，卷一題爲：文選卷第一賦甲；次行，京都上班孟堅兩都賦二首並序 張平子西京賦一首。這一格式與九條家本相同。高步瀛《文選李注義疏》於"兩都賦二首"下説："古鈔本及毛氏汲古閣本此後有'張平子西京賦一首'七字一行，皆'京都上'子目也。疑昭明原本分卷子目當如此。李氏各卷既析爲二，則各卷自爲子目，亦無不可。而諸本以卷二、卷三、卷六每卷只賦一篇，則又有子目。蓋後人傳寫，以意增削，遂致參錯。"由於古鈔本的出現，前人對原貌的分析，遂得到了認同和修正。

3.《東都賦》末"明堂詩""辟雍詩""靈臺詩""寶鼎詩""白雉詩"諸詩題均在各詩之後，楊守敬認爲這與《詩經》的古式相同。今各本題皆在詩前，非也。案，九條家本亦同此鈔。又，這一格式也出現在《九歌》中。《九歌》四首中的"東皇太一""雲中君""湘君""湘夫人"諸題皆在詩後。

4. 卷二十二今各本於劉子駿《移書讓太常博士》一文上脱類目"移"字。黄季剛先生《文選平點》於此僅注："題前以意補'移'字一行。"未及古鈔本，似是黄氏没有使用古鈔本。屈守元先生懷疑黄焯先生整理的《文選平點》爲黄季剛先生校對未完的本子，應該是有道理的。按黄季剛先生此注當來自胡克家《文選考異》所引陳景雲的校語："陳云，題前脱'移'字一行，是也。各本皆脱。又卷首子目亦然。"古鈔本卷二十二目錄標有"移"類，又於卷中《移書讓太常博士》題目前標出"移"類，證明"移"確爲《文選》中獨立的文體。

（二）關於篇文異同

古鈔本與刻本在文字上歧異處極多，可以糾正刻本的謬誤。刻本有許多錯謬難通之處，後人往往强作解釋，然終覺牽强。今得古鈔本校正後，頓覺豁然貫通。今略舉數例，以見古鈔本的價值。

1. 班孟堅《西都賦》："衆流之隈，汧涌其西。"胡克家《文選考異》卷一説："何（即何焯）云，《後漢書》無此二句。陳（即陳景雲）云，善此八字，無訓釋，疑與范書同。案，各本皆有，恐五臣多此二句，合并六家，失著校語，尤以之亂善也。"剛案，古鈔本、九條家本都無此八字，當是後人所添。然胡克家將謬誤盡歸尤袤，是没有道理的。

2. 木玄虚《海賦》"朱燉緑煙，腰眇蟬蜎"下，古鈔本有"珊瑚琥珀，群産相連。硨磲馬瑙，淵積如山。其"十七字（黄、屈均稱十六字，是没注意還有一"其"字，尤刻本脱十七字，明州本則未脱"其"字。《四部叢刊》本此處從善本，校記稱："五臣本作'其魚'。"可見

"其"字應爲原文，而尤本脫去），胡克家本脫去。黃季剛先生有跋云："《海賦》多出十六字，不但六臣所無，何、余、孫、顧（按指何焯、余蕭客、孫志祖、顧廣圻）所未見，而楊翁此卷子於篋衍數十年，殆亦未發見矣。"① 剛案，胡刻本脫去這十六字，但中華書局 1974 年影印的尤袤淳熙刻本却未脫，這是因爲胡刻底本是經過修補的後印本，有許多地方都不同於尤刻，因此不能據胡刻以議宋本。除胡刻本外，宋本的陳八郎本、明州本、建州本（即《四部叢刊》本）以及朝鮮奎章閣本都脫去了這十六個字，這的確是一個值得注意的現象。就這一點而論，似乎尤本與其他版本之間都沒有聯繫，而陳、明、建、奎諸本間却有一些聯繫。由於這麼多宋本都脫去了這十六個字，而尤本又不易見，所以黃季剛先生才有此驚嘆。其實黃氏於此略有失考，因爲何焯校的底本是汲古閣本，而該本並未脫此十六字，當然何焯無從發現。

3. 宋玉《高唐賦》"當年遨遊"句前，古鈔本有"姊於萬世"四字。李善注："一本云，子當千年，萬世遨遊。"則古鈔本近於善注之"一本"的八字，與古抄本有異，當係傳寫之訛。

4. 宋玉《神女賦》"王""玉"互訛問題。尤本"王果寢""王異之""王曰脯夕之後""王覽其狀"的四處"王"字，古鈔本皆作"玉"；又序文"明日以白玉""玉曰其夢如何"的兩處"玉"字，古鈔本皆作"王"。關於這個問題，自宋代沈括、姚寬以來，乃至清儒已多辨正（參見屈守元《文選導讀》）。

5. 謝玄暉《和王主簿怨情詩》，尤本作"故人心尚爾，故人心不見"，六臣本作"故人心尚爾，故心人不見"，五臣注亦然。古鈔本正作"故心人不見"，同六臣本。案，上句已用"故人"，則下句應以"故心"爲是。

6. 任彥昇《奏彈劉整》，古鈔本自"並已入衆"至"並不分逸"三十四字及"整及母"至"整即主"六百九十餘字皆删略。李善注稱："昭明删此文大略，故引之，令與彈相應也。"可知古鈔本所略文字即李善所添（然五臣本及《文選集注》所引五家本均同善本）。又古鈔本

---

① 屈守元《文選導讀》引，巴蜀書社，1993 年，第 126 頁。

於文末還刪去"婢采音不款偷龍牽"至"請不足申盡"三十五字。以上《文選集注》並同古鈔本，於此可見《文選》三十卷本原貌。

7. 袁彥伯《三國名臣序贊》"魏志九人，蜀志四人，吳志七人"以下人名排列，尤本豎排，魏、蜀、吳混亂無序，傅增湘先生按語說："魏、蜀、吳各分三排。若列表式，魏九人九行，蜀四人四行，吳七人七行。"原來《文選》古式是每一行中分上中下三排，上排爲《魏志》所載九人，中排爲《蜀志》所載四人，下排爲《吳志》所載七人（詳參屈守元先生《文選導讀》所列表）。驗之《文選集注》，正如傅氏所說。又，建州本校記於人名下有校記說："五臣本無此。"陳八郎本、明州本可證。《文選集注》人名之下僅引《音決》及陸善經注，無五臣注文，是五臣本無此人名。

8. 司馬相如《封禪文》"陛下謙讓而弗發"前，古鈔本有"上帝垂恩，儲祉將以慶成"兩句，尤本脫，五臣本有。建本校記說："善本無此二句。"這是李善本的脫漏。胡克家《考異》說："袁本、茶陵本此節上有'上帝垂恩，儲祉將以慶成'十字，校語云，善無此二句。案《漢書》有，《史記》亦有。'慶'作'薦'，《索隱》云，《漢書》作'慶'，義亦通。何校據添。下注三神引'韋昭曰，上帝'云云，上帝即指此。蓋傳寫脫，各本所見皆非。"

9. 干令昇《晉紀總論》"世宗承基，太祖繼業"兩句，尤本誤在"軍旅屢動"句前，古鈔本置於"大象始構矣"句後，接"玄豐亂內"句。六臣本同。胡克家《考異》亦有辨正。

10. 魏文帝《典論·論文》"至於孔氣不齊"句，"孔"字尤刻、胡刻、建本均作"引"，故後人解釋莫不牽強附會。如《中國歷代文論選》第一册解釋說："引，猶言運行，指吹奏時的引氣。"[①] 曹丕的原話是："譬諸音樂，曲度雖均，節奏同檢。至於孔氣不齊，巧拙有索，雖在父兄，不能以移子弟。"五臣劉良注說："譬如簫管之類者，言其用氣吹之，各不同也。素，本也，言其巧妙者，雖父兄親於子弟，亦不能教而移之也。"原來曹丕以音樂作比喻，以簫管各孔因吹氣不同，故音

[①] 《中國歷代文論選》，上海古籍出版社，1979年。

聲不同、巧拙亦各有差異來比喻父兄子弟各人所禀資質也不可互相轉移。這樣的解釋就豁然貫通了。除了這一鈔本外，日本所藏另一鈔本觀智院本《文選》殘卷第二十六，此處亦作"孔"字，這是原文作"孔氣"的又一個實證。

據屈守元先生說，古鈔本有旁記、標記，可惜傅增湘先生沒有抄錄，這裏不便多加評論。然鈔本既然產生於五百年前，則所謂標記、旁注也只能是那之後的人所加，因此它所具有的價值自不能與鈔本相提並論。日本學人經常於鈔本、刻本上作標記（如原三條公爵家藏、現天理圖書館藏五臣注殘卷，天理圖書館藏白文殘第二十六卷，金澤文庫藏明州本都有許多標記、旁注），這些標記、旁注自然有它的根據，但也不能全信。即如屈守元先生所舉第一卷《文選序》的標記"太子令劉孝綽作之云云"，標記的依據到底是什麼，中日雙方都無原始材料證明，所以它的可信度是值得懷疑的。這一條標記還見於上野精一氏藏鈔本卷一，"太子令劉孝綽作之本云"（這裏"云云"作"本云"），據中村宗彥《九條本〈文選〉古訓集・本邦古鈔本〈文選〉卷一管見》，上野藏本即森立之《經籍訪古志》著錄本。然據楊守敬《日本訪書志》，此卷後為楊守敬所得，緣何又為上野氏所藏？如果是同一本，則見這一標記的來源是一致的。僅據鈔本的標記來判斷《文選》為劉孝綽作，顯然是證據不足。

《文選》白文古鈔本問世後，很受中日學者的重視，大都以為是傳世最早的無注本。近來臺灣地區的學者對此表示懷疑，認為可能是在集注本之後，并且是士人所寫之本①。也許這兩種可能都有，但不管怎麼說，鈔本與現存宋刻本的李善注本有許多不同，倒是與五臣注本較為接近（我的判斷與楊守敬不同），但它前面卻又抄了一篇李善《上表》，所以不能說從五臣本來，鈔本底本的時代早於刻本是肯定的。即使它不是蕭《選》三十卷本原貌，其文獻價值也自不待言。它對於《文選》的整理與研究仍然具有十分重要的作用。

---

① 見游志誠《昭明文選學術論考》，臺灣學生書局，1996年。

《文選》三十九類説考辨

　　《文選》的分類，是當代"《文選》學"研究中爭論比較多的問題。由於版本的原因，比如明清以來常見的《文選》版本基本是明袁褧覆宋本和清胡克家刻本，因此明清學者便據此認爲是三十七類。不過，對三十七類的説法清人已有所懷疑。胡克家《文選考異》卷八在"移書讓太常博士"條下説："陳云題前脱'移'字一行。"陳氏即陳景雲，著有《文選舉正》六卷，可惜未刊。他關於《文選》的校語，見引於余蕭客《文選音義》、胡紹煐《文選箋證》、胡克家《文選考異》等書中。按照陳景雲的説法，《文選》目録中劉歆《移書讓太常博士》題前應該有"移"字，就是説"移"應該獨立出來列爲一類，與"書"、"檄"等一樣。對陳景雲的校語，胡克家是贊成的。其後，近人黄季剛先生《文選平點》也在《移書讓太常博士》下説："題前以意補'移'字一行。"根據以上的考證，當代學者基本上便采用三十八類的説法。比如黄氏門人駱鴻凱先生《文選學·義例第二》就説："《文選》次文之體凡三十有八，曰賦，曰詩，曰騷，曰七，曰詔，曰册，曰令，曰教，曰策文，曰表，曰上書，曰啓，曰彈事，曰箋，曰奏記，曰書，曰移，曰檄，曰對問，曰設問，曰辭，曰序，曰頌，曰贊，曰符命，曰史論，曰史述贊，曰論，曰連珠，曰箴，曰銘，曰誄，曰哀，曰碑文，曰墓誌，曰行狀，曰弔文，曰祭文。"從駱氏的統計看出，他較上述各版本多增了"移"一體。據現存各版本，《文選》卷四十三是"書"體，收録有嵇叔夜《與山巨源絶交書》、孫子荆《爲石仲容與孫皓書》、趙景真《與嵇茂齊書》、丘希範《與陳伯之書》、劉孝標《重答劉秣陵沼書》、劉子駿《移書讓太常博士》、孔德璋《北山移文》共七篇文章。駱氏既標"移"體，説明最後兩篇應與前五篇"書"體分開，單列一類。

　　三十七類的説法，主要是依據於現存可見的一些版本，如六臣本的《四部叢刊》影宋本、六家本的南宋明州本和明袁褧覆宋本、李善本的南宋尤袤刻本和清胡克家刻本等，標類上都是三十七類，即目録中均無

"移"體，這也是當代有些學者仍然堅持三十七類說法的原因。那麼三十八類的說法有什麼根據呢？黃季剛先生所說"以意補"的"意"是什麼呢？我想這大概與蕭統《文選序》所說的編輯體例有關。蕭統說："凡次文體，各以匯聚。詩賦體既不一，又以類分；類分之中，各以時代相次。"這就是說《文選》編輯體例是每一類中各以時代先後爲順序排列。但現行各本，如中華書局 1974 年影印南宋尤袤刻本、1977 年影印《四部叢刊》本，在卷四十三劉孝標《重答劉秣陵沼書》下，逕排劉歆《移書讓太常博士》一文。劉孝標是南朝梁人，劉歆是西漢人，按照體例，劉歆應排在劉孝標之前。但既然劉歆排在劉孝標之後，說明劉歆的移文應該單獨標類。這大概就是陳景雲、黃季剛等人的依據。

但是根據同樣的道理，現行《文選》卷四十四"檄"類中排在三國人鍾會《檄蜀文》之下的漢司馬相如《難蜀父老》也應單獨列類，即"難"體與"檄""移"一樣。這樣，《文選》就不是三十八類，而是三十九類了。最先提出這一問題的是臺灣學者游志誠先生，他在《論文選之難體》一文中根據南宋陳八郎刻五臣注本，提出《文選》分類應該是三十九類的觀點。

游文的根據是陳八郎本，對此，有的學者認爲不足據，理由是一者僅據陳八郎本，屬孤證，二者五臣注本不足信。應該說，這第二個理由還是受到傳統《選》學重李善輕五臣觀點的影響。其實，根據我的調查，五臣起碼在版本上有許多地方較李善本更爲可信。因爲五臣本自五代蜀毋昭裔刊刻以來，流傳有緒，而李善本直到北宋天聖年間才有刻本，其間相差一百多年，寫、鈔本容易造成的訛誤，相對來說要比刻本多一些。至於說陳八郎本是孤證，那是因爲對版本的調查還不充分所造成的。以下我們從目錄和版本兩方面考論《文選》三十九分類的真實性。

首先，根據目錄記載證實宋本《文選》李善本、五臣本都有"難"體。

1. 南宋晁公武《郡齋讀書志》卷二十著錄李善注《文選》解題說：

右昭明太子蕭統纂。前有序，述其所作之意。蓋選漢迄梁諸家所著賦、詩、騷、七、詔、冊、令、教、策秀才文、表、上書、啓、彈事、箋、記、書、移、檄、難、對問、議論、序、頌、贊、符命、史論、連珠、銘、箴、誄、哀策、碑、志、行狀、弔、祭文，類之爲三十卷。

2. 南宋王應麟《玉海》卷五十四引《中興館閣書目》"文選"條：

原釋：《文選》，昭明太子蕭統集子夏、屈原、宋玉、李斯及漢迄梁文人才士所著賦、詩、騷、七、詔、冊、令、教、表、書、啓、箋、記、檄、難、問、議論、序、頌、贊、銘、誄、碑、志、行狀等爲三十卷（與何遜、劉孝綽等選集）。李善注析爲六十卷。

3. 南宋章如愚《山堂群書考索》（引文同上）。

以上幾種書目比較詳細地介紹了宋人所見《文選》的分類，其中，《郡齋讀書志》著錄的是李善本，這就在陳八郎本的五臣注之外，證明了當時流傳的單李善注本亦有"難"體。《玉海》所記不詳，到底是五臣注本，還是李善注本，沒有説清楚。但從結尾所説"李善注析爲六十卷"看，似乎也是李善本。晁公武所記當爲私家藏書，《中興館閣書目》所記則是朝廷藏書，這樣，南宋官私藏書中的《文選》，都有記載是三十九分類，這是值得我們重視的。此外，從著錄的情形看，與"難"同列的其他文類都被登錄在今本《文選》目錄上，都是作爲單獨的類別，這就説明二書所記之"難"，也只能是單獨的文類。又次，二書記錄的文體都很詳細，《中興館閣書目》記錄了二十五類，《郡齋讀書志》則記錄了三十六類，僅漏掉了"辭""史述贊"和"論"三類，順序也基本與今本《文選》相符，應該是抄錄的原書。因此，根據目錄學的調查，説《文選》原本分三十九類是可信的。

其次，根據版本論證《文選》李善注本、五臣注本都有"難"體。游志誠先生主要依據的是南宋陳八郎本，此本爲五臣注，刻於高宗紹興三十一年（1161）。書前有江琪木記，稱"琪謹將監本與古本參校考正"，監本即北宋天聖年間國子監刻李善注本，古本當爲古寫五臣注本，所以陳八郎本有許多地方與李善本相同，這是參校的原因。不過它畢竟是以五臣本爲主，因此基本面貌仍然保留了五臣本特徵。比如在分類上，依然是三十九類。據上引江琪木記，細心的讀者會發現這個版本與史書記載的不同之處。據史書記載，五臣注《文選》最早刊刻於五代蜀毋昭裔之手，後版片由其子毋守素賫至中原，遂行於世。但據江琪木記，陳八郎本並非從蜀本而來，而是在李善本和古寫本基礎上綜合而成。那麼蜀本還有没有傳世，陳八郎本與它具有什麼樣的關係呢？原來，世傳五臣注本有兩個系統，除陳八郎本之外，宋初杭州鍾家也刻有五臣注本。此本的刊刻年代説法不一，李致忠《古書版本學概論》認爲是北宋刻本。北京圖書館編《中國版刻圖録》則認爲是南宋初年，該書説："卷三十後有'錢唐鮑洵書字''杭州猫兒橋河東岸開箋紙馬鋪鍾家印行'二行。案紹興三十年刻本釋延壽《心賦注》卷四後有'錢唐鮑洵書'五字，與此鮑洵當是一人。如以鮑洵一生可有三十年左右工作時間計算，則此書當是南宋初年杭州刻本。猫兒橋本名平津橋，在府城小河賢福坊内，見《咸淳臨安志》。卷中宋諱桓、構等字均不缺筆，則因南宋初年避諱制度未嚴之故。紹興初思溪王氏刻《新唐書》，北宋英宗以下諱均不避，即其一例。又考建炎三年升杭州爲臨安府，因推知此書之刻當在建炎三年前。總之，此書雖未必爲北宋本，定爲南宋初年刻，當無大誤。"案，王肇文《古籍宋元刊工姓名索引·采用書版本簡介》稱《中國版刻圖録》中《徐鉉文集》條曾提及杭州本五臣注《文選》刻工有沈紹、朱禮、朱詳、胡杏，寫板工人有鮑洵。沈紹等四人是南宋初年人，曾參加刊刻過《龍龕手鑑》及《樂府詩集》。傅增湘《藏園群書題記·宋本樂府詩集跋》謂《樂府詩集》當成於南北宋之際的官刻，而《龍龕手鑑》李致忠稱爲南宋初期浙江刻本。這樣看來，杭州本《文選》應是南宋初期刊成。如果是這樣的話，它比陳八郎本的刊刻時間要略早一些。

杭州本與陳八郎本屬於兩個系統，兩本之間有很多差異。可以説陳八郎本是產生於南宋初年，杭州本則僅是刊刻於南宋初而已，它的底本實際上就是蜀本。這樣説是依據於韓國奎章閣本。奎章閣本是朝鮮刻本，但其底本是中國北宋哲宗元祐九年（1094）秀州州學刊本。這是中國歷史上第一個將李善注與五臣注合并的六家本，其所據李善注本是北宋天聖年間的國子監本，五臣注本則是天聖四年（1026）的平昌孟氏刻本。據書末所附沈嚴《五臣本後序》説，孟氏本是在川本和浙本的基礎上精加考訂而成。比如川、浙刻本"模字大而部帙重，較本粗而舛誤夥", 孟氏本則用小字楷書, 深鏤濃印, 並對原本的錯誤加以訂正。很明顯, 沈嚴所説的川本當即從蜀毋昭裔本而來。毋昭裔版片被其子毋守素帶至中原後, 又流傳到兩浙, 所以天聖年間的五臣注本, 有川、浙兩種刻本。秀州州學合并李善與五臣時, 即采孟氏本作底本。孟氏本後未見有流傳, 但杭州鍾家刻本無疑依據的是孟氏本。杭州本今存僅二十九、三十兩卷, 分別藏於北京大學圖書館和中國國家圖書館, 以之與奎章閣本五臣注相校, 二書基本相同, 可證杭州本是從孟氏本而來, 也即説明它的祖本即蜀毋昭裔本。應該説杭州本流傳有緒, 它基本能够反映唐代五臣注本的面貌, 可惜僅存最後兩卷, 無可考知此本的分類情况。

秀州本是六家本, 即五臣在前, 李善在後, 這樣的編排説明秀州本正文依據的是五臣本, 凡遇有與李善本歧異之處, 即作校記。比如卷三十九鄒陽《上書吴王》"然則計議不得, 雖諸、賁不能安其位"的"計"字下, 秀州本校記説: "善本作謀字。"至於注文中李善與五臣相同或相近處, 校記往往作"善同五臣某注"。這是一般的情形, 事實上秀州本對二本的異同, 並非完全照録, 而是常有遺漏。但如"移""難"二體未加著録, 並非遺漏的原因, 而是秀州本遵從李善本的結果。秀州本雖然依據的是五臣本, 但這主要是指各卷的文章和注文而言, 在全書的分卷編排上, 秀州本只能依據李善本。因爲五臣本是三十卷, 李善本是六十卷, 將五臣本與李善本合并爲一本, 三十卷顯然是不够的, 所以編者只能采用李善本的六十卷。分卷既然依據李善本, 那麽分卷的體例也只能依據李善本。比如李善將原三十卷一分爲二後, 對蕭統原來的一些體例就作了修改。如在蕭《選》原本中, 賦是按甲、乙、丙、丁……壬、癸分爲十卷的, 但在李善本中, 由於一卷分爲兩卷, 這種以甲、乙排列的體例就取消了。對此李善説: "舊題甲乙, 所以紀卷先後, 今卷既改, 故甲乙並除。"相反, 五臣本則仍然保留了蕭統的原貌。秀州本由於也隨李善分卷, 所以也采用李善的體例, 將甲乙删除。又如蕭《選》原本中的"論"分"上""中""下", 在李善本中就改爲"一""二""三""四"了。對此秀州本亦沿用不誤。這些都説明秀州本在全書的編排體例上完全遵從李善本, 這其中當然包括文體分類。秀州本是第一個六家合并注本, 它所開創的體例爲以後的六家本以及六臣本所沿用，因此我們現在見到的所有六家本和六臣本都沒有"移""難"二體，其實原因很簡單，就是因爲秀州本根據李善本的緣故。

秀州本沒有按照平昌孟氏本的分類，使得孟氏本面貌受損，讓後人不能肯定這個五臣本到底是否爲三十九類。值得慶幸的是，這個遺憾現在可以得到彌補了。韓國成均館藏有一部朝鮮正德年間五臣注刻本，經與杭州本殘卷以及奎章閣本相校，完全相同，可以證明朝鮮本即源於孟氏本。現據朝鮮本，其分類與陳八郎本一致，有"移"有"難"，正作三十九類。由此可以說明宋代兩種五臣本，分類都作三十九類，並非陳八郎本一種而已。

五臣本印證了《文選》三十九分類的事實，李善本的情形又怎樣呢？就現存宋代刻本看，北宋國子監本和南宋尤袤刻本都脫"移""難"二體，這到底是李善本的原貌就是如此，還是後來的脫漏呢？堅持三十七類說的學者認爲是前者，對五臣本則表示不信任。其實一定要說李善本都是三十七類，也不符事實，明代汲古閣所刻李善本就是三十九類，這是現存刻本中唯一標三十九類的李善本。但汲古閣本的依據何在呢？到目前爲止，我們還沒有發現汲古閣本這種分類有李善注底本作依據。根據我們的調查，汲古閣本實際上是參據了李善與五臣乃至六臣本等而合成的版本，所以書中才有如《四庫總目提要》所指出的夾雜了五臣注的錯誤。因此，汲古閣本的三十九分類可能是參據了五臣本，因爲按照蕭統《文選序》所規定的體例，《文選》應該是三十九類，所以汲古閣本在這一點上參照了五臣本。如果是這樣的話，汲古閣本是不可以作爲李善本分三十九類的證據的。

提供李善本三十九分類的證據的，是一部唐寫本，即近代在日本發現的《文選集注》。此本最先由清末董康在日本稱名寺發現，一共二十三卷。1918年羅振玉曾據以影寫十六卷行世，題稱"唐寫文選集注殘本"，這是大陸學者所見較多的本子。但此本是一個不完全的影寫本，不僅沒有印足二十三卷，即使同一卷也多有脫漏，這就使大陸學者對它的判斷可能出現錯誤。即以卷八十八司馬相如《難蜀父老》爲例，羅振玉影印本僅錄此一篇，且脫題目。而在影寫本的總目錄中，羅振玉根據現行刻本《難蜀父老》列於"檄"類的事實，也想當然地在卷八十八目錄下題寫"檄"字，使人誤以爲《文選集注》中的《難蜀父老》也是與今存刻本一樣置入"檄"類中的。這樣的誤識當然與羅振玉影印的脫漏有關，因爲在《難蜀父老》之前還有陳琳的《檄吳將校部曲文》（缺題目）和鍾會的《檄蜀文》。恰恰就在《檄蜀文》的末句"各具宣布，咸使知聞"下連寫一"難"字。在"難"字下，《集注》引陸善經注說："難，詰問之。"然後換行，題寫"難蜀父老"，再換行，題"司馬長卿"。這樣的格式，很明顯是以"難"作爲單獨的文類的。《文選集注》共集唐人注釋五種，即李善、《音決》、《鈔》、五臣及陸善經。其中《音決》和《鈔》，一般都根據《日本國見在書目錄》認爲是公孫羅所撰，其實是誤識，這二書當非同一作者①。本書編輯體例是以李善注爲底本，然後依次集錄《音決》、《鈔》、五家、陸善經各家注文，有異同者輒加按語區分，應該說它如實地反映了唐代李善本面貌。因此《集注》對"難"體的著錄，證明了唐代李善本也是三十九分類的事實。

需要說明的是，《文選集注》約產生於唐末，因爲有避唐諱字（如"民""淵"等）可以證明。其書詳細情況見中篇"寫本"十六"《文選集注》"條。從《文選集注》看，李善本在唐末尚著錄有"難"體，那麼致錯的時間當從唐末到北宋仁宗天聖朝期間，這對我們研究李善注本的傳承演變又連綴了一些十分可貴的綫索。

除了《文選集注》以外，日本尚藏有兩種古抄無注本，一是殘存二十一卷本，楊守敬據以過錄；一是九條家舊藏本，共二十二卷。楊守敬過錄本帶回國內後，引起學者的極大重視，紛紛加以利用。如黃季剛《文選平點》、高步瀛（閬仙）《文選李注義疏》，都采以與《文選》刻本勘校。傅增湘亦於所藏胡刻本《文選》上過錄，我曾在國家圖書館查閱利用。原本現藏臺北故宮博物院，我曾託臺灣朱曉海教授複製一份。楊守敬過錄本"移"體單立，但"難"體并入"書"類，不知是

---

① 參見斯波六郎《文選諸本的研究》，《文選索引》第一冊附錄《舊抄文選集注殘卷》，日本京都大學人文科學研究所昭和三十二至三十三年（1957—1958）出版，第85—86頁。

楊氏過録漏失，抑是底本如此？至於九條家本，今爲日本皇室御物①，此本卷二十二目録及正文均明確標有"移""難"二目，這則是古鈔本爲《文選》三十九分類提供了證據。

　　以上我們從蕭統《文選序》所規定的編輯體例，論證了"移"和"難"應該是單獨文類的合理性，又據目録、版本證實了這一點，因此《文選》原分三十九類的事實是毋庸置疑的。

―――――――――
① 九條本《文選》爲日本皇家御物，藏於宮内廳。昭和年間日本學者吉川幸次郎博士曾拍有照相本，據云分藏於當時日本的各帝國大學。臺灣大學圖書館亦藏有一部，余曾入館查閲，但照相本過於繁重，不便閲讀。2003 年余赴日本東京大學任教，於早稻田大學圖書館見到寫本的複製品，遂複製以爲研究之用。2012 年又承陳翀教授惠贈九條本照片，文字清晰，較複印件又爲優多矣。

從《文選序》幾種寫鈔本推論其原貌

現在所能見到的《文選序》早期寫鈔本，大約有五種，即：吐魯番出土唐寫本、日本上野精一氏藏鈔本、日本猿投神社藏兩種鈔本、日本九條家藏本。以上除了吐魯番本是一殘葉外，其餘均與《文選》正文連在一起。這幾種早期的寫本，文字與今傳刻本多有不同，尤其是幾個關鍵的字，後人基本都依據刻本作分析，殊不知在寫本中却與刻本並不同，這就牽涉到對《文選序》的正確理解問題，故略作介紹分析如下。

五種寫本、鈔本中的吐魯番唐寫本，據黄文弼《吐魯番考古記》稱，此本爲1928年作者在吐魯番考察時友人馬君所贈。據云出於三堡西北張懷寂墓中，蓋爲初唐所寫。此本多用當時通行的別體字，《中篇》"寫本"中有介紹。由於當時没有見到其他的寫、鈔本，故對其中一些與刻本不同的字斷爲誤字，如"既其如彼"的"其"，"表奏箋記之別"的"別"，"陶匏異品"的"品"，刻本分別作"言""列""器"。現在看來，可能不一定是寫本誤，因爲日本的幾種寫本、鈔本也都與它相同。以下我們就對其他幾種寫本、鈔本略作分析。

上野本最早大約著録於日本學者森立之的《經籍訪古志》，即所謂温故堂藏本，共一卷，即卷一，後爲中國學者楊守敬所得，見楊氏《日本訪書志》。但其後又由楊守敬轉贈（或售）於日本《朝日新聞》總經理上野精一氏，並在昭和十八年（1943）被認定爲重要文化財。楊守敬以這一卷與另外所得二十卷合爲二十一卷，帶回國後，頗受重視，但學界往往誤將這二十一卷視作一本，其實是拼合之物。楊氏所藏本今藏臺北故宫博物院，其卷一當是楊守敬命人重抄之本。據日本學者芳村弘道教授説，楊氏與上野精一氏交情頗好，芳村教授手中所藏楊守敬贈上野精一氏《鄰蘇園帖》可證。大概是這個原因，楊氏最終又將此卷轉贈上野氏。此次蒙芳村弘道教授相助，據日本每日新聞社出版之《國寶重要文化財大全》卷七複印惠贈，又告以始末，深爲誌謝！

此本首爲李善《文選注表》，表末署名"顯慶三年（658）九月十七日文林/郎守太子右內率府綠（錄）事參/軍事崇賢館直學士臣李善/上注表"，較正文低二格，分四行。此與世傳李善本僅題"顯慶三年九月　日上表"不同。表後接《文選序》，題"梁昭明太子撰"。"文選序"上眉批"太子令劉孝綽作之云云"，字體與其他眉批相同。這個眉批，日本有的學者認爲是劉孝綽寫作《文選序》的依據①。應該說眉批者可能是根據某些材料，類似如《文鏡秘府論》所載蕭統與劉孝綽編輯《文選》者，但現存的材料中不見，可能已經佚失，所以研究《文選》不能完全忽視這一說法。然而它畢竟是一條眉批，對它的使用又必須非常慎重，需要結合《文選》編纂的總體情況綜合考察。上野本《文選序》與尤刻本相校，有如下諸處差異（表8）：

表8

鈔本	尤刻本
逮乎伏犧氏之王天下（也）	羲、也
詩序云	曰
賈馬繫之於末	繼
述邑居則有馮虛無是之作	亡
誠佃游	戒、畋
鬱壹之懷	壹鬱
既其如彼	言
表奏箋記之別	牋、列
衆製鋒起	制
譬陶匏異品	器
俱爲悅目之翫	玩
辞人才子	詞
而欲兼功大半	蓋
又亦略諸	以
謀夫之美話	×

---

①　參見［日］清水凱夫《新文選學——〈文選〉の新研究》，東京：研文出版，1999年。

續表

鈔本	尤刻本
辯士之舌端	×
坐徂丘	狙
而事殊篇章	异
亦所弗取	不
繁年之書	繫
蓋所以褒貶是非	×
紀別同異	異同
迄乎聖代	於
名之文選	曰
略以時代相次	各

以上共有二十多處不同，其中個別明顯爲抄寫錯誤，如"繁"係"繫"之誤；有些是異體、俗體字，於意義上沒有大的區別。有些則是抄寫錯置，如"鬱壹"當係"壹鬱"之倒。案，此詞出自賈誼《吊屈原賦》"獨壹鬱其誰語"，蕭統此處論屈原，當用其語，猿投神社藏本和九條家本都作"壹鬱"。值得注意的是"既言如彼"的"言"，"表奏箋記之別"的"別"，"陶匏異品"的"品"，"謀夫之美話"的"美"，"辯士之舌端"的"舌"，"略以時代相次"的"略"諸字。這幾個字，刻本除闕"美""舌"兩字外，其餘分別作"其""列""器""各"，與吐魯番寫本完全相同。

　　猿投神社有兩個藏本，一是《文選序》古點本，一是正安本，收入京都大學文學部訓點語學會所編《訓點語與訓點資料》第十四輯，昭和三十五年（1960）十月出版。《文選序》古點本起"集其清英"，至"義歸乎翰藻故"。正安本是白文，無注，首爲李善《上文選注表》，次爲昭明太子《文選序》，其次是班固《兩都賦》和張衡《西京賦》，卷末署"文選卷第一"。本卷前列李善上表，似爲抄自李善注本，但全文白文，且與今傳李善本分卷不合。今傳李善注本將蕭統原三十卷本一分爲二，如將原卷一的《兩都賦》和《西京賦》別爲兩卷，而正安本仍保留了三十卷本原貌，將之合爲一卷。又，李善注卷一"賦甲"説："賦甲者，舊題甲乙，所以紀卷先後。今卷既改，故甲乙並除，存其首題，以明舊式。"故除了卷一還保留了"賦甲"外，其餘各卷均不再標出。正安本由於僅存卷一，其後各卷是否標明"乙""丙""丁"等，無法證明，但卷一"賦甲"下並未抄錄李善這一注文；而且李善本將總目錄置於書前，正安本則置於各卷之前，所有這些均與李善本不同，而與其他寫、鈔本相同，可見所抄當是三十卷本。這個特徵與上野本相同，上野本也是以李善上表置於卷首，其後是《文選序》和《兩都賦》《西京賦》。對此，森立之説是"蓋即就李本單錄出本文者"①，楊守敬不同意這個觀點，他説："此本若就李本所出，李本已分《西京》爲二卷，則錄之者必亦二卷，今合三賦爲一卷，仍昭明之舊，未必抄胥者講求古式如此。"② 日本早期鈔本爲何采取這種抄錄方式，的確值得討論。

猿投神社所藏這兩個《文選序》，文中涉及上表中所列諸異文，基本與上野本相合。今以猿投神社二藏本與上野本及尤刻本對照列表如下：

表 9

上野鈔本	猿投神社藏古點本	猿投神社藏正安本	尤刻本
逮乎伏犧氏之王天下（也）		犧、無"也"	羲、也
詩序云		云	曰
賈馬繫之於末		繫	繼
述邑居則有馮虛無是之作		無	亡
誡佃遊		誡、佃	戒、畋
長楊羽獵之製		製	制
鬱壹之懷		壹鬱	壹鬱
既其如彼		其	言
表奏箋記之別		賤、別	賤、列

---

① 見《經籍訪古志》，上海廣益書局，1916 年排印本。
② 見《日本訪書志》，清光緒二十三年（1897）鄰蘇園自刻本。

續表

上野鈔本	猿投神社藏古點本	猿投神社藏正安本	尤刻本
衆製鋒起		製	制
譬陶匏異品		品	器
俱爲悦目之翫		翫	玩
辭人才子		辭	詞
而欲兼功大半	而	而	蓋
又亦略諸	亦	亦	以
謀夫之美話	善	美	×
辯士之舌端	舌	舌	×
坐徂丘	狙		狙
而事殊篇章	異	異	異
亦所弗取	弗		不
繁年之書	繁	繁	繁
蓋所以襃貶是非	蓋	蓋	×
紀別同異	同異	同異	異同
迄乎聖代		乎	於
名之文選		之	曰
略以時代相次		略	各

由上表看出，猿投神社兩藏本與上野本基本相同，而與尤刻本不同。從猿投神社藏本又有不同於上野本的異文看，又排除了這幾個鈔本可能出於同一底本的可能，就是説這幾種早期鈔本應該是保留了蕭統三十卷本原貌。

錄有《文選序》的還有九條家本，此本我曾在《〈文選〉版本叙錄》①中介紹過。當時因爲條件所限，沒有見到原本，僅據日本學者過

---

① 見《國學研究》第五卷，北京大學出版社，1998 年。又見本書《中篇》"鈔本"之"九條家本"條。

錄本作簡要介紹。此次有機會赴臺灣省，見到日本昭和年間出版的照相版原本，又稍加校閱，則我以前的結論，即認爲九條家本出自李善系統，又得到了進一步證實。總的説來，九條家本是李善本系統，但比今傳任何一種李善本都要準確。今傳李善本特徵，此本都具備，但今傳李善本的訛誤，此本却都不誤，説明九條家本所抄底本要早於宋刻各本。與前面介紹的幾個鈔本比較，九條家本更接近於尤刻，但其中關鍵的異文，却又與各鈔本相合，這則從另一個版本角度證明了今傳各刻本《文選序》的異文確是訛誤。現列九條家本《文選序》與以上各鈔本及尤刻本對照表於下：

表 10

上野鈔本	猿投神社藏古點本	猿投神社藏正安本	九條家本	尤刻本
逮乎伏犧氏之王天下（也）		犧、無"也"	羲、也	羲、也
詩序云		云	云	曰
賈馬繫之於末		繫	繫	繼
述邑居則有憑虚無是之作		無	亡	亡
誠佃游		誠、佃	戒、畋	戒、畋
長楊羽獵之製		製	制	制
鬱壹之懷		鬱壹	壹鬱	壹鬱
既其如彼		其	其	言
表奏牋記之别		牋、别	牋、别	牋、列
衆製鋒起		製	製	制
譬陶匏異品		品	品	器
俱爲悦目之翫		翫	翫	玩
辟人才子		辭	詞	詞
而欲兼功大半	而	而	蓋	蓋
又亦略諸	亦	亦	亦	以
謀夫之美話	善	美	善	×

續表

上野鈔本	猿投神社藏古點本	猿投神社藏正安本	九條家本	尤刻本
辯士之舌端	舌	舌	舌	×
坐徂丘	狙		狙	狙
而事殊篇章	異	異	異	異
亦所弗取	弗		不	不
繁年之書	繫	繫	繫	繫
蓋所以褒貶是非	蓋	蓋	蓋	×
紀別同異	同異	同異	異同	異同
迄乎聖代		乎	於	於
名之文選		之	曰	曰
略以時代相次		略	略	各

　　從上表看，九條家本同於尤刻本的有"羲""亡""戒""畋""詞""蓋""不""異同""於""曰"諸字，説明這些異文可能是李善本的本來特徵，與上野等鈔本所據蕭統底本有區别。不過這些異文或爲古今字，或爲通假字，於詞義没有多大的分别，但是如"别"與"列"，"品"與"器"，"略"與"各"，以及鈔本多出來的"美（善）話"之"美（善）"，"舌端"之"舌"，就有較大的差别了。以下略加論述。

　　"表奏箋記之列"與"表奏箋記之别"，當以"别"字爲是。蕭統這一段是討論文體的話，在討論了詩、賦、箴、戒、論、銘、誄、贊等文體的起源與特徵後，接着説："又詔誥教令之流，表奏箋記之别，書誓符檄之品，吊祭悲哀之作，答客指事之制，三言八字之文，篇辭引序，碑碣志狀，衆制鋒起，源流間出。"雖然排列文體，但以探討源流和風格爲旨歸，所以論詩六義後的文體發展説是"源流實繁"。説屈原《楚辭》爲騷人之文所出，至於漢代，詩歌繼起，四言、五言，漸成區别。同時其他文體也是"各體互興，分鑣並驅"。箴起源於補闕需要，戒出於弼匡，如此等等，都在強調各體之源，故總結一句"衆制鋒起，源流間出"。因此論"表奏箋記"諸體強調"別"字更合蕭統原意。此外，蕭統上句是"詔誥教令之流"，"流"與"別"相對成文，自摯虞編《文章流別集》以來，六朝人對"流別"一詞有頗多使用。如鍾嶸《詩品序》説"敢致流別"，劉勰《文心雕龍序》批評陸機《文賦》"流別精而少功"。因此結合上文，此處作"別"字是有道理的。

"譬陶匏異器"與"譬陶匏異品"，陶匏本用於祭祀，《禮記·郊特牲》説："器用陶匏，以象天地之性也。"陶是瓦器，匏是用葫蘆做的器皿，但蕭統下句説"並爲入耳之娛"，顯然不是指的祭器，而是樂器。五臣注説："陶，塤；匏，笙也。白黑曰黼，黑青曰黻，言音聲彩色雖異，耳目之玩不殊。"《文選·嘯賦》"夫假象金革，擬則陶匏，衆聲繁奏，若箛若嘯"，五臣注説："金革陶匏，並樂器也。"宋章如愚《山堂肆考》卷二百三十四"陶匏"條説："陶，塤也；匏，笙也。"如果作樂器解，也可以解釋爲陶與匏雖然不是同一種樂器，但都可以娛樂人心。這樣，蕭統原文作"器"也能解釋得通。不過細辨起來，不如作"品"更符蕭統原意。陶、匏爲古八音，所謂金石土革，絲木匏竹。陶是塤，屬土樂，匏是笙，屬竹樂，古人以八音比附政教，多所附會，宋陳暘《樂書》解之甚詳，他説："樂出於虛，禽於實。出於虛，則八音冥於道；寓於實，則八音麗於器。器具而天地萬物之聲可得而考焉。故凡物之盈於天地之間，若堅若脆，若勁若韌，若實若虛，若沉若浮，皆得效其響焉，故八物各音而同和也。自葛天氏作八闋之樂，少昊氏效八風之調，而八音固已大備，後世雖有作者，皆不能易兹八物矣。金聲春容，秋分之音也，而莫尚於鐘；石聲温潤，立冬之音也，而莫尚於磬；絲聲纖微，夏至之音也，而莫尚於琴瑟；竹聲清越，春分之音也，而莫尚於管籥。匏聲崇聚，立春之音也，而笙竽繫焉；土聲函胡，立秋之音也，而塤缶繫焉；革聲隆大，冬至之音也，而鼗鼓繫焉；木聲無餘，立夏之音也，而柷敔繫焉。然金多失之重，石多失之輕，絲失之細，竹失之高，匏失之長，土失之下，革失之洪，木失之短，要之八者不相奪倫，然後其樂和而無失也。記論八音多矣，舉其始言之，不過曰施之金石，要其終言之，不過曰匏竹。在下兼始中終言之，則曰金石絲竹樂之器也。乃若論其詳，舍周官太師之職何以哉？蓋樂器重者從細，輕者從大，大不逾宮，細不逾羽，細大之中，則角而已。莫重於金，故尚羽；莫輕於瓦、絲，故尚宮；輕於金，重於瓦、絲者，石也，故尚角；匏、竹非有細大之從也，故尚議；革、木非有清濁之變也，故一聲。然金石則土，類西凝之方也，故與土同位於西；匏竹則木，類東生之方也，故與木同位於東。絲成於夏，故琴瑟在南；革成於冬，故鼗鼓在北。大師之序八音，以金、石、土為先，革、絲次之，木、匏、竹為後者，蓋西者以秋時言之，聲之方也。虛者，樂所自出，聲之本也，故音始於西，而成於東。於西則金石先於土者，以陰逆推其所始故也；於東則匏、竹後於木者，以陽順序其所生故也。革、絲居南北之正，先革而後絲者，豈亦先虛之意歟？此言樂之器，荀卿言所以道德者，德待器而後達故也。"這裏不厭其煩地引證，從中可以看出古人對八音的樂品是有很深入的認識的。據此可以知道蕭統說"陶匏異品，並為入耳之娛"，意思是陶與匏雖然樂品不同，但都具有娛樂人心的功能。這也與下句"黼黻"之喻相同，因此這裏似用"品"為宜。後人不知，以祭器解之，遂改"品"為"器"，正如李善注成公綏《嘯賦》"擬則陶匏"引《禮記》作注情形一樣。另外從版本證據說，除了以上介紹的日本兩種鈔本作"品"外，吐魯番出土唐寫本《文選序》和唐初類書《藝文類聚》所引《文選序》均作"品"字，可證蕭統原文的確是"品"而非"器"。不過，中國自宋代以後，如宋潘自牧《記纂淵海》、明徐元太《喻林》所引《文選序》均作"器"，說明此字在唐代尚不誤，有誤始自宋代，今傳幾種宋代刻本均誤作"器"可證。

"各以時代相次"和"略以時代相次"，今傳諸寫、鈔本都作"略"字，根據《文選》所錄作家時代往往有誤的事實看，作"略"字是有道理的。因為到了南朝，批評家對前代作家的精確年代很難把握，這在其他的著作中也可以看到這個情形，比如鍾嶸《詩品》就常將前代作家的時代誤判。批評家對此也是深有體會的，所以審慎地用"略"字是很負責的說法。其實這可能是南朝時編集的通例，如鍾嶸《詩品序》也說："一品之中，略以世代為先後，不以優劣為詮次。"可見蕭統原文應是"略"字。

"謀夫之美（善）話"和"辯士之舌端"，刻本均無"美（善）""舌"二字。細審原文，顯然有"美（善）""舌"更爲合理。謀夫指謀策之人，爲當權者謀劃，用"美（善）"來加以修飾，就更準確了。辯士指游辯之士，奔走游説，全憑三寸不爛之舌。《史記·張儀列傳》載張儀游楚受辱歸家，其妻勸他不要再游説自取其辱，"張儀謂其妻曰：'視吾舌尚在不？'其妻笑曰：'舌在也。'儀曰：'足矣。'"又《戰國策》卷三説："繁稱文辭，天下不治；舌敝耳聾，不見成功。"可見舌爲辯士的特徵。如果不用"舌"，僅稱"辯士之端"，似乎不成其辭。且上文是"賢人之美辭，忠臣之抗直"，都是五字，下文理應相對成文。不過，既然上文已用"美"字，下句不應重複，應該是"善"字。此文之誤，恐怕還在五臣之前，因爲五臣注説："謀夫，謀策之人也。話，善言也；辯士，辯捷之士也。言端者，辯士有舌端。"顯然五臣所見本已脱"善"和"舌"二字，故其用"善"解"言"，用"舌"解"端"。

此外，還有一處"既其如彼"與"既言如彼"。寫本作"其"，刻本作"言"，這是一個關係連詞，表示已經發生的既成事例，與當前發生的事相關聯。所以蕭統下句是"又亦若此"。"既其"在漢魏六朝時是一個常用語，《全晉文》卷三十七庾亮《爲成帝出令沙門致敬詔》有："既其有以，將何以易之？"《全梁文》卷四十五《答曹思文難神滅論》："既其欺天，又其欺人！"又，劉勰《文心雕龍·程器》："名之抑揚，既其然矣，位之通塞，亦有以焉。"六朝文中多用此詞。而"既言"一詞，似僅見有嵇康《答向子期難養生論》："既言上藥，又唱五穀者。"據此，蕭統此處當作"既其"。

日本這幾個鈔本與刻本不同的異文，顯示了蕭統《文選序》的原貌，現在看來錯誤可能是在刻本階段產生的。那麼日本這幾個鈔本，是否出於同一個底本來源？也就是説鈔本與刻本不同的異文，是否有可能是鈔本底本的抄寫錯誤呢？應該説這種可能性不大。日本藏有數量不少的寫、鈔本，就寓目所及，來源明顯不同。就以這幾個鈔本説，其與刻本不同的異文，却與吐魯番寫本相同，即如"别""品""其"等。此外鈔本的字體也多保留了唐人草體寫法，與吐魯番本相同，如"戒"

"吊"的寫法即是,因此説日本鈔本在保留原貌上是可信的。

根據以上的討論,我們重新爲《文選序》校讀如下:

式觀元始,眇覿玄風。冬穴夏巢之時,茹毛飲血之世,世質民淳,斯文未作。逮乎伏犧氏之王天下也,始畫八卦,造書契,以代結繩之政,由是文籍生焉。《易》曰:"觀乎天文,以察時變;觀乎人文,以化成天下。"文之時義遠矣哉!若夫椎輪爲大輅之始,大輅寧有椎輪之質;增冰爲積水所成,積水曾微增冰之凜。何哉?蓋踵其事而增華,變其本而加厲;物既有之,文亦宜然。隨時變改,難可詳悉。

嘗試論之曰:《詩序》云:"詩有六義焉:一曰風,二曰賦,三曰比,四曰興,五曰雅,六曰頌。"至於今之作者,異乎古昔,古詩之體,今則全取賦名。荀宋表之於前,賈馬繼之於末。自兹以降,源流寔繁。述邑居則有"憑虛""亡是"之作,戒佃游則有長楊羽獵之制。若其紀一事,咏一物,風雲草木之興,魚蟲禽獸之流,推而廣之,不可勝載矣!又楚人屈原,含忠履潔,君匪從流,臣進逆耳,深思遠慮,遂放湘南。耿介之意既傷,壹鬱之懷靡愬。臨淵有懷沙之志,吟澤有憔悴之容。騷人之文,自兹而作。

詩者,蓋志之所之也,情動於中而形於言。關雎麟趾,正始之道著;桑間濮上,亡國之音表。故風雅之道,粲然可觀。自炎漢中葉,厥塗漸異。退傅有"在鄒"之作,降將著"河梁"之篇;四言五言,區以別矣。又少則三字,多則九言,各體互興,分鑣並驅。頌者,所以游揚德業,褒贊成功。吉甫有"穆若"之談,季子有"至矣"之嘆。舒布爲詩,既其如彼;總成爲頌,又亦若此。次則箴興於補闕,戒出於弼匡。論則析理精微,銘則序事清潤。美終則誄發,圖像則贊興。又詔誥教令之流,表奏箋記之別,書誓符檄之品,吊祭悲哀之作,答客指事之制,三言八字之文,篇辭引序,碑碣志狀,衆制鋒起,源流間出。譬陶匏異品,並爲入耳之娛;黼黻不同,俱爲悦目之玩。作者之致,蓋云備矣!

余監撫餘閑,居多暇日,歷觀文囿,泛覽辭林,未嘗不心遊目想,移晷忘倦。自姬漢以來,眇焉悠邈,時更七代,數逾千祀。辭人才子,則名溢於縹囊;飛文染翰,則卷盈乎緗帙。自非略其蕪穢,集其清英,而欲兼功,太半難矣!若夫姬公之籍,孔父之書,與日月俱懸,鬼神爭奧,孝敬之準式,人倫之師友,豈可重以芟夷,加之剪截?老莊之作,管孟之流,蓋以立意爲宗,不以能文爲本,今之所撰,又亦略諸。若賢人之美辭,忠臣之抗直,謀夫之善話,辯士之舌端,冰釋泉涌,金相玉振。所謂坐狙丘,議稷下,仲連之却秦軍,食其之下齊國,留侯之發八難,曲逆之吐六奇,蓋乃事美一時,語流千載。概見墳籍,旁出子史,若斯之流,又亦繁博,雖傳之簡牘,而事異篇章,今之所集,亦所弗取。至於記事之史,繫年之書,蓋所以褒貶是非,紀別同異,方之篇翰,亦已不同。若其贊論之綜緝辭采,序述之錯比文華,事出於沉思,義歸乎翰藻,故與夫篇什,雜而集之。遠自周室,迄乎聖代,都爲三十卷,名之文選云耳。

凡次文之體,各以彙聚。詩賦體既不一,又以類分;類分之中,略以時代相次。

《文選》敦煌寫本研究

　　蕭統《文選》三十卷,至隋蕭該爲之作注,遂開中國"《文選》學"先聲①。其後曹憲撰有《文選音義》,授學於江都,從其學者有許淹、李善、公孫羅等②,"《文選》學"因是大興於時。然諸家之注,當以李善最爲代表,也最行時,所以開元六年(718),呂延祚上《進集注文選表》,即以李善作爲批評對象。李善注本行世後,至開元年間又有五臣注本問世,從此以後,世間所傳《文選》主要是注本,白文本遂漸失傳。由於李善注本是以原本的一卷分爲二卷,改變了蕭《選》的原貌,而五臣本雖稱恢復舊貌,但一者它本身也是注本,能否等同蕭《選》,還很難説;二者五臣本在後世流傳甚稀③,見者鮮少,所以蕭《選》原貌如何,也就成爲《文選》學研究的一個重要問題。

　　研究蕭《選》原貌,除了依據李善本和五臣本外,近代以來發現的《文選》白文寫、鈔本應該是最直接、也最有力的依據。所謂寫本,主要指敦煌寫本,即現藏於法國國立圖書館的幾種《文選》殘卷。其中屬於白文無注的爲編號伯 2525 號起沈休文《恩倖傳論》迄范蔚宗《光武紀贊》,伯 2542 號任彥昇《王文憲集序》,伯 2493 號陸士衡《演連珠》,伯 2707 號及伯 2543 號王元長《三月三日曲水詩序》,伯 2554

---

①《隋書·蕭該傳》載蕭該著有《文選音義》,不書卷數。《隋志》著録爲三卷,兩《唐志》均著録十卷。

②《舊唐書·儒學傳》:"曹憲,揚州江都人也。仕隋爲秘書學士。每聚徒教授,諸生數百人。當時公卿已下,亦多從之受業。憲又精諸家文字之書,自漢代杜林、衛宏之後,古文泯絶,由憲此學復興。……所撰《文選音義》,甚爲當世所重。初,江、淮間爲《文選》學者,本之於憲,又有許淹、李善、公孫羅復相繼以《文選》教授,由是其學大興於代。"曹憲《文選音義》,新、舊《唐志》均不載,故其面貌如何,不得而知。兩《唐志》著録許淹《文選音義》十卷,公孫羅《文選音》(《舊唐書》本傳及《新唐志》均稱《文選音義》)十卷。又《新唐志》著録公孫羅有《文選注》六十卷。以上諸書均次失傳,唯日本藏唐寫本《文選集注》集有公孫羅等唐人注,可參看。

③ 今傳五臣注本完帙僅南宋紹興三十一年(1161)陳八郎本一部,但見到的人甚少;此外,南宋初杭州猫兒橋鍾家刻本僅存二十九、三十兩卷。

號謝靈運《會吟行》、鮑明遠樂府八首之《東武吟》《出自薊北門行》《結客少年場行》《東門行》《苦熱行》《白頭吟》，伯 2645 號李蕭遠《運命論》，伯 2658 號揚子雲《劇秦美新》及班孟堅《典引》，伯 3345 號王仲寶《褚淵碑文》，伯 5036 號陸佐公《石闕銘》並《序》，伯 3480 號王仲宣《登樓賦》，伯 3778 號顏延之《陽給事誄》。此外還有藏於英國倫敦不列顛博物館的編號斯 9504 號江文通《恨賦》，斯 3663 號成公子安《嘯賦》，以及藏於俄羅斯聖彼得堡的編號 Дx01502 號《吳都賦》，Дx01551 號張景陽《七命》，Дx2606A 號任彥昇《王文憲集序》，Ф242 號起束廣微《補亡詩》至曹子建《上責躬應詔詩表》等。其中《七命》僅有十五殘字，《王文憲集序》尚未發表，故不予敘錄。以下謹對其餘的寫鈔本進行研究，庶幾能夠探查蕭《選》三十卷本的大概面貌。

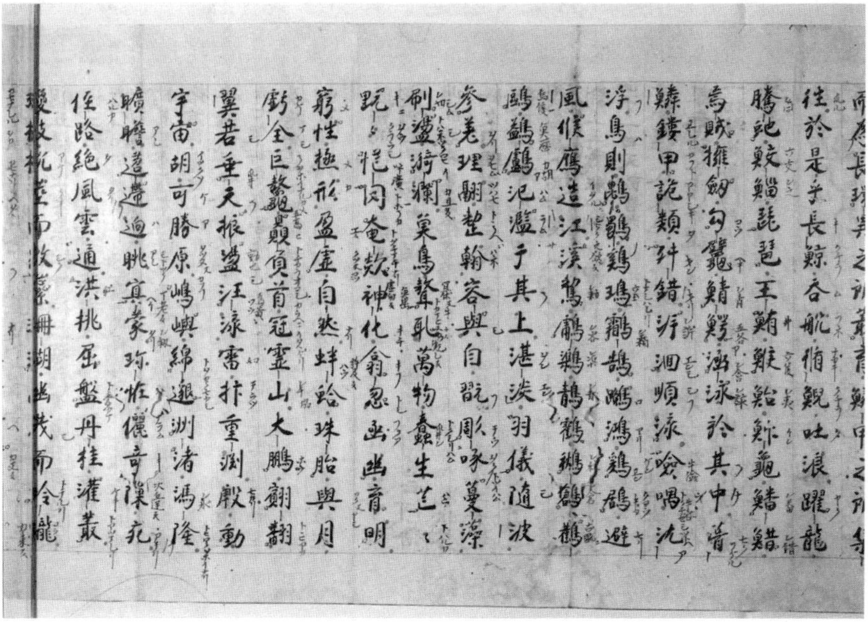

圖 24　日本大東急記念文庫藏《吳都賦》

敦煌文獻最早於 1907 年被英籍匈牙利人斯坦因盜劫，現藏倫敦不列顛博物館。1908 年法國學者伯希和又盜劫了最稱菁華的部分，今存巴黎國立圖書館。1914 年至 1915 年，沙俄人奧登堡組織領導的"俄國新疆考察隊"也從敦煌盜走了一部分,藏於俄羅斯聖彼得堡亞洲研究中心。關於法藏敦煌文獻中的《文選》,羅振玉曾據伯希和的影印又印成《鳴沙石室古籍叢殘》,即伯2527、2528號張平子《西京賦》,伯2527號起東方曼倩《答客難》至揚子雲《解嘲》,伯2525號起沈休文《恩倖傳論》迄范蔚宗《光武紀贊》,伯2542號任彥昇《王文憲集序》。1986年,臺灣地區黃永武博士編成《敦煌寶藏》,所收法藏與英藏《文選》寫本比較齊全。關於俄藏敦煌文獻,1993年12月,上海古籍出版社與俄羅斯科學院東方學研究所聖彼得堡分所聯合出版了《俄藏敦煌文獻》,其中《文選》寫本有Ф242號起束廣微《補亡詩》至曹子建《上責躬應詔詩表》①、Дx01502號左太沖《吳都賦》、Дx01551號張景陽《七命》、Дx2606A號任彥昇《王文憲集序》等。

在以上的寫本中,除伯2527號與伯2528號是李善注以外,其餘都是白文寫本。其中斯3663號《嘯賦》、伯2525號《恩倖傳論》至《光武紀贊》、伯3345號《褚淵碑文》分別在篇末標"卷九""卷二十五"和"卷二十九",說明這三種寫本的確出自三十卷本《文選》。其他諸種寫本由於既不是卷首篇目也不是卷末篇目,所以看不出是否爲三十卷本,但從其白文無注的樣式以及《褚淵碑文》《嘯賦》的例證看,確定它們爲三十卷本應該不成問題。既是三十卷本白文,那麽它們與蕭《選》有什麽關係呢?是否出自蕭《選》呢?這是我們關心的問題。當然要解決這個問題,最好以這些白文與蕭《選》原本對照,但這是不可能的,因爲我們正是没有蕭《選》,而試圖利用這些白文來推測蕭《選》。除掉這個辦法外,我們還可以用白文寫本與其他的寫本和鈔本對照,比如唐寫本《文選集注》和日本白文鈔本二十一卷都可以作爲對照的依據。因爲《文選集注》也出於唐代,它和敦煌寫本的時間相差不大,應當可以作爲依據。至於日本鈔本,其底本的來歷也非常早,作爲依據是没有問題的。我們的對照在兩方面顯示出問題:第一是格式,第二是文字。

從書寫格式看,白文寫本中只有伯2525號《史述贊》諸首可以用

---

① 案,筆者於此卷撰有專文,參見本書下篇《俄藏敦煌寫本Ф242號〈文選注〉發覆》。

來校勘。寫本的書寫格式有兩個特點：第一，每首前後均著録篇題，如第一首前頂格書"史述贊述高紀一首"，於篇末又書"述高紀一首"；第二，每首篇題之下均著録作者，如《述高紀》《述成紀》《述韓英彭盧吳傳》三篇下均題"班孟堅"。關於第一點。篇末列題目，應該是《文選》原來的格式。這幾篇作品，《文選》的編者直接取自《漢書叙傳》，格式亦如《漢書》。將篇題列於文末的依據，李周翰注釋説："列題於後者，亦猶《毛詩》之趣也。"説明古本篇題是列於文末的。今存五臣注本（宋陳八郎本、朝鮮刻本）格式還是遵循《文選》原貌，李善注本却已改變。朝鮮奎章閣本《文選》（其底本是產生於北宋元祐九年的秀州州學本）在"述高紀第一"下有校記説："善本如此（《四部叢刊》影宋本六臣注《文選》没有這四個字），五臣本列在後。"這裏所説的"善本"指北宋國子監刻李善注本，也是李善注的第一個刻本，這説明北宋監本已經改變了《文選》原貌。不過這個敦煌寫本是否如實地反映了蕭《選》原貌，也還很難確定。因爲上述四篇作品前後均列題目，似乎抄手綜合了李善本和五臣本的格式。此外，《述韓彭英盧吳傳》僅於文前列題目，篇末脱漏，顯示出抄手的疏略。凡此情況表明，這個敦煌寫本只能作爲研究蕭《選》原貌的參考，還不能等同於原本。這其實也是我們對寫本的基本態度。又不僅這幾種寫本，包括其他的寫、鈔本，儘管產生的時代可能比刻本早，但仍然不能代替刻本，也並不一定比刻本更可信。這個問題涉及寫本與刻本之間的關係，關於此點，在以後的叙述中，還將不斷地加以闡述並進一步展開。

除了格式外，敦煌寫本還可以糾正刻本所造成的順序錯誤，比如陸機的《演連珠》，今存李善本、五臣本都是以"臣聞足子性者，天損不能入"首作爲最後一首，敦煌寫本伯2493號却以這一首接於"臣聞適物之技"首之後，而以"臣聞理之所開"首作爲最後一首（寫本中此首缺失，這是依據現有的四十九首推測的結果）；此外"臣聞圖形於影"首與前一首"臣聞通於變者"亦顛後爲前。這個順序得到了日本古抄二十一卷本的證實，説明是刻本的錯誤。

從文字看，寫本與刻本存在着不少差異，通過校勘，可以窺出從寫本到刻本的訛誤過程。以下我們將敦煌白文寫本與刻本間比較有特點的異文，以敘錄的形式列表如下，以作比較。使用的刻本分別是 1. 北宋國子監刻李善注本，簡稱監本。此本今藏中國國家圖書館，僅存二十餘卷，不敷校勘之用。但韓國奎章閣所藏六家《文選》，其底本是刻於北宋哲宗元祐九年的秀州州學本，此本的李善注是國子監本，經與國圖所藏殘本核查，基本相符，因此本文所使用的監本，即指這兩種刻本而言。2. 尤刻本，即南宋淳熙八年尤袤刻本，中華書局 1974 年影印。3. 陳八郎本，即南宋紹興三十一年陳八郎刻五臣注本，臺北"中央圖書館"1981 年影印。4. 朝鮮刻五臣注本，簡稱朝鮮刻本。此本爲朝鮮正德四年（1509）刻本，現藏韓國成均館和日本東京大學東洋文化研究所，本文所用即北京大學中文系費振剛教授自東京大學複印之本。5. 杭州猫兒橋河東岸開箋紙馬鋪鍾家刻本，簡稱杭州本。此本今存二十九和三十兩殘卷，分別藏於北京大學圖書館和中國國家圖書館。

（一）伯 2525 號《恩倖傳論》至《光武紀贊》殘卷

白文無注，據羅振玉《鳴沙石室古籍叢殘》影印本，起《恩倖傳論》"政以賄成"至《光武紀贊》末，存共三十九行。據劉師培《敦煌新出唐寫本提要》，本卷起自沈約《恩倖傳論》"屠釣卑事也"①，羅氏當爲漏刻。此卷羅振玉以"虎"字缺筆，定爲唐初；蔣斧據"虎"字缺筆，而"世"字六見，"民"字三見，皆不缺筆。定爲武德本（618—626）；王重民則以伯 2493 號《演連珠》筆迹同於此卷而判爲同一書，又據"淵"字不避的事實，認爲"虎"因"淵"而避，絕無未諱"淵"先諱"虎"之理，從而確定爲陳隋間寫本②。王氏根據有些牽強，他先證此卷與《演連珠》同書，再證諱"虎"之不當，這便使他的論證有了漏洞；僅據字迹來判斷，未免有猜測的成分，而此卷"虎"字缺筆，却是明明白白的。本卷與刻本的文字異同，詳見下表：

---

① 王重民《敦煌古籍敘錄》引，中華書局，1979 年，第 315 頁。
② 參見王重民《敦煌古籍敘錄》，第 310—316 頁。

表 11

寫卷	監本	尤刻本	陳八郎本	朝鮮刻本
秦人不經綱漏於楚	綱網	綱網	綱網	綱網
五星同晷	同	同	合	合
乘豐同運	豐	豐	豐	豐
述韓英彭盧吳傳一首	第四	第四	贊	第四
亦允不陽	光	光	亦	亦
越亦狗盜	狗	狗	苟	苟
芮居江湖	尹	尹	尹	尹
縮自閒閒	同	同	同	同
非昨唯殃	怍	怍	怍	怍
光武紀贊一首		後漢書光武紀贊一首	范蔚宗後漢書光武紀贊	後漢書光武紀贊一首
九縣風回	颷	颷	颷	颷
三象霧塞	精	精	精	精
世祖誕命	世	世	太	大
沉幾先物	機、生	機、先	機、先	機、先
深略緯天	天	文	文	天
高鋒彗雲	旗	旗	旗	旗
繫我皇漢	皇	皇	隆	隆

　　從上表所列諸本異同看，寫本有同於後世所刻善本者，也有同於五臣本者，其有同異，或爲李善優於五臣，或爲五臣優於李善，比如"亦允不陽"的"亦"字，《漢書》及日本古抄二十一卷本都作"亦"。按李善注引張晏說："天子之威盛若燎火之陽，今委政王氏，不亦熾乎。"就文意看，作"亦"字合，這是五臣優於李善的地方。李善本作"光"，大概是因草書字形致訛。李善優於五臣的地方，如"世祖誕命"的"世"，五臣作"太"就不對了。因爲光武帝廟號世祖，不是太祖。這說明五臣本與李善本都有優點，前人一味稱揚李善本，批評五臣本，

其實是偏見。

又從上表看出，寫本多有與刻本完全不同的異字，如"經""綱""間""昨""風""象""幾""鋒"等。這些獨異的字，有的屬於俗體字，如"經""綱"；有的屬於錯別字，如"昨""間"；還有的則是寫本不誤而刻本訛誤，如"鋒"字，諸刻本並作"旗"，查《後漢書》，正作"鋒"字。中華書局點校本《校勘記》引黃山《校補》說："《校補》謂觀李注引東都主人曰'戈鋋彗雲'，則'旗'仍'鋒'之訛。"案，"鋋"字，李善引《說文》釋爲小矛，五臣釋爲矛稍，則此字本應作"鋒"字。此外，還有一些寫本與刻本的歧異，是出於不同的依據。如"象"字，刻本及《後漢書》均作"精"，指日月星，但《後漢書》章懷太子注說："精，或爲'象'。"則寫本亦有所據。又如"深略緯天"的"天"字，刻本中的北宋監本和朝鮮刻本同"天"，尤刻本和陳八郎本均作"文"字。查《後漢書》，亦作"文"字。按《後漢書》章懷太子注引《謚法》及《文選》李善注引《周書》，均用"經緯天地曰文"注解，說明此字作"文"者是。但是北宋監本也是李善注，爲什麽作"天"不作"文"呢？而且監本和朝鮮刻本，一是李善注，一是五臣注，而尤刻本和陳八郎本也同樣一是李善注一是五臣注，爲什麽會有這樣奇怪的差異呢？這是因爲尤刻本並非來自監本，而陳八郎本也不是來自朝鮮刻本的底本。從寫本也作"天"字看，刻本的訛誤時間應該是很早就產生了。又從李善注作"文"，而刻本却作"天"字看，反推寫本的時間似乎應在李善注之後。因爲李善作注的時候，此字還不誤，其後在流傳的過程中，因字形相近致訛爲"天"，從而成爲伯2525號寫本和刻本的祖本。

（二）伯2542號《王文憲集序》

本卷起自"（若乃金版玉匱之書海上名山）之旨"，至"（攻乎異端）歸之（正義）"，共八十行，每行十六字至十九字不等。羅振玉以其避"衷"字諱而定爲隋朝寫本。然同是"衷"字，同葉"莫不揔制清衷"的"衷"便没有缺筆。且"衷"缺筆爲"哀"，容易造成混淆，是否合於諱例，還是一個問題。所以憑這一個字定爲隋朝寫本，證據尚不充分。此卷與刻本的異同列表如下：

表 12

寫卷	監本	尤刻本	陳八郎本	朝鮮刻本
斯固通人之所苞	包	包	包	包
自咸洛不守	咸	咸	函	函
未嘗留心（也）	×	×	也	也
皆折哀於公	衷	衷	衷	衷
毀斃舊塋	毀廢	廢毀	毀斃	毀發
以遷尚公主	選	選	選	選
（更）撰七志	更	更	更	更
採公曾之中經	采	采	采	采
有應務之迹	迹	迹	迹	迹
脫落風塵	塵俗	塵俗	塵俗	風塵
申以（止）足之誡	止、誠	止、戒	止、戒	止、戒
粲答詩云	曰	曰	云	云
毛玠之清公	公清	公清	清公	清公
寔資人傑	實	實	寔	寔
齊臺建	齊臺初建	齊臺初建	齊臺既建	齊臺既建
皆取定俄頃	頃	頃	傾	傾
建元三年	二	二	二	二
鎮軍將軍	國	國	軍	軍
領丹楊尹	陽	陽	陽	陽
允兹望實	資	資	兹	兹
解丹楊尹	陽	陽	陽	陽
留服捐駒	掛	掛	掛	掛
拔奇取異	拔	拔	拔	拔
工女寢機	工	工	工	功

續表

寫卷	監本	尤刻本	陳八郎本	朝鮮刻本
故以痛深衣冠	以	以	×	×
增班劍爲六十人	班、×	班、×	斑、爲	斑、爲
居厚（者）…處薄（者）	者、者	者、者	者、者	者、者
功成改樂	作	作	改	改
造理常若可干	造理常若可干	造理常若可干	造理常若可干	若造理常可干

（注：表中的括號內字，表示寫卷脱漏者，×號表示刻本無此字。下同。）

《王文憲集序》寫卷與刻本的主要歧異處如上述，其中全合於李善本（監本、尤本）者有四處，全合五臣本（陳八郎本、朝鮮刻本）者有八處，這個數字似乎表明寫本更近於五臣本。但是若再細分，李善本中的監本和尤刻本，以及五臣本中的陳八郎本和朝鮮刻本也都存有分歧。其中監本異於尤本者有四處，陳八郎本異於朝鮮刻本者有三處，造成這種差異的原因是李善本的監本和尤刻本並非出自同一系統，同樣，五臣本的陳八郎本和朝鮮刻本也非出自同一個系統。這樣，寫本與這幾種刻本間的同異就需要分別統計，結果是寫本合於監本者有十二處，合於尤本者有九處，合於陳八郎本者十三處，合於朝鮮本者十二處。在這些異同中，有的屬於同音字，如苞—包、咸—函、誡—戒，寔—實、頃—傾、班—斑等，造成這些異字原因，很可能與傳抄有關，不一定表示版本的不同。但是像"毀發""風塵""云""清公""改"等字詞造成的歧異，就表示出版本的不同了。而這幾個關鍵的字詞，恰恰都是寫本與五臣本相合，這個現象說明可能存在兩種情況：或者五臣本最接近原貌，或者寫本是據五臣本抄出。

同時我們也看到，寫本本身也有一些訛錯，如"折哀於公"的"哀"，應作"衷"字；又據《南齊書》本傳，"建元三年"應是"二年"之誤，這當是抄手筆誤。其他如"申以止足之戒"的"止"字、"齊臺既建"的"既"字抄脱都是（"既"，李善本作"初"，但《藝文類聚》引文作"既"）如此。不過寫本畢竟時代早，較能接近原貌，它與刻本間的一些歧異，往往可以看出致異的傳寫過程。比如寫卷中的"苞"字，日本鈔本殘二十一卷本亦同，說明原本或作"苞"，但在傳寫中已改爲"包"。又如"其唯神用者乎"句下，刻本並有"然檢鏡所歸，人倫以表，雲屋天構，匠者何工（尤本脱'工'字）"十六字。寫本及日本鈔本都沒有，似乎爲後人所補。

此篇《藝文類聚》卷五十五收錄，日本殘抄二十一卷本亦存。《類聚》刪節頗多，大抵類書抄撮例皆如此。持之與寫本及刻本相校，頗能說明一些問題。現列表如下：

表 13

寫卷	藝文類聚	日本鈔本	監本	朝鮮刻本	尤本	陳八郎本
苞	包	苞	包	包	包	包
清公		清公	公清	清公	公清	清公
毀㢧		毀㢧	毀廢	毀發	廢毀	毀㢧
（既）建	既		初	既	初	既
改		改	作	改	作	改
風塵	風塵	風塵	塵俗	風塵	塵俗	塵俗

從上表看出，寫卷、《藝文類聚》、日本鈔本和五臣本基本相同，而和李善本差別較大。（這個比較，應以李善本的監本、五臣本的朝鮮本爲依據，尤本和陳八郎本不是純粹的李善本和五臣本，所以僅能作參考。）早期幾種文本與五臣的一致，說明了五臣本的確比較接近原貌，而李善本似乎改動較大。當然，這也不排除另一種情況，即寫卷、《藝文類聚》、日本鈔本中的《王文憲集序》，都出自五臣本，不過，這種可能性應該說是極小的。

（三）伯 3345 號《褚淵碑文》

存五十五行，行十八至二十字不等。起"（誠由）太祖之威風"至卷末。卷末題"文選卷第二十九"，當是三十卷本原貌。王重民以卷中"淵""民"不避，定爲唐以前寫本。本卷與刻本的異同如下表：

表 14

寫卷	監本	尤本	陳八郎本	杭州本
又以君母艱去官	居	居	居	居
丁顔之合禮*	顔丁	顔丁	顔丁	顔丁
嗣主荒怠於天位	主	王	主	主
廢昏繼絶	統	統	統	統
戡亂寧民	戡	戡	戡	戡
時膺土寓	宇	宇	宇	宇
（知）在三之如一	知	知	知	知
薨於（私）第	私	私	私	私
衛君當祭而輟祀	禮	禮	祀	祀
齊侯趨車而行	君	君	侯	侯
群后恇懾	后	后	后	臣
萬物不能害其貞	貞	貞	貞	身
言象所未形	形	形	形	刑
咸逝川之無舍	感、捨	感、捨	感、捨	感、捨
滄輿誦於丘里	飡	飡	飡	飡
天鑒璿曜	鑒	監	監	監
儀刑長遵	遵	形、遵	形、逝	形、逝

*原卷"丁顔"行側有"√"號，當是書寫者已乙正。

從上表看，寫卷本身有一些錯誤，如"君"字，當是"居"之誤，"丁顔"應爲"顔丁"，而"知"字爲抄脱。其合於五臣本者如"祀""侯"，合於李善本者如"后""貞""形"。（此處的五臣本是指朝鮮刻本，李善本指監本，因爲陳八郎本和尤刻本晚於朝鮮本的底本和監本，其系統已經不是純粹的五臣本或李善本。具體的論述見後文。）這些異文有的由來已久。如"侯""君"二字，寫卷作"侯"，但《文選集注》却作"君"字；又如"禮"與"祀"亦然，寫卷作"祀"，《集注》作"禮"。按五臣注説："衛有太史柳莊疾甚，衛公當祭於廟，聞之輟祭而視之。"據此似應作"祀"字。但李善注則説："《禮記》曰：

衛有太史曰柳莊，寢疾，公曰：'若疾，雖當祭必告也。'公再拜稽首請於尸曰：'臣有柳莊也，非寡人之臣，社稷之臣，聞之死，請往。'不釋服而往。"據此又當作"禮"字。這似乎說明五臣本與李善本本來就存有異文，不過據《文選集注》所引五臣注，沒有這段釋文，而且所引各家注，於此字均無異文，這又說明五臣注及"祀"字，皆後人據李善注前半部分增改而成。

　　此卷可校後世刻本處如"嗣主荒怠於天位"的"主"字，尤刻本作"王"，非是；又如"薨於第"，各本均於"第"前增"私"字，證之《文選集注》及日抄白文本，"私"爲衍文。此外，有一些在李善以前的錯字異文，李善及五臣出校而已，但後世有些刻本逕加改正，以致源流混淆，今據寫卷可加校正。此例如"餐東野之秘寶"的"野"字，李善注稱不詳，但引《洛書·零准聽》曰："《顧命》云，天球、河圖在東序，天球，寶器也。河圖，今紀圖帝王終始存亡之期。"又引《典引》曰："御東序之秘寶。然野當爲杼，古序字也。"五臣注亦同，稱："野當爲序，此云野者，當書寫之誤也。"（引文據奎章閣本）據此，李善和五臣並以正文作"野"。查《文選集注》，正文、注文皆同。是知唐以前並無改爲"杼"或"序"的。又查宋李善注的天聖明道本、尤刻本及五臣注的陳八郎本、杭州本，六家合并注的秀州本、明州本，皆亦作"野"，似是宋本亦無變化，但又一宋六臣注本贛州本却加校記稱："善作杼，古序字，五臣作序。"則贛州本編者所見李善本和五臣本已作改變，這是比較奇怪的事情，因爲現存各種系統的宋刊李善本和五臣本均無作"杼"或"序"的，那麼贛州本編者爲何會見到這麼多不同於現存宋刊的《文選》呢？并且即使如贛州本校記所説，有作"杼"的李善本和作"序"的五臣本，但如當時所能見到的刻於淳熙八年（1181）的尤袤刻本、紹興二十八年（1158）的明州本、紹興三十一年（1161）的陳八郎本，都與贛州本（刻於南宋紹興三十二年）① 編者所見不同，爲什麼不加校記呢？這分明是有意在掩飾了。贛州本雖加校記，正文尚未改變，刻於其後的建州本（即《四部叢刊》本）正文

---

① 參見杜信孚、漆身起《江西歷代刻書》，江西人民出版社，1994 年。

則逕作"杼"字,且加校記説:"古序字,五臣本作野,亦作序。"這個説法比較周全,即説有作"野"的五臣本,也有作"序"的五臣本,但實際上仍然依據的贛州本。再其後元茶陵本因襲建州本,亦作"杼"字,校記稱:五臣作"野"亦作"序"。從以上情況看,"野"字的改變,即發生於贛州本之時。還有一些刻本中的異文,不知何所從,今據寫卷可得以確定。如尤刻本"群后恇動於下"的"動",明袁褧覆宋本及茶陵本作"慟",胡克家《文選考異》卷十説:"此無以考之。"這是因爲胡克家沒有見到寫本的關係。現據寫卷及《文選集注》,可定此字當作"慟"。又如"天鑒璿曜"的"璿",李善注説:"言君能鑒照琁璣七曜之道,……琁與璿同。"據此似此字本作"琁"。胡克家《考異》説:"何校,璿改琁。陳云,據注,璿當作琁。案,袁、茶陵二本所載五臣良注字作璿,此必善琁,五臣璿,各本亂之而失著校語。"文中的何即何焯,陳即陳景雲,他們的校記正是根據的李善注。胡克家又據而下結論説李善本作"琁",五臣本作"璿"。今檢寫卷及《集注》,均作"璿"而無作"琁"者,《集注》所引各家注文(包括五臣),也沒有加按語説有異文存在,這説明此字之異又在寫卷及《集注》之前了。

(四) 伯2493號《演連珠》

存一百四十五行,缺第一首及最後一首。起自第二首"(臣聞任重於力,才盡則困,用廣其器,應)博則凶"。行十六字,書法頗工。本卷與刻本的異文見下表:

表15

寫卷	監本	尤本	陳八郎本	朝鮮刻本
是以物稱權而衡殆(2)	勝	勝	勝	勝
世所希之		乏	乏	乏
時風夕泛(4)	灑	灑	灑	灑
百姓無遺於心(6)	匱	匱	匱	匱
不悦西施之景(9)	影	影	景	景
非幽蘭所歎(10)	難	難	難	難

續表

寫卷	監本	尤本	陳八郎本	朝鮮刻本
乃繁弦所思（10）		實	實	實
不爲勢屈是以陵飇之羽（11）	世、陵	世、凌	世、陵	世、陵
曜夜之月（11）	目	目	目	目
是以柳莊黜擯（12）	殯	殯	殯	殯
不能吐暉（13）		輝	暉	暉
弱於揚門之哭（15）	陽	陽	楊	楊
則芳澤易流（17）		芬	芬	芬
覽景耦質（18）		影、偶	影、偶	影、偶
是以脩虛器者（18）		循	循	循
鑽燧出火以續晹谷（19）	吐、湯	吐、湯	吐、晹	吐、晹
秋霜宵隊（20）		宵、墜	宵、墜	宵、墜
是故威以齊物爲肅（20）	故	故	以	以
習數則興（21）	貫	貫	慣	慣
瞽史清耳（21）	史	叟	史	史
東野有（不）釋之辯（23）	不	不	不	不
而動神之言已滅（24）		×、化	×、化	×、化
倚知隱情（25）		智	智	智
尋虛捕影（25）		景	景	景
探心昭忒（25）		照	照	照
非假北里之操（27）	百	百	北	北
德表生民（28）	生民	生民	民倫	民倫
不能救栖徨（28）		棲遑	棲遑	棲遑
澄心殉物（30）		徇	徇	徇
遁世之操（31）		遯	遁	遁
故耦影之操矜（31）		偶	偶	偶
故陵霄之節厲（31）	凌	凌	陵	陵

續表

寫卷	監本	尤本	陳八郎本	朝鮮刻本
懸景東隟（33）		秀	秀	秀
碱砆匿耀（33）	武夫	武夫	武夫	珷玞
鏡同蓄景（35）		影	影	影
柷梧稀聲（36）	柷敔	柷敔	祝圉	祝圉
目無嘗音之察（37）	嘗	嘗	常	常
不殊之於已（37）		誅	殊	誅
不求備於一人（37）		×	×	×
（則）夏屋有時而傾（39）		則	×	則
雖疾弗應（41）	弗	弗	不	不
闇於治者（41）		暗	闇	闇
情出於性（42）		生	生	主
俯仰殊用（43）		異	異	異
勁陰煞節不彫寒木之心（44）		殺、凋	殺、彫	殺、凋

（注：表中的數字表示寫卷中《演連珠》序號）

與刻本相校，本卷最大的特點是大量的獨異之字，如"稱""之""泛""遺""歎""乃""勢""月""擯""芳""耦""脩""興""言""栖徨""殉""耦""隟""碱砆""梧""一""出""殊""煞"等。與刻本有這麼多不同的字，這在寫卷中也是少見的了。但是這些字也並不是沒有依據的，以它與日本古抄殘二十一卷本相校，往往相合，如"稱""泛""歎"（日抄作"嘆"）"勢""脩""殉"等。除了日抄以外，還有一些與《藝文類聚》所載相合。如"勢""芳""殊"等。《藝文類聚》成書於唐初，所引早於李善及五臣本。其引《演連珠》共有十一首。這十一首是否出自《文選》呢？從《類聚》的引文看，對《文選》中的作家作品，它有的直接標題爲《文選》，如卷八十二"芙蕖"條引劉楨《公宴詩》"芙蓉散其華""菡萏溢金塘"和江淹《擬曹丕游宴》"神飈自遠至，左右芙蓉披"，都逕標《文選》；但也有一些直接標爲某人，如這十一首《演連珠》就標爲"晉陸機《演連珠》"。這個情況說明可能存在兩種情形：一是凡引自《文選》者，一般都標《文選》其名，但若引自別集，則逕稱某人；二是《類聚》編成於衆手，有的人喜歡用《文選》作爲總題，有的人喜歡用作家作品作爲題目，因此雖然標題爲某作家的作品，但可能出處仍然是《文選》。不管怎麼說，《類聚》成書於高祖時，其引《文選》當然最接近蕭《選》原貌，以它與寫卷相印證，對探查蕭《選》原貌應該是有幫助的。值得注意的是，《類聚》雖成書於唐高祖時，但所引《演連珠》"臣聞觸非其類"首的"故暗於理者"的"理"字，是個避諱字，即避高宗李治之諱。驗之日本鈔本，此字避爲"化"字。此外在"臣聞祝梧希聲"首中，"是以經治必宣其通"的"治"，日本鈔本也作"化"字，說明這是一個避諱字。《類聚》之所以避諱，當是唐人抄寫時所爲。但就是這一個字，寫卷却不避諱，似乎說明它的產生時代在高宗以前。而寫卷與刻本有這麼多異文，也說明它產生於注本之前。這樣說來，這個寫卷可能是非常接近蕭《選》原貌的寫本。

上表所列的某些異文，可以說明由寫本到刻本的傳抄過程，也可以校正刻本的一些錯誤。比如"碱砆"二字，李善本及五臣的陳八郎本作"武夫"，朝鮮本則從玉旁，而日本鈔本又從金旁。案，監本注文與正文相合，尤本注文却從石旁，與正文不合。這說明尤本正文或從監本，注文却參據了古本。又，"武夫"二字，又見於《子虛賦》和《四子講德論》，在《四子講德論》中，《文選集注》本正文從石旁，所引注文却作"武夫"。我們知道《集注》本底本是李善注，因此它的正文與注文不合，說明編輯《集注》時，李善本正文已寫作"碱砆"，但注文仍然保留原貌作"武夫"。從《集注》所引各家之注看，僅有《音決》和《鈔》作"碱砆"，五臣於此字無注，《集注》按語也沒有注出異文，這說明日本鈔本的從金旁和朝鮮本的從玉旁，都是傳抄中改寫的。又從李善本注文看，監本《演連珠》作"武夫已見上文"，此指《子虛賦》和《四子講德論》。在《四子講德論》中，李善注引張揖《漢書注》說："武夫，石之次玉者。"按《漢書·王褒傳》未錄《四子講德論》，這條注釋來自《子虛賦》，而《漢書·司馬相如傳》所錄

《子虛賦》亦作"武夫",這表明石旁、金旁、玉旁都不是原文。

本卷可訂正後世刻本之誤,如第二十一首的"瞽史清耳"的"史",尤刻本作"叟",何焯説"叟"當作"瞍",尤袤已誤而何焯又誤上加誤,這是由於没有見到監本和寫卷的原因。徐攀鳳《選學糾何》引陸機《弔魏武帝文》"豈特瞽史之異闚景"證明此字應作"史"字,今得寫卷以及日本古鈔本、監本、五臣本,證實了這個判斷。尤本作"叟",頗疑"叟"與"史"字的篆書字形相近的緣故。又如第二十七首"非假北里之操"的"北里"二字,監本、尤本都誤作"百里"。胡克家《文選考異》説:"按五臣作'北','百里'不可通,此必有誤。疑'里'當作'牙',劉及善無注,以百牙自不煩注耳。"胡克家這個判斷是錯誤的,據寫卷和日本鈔本,此字原作"北里"。據五臣注,"北里"本是樂曲名。案,曹植《七啓》有"揚北里之流聲"句,李善注引《史記》説:"紂使師涓作新淫之聲,北里之舞,靡靡之樂。"可見北里是舞樂。

此卷的年代在注本之前,與李善、五臣使用的底本不同。比如寫本第二首"是以物稱權而衡殆"的"稱",刻本並作"勝"。李善注説:"'勝'或爲'稱'。"説明作"稱"者是李善所見的别本。案,"勝"與"稱"音義並同,李善引《吴録》子胥曰"越未能與我争稱負也",稱即勝。又,《周禮・考工記・弓人》:"角下勝榦,榦不勝筋。"鄭玄注:"故書'勝'或作'稱',鄭司農云:'當言稱。'"這個字除寫卷外,日本鈔本也作"稱",看來李善、五臣以外的别本在當日流傳不少。

此卷所録五十首次序,與刻本頗有不同。如刻本第四十五首("臣聞通於變者")與第四十六首("臣聞圖形於影")在寫本中前後次序顛倒,即"臣聞圖形於影"首在"臣聞通于變者"首之前。此外刻本的第五十首("臣聞足於性者")在寫本中置於第四十三首("臣聞適物之技")之下,也即寫本是以刻本的第四十九首"臣聞理之所開"首作爲最後一首的。這個次序與日本古鈔本一致,看來是刻本的次序顛錯。不過刻本中的五臣本與李善本不同,它的第四十五、四十六兩首與寫本相同,僅最後一首次序顛錯,李善本(監本、尤本)則是兩處致錯。

（五）伯2707、2543號《三月三日曲水詩序》

王元長《三月三日曲水詩序》存兩殘卷①，一存九行（伯2707），一存五十四行（伯2543）。前卷起自"我大齊之握機創曆"，至"澤普汎而無"；後卷起自"用能免羣生於湯火"，至《王文憲集序》"古語云，仁人之利，天"止。本卷與刻本的異同如表：

表 16

寫卷	監本	尤本	陳八郎本	朝鮮刻本
雷風通嚮	響	饗	饗	饗
定壐固其洪業	爾	爾	爾	爾
澤普汎而無私	汜	汜	泛	泛
歲時於外府	時	時	貢	貢
序倫正俗		厚	序	序
攘爭捊息希鳴桴於砥路	掩、稀	掩、稀	掩、稀	掩、稀
鞠茂草於貞扉		圓	圓	圓
闕市井之遊		游	游	游
悔食來王		侮	侮	侮
奇幹菁茅之賦	幹善芳	幹善芳	翰善芳	翰善芳
綏旌卷悠悠之斾	旌	旐	旌	旌
信可以優遊暇豫		游	游	游
諷儛之情咸盪		風舞	風舞	風舞
求和中而經處		中和	中和	中和
秩秩斯干	清干	斯干	斯干	斯干
亂嚶聲於錦羽	綿	緜	錦	錦
綱帷宿置		緹	緹	緹
信凱宴於在藻		譾、之	譾、之	譾、之

從上表所列異同看，寫卷與刻本間的差異，有許多是異體字和假借

---

① 徐俊兄見告，王元長《三月三日曲水詩序》尚有標號爲伯4884號卷。

字造成的，比如"諷儛""捫""希"等。還有一些則是字形相近而致訛，比如"悔"與"侮"，"幹"與"翰"等，這在傳抄過程中是在所難免的。對這些異體字和假借字，刻本有的作了改正，如"捫"字，刻本改爲"掩"。還有一些雖然可以判斷爲錯誤，但底本有據可依，還是保留了原貌。如監本的"清干"二字，應是"斯干"之誤，尤刻本便作了改正，但這兩個字在《文選集注》中就已致誤，所以監本仍然遵循不改。按《文選集注》正文作"清干"，注文引《毛詩》却作"斯干"，可知作"清"字是不對的。

與前幾卷中出現的情況相同，尤刻本雖爲李善注，實際上却與唐以來的李善本有很大的差異，原因就在於它不是據李善注一種底本。它不僅參據了五臣本，而且也參據了當時流傳的其他一些注本。比如"序倫正俗"的"序"，尤刻本作"厚"，這個字參據的是陸善經本。《文選集注》按語說："今案，陸善經本'序'作'厚'。"這是尤刻本的依據。

王元長《三月三日曲水詩序》，除了這兩個殘卷外，《文選集注》《藝文類聚》《初學記》和日本古鈔本也都有存，可供我們參考。以下將這幾種唐集所存主要異文列表於下，以見本文早期的面貌：

表 17

寫卷	文選集注	藝文類聚	日本鈔本	初學記	備注
嚮	饗		饗		
壐	爾	爾	壐		
序	序		序		《集注》："今案陸善經本序作厚。"
髟	髟		剽		
負	負	圓	負		
悔	侮	侮			
捫希	捫稀	捫稀			
幹菁茅	幹善芳				
諷儛		風舞	諷儛	風舞	

續表

寫卷	文選集注	藝文類聚	日本鈔本	初學記	備注
和中	和中				《集注》所引五家注和陸善經注均作"中和"。
斯干	清干	斯干		斯干	
錦	綿	錦		錦	
綱	綱	緹		緹	《集注》："今案《鈔》、五家本綱爲緹也。"

以上是《三月三日曲水詩序》在幾種唐集中的異同，從中可以看出，這幾種主要異文在唐初已經有了分歧，並不是刻本所改。即以幾家《文選》注本論，也都有自己的依據，有的相同，有的不同。但到了宋以後，刻本基本上僅有李善和五臣兩家，以至於早期各家注本（起碼《文選集注》所列之五家）的多處異文，就都歸於這二家了。這樣就改變了它的本來面貌，混淆了傳承的源流。

（六）伯2524號《會吟行》及樂府八首

本卷共存六十九行，行十四字至十六字不等。起陸機樂府詩《短歌行》後半部分："以秋芳來日苦短（下缺）樂蟋蟀在房樂以（下缺）曰無感憂爲子忘我（下缺）短歌可咏長夜無荒"，下接"樂府一首　五言"，以下是謝靈運《會吟行》及鮑照樂府詩五首：《出自薊北門行》《結客少年場行》《東門行》《苦熱行》《白頭吟》（殘）。

本卷在版本校勘上的價值表現在兩個方面：第一，可證尤本陸機十七首樂府詩順序確爲錯置。按尤本陸機樂府詩十七首順序分別是《猛虎行》《君子行》《從軍行》《豫章行》《苦寒行》《飲馬長城窟行》《門有車馬客行》《君子有所思行》《齊謳行》《長安有狹邪行》《長歌行》《悲哉行》《吳趨行》《短歌行》《日出東南隅行》《前緩聲歌》《塘上行》，這與五臣本、六臣本倫次不同。尤袤《李善與五臣同異》也説："自《齊謳行》至《塘上行》史（案，"史"應作"十"）篇，五臣與善本倫次不同。"這説明尤袤之前的善本已經顛錯。胡克家由於未見到尤袤此文，故他説尤氏於此"失著校語"是不對的。這一不同的倫次，驗之敦煌寫本，可證是李善本錯誤。因爲本卷在謝靈運《會吟行》之前是五臣本陸機十七首樂府的最後一首《短歌行》，而非尤本的最後一首《塘上行》。第二，可知《文選》原卷的著錄格式。從寫卷看，編者於類題之下標"五言"字樣，如謝靈運樂府，編者於類題"樂府一首"之下標出"五言"，不再於《會吟行》下標出。又如鮑照樂府，編者於"樂府八首"下標"五言"，就不再在以下《東武吟》等題下標出。這個格式在《文選集注》中也得到了證實，《文選集注》卷五十六所載鮑明遠樂府八首，即於類題"樂府"下標"五言"，其後各詩題不再標出。今各家刻本（除明袁褧覆宋本外）相反，均在詩題下標"五言"二字。不過尤刻本和胡刻本於《結客少年場行》下漏題，胡克家《文選考異》說："茶陵本此下有'五言'二字，以後六首同，是也。袁本全無者非。"袁本爲翻宋廣都裴氏刊本，裴氏本又從秀州州學本來，今韓國奎章閣本《文選》，底本即秀州本，但均標"五言"，不知袁本的根據從哪裏來。

此卷與刻本的歧異如下表：

表 18

寫卷	監本	尤本	陳八郎本	朝鮮刻本
飛鶩躍廣塗	燕	燕、途	燕、途	鷟、途
鶂首戲清沚	鸀	鶂	鶂	鶂
津呈窈窕容（以上《會吟行》）	肆、容	肆、容	肆、客	肆、客
要鎌刈葵藿	腰		腰	腰
倚杖牧鷄㹠	收	牧	牧	牧
空負百年冤（以上《東武吟》）	怨	怨	怨	怨
虜陣精且强（《出自薊北門行》）	强	强	彊	彊
去鄉卅載	三十	三十	三十	三十
九衢平若水	塗	塗	塗	塗
車馬如川流		若	若	若
擊鍾陳鼎食（以上《結客少年場行》）		鍾	鐘	鐘
行子夜中飯	飲	飯	飯	飯

續表

寫卷	監本	尤本	陳八郎本	朝鮮刻本
絲竹徒滿座（以上《東門行》）		坐	坐	坐
雨露未嘗晞		嘗	常	常
含砂射流影		沙	沙	沙
吹蠱病行暉	痛	痛	病	病
鄣氣晝薰體	鄣	鄣	瘴	瘴
生軀陷死地		蹈	蹈	蹈
戈舡榮既薄（以上《苦熱行》）		船	舡	船
直如珠絲繩		朱	朱	朱
點白信蒼蠅（以上《白頭吟》）	玷	玷	點	點

　　此卷有與刻本完全不同的獨異字，如"津""冤""衢""陷"等字。"津"與"肆"字形相近，或是形近而訛。李善、五臣注文均同正文作"肆"。從詩的内容看，詩人歌咏會稽地方之美，與《吳趨行》相同。詩中描寫會稽負海背流的形勢，夸贊是東西二京、魏蜀吳三都皆不可比擬。接下來的詩説："飛燕躍廣途，鷁首戲清沚。""飛燕"指馬，"鷁首"指船，詩句已轉向水邊渡口，所以下面的詩句"津呈窈窕容，路曜便娟子"，正緊承詩意，《説文》説："津，水渡也。"所以這個字在這裏作"津"比作"肆"更好一些。案，李善注引《周禮》鄭注釋"肆"字説："《周禮》曰：立市為其肆。鄭玄曰：陳物處也。"但高步瀛《文選李注義疏》疏《西都賦》"列肆侈於姬姜"句李善注説，《周禮》無此鄭注，因此今本《文選》所引這條李善注大可懷疑。饒宗頤先生説："至寫卷之'津'字，用承上句'清沚'，以下句'路'字承前句'廣途'，脈絡頗清，惜無他本可證。"[1] 又"衢"字，與《藝文類聚》卷四十一所引相同，説明它亦有所據。但此字《文選集注》未載有異文，又説明李善、五臣、《文選鈔》、《文選音決》及陸善經這五

---

[1]《敦煌本文選斠證》（二），原載1958年《新亞學報》第3卷第2期，收入陳新雄、于大成編《昭明文選論文集》第一冊。臺灣木鐸出版社，1976年，第189頁。

家注本均不作"衢"。寫卷和《藝文類聚》當別有所據。寫卷中的"陷"字,與《文選集注》相同,《集注》按語說:"五家本作'蹈'。"今陳八郎本及朝鮮刻本正作此字,但尤刻本也作"蹈",當是據五臣本而改。尤刻本中據五臣而改動的地方很多,這是尤本刊刻的一個特點,所以它不能作爲李善本的代表,這一點容後詳論。其實即使是源流有自的北宋監本,它在刊刻前的流傳過程中,也有不少改動李善原貌之處。即如本卷中的"病""飯"二字,《集注》同,但監本作"痛""飲"。"飯"和"飲"可能形近致誤,"痛"和"病"似乎字形上有些區別,不應訛錯,這可能是傳寫中粗心造成的。

以本卷與《文選集注》相校,有同有異,如下表:

表 19

寫卷	文選集注	備注
要	腰	《集注》按語:《音決》"腰"爲"要"也。
冤	怨	《集注》按語:怨,於元反,或爲冤,非。
強	强	
簳	竿	《集注》按語:《音決》"竿"爲"簳"也。
衢	塗	
鍾	鍾	
如	若	
砂	沙	
㮍	㮍	
陷	陷	
舡	舡	

上表十一處中,二本相同有五處,不同有六處。經《集注》按語說明的兩處《音決》本,都同於寫卷,似乎表明寫卷與《音決》的同源關係。當然,僅有兩處按語,還很難確定。比如"衢"字,寫卷與注本都不相同,但《集注》也沒有加按語,又表明二者的不同之處。不過這個問題還是可以繼續討論的。

（七）伯 2645 號《運命論》

本卷原題"命運論"，當誤。存三十四行，起"（孟軻孫卿體二希聖從容正道不能維）其末"，至"豈獨君子恥（之而弗爲乎）"。案，此卷與敦煌文物研究所藏《運命論》當爲同一卷。據李永寧先生《本所藏〈文選·運命論〉殘卷介紹》，該卷從"之而弗爲乎，蓋亦知爲之而弗得矣"起，至"其爲名乎，則善惡書於史策，毀譽"止，正接此卷之後，其書體、行字亦皆符合，知此卷即前半段。本卷與刻本異同如下表：

表 20

寫卷	監本	尤本	陳八郎本	朝鮮刻本
天下卒至於溺	于	于	於	於
而不可援也	×	×	也	也
而屈厄於陳蔡	屈厄	屈厄	受厄	受屈
而言不行定於襄		於定哀	於定哀	於定哀
應聘七十（國）而不（一）獲其主		國、一	國、一	國、一
潔己養高		封	封	封
（雖造門）猶有不得賓至焉	雖造門	雖造門、者	×××、者	×××、者
而後世君子	之	之	世	世
居之而不疑（也）		也	也	也
升之於雲則雨施之		×	×	×
沈之於地則土潤之		×	×	×
不辭於濁	亂	亂	辟	辟
不傷其清	於	於	其	其
伊尹呂尚之興於殷周		商	殷	殷

以上十四處異同，寫卷與刻本全異者達七處之多，其餘有七處寫卷與五臣本相同，或可說明此卷與五臣本同一系統，抑或說明五臣本較李善本更近《文選》原貌。以此卷與日本古鈔本相對，相同處頗多。如

"不可援也"的"也","應聘七十國而不一獲"的"國""一","居之而不疑也"的"也","升之於雲則雨施之"的"之","不傷其清"的"清"等。案,韓國奎章閣本六家注《文選》於"結駟而造門"下加按語說:"善本有'雖造門'三字。"注文說:"善曰:或無'雖造門'三字。"據此表明李善所據底本與五臣及寫卷均不相同,寫卷及五臣即李善所見之"或本"。不過,奎章閣本所引這句善注,不見於尤刻和《四部叢刊》影宋本,奎章閣本底本是北宋元祐九年的秀州州學本,是後來所有六家本、六臣本的祖本,這句注文很有可能是被以後的刻本漏掉的。當然,還有一種可能,即它本非李善原注,是抄寫流傳過程中,爲抄寫人所加,後來刻書時分辨不清而誤作爲李善注。這樣的情況是刻本中常見的。

(八) 伯3778號《陽給事誄》

黃永武《敦煌遺書最新目錄》誤題爲"陶徵士誄",蓋此文之後有接以下篇題目"陶徵士誄"所致。本卷起"(上)下力屈,受陷勃寇,士師奔擾"至篇末。"陷勃寇士師"五字僅存半邊。本卷與刻本異同如下表:

表21

寫卷	監本	尤本	陳八郎本	朝鮮刻本
誓命沉城		沈	沈	沈
勇烈之至		志	志	志
滑臺之逼		偪	偪	偪
授命殉節		投、徇	投、徇	投、徇
古之志烈		烈士	烈士	烈士
振岬遺孤	遺孤	遺孤	孤遺	孤遺
苟有概於貞孝(者)		者	者	者
宜乎爾先		自	自	自
狐續既隆	降	降	降	降
拳猛沉毅		沈	沈	沈
函郁堙阻		陕	陕	陕

續表

寫卷	監本	尤本	陳八郎本	朝鮮刻本
朔馬東鶩		鶩	鶩	鶩
帝圖斯難	艱	艱	難	難
實命陽子		寔	寔	寔
憑巘結閭		關	関	開
料敵壓難	厭	厭	壓	壓
涼冬氣勁	凉	凉	嚴	嚴
貢父殞節	殞	殞	隕	隕
思存寵異	思	思	息	息
沒有餘熹		喜	喜	喜

以上寫卷與刻本的異同共有二十處，其中寫卷獨異之處達十三處之多，同於李善者五處，同於五臣者僅兩處，說明寫卷是獨立於李善和五臣之外的。以此卷與日本古鈔本相校，相合之處僅有"殞"字、"熹"字，也是同少異多，說明這一寫卷也是產生於注本之前的傳本。又，英藏寫卷斯 5736 號《陽給事誄》，起自"典而爲誄其辭曰"至"如彼騑駉"止，與本卷僅有一字之異，即"狐續既隆"的"隆"，英藏卷作"降"，與後世諸刻本一致。

（九）伯5036號《石闕銘》

存四十五行，前半部分下半行均殘缺。起"（箕坐椎）髻之長莫"，至"御天下之七載也，構茲（盛則）"止。本卷與刻本異同如下表：

表 22

寫卷	監本	尤本	陳八郎本	朝鮮刻本
首似蕃籬		守	守	守
（夏）氓之附成湯		民	民	民
伐罪弔民	人	人	民	民
（非）止万機		萬	萬	萬

續表

寫卷	監本	尤本	陳八郎本	朝鮮刻本
計猶投水		如	如	如
歸旋臺之珠		琁	琁	琁
俯從億兆	俯	俯	俯	府
歷代規謨		謩	謩	謩
海嶽黄金		岳	岳	岳
倉龍玄武之制		蒼	蒼	蒼
或以布治懸法		化	化	化
或（以）表正王居		以	以	以
或（以）光垂帝里		以	以	以
宋曆威夷		歷	歷	歷
乃命審曲（直）之官	×	×	直	直
選中明之士		明中	明中	明中
陳圭置臬		臬	臬	臬

以上所列十七處異同，寫卷獨異於刻本者有十四處之多，餘下有三處中有兩處同於李善本，一處同於五臣本。從這個比較看，此卷與《陽給事誄》一樣，也是獨立於李善和五臣之外的傳本。案，《藝文類聚》卷六十二節錄《石闕銘》，其中有與此卷可相印證之文。如上表所列的"嶽""治""曆"諸字，以及"或表正王居，或光崇帝里"兩句中的"或"下均無"以"字，這説明寫卷與《藝文類聚》的出處相同。又從寫卷和《藝文類聚》看，"治"和"民"字均不避諱，説明此卷應該是唐初或唐以前的寫本。如果是這樣的話，此卷可能是最接近蕭《選》原貌的寫本。至於李善、五臣與它的許多歧異，是否表明了後世注本已和蕭《選》產生了歧異？這個事實説明蕭《選》流傳到李善時，已經與原本有了許多差訛，因此無論是李善本，還是五臣本，都不可能保留蕭《選》的原貌。

（十）伯 3480 號《登樓賦》

存十四行，行二十三字。書法不工。賦前列有劉希夷《白頭翁》，後有《落花篇》及馮待徵《虞美人怨》。此卷夾在詩篇之中，所以饒宗頤先生稱其非《文選》寫本①。賦中"兮"字盡皆刪去，當爲抄寫者所爲。本卷與刻本的異同如下表：

表 23

寫卷	監本	尤本	陳八郎本	朝鮮刻本
（實顯）敞而寡求		寡、仇	寡、仇	寡、仇
俠清漳之通浦		挾	挾	挾
（北彌）陶沐		牧	牧	牧
遭汾濁而遷逝		紛	紛	紛
漫逾己以迄今		紀、以	紀、以	紀、而
竮軒檻以遥望		憑	憑	憑
平（原）達（而極目）		遠	遠	遠
悲故鄉（之壅隔）		舊	舊	舊
涕橫墜而弗襟		禁	禁	禁
人情通於懷土		同	同	同
俟河清乎未期		其、極	乎其、極	乎其、極
冀王道之（一）平		一	一	一
懼匏瓜之徒懸		匏瓜	匏瓜	匏瓜
畏井渫之莫食		渫	渫	渫
天慘慘而奇色		无	无	无
夜耿耿而不寐		參半	參半	參半
悵盤桓以返側		反	反	反

從以上所列異同看，寫卷與刻本差異甚大，表中十七處幾乎全不同

---

① 《敦煌本文選斠證》（二），陳新雄、于大成編《昭明文選論文集》第一册，第 187—188 頁。

於刻本。這其中有些是別體、借體和正字的差異,有些是抄寫錯誤。如"棄"與"寡","潕"與"憑","斬"與"匏",都是別字與正字的關係。又如"俠"與"挾","沐"與"牧","汾"與"紛","己"與"紀","返"與"反"等,是借字的關係。還有一些當是抄寫錯誤,如"爪"是"瓜"字形訛,"達"是"遠"字形訛。又此卷所錄賦文全無"兮"字,與刻本《文選》不同。關於此點,陳祚龍先生認爲是"魏武論賦,嫌於積韵,而善於資代",所以"仲宣製作是賦之行,或已深受魏武之影響",因此"不用兮字作爲語助與餘聲,當係爲求迎合魏武之情調"。對此,饒宗頤先生認爲盡删"兮"字爲漢以來詩賦慣例,如《漢書》所録《天馬歌》《鵩鳥賦》就都删去"兮"字。即使《登樓賦》,《藝文類聚》所録也是删去"兮"字的①。案,《藝文類聚》卷六十三"樓"部"賦"所引王粲《登樓賦》頗多删節,文字與刻本《文選》及敦煌寫卷都有許多差異,可用以考查《登樓賦》在唐初的面貌(見下文)。《類聚》"樓"部所録賦共有王粲、孫楚、棘據、郭璞四位作家的四篇賦,全都删去"兮"字。據《初學記》卷二十七所引王粲《登樓賦》,它原本應該是有"兮"字的。(《初學記》引文是:"背墳衍之廣陸兮,臨皋隰之沃流。北彌陶牧,西接昭丘。華實蔽野,黍稷盈疇。")看來古代作品中的"兮"字在後來由於各種原因而被删去,可能這些助字在編集者看來認爲不重要而加以删節,如《漢書》所爲。至於類書,也可能是爲了節省篇幅,像《北堂書鈔》《藝文類聚》所引賦大都删去"兮"字,如《北堂書鈔》卷九十九所引賈誼《鵩鳥賦》,即將"兮"字删去。這是一般常見的類書現象,但從《文選》的編例看,還没有删去"兮"字的情況。因此,本寫卷是否出自《文選》就值得懷疑了。

《藝文類聚》所録《登樓賦》能夠反映唐初時的面貌,與本卷對勘,可考查本賦的大致原貌。以下是《類聚》所録《登樓賦》文字與寫卷的比較:

---

① 見《敦煌寫本登樓賦重研》,載《文轍》,臺灣學生書局,1991年,第267—275頁。

表 24

藝文類聚	寫卷
實顯敵而寡仇	棄求
接清漳之通浦	俠
北彌陶牧	沐
憑軒檻以遥望	猌
向北風而開襟	禁
人情同於懷土	通
俟河清其何極	乎未期
冀王道之一平	×
天慘慘而无色	奇
夜參半而不寐	耿耿
悵盤桓以反側	返

從這個對比可以看出，《類聚》與寫卷全不相同，而與刻本相合（除"俟河清其何極"一句），這的確說明寫卷的出處與《類聚》和《文選》不同，饒宗頤先生判斷它非出於《文選》應該是可信的。

（十一）斯 3663 號《嘯賦》

本卷藏於英國倫敦博物館，共三十七行，行十六字不等。起"自然之至音"，迄卷末止。卷末題"文選卷第九"，案，本賦在李善注《文選》中列於卷十八，故知本卷當出於三十卷本。書法爲行楷，不諱"世"字、"虎"字，王重民先生定爲唐以前寫本①。此卷與刻本異同如下表：

表 25

寫卷	監本	尤本	陳八郎本	朝鮮刻本
細而不沉		沉	沈	沈
優潤和於琴瑟		瑟琴	瑟琴	瑟琴

---

① 《敦煌古籍叙録》，第 322 頁。

續表

寫卷	監本	尤本	陳八郎本	朝鮮刻本
揔八音之至和	揔	揔	總	総
喟仰拚而杭首		抃	抃	抃
或冉弱而柔橈	撓	撓	擾	擾
或澎濞而犇壯	奔	奔	奔	奔
冽繚眺而清昶	繚眺	飄眇	繚眺	繚眺
逸氣奮涌	湧	湧	涌	涌
烈烈飈揚	列列	列列	列列	列列
奏胡馬之長思	奏、思	奏、思		走、嘶
向寒風乎北朔	向	向		廻
又似鳴鴈之將鶵	鴻、鶵	鴻、鶵	鴻、雛	鴻、雛
蕩埃藹之溷濁		蕩、藹	流、靄	流、靄
藉蘭皋之猗靡		皋蘭	皋蘭	皋蘭
蔭修竹之蟬娟	蟬	蟬	嬋娟	嬋娟
乃吟咏而發歎		散	散	散
聲駱驛而響連	駱驛	駱驛	驛驛	驛驛
訇礚聊嘈		礚	礚	礚
嚴霜夏彫	凋	凋	凋	凋
音均不恒	均	均	韻	韻
行而不留	流	流	流	流
羌殊尤而絕世	絕	絕	純	純
寧子檢手而嘆息	檢	檢	斂	斂
尼父忘味而不食		孔	尼	尼
百獸率儛而抃足		舞	舞	舞
此音聲之至極		蓋亦	蓋亦	蓋亦

  以上共二十六處異同，其中同於李善注本達十一處，同於五臣本者僅有三處，其餘是寫卷獨異文字。這些不同於刻本的地方，有些明顯屬於誤抄，如"琴瑟"是"瑟琴"的誤倒，因爲"瑟琴"叶韻，《晉

書·成公綏傳》所錄《嘯賦》正作"瑟琴"。又如"行而不留"的"留",應作"流"。《左傳·襄公二十九年》記吳公子季札於魯國觀樂,評《大雅》曰:"處而不底,行而不流。"此即用《左傳》事,《晉書》此字正作"流"。有的則是借字,如"橈"是"撓"的借字,朱駿聲《說文通訓定聲·小部》:"撓,假借爲橈。"又如"犇"是"奔"的古字,《集韵》:"奔,古作犇。"① 卷中有切字注音,王重民《敦煌古籍叙錄》說:"審其筆迹,稍與正文不同,蓋是後人所加。卷末有朱筆云:'鄭承爲景點訖',點讀當出此鄭君手。"按"承"字,饒宗頤先生認爲似是"敬"字。饒亦以爲此人即點校者和注音切的人。卷中注音一可以反映隋唐間《選》學舊音的面貌,二可以糾正尤刻本的錯誤。比如"冽繚眺而清昶"的"繚眺"二字,尤刻本作"飄眇",注文說:"飄眇,聲清長貌。眇,他鳥切。"其實這個切音本是反切"眺"字(《廣韵》:"眇,亡沼切"),寫卷即在"眺"字下注"他鳥"二字。對尤刻本這個錯誤,前人已經指出,胡克家《文選考異》說:"袁本、茶陵飄眇作繚眺,注同。案,《晉書》作繚眺,尤改恐誤。"其實不獨袁本和茶陵本,真正的李善注本,如北宋的國子監本,這兩個字正作"繚眺",而非"飄眇"。又監本的注文是:"繚眺,聲清長。眺,他鳥切。"與尤刻本相比,注文一樣,只是被注的詞不同。這個現象說明尤刻本並不是無意致誤,而是有意作了修訂。至於修訂的依據是什麼,就不得而知了。又,胡克家說是尤袤所改,恐也不盡然,事實上尤袤刻書,也是有底本的,因此這句話比較妥當的說法是,尤袤或尤袤所據的底本改誤。至於相沿成習的說法,李善注如何如何,更成問題。因爲後人所能見到的李善注本,基本是胡刻,偶亦能見到尤刻。胡刻是據尤刻所刻,而尤刻與真李善注本(國子監本)是有很大的差異的,它其實代表不了李善注本。

《嘯賦》是一篇名作,《晉書》全文載錄,《藝文類聚》也有節錄,以與寫卷比較,可以說明一些問題。以下即就上表中一些字與二書所載之文進行比較:

---

① 關於此字的使用,參見伏俊璉《敦煌賦校注》,甘肅人民出版社,1994年,第105頁。

表 26

寫卷	晉書	藝文類聚
細而不沉	沈	
優潤和於琴瑟	瑟琴	瑟琴
摠八音之至和	總	
喟仰拚而杭首	抃	
或冉弱而柔橈	撓	
或澎濞而犇壯	奔	
洌繚朓而清昶	繚朓	
逸氣奮涌	涌	
烈烈飆揚	烈烈	
奏胡馬之長思	奏、思	奏、思
向寒風乎北朔	廻	向
又似鳴鴈之將鷯	鴻、雛	鴻、鶵
蕩埃藹之溷濁	蕩、靄	
藉蘭皋之猗靡	蘭皋	
蔭修竹之蟬蜎	蟬蜎	
乃吟咏而發歎	歎	散
聲駱驛而響連	驛驛	驛驛
訇礚聊嘈	礚	
嚴霜夏彫	凋	
音均不恒	均	
行而不留	流	
羌殊尤而絕世	絕	
寧子檢手而嘆息	斂	
尼父忘味而不食	尼	
百獸率儛而抃足	儛	
此音聲之至極	此	

　　如果寫卷確是產於隋唐間，那以上三種《嘯賦》就都是唐初以前

的傳本。《晉書》和《藝文類聚》取材不一定依據《文選》，所以它們與寫卷間還是存在不少差異。兩相比較，除去一些別體和借字外，可以發現寫卷的訛誤。如"琴瑟"，《晉書》和《類聚》均作"瑟琴"，可證是寫卷之誤。此外，寫卷還有一些與刻本完全不同的字，或以爲是寫卷獨異的文字，却從《晉書》和《類聚》這裏得到了證明，如"烈烈""歎""儺"等。

寫卷明標"卷九"，應該就是三十卷本，當最接近蕭《選》原貌。因此研究蕭《選》三十卷本，此卷具有極高的文獻價值。

（十二）Дx01502 號《吴都賦》

存二十三行，行十五至十七字，起自"波而振縎想萍實之復形"。至"其吐哀也則□風暴興或"止。與刻本相校，頗有異同，列表如下：

表 27

寫卷	監本	尤本	奎章閣本	陳八郎本	朝鮮刻本
波而振縎		水	水	水	水
西海共失其游鱗		×	×	×	×
畢天下之至多		異	異	異	異
谿壑爲之一路罄		×	×	×	×
揖天吴也揚侯		陽	陽	陽	陽
積鮪若山丘		肴	肴	肴	肴
飛輕軒而酌渌醁		緑、醽	緑、醽	緑、醽	緑、醽
放雙轡而賦珎羞		方	方	方	方
嚼皷晨		醋皷震	醋皷震	醋皷震	醋皷震
羅金石與絲（竹）		竹	竹	竹	竹
幸乎館瘂之宫		娃	娃	娃	娃
荆艷楚儺		舞	舞	舞	舞
吴愉越吟	愉	愉	歈	歈	歈
動鐘磬之鏗耺	耺	皷、耺	磬、鈜	磬、鈜	磬、鈜

以上十四處異文，寫卷全不同刻本者有十二處，有的屬於異文，有

的則是衍、漏。如第 2 條"共"字，第 4 條的"路"字，該句和上一句相比，不成對偶，當是衍文。又如第 10 條的"竹"字，當是抄脱。其餘當是異字、俗字。第 1 條僅存"波"字後半句，前半句如何，不得而知。因爲此句刻本各有不同，尤刻本、陳八郎本、奎章閣本並作"結輕舟而競逐，迎潮水而振緡"，但朝鮮刻五臣注本作"結輕舟而競迎，潮水逐而振緡"，不知寫卷前半句同於哪一個刻本。最後兩條，前者同於李善本而異於五臣本，後者的"磬"同於五臣，而"耽"却同於李善。從這些情形看，這個寫卷與《文選》系統不同，有可能並非從《文選》中抄出。

此卷於"嚼""操"二字之下注音，或即蘇聯《亞洲民族研究所藏敦煌漢文寫本注記目錄》提要所説："附極少的注釋於本文之下。"未見此卷者，或許誤會爲李善注和五臣注，其實是提要所言不明確所致。

國外藏本研究

《文選集注》的發現、流傳與整理

(一)《文選集注》概貌

《文選集注》是 20 世紀初在日本發現的唐寫本。從現存諸本的構成看，《文選集注》是將六十卷的《文選注》又一分爲二，而爲一百二十卷。如《集注》卷八《蜀都賦》，在李善注六十卷本中爲卷四，卷九《吳都賦》則當李善本的卷五。不過這一百二十卷大部分都已散佚了，現在收藏著録的僅有二十四卷左右。其餘或有秘藏於私家者，一時還難以了解。

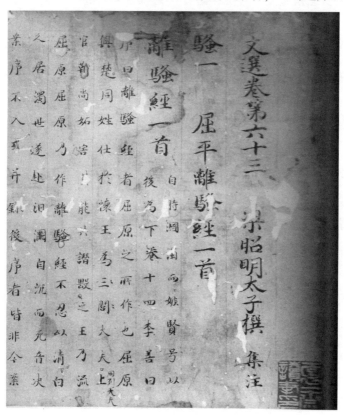

圖25　《文選集注》卷第六十三

《文選集注》依次收録唐人李善、《鈔》、《音決》、吕延濟等五臣及陸善經對《文選》的注釋，正文依據李善，遇有各家異文處，用"今案"加以説明。正文依據李善本，故分段亦從之。比如《集注》卷八《三都賦序》"蓋詩有六義焉，其二曰賦"句，《集注》於此處分段加以注釋，五臣本却合并下一句"揚雄曰詩人之賦麗以則"分段。因爲五臣於前一句無注，所以不於前句處分段，今《集注》顯見是以李善本爲底本。《文選》在隋唐間形成專門之學，先有蕭統從侄蕭該在隋時注《文選》，成《文選音》二卷①。大約與蕭該同時，亦有江都曹憲，仕隋爲秘書，隋亡不仕，於江都以《文選》教授諸生，從其學者有公孫羅、李善、許淹等人。曹憲著有《文選音義》，《舊唐志》不載，《新唐志》有著録，却稱"卷亡"。雖稱"音義"，當與蕭該一樣是注音。曹憲精通文字音韵，著有《博雅音》十卷②、《古今字圖雜録》一卷。《舊唐書》本傳説他："又精諸家文字之書，自漢代杜林、衛宏之後，古文泯絶，由憲此學復興。"當時公卿以下多從之授業，唐太宗讀書有難字，或字書有缺者，輒録以問曹憲。唐初詩人盧照鄰，亦從其受《蒼》《雅》。因此曹憲所著，當是對《文選》的注音。蕭該、曹憲二書早佚，已故的屈守元教授《文選導讀》曾指出《文選集注》所引《音決》中，偶有引蕭、曹二氏書者。如《集注》卷九《吳都賦》"刷盪漪瀾"句，《音決》説："唰，蕭音所劣反，曹音子六反。"③又，同篇"騰趠飛超"句，《音決》："超，蕭吐予反。"同篇"驚透沸亂"句，《音決》："透，蕭詩六反。"卷六十六《離騷》"長減淫亦何傷"句，《音決》："顲，口感反。《玉篇》呼感反。顉，胡感反。曹減淫二音。"這是因爲《音決》作"顲顉"，而曹憲、李善本均作"減淫"。除屈守元先生所指以外，還有一些，如《蜀都賦》"汩若湯谷之揚濤"句，《音決》曰："蕭音骨，曹胡没反。"從中可以看出，蕭該音與曹憲音往往有不同。蕭該不僅《文選音》没有流傳下來，其是

---

① 兩《唐志》作十卷。
② 兩《唐志》著録十卷，《隋志》著録四卷。
③ 李善作"刷"，但《音決》本作"唰"，故釋"唰"字。

否以《文選》教授學生也不得而知。曹憲的"文選學"却通過其學生光大並流傳，如公孫羅、李善、許淹均有著述。公孫羅爲《文選》作注，成六十卷，又撰《文選音》十卷；李善注《文選》，亦成六十卷；許淹則作《文選音義》十卷。唐以後，除李善《文選注》以外，公孫羅、許淹等書均已亡佚，後世學者已無從了解這些書的面貌。但在東鄰日本，却有這些書的著録。編成於日本清和天皇貞觀末年（876）的《日本國見在書目録》，記載了從中國傳至日本的漢籍，關於《文選》的有：

《文選》卅　昭明太子撰

《文選》六十卷　李善注

《文選鈔》六十九　公孫羅撰

《文選鈔》卅

《文選音義》十　李善撰

《文選音決》十　公孫羅撰

《文選音義》十　釋道淹撰

《文選音義》十三　曹憲撰

《文選鈔韵》一

《小文選》九

曹憲、李善、公孫羅、釋道淹（即許淹）諸家均有。令人奇怪的是，五臣注未見著録，或藤原佐世撰書時五臣注尚未傳入。觀書目所載，均是初唐著作，五臣及其以後如陸善經等亦未著録可爲佐證。《文選》傳入日本時間很早，中日學者都舉推古天皇時（593—637）聖德太子主持的《十七條憲法》已用《文選》之例①，證明《文選》在隋唐時已傳入日本。其後日本典籍使用《文選》之例愈多，《文選》對日本的影響也愈來愈普遍。日本養老二年（718）頒布的《養老律令》規定："凡進士試時務第二條，貼所讀《文選》上帙七貼，《爾雅》三貼。"日本學者引用李善《文選注》《文選音義》《文選鈔》亦時見於

---

① 《十七條憲法》："有財之訟如石投水，乏者之訴似水投石。"此語出於《文選》卷五十三李蕭遠的《運命論》。

典籍中，如平安末藤原敦光《三教勘注》多用《文選》，其中就有《文選鈔》。又正倉院藏古文書天平四、五年之際，寫經生書有"文選音義七卷紙一百八十一張、文選音義三卷七十五"等記錄①，但畢竟這些都還是零碎的材料，不能完全窺見早期諸家《文選》注本的面貌。因此當在日本發現《文選集注》的消息傳開後，中日學者都由衷地感到興奮。雖然發現的僅有二十餘卷，僅有全書的六分之一强，但因爲其中有一些卷帙完整無缺，足以反映出原書的面貌，所以是十分珍貴的文獻。

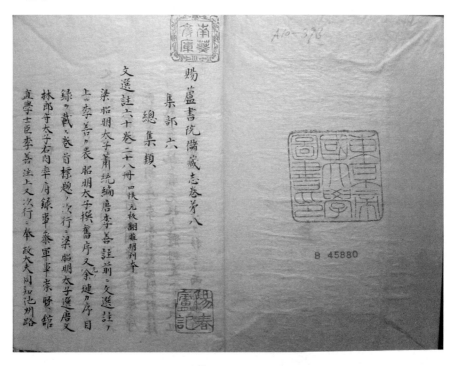

圖26　《賜蘆書院儲藏志》關於《文選註》等的著録

（二）《文選集注》的發現

一般認爲《文選集注》最早著録於日本學者澀江全善、森立之

---

① 參見［日］東野治之《奈良時代文選的普及》，載氏著《正倉院文書與木簡研究》，塙書房，昭和五十二年（1977），第194頁。

《經籍訪古志》中，實則《賜蘆書院儲藏志》著録更早一些。因爲澀江全善、森立之所見《文選集注》殘本，明記藏於賜蘆文庫。森立之的著録説：

> 《文選集注》零本三卷　舊鈔卷子本　賜蘆文庫藏
>
> 見存第五十六、第百十五、第百十六合三卷，每卷首題"文選卷幾"；下記"梁昭明太子撰"及"集注"二字。界長七寸三分，幅九分，每行十一字，注十三四字。筆迹沉着，墨光如漆，紙帶黄色，質極堅厚，披覽之際，古香襲人，實係七百許年舊鈔。注中引李善及五臣、陸善經、《音决》、《鈔》諸書，注末往往有"今案"語，與温故堂藏舊鈔本標記所引合。就今本考之，是書似分爲百二十卷者，但集注不知出於何人。或疑皇國紀傳儒流所編著者歟？其所引陸善經、《音决》、《鈔》等書逸亡已久。（陸善經注《文選》，遍檢史志，不載其目，考見佐世《見在書目》：《文選音决》十卷，公孫羅撰；《文選鈔》六十九卷，公孫羅撰；又載《文選鈔》卅卷，缺名氏，未知孰書。第百十五卷首題云："今案，《鈔》爲郭林宗。"）今得藉以存其崖略，豈可不貴重乎！小島學古云："此書曾藏金澤稱名寺，往歲狩谷卿雲、清川吉人一閲，歸來爲余屢稱其可貴，在近歲已歸於賜蘆之堂，故得縱覽。"此本曾在金澤而無印記，當是昔時從他假借留連者矣。近日小田切某又得是書零片二張於稱名寺敗篋中，一爲第九十四卷，一不知卷第，今歸僧徹定架中。聞某氏亦藏第百二卷，他日當訪之。"①

據此，似澀江全善、森立之於賜蘆文庫訪見此《文選集注》殘本。其本最先藏於金澤稱名寺，狩谷卿雲、清川吉人閲後，告之小島學古，小島學古又告訴了澀江全善、森立之。

澀江全善習醫而精書志之學，卒於安政五年（1858）。森立之亦業醫而精於儒術，《經籍訪古志》多出於其手。據光緒十一年（1885）刻

---

① ［日］澀江全善、森立之《經籍訪古志》卷六，杜澤遜、班龍門點校，上海古籍出版社，2014 年，第 244—245 頁。

本《經籍訪古志》所載澀江全善、森立之《附言》稱，本志前後三易其稿，始釐爲六卷。廣文書局1967年影印其初稿本，不分卷，志中沒有著錄《文選集注》，是初稿撰作時尚未見《集注》耶？刻本《經籍訪古志》載森立之於明治十八年（1885）寫的跋說，當年與澀江全善、海保元備等披閱古本，是三十年前事，則當1858年左右。這個時間與前引《志》所說"近歲已歸於賜蘆之堂"相符合。案，賜蘆書庫爲伊賀守新見正路藏書之處，《賜蘆書院儲藏志》（東京大學藏本）前有新見正路於天保戊戌年（1838）所撰序。說明新見正路從金澤文庫得到的《文選集注》在此之前不久，這與狩谷卿雲、清川吉人所說的"近歲"相符。

《賜蘆書院儲藏志》共二十五卷，據新見正路序說共二百十五櫥，一千六百廿八種，三萬四百七十二卷，總計一萬千五百十八本。該志卷八"總集類"著錄《文選集注》殘本三卷，署"金澤文庫卷子舊鈔本"。著錄稱，現存卷第五十六、卷第百十五、卷第百十六三卷。詳記其行格後說其編次體例與李善注本、六臣注本甚異。諸本是六十卷止，而鈔本記百十五、百十六等，當分卷更多。試以通行本與此本校，諸本二十八卷，鈔本則五十六卷；諸本五十八卷，鈔本則百十五卷、百十六卷。又說鈔本署稱李善注，但似非李善注，亦與六臣注不同。又據藤原佐世《日本國見在書目錄》稱《集注》所引《鈔》《音決》，即公孫羅所撰。又稱寫本無書寫年月，依紙張及字樣，可以考定爲五百年前鈔本。這個結論與森立之的"七百年"說不同。

新見正路的著錄，透露出《文選集注》在當時尚未引起人們注意，還沒有人作過研究和著錄，所以新見正路才敘述得如此詳細。他說的許多都是最基本的問題，而且還有許多猜測錯誤者，看來他是最早的著錄者之一。當然他並不一定是最早的閱讀者，如《經籍訪古志》記狩谷卿雲和清川吉人，在他得到之前，就在金澤文庫閱過。狩谷卿雲是江戶時代著名的書志學者，連他也對金澤文庫所藏《文選集注》表示驚奇，說明《集注》當時尚未爲人所知。

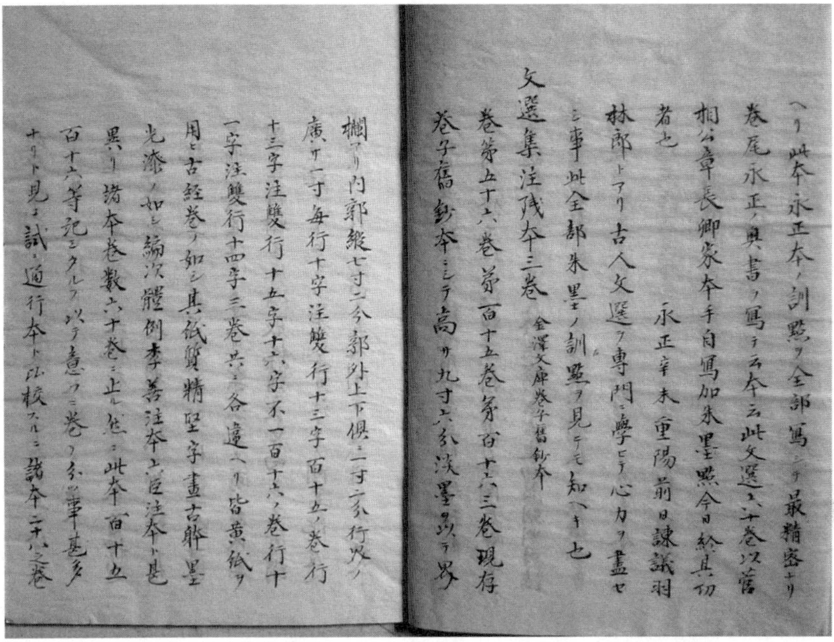

ヘリ此本永正本ノ訓點ヲ全部寫シテ最精密ナリ
巻尾永正ノ奥書ヲ寫テ云本云此文選六十巻以菅
相公章長卿家本手自寫加朱墨點今日終其功
者也　永正辛未重陽前日謙誠羽
林郎トアリ古人文選ヲ專門ニ學ヒテ心力ヲ盡セ
シ事此全部朱墨ノ訓點ヲ見テモ知ヘキ也
文選集注殘本三巻　金澤文庫巻子舊鈔本
巻第五十六巻第百十五巻第百十六三巻現存
巻子舊鈔本ニシテ高サ九寸六分淡墨以テ界
欄アリ内郭縦七寸二分郭外上下俱ニ一寸二分行及ノ
廣サ一寸毎行十字注雙行十三字百十五ノ巻行
十三字注雙行十五字十六字不一百十六ノ巻行十
一字注雙行十四字三巻共ニ各違ヘリ皆黄紙ヲ
用ヒ古經巻ノ如シ其紙質精堅字畫古幹墨
光漆ノ如シ編次體例李善注本六臣注本ト甚
異ナリ諸本巻數六十巻ニ止ル然ニ此本百十五
百十六等記シタルヲ以テ意フニ巻ヲ分ル事甚多
キナリト見ユ試ニ通行本ト比校スルニ諸本二十八之巻

圖 27–1　《賜蘆書院儲藏志》關於《文選集注》的著録

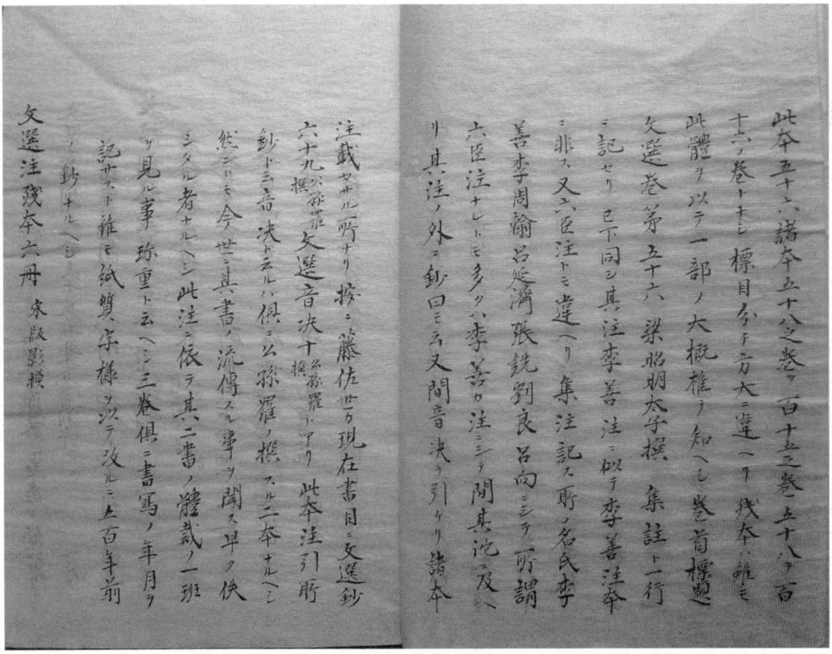

此本五十六ハ諸本五十八之巻ヲ百十五之巻ハ五十八ヲ百
十六ハ巻トナシ標目分テ方大ニ違ヘリ残本ハ雖モ
此體ヲ以テ一部ノ大概推テ知ヘシ巻首標題
文選巻第五十六　梁昭明太子撰　集註ト一行
ニ記セリ已下同シ其注李善注ニ似テ李善注本
ニ非ス又六臣注トモ違ヘリ集注記ス所ノ名氏李
善李周翰呂延濟張銑劉良呂向ニシテ所謂
六臣注ナレトモ多クハ李善カ注ニシテ間其沈ニ及ヘ
リ其注ノ外ニ鈔曰モ云又間音決ヲ引ケリ諸本
注載セサル所ナリ按ニ藤佐世カ現在書目ニ文選鈔
六十九公孫羅撰文選音決十公孫羅撰トアリ此本注引所
鈔ト云音決ト云ルハ俱ニ公孫羅ノ撰スル二本ナルヘシ
然レトモ今世ニ其書ノ流傳スル事ヲ聞ス早ク佚
シタル者ナルヘシ此注ニ依テ其二書ノ體裁ノ一班
ヲ見ル事珍重ト云ヘシ三巻俱ニ書寫ノ年月ヲ
記サスト雖モ紙質字様ヲ以テ攷ルニ五百年前
ノ鈔ナルヘシ
文選注殘本六冊　宋版影摸

圖 27–2　《賜蘆書院儲藏志》關於《文選集注》的著録

賜蘆文庫的記載，是今見《文選集注》最早散出的著錄，大概在其後，《文選集注》開始大量散出。而賜蘆文庫可能又陸續得到一些殘卷，森《志》所記小田切所得之卷九十四殘葉，即鈐有"賜蘆"之印，後爲長崎縣元山元造氏收得。

就中國學者搜集的情形看，似從清光緒末年（1908）開始。如楊守敬在1881年至1887年作爲中國清廷駐日公使館隨員，其搜集漢籍亦在其時。又如羅振玉在1901年收得《文選集注》一卷。這個時候藏在金澤文庫的《文選集注》，已經流出多少，還存藏多少，可惜没有記載，但據中國學者董康《書舶庸譚》卷八下所記，在1908年左右，金澤文庫還存有三十二卷，而到了第二年，羅振玉再次赴日，託人去金澤文庫影寫時，僅得十五卷了①。

《文選集注》被列爲國寶，似乎也來自中國學者的建議。董康《書舶庸譚》卷八下民國二十四年（1935）五月十三日詳細記載了這件事情的經過：

> 十三日，晴。八時，小林來。談次，因出洛中某舊家託售書目一册。循覽一過。已出數種，懇其取閱。小林詢大坂某會社屬介紹收購上海某君所藏《文選集注》之結果。《文選集注》者，吾國五代時寫本，除六臣外，兼及曹憲等注，即六臣注亦較通行本爲長。以分卷計之，當有一百廿卷。森立之《經籍訪古志》言金澤稱名寺藏有零本，余於光宣之際偕島田前往物色之，得卅二卷，曾以語内藤博士白諸政府列入國寶。時吾國公使署田參贊購得殘本數卷，余從田君收得誄詞一卷。田君歸國後，悉鬻之於廠肆正文齋。今某君所藏即從正文齋購之也。甲寅歲，余因迎玉姬，無資備辦奩具，乃翻《静志居詩話》朱吉以美婢易袁宏《後漢書》故事，割讓於津門某氏。嗣廠友張月巖得此卷，以萬元巨值鬻於勝山。藝林共知其事，以故某君未允賤售。經小林疊次函託，迄未得要領。詳告顛末，仍屬留爲後圖。②

---

① 參見羅振玉《唐寫文選集注殘本跋》，民國七年（1918）石印本。
② 董康著，朱慧整理《書舶庸譚》，中華書局，2013年，第283—284頁。

董康詳述了他於光宣之際發現三十二卷《文選集注》的經過，並讓内藤湖南白諸政府，請列爲國寶，他對《文選集注》的保存是做出了貢獻的。日本昭和三十年（1955）二月，更把分別藏於金澤稱名寺和東洋文庫的《文選集注》列爲國寶重要文化財①。

（三）《文選集注》的作者和時代

《文選集注》發現後，立刻就涉及一個問題，即此書是何時、由何人編成？對此，中日兩國學者都有不同的説法。日本學者方面，首先是新見正路據其紙質、字樣推測爲五百年前鈔本②。那麽五百年前鈔本，是出自中國，還是出自日本，新見正路没有明説，但從語氣看，當指日本。其後森立之《經籍訪古志》亦據紙質、筆迹，判爲七百年前鈔本，並對編者推測説："或疑皇國紀傳儒流所編著者歟？"這個"或"字，指有的人，似乎並不代表森立之意見。但説明當時有人懷疑是日本早期的學者所爲。其後斯波六郎博士説："《文選集注》，《日本國見在書目録》及兩《唐志》以下皆未著録，在我國殘存諸卷亦無撰者姓名，是以未知何人所撰。或謂爲我國王朝時人編，但予不曾得其確證。"③ 對於作者，雖然懷疑爲日本學者所爲，但都持謹慎的態度。中國學者方面，在發現《集注》之初，董康、楊守敬、田潛、羅振玉、汪大燮等都持是唐寫本的觀點。董康在《書舶庸談》中認爲是"吾國五代時寫本"，日記雖記於民國二十四年，但這觀點應該是他早期就形成的。羅振玉在1918年影印本序中，根據書中避唐帝諱，判定爲唐人所編。他説："於唐諸帝諱，或缺筆，或否。其寫自海東，抑出唐人手，不能知也。"這裏所表示懷疑的是寫本爲誰所作，而非懷疑編者爲誰。既缺唐帝諱，不可能是日本學者所編。所以羅氏影印本定名爲"唐寫本"。他在1909年爲田潛所購《集注》卷六十八《七啓》跋文中就説："日本金澤文庫藏唐寫文選集注殘，唐人所著傳入彼土者。"汪大燮在1918年

---

① 參見［日］西川杏太郎《國寶大事典》，講談社昭和六十一年（1986）七月第一刷。
② ［日］新見正路《對文選各種版本的研究》，戴燕譯，《中外學者文選學論集》，中華書局，1998年，第935頁。
③ 《文選諸本的研究》，見斯波六郎《文選索引》，日本京都大學人文科學研究所，1959年。

的題跋説:"此卷雖係斷簡,而筆意頗近鍾太傅,洵爲初唐人手筆,良可寶也。"同樣是根據字迹,但結論與日本學者不同。總上而言,日本學者雖傾向於本國學者所編,但比較謹慎。中國學者則明確説是唐人所編。我們注意到,兩國學者往往根據字體和紙質判斷,其實是很難把握的,都不足爲據。倒是羅振玉根據避諱,是堅定不移的證據。很明顯,日本早期王國紀傳儒學者,不可能在編《文選集注》時,考慮避唐帝之諱。又者,《集注》中使用反切時,稱"反",不稱"切",也説明此書當在中唐左右。中國臺灣學者邱棨鐊《文選集注研究》①考定爲中唐時,他用了五個理由來説明,其中的兩點是:

一是此書同唐帝諱,高祖淵、太宗世、民字,泰半缺筆,而玄宗以下諸帝則不缺筆,至於宋帝,一概不諱。

二是本書文字多作唐代俗寫體,且與顏元孫所集辨正當時正俗字,頒布施行之《干禄字書》,若合符節。以俗體通行時代推之,抄寫者固極可能爲唐人也。

此外,他根據日本古鈔本《漢書·揚雄傳》殘卷來證明這個觀點。《漢書·揚雄傳·甘泉賦》"伏鉤陳使當兵"之旁注引有《集注》一條,曰:"鄭玄《禮記》注曰,當主也。音決多浪□。"邱文説,此注係出天曆二年(948)五月廿一藤原良秀所"加點",卷末題記如是。今取九條本古抄文選三十卷白文旁注所引相校,正與此注同,其爲《文選集注》無疑。則948年,《文選集注》已流傳日本。時當我國五代後漢隱帝乾祐元年,與劉昫略同時。不過,邱氏又疑説:"倘此時《集注》尚存於中土(或略早時尚存),昫天福初(936)仍監修國史,其書經籍志集部,何以未署録之?《集注》所引各家佚注,劉氏亦無所聞,何也?"(參見本書《文選集注寫本年代續考》)其實並非所有書籍都爲朝廷收藏,也許《集注》一直在民間,其部帙大,抄寫不便,故流傳甚稀。近年日本九州大學陳翀通過調查日本平安朝史料,發現有材料證明此書原爲日本平安朝中期大學寮大江家紀傳道之代表人物大江

---

① 《文選集注研究》,中國文化學院中文系文學叢書第一種,文選學研究會出版,臺灣學生書局,1978年。

匡衡所撰①,此説是近年來關於《文選集注》作者研究的最新成果,是否能够成立,恐怕還要作多方面的考察。

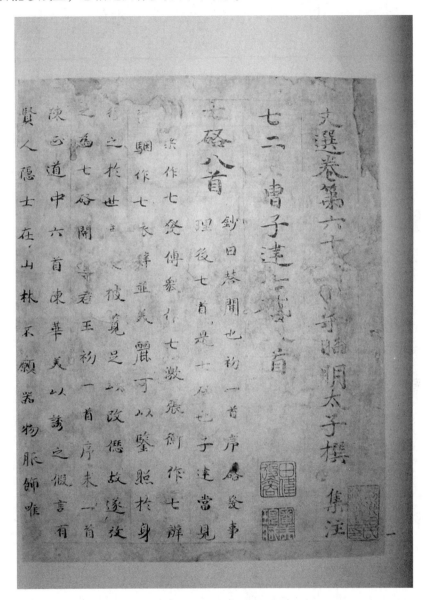

圖28-1　京都大學影印本《文選集注》卷第六十八

---

① 參見陳翀《〈文選集注〉之編撰者及其成書年代考》,載《域外漢籍研究集刊》第六輯,中華書局,2010年。

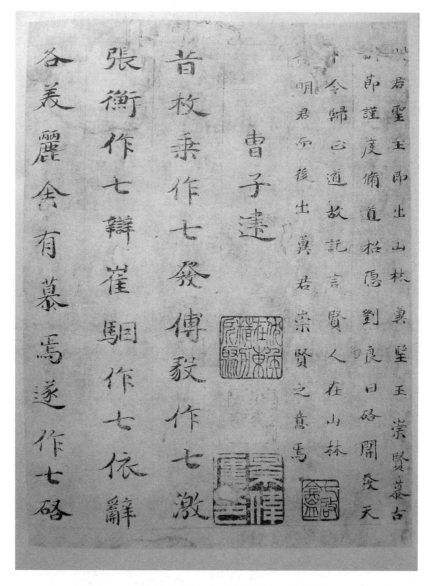

圖 28-2　京都大學影印本《文選集注》卷第六十八

據此,《文選集注》一書,應該是中國唐代學者所編。剩下需要討論的問題是,這個鈔本自身到底是從中國傳入,還是日本學者所抄?目前日本的國寶著錄,均稱平安鈔本,已經將它定爲日本人鈔本,但是沒有出示證據。而一些中國學者,往往也隨而稱平安鈔本。關於這個問題,臺灣學者邱棨鐊通過在日本研讀原件時發現,在卷六十八鈐有"□

州田氏藏書之印"鈐記,他認爲即北宋荊州田偉藏書①。如果這個說法成立的話,日藏這一鈔本,當然是從中國流傳而去。不過這是邱棨鐊先生的誤判,丘文發表後,臺灣潘重規先生就著文指出此田氏是清末駐日公使署的參贊田潛,指出這些印多是田潛所鈐。那麼據藏印認爲是北宋田偉的藏書顯然就站不住脚了。周勛初教授後來在《唐鈔文選集注彙存·前言》中也對藏印表示懷疑。他説清末田潛購得《文選集注》寫本後,多鈐自己的藏書印,如"伏侯獲觀""田偉後裔""審美珍藏""景偉庵印"等。所以他懷疑所謂田偉藏書印,也是田潛所爲。周勛初先生是一種謹慎的態度,這個看法是對的。田潛此印不僅鈐於《文選集注》中,今見田氏於宣統元年在日本用金屬版所印的《廣唐賢三昧集》,鈐有田氏多方藏印,其中"荊州田氏藏書之印"與《文選集注》所鈐印相同,可以證明周勛初先生的懷疑是正確的。不過,到目前爲止,還沒有足够的證據能够確切證明這個鈔本的地點和時間,這個問題還是有待進一步討論的。

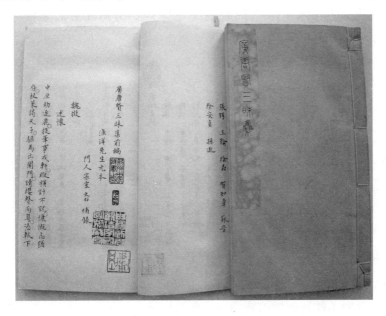

圖29 《廣唐賢三昧集》所鈐印

① 邱棨鐊《今存日本之〈文選集注〉殘卷爲中土唐寫舊藏本》,臺灣《"中央"日報》,1974年10月30日第10版。

(四)《文選集注》的流傳

　　《文選集注》發現後,經森立之著錄,引起了學者和藏書家的注意。繼賜蘆文庫以後,《文選集注》陸續被收藏家們列入收藏目錄。賜蘆文庫的這幾卷,也逐漸散出,成爲別的藏家插架之物。同時,金澤文庫也爲佚失之書而痛心,當時的金澤文庫庫長關靖長時間地關注和搜尋《文選集注》的下落。據關靖《再び京洛に旅して》①(再赴京洛)載,他於昭和九年(1934)八月赴京洛訪書,經友人新村博士介紹,於渡邊伯爵家見到了《文選集注》卷第五十六。據關靖介紹,渡邊伯爵收藏於一個大桐箱中,箱上書"橘逸勢真迹"。打開以後,箱蓋背面書"文選之集注二卷第五十六第百十六　金澤稱名寺什物之内　曲直瀬養安院法印藏印　古筆了仲(花押)"。箱内有左右兩格,五十六卷置於左邊的格子内,右邊一格大概是第一百一十六卷,不過,關靖没有見到。打開左邊的一包,封面書"橘逸勢書　文選第五十六卷子本經籍訪古志卷第六三十六葉所載(花押)"。值得注意的是關靖氏在渡邊處所見的這一藏卷,已鈐上了"養安書院""傳經廬圖書記"兩方朱印,這是《賜蘆書院儲藏志》和《經籍訪古志》所没有著録的。"養安書院"是慶長五年(1605)以後作陽成天皇醫官的曲直瀬正琳的藏書之所,也就是説1605年《文選集注》已經流出,這是不可思議的事。所以新村博士懷疑是曲直瀬氏後人所鈐。這個懷疑有道理,因爲新路正見和森立之都没有著録有藏印,可見是在他們之後所鈐。"傳經廬圖書記",據關靖氏説是海保漁村藏印,海保漁村即森立之朋友海保元備,那麼什麼時候由賜蘆文庫流出,而由海保漁村鈐印,則不可考知了。

　　關靖在渡邊家僅見到第五十六卷,第二年關靖在《書志學》第四卷第一號又發表了《關於金澤文庫本舊鈔文選集注第百十六卷之發現》一文,説明了此卷出現的經過。據關靖氏説,昭和九年十一月,他突然得知東京一誠堂書店古書展覽,其中有《文選集注》殘第一百一十六

---

① 《書志學》第三卷第五號,昭和九年(1934)十一月,第34—45頁。

卷。關靖隨即赴東京，終於在展覽會上見到了此卷，標價四千元。不知爲何，身爲金澤文庫庫長，且到處搜尋《文選集注》下落的關靖，此次却没有收購。第二天，此卷被保坂潤治氏收得。據關靖同文報告，卷第一百一十六分藏諸家的情况是：前半部十八枚，保坂潤治氏藏；後半部十七枚，金澤文庫現藏；以下脱四張，所在不明；尾部一枚，德富蘇峰藏；最尾一枚，所在不明。

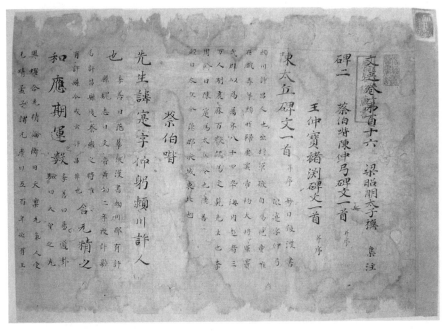

圖30　《文選集注》卷第一百十六殘卷

至於卷一百一十五，則至今仍不明藏於誰氏。以上僅就賜蘆文庫所藏三卷情况，可以看出《文選集注》自發現以來，立刻成爲藏家競相收藏的珍貴鈔本。雖殘葉零張，亦寶加收藏。關靖發現卷五十六和卷一百一十六時的喜悦，是所有關心《文選集注》的人士所共有的。《東方學報》第八册載新美寬《新獲文選集注斷簡》文，記載里見忠三郎氏購藏卷六十一江文通《雜體詩三十首》中《嵇中散言志》首、起"哲人貴識義"至"孫登庶知人"殘葉的曲折經過，的確很令人敬佩日本藏書家的執著。又《書志學》第一卷第四號①載岡井愼吾《關於文選集注零片》的文章，介紹了元山元造氏所購卷第四十三兩殘葉的情況。文中説，元山元造氏所藏，原爲古經堂主人之物，古經堂主人並有丙辰（安政三年）嘉平月跋尾稱，原有五帖。古經堂主人逝世後，其家人以之囑付其友人，大概是其友人將此本轉賣於古書店，遂爲元山元造氏所得，這就是京都大學影印本第九集所著録的來源。但京都大學影印本的著録，僅有一葉，已不是岡井愼吾所説的兩殘葉了。

卷六十一江文通《雜體詩》最爲分散，京都大學文學部影印第三集所收，已失《李都尉從軍》自"（而我在）萬里結發不相見"以下及《班婕妤咏扇》《魏文帝游宴》前半，《陳思王贈友》《劉文學感遇》《嵇中散言志》"哲人貴識義"以下，《阮步兵咏懷》《張司空離情》《潘黄門述哀》《陸平原羈宦》前半，《張黄門苦雨》"青苔日夜黄"以下。這些佚散的部分，都是一貼或數貼一點一點搜集的。在京都大學文學部影印本第九集中，我們看到，經過多年的努力，又陸續收有《嵇中散言志》之"哲人貴識義"殘葉（里見忠三郎藏）、《張司空離情》起"全帷"迄《潘黄門述哀》"松柏轉蕭瑟"二葉（某氏藏）及起前首"駕言出遠山"迄《陸平原羈宦》"矯迹厠宮臣"二葉（土方民植藏）。此距前次影印已相隔七年之久了。京都大學雖然盡力搜集影印了一部分，但仍然有不少遺漏。比如德富蘇峰成簣堂文庫所藏《潘黄門述哀》"俯仰未能弭"迄"爾無帝女靈"二十五葉，就未能影印。成簣堂所藏葉，新美寬文章有介紹，稱"東京市某家秘藏"。其實德富氏所藏還有卷百十六《褚淵碑文》始"遠無不肅，邇無不懷"迄"眇眇宗妻萋辭翰義既川流文亦霧（散）"二葉，京都大學文學部影印入第八集。此二葉有德富蘇峰手跋説："昭和己巳十二月，鎌倉瑞泉寺松泉和尚携贈。"不知爲何其藏《潘黄門述哀》殘葉未能讓京都大學文學部影印。2000年南京大學周勛初教授影印《文選集注》，始托日本學者横山宏教授聯繫御茶水圖書館成簣堂文庫，得其允許，提供照片，遂得影印行世。

至於京都大學文學部稱《潘黄門述哀》"松柏轉蕭瑟"二葉爲某氏

---

① 昭和八年（1933）七月出版。

藏，當即指石井積翠。《石井積翠軒文庫善本書目》① 著録有兩種《文選集注》，一爲上述《潘黃門述哀》，及卷百十六《褚淵碑文》"觀海齊量"至"臺階"兩殘葉；又一爲《李都尉從軍》起"萬里結發不相見"迄"願寄雙飛燕"一葉。此葉羅振玉、京大文學部及周勛初影印本均闕載，希望再次影印時能够據以補入。

1935年京都大學文學部開始以影印舊鈔本名義，將珍藏於各家的《文選集注》影印行世，并且公布了藏家的名單。現整理臚列如下：

《文選集注》各家收藏一覽：

第三集：

卷第四十七（殘缺）	金澤文庫藏
卷第六十一上（殘缺）	金澤文庫藏
卷第六十一下（殘缺）	金澤文庫藏
卷第六十二（殘缺）	金澤文庫藏
卷第六十六	金澤文庫藏
卷第七十一	金澤文庫藏

第四集：

卷第七十三上（殘缺）	金澤文庫藏
卷第七十三下	金澤文庫藏
卷第七十九（殘缺）	金澤文庫藏
卷第八十五上（殘缺）	金澤文庫藏
卷第八十五下	金澤文庫藏

第五集：

卷第五十六	渡邊昭伯藏
卷第九十一上（殘缺）	金澤文庫藏
卷第九十一下（殘缺）	金澤文庫藏
卷第九十四上（殘缺）首二葉	元山元造氏藏

---

① 川瀨一馬編《石井積翠軒文庫善本書目》，昭和十七年（1942）十月十七日發行。據德富蘇峰序説，石井積翠，京都帝大出身。先直朝鮮財務事，昭和初期任勸業銀行理事、副總裁、總裁，在任十有五年。

第三葉以下　　　　　　　　　　　金澤文庫藏

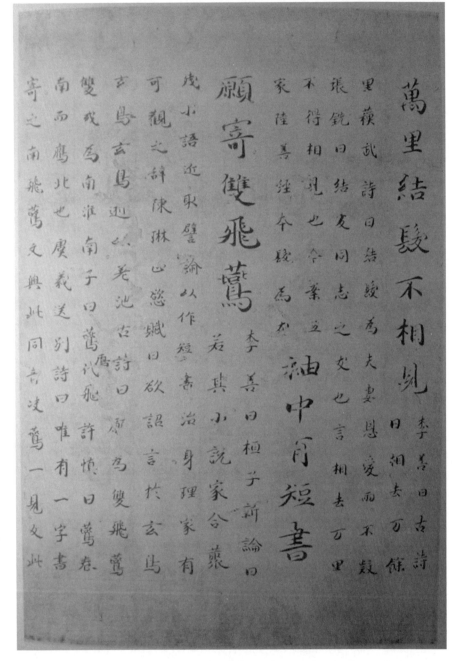

圖31　《文選集注》佚片

圖32　《文選集注》卷第六十六

第六集：

卷第九十四中	金澤文庫藏
卷第九十四下	金澤文庫藏
卷第百二上（殘缺）	金澤文庫藏
卷第百二下	金澤文庫藏
卷第百十三上	東洋文庫藏
卷第百十三下	東洋文庫藏

第七集：

卷第八	九條道秀公藏
卷第九	九條道秀公藏
卷第五十九上（殘缺）	東洋文庫藏
卷第五十九下	東洋文庫藏

第八集：

卷第六十三	小川睦之輔氏藏
卷第八十八（殘缺）自第一葉至第二葉	金澤文庫藏
自第三葉至第五十葉	小川睦之輔氏藏
自第五十一葉至第六十六葉	東洋文庫藏

第六十七葉　　　　　　　　　　　　　　小川睦之輔氏藏

卷第百十六（殘缺）自第一葉至第二十五葉　　保坂潤治氏藏

自二十六葉至第四十九葉　　　　　　　　金澤文庫藏

自第五十葉至第五十一葉　　　　　　　　德富豬一郎氏藏

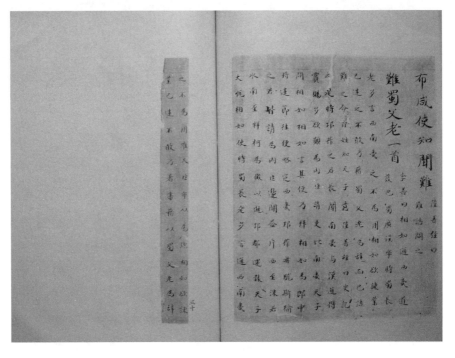

圖33-1　《文選集注》卷第八十八葉五十

第九集：

卷第四十三（殘一葉）　　　　　　　　　元山元造氏藏

卷第四十八上（首殘缺）　　　　　　　　上野精一氏藏

卷第四十八下（殘一葉）　　　　　　　　佐佐木信綱氏藏

（首殘缺）　　　　　　　　　　　　　　東洋文庫藏

卷第六十一（殘二葉）　　　　　　　　　里見忠三郎氏藏

（殘二葉）　　　　　　　　　　　　　　某氏藏①

（殘二葉）　　　　　　　　　　　　　　土方民植氏藏

---

①　剛案，當是石井積翠氏。

卷第六十八	東洋文庫藏
卷第九十三	小川睦之輔氏藏
卷第百十六（殘一葉）	某氏藏①

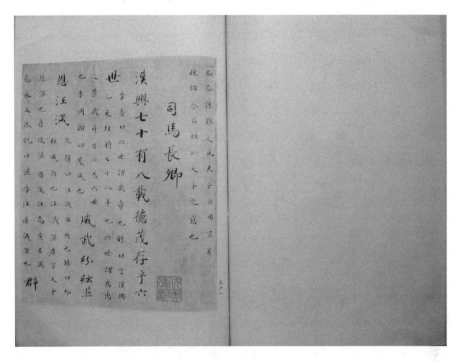

圖33-2 《文選集注》卷第八十八葉五十一

以上只是京都大學文學部影印《文選集注》時的藏家，並不能反映出《文選集注》散出流傳的情況。在這每一卷，甚至每一葉中，都隱藏着許多曲折的故事。比如上引賜蘆文庫所藏三卷就是如此。比這一個名單更爲詳細的記載是關靖的調查。關靖在《莊内訪書錄》中描述各卷的存藏爲：

第八卷

第九卷

以上兩卷首尾完全，九條公爵家藏。

第四十三卷

---

① 剛案，當是石井積翠氏。

僅存一葉。長崎縣元山元造氏藏。起自謝惠連《泛湖歸出樓中玩月》至謝靈運《石壁精舍還湖中》。次葉爲"招隱"及注文。

第四十七卷

金澤文庫現藏。目次爲何敬祖《贈張華》、陸士衡《贈馮文羆遷斥丘令》及正文曹子建《贈徐幹》《贈丁儀》之前半。

第四十八卷

大阪上野精一氏藏一部分，佐佐木信綱氏藏一葉，岩崎文庫藏一部分。其中上野氏所藏爲陸士衡《答賈長淵並序》。佐佐木氏所藏爲陸士衡《贈顧交阯公真》末句"悢悵瞻飛駕引領望歸斾"十字及注。東洋文庫所藏陸士衡《爲顧彥先贈婦》二首末句"翻飛游江汜"以下及同氏《贈馮文羆》至終。

剛案，此卷曾藏羅振玉處。

第五十六卷

全卷由渡邊伯爵藏。鈐"養安書院""傳經廬圖書記"印。

第五十九卷

全卷由岩崎文庫藏。首二葉闕。分二軸，明治時代流出。曾一度流到中國，後被岩崎家收回。上軸起盧子諒《時興詩》至鮑明遠《玩月城西門廨中》共十三題。下軸起謝玄暉《始出尚書省》至沈休文《冬節後至丞相第詣世子車中作》共十一題。

剛案，此卷曾藏羅振玉處。

第六十一卷

金澤文庫收藏。大部分闕。其中一葉剛剛在山形縣松嶺町土方民植氏處發現。全卷分上下兩軸，上軸起袁陽源《擬曹子建樂府白馬篇》至江文通《李都尉從軍》共十一題。其中劉休玄《擬古》二首闕。下軸起江文通《雜體詩》三十首之《班婕妤詠扇》至《張黃門苦雨協》共十二題。闕《班婕妤詠扇》《阮步兵詠懷》《張司空離情》三題。又《魏文帝游宴曹丕》《嵇中散言志康》《潘黃門述哀岳》下半與《陸平原羈宦機》上半部分闕。今在土方家發現之葉，是《潘黃門述哀岳》之下半和《陸平原羈宦機》之上半。

第六十二卷

前半部分藏於金澤文庫。此卷分二軸，下軸已佚。殘存之軸所收起自江文通《雜體詩三十首》之《劉太尉傷亂琨》，至《謝僕射遊覽混》共七題。以下至《休上人怨別》九題闕。

第六十三卷

全卷藏京都大學教授小川睦之輔氏處。所收爲屈平《離騷經》一篇。

第六十六卷

全卷藏金澤文庫。所收爲宋玉《招魂》與劉安《招隱士》。

第六十八卷

全卷藏岩崎文庫。所收爲曹子建《七啓八首》。

第七十一卷

全卷藏金澤文庫。所收爲任彥昇《宣德皇后令》，傅季友《爲宋公修張良廟教》、《爲宋公修楚元王墓教》，王元長《永明九年策秀才文三首》。

第七十三卷

大部分收藏於金澤文庫。上、下兩軸。上軸收諸葛亮《出師表》與曹子建《求自試表》前半。下軸收《求自試表》後半與同氏《求通親親表》。現存之軸，上軸《出師表》前半闕，上、下二軸《求自試表》之文，中央闕斷。下軸首闕，尾完整。

第七十九卷

完整。現藏金澤文庫。所收起自任彥昇《奏彈曹景宗》至陳孔璋《答東阿王箋》，共六題。首一、二葉闕，其他完備。

第八十五卷

金澤文庫藏大部分。上、下二軸。上軸收嵇叔夜《與山巨源絶交書》與孫子荊《爲石仲容與孫皓書》之一小部分。下軸收《爲石仲容與孫皓書》與趙景真《與嵇茂齊書》。《爲石仲容與孫皓書》上軸僅收一葉，分軸不合理。上軸尾部有蟲噬。

第八十八卷

金澤文庫、岩崎文庫與京都小川氏三家分藏。所收爲陳孔璋《檄吳將校部曲文》、鍾士季《檄蜀文》、司馬長卿《難蜀父老文》。

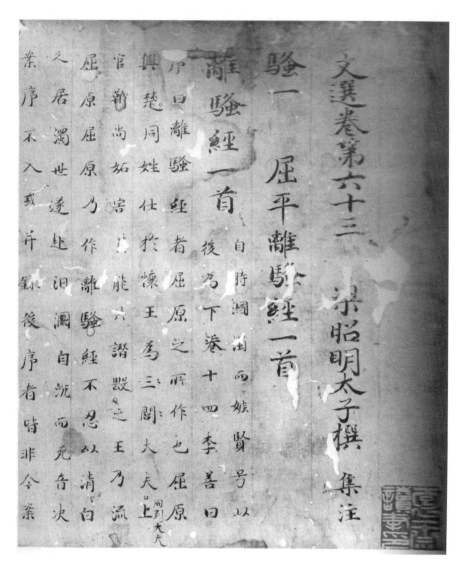

圖34　《文選集注》卷第六十三

　　金澤文庫現藏第八十八卷僅《檄吳將校部曲文》一小部分。起"能通智者之慮也"至"名字不足以污簡墨"一、二葉。其間破損，闕"量不亦殊乎"五字。

　　小川氏藏《檄蜀文》，岩崎文庫藏《難蜀父老文》。不過《難蜀父老文》之首葉及尾葉"喟然並稱曰"句下，亦歸小川氏藏。

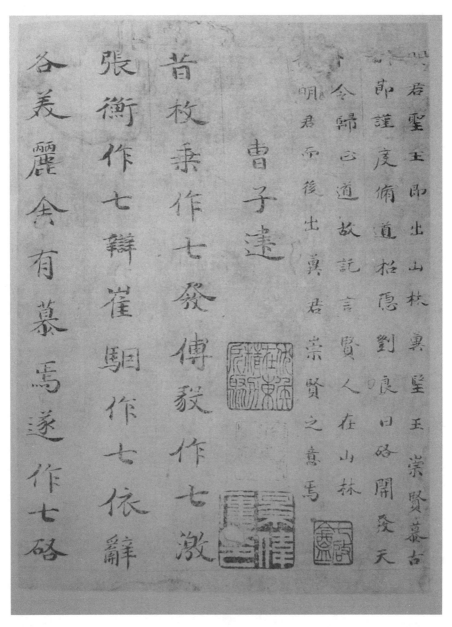

圖35　《文選集注》卷第六十八

第九十一卷

大部分歸金澤文庫藏。多處脫簡。首闕。所收爲陸士衡《豪士賦序》、顏延年《三月三日曲水詩序》與王元長《三月三日曲水詩序》。

分上、下二軸。上軸收《豪士賦序》、顏延年《三月三日曲水詩序》及王元長《三月三日曲水詩序》一部分。《豪士賦序》大多殘闕。

第九十三卷

全卷歸京師小川氏珍藏。首爲目錄葉，有殘闕。收王子淵《聖主得賢臣頌》以下至陸士衡《漢高祖功臣頌》共五題。

第九十四卷

卷首爲長崎縣元山元造氏珍藏，其他部分歸金澤文庫藏。分三軸。上軸爲夏侯孝若《東方朔畫贊》及袁彥伯《三國名臣序贊》一部分，中軸與下軸收餘下的部分。金澤文庫所收《東方朔畫贊》首葉闕，此葉爲元山元造氏收藏。

第九十八卷

全部歸上海張元濟氏收藏。所收爲干令昇《晉紀總論》與范蔚宗《後漢書·皇后紀論》。

第百二卷

金澤文庫收大部分。分上、下二軸。所收爲王子淵《四子講德論》，首闕。

第百十三卷

全部歸岩崎文庫藏。分上、下二軸。上軸收潘安仁《夏侯常侍誄》與《馬汧督誄》之一部分。下軸收餘下的部分及顏延年《陽給事誄》。此卷曾流入中國。

第百十六卷

上、下二軸。上軸歸保坂潤治氏珍藏。下軸大部分爲金澤文庫藏。其中一部分爲成簣堂文庫藏。上軸爲蔡伯喈《陳太丘碑文》前半，下軸收其後半及王仲寶《褚淵碑文》全部。保坂氏所藏與金澤文庫所藏相接，文庫所藏自"體微知章永言必"以下闕。自"内謨帷幄外曜臺階"至"文亦霧散"，爲成簣堂文庫珍藏。以下之葉不知散失何處了。①

剛案，關靖氏此卷所說有誤。據京都大學文學部影印本，德富猪一

---

① 關靖文參見《書志學》第六卷第三號，昭和十一年（1936）三月，第21—30頁。

郎所藏葉爲"遠無不肅"至"文亦霧散"句，又一葉"觀海齊量登岳均厚五臣滋六八元斯九内内謨帷幄外曜臺階"，爲某氏①藏，是德富氏成簣堂文庫所藏無"内謨帷幄外曜臺階"句。

　　以上關靖氏於 1936 年訪書時對《文選集注》藏家著録的情形，讓我們了解了《文選集注》散出後流傳的情況，這有助於我們對《文選集注》散失和整理的研究②。京都大學文學部影印本，前後數年，不按順序編排各卷，實際爲我們保留了《文選集注》散失和存藏的原貌，這也是符合考古學的規則的。關靖氏所述是 1936 年時的情形，《文選集注》自流出後，多方流歷，有許多細節，今天已難以了解了。比如卷五十六和卷百十六，自賜蘆文庫流出後，如何又被鈐上養安書院和傳經廬的藏印的，而且這藏於同一處的兩卷都被鈐上同樣的印，是否從賜蘆文庫流出後，一起爲養安書院和傳經廬先後遞藏？那麽同在賜蘆文庫的卷第百十五的下落呢？是否也與這兩家有關呢？這些都是疑問。

　　其實在《文選集注》的搜集和保存上，中國學者是做出了非常大的貢獻的。但是一些日本學者，却不願意承認這一點，而且對《文選集注》流入中國耿耿於懷。《文選集注》是中國唐代學者編纂而成，這應該没有疑問，因爲《集注》中避唐帝諱，非常明白。至於現存本是中國唐代寫本，還是日本平安朝鈔本，完全可以進行討論，而且這一部珍貴的文獻資料，兩國學者合作研究，共同利用，並没有什麽不好。但説這是日本國寶，日本學者對於中國學者的購回，感到氣憤，就没道理了。因爲，第一，日本定爲國寶，是在 1955 年，中國學者搜集時，早在 20 世紀初，其時既没有所謂國寶的説法，而且日本學者也在争相購藏。第二，如果因爲國寶的原因，那麽中國那麽多國寶級文物被日本購入，尤其在日本侵華戰争期間，日本軍國主義者已不是購買的問題，而是搶掠，又該如何説呢？再早一點的，如日本人太谷對敦煌寶藏的掠

---

　　① 剛案，即石井積翠，見《石井積翠軒文庫善本書目》。
　　② 關於《文選集注》殘葉的發現，還可參見岡井慎吾《關於文選集注之零片》，載《書志學》第一卷第四號，昭和八年七月，第 1—6 頁。新美寬《新獲文選集注斷簡》，載《東方學報》第八册，昭和十二年，第 307—313 頁。

奪；晚一點的，經島田翰中介，岩崎財團購買中國陸氏皕宋樓藏書，從而建立了國寶級的靜嘉堂文庫，又該如何評說呢？

中國學者對《文選集注》的搜集和整理，主要有楊守敬、田潛、張元濟和羅振玉等人，尤以羅振玉所作貢獻卓巨。楊守敬於清光緒七年（1881）隨黎庶昌出使日本，搜集中國古代遺集，不遺餘力，刻成《古逸叢書》。據羅振玉《唐寫文選集注殘本跋》說，海鹽張氏得二卷，楚中楊氏得一卷，但查楊守敬《日本訪書志》①及《故宮所藏觀海堂書目》②均沒有關於《文選集注》的著錄，不知具體情況如何。倒是田潛所得《集注》卷第六十八曾請楊守敬寫過題跋。楊守敬題跋寫道：

> 右《文選集注》第六十八卷，載曹子建《七啓》，不題撰人名氏。案，《文選》本三十卷，李善分爲六十卷，五臣本仍三十卷（見錢遵王《讀書敏求記》）。余所得日本古鈔無注本《七啓》在第十七卷，李善注在三十四卷，五臣合善注亦在三十四卷，此爲六十八卷，知又分善注一卷爲兩卷，全書當共有一百二十卷。顧中土自來無著錄者，即《日本現在書目》亦不載，其中引李善注及五臣注外，有《鈔》曰、《音决》及陸善經諸書。案，《舊唐志》：《文選》六十卷，公孫羅撰；《新唐志》：公孫羅注《文選》六十卷，《日本現在書目》：《文選鈔》六十九卷。此本所引《鈔》曰，爲公孫羅之書無疑。又《舊唐志》：《文選音》十卷，公孫羅撰；《新唐志》：公孫羅《文選音義》十卷；《日本現在書目》：《文選音决》十卷，公孫羅撰。此卷所引《音决》，亦必公孫羅之書。檢《舊唐書·儒學傳》，公孫羅，江都人，歷沛王府參軍、無錫縣丞，撰《文選音義》十卷，行於代。案，沛王即章懷太子，永徽六年封潞王，龍朔九年徙封沛王。李善傳亦爲沛王侍讀，是公孫羅年輩稍後於李善。陸善經時代、爵里未詳，所注《文選》，不見兩《唐志》。此本所引，每居五臣之後，當爲唐中葉以後人。《日本現在書目》

---

① 光緒丁酉年（1897）鄭蘇園刻本。
② 民國二十一年九月北平故宮博物院圖書館印本。

亦無所注《文選》，而有《周易注》八卷、《古文尚書注》十卷、《周禮注》十卷、《三禮注》三十卷、《春秋二傳注》卅卷、《論語注》六卷、《孟子注》七卷、《列子注》八卷，計善經所著書如此之多，而兩《唐志》均不著録，往往見於日本古鈔經疏欄格上及背面。楓山官庫所藏卷子《左傳》尤多引之，此《文選注》雖無著録，而余所得古鈔卷子無注本第一卷欄格標記旁注，亦有陸善經、《音决》、《鈔》、《集注》諸書。即森立之《經籍訪古志》所稱温故堂藏本，今歸江夏徐恕，則知此本確有根源。今略校之，大抵正文多從李善本，亦間有從五臣者。又有不與善本、五臣本同，而與《文館詞林》四百一十四卷所載同者。又，余所得古鈔無注《文選》殘本，其中文字往往出善注、五臣本之外（詳見余《日本訪書志》），可知當唐時，《文選》流傳，異同甚夥，不得以善注、五臣本遂謂足盡《文選》之藴也。惜伏侯持此卷屬題，僅期一日即返京師，未得一一校其異同，别爲札記。匆匆記此，揮汗如雨，不知其苦也。宣統三年六月廿有三日，宜都楊守敬，時年七十有三。

跋後鈐"楊守敬印""星吾七十以後書"兩朱文方印。楊氏又補跋曰："《舊唐書》又有曹憲《文選音義》十卷、許淹（《唐志》作釋道淹）《文選音義》十卷，《唐志》又有蕭該《音義》十卷，皆最有名，此本皆不載，或此本爲日本人所纂集耶？同日又記。"楊氏此跋寫於宣統三年（1911）六月，從跋中語氣知楊氏並未得到過《文選集注》殘卷。

田潛是清末駐日公使館參贊，他前後數次赴日，最早於1898年遊學日本，1901年又作爲輔行員隨羅振玉一起赴日考察教育。後曾任留日學生監督，清廷駐日公使館參贊①。1909年羅振玉再次赴日，與已在東京的田潛見面，知田潛在日時間較長。據羅繼祖《羅振玉年譜》載，

---

① 潘重規《日本藏〈文選集注〉殘卷綴語》，臺灣《"中央"日報》，1975年1月12日，第10版。

田潛於1911年2月從日本返國①。今藏於中國國家圖書館的《文選集注》曹子建《求自試表》殘葉有田潛跋，説："日本金澤文庫所藏唐寫文選，彼中定爲國寶。予督學時得有《七啓》《五頌》《晉紀總論》各卷，首尾完全，極爲可貴，今均歸之他人。此雖斷簡殘編，亦足珍也。丙辰十一月朔日潛山題。"從這個跋看，《文選集注》於清末已被定爲國寶，而田潛所得諸卷亦在其督學時。所得內容有卷六十八《七啓》、卷九十八《晉紀總論》及所謂《五頌》。案，五頌即指卷九十三起王子淵《聖主得賢臣頌》迄陸士衡《漢高祖功臣頌》五篇。此卷今藏京都小川睦輔之教授處，當是從田氏所得。卷末有小字題籤一行："宣統元年十一月得於日本。"其時是1909年。跋中所提到的卷六十八《七啓》，也當得於其時。此卷首尾完整，故田氏頗爲珍視，先後請羅振玉、楊守敬題跋。楊跋如上，羅振玉跋文寫道："日本金澤文庫藏唐寫《文選集注》殘，唐人所著傳入彼土者。中多引佚籍，爲新、舊兩史志所未著録，洵爲人間秘籍。彼邦近已定爲國寶，此第六十八卷，首尾完足。宣統紀元吾友潛山先生在東京得之，頃付裝既竟，出以見示，並囑篆題。留寒齋三日，今將返□渚，匆匆應教，佛頭著糞，罪過罪過。辛亥五月羅振玉謹署尚並記。"下鈐"振玉之印""羅振玉"兩朱文方印。羅振玉跋寫於五月，比楊守敬跋早一個月。田氏亦有一跋稱："此卷辛亥八月携在衣箱，返荊州故里，未與武昌所置書物同歸於盡，可謂幸□，今展閱一過，爲之憮然。乙卯冬日伏侯記。"下鈐"潛叟金石"朱文長方印。可惜此卷最終還是被日本財閥岩崎家買走，今藏東京東洋文庫。該卷卷軸署題"唐寫本文選集注第六十八卷　潛山先生藏　銅梁王灝署檢"，下有羅振玉篆書題籤"唐寫本文選集注第六十八卷"。②

除田氏所稱這幾卷外，鈐有田氏藏印的，還有卷八十八《難蜀父老文》、卷七十三《求自試表》殘葉、卷四十八殘卷等。又據前引董康所説，他從田潛處得到誄詞一卷，當即卷第一百一十三潘安仁《夏侯常侍

---

① 羅繼祖輯述，羅昌霈補校《羅振玉年譜》，行素堂，1986年，第23、45頁。
② 以上諸跋並見東洋文庫藏卷，筆者2003年8月録。

誄》與《馬汧督誄》之一部分，及顏延年的《陽給事誄》。此卷前引關靖氏稱曾流入中國。現藏於天津藝術博物館，卷四十八卷軸有籤題："唐寫文選集注殘卷　日本國寶金澤文庫舊藏/宣統庚戌伏侯所收並記。"① 宣統庚戌是1910年，可知田潛收購《文選集注》大約在這兩年之間。據羅繼祖《羅振玉年譜》載，田潛於1911年2月從日本返國②，歸國後因經濟拮據，先後將所得《文選集注》售於廠肆，除卷四十八歸天津周叔弢、卷九十八歸上海張元濟，及田氏自割留卷七十三《求自試表》一葉外，其餘均流回日本。據關靖文載，田潛所售，似爲岩崎文庫和小川睦輔之氏所收得。今中國所存諸卷，卷九十八藏臺北"中央"圖書館，卷四十八藏天津藝術博物館。曹子建《求自試表》一殘葉，存中國國家圖書館，2000年南京大學周勛初教授多方搜集，影印入《唐鈔文選集注彙存》。

　　在中國學者中，羅振玉無疑是最有功者。他在《唐寫文選集注殘本跋》中說："往在京師得一卷，珍如璆璧。宣統紀元，再赴扶桑，欲往披覽，匆匆未果。乃遣知好往彼迻寫，得殘卷十有五。其本歸武進董氏。予勸以授之梓，董君諾焉。" 羅振玉初次赴日是在1901年11月，1902年正月返國，1909年，亦即宣統紀元，再次赴日。因此跋中所說"往在京師"，當指1901年無疑，表明他已於此年初赴日本就得到了一卷。1909年再次赴日時，未及赴金澤披閱，故委託知好影寫十五卷，其本歸武進董氏，當指董康。跋中又說勸董氏授之梓，董氏諾焉，此十五卷之刻不知是否完成。羅跋又說："予先後得全卷一，殘卷二。"是羅振玉共得三卷，二殘卷則是在1901年以後所得了。此三卷中的二卷分別是卷四十八和卷五十九，收入其影印本中。羅振玉不僅最早影印出版《文選集注》，而且當他離開日本時，將其在京都的住宅贈予京都大學文學部，以所得資助影印舊抄古籍。最終京都大學文學部影印舊鈔本達十集，《文選集注》居第三至第九集。

　　存世《文選集注》的情況大略如此，應該還有一些存於私家者在，

---

① 據周勛初《唐鈔文選集注彙存·前言》，上海古籍出版社，2000年，第13頁。
② 《羅振玉年譜》，第23頁，第45頁。

如卷百十五,不至於毀滅,幸許將來的某一日會自行出現,一如其他殘卷。上述諸卷以外,今所知者還有三通是各家不曾注意,亦未收入影印本的殘葉。一是石井積翠軒文庫所藏卷六十一江文通《雜體詩三十首》中《李都尉從軍》殘葉,自"萬里結髮不相見"至"願寄雙飛燕"句及注;一是藏於奈良女子大學橫山宏教授處的《南都賦》卷首"於顯樂都既麗且康"句至"陪京之南"句及注殘葉;一是東山御文庫藏《南都賦》"體爽塏以閑敞紛郁郁其難詳"句及注殘葉[1]。威鳳一羽,彌足珍貴。

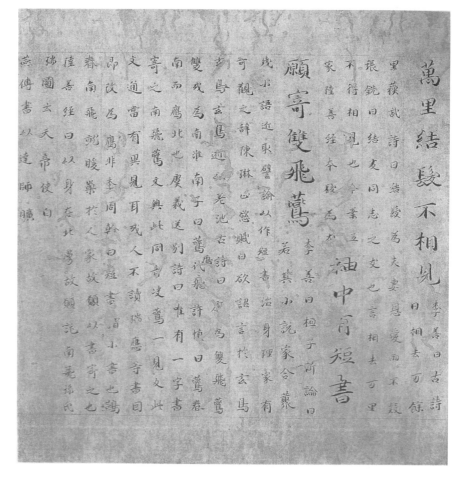

圖36-1 《文選集注》殘片1

[1] 此據佐藤道生《平安後期日本漢文學之研究》(笠間書院,2003年5月)附錄書影。

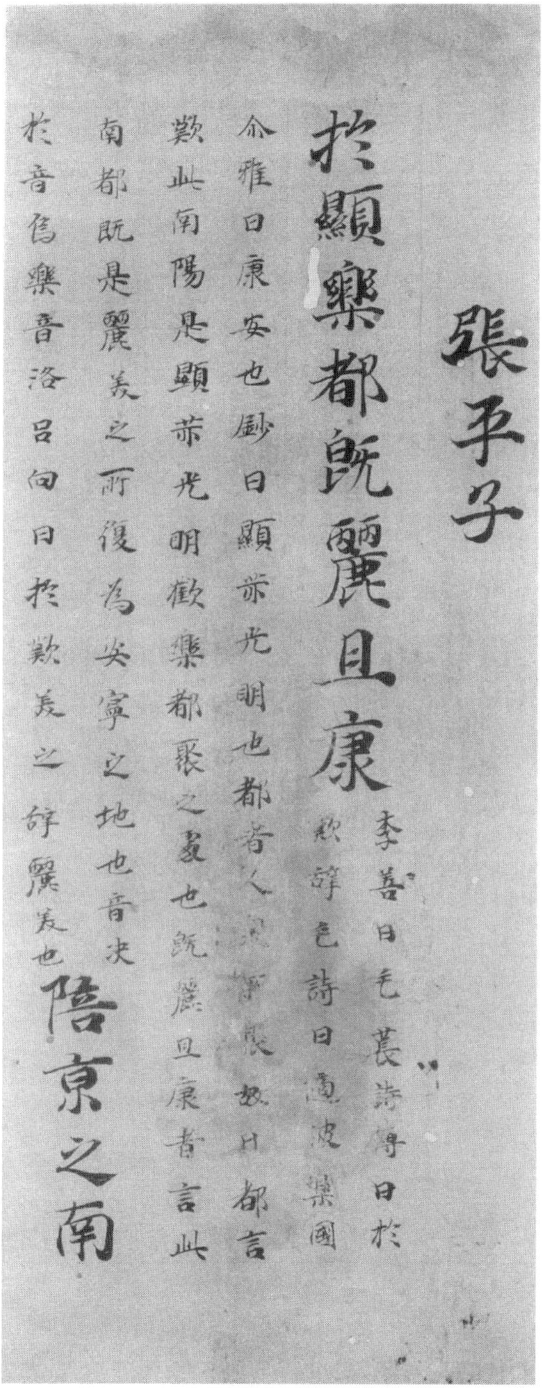

張平子

於顯樂都既麗且康 李善曰毛萇詩曰於
 介雅曰康安也劉曰顯蔚光明也都者人 歡辭邑詩曰遵彼樂國
 歎此南陽是顯蔚光明也都聚之麥也既 □□□□□張□如□都言
 南都既是麗美之所復為安寧之地也音夾 □□□□□□□□麗旦康者言此
 於音烏樂音洛呂向曰於歡美之辭麗美也

陪京之南

圖 36-2　《文選集注》殘片 2

體奕壇以閜敞紛郁〻其難詳　李善曰

左太傳

坐景公欲更晏子之宅曰請更諸奕壇拔預曰壇墠也洞簫

賦曰又是槃兮其敞閜也說文曰敞高也可遠望也楚辭曰

紛郁〻其遠蒸揚雄預州箴曰郁〻荊河伊洛桃經劉曰體

謂古地形體寬閜博敞廣寬之皃紛〻盛也巳下九句言南都

土地寬閜美盛家善也音丈壇口改反敞昌養反郁於六反

張銑曰奕明壇高也閜敞清閜寬敞也郁〻紫芙𥊒難詳難

（五）《文選集注》的整理

　　《文選集注》自羅振玉於1918年影印出版以後，先後有京都大學文學部1935年至1942年的影印本、南京大學周勛初2000年的影印本問世。其間，臺灣文華出版公司出版的《羅雪堂全集》第六編録入羅振玉生前蒐集、影寫的《文選集注》，共二十一卷，數量超過1918年影印本。羅振玉1918年影印本，一共十六卷，據羅氏自序，其中兩卷爲他個人所得，其餘則託人影寫，所以該本中四十八、五十九兩卷爲原本影印，其餘則爲摹寫。羅振玉是最早發現《文選集注》價值的中國學者之一，他在影印本序文中，對《文選集注》作了幾種推測。第一，關於作者，他根據卷中唐諸帝諱，或缺或否，而提出寫自海東，抑出唐人手。這是繼日本學者森立之提出"疑皇國紀傳儒流所編著"觀點之後，首次比較明確地提出了可能出自唐人之手的觀點。第二，關於卷數，明確提出此本是在李善六十卷本基礎之上，析爲百二十卷，從而確定了《集注》的卷數。羅氏這些觀點，早在1909年爲田潛所購《文選集注》殘卷跋中就表示過，其他如董康、楊守敬，也都表示過類似的意見，想見中國學者大體都持這樣的看法。羅振玉影印本，爲中、日兩國無緣見到《集注》的學者提供了便利，如中國學者高步瀛著《文選李注義疏》，就充分利用了羅氏影印本。傅增湘校《文選》，也參考了《集注》。除了羅振玉利用原本影印的兩卷保存舊貌外，其餘影寫的部分，也基本能夠按照原貌復原。當然，由於羅振玉受到條件的限制，他委託友人影寫的各卷，往往並不完整。比如卷八十八，羅氏影印本僅録《難蜀父老文》一篇，脱漏了陳琳的《檄吳將校部曲文》、鍾會的《檄蜀文》，以及《難蜀父老文》的題目。由於《難蜀父老文》在今傳刻本的卷四十三，且歸屬於"檄'類，因此羅氏想當然地在卷八十八目録下題署"檄"字，使人誤以爲《集注》本中的《難蜀父老文》，也與傳世刻本一樣，是屬於"檄"類的。事實上，在羅氏影印本中脱漏的《難蜀父老文》題目前，還有一標明類別的"難"字，及陸善經注："難，詰問之。"這説明《集注》本的《難蜀父老文》歸屬在"難"類，而非刻本的"檄"類。這樣的錯誤，完全是羅振玉根據後世刻本主觀推測所造成的。關於羅振玉影印本存在的缺點，請參考雋雪艷《有關古寫本〈文選集注〉的考察》一文①。但不管怎麽説，羅振玉在《文選集注》發現之初，就及時影寫出版，其對學術界的貢獻是遠大的。

1935 年至 1942 年，日本京都大學文學部根據羅振玉提供的資金，將日本數種古寫唐文獻影印出版，其中第三至第九集，就是《文選集注》。這一次影印，全部是寫真版，幾乎將當時能够見到的《文選集注》（藏在中國的卷四十八和卷九十八除外）全數印出，共計二十三卷。無論就其反映原貌，還是完整的意義上，都已不是羅振玉影印本所能比擬的了。尤其值得稱道的是，京都大學影印本遵守了嚴謹的規範，出版的各卷，保留了原藏家的本來面貌，而没有將各卷拼接，因此，《文選集注》散出後流傳和保存的情形，基本一目了然。這對於《文選集注》流傳的研究，意義尤其重要。

從上文介紹可以看出，《文選集注》散出後，流傳比較複雜，其中中日間數次往復，雖增添了幾分傳奇色彩，但對搜集整理者來説，其工作是有很大難度的。京都大學文學部於 1935 年着手，次年即完成了影印舊鈔本中的三至八集，至 1942 年，又根據新發現的《集注》殘卷，影印了第九集。前後兩次，歷時八年才基本完成，其工程的確浩大，整理者的學術工作精神，是值得我們敬佩的。當然，京都大學的影印本，限於當時的條件，仍然没有辦法做到完全。時至今日，《文選集注》已經分別存在中日各地了。2000 年南京大學周勛初教授將分別藏於各地的《文選集注》合爲一編，並由上海古籍出版社出版。就當前的條件下，這才基本上説是完成了《文選集注》的合編工作。許逸民先生認爲周勛初教授所編本，具有兩大優點：一是輯録卷帙較前增多，二是編次體例更趨完善②。的確如此，羅振玉影寫本僅有不完整的十六卷，京

---

① 雋雪艷《有關古寫本〈文選集注〉的考察》，日本創價大學《亞洲研究》第 9 號，1988 年 3 月。

② 《"〈文選〉學"史上的一座里程碑——推介〈唐鈔文選集注彙存〉》，《古籍整理情況簡報》，2003 年第 4 期。

都大學影印本亦缺第九十八一整卷、第四十八部分，及各殘葉①，此次經周勛初教授多方搜求，悉入兹編，爲學術界利用《文選集注》提供了非常充分的條件。關於編次體例完善問題，也許應該從兩方面看。

首先，從古籍整理的基本原則出發，京都大學不以《集注》原本順序重新編排，固然受當時從各家徵集的時間先後不一所限，但京都大學1935年開始編集，1936年即編成，並非没有重新編次的條件，之所以如此，恐怕一者與原收藏人的意願有關，一者則與古籍整理的原則有關。如果完全重新編次，則《文選集注》流傳的過程和現存的地點、情況就不清楚了，其實每一獨立的殘葉背後，都有一個故事。所以當21世紀時，中國學者可以做重新編排的工作，而1935年的日本京都大學可能就不可以。事實上，雖然周編本具有很多優點，但就研究的意義講，仍然不能取代京都大學影印本。

其次，從當代學者利用的基本需求看，周編本的體例，無疑更合乎要求。因爲《文選集注》雖然在19世紀末葉發現，但介紹到中國，僅有羅氏影印並不完整的十六卷，因此能够爲學術界廣泛利用的，是直到周編本出來之後才做到的事。中國學者没有條件見到《文選集注》，研究當然就更加薄弱了②。就這個意義講，中國學者學習和研究《文選集注》本文，利用周編本，是最好不過的了。周編本還附録了《文選集注》在流傳過程中的各家跋語，並爲《集注》編録了索引，以及研究的論著目録，更是無上功德之舉！

應該這麽説，羅振玉、京都大學文學部、周勛初三種影印本，在各自的歷史時期中，都起到了誰也代替不了的作用。而周編本後出轉精，相信對於中國的《文選》學研究事業，能够起到推進的作用。許逸民

---

① 如御茶水圖書館藏德富蘇峰原藏江文通《雜體詩·潘黄門》殘葉二十五行、中國國家圖書館藏曹子建《求自試表》殘葉等。

② 原燕京大學曾得到一部京都大學贈送本，因爲當時的燕京大學是教會學校，屬美國人管理，美日尚未開戰，所以得到了京都大學的贈本。燕京大學1952年并入北京大學，《文選集注》隨而入藏北京大學圖書館，這樣看來，中國學者其實原是有機會利用《文選集注》的。但這樣一部《文選集注》，學術界直到20世紀末，都不太了解，究其原因，恐與"新文化運動"對《文選》的批判有關。《文選》在中國除了爲數不多的有舊學傳統的學者，如黄侃、高步瀛、傅增湘、駱鴻凱等以外，關注的人實在不多了。

先生稱它爲"選學"史上的里程碑，並不爲過。

　　雖然如此，看到上海古籍出版社出版的周編本，仍然感覺到它的印製還很粗糙，如果與京都大學的綫裝影印本相比，還是有相當距離的。當然，這可能與製作的成本有關，也與京都大學是在原本的基礎上影印，而上海古籍本則在京都大學影印本基礎上重新複印有關，這是基於條件的限制，是没有辦法的事。此外，周編本仍然遺失了三殘葉，即上文提到的石井積翠軒文庫所藏卷六十一江文通《雜體詩三十首》中《李都尉從軍》殘葉、宫内廳藏卷四《南都賦》殘葉，以及横山宏所藏《南都賦》首葉殘葉。如果將來有機會修訂，希望能够補入。

　　《文選集注》在日本被定爲國寶，是重要"文化財"，這也決定了它成爲藏家競相購藏的珍品，因此，自其散出後，直到目前，還有許多卷不知下落。由此也可見出京都大學文學部在搜集影印中所付出的艱巨勞動。儘管日本有形文化財大都申報記録在案，也還有數量不少的文獻没有被登録。期待着剩餘的《文選集注》在日後還有進一步發現的可能，則這是中日兩國學者所共同企盼的幸事了。

日本猿投神社藏《文選》古寫本研究

（一）簡介

猿投神社是日本愛知縣西賀茂郡古神社，藏有多種古籍寫、鈔本，據日本學者筑島裕介紹，所藏古籍寫本有《論語》三部（五卷）；《白氏文集》卷第三，三部（三卷與一貼），同卷第四，二部（兩卷）；《帝範》《臣軌》一部（二卷）；《本朝文粹》三部；《平家秘卷》等。此外，還有多種佛書。其中，《文選》卷第一，三部（二卷與一貼），判斷爲鎌倉時代所寫。一爲弘安五年（1282）書寫加點，寫本識語"弘安五年十月二十六日書寫畢"；一爲正安四年（1302）書寫加點，識語爲"正安四年七月上旬一校了"；一無識語，當是鎌倉中後期所寫[①]。日本藏已知時代最早的《文選》古點本，一般以九條家本爲最早，九條本前後幾代人抄寫，其中最早的抄寫年代是康和元年（1099），而最早加點的則爲弘安八年（1285），因此，猿投神社本所藏弘安加點本，無疑是日本現存最早的。卷中無諱字，與宮内廳藏西園寺家本《文選》卷第二不同。猿投神社漢籍於昭和四十一年（1966）六月十一日被列爲日本重要文化財，列文化財保護委員會告示第三十二號[②]。

二本均存卷第一，據《猿投影印叢刊》本[③]，弘安本卷首有《文選序》一貼，殘，起"集其清英"至"歸乎翰藻故"止。其後爲卷一正文，卷前列《文選序)，首殘，起"（正始）之道著"。後逕接《文選》卷一正文。行格爲：
文選卷第一賦甲　梁昭明太子撰

---

① 參見［日］筑島裕《猿投神社藏〈文選序〉古點》，載《訓點語與訓點資料》第十四輯，京都大學文學部遠藤研究室内訓點語學會編，昭和三十七年（1962）四月。
② 參見《新指定重要文化財》7，每日新聞社，昭和五十五年（1980）十一月。
③ ［日］村用正志、太田正弘《猿投影印叢刊》，猿投神社誌刊行會藏版，昭和四十一年（1966）六月。

京都上

　　班孟堅兩都賦二首　并序

　　張平子西京賦一首

賦甲　兩都賦序　班孟堅

　　以下是《西都賦》正文。全本用日文訓點。

　　正安本①首爲李善《上文選注表》，其次爲蕭統《文選序》，其次逕接卷一目錄和正文。行格爲：

文□□□□賦甲

京都上（空四格）　　　　班孟堅兩都賦二首并序

　　　　　　　　　　　　張平子西京賦一首

兩都賦序（空六格）　　　班孟堅

　　以下是正文，全本用日文訓點。

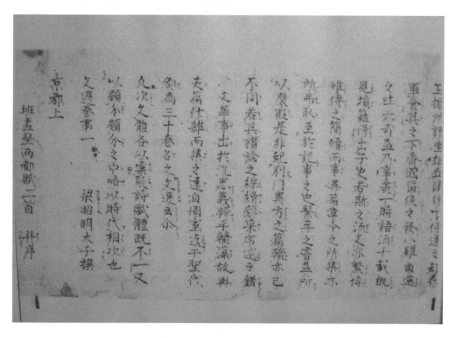

圖37　猿投神社藏《文選》古寫本

---

① 《訓點語與訓點資料》第十四輯，京都大學文學部遠藤研究室內訓點語學會編，昭和三十五年（1960）四月。

正安本首錄李善《上文選注表》，這一點也與森立之《經籍訪古志》所載温故堂舊藏古鈔本卷一以及日本宫内廳藏九條本相同，但從正文看，顯然不是抄録的李善注本，而是蕭統白文三十卷格式，以《兩都賦》和《西京賦》三賦合爲一卷，而不是如李善六十卷本的卷一僅録《兩都賦》。森立之認爲是從李善本中抄出，楊守敬則不同意，認爲："今合三賦爲一卷，仍昭明之舊，未必鈔胥者講求古式如此。"① 按照常理，日本早期的學者在没有白文三十卷本作依據的情况下，是不可能完全恢復蕭《選》三十卷本原貌的。比如《文選》卷一子目的行格，後世學者往往考訂推測，也僅能知其大概，因此，無論是日本學者還是中國學者，如果没有三十卷本原文參照，是完全不可能講求古式如此的。

既然如此，抄者爲什麽要抄録李善上表呢？日本學者山崎誠教授在《式家文選學一斑——〈文選集注〉的利用》中認爲，日本學者學習無注本《文選》時，也學習李善的上表，大概是傳統的習慣②。相比之下，這應該是一個比較合理的解釋。

與正安本不同，弘安本没有李善上表，但由於弘安本卷首殘缺，還不能判斷弘安本原貌如何，如果按照山崎誠教授的解釋，似乎弘安本也應該有李善上表。

弘安本與正安本有些不同，可見不是出於同一底本，比如弘安本《西都賦序》"有陋洛邑之議"句的"洛"字，正安本作"雒"。後世刻本中，宋明州本、《四部叢刊》本均作"洛"，尤刻本作"雒"，胡克家《文選考異》説，《後漢書》所載賦亦作"洛"，當是李善自作"洛"也。但據刻本，似是李善作"雒"，五臣作"洛"。當然，我們不能以後世刻本的李善和五臣同異，簡單地與寫鈔本中的李善、五臣同異相論，兩者是要區分開的。不過，這個事例表明，正安本與弘安本確是依據了不同的底本。這樣的例句還有不少，以下的引證中，時可見出。

---

① 《日本訪書志》，清光緒二十三年（1897）鄰蘇園自刻本。
② 《國文學研究資料館紀要》（15），東京國文學研究資料館編，1989年。

弘安本、正安本抄寫的時間雖然不算早，但其依據的底本却有可能保存着蕭統三十卷本的原貌，與刻本相校，可以解决不少疑難問題。以下以弘安本、正安本爲主，兼引九條本、楊守敬所得古鈔本佐證，與刻本相校，大致可以得出如下幾種意見①。

1. 可驗證蕭統三十卷本原貌。

（1）卷一子目

文選卷第一賦甲　　梁昭明太子撰

京都上

　　班孟堅兩都賦二首　　并序

（2）張平子西京賦一首

高步瀛《文選李注義疏》於"班孟堅兩都賦二首"説："古鈔本②及毛氏汲古閣本此後有'張平子西京賦一首'八字一行，皆'京都上'子目也。疑昭明原本分卷子目當如此，李氏各卷既析爲二，則各卷自爲子目，亦無不可。而諸本以卷二、卷三、卷六每卷只賦一篇，故無子目，而卷五《吴都賦》亦只一篇，則又有子目，蓋後人傳寫，以意增删，遂致參錯。"剛案，不僅楊守敬所得古鈔本（以下簡稱"古鈔本"）如此，弘安本、正安本以及九條本都是這種行格，説明蕭《選》原貌即如此式。

（3）《兩都賦序》"抑亦雅頌之亞也"句

五臣本"抑"下有"國家之遺美"五字，弘安本、正安本、九條本均無。

（4）"故臣作兩都之賦"句"之"

刻本無，弘安本、正安本、九條本、古鈔本均有。

（5）"西都賦一首"

胡克家《文選考異》説："案，賦下當有'一首'二字。《東都賦》下有，袁本、茶陵本無。蓋五臣每題俱無也。又上《兩都賦序》

---

① 説明：我的研究表明，九條本與李善本爲同一系統，故作爲李善本特徵的旁證。

② 此處"古鈔本"即指楊守敬所得舊鈔本。楊氏帶回中國後，頗爲學者所利用，多稱爲"古鈔本"，其實日本藏古鈔本有多種，但當時中國學者並不甚了解。此本現藏臺北故宫博物院。

下,以《三都賦序》例之,亦當有。又《東京賦》《南都賦》《吳都賦》下同。"今各刻本都已失蕭《選》原貌,弘安本、正安本及九條本、古鈔本均有"一首"。

(6)《西都賦》"寔用西遷"句"寔"

高步瀛説:"《班固傳》'寔'作'實',下同。案,'寔','實'之通借字。許巽行曰:'"寔",何校皆改爲"實",從《後漢書》也。案,《説文》:"寔",是也;"實",富也,二字不同。此"寔用西遷"、"寔曰長安""寔始作京",皆當訓爲"是",不當改爲"實"。'剛案,弘安本、正安本、九條本均作"寔"。

(7)"衆流之隈,汧涌其西"

今各刻本均有此二句,陳景雲《文選舉正》説:"按范《書》無此二句,以上下文勢觀之,似更緊凑。又,善及五臣注本,此八字皆無訓釋,頗疑昭明定本與范書同。"胡克家《文選考異》:"何云《後漢書》無此二句。陳云善此八字無訓釋,疑與范《書》同。案:各本皆有,恐五臣多此二句,合并六家,失著校語,尤以之亂善也。"胡紹煐《文選箋證》説:"梁氏章鉅《旁證》云此以'西'字與上'川'字非韵而疑之,紹煐案,'西'讀若'遷',古音同在元部,'西'與'川'未嘗非韵。然善與五臣'汧水'皆注,疑是後人以別本增之。"剛案,弘安本、正安本無。九條本及古鈔本亦無,可證蕭《選》原無此二句。

(8)"建金城之萬雉"

"之",正安本、九條本、古鈔本同,尤本作"而"。

(9)"列女侈於姬姜"

"女",正安本、九條本、古鈔本均同,尤本作"肆"。

(10)"混建章而外屬"

刊本、尤本"而"下有"連"字,王念孫《讀書雜志》餘編下説:"'連'字後人所加也。建章宫在西城之外,故云'捪建章而外屬','外'上不當有'連'字。且既言屬,則不得更言'連',故張銑注曰:'混,通也。'閣道出城,通達建章宫,與外相屬,其無'連'字明矣。"剛案,弘安本、正安本、九條本並無"連"字可證。

(11)"商脩族世之所鬻"

"脩",尤本作"循"。《文選舉正》:"舊本作脩。"胡克家《考異》:"袁本、茶陵本'循'作'脩'。案,《後漢書》亦是'脩'字。"又校注文"而處士循其道"説:"何校'循'改'脩',陳同,是也。各本皆訛。"剛案,弘安本、正安本、九條本均作"脩",是李善、五臣原未有異。

(12)"洞枌詣與天梁"

刊本、尤本"與"上有"以",王念孫説:"'以'字與下三字義不相屬,亦是後人所加,《班固傳》無'以'字。"剛案,弘安本、正安本、九條本均無"以"字可證。

(13)《東都賦》"嘉祥阜兮集皇都"

此句刊本、尤刻本均有,弘安本、正安本、九條本、古鈔本均無。《文選舉正》:"范《書》無此句。"胡克家《文選考異》:"何云《後漢書》無此句,陳同。案:各本皆有。袁、茶陵不著校語,今無可考也。凡疑而未能明者,俱載之,以俟再詳,此其例也。"王念孫《讀書雜志》餘編下説:"念孫案,'嘉祥'句蓋後人所加,此句詞意膚淺,不類孟堅手筆,且《寶鼎詩》亦可通用,其可疑一也;下文'發皓羽兮奮翹英',正承'白雉素鳥'言之,若加入此句,則上下文義隔斷,其可疑二也;《明堂》《辟雍》《靈臺》三章,章十二句,《寶鼎》《白雉》二章,章六句,若加入此句,則與《寶鼎詩》不協,其可疑三也;李善及五臣本此句皆無注,其可疑四也;《後漢書·班固傳》無此句,其可疑五也。"剛案,據弘安本、正安本、九條本、古鈔本,是《文選》本無此句。又,弘安本於《明堂詩》諸詩題前有"右"字,如"右明堂詩"。正安本、九條本無。

(14)《西京賦》"爾乃覽秦制"

"爾",正安本、九條本、古鈔本同。胡克家《文選考異》"袁本、茶陵本'乃'上有'爾'字。案:此無以考也。"剛案,據弘安本、正安本、九條本、古鈔本,《文選》原應有"爾"。

(15)"外有蘭臺金馬"

"外有",正安本、九條本同。《文選舉正》所據汲古閣本作"臺蘭金馬"，故校曰："'臺蘭'二字當乙。又上當有'外有'二字。"胡克家《文選考異》："袁本、茶陵本'蘭'上有'外有'二字。案：此無以考也。疑善、五臣之異，二本失著校語，尤所見獨未誤耳。"剛案，弘安本、正安本、九條本並有此二字，當爲《文選》原貌，非關李善、五臣之異也。

（16）"於是後宮不移"

"於是"，九條本同，正安本無。刊本有，尤刻、胡刻本無。胡克家《文選考異》說："袁本、茶陵本'後'上有'於是'二字。案：此無以考也。"剛案，《文選》原貌當如此。

（17）"仰福帝居"

"福"，正安本、九條本同，均作"福"。明州本、陳八郎本、尤本均作"福"。胡克家《文選考異》："何校'福'改'福'，云顏氏《匡謬正俗》云：'副貳之字本爲"福"，從衣，畐聲。《西京賦》"仰福帝居"，傳寫訛舛，轉"衣"爲"示"，讀者便呼爲"福祿之福"，失之遠矣。'今案：所校是也，凡從'衣'之字，每與從'示'混，各本傳寫之誤，與顏云云正同。善自作'福'，不作'福'也。"黃侃《文選平點》說："然《說文》無'福'，蓋'幅'之別字，而借爲'副貳'之字耳。《說文》'副'亦無'貳'義，其本字當作'陪'。'福'字見《史記》及漢碑。今案，'福'乃'複'之別字。"高步瀛《文選李注義疏》卷二引段玉裁說："《匡謬正俗》云云，未盡然也。副之則一物成二，因仍謂之'副'，因之凡分而合者，皆謂之'副'。訓詁中如此者至多，流俗語音如付，故書在宥韻，俗語又轉入遇韻也。沿襲既久，其義其意遂皆忘其本始。'福'字雖見於《龜策傳》《東京賦》，然恐此字因'副'而制耳。鄭仲師注《周禮》云：'貳，副也。'《史記》曰：'藏之名山，副在京師。'《漢書》曰：'臧諸宗廟，副在有司。'周人言貳，漢人言副，古今語也，豈容廢副用福？"高步瀛說："從衣之'福'，既許、顧二家所無，則所謂'衣一福'者，直本是'福'，爲'副'之借音字，後人乃因之作'福'字耳。"剛案，若如段玉裁及高步瀛所說，《文選》原應作"福"，作"福"乃後人所改。今弘安本、正安本、九條本、古鈔本均作"福"可證。

（18）"皇恩溥洪德施"

此六字，正安本、九條本均有，刊本校說："善本無此二句。"尤本有，胡克家《文選考異》說："茶陵本正文下校語云：'善無此二句。袁本有，無校語。'尤初亦無，後修改添入注七字。袁、茶陵皆無。案，善《魏都賦》注引《西京賦》曰'皇恩溥'，似無者，但傳寫脫。其注七字，未審何出也。"剛案，明州本有此句，但無注文。永隆本《西京賦》有此句並注文。

（19）"烏獲舡鼎"

"舡"，正安本同，九條本作"扛"。明州本、陳八郎本、尤本均作"扛"。胡克家《文選考異》："案，'扛'當作'舡'。善注云：'扛與舡同。'謂引《説文》之'扛'與正文之'舡'同也。蓋善'舡'、五臣'扛'，而各本亂之。"剛案，高步瀛引《匡謬正俗》、余蕭客、胡紹煐諸人語辨析甚詳，永隆本《西京賦》作"舡"，是李善本原作"舡"。又據此字，亦可判九條本底本晚於弘安本底本，蕭《選》原貌已經改動。

2. 可證李善本原貌。

（1）《西都賦》"慶宏規而大起"

"慶"字，今各刻本均作"度"，胡克家《文選考異》說："案，'度'當作'慶'，必善'慶'，五臣'度'。袁、茶陵二本所載五臣銑注云'度大規矩'，作'度'無疑。各本失著校語，尤以之亂善也。注亦失舊。"又說："注'度與羌古字通，度或爲慶也'，陳云'度'當作'慶'，是也。各本皆誤，下同。'慶'當作'度'。案：云'慶'與'羌'古字通者，正文作'慶'，與所引《小雅·廣言》之'羌'古字通也，云'慶'或爲'度'者，此賦作'慶'，或本爲'度'，如今《後漢書》之作'度'也。五臣因此改'慶'爲'度'，後來合并，又倒此注以就之，而不可通矣。今特訂正。"王念孫亦謂李善本原應作"慶"，因"慶"與"度"草書相似，故文獻往往訛"慶"爲"度"（參見《讀書雜志餘編》下）。今得弘安本可證。正安本及九條本則作"度"。據此，證李善原本作"慶"，但後來訛爲"度"，九條本可證。由此亦見九條本底本比弘安本底本要晚出。

（2）"繇數期而創萬世"

"繇""世"，刊本、尤本作"由""代"。高步瀛説："'繇''由'古字多通用。古鈔'代'作'世'，《固傳》同。何焯曰：'蓋李善避諱改。'張雲璈曰：'按下文計有功而順民'，'民'字，又何以不改？'李濟翁《資暇錄》云：'李氏依舊本不避本朝諱，五臣易而避之，宜矣。其有李氏本作'泉'及'年代'字，五臣貴有異同，改其字，故犯國諱。豈惟自相矛盾而已哉？'據此，則避諱改字乃五臣，非李善也。"剛案，弘安本、正安本、九條本俱作"繇""世"。

（3）《東都賦》"雨師汎灑"

"汎"，正安本同，九條本作"泛"。又，尤本作"汎"，陳八郎本作"泛"。《文選舉正》："'泛'，當作'汎'。"胡克家《文選考異》："袁本、茶陵本'汎'作'泛'，案：《後漢書》作'汎'，或尤依彼改耳。"剛案，早期《文選》已有異同，弘安本、正安本作"汎"，九條本作"泛"，似證李善本原作"泛"，尤本作"汎"，當是後人據《後漢書》所改。

（4）《西京賦》"天命不諂"

"諂"，正安本、九條本、古鈔本同。陳八郎本同，尤本作"'滔"。胡克家《文選考異》説："'滔'當作'諂'，觀下注可見。各本皆訛。"胡紹煐《文選箋證》卷二説："案，注：'天命不滔'，滔當作諂，見《左》哀十七年傳、昭二十六年傳'天道不諂'，作'諂'同，而二十七年傳'天命不慆'，又作'慆'。'滔''諂''慆'三字音義同。《逸周書·豐謀篇》'帝命不諂'，亦作'諂'。"剛案，據弘安本、正安本、九條本，李善本原亦作"諂"，與五臣不異。

（5）"於是後宮不移"

"於是"，九條本同，正安本無。刊本有，尤本、胡刻本無。胡克家《文選考異》説："袁本、茶陵本'後'上有'於是'二字。案：此無以考也。"剛案，九條本有"於是"二字，似證李善本原貌如此，今尤本無，或爲後世改動。

3. 可考蕭《選》原本訛變過程。

（1）《西都賦》"鄉曲豪傑"

"傑"，今各刻本均作"舉"，陳景雲《文選舉正》："'舉'，當從范《書》作'俊'（案，詳注是李善本作豪舉）。"剛案，李善注引《史記》魏公子無忌說："平原之游，徒豪舉耳。"又，五臣注說："豪舉謂豪俠之人。"是李善、五臣並作"舉"。然弘安本作"傑"，正安本及古鈔本作"桀"，惟九條本作"舉"，似蕭《選》原作"傑"字，"舉"或爲後人所改。

（2）"於是乘鸞輿"

"鸞"，尤本作"鑾"，胡克家說："案，'鑾'字衍也。注引《獨斷》以解乘輿，中間不得有'鑾'字甚明。考《後漢書》，章懷注引《獨斷》與此同，亦不得有'鑾'字。今本皆衍耳。《上林賦》曰：'於是乘輿弭節徘徊。'《甘泉賦》曰：'於是乘輿乃登夫鳳皇兮。'句例相似，孟堅之所出也。袁、茶陵二本'鑾'作'鸞'，詳五臣濟注，仍言'乘輿'，是其本初無'鸞'字，各本之衍，當在其後。讀者罕察，今特訂正。又《東都賦》'乘輿乃出'，注云：'乘輿，已見上文。'指謂此，可借證。"剛案，胡氏考證最詳，但此數句均三字一句，若無"鸞"字，則似不倫。正安本、九條本同此本。

（3）《東都賦》"正雅樂"

"雅"，《文選舉正》："'雅'，范《書》作'予'。"明州本、陳八郎本、尤本均作'雅'。胡克家《文選考異》："案：'雅'當作'予'。《後漢書》作'予'。章懷注'正予樂'謂依讖文改'太樂'爲'太予樂'也。《困學紀聞》曰：《文選》李善注亦引'太予'，五臣乃解爲'正樂'。今本作'雅樂'，誤，蓋五臣本改爲'雅'。王伯厚此說最是。善既引'太予'，則作'予'自甚明。袁本、茶陵本所載五臣銑注云：'雅樂，正樂也。'其作'雅'亦甚明。各本所見正文，皆以五臣亂善而失著校語耳。"剛案，弘安本、正安本、九條本均作"雅"，證唐前此字已訛，非五臣所改致誤。

（4）《西京賦》"羌內顧之所觀"

"羌"，正安本、古鈔本同，九條本作"嗟"。明州本、刊本、陳八郎本、尤本均作"嗟"。胡克家《文選考異》："案'嗟'當作'羌'，注同。善引《小雅·廣言》'羌，發聲'爲注，是其本作'羌'甚明。袁、茶陵二本所載五臣良注云'嗟，嘆聲'，是其本改作'嗟'，亦甚明。各本所見，以五臣亂善，又並注中字改爲'嗟'，益不可通。特訂正之。"剛案，弘安本、正安本並作"羌"，或證《文選》原本如此，後抄寫訛誤爲"嗟"，五臣據以釋之。又，尤本、胡本李善注均爲："嗟，發聲也。"並未如胡克家所說作"羌，發聲"，胡克家所說，蓋指《西都賦》"慶宏規而大起"句注："《小雅》曰：'羌，發聲也。慶與羌古字通。'"此或李善底本原即作"嗟"，九條本是其證，或原爲"羌"，李善注亦作"羌"，但爲後人改爲"嗟"。觀五臣注亦作"嗟"，或唐人所習之本已訛爲"嗟"矣，故李善、五臣均釋"嗟"字。此例亦證九條本合於李善底本，若弘安本、正安本之底本當更在唐之前歟？王念孫《讀書雜志》餘編下說："王逸注《離騷》曰：'羌，楚人語詞也。'《文選》內'羌'字多作'唴'，因訛而爲'嗟'。（俗書'嗟'字作'䀇'，'唴'字作'㖿'，二形相似而誤。後人多見'嗟'，少見'唴'，故莫能正之耳。）《西京賦》'嗟內顧之所觀'，李善注：'《小雅》曰：嗟，發聲也。'兩'嗟'字皆'唴'字之訛。《西都賦》'慶宏規而大起'，李注：'《小雅》曰：羌，發聲也。慶與羌古字通。'是其證。若'嗟'則嘆聲，而非發聲也。五臣本作'嗟'，訓爲嘆聲，失之矣。"王念孫所說是也。

4. 可證後世李善、五臣之異非原貌。

（1）《西都賦》"脩塗飛閣"

"塗"，尤本作"除"，刊本同，校說："五臣作'塗'。"陳景雲《文選舉正》說："'除'，《漢書》作'塗'。"弘安本、正安本、九條本並作"塗"，是李善、五臣初未有異，均作"涂"字。

（2）"混建章而連外屬"

"混"，刊本作"掍"，校稱："五臣本作'混'字。"胡紹煐《文選箋證》卷一說："按注，則本亦作'混'，此正文作'掍'，出後人所改。《後漢書》亦作'混'。"剛案，弘安本、九條本、正安本同作"混"，是李善、五臣初未有異。

（3）"軼埃壒之混濁"

"壒"，刊本同，校說："善本作'堨'。"尤本作"堨"，陳景雲《文選舉正》說："'堨'，舊作'壒'。案，'壒'是五臣本。"胡克家

《文選考異》說:"'堨'當作'壒',觀下注可見。各本皆誤。"胡紹煐《文選箋證》卷一說:"依注,則善本亦作'壒',與《後漢書》同。"剛案,弘安本、正安本、九條本均作"壒",可証《考異》所說不誤。

(4)《東都賦》"前聖靡得而言焉"

尤刻無"而",明州本、刊本有,均無校。胡克家《考異》:"袁本、茶陵本'得'下有'而'字。案:《後漢書》亦有。"剛案,弘安本、正安本、九條本均有,證李善原本有"而"字。

(5)"功有橫而當天計有逆而順民"

"功""計",尤本作"功""討",《文選舉正》:"'功',五臣本作'攻';'討',范《書》作'計',五臣同。"高步瀛說:"'功',袁本依五臣作'攻',茶陵本作'功',校曰:'五臣作攻。'尤本計作討。茶陵本同,校曰:'五臣作計。'案,各本皆有誤。袁本載張銑曰:'言當時攻討雖橫逆而順天人也。'茶陵本'攻'字亦誤作'功'。袁本此字不誤,知五臣作'攻'不作'功',作'討'不作'計'。蓋五臣作'攻、討',李氏作'功、計',後來傳寫舛錯耳。古鈔本正作'計',《固傳》作'功、討','民'作'人',蓋李氏本、五臣本、《後漢書》各不同也。孫志祖《李注補正》謂:'如上句作攻,則下句應討;上句作功,則下句應計。'其說是矣。而謂善與五臣兩失之,亦未詳審耳。朱珔曰:'以橫字觀之,似作攻爲是。計與下復,作討是。'亦未然也。"剛案,弘安本、正安本、九條本均作"功""計",證李善本原貌如此。五臣本如宋陳八郎刻本作"攻""討",合孫志祖所說。

(6)"覽四駴"

"四駴",九條本、正安本均同。尤本作"馴鐵"。胡克家《文選考異》:"袁本'馴鐵'作'四駴',茶陵本作'馴駴'。今案,袁、茶陵二本所載五臣銑注作'四駴',其善注中作'馴鐵',必善'馴鐵',五臣'四駴',失著校語也。"剛案,弘安本、正安本、九條本均作"四駴",證李善原貌如此。胡克家據李善注定善本原作"馴鐵",然注文亦有可能改動,上句"功有橫而當天計有逆而順民",六家本的宋明州本亦作"功""計",其載五臣注曰"言當時功計雖橫逆而順天人也。"

與五臣本注不同，五臣本陳八郎本注爲："攻討雖橫逆而順天人也。"則見後世於注文亦有改動。尤本此句善注作"馴鐵"，可能已經後人改動，故尤本善注不足爲據。

（7）《西京賦》"五緯相葉"

"葉"，正安本、九條本同。尤本作"汁"。《文選舉正》："五臣本作'葉'。"剛案，據九條本、弘安本、正安本，李善、五臣初無異文，並作"葉"。

（8）"大廈耽耽"

"廈"，九條本同，正安本作"夏"。胡克家《文選考異》："袁本、茶陵本'夏'作'廈'。案：此疑善'夏'、五臣'廈'而失著校語。又二本注中字盡作'廈'，亦涉五臣亂之。"剛案，據九條本，似李善本原作"廈"，與五臣不異。

（9）"官以物辨"

"辨"，九條本、正安本同，尤刻、胡刻作"辨"。《文選考異》："袁本、茶陵本'辨'作'辨'。案：此疑善、五臣之異也。"高步瀛說："胡克家疑爲李氏與五臣之異。案，《說文》'刀部'曰：'辨'，判也。從刀，辡聲。段曰：'辨從刀，俗作辨，爲辨別字，符蹇切，別作從力之辦，爲幹辦字，蒲莧切。古辨別、幹辦無二義，亦無二形、二音也。'"剛案，尤刻與九條本不同，又據段玉裁説，二字字義無異，或後世傳寫混淆，恐難據以分李善與五臣同異。

（10）"狀亭亭以迢迢"

"迢迢"，正安本、九條本同，尤本作"苕苕"。《文選舉正》："五臣本作'迢迢'。"剛案，據各鈔本，是李善、五臣均作"迢迢"。

（11）"延閣雲蔓"

"延"，正安本同，九條本作"連"，尤刻本作"途"。《文選舉正》："五臣本作'連'。"胡紹煐《文選箋證》卷二説："五臣'途'作'連'。《旁證》云：'《匡謬正俗》引亦作連。'紹煐案，作'連'是也。'連閣'與上'長廊廣廡'、下'重闈幽闥'一例，作'途'與'閣'義不相屬。"剛案，弘安本、正安本此字似"延"草書，絕不類"連"字。然傳世刻本只有"途""連"之異，未有"延"字；又，正安本眉批説："或作'途',非。"可見此字又絶非"途"。或早期寫本有作"延閣"者？永隆本《西京賦》作"連",但此字是抄者於原字"途"上涂抹改寫爲"連",似薛綜本原作"途",李善本則作"連"。"連閣"意義明白,"途閣"則不通。如作"延閣",於義亦可通,義與"連閣"相同。薛綜注説："謂閣道如雲氣相延蔓也。"則注中有"延"字可證。據此,我們暫定弘安本、正安本此字爲"延"。或早期《文選》除"途""延"之異外,還有"延""連"之異；又或"途"字乃因"延"字形訛而起,尚有待進一步討論。

(12)"長風激於別隝"

"隝",正安本同,九條本作"島"。尤本、刊本作"隝",明州本、陳八郎本作"島"。刊本校説："五臣作'島'。"剛案,據永隆本《西京賦》,當是薛綜本作"隝",李善作"島",九條本正作"島",可證李善本原作"島",與五臣不異。

(13)"集隼歸鳧"

"集",正安本、九條本同。尤本、刊本作"奮",刊本校稱"五臣作'集'"。明州本、陳八郎本作"集"。胡克家《文選考異》："袁本'奮'作'集',校語云：'善作奮。'茶陵本校語云：'五臣作集。'案,各本所見,皆非也。薛自作'集','集隼'與'歸鳧'對文,承上四句而言,猶楊子雲以'雁集'與'鳧飛'對文也。善必與薛同,則與五臣亦無異,傳寫訛'奮'耳。"剛案,據永隆本《西京賦》,薛綜本作"奮",李善本作"集"。今據弘安本等,足證李善、五臣底本均作"集"。

(14)"布九罭"

"罭",正安本、九條本同,尤本亦同。胡克家《文選考異》："案,'罭'當作'淢'。善注'罭'與'淢'古字通,謂引《毛詩》、《爾雅》之'罭'與正文之'淢'通也。蓋善'淢',五臣'罭',而各本亂之。"剛案,據李善注,似是正文亦作"罭",故稱"'罭'與'淢'古字通",前字明爲正文中字。

5. 可證李善、五臣確有異文。

此例如《西都賦》"激神岳之嶈嶈"。"嶈嶈",正安本、九條本同。

胡克家說："案善引《毛詩》'應門將將'爲注，似其本但作'將將'，袁、茶陵二本所載五臣濟注云'鏘鏘，水激山之聲'，或各本所見，皆以五臣亂善。《後漢書》作'鏘鏘'，章懷無注，而此與彼不必全同也。"胡紹煐說："濟注：'鏘鏘，水激鏘鏘山之聲。'是'鏘鏘'爲五臣本。本書《七發》'莘莘將將'，善注：'將將，高貌。'知善作'將將'。《東京賦》'立應門之將將'，注引《毛詩》作'將將'，是其證。《魯靈光殿賦》'狀若積石之鏘鏘'，注引此賦作'鏘鏘'，與正文之鏘鏘不相應，疑爲後人所改。"據此，是李善與五臣原有異文。但三種寫本均作"鏘鏘"，如果有誤，亦早已發生。

6. 可證李善與薛綜不同。

此例有《西京賦》"繚垣綿聯"。"垣"，九條本同，正安本作"亘"。尤本、明州本、陳八郎本並作"垣"。《文選舉正》："善曰：'今並以"亘"爲"垣"。'案，據李注語，則正文及薛注中'垣'字皆當作'亘'。《方言》曰：'亘，竟也。'薛氏以之釋'亘'，正與《方言》同義。又植物之釋，亦本薛注，當移次善曰之上。"《文選考異》："陳云：'善曰："今並以'亘'爲'垣'。"案，據此則正文及薛注中垣皆當作亘。'案，所說是也。善但出'垣'字於注，其正文必同。薛作'亘'，至五臣銑注直云'垣牆'，是其本乃作'垣'，各本所見非。"剛案，永隆本《西京賦》正文作"亘"，當從薛綜本，李善注文作"垣"，是李善本作"垣"，與薛綜本不同。

7. 尤刻本擅改之例。

（1）《東都賦》"陳師案屯"

"案"，正安本、九條本同。刊本同，校說："五臣本作'按'字。"陳八郎本作"按"，尤刻本亦作"按"。高步瀛說："古鈔'按'作'案'。茶陵本同。校曰：'五臣本作按字。'則是李本作'案'矣。《固傳》亦作'案'，胡克家謂袁本、尤本作'按'，是以五臣亂善。"

（2）"輕車霆激"

"輕"，正安本、九條本同。尤刻本作"輶"，陳八郎本作"輕"。高步瀛說："古鈔及六臣本'輶'作'輕'，《固傳》同。胡克家曰：'此尤因善注引《毛詩》"輶車"而改之。其實善下引傳"輕也"作

"輕車"之注,自通。袁、茶陵二本無校語,未必非。善本作"輕"。尤改,蓋非。'"

(3)《西京賦》"櫟輻輕驚"

"櫟",九條本、正安本及永隆本均同。尤本作"轢"。《文選考異》:"袁本、茶陵本'轢'作'櫟'。案:此尤誤,注作'櫟',未改也。"

(4)"鮪鯢鰉鯊"

"鯊",正安本、九條本同,尤本作"鯊"。《文選考異》:"袁本、茶陵本'鯊'作'鯊',案:此尤誤。"

(5)"載獫猲獢"

"猲",正安本、九條本同,尤本與明州本、陳八郎本並作"獥"。刊本作"獥",校說:"五臣本作'獥'字,音歇。"胡克家《文選考異》:"案,'獥'當作'猲'。茶陵本作'猲',校語云:'五臣作獥。'袁本作'獥',用五臣也。二本注中字,善'猲',五臣'獥',皆不誤,袁但正文失著校語。尤注中上二字'猲',末一字並改爲'獥',歧出,非也。'猲''獥'同字。凡善、五臣之異,不必其字不可通也。各還所本來,而同字亦較然分別矣。全書例如此。"剛案,永隆本《西京賦》正文作"猲",李善注則作"獥",似是李善本作"獥"字,疑不能明。

8. 非尤袤擅改之例。

(1)《東都賦》"飛者未及翔"

"未",正安本同,九條本作"不"。刊本作"不",胡刻本作"未"。胡克家《文選考異》:"袁本、茶陵本'未'作'不',下句同。案:《後漢書》此二字皆作'未',或尤依之改耳。"剛案,據九條本,作"不"者,非尤袤所改。

(2)"而急於東作也"

"也",正安本、九條本均有。明州本、刊本、陳八郎本均無,亦無校,尤刻本有,但爲挖補增添。胡克家《文選考異》:"袁本、茶陵本無'也'字。案:《後漢書》有,或尤依彼添耳。下'翼翼濟濟也,而不知京、洛之有制也,而不知王者之無外也'三'也'字同。"剛案，據弘安本、正安本、九條本，《文選》早期寫本有"也"字，尤袤增添有所據也。

9. 可證後世刻本均訛。

此例如《西京賦》"建玄戈"句，"戈"，正安本、九條本同，尤本、明州本、刊本均作"弋"，《文選舉正》："弋當作戈。"何焯校引《史記·天官書》及杜牧《洛陽詩》辨別分明，可參看。永隆本《西京賦》作"戈"，亦可證明。

10. 可證胡克家《文選考異》誤判。

（1）《西京賦》"驪駕四鹿"

"驪"，正安本、九條本同。尤本亦同。胡克家《文選考異》說："案，'驪'當作'麗'，薛注云：'驪猶羅列駢駕之也。''驪'亦當作'麗'。唯薛正文作'麗'，故如此注之。若作'驪'，不可通，善必與薛同。袁、茶陵二本所載五臣濟注云'仍以驪馬駕之'，是其本乃作'驪'。各本以之亂善而失著校語，又並薛注中字改爲'驪'，甚非。"高步瀛引胡紹煐《箋證》，認爲作"驪"不誤。剛案，永隆本《西京賦》正文及注均作"驪"，據此及弘安本、正安本、九條本，可證作"驪"不誤。

（2）"若鷟鶴之群罷"

"罷"，正安本、九條本、永隆本並同。明州本、刊本、陳八郎本作"罷"，無校，尤本作"罷"，胡克家《文選考異》說："袁本、茶陵本'罷'作'罷'，下'音媿美切'。案，此疑善'罷'、五臣'罷'也。'媿美切'，蓋善'罷'字之音。凡善音，合并六家，多所割裂失舊，尤又刪削不全。俱詳在後。"剛案，各寫本均作"罷"。五臣作"罷"者，或傳寫訛誤。高步瀛引王念孫說："'罷'字與伎、氏、綺、豸、纚爲韵，蓋罷字之訛。韋注《吳語》曰：'罷，歸也。'言若鷟鶴之群歸也。"

（二）引文

正安本眉批多有引文，一引《文選集注》，一引五臣注（如《兩都賦序》），一引"臣君曰"文字，當是用的李邕本。又多引今不知何人注本者，如《西都賦》中的"李園""少曰"等。今各疏引於下：

1. 《集注》。

（1）《兩都賦序》"故臣作兩都賦以極衆人之所眩曜"句，引："陸曰：謂東都。今案，《決》：'曜□曰爲耀陵□'。"

（2）《兩都賦序》"奚斯頌魯"句，引："陸曰：古謂皋奚，漢宋謂司馬相如等。事雖微細，然先臣皋陶舊然國家歆頌貴美不可闕也。廷，自經反。朝廷風俗通乎。"

（3）《西都賦》"有西都賓問於東都主人"句，引："吕延濟曰：爲賓主以相問答時。《決》云：都洛陽，故東稱主，西稱賓。"

（4）《西都賦》"蓋聞皇漢之初經營也嘗有意乎都河洛矣"句，引："《鈔》曰：皇，大也。經營者，經度也。嘗，曾也。河，謂黃河。洛，謂洛水也。"

（5）《東都賦》"巨靈贔屓"句，引："《鈔》曰：'贔屓，怒也。'"

（6）《西京賦》"仰福帝居"句，引："《鈔》'福'或作'福'。言今所□宮殿與紫山彼相副也。陸云：邸法之與之同福。"

（7）《西京賦》"嵯峨捷嶫"句的"捷嶫"，引："《決》作'嶫嶫'，音'捷業'。今案，《鈔》爲'山都'，《音決》'捷'爲'嶫'，'業'爲'嶫'。"

（8）《西京賦》"張甲乙而襲翠被"句"襲"，眉批："《音決》作'披'字。"又："《鈔》云：翠□翠披衣波莊□迭也。"又：眉批："《鈔》：襲，重也。"又："《決》作'披'，普義反。或爲'被'字，步辭反，非。"

（9）《西京賦》"璇弁玉纓"句，眉批："今案，《鈔》、五本'璇'作□。"

（10）《西京賦》"陵巒超壑"句之"陵"，眉批："《決》作'遂'。"

（11）《西京賦》"及帝圖時，意亦有慮乎神只"句之"時意"，眉批："《音決》作'時意'。"又："《決》云：或以'時'爲'夕'者，非。"

（12）《西京賦》"雖厥裁之不廣"句，眉批："《鈔》：'裁，制□也。'"

（13）《西京賦》"方駕授饗"句，眉批："《決》作'雕食'，奸恭反。"

（14）《西京賦》"增蟬蜎以此豸"句，眉批："《決》作'嬋娟'，音同。"

2. 引無名注。

《西都賦》："抒懷舊之蓄念發思古之幽情博我以皇道弘我漢京"句，引："少曰：《廣雅》曰：'抒，張也。念，慮也。思謂漢之制度也。情謂深也。皇道，皇王之道。弘，大也。'"

3. 引師説處。

（1）《西都賦》"世增飾以崇麗"句，引："世，此字本亦無，可信師説。"

（2）《西京賦》"丞相欲以贖子罪"句，引："師説《集注》無'罪'，宋有異本。"

（3）《西京賦》"擘肌分理"句，引："分，扶問反，或如字。遍師説難有二善，而其意同也。"

（4）《西京賦》"白象行孕"句，引："師説以爲象之行么孕住者人見而不可知。《鈔》：'孕，産也。'"

（5）"願賓抒懷舊之蓄念"句，引："師説：'舊'，學正本作'憤'字者，異本也。□粉反，通也。"

4. 或本。

（1）《西都賦》"寔曰長安"句，眉批："是，或本。"

（2）《西都賦》"建金城之萬雉句"，眉批："稚，或本。"

（3）"場貨別隧"句，眉批："場，或本。""墜，或本。"

（4）"商洛緣其隈"句，肩批："隅，或本。"

（5）"控引淮湖"句，"江，或本。"

（6）"罘岡連紘"句，"綱，或本。"

（7）"六師發逐"句，"遽，或本。"

（8）"乃拗怒而少息"句，"抑，或本。"

（9）《西京賦》"通天訬以竦跱"句，"眇，或本。"

5. 引臣君曰。

（1）《西京賦》"爰有藍田珍玉是之自出"句，"藍田，弘農縣也。

臣君曰：'《毛詩》曰：爰有寒泉。《范子計然》曰：玉英出藍田，珍玉是□自出。謂珍玉出藍田之中也。'"剛案，胡刻本李善注原文是："藍田，弘農縣也。善曰：《爾雅》曰：爰有寒泉。《范子計然》曰：玉英出藍田，是之自出，謂玉出自藍田之中也。"胡刻本李善注引《爾雅》，胡克家《考異》説："袁本、茶陵本無'善曰'二字。案：各本皆有，誤也。《爾雅》曰與'爰有寒泉'，不相承接，今無以訂之。尤校添'善曰'，仍未爲得善舊也。"據此本，有"善曰"是對的。"爰有寒泉"出自《毛詩·凱風》，胡刻本引《爾雅》，誤。

（2）《西京賦》"結棼橑以相接"句，"臣君曰：《説文》曰：棼，複屋棟也。橑，椽也。"剛案，胡克家《考異》説："何校'京'改'都'，陳同，是也。袁本亦誤，茶陵本復出前注，更非。"據此，李邕增補本是復出前注的。

（3）《西京賦》"交綺豁以疏寮"句，"臣君曰：'言刻鏤爲綺文而錯也。溢然穿以爲寮也。《説文》曰：綺文蒼增也。《廣雅》曰：豁，空邑。'"

（4）《西京賦》"茂陵之原"一段，"臣君曰：漢徒人陪陵，人倍陵爲縣，凡有七帝。上已云茂陵、陽陵、杜陵也。《漢書》：小説者，街談巷語之所造也。"

（5）《西京賦》"茷蕩敷衍"句，"臣君曰：《尚書》曰：茷蕩既專。孔安國曰：蕩，大竹。"

6. 引臣善曰。

《西京賦》"有天禄石渠"句，引"臣善曰：'《三輔故事》曰：天禄閣石渠在大殿北，以閣秘書。'十二字殊本單也。"

以上簡略的校記，可以見出弘安本、正安本的大致特徵，亦可見二本的確具有重要的文獻價值。其引"師説"的部分，可以見出早期日本《文選》學的發展情形①。其引"臣君曰"的部分，使我們知道了李

---

① 日本古寫本常有標明"師説"的旁注，如九條本《文選》即是。山崎誠《式家文選學一斑——〈文選集注〉的利用》説："那些'師説'，當來自平安時期的大學寮（《本朝文粹》卷六《大江匡衡奏狀》中已有'三史、《文選》，師説漸絶"的記載）。"此譯文出自日本東京大學文學部博士研究生高芝麻子小姐。

邕修訂其父李善《文選》注的一斑。對此，以前只從李濟翁《資暇錄》中知道這個記載，而此本讓我們知道了李邕注的面貌，我們可以與李善注略作對比，以見李氏父子注本的同異。其引"臣善曰"的部分，則顯示了李善注本的原貌。這一點我們曾在敦煌所出永隆本《西京賦》中見到，今又在此本中見到，可以證明李善注本原貌，當時已經流傳到日本。結合日本所藏其他寫本、鈔本，我們可以了解唐宋時傳到日本的《文選》寫本，各種類型都有，其中有許多在中國久已失傳，有的則連文字記載都沒有，這都是具有非常重要文獻價值的材料，極大地豐富了唐代《文選》學的內容，對我們研究唐代《文選》學，乃至研究訓詁學史，都是十分難得的文獻。

對弘安本、正安本異於諸刻本的特徵簡要介紹如上，弘安本與正安本可能底本不同，不過這種差異，並不像後世刻本中李善、五臣那樣明顯，所以總的特徵上相差不多，但在某些具體的字上，顯示了差別。這讓我們明白，早期《文選》寫本，雖在傳抄中有了差異，但絕沒有後世刻本顯示的那樣大。弘安本《西都賦》中"慶宏規而大起"一句，具有特別的文獻價值。據我們現在所見的寫鈔本和刻本，"慶"字都作"度"，後代學者考訂認為蕭統《文選》原貌應該作"慶"，但均無版本證明，今得弘安本足以證明了。同時，弘安本的這一特徵，也使我們有理由相信此本時代比正安本、九條本更接近於蕭統《文選》原貌。

日本宫内廳藏《文選》古寫本卷二研究

日本宫内廳藏原西園寺家藏本《文選》寫卷,白文無注,今存卷第二一部,書於西園寺家累代家記《管見記》之紙背。據山崎誠教授説,《管見記》全一百零五軸,《文選》書於第一百零二卷"後宇多院延御灌頂記[延慶元年(1308)正月廿六日廿七日隆長卿記]"及第一百零五卷"室町殿春日社參詣參仕公卿殿上人諸大夫衣文事[明德二年(1391)九月十五日——廿日季]"兩軸之末①。第一百零五卷紙背自《東京賦》"者乃整法服",至《南都賦》"蛾眉連娟";第一百零二卷紙背與第一百零五卷相連,起"於是齊僮唱兮列趙女",至《蜀都賦》"遠則岷山"止,共 499 行。書法嚴整,書風與俄藏敦煌寫本相近,日本學者定爲室町初期寫本。文中諱"虎""淵""世""民"字,"顯"字不諱,其底本當是唐代寫本。日本寫鈔本不會用中國的諱字,現存確定爲日本的寫鈔本,如猿投神社藏弘安本、正安本及宫内廳藏九條本,均無諱字可證。本卷中第 113 行"永有人以孔安"句,旁注"民"字,不缺筆,則見日人所寫不必爲諱字,爲諱字者,當是唐人所爲。如果如上所言,這個寫本是唐本,其時間當比《管見記》的時間早,所以日本學者據《管見記》所定時間不一定對。但避諱的情況比較複雜,晚唐人寫本,可能需避高祖、太宗的諱,但如高宗、中宗已過七廟,可能就不必避了。此爲一種情況;此外,日本平安時代學者據唐本抄寫,唐本的諱字可能依樣保留,故此本仍然可能如日本學者所言,是《管見記》相同時期的鈔本。

這兩卷《文選》書於《管見記》紙背,《管見記》是西園寺家記,此《文選》分爲兩部分,前半部分(《東京賦》至《南都賦》上半)

---

① [日]山崎誠《文選卷二(宫内廳書陵藏《管見記》紙背)影印、翻刻並解説》,載《鐮倉時代語研究》第 7 輯,東京:武藏野書院,1984 年。

書於《管見記》卷第一百零五卷紙背，後半部分（《南都賦》下半）書於《管見記》卷第一百零二卷紙背，《文選》前後是相接的，《管見記》却是顛倒的，似乎表明先有《管見記》而後才在其紙背上抄寫《文選》。

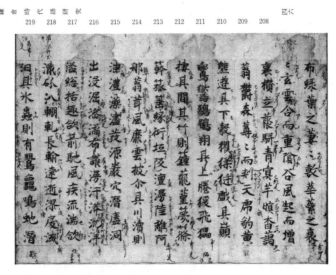

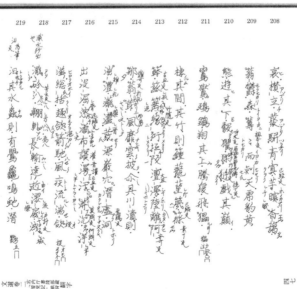

圖38　宮內廳藏《文選》卷二殘卷

寫卷全文用日文加點，多引《文選集注》及校語，主要集中在《東京賦》一篇中。《文選集注》今存本無《東京賦》，因此，這個寫卷旁注的《文選集注》就彌足珍貴了，利用它可以幫助我們解決不少版本中的問題。除了注引《文選集注》外，還有許多校記以及徵引師說的地方，可以概見日本室町初期的《文選》學一斑，並可見當時日本學者所見《文選》版本的情況。案，寫本校語爲日本室町初期學者所爲，其所據版本，如李善、五臣，有一些與刻本不同，可能是參照了當時的寫鈔本，所以也還是具有相當重要的文獻價值的。今略加整理如下。

（一）引《文選集注》處

《東京賦》

1. 第4行"紛飆悠以容裔"句："《集》，今案，《鈔》《音決》'飆'作'猋'。"又旁注："五家：必遥反。"

剛案，明州本、陳八郎本作"飇"，無校，刊本（《四部叢刊》影宋本，下同）作"猋"，校稱："五臣作'飆'。"尤本作"猋"，校稱："一作'飆'。"據所引《文選集注》，是《鈔》和《音決》作"猋"，李善、五臣均應作"飆"。胡紹煐《文選箋證》卷三說："按'猋'當作'焱'，五臣作'飆'，即'飇'之訛，與'焱'同。'猋''悠'音近，二字平列，並從風貌。"九條本作"飇"，旁注："猋善。"

2. 第9行"備時服而設副"句："《集》：今案，'副'，《鈔》音爲'福'。"

剛案，此句"備"字，刻本均作"順"。顏師古《匡謬正俗》六引作"順"，九條本同此，亦作"備"，當是唐時有作"備"者。"福"當作"福"，或抄寫者訛誤。《匡謬正俗》六說："副貳之字，副字本爲福字，從衣，畐聲。今俗呼一襲爲一福衣，蓋取其充備之意，非以覆蔽形體爲名也。然而書史假借，遂以副字代之。……後之學者不知有'福'字，翻以'副貳'爲正體，'副坏'爲假借，讀《詩》'不坏不副'，乃以朱點發'副'字，已乖本音。又張平子《西京賦》云'仰福帝居'，《東京賦》云'順時服而設福'，並爲副貳，傳寫訛舛，'衣'轉爲'示'，讀者便呼爲福禄之'福'，失之遠矣。"然段玉裁説顔師古所説未盡然也，認爲"福"乃因"副"而制字，"福"乃"副"之借字。詳見高步瀛《文選李注義疏》卷二。

3. 第23行"元祀惟稱"句："《鈔》曰：稱，□也。"

剛案，薛綜注："稱，舉也。"

4. 第26行"推光武以作妃"句："《決》爲'配'字，協普回反。善本作'配'。"

剛案，今刻本及九條本並作"配"。又案，《説文》十二下"女部"："妃，匹也。"《集韵》卷七："匹也，通作配。"是"妃""配"古通用。

5. 第42行"宫懸金鏞"句："《決》作'縣'。"

剛案，各刻本均作"懸"，無校。

6. 第47行"羣於東階"句："七而反。蕭□川□。《集》，今□，《決》、五家：□羣。却也，爲□。"

剛案，"集"當指《文選集注》，"今"下當是"案"字。

7. 第65行"鳩諸靈囿"句："匈，《決》：九尤反，或爲'鳩'，非也。"

剛案，是《文選音決》"鳩"作"匈"。九條本作"鳩"。今各刻本均作"鳩"。《釋名》卷五："廐，匈也，匈，聚也，牛馬之所聚也。"《重修玉篇》卷二十八："匈，居流切，聚也，解也，今作鳩。"《集韵》卷四："《説文》：聚也，或作九□，古作救，通作鳩。"是"匈""鳩"二字相通也。

8. 第67行"迄上林，結徒營"句："結徒爲營，五作①。"

剛案，明州本、刊本作"迄於上林，結徒爲營"，刊本校説："善無'於'字。"又："善無'爲'字。"陳八郎本作"迄於上苑，結徒爲營"。尤本作"迄上林，結徒營"。《匡謬正俗》卷五"桓"條引作"迄於上林，結徒爲營"。胡克家《文選考異》説："袁本、茶陵本

---

① 此注溢出卷外，故"五作"下字已不可知。下同。

'迄'下有'於'字，'徒'下有'爲'字。茶陵校語云：'善無於字、爲字。'袁無校語。何云：'《匡謬正俗》作'迄於上林，結徒爲營'。今案，依文義，善亦當有，或但所見傳寫脫耳。"據寫卷此條所引《集注》案語，似是李善與五臣有異，五臣有"爲"字。又，九條本同此本，作"迄上林，結徒營"。

9. 第78行"澤浸昆蟲"句："《決》爲'鯤'。"

剛案，今刻本均作"昆"。

10. 第85行"然後凌天池"句："《鈔》曰：'凌，上也。'銑曰：'襄（凌）陰曰過也。'《集》案，《鈔》'凌'爲'陵'。"

剛案，今各刻本均作"凌"。九條本作"凌"。又，五臣銑注亦不同。

11. 第88行"殪野仲而殱游光"句："《決》：埜。"

剛案，各刻本及九條本均作"野"。

12. 第99行"又秋譽以收成"句："《鈔》，五六……'譽'爲"。

剛案，寫卷所引溢出紙幅，故"六"下及"爲"下不見引文。

13. 第116行"簡珠玉"句："作'柬'（《決》）。《集》案，《決》爲'柬'。"

剛案，刻本及九條本均作"簡"。

14. 第123行"以至和方將數諸朝階"句："《集》案，五家本'和'下有'平'字。又'將'作'當'。師說：'平'字異本。"

剛案，尤本有"平"字。陳八郎本有"平"字，又"將"作"當"。刊本作"將"，校說："五臣作'當'。"據寫卷，是五臣本有"平"，李善本無，今各本皆已改訂。九條本作"以至和平方將數諸朝階"，與尤本同。

15. 第131行"後離其戚"句："《抄》曰離□"。

16. 第145行"草木繁廡"句："《集》案，《鈔》《決》'繁'爲'蕃'。"

剛案，尤本作"蕃"，陳八郎本、明州本、刊本及九條本均作"繁"，據寫卷引《集注》，作"蕃"者本爲《文選鈔》和《文選音決》，是尤本亦有所據，但非李善底本。

（二）出校

《東京賦》

1. 第13行"雲罕九斿閶戟（轇）輵"句："斿，五音由。"

剛案，是五臣本音"由"，明州木、刊本注音"由"，當是五臣舊音。又，"閶"。明州本作"鈒"，校稱："所及，善本作'閶'。"寫卷旁注："許及反。"九條本作"閶"。

2. 第31行"躬追養於廟祧，奉蒸嘗於礿祀"句：'善本作'礿祠'。"

剛案，今各刻本均作"礿祠"。又，"廟"字，陳八郎本、明州本作"宗"，尤本、刊本作"廟"，刊本校說："五臣作'宗'。"九條本作"廟""礿祠"。是注者所見李善本，當爲寫本。

3. 第45行"設三乏厞司旌"句："扶法反，或爲布檢反，非。諸蕭□爲，音乏，亦非也。"

剛案，刻本均作"厞"，注音爲"翡"。又，"諸蕭"不知何指。

4. 第86行"捎螭魅"句："善本作'鬼'。"

剛案，今各刻本均作"魅"，又，九條本亦作"魅"，則此校之李善本當是未見之寫本。

5. 第107行"惠風廣被"句，旁注"橫"，校："善本作□。"

剛案，校語所稱善本作何字，不可知，或即旁注之"橫"字。高步瀛說："孫志祖曰：'廣被'，《魏都賦》引作'橫被'。案，《西都賦》'橫被六合'，《聖主得賢臣頌》'橫被無窮'，作'橫被'是。步瀛案，互見《西都賦》。"九條本作"橫"。

6. 第137行"猶怵戒於一夫"句："善本作'怵惕'。丑律反。"

剛案，今各刻本及九條本均作"怵惕"，胡克家《文選考異》說："案，'怵惕'當作'惕戒'。善引《尚書》以注'惕'，引《方言》以注'戒'，引《過秦論》以注'一夫'，循其次序有'戒'字在'惕'下、'一夫'上甚明。又其下'惕，驚也'三字，乃薛注。若如今本，不容去'怵'注'惕'，可見正文無'怵'字，但有'惕'字，亦甚明，不知何人誤認善注中'怵惕'，以爲正文如此而改之，其實與注轉不相應，非也。各本所見皆誤，今特訂正。"黃侃《文選平點》說："'怵惕'改'惕戒'，注有釋'戒'之文，以意改之。"據《考異》及《平點》，原文應作"惕戒"，寫卷作"怵戒"，亦誤。又據寫卷旁注，是注者所見李善本作"怵惕"。剛案，此校亦見九條本，出於已經發生訛誤後的李善本。

《蜀都賦》

7. 第 359 行"枕輢交趾"句："五家'輢'作'之'。"

8. 第 453 行"邛杖傳節於大夏之邑"句："'杖'字，五家作'竹'。"

剛案，據《文選集注》，此校與《集注》案語相合，則不知前引各校，是否亦出《集注》。

（三）保留諸多古音

《東京賦》

1. 第 82 行"侲子萬童"句，眉批："五音震。"

剛案，明州本、刊本、陳八郎本注音"震"，是乃五臣音。

2. 第 156 行"尋木起於藂栽"句，"蕭音'裁'。今案，賦宜爲栽，音□。"

剛案，寫卷殘存字形看，似作"哉"，陳八郎本正文作"裁"，注音說："音哉。"九條本作"栽"。

（四）引師說

《東京賦》

1. 第 98 行"俟閶風而西遳"句："師說'間'字。異本。"

2. 第 122 行"以至和方將數諸朝階"句："《集》案：五家本'和'下有'平'字；又'將'作'當'。師說'平'字異本。"

以上是寫本中旁注所引，頗有助於研究早期《文選》版本及流傳訛變過程。從第一類引《集注》諸條，可以幫助我們確定《東京賦》

李善本和五臣本以及《音決》《文選鈔》的原始面貌。如從第1條，我們知道李善本和五臣本原均作"飆"，刊本、尤本作"猋"，是誤從《文選鈔》和《音決》。與此相同的，如第16條"草木繁廡"句，據注引《集注》，李善、五臣無異文，均作"繁"，今尤本作"蕃"，實誤據《文選鈔》和《文選音決》。因此，我們知道，後世刻本中所謂李善、五臣同異，往往並非原貌。這一點，我曾在前文提到，寫、鈔本中的李善、五臣和刻本中的李善、五臣，是兩個不同的概念，使用時一定要分開。從這裏，又得到了證實。

李善和五臣所采底本，確有不同，這在第8條和第14條中可以看出。第8條"迄於上林，結徒爲營"句，據《集注》，應該是五臣本特徵，李善本無"於"和"爲"字。第14條"以至和方將數諸朝階"句，是李善本特徵，五臣本"和"下有"平"字，又"將"作"當"，今尤本於"和"下添"平"字，似據五臣本增入。不過，尤本並非如清人胡克家所說，往往據五臣亂善，其實尤本確有底本。即如此條，就與日本另一寫本九條本一致，尤本與九條本往往相同，可證尤本與九條本底本同源，都來源於唐本。關於此點，我將另作專文論述。

此寫本還顯示出使用俗字、異字的特徵，與傳世各本不同。如第4條"推光武以作妃"句，"妃"字不見於各本，豐富了唐初《文選》寫本的類型。這一點還見於第二類"出校"中，如第2條"奉蒸嘗於禴祀"句，據校稱，加注者見到的李善本"禴"作"礿"，此字亦不見於傳世各本。又，第4條"捎螭魅"句，校稱"善本作'鬼'"，亦不見於傳世各本。

寫本產生於唐初，它具有的特徵，爲我們研究其他寫鈔本和刻本，提供了極其難得的根據，比如我們就可以根據它判斷九條本的產生時代，也可以據以判斷李善、五臣的訛變過程。從這個寫本，我們還可以知道，唐初的《文選》寫本，已經發生了訛變，比如第137行"猶怵戒於一夫"句，據胡克家判斷，李善原本應是"惕戒"，而不是刻本的"怵惕"。寫本此句作"怵戒"，顯然也不對，這說明唐初寫本已經有不少訛錯，由此亦得到證明。

寫本加注的情況，對研究日本早期《文選》學面貌，以及研究日本訓讀的歷史，是具有極重要的價值的，所以日本語言學家對此研究頗多。

產生於唐初的寫本，對我們研究《文選》原貌，以及據以研究《文選》的傳承流變，是非常重要的材料。以下我們就寫本中有特點的異文略加校箋，以研究寫本產生的大致時間以及與其他寫鈔本及刻本間的關係。

《東京賦》

1. 第4行"紛飆悠以容裔"句。

剛案，參見上文。

2. 第8行"羽蓋威蕤"句"威"。

剛案，明州本、刊本、陳八郎本作"葳"，無校，尤本作"威"。九條本亦作"葳"。

3. 第9行"備時服而設副"句。

剛案，參見上文。

4. 第12行"鸞旗皮軒"句"鸞"。

剛案，明州本、陳八郎本作"鑾"，刊本、尤本作"鸞"。刊本校稱："五臣作'鑾'。"九條本亦作"鸞"。

5. 第19行"旆已回乎郊畛"句"已回"。

剛案，尤本、刊本作"以迴"，刊校説："五臣作'已反'。"明州本、陳八郎本作"已反"。九條本作"已迴"。

6. 第20行"爰敬恭於明神"句"敬恭"。

剛案，明州本、刊本、陳八郎本作"恭敬"，無校，尤本作"敬恭"。胡克家説："袁本、茶陵本'敬恭'作'恭敬'。案，二本是也，蓋尤誤因注而改。善注之例，但取意同，不拘語倒，如引'敬恭明神'以注此'恭敬於明神也'。不知者，凡屬此例，多所改易，俱失其意。"高步瀛説："此説未是，正文亦以作'敬恭'爲是。"九條本作"恭敬"。

7. 第22行"雷鼓淵鼖"句"淵鼖"。

剛案，刻本均作"䜌䜌"。寫卷當是誤將"䜌"字一分爲二，故

"淵鼓"下又用兩點重複號，若作"淵鼓"。則下句重複此二字，就與"六變既畢"不諧了。九條本亦作"鼞鼞"。

8. 第24行"颺栖燎之炎煬"句"栖"。

剛案，明州本作"櫨"，刊本、尤本作"櫄"。刊本校稱："五臣作'櫄'，音'由'。"陳八郎本作"栖"。九條本作"栖"。

9. 第24行"致高煙乎泰一"句"乎"。

剛案，明州本、陳八郎本均作"於"，尤本、刊本作"乎"。刊本校説："善本作'於'。"九條本作"乎"。案，刊校誤，應是五臣本作"於"。胡克家説："茶陵本'乎'下校語云：'善作於。'袁本作'於'。蓋善'乎'、五臣'於'，校語有倒錯也。上文當覲乎殿下者。袁、茶陵亦作'於'，不著校語，似失之耳。"

10. 第40行"兆民勸於疆場咸懋力以耘籽"句"民""咸"。

剛案，"民"，明州本、刊本、陳八郎本均作"人"，尤本作"民"。寫卷"民"字缺筆避諱。九條本作"民"。

"咸"，明州本、刊本、尤本作"感"。陳八郎本作"咸"，九條本同。何焯校説："'感'疑'咸'。"王念孫《讀書雜志》餘編下説："'感'與下五字義不相屬，蓋'咸'字之誤，咸，皆也，言皆勉力也。"胡紹煐《文選箋證》卷三説："案，翰注云：'兆民沐化相勸勉理田也。'相勸勉，正釋'咸'字之義，是本作'咸'，不作'感'。《旁證》謂善本作'感'，五臣本作'咸'，誤矣。"據此，是李善、五臣均作"咸"，"感"乃抄寫訛誤。

11. 第45行"并夾既設"句"設"。

剛案，尤本、刊本、九條本作"設"，刊本校説："五臣作'飾'。"明州本、陳八郎本作"飾"，明州本校説："善本作'設'字。"

12. 第48行"時乘六龍"。

剛案，刻本均同，九條本亦同。王念孫曰："李善曰：'《周易》曰：時乘六龍。此謂各隨其時而乘之。'念孫案，如李注，則正文本作'乘時龍'，故先引《周易》'時乘六龍'，而繼之曰：'此謂各隨其時而乘之。'言此與《周易》異義也。各隨其時，謂若春乘蒼龍，夏乘赤駬之屬是也。《東都賦》亦云：'登玉輅，乘時龍。'此作'時乘六龍'

者，因注引《周易》而誤。'撫玉輅'以下四句，句各三字，此句獨多一字，與上下不協。"據寫卷，此誤在唐初已經發生。

13. 第56行"日月會於龍猶"句"猶"。

剛案，尤本作"狵"。明州本、刊本、陳八郎本作"貌"，九條本同。胡克家說："袁本、茶陵本'狵'作貌，注同，是也。"

14. 第60行"示人不偷"句"人"。

剛案，尤本、明州本、刊本、陳八郎本及九條本均作"民"。案，"人"乃"民"諱字，觀前涉"民"皆缺筆，此處易爲"人"，刻本則回改爲"民"也。

15. 第61行"聲教布濩"句"濩"。

刊本作"護"，校說："五臣作濩。"尤本、明州本、陳八郎本作"濩"。胡克家說："'濩'當作'護'。茶陵本作'護'，云：五臣作'濩'。袁本作'濩'，用五臣也，但失著校語。尤以五臣亂善，非。其薛注中俱是'護'字，尤並改作'濩'，更非。《南都賦》'布濩'，善無注，各本皆作'濩'，似亦以五臣亂善而失著校語。此及彼'濩'下皆音'護'，即五臣音耳。凡諸家用字，互有不同，其一家之中而復歧異，即恐有誤，餘不悉出，準此例求之。"剛案，據寫本，唐初已用"濩"，非尤袤所改。九條本作"護"。

16. 第68行"叙和樹表"句"叙"。

剛案，尤本作"次"，校說："一作'叙'。"刊本作"次"，校說："五臣作'叙'。"明州本作"叙"，無校，陳八郎本作"叙"。《匡謬正俗》卷五"桓"條引作"叙"。九條本作"叙"。

17. 第79行"薄狩于敖既瑣瑣焉"句"瑣瑣"。

剛案，明州本、刊本、陳八郎本同。刊本校稱："綜作'璅'。"尤本作"璅"，校說："一作'瑣'。"胡克家說："注：'一作瑣。'袁本無此三字。茶陵本作'綜作璅'。正文皆作'瑣'。案：此校語之誤存者也。"高步瀛引薛傳均說："楊德祖《答臨淄侯箋》：'季緒璅璅，何足以云。'《周易》'旅瑣瑣'，《釋文》：'或作璅字者，非也。'鄭云：'瑣瑣，小也。'王肅云：'細小貌。'《毛詩》'瑣瑣姻婭'，《釋文》：'或作璅，非也。'按此賦之'璅璅'。一本作'瑣瑣'，璅字巢聲，瑣字貟聲，古巢聲、貟聲之字同部，故可通用。《釋文》以'璅'字爲非，蓋未知古人通假之例也。"九條本亦作"璅"。

18. 第 101 行"勤致賫乎九嵎"句"勤"。

剛案，刊本、陳八郎本、九條本同。刊本校說："善本作'行'。"尤本作"行"。又，"乎"，各本均作"于"，九條本作"於"。

19. 第 101 行"左瞰暘谷"句"暘"。

剛案，尤本作"暘"，胡克家《文選考異》說："'暘'當作'湯'。注同。《蜀都賦》'汩若湯谷之揚濤'，注云'湯谷已見《東京賦》'，即指此，可證也。《吴都賦》'包湯谷之潢沛'，善'湯'、五臣'暘'，此賦亦然。各本所見以五臣亂善而失著校語。"九條本作"暘"。案，此亦證九條本底本是李善注之後的產物。

20. 第 113 行"永有人以孔安"句，旁注："民"字。

剛案，旁注"民"字不缺筆，則見寫卷當爲唐寫本，旁注乃日人所爲。

21. 第 118 行"人去末而反本"句"人"。

剛案，尤本、刊本、九條本作"民"，陳八郎本作"人"。

22. 第 139 行"車中不内顧"句。

剛案，各刻本及九條本均同。胡克家說："案：'不'字不當有。薛注無'不'字，可證也。各本所見皆衍。又善注：《魯論語》曰'車中不内顧'，亦不當有'不'字。考《論語》釋文云'車中不内顧'，魯讀'車中内顧'，然則各本衍'不'字甚明。近盧學士文弨《鍾山札記》曾舉正此條云：'《漢書·成帝紀贊》，顏注云：今《論語》'車中内顧'。内顧者，說者以爲'前視不過衡軛，旁視不過輢轂'云云。其說是矣。但失引證釋文耳。"高步瀛解此條甚詳，可參看。據各家考辨，《文選》原文不當有"不"字，寫卷有"不"，亦見寫卷已頗經傳寫訛誤，亦見此條於唐初已經發生訛誤。

23. 第 145 行"人忘其勞"句"人"。

剛案，尤本、刊本、九條本作"民"，刊本校曰："善本作'人'。"明州本、陳八郎本作"人"。胡克家說："袁本'民'作'人'。茶陵本校語云：'善作"人"，下"民心固結"同。'案，此尤以五臣亂善。"

24. 第152行"今吾子苟好勯人以婾樂忘人怨之爲仇"句"吾"、二"人"字。

剛案，尤本、刊本作"公"、"民"，刊本校後"民"字說："五臣作'人'。"陳八郎本作"吾"，又前"人"字作"民"，後作"人"。明州本作"公"，又前作"民"，後作"人"。九條本作"公"，二"人"字並同。

25. 第165行"不知其臭"句"臭"。

剛案，明州本、刊本、陳八郎本均作"臭"，無校。九條本亦作"臭"。尤本作"臱"，校說："一作'臭'。"胡克家說："'一作臭'，袁本、茶陵本無此三字。案，此校語也，二本正文作'臭'，可借證。蓋尤所見有而誤存之。"高步瀛引許巽行說："'臱'，俗字也，當作'臭'。《說文》：'臭，禽走臭而知其迹者，犬也。從犬，從自，尺救切。'案，'臭'者，氣之總名，對香而言，則爲惡氣。俗以臭爲惡氣，而妄造'臱'字以代'臭'字，至爲鄙俚，《字書》無其字。"據此，是"臱"乃後人所造。

26. 第166行"而衆聽者惑疑"句"者""惑疑"。

剛案，尤本無"者"，陳八郎本、明州本、刊本有。又"惑疑"，刊本校："五臣作'疑惑'。"明州本作"疑惑"，陳八郎本則作"惑疑"。九條本同寫卷。胡克家說："袁本、茶陵本'聽'下有'者'字。案，此無可考。"高步瀛說："案，五臣'惑疑'作'疑惑'，《旁證》引朱珔曰：'惑亦韵，六臣本是。下文"能不惑者"語正相應。'胡紹煐曰：'當作"而衆聽者惑"，"惑"與下"野"爲韵，"疑"字涉注而誤。'案，'惑'古音'之'部，不必與'魚'部'野'字韵。朱氏、胡氏說未是。朱氏《集釋》不載此說，蓋自以爲非矣。"

《南都賦》

27. 第196行"或岩巏而纚聰"句"聰"。

剛案，明州本、刊本、陳八郎本及九條本同，尤本作"連"。

28. 第211行"騰猨飛獵棲其間"句"獵"。

剛案，明州本、刊本、陳八郎本、九條本同，尤本作"蠾"。胡克家説："茶陵本'蠾'作'獖'，袁本作'獖'。案：'獖'字是也。注云：'蠾'與'獖'同，謂正文之'獖'可證也。"據此，是尤本訛誤。

29. 第213行"緣衍坻坂"句"衍"。

剛案，明州本、刊本、尤本均作"延"，陳八郎本作"衍"，九條本同作"衍"。

30. 第219行"則有鷽龜鳴蛇"句，"鷽，五□"。

剛案，明州本、刊本、尤本及九條本並作"蠳"，陳八郎本作"鷽"。

31. 第220行"黿鼉鮫鱅"句"鮫""鱅"。

剛案，"鮫"字，刊本、尤本及九條本同，刊本校説："五臣作'蛟'，音'交'。"明州本、陳八郎本作"蛟"。又"鱅"字，明州本、刊本、陳八郎本、九條本作"蠵"，尤本作"魚"旁。高步瀛説："案，《説文》無'鱅'字，作'蠵'是，《東京賦》亦作'蠵'。"

32. 第221行"於其陂澤"句"於"。

剛案，尤本同，明州本、刊本、陳八郎本均無"於"字，九條本亦無，何焯説："'於'字疑衍。"胡克家説："袁本無'於'字，何校去。茶陵初刻無，修者有。案，無者是也。"

33. 第223行"其草則有"句"有"。

剛案，明州本、刊本、陳八郎本及九條本並同，尤本無"有"字。胡克家説："袁本、茶陵本'則'下有'有'字，案，有者是也。"

34. 第232行"其原野則有桑柒麻紵"句"紵"。

剛案，明州本、刊本、陳八郎、九條本均同，尤本作"苧"，高步瀛引梁章鉅説："《説文》無'苧'字。"

35. 第251行"受爵傳觴"句"受"。

剛案，明州本、陳八郎本作"授"，明州本校説："善本作'受'。"尤本、刊本及九條本作"受"，刊本校："五臣作'授'。"

36. 第252行"彈琴擫籥"句"擫"。

剛案，各刻本均作"擫"，九條本同。李善注説："《説文》曰：'擪'，一指按也。'擪'與'擫'同。"據此，是李善本原作"擪"。

高步瀛引杜宗玉《文選通假字會》說："擧，從手，或在下，或在旁者，傳寫之不同耳。"

37. 第269行"騋驥齊鑣"句"騋驥"。

剛案，刊本、尤本及九條本同。刊本校："五臣作'驥騋'。"明州本、陳八郎本作"驥騋"。

38. 第276行"於是日既逮昏"句"既""逮"。

剛案，明州本、陳八郎本同，尤本、刊本作"將"，校："五臣作'既'。"然九條本作"既"，或李善原本作"既"，"將"爲後世訛寫，或爲別本如《音決》等本，不可知也。

又"逮"字，明州本校："善本作'遙'。"刊本校同。然尤本作"逮"，九條本亦同。胡克家說："袁本、茶陵本'逮'下校語云：'善作遙。'案，'遙'但傳寫誤，此蓋尤校改正之也。"

39. 第278行"夕暮而歸其樂難忘"句"而"。

剛案，陳八郎本、明州本同，明州本校說："善本作'言歸'。"尤本、刊本作"言"，刊本校："五臣作'而'。"九條本作"而"。

40. 第280行"焉足稱譽"句"譽"。

剛案，陳八郎本、明州本作"歟"，明州本校："善本'歟'作'舉'。"尤本、刊本作"舉"，刊本校："五臣作'歟'。"案，九條本與寫卷同，作"譽"。

41. 第285行"近則考侯"句"考"。

剛案，陳八郎本、明州本作"孝"，尤本、刊本及九條本作"考"。刊本校："五臣作'孝'。"

42. 第288行"察茲都之神偉"句"都"。

剛案，陳八郎本、明州本及九條本同。明州本校："善本作'邦'。"尤本、刊本作"邦"。刊本校："五臣作'都'。"胡克家說："袁本云：'善作邦。'茶陵本云：'五臣作都。'案，注中仍云此'都'，似善亦作'都'也。"

43. 第311行"振和鸞兮京師"句"鸞"。

剛案，明州本、刊本、陳八郎本及九條本作"鑾"，尤本作"鸞"。胡克家說："袁本、茶陵本'鸞'作'鑾'，是也。"

《三都賦序》

44. 第324行"故能居然而辨八方"句。

《文選集注》："今案，五家本無'能'字。"是有"能"字爲李善本，九條本亦有。然明州本、刊本、陳八郎本均有，當是後世據改。

45. 第342行"宜准其實"。

《文選集注》同，無校語。刊本作"宜本其實"，校稱："五臣作'准'。"其實李善、五臣無異，均作"准"。又，寫卷此句下漏"非本非實"一句。

《蜀都賦》

46. 第357行"水陸所湊"句"湊"。

明州本作"臻"，校説："善本作'湊'。"陳八郎本同。刊本作"湊"，校："五臣作'臻'。"尤本同。九條本作"湊"，旁注："臻，五，至也。"《集注》本五臣注作"湊"，無作"臻"者，是李善、五臣初無異文。

47. 第363行"舒丹氣而爲霞"句"而"。

明州本、刊本、陳八郎本及九條本作"以"，尤本作"而"。《集注》作"而"，無校。

48. 第364行"漏江伏流"句"伏"。

明州本、陳八郎本作"洑"，尤本、刊本及九條本作"伏"。刊本校："五臣作'洑'。"《集注》作"伏"，無校。剛案，是李善、五臣初無異文。

49. 第424行"日往菲微"句"微"。

明州本作"微"。刊本作"薇"，校："五臣作'微'。"尤本、陳八郎本及九條本同，均作"薇"。剛案，《集注》作"薇"，案稱："《音決》、五家、陸善經本'薇'爲'微'。"陳八郎本則已據善本改動。

50. 第453行"邛杖傳節於大夏之邑"句"杖"。

刊本作"杖"，校："五臣作'竹'。"尤本及九條本同，作'杖'。陳八郎本作"竹"。明州本作"竹"，有校："善本作'杖'。"《集注》

作"杖"，案稱："五家本'杖'爲'竹'。"

51. 第459行"贏金所過"句"贏"。

刊本作"籯"，無校，明州本、陳八郎本及尤本、九條本均同，作"籯"。《集注》作"贏"，案稱："《音决》、五家本'贏'爲'籯'。"剛案，尤本、九條本已經訛從五臣字。此亦證九條本是李善本訛改之後而成。

52. 第477行"涉躐寥廓"句"躐"。

刊本作"躐"，校："五臣作'獵'。"尤本同。明州本、陳八郎本及九條本作"獵"。《集注》作"躐"，案稱："《鈔》、五家、陸善經本'躐'爲'獵'。'"剛案，《集注》各家無"躐"字，"躐"乃"躐"之俗字。高步瀛引吕錦文説："'躐'即'躐'字。《集韵》：躐，力涉切。音獵，與躐同。《楚辭‧九歌》'凌余陣兮躐余行'，注：'躐，踐也。一作躐。'是'躐'爲本字，'躐'乃俗字。由偏旁例推，如'臘'之俗作'臈'，'擸'之俗作'搗'，皆其證也。"剛案，據此是李善原作"躐"，俗字寫爲"躐"。尤本、刊本並從俗字之寫本，九條本則又繼俗字之後改爲五臣之"獵"了。高步瀛説："《説文》無'躐'字，當依五臣作'獵'。"然唐時李善所據本實爲"躐"。

53. 第488行"樣輕舟"句"樣"。

尤本、刊本及九條本作"艤"。刊本校："五臣作'漾'。"明州本、陳八郎本作"漾"。明州本校："善本作'艤'。"《集注》作"樣"，案稱："五家本'樣'作'漾'。"是《集注》各本無作"艤"者。高步瀛引《廣韵》四"紙"説："'樣'同'艤'，'艤'字亦俗。"引各家考辨，謂"樣"與"漾"同。據此，尤本、九條本均從俗字之寫本，李善原作"樣"，與五臣作"漾"有異。

以上是大致的校異，從中我們發現不少有價值的東西。概括起來有以下幾點。

一是可證後世刻本中李善、五臣之異之不誤。第4條、第9條、第11條可證。

二是可證後世刻本中李善、五臣之異，純屬抄寫訛誤，即李善、五臣原本並無異文。第10條、第42條、第45條、第46條、第47條、

第 48 條可證。

三是可證後代學者考證之不誤。第 10 條、第 19 條可證胡克家《文選考異》所說不誤。

四是可證後世學者考證之錯誤，在唐初已經發生。第 12 條、第 22 條可證。

五是可證刻本中李善或五臣之特徵，與原貌恰恰相反。第 51 條、第 53 條可證。

六是可證刻本中李善、五臣均誤。第 40 條可證。

七是可證李善本原不避諱，五臣本回改避諱，《資暇錄》所說不誤。第 10 條、第 14 條、第 21 條、第 23 條可證。

八是寫本用俗字異文處，顯示出《文選》在傳抄過程中的多樣形態。第 52 條可證。

以上八條足以顯示此一寫本的文獻價值，那麼這一寫本與李善和五臣本相比，比較接近哪一種呢？若作這樣的比較，用後世刻本的李善、五臣特徵顯然是不妥的，因為刻本中的李善、五臣之異，往往是後人的訛改，因此不能作為唯一的標準。好在寫本中的《三都賦》，現存的《文選集注》也有，可以作為比較的依據，因此，我們將寫本中《三都賦》之前的部分與現存刻本作校，再用寫本中的《三都賦》與《文選集注》中的《三都賦》校，庶可見出端倪。

經過校勘，寫本前部分中同於李善本的地方有 14 條，即 1、4、5、6、9、11、26、31、32、35、37、38、41、43 條，同於五臣本的地方有 9 條，即 15、16、17、18、27、29、33、34、39 條。第 42 條 "察茲都之神偉" 句 "都" 字，雖然和六家本的明州本、五臣本的陳八郎本同，而且明州本校說："善本作'邦'。"李善本的尤袤刻本也的確作 "邦"，但胡克家《文選考異》據李善注推定李善原本亦應作 "都"，因此我們在有前人考定的依據上，不將此類算作同於五臣本。這樣寫本合於李善本的有 14 條，合於五臣本的有 10 條，為數都不少，還不能夠下結論。再看《三都賦》，我們發現合於李善本的地方共有 5 條，即第 44 條、第 47 條、第 50 條、第 51 條、第 53 條，合於五臣本的僅有 1 條，即第 49 條。這樣看來，這個寫本比較接近於李善本。當然，我們也不能完全把它當作是李善本的底本，此本還是與李善本有不少不同的地方，應該説，它是唐初衆多《文選》寫本中的一種，不過主體特徵接近於李善本，這是我們研究唐初《文選》學要引以爲重視的。

日本冷泉家藏《文選》古寫本卷二研究[①]

（一）簡介

日本冷泉家所藏《文選》卷二寫本，發表於朝日新聞社於 2008 年 12 月印行的《冷泉家時雨亭叢書》第 83 卷。照片寫真及釋文並行，由後藤昭雄教授撰文解說。據後藤教授解說，此寫本被列爲日本重要文化財，形態爲卷子本，收藏在一個高 35 英寸、寬 7.2 英寸的桐箱木內。由冷泉家第十四代傳人爲久（1686—1741）所保存。封面爲深紫色無紋紅紺紙，寫本則爲楮皮紙，紙高 30.1 英寸，寬 47.8 英寸。共二十五紙，框高 23.8 英寸，行寬 2.7 英寸。每紙十八行，行十三字。寫卷下端有經火燒之殘跡。卷面書"文選　自東京賦半過到蜀都賦終　菅在公筆云幺"。寫卷爲《文選》卷二。卷首殘缺，起自《東京賦》"崇業滌饕餮之貪欲"至卷一末，題"文選卷第二"。卷末記有抄録人稱：

寬治七年癸酉四月乙巳五日辛亥申二點以家秘説點合了
　　　　　　　　　　　　菅原時登
　　　　抄了式部少輔菅在公
　　以當家秘説讀合禮部二千石訖
　　　　　　　翰林主人菅（花押）
　　　奉受秘説訖
　　　　　　　散木光吉（花押）
　　受嚴説了　　　　文章生在行
　　"以朱讀之"（朱筆）
寬喜二年二月十八日奉受嚴親之御説畢
　　　奧書在秘本而已
　　　筑前掾菅原在公

[①] 此冷泉家藏寫本複印件，承日本立命館大學芳村弘道教授惠賜，特此感謝！

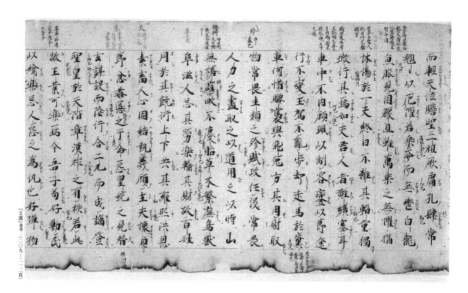

圖39　冷泉家藏《文選》卷二

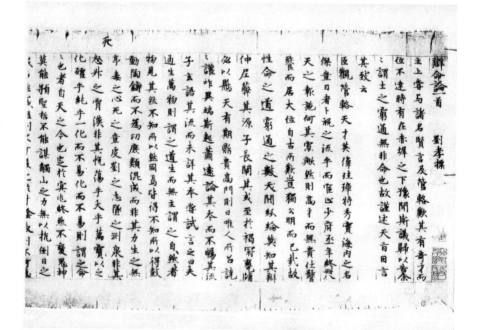

圖40　上野精一藏《文選》卷第二十七（《辯命論》）

根據以上記録，可知此本是寬治七年（1093）菅原時登據菅原家秘説本加點。菅原時登（1070—1139）是菅原在良之子，歷任式部少輔、文章博士、大學頭等。此鈔本則是菅原在公任式部少輔時據菅原時登加點之本抄録。菅原在公任式部少輔時爲從寬元元年（1243）閏七月二十七日至寶治二年（1248）十二月十六日，此本即於這一時間内抄寫。據後藤教授説，從時登至在公的譜系爲：在良—時登—清能—貞衡—在清—公輔—在公。

在公，生年未詳，卒年在 1287 年，公輔之子。歷任大内記、式部權大輔、文章博士等職。後爲宇多天皇侍讀。

以上是此本抄録和抄録者的基本情況。

（二）諸本校勘

此本與諸本相校如下：

《東京賦》

1. 日月會龍虓恤人事之勞疚

案，此本會後脱"於"字。虓，西園寺家藏本（以下簡稱"西園本"）作"猶"。恤，西園本作"恤"。案，"虓"字西園本作"猶"，當誤。恤，此本作"恤"，亦誤。九條本、韓國奎章閣藏六家本（以下簡稱"奎本"）、朝鮮正德四年刻五臣注本（以下簡稱"朝鮮本"）、陳本作"虓"，尤本作"虓"，同此本。

2. ［既］璨璨焉

此本脱"既"字。璨璨，九條本、尤本同，尤本注："一作瑣。"西園本、奎本、陳本、朝鮮本作"瑣"。奎本無校語。

3. 桃弧棘矢

棘，西園本作"棘"。

4. 斲猶狂

斲，西園本作"斢"。九條本作"斢"，旁有注。"斲，擊也。"

5. 溺女魃於神潢

潢，九條本、奎本、尤本、陳本、朝鮮本均同此本，西園本作

"黄"。案，薛綜注："神潢，亦水名，未知所在。"是薛綜注本作"潢"。

6. 守以鬱壘

壘，西園本作"櫐"。

7. 又秋豫以收成

又，西園本、九條本同。奎本、尤本、陳本、朝鮮本均作"度"。豫，西園本作"與"。九條本、尤本、奎本、陳本、朝鮮本均同此本作"豫"。此本有眉批曰："秋與，一本。"似抄寫者所見之本有作"秋與"者。西園本是寫本，眉批所稱是刻本否？案，薛綜注："秋行曰豫。謂秋禮高祖廟。"李善注引《晏子》亦作"豫"，是作"譽"者誤。

8. 嘉田畯之匪懈

懈，九條本、奎本、尤本、陳本、朝鮮本同此。西園本作"解"。

9. 是故論其遷邑易京

是故，西園本、九條本、奎本、陳本、朝鮮本同此，尤本作"是以"。此本眉批有："《鈔》爲'是以'，善同之。"是此本鈔錄者據《文選集注》校，據校語，《文選鈔》此二字作"是以"。校語中所説"善同之"，是指《文選集注》中的李善本，還是指刻本如尤刻本，尚不清楚。案，尤刻本特徵多同於九條本，余證以爲尤本底本當與九條本底本爲同一系統，但此二字，九條本與尤本不同，則是尤本底本與九條本並不完全一致。有些字顯示較九條本還早。

10. 思仲尼之剋己

剋，陳八郎本、朝鮮本同。西園本、九條本、奎本、尤本均作"克"。

11. 以至和平

平，眉批稱："《集注》今案：五家本'和'下有'平'字。"又旁注有："或説無'平'字。"據此，是五臣本有"平"字，李善本應無"平"字。西園本無"平"字，九條本及奎本、尤本、陳本皆有"平"字。是見西園本尚保留李善本原貌，九條本則已有訛謬。

12. 方將數諸朝階

將，此本眉批稱："又'將'作'當'。"案，西園本、九條本、尤本均作"將"，奎本、陳本、朝鮮本作"當"。是此眉批所說作"當"者，當指五臣本。

13. 樂而無節

而，西園本無。

14. 且挈瓶之智

且，西園本無，奎本、尤本、陳本、朝鮮本均作"且夫"。九條本無"夫"字。挈，西園本作"偰"。刻本均作"挈"。

15. 人力之盡

之，西園本無。

16. 草木繁廡

繁，西園本、九條本同此。案，西園本眉批曰："《集》案，《鈔》《決》'繁'爲'蕃'。"是據《文選集注》案語，李善、五臣本均作"繁"，唯《文選鈔》《文選音決》作"蕃"。然後世刻本已發生訛謬，此字奎本、陳本、朝鮮本尚作"繁"，尤本、胡本則已訛作"蕃"。是自九條本至尤刻時，已發生了由"繁"訛爲"蕃"的變化，亦即以《鈔》《音決》之字混入李善本。

17. 故百姓同於其饒衍

故，西園本旁注引《集》案稱："五家本無'故'字。"據此，是《文選集注》中五臣本無"故"，李善本應有"故"。但九條本、尤本已無"故"字，此字在九條本之前已脫，而合於五臣本矣。

其，西園本、九條本及諸刻本均無。

18. 今吾子苟好剿民以偷

吾子，西園本、陳本、朝鮮本同。九條本、尤刻作"公子"。

19. 忘下叛而生憂也

忘，西園本作"忩"，九條本、奎本、尤本、陳本、朝鮮本作"忽"。

也，西園本、九條本、陳本、朝鮮本無，奎本、尤本有。剛案，"忽""忘""忩"，字形之訛。

20. 雖係以頽牆填壍

頽，西園本、尤本作"隤"，九條本、奎本、陳本、朝鮮本作"頽"。

剛案，此字尤本不從九條本，是尤本底本非盡從九條本。五臣本從九條本，似九條本已訛從五臣本。

21. 亂以收其罝罘

其，西園本、九條本均有"其"字，奎本、尤本、陳本、朝鮮本均無。又，奎本、尤本、陳本、朝鮮本此句作"亂以收罝解罘"。

22. 失其所以爲奢

奢，西園本、九條本、奎本、尤本、陳本、朝鮮本作"夸"。案，"奢"字當抄寫之誤。

23. 余乎習非而遂迷[也]

此句西園本全同。九條本作"予習非而遂迷也"，奎本、陳本、朝鮮本作"予乎予習非而遂迷也"，尤本作"予乎習非而遂迷也"。

24. 而如今而後乃知大漢之德

如，西園本、九條本、奎本、尤本、陳本、朝鮮本無。"如"當是衍字。

《南都賦》

25. 廓方城而爲墉

而，九條本、奎本、尤本、陳本、朝鮮本同，西園本作"以"。

26. 淯水盪其胸

胸，九條本、奎本、尤本、陳本並同。西園本作"匈"。

27. 太一餘粮

粮，西園本、九條本及各刻本均作"糧"。

28. 玉膏滵溢流其隅

滵，九條本及各刻本同。西園本作"密"。

29. 没滑瀎潏

瀎，九條本及各刻本同。西園本作"濸"。

30. 流湍投濈

投，諸本同，西園本作"欱"。

31. 漻淚㶁汨

淚，諸本同，西園本作"戾"。

32. 貯水渟洿

渟洿，諸本同，西園本作"停汙"。

33. 亘望無涯

涯，諸本同，西園本作"崖"。

34. 蔗芋蘋莞

蘋，諸本同，西園本作"蘩"。

35. 芙蓉含華

含，諸本同，西園本作"蓮"。

36. 菲披芬葩

菲，西園本、九條本、尤本作"斐"。

37. 浸彼稻田

浸，西園本、九條本作"浸"。

38. 隄塍相輥

隄，西園本、九條本作"堤"。

39. 薜荔蕙若

若，西園本作"茗"

40. 黃稻鮮魚

鮮，西園本、九條本作"鱻"。

41. 以爲芍藥

芍，西園本、九條本作"芎"。

42. 酸甛滋味

甛，西園本作"甜"。九條本作"甜"。

43. 浮蟻如萍

蟻，九條本、奎本同。西園本、尤本、陳本作"螘"。

44. 其甘不爽

甘，西園本作"酣"。

45. 禴祠蒸嘗

禴，西園本作"礿"。

46. 彫琢狌獵

獵，西園本作"獦"。

47. 率禮無違

率，尤本、奎本、陳本均作"率"。西園本作"帥"。

48. 彈琴撇籥

籥，西園本作"蘥"。

49. 終愷樂之令儀

愷，西園本作"凱"。

50. 致餝程蠱

餝，西園本作"飾"。

51. 怨西荊之折槃

荊，九條本、尤本、奎本、陳本同。西園本作"京"。

52. 蕩魂傷情

情，奎本同。西園本、九條本、尤本作"精"。

53. 漢之舊都［者］也

者，九條本、奎本、陳本同此寫卷，無"者"。西園本、尤本有。

54. 遠代

代，西園本、九條本、尤本作"世"。奎本、明州本、陳本作"代"。

55. 清廟肅以微微

廟，西園本作"庿"。

56. 叡哲允恭

叡，九條本作"睿"，西園本作"明"，尤本作"明叡"，陳本作"叡哲"。案，"叡哲"出《尚書》："叡作聖，明作哲。"《文選》陸機《大將軍宴會被命作》、王融《三月三日曲水詩序》及《東京賦》均用"叡哲"一詞，無用為"明叡"者。是唐代寫本原僅有"叡哲""明哲"之別，無作"明叡"者。尤本之作"明叡"，當為傳寫訛誤。秀州本校記稱："善本作'明哲'。"然九條本作"睿哲"，似李善本原亦作"叡哲"。

57. ［皆能］攫戾執猛

皆能，西園本同此，無"皆能"二字。九條本、尤本、奎本、朝鮮正德本、陳本有。剛案，後世刻本皆脫"皆能"二字，據此，似早期《文選》寫本有此二字，但傳抄脫漏，則九條本亦在此二卷之後。

58. 經綸訓典

綸，西園本作"論"。

59. 燔燔焉

焉，九條本、奎本同此，西園本、尤本作"然"。剛案，此見尤本之有來歷，其底本與九條本大體一致，但亦有較九條本早者。

《三都賦序》

60. 故能居

能，《文選集注》稱五家本無"能"字，今各本（包括西園本、九條本、朝鮮正德本、陳八郎本）均有"能"字，且無校語。

61. 考之草木

考，西園本誤作"孝"。

62. 玉卮無當

當，《文選集注》、九條本、尤本、奎本、陳本同此，西園本作"瑞"。

63. 大氏舉爲憲章

氏，朝鮮本、陳本、奎本、九條本同此，《文選集注》作"底"，西園本作"旨"。案，尤本字下注音："音旨。"胡克家《考異》説："袁本、茶陵本作'氏音旨'三字，在注末，是也。"奎本字下注音"丁禮"，當是後讀音。是此字原音旨，氏與旨通，故西園本寫作"旨"。高步瀛《文選李注義疏》説："茶陵本正文'氏'字下有'丁禮'二字，蓋五臣音'氏'，丁禮切。《説文·氏部》大徐音同，似當以讀丁禮切爲是。"案，西園本底本出於唐時，故其寫作"旨"，即唐人對此字讀音。高氏所判不確。

64. 宜准其實

准，《文選集注》、西園本、九條本、奎本、朝鮮正德本、陳本均同此，尤本作"本"。高步瀛氏説："五臣'宜本'作'宜准'。"事實上早期李善、五臣並無區別，均作"宜准"。

《蜀都賦》

65. 抗峨嵋之重阻

嵋，《文選集注》、西園本、九條本、奎本、朝鮮本、陳本均作

"眉"。

66. 芬葐以翠微

芬，《文選集注》、西園本、九條本、尤本、奎本、朝鮮本、陳本作"葐"。

67. 望之天迴

迴，《文選集注》、西園本作"回"。

68. 良木攢於襃谷

襃，諸本皆同此，西園本作"衷"。

69. 櫻椰楔樅

椰，九條本同。《文選集注》、西園本、尤本作"枒"。奎本、朝鮮本、陳本作"梛"。

70. 其中則有巴菽巴戟

菽，尤本、奎本、朝鮮本、陳本、九條本同。《文選集注》、西園本作"尗"。案，西園本往往用本字、古字，此卷及九條本及後世刻本則改用規範字，故可判西園本、《集注》本保留了早期《文選》面貌，其次爲九條本、冷泉家本，再次爲刻本。再如下例。

71. 若乃剛悍生其方

悍，諸本皆同，西園本作"忓"。案，忓義爲善、好，不通悍，此句乃悍義，或西園本誤。

72. 右挾岷山

岷，諸本同，西園本作"嶓"。案，岷、嶓通，《班馬字類》説《漢書》作"嶓"字，則此爲古字。

73. 盧附是料

盧，諸本均同此，西園本作"俞"。附，《文選集注》、九條本、奎本、朝鮮本、陳本同，尤本作"跗"。案，李善注引劉淵林曰："扁鵲，盧人，古良醫。揚雄《法言》曰：'扁鵲，盧人，而醫多盧。'瘕氣，不和之氣也。痟亦頭病也。《周禮》：'四時皆有痟疾，春多痟首之疾。'《漢書》：'相如常有痟病。'善曰：《淮南子》曰：神農乃始教人播種五穀，嚐百草之滋味。《史記》曰：虢中庶子謂扁鵲曰：臣聞上古之時，醫有俞跗，醫病不以湯液。"又五臣注曰："中庶子謂扁鵲曰：'臣聞上古之時，醫有俞附，醫病不以湯液。'良曰：'言此草藥經神農嘗之'。附，俞附，古之善醫者，皆料此藥而用之。此藥芬芳，能退去氣病與邪病。其味可以蠲除癘與痔病。"則是李善、五臣皆以爲俞附，唯劉淵林注作盧附。又，《文選集注》引陸善經注曰："盧附蓋俞附也。盧、俞聲相近也。"是陸善經所見亦作盧附，其據五臣注解盧附即俞附。則此賦李善、五臣皆作俞附，惟劉淵林注本作盧附。後世刻本則沿劉本之訛而爲盧附矣。如此，則見西園本乃諸本中最存原貌者。

74. 浸以綿絡

絡，各本多不同。《文選集注》同此本作"絡"，九條本、奎本、朝鮮本作"洛"，西園本、尤本作"雒"。案，雒、洛二字雖曹魏時改"雒"爲"洛"，然實皆可通用，唯"絡"字似爲俗字。

75. 攢蔣叢蒲

蔣，諸本皆同，西園本作"蒋"。

76. 兼迊中區

迊，此字諸本多不同。九條本同。西園本、奎本、朝鮮本作"帀"，尤本作"市"，陳本作"匝"。案，《說文》卷六下："帀，周①也。從反之而帀也。凡帀之屬皆從帀。"《干祿字書》："迊、帀，並上通下正。"是帀爲正字，迊爲俗字。"匝"字，據朱駿聲《說文通訓定聲》説俗誤字。尤本作"市"，更是誤上加誤。

77. 結陽城之延閣

延，諸本同。西園本作"連"。

78. 列綺窗以瞰江

以，西園本、九條本、朝鮮本作"而"。

79. 袨服靚莊

袨，《文選集注》、九條本、奎本同，西園本作"炫"。莊：《文選集注》、西園同。九條本、奎本作"莊"，尤本作"粧"。

80. 舛錯縱橫

錯，《文選集注》、九條本同。西園本作"縱"。

---

① 段玉裁《説文解字注》説"周"爲"匊"誤字。

81. 邛杖傳節

杖，西園本、《文選集注》、九條本、尤本同，奎本、朝鮮本、陳本作“竹”。《文選集注》案稱：“五家本‘杖’爲‘竹’。”是見西園本、《集注》本、九條本底本皆爲李善注本。

82. 蕃禺之鄉

蕃，諸本皆作“番”。

83. 黄潤比筒

潤，九條本、奎本、尤本、朝鮮本同，西園本、《文選集注》作“閏”。

84. 籯金所過

籯，九條本、奎本、朝鮮本、陳本同，西園本、《文選集注》作“嬴”。案，《集注》案語稱：“《音决》、五家本‘嬴’爲‘籯’。”據此，是李善本作“嬴”。但九條本亦作“籯”，則九條本時此字已混淆。

85. 藏鏹巨萬

巨，諸本皆作“巨”，西園本作“鉅”。

鏹，《文選集注》案稱：“《音决》‘鏹’爲‘繦’。”胡克家《文選考異》稱“鏹”當作“繦”。高步瀛《文選李注義疏》引《匡謬正俗》説：“後之學者，謂‘繦’爲錢，乃改爲‘鏹’字，無義可據，殊爲穿鑿。”是“鏹”爲後起之俗字，《文選音决》所用，乃爲正字。

86. 釽摫兼呈

呈，諸本皆同，西園本作“程”。案，劉淵林注“兼呈”爲“常課”，高步瀛《文選李注義疏》據《史記·秦始皇本紀》：“上至以衡石量書，日夜有呈。不中呈，不得休息。”謂“呈”爲“程”之通借字。

87. 觴以醥清

醥，諸本同此，西園本作“縹”。又“醥清”二字，西園本、《文選集注》皆同，九條本、尤本、奎本、朝鮮本、陳本皆作“清醥”。是自九條本以後，此二字即已誤倒。

88. 涉獵寥廓

獵，九條本、奎本、朝鮮本、陳本同此，西園本、尤本作“躐”，《文選集注》作“躐”。高步瀛《文選李注義疏》引吕錦文説，“‘躐’

即'躐'字……是'躐'爲本字,'蹢'乃俗字。"高氏評説:"《説文》無'躐'字,當依五臣作'獵'。"然不謂《文選集注》正作"躐",是李善原本當作"躐"。

89. 經三峽之崢嶸

峽,西園本誤作"陝"。

90. 拍貙氓於葽草

拍,西園本、《文選集注》、九條本、尤本、陳本作"皛",奎本、朝鮮正德本作"拍"。案,《集注》引李善注有:"'皛'當爲'柏'。"又引《鈔》曰:"'皛'當作'柏'。"引陸善經注:"'皛',顯也,明也。言明顯其在葽草之中也。"是李善注本、陸善經本原作"皛"。《集注》又引《音決》稱:"五家'拍',普陌反。"引五臣李周翰注曰:"拍,打也。"是五臣本作"拍"。此文下句用"彈",則此字用"拍"爲是。

91. 集乎江州

乎,西園本作"於"。

92. 艤輕舟

艤,九條本同。西園本、《文選集注》作"樣"。奎本、朝鮮本、陳本作"漾"。案,《文選集注》案稱:"五家本'樣'作'漾'。"是李善本作"樣",五臣本作"漾"。"艤"與"樣"同,"艤"爲俗字。然劉淵林注引《史記·項羽列傳》及庾信《哀江南賦》皆用"艤"字,是此字自有來歷。詳參高步瀛《文選李注義疏》。

93. 珠貝汎浮

汎,西園本、《文選集注》同此,九條本、奎本、朝鮮本、陳本作"沈",尤本作"氾"。奎本校稱:"善本作'氾'。"是刻本中李善本作"氾",五臣本作"沈"。然此字實本作"汎",字形訛爲"氾""沈"。

（三）結論

此結論是綜合日本藏幾種寫本校勘結果所得,有冷泉家藏本特徵的結論,也有針對西園家藏本、九條本特徵所下的結論。此外,尤刻本與九條本關係最近,亦相比較,故亦有對尤刻本的結論。

1. 西園本不同於他本的字：

如 3、4、5、6、7、8、14、25、26、28、30、31、32、33、34、35、37、42、44、45、46、47、48、49、50、51、55、62、70、71、72、75、77、79、80、86 條。（據 72 條"右挾岷山"句"岷"，諸本同，西園本作"嶓"。案，岷、嶓通，《班馬字類》説《漢書》作"嶓"字，則此爲古字。）以上各條顯示西園本多用通假字，與後世多用規範字不同，符合早期寫本特徵。

2. 尤刻本底本與九條本不盡相同，有些字顯示尤刻本更有來歷，似較九條本更早：

如第 9 條"是故"，尤本作"是以"。又如第 20 條"頹"，西園本、尤本作"隤"，九條本、奎本、陳本、朝鮮本作"頹"。案，此字尤本不從九條本，是尤本底本非盡從九條本。五臣本從九條本，似九條本已訛從五臣本。又第 21 條"亂以收其置罘"句"其"，西園本、九條本均有"其"字，奎本、尤本、陳本、朝鮮正德本均無。又，奎本、尤本、陳本、朝鮮本此句作"亂以收置解罘"。又第 40 條"黃稻鮮魚"句"鮮"，西園本、九條本作"鱻"。第 41 條"以爲芍藥"句"芍"，西園本、九條本作"艻"。又第 53 條"漢之舊都［者］也"。尤本同於西園本有"者"，諸本均無。又第 59 條"皤皤焉"句"焉"，九條本同此作"焉"，尤本則同於西園本作"然"。又第 88 條辯説見上。

3. 九條本個別字具有五臣特徵：

如第 11 條"以至和平"，李善本當無"平"字，九條本與五臣本皆有。似是九條本已經羼入五臣字。

又如第 17 條"故百姓同於其饒衍"，西園寺本旁注引《集》案稱："五家本無'故'字。"據此，是《文選集注》中五臣本無"故"，李善本應有"故"。但九條本、尤本已無"故"字，此字在九條本之前已脱，而合於五臣本矣。第 20 條"隤"，九條本作"頹"，同於五臣本。

又如第 57 條"［皆能］攫戾執猛"句，西園本、冷泉家本無"皆能"二字，九條本及後世刻本皆有，似證九條本晚於此二寫本，而與後世刻本近。

4. 尤刻本具有五臣本特徵：

如 14 條 "且挈瓶之智"，西園本、九條本均無 "且" 字。刻本五臣本如奎章閣本、陳本、朝鮮本均作 "且夫"，然尤本亦作 "且夫"。

又第 16 條 "草木繁廡"，西園本眉批曰："集案，《鈔》《決》'繁' 爲 '蕃'。" 是據《文選集注》案語，李善、五臣本均作 "繁"，唯《文選鈔》《文選音決》作 "蕃"。然後世刻本已發生訛謬，此字奎閣章本、陳本、朝鮮本尚作 "繁"，尤本則已訛作 "蕃"。是自九條本至尤刻時，已發生了由 "繁" 訛爲 "蕃" 的變化，亦即以《鈔》《音決》之字混入李善本。

5. 九條本、尤本相同的字：

如第 18 條 "今吾子苟好剿民以偷"，"吾子"，西園本、陳本、朝鮮本同。九條本、尤刻作 "公子"。

6. 早期寫本訛錯互不相同例：

第 23 條 "余乎習非而遂迷 [也]" 句，此句西園本全同。九條本作 "予習非而遂迷也"，奎本、陳本、朝鮮本作 "予乎予習非而遂迷也"，尤本作 "予乎習非而遂迷也"。

7. 尤本誤例：

第 56 條，尤本誤作 "明叡"，無依據。第 64 條 "宜准其實" 句 "准"，《文選集注》、西園本、九條本、奎本、朝鮮本、陳本均同此，尤本作 "本"。高步瀛氏説："五臣 '宜本' 作 '宜准'。" 事實上早期李善、五臣並無區別，均作 "宜准"。案，此尤本獨有之字，或爲誤字。

第 76 條，"迊"，尤本作 "市"。辯説見前。

8. 校語引《文選集注》證李善、五臣原貌：

參見第 60 條、第 81 條、第 90 條。

9. 後人誤判讀音：

見第 63 條。

10. 西園本爲最早寫本之證：

見第 73 條。

11. 九條本晚於西園本、《集注》本而近於後世刻本之證：

第 83 條 "黄潤比筒" 句 "潤" 字，九條本、奎本、尤本、朝鮮本同，西園本、《文選集注》作"閏"。則見九條本晚於西園本和《集注》本。

第87條"觸以醲清"句"醲清"，西園本、《文選集注》皆同，九條本、尤本、奎本、朝鮮本、陳本皆作"清醲"。是自九條本以後，此二字即已誤倒。又，"醲"字，西園本作"縹"。

第93條"珠貝汎浮"句"汎"，西園本、《文選集注》同此，九條本、奎本、朝鮮正德本、陳本作"沈"，尤本作"氾"。奎本校稱："善本作'氾'。"是刻本中李善作"氾"，五臣本作"沈"。然此字實本作"汎"，字形訛爲"氾""沈"。

12. 九條本與冷泉本同，與西園本、《集注》本異，亦與刻本異：

第92條"艤輕舟"句"艤"字，參前文。

以上是我們以寫本與刻本對校的結果，從中可以看出由寫鈔本到刻本階段《文選》版本發生的各種變化，顯示了版本變化的先後進程，以及版刻中誤字產生的原因。這個結論與我對其他日本藏寫鈔本的研究結論基本一致。日本早期寫鈔本的發現和研究，爲我們探討刻本前的三十卷本《文選》原貌提供了可能性，還可以研究由寫鈔本到刻本階段《文選》版本發生的各種變化，從而可以深入探討版本變化的先後進程以及版刻中誤字產生的原因。日本藏《文選》寫鈔本，我所見到的，大約有以下二十餘種：

1. 《文選集注》（存二十四卷），
2. 九條家本（存二十二卷，一卷重），
3. 三條家本（五臣注本卷第二十），
4. 觀智院本《文選》卷第二十六，
5. 上野精一氏藏卷第二十七零本（《辯命論》），
6. 上野精一氏藏《文選》卷一，
7. 永青文庫藏敦煌本《文選注》，
8. 大東急記念文庫藏卷第三，
9. 猿投神社藏本三種（《文選》卷一），
10. 靜嘉堂文庫藏本（《高唐賦》殘、《神女賦》、《登徒子好色賦》、《洛神賦》），

11. 西園寺公家藏《文選》卷二，
12. 書陵部藏平安末鐮倉初寫本《出師表》，
13. 北大藏《文選》卷七，
14. 正倉院藏李善注殘紙，
15. 《二中歷》所載《文選》目錄，
16. 冷泉家時雨亭文庫藏《文選》卷二，
17. 御茶水圖書館藏（國會圖書館亦藏）御注《文選注》表，
18. 宮内廳圖書館藏《文選集注》殘紙一葉（《南都賦》），
19. 石井積翠藏《文選集注》殘葉，
20. 立命館大學藏《文選》李善注殘葉，
21. 臺北故宮博物院藏楊守敬過錄本（存卷一及另二十卷）。

其中，我專文研究過幾種重要寫鈔本，此次爲討論寫本與刻本間的關係，我以冷泉家藏寫本與西園寺家藏《文選》卷二、九條家本，以及刻本的李善注尤刻本、五臣注朝鮮刻本、六家本的奎章閣本對校。這是因爲這幾個寫本的批注都引用了《文選集注》，具有可比較的共同性。通過這幾個寫鈔本的比勘，我們得出了以上十二條比較有意義的結論。總的判斷是，我認爲西園本是時代最早的寫本，《文選集注》及冷泉家本晚於西園本而早於九條本。九條本則距刻本最近，其與尤刻本關係尤近。尤刻本並非如前人所說是無來歷的刻本，實則有底本，且常有顯示其早於諸刻本，甚至早於寫本的特徵。總體而言，尤刻本的底本當與九條本的底本爲同一系統。

日本宮內廳藏九條本《文選》研究

（一）九條本概貌

　　九條本《文選》現藏日本宮內廳書陵部，是式家①《文選》學的重要材料。全本當出白文無注三十卷本，現存二十二卷，其中第十四卷重，因此應是二十一卷。所缺爲卷五、卷六、卷九、卷二十四至卷二十八、卷三十，共二十三軸。此本原藏京都東寺，後傳到九條家。據《國寶略說》，收藏九條本的箱子有籤條：

　　　　古/文撰（選）廿四卷/右東寺覺勝院權僧正/故攝政殿進上之也/慶安三年九月十四日記之

而宮內廳書陵部藏卷十九卷首僚紙亦寫有：

　　　　右出師表東寺匡底所持/大江匡房真迹云必有來由/古色靄然最可寶重矣/明治己卯冬日畑成文觀

　　據此，日本學者山崎誠教授認爲是鐮倉末期由東寺轉到了九條家②。據收藏九條本箱子上的籤條，此本在慶安三年（1650）時，尚有二十四卷，但現在又缺失了二卷。九條本的抄寫是由藤原一家幾代人分幾個時期完成的。阿部隆一根據寫本所留識語，將它分爲八個部分：

　　第一，南北朝時期，存卷一至卷四、卷七、卷十至卷十六、卷十八、卷二十一、卷二十二，共十五軸。

　　第二，平安末鐮倉初間，存卷八，一軸。

　　第三，平安後期，存卷十四，一軸。

　　第四，平安末，存卷十七，一軸。

　　第五，康和元年（1099）（卷初缺），一軸。

---

① 日本博士家藤原氏一派。
② 參見《式家文選學一斑——〈文選集注〉的利用》，載《國文學研究資料館紀要》15，1989年。

第六，承安二年（1172）寫，存卷二十，二軸。

第七，鐮倉寫，存卷二十三，有弘安三年（1280）傳授識語，一軸。

第八，正應二年（1289）寫（首缺），存卷二十九，一軸。

九條本除卷八、卷十四、卷十六、卷二十一、卷二十二以外，每卷末均有識語，記錄抄寫人的姓名、抄寫時間以及有關抄寫的情況。從識語中我們知道，九條本可考的最早的抄寫時間是康和元年（1099），最晚則至康永二年（1343）。以下我們以影印本結合阿部隆一氏鈔錄件（阿部隆一氏見過原件），鈔錄相關的識語，以助於研究鈔本的產生。

卷一

本云

弘安八年（1285）六月廿五日以菅江兩家證本校合書寫了／散位藤原相房

正應五年（1292）五月九日點了文選十二三歲之時兩年以自筆令書寫受嚴君之説了而先年甘繩回禄之時皆以爲灰燼了仍爲授幼稚所令校點了散位藤長英

正慶五年（1336）二月十四日書寫了散位藤原師英

翌朝寫朱墨兩點勘物了師英

卷二

本云

正慶元年（1332）大呂五日書寫了／散位藤原師英

　　　同廿三日寫墨點同勘物了師英

　　　同夜半朱點畢師英（朱筆）

卷三

本云

永仁七年（1299）三月廿五日默畢

同廿七日默畢（朱筆）

卷四

本云

正應五年二月廿八日書寫畢散位藤長英在判

同六月廿五日校點畢

同壬六月三日點畢在判（朱筆）

同廿二日付尺音畢長英

乾元二年（1303）閏四月七日授申千手才子畢/前對州刺史長英

德治二年（1307）十二月十一日授申垂水藤才子畢/散位長英

卷七

本云

正應五年十月六日雨中書寫畢源信元

　　　同八日墨點了在□

　　　同十一日付尺音了信元

　　　同（朱）十四日朱點了信元

　　　同十五日上下注付了信元

　　　同十七日一校了信元

正應五年八月十六日書寫畢於時久就病席屢染/疏毫宿好之主愁篤只且了/散位藤原長英

正慶二年大蔟廿四日書寫了於時白雪紛紛紅燭耿耿而已散位藤原師英

　翌朝墨點了師英

　同時朱點了師英

卷十

本云

正應五年十月二日丑尅書寫了此書曾祖父一筆也而上袟紛失之間爲備欠失所令書寫了/散位藤原長英

　本云

正慶二年後二月十二日書寫了同日朱墨兩點了／散位藤原長英

卷十一
本云
正慶二年後二月十七日夜半書寫了／散位藤原師英判
同時墨點了師英
同時朱點了師英（朱筆）

卷十二
本云
正慶二年三月十一日子克書寫畢／散位藤原師英判
同朝朱墨兩點了

卷十三
正慶二年三月廿八日夜半書寫之訖／散位藤原師英判
翌日兩點了師英

卷十四
本云
正慶二年仲呂十一日書寫了／散位藤原師英判
同日朱墨兩點了師英

卷十五
本奧云
養和二年（1182）五月廿六日於洞院亭書寫了
七月朔日墨點了散位在□
建久三年（1192）十一月十四日以家說授筑州別駕了／散位菅□
正慶二年四月廿五日書寫了／散位藤原師英在判
（同日）朱墨兩點了　師英

卷十七

保延二年（1136）正月廿三日午時許讀了

保元二年（1157）二月廿三日入合證本了

借請菅判之本加一見了　公重

卷十八

本云

康永二年（1343）六月十九日拭細汗勵抄書了／前但州刺史師英

同七月廿三日於三條坊門學問所寫了／師英

同廿七日朱點了師英（朱筆）

卷十九

康和元年（1099）九月廿日巳刻書了

卷二十

承安二年（1172）壬辰閏十二月廿一日以菅給料家本寫點了／安倍宗元①／生年十八

承安二年後十二月晦日奉

授正親町大夫了

卷二十三

弘安三年（1280）無射十八日以家秘

説奉授秋田城務好士既訖

前吏部少卿諸範（花押）

卷二十九

正應二年（1289）己丑十一月六日自巳刻終至

---

① 佐竹保子判應爲"安紀宗光"，參見氏著《九條本文選所收識語》，《東北大學中國語學文學論集》4，1999年。

子時半分終書功

於京洛大宮宿所以大内記

吏部侍郎本書寫畢

十一日加朱點畢（朱筆）

對這些識語的研究，可參看佐竹保子教授《從〈九條本文選〉所收的識語來看〈文選〉教學在日本》一文①。根據這些識語，可以見出九條本是在怎樣的條件下鈔錄的。識語中的藤原式家之家譜，據佐竹保子提供的譜系是：

明衡—明業

敦光—有光—有有季—有實—宗光

敦基—合明—敦綱—保綱—基長—長英—師英

據卷十藤原長英的識語説，《文選》此書曾經其曾祖父一筆抄寫，但上帙紛失，長英所抄乃補其欠缺部分。長英曾祖父是敦綱，説明敦綱曾手抄《文選》一過。據山崎誠教授説，天平四、五時在皇后宮職寫經所抄寫的《文選》，常常把無注本《文選》三十卷分爲上、中、下三帙。這一點在日本類書《二中歷》②和正倉院文書所記光明皇后所抄《文選》，都可得到證明。藤原敦綱所抄上帙後來失傳，山崎誠教授懷疑失傳的原因與卷一藤原師英的識語所説有關。藤原師英的識語説："《文選》十二三歲之時，兩年以自筆令書寫，受嚴君之説了。而先年甘繩回禄之時，皆以爲灰燼了，仍爲授幼稚，所令校點了。"大致的意思是説他十二三歲時，在父親的督促下，學習並抄寫《文選》。後來這些早年抄寫的《文選》，在火災中燒燬，但爲教授小孩子學習，所以又抄寫點校一過。爲六丁攝去的，恐非指藤原敦綱的鈔本。從識語看，九條本的鈔錄是十分認真而嚴謹的，全書朱墨兩點，又反復核校。據卷一識語，式家鈔錄《文選》，還借了菅、江兩家藏本來校對③。菅可能指

---

① 第五届《文選》學國際學術會議論文，2002年10月22—25日，中國鎮江。
② 《尊經閣善本影印集成》14—16《二中歷》，八木書店，平成十年（1998）三月二十日，前田育德會尊經閣文庫編。
③ 山崎誠認爲一到十卷可能是藤原氏藏本和菅、江兩家證本的合校本。

菅原氏，江指大江氏，都是平安時代的博士家。

九條本白文無注本，若能研究清楚其產生的時代和版本來源，對《文選》寫鈔本和刻本研究，無疑具有極大的價值。此外，九條本有許多識語、批校、和訓等，對研究日本學術史也是很可寶貴的。對中國學者來說，當然是批校所引《文選集注》和李善、五臣等注的內容，更爲有意義。

（二）　九條本研究概說

九條本在日本極受重視，但由於此本是皇家藏品，一般不輕易示人，吉川幸次郎先生曾製作過照相本，皇皇幾十本，一般也不容易見到。筆者曾在臺灣大學圖書館見到這部照相本，只能匆匆翻閱一過，印證幾個問題而已。2005年筆者在日本東京大學任教期間，得以見到影印本，才能有時間較爲仔細地作一研究。

九條本由於是式家學術的産物，據之可以研究日本自古以來講解漢籍的實況，窺見平安時代末期（11世紀）到南北朝時代（12世紀至14世紀）已經漸漸衰落的"博士家"《文選》學之一斑，因此九條本中的識語和音訓等，都是日本學者非常關心的內容。相對來說，中國學者可能更加關注九條本的來源問題。關於九條本的研究情況，日本學者池淵質實撰有《九條本〈文選〉研究序說》一文①，據她的文章，目前對九條本研究有代表性的學者是斯波六郎、阿部隆一、小林芳規、中村宗彥、山崎誠、佐竹保子等；中國學者，池淵質實舉出筆者作爲代表。其實日本學者中，池淵質實是用力比較多的，她正在撰寫《九條本〈文選〉校勘記》，在《中國學研究論集》上連續發表。這一工作是非常艱苦的，但肯定是十分有價值的。

據池淵質實介紹，斯波六郎以九條本和李善注唐代寫本（剛案，即永隆本《西京賦》）、三條家藏五臣注鈔本互校，其結論是，九條本來源是無注本，但在好幾次抄寫過程中，會受到當時新傳來的版本的影

---

① 池淵質實《九條本〈文選〉研究序說》，載《中國學研究論集》6，廣島中國文學會編，2000年。

響。斯波六郎的意見是可以用九條本作爲標準,以訂正傳世諸本的錯誤①。小林芳規在《從日語史看平安、鎌倉時代的漢籍訓讀》一書②中,以兩篇文章:《九條本〈文選〉所見上代訓讀語》《大江家以外的紀傳道諸家的訓法》具體討論了九條本的訓讀情况。中村宗彦《九條本〈文選〉古訓集》③,系統整理了九條本的和訓。他的結論是九條本比其他鈔本更受到五臣注本等影響。阿部隆一《關於東山御文庫尊藏舊鈔本〈文選〉》,根據抄寫的年代、正文與加注、識語、和訓間的差別,將九條本又別分爲八種,他的結論是:"這八種抄寫的年代,是從平安時代末年到南北朝時代初期,但其原本都一樣。雖然其中兩種第十四卷,有一些差別,但可以看作是抄寫過程中根據發現的錯誤而作的修改。"他說:"九條本的原本是在中國已經丟失了的無注三十卷本的唐代鈔本。"他認爲:"九條本保存了《文選》的最古老的原貌。"山崎誠在《式家〈文選〉學一斑——〈文選集注〉的利用》中提出九條本來源不是五臣本,只有注是從五臣本來的,他認爲其來源應是無注本。佐竹保子則認爲九條本的來源還不明確,它不能作爲研究其他文獻的資料。至於筆者本人的意見,我認爲九條本諸多特徵都與李善本相近相同,應是出於李善本的底本。

(三) 九條本旁注引用《文選集注》的價值

九條本抄寫多引各家之注,與現存李善本和六臣本勘,當是抄寫時據刻本鈔錄,並非出自《文選集注》,價值一般。如卷一《兩都賦序》引李善和五臣注,全同胡刻本和《四部叢刊》本,而此注經胡克家考訂,認爲並非出於李善和五臣,則見九條本所引亦是後人增添文字,故當出於刻本。

但也有不同者如《西都賦》"英俊之域"引李善注說"《文子》

---

① 參見斯波六郎《九條本〈文選〉解說》一文,載《文選索引》附《舊鈔本〈文選集注〉第八校勘記》,京都大學人文科學研究所,1959 年。
② 小林芳規《平安鎌倉時代における漢籍訓讀の國語史の研究》,載《國語と國文學》45(4),東京大學國語文學會編,1968 年。
③ 中村宗彦《九條本〈文選〉古訓集》,風間書屋,1983 年。

曰：'智過萬人謂之英，千人謂之俊，𧶠百人謂之杰，十人謂之豪。'"案，胡刻本及《四部叢刊》本均以"百人"以下文字爲下句"與乎州郡之豪杰"注文，九條本此處則合抄於一處。否則李善原注亦不應舍"七相五公"不注，而先注其後"與乎州郡之豪杰"一句。又下句"陪以甘泉"，九條本引李善注："《漢書》曰：'王子淵爲《甘泉頌》，楊子雲奏《甘泉賦》。'"案，胡刻及刊本均於"楊子雲"上有"又曰"二字，九條本則省略。

九條本旁注多引《文選集注》各家校語及《鈔》《音決》等注文，此於已佚之《文選集注》各卷，極有價值。如：

卷七宋玉《風賦》"此風寡人所與庶人共者耶"引《鈔》曰："寡人者，諸侯謙稱。猶言寡薄之人也。"

同卷潘安仁《秋興賦》"覽花蒔之時育兮"引《鈔》曰："蒔，叢花也。"

同卷謝惠連《雪賦》"延枚叟"引《鈔》曰："枚，姓。名乘。齊人。初事吳王濞。"

同上"臣聞雪宮建於東國"引《鈔》曰："東國，齊也。齊在梁東，故云東國。"

同卷賈誼《鵩鳥賦》引《鈔》云："似鵲文以雌鷄似班鳩也。"

同卷禰正平《鸚鵡賦》"美芳聲之遠暢"引《鈔》云："此鳥有芬芳之聲。"

同卷顔延年《赭白馬賦》"馬以龍名"引《鈔》云："馬是地精也。"

同上"斃於內棧"引《鈔》云："內棧，養馬處以板借地承馬足也。"

同上"暨明命之初基"引《鈔》云："明命，宋高祖受天之明命也。"

同卷鮑明遠《舞鶴賦》："感寒鷄之早晨"引《鈔》云："鷄寒則鳴早。"

同卷班孟堅《幽通賦》"東鄰虐而殲仁兮"引《鈔》云："文王在西紂在東，故云東鄰。"

又本卷卷背錄引頗多，其中引《鈔》的有：

1. 《鈔》云："通，遍也。言順展則與日接暉，光景相係，故言通燭。"剛案，此句當解《月賦》"順辰通燭"句。

2. 《鈔》云："驥，古之善馬。其□一曰鳴和鸞，二曰逐水曲，三曰舞交衢，四曰間容握，五曰射禽左。"剛案，此當解《赭白馬賦》"驥不稱力"句。

又引《文選集注》校語多處：

1. 卷七顏延年《赭白馬賦》"委以紅粟之秩"，注："《決》'委'爲'餧'。"

2. 卷十四（無標記本）丘遲《旦發魚浦潭》"鳴鞞響沓障"句"障"，欄外校："《決》作'嶂'。"又"魚"旁注："《決》作'漁'。"剛案，明州本、陳八郎本作"漁"，尤刻本作"魚"。

3. 同卷"軍戎"詩類，欄外校："或本作'從軍'。師說六善經本並□本等作'從軍'，唯李善李氏之本是'軍戎'也。"剛案，尤刻、明州本均作"軍戎"，陳八郎本卷首目錄作"軍戎"，卷內佚漏。據九條本，"軍戎"二字書於前詩末句"沾君纓上塵"下，故易遺漏。此例與卷四十四"難"類相同，據《文選集注》，"難"題即書於上句之末，故致遺漏。

這些都是《文選集注》現存卷所闕者，對補充《文選集注》，深入研究唐代《文選》學，自然是十分珍貴的材料。

（四）九條本同於李善本（尤刻）之討論

九條本據校勘結果，其特徵往往與李善本相合，而尤與尤袤刻本多合，是證尤袤本確有底本，非如清儒所說，是尤袤刻書時以五臣亂善所致。以下略從兩個方面討論：第一，全書分類、篇目相合；第二，通校各篇結果證明九條本與李善本（尤刻）相合。另附五臣本據李善改的例證。

第一，全書分類、篇目相合。

1. 九條本卷十四有卷兩卷，一有抄寫年代，標爲正慶二年，一無年月及標記，二者筆迹不同。於《古樂府》均錄三首，然正慶本題稱

"四首"，實錄三首：《飲馬長城窟行》《長歌行》《長〔傷〕歌行》。三首的收録與李善本同，但次序不同，刻本李善本《傷歌行》置於《長歌行》前，九條本則以《長歌行》置於《傷歌行》前。又，九條本這兩個鈔本均將"傷歌行"抄爲"長歌行"，當是原本如此。正慶本於後一首《長歌行》（即《傷歌行》）"長"旁校"傷五"，表明五臣本"長"字作"傷"，可證並非抄者筆誤，而是原本如此。

又，正慶本於"長歌行"欄上有校記"傷歌行五言""或在此"，説明抄者據刻本認爲《傷歌行》在《長歌行》前。又校稱"已上二首在五下"，"已上二首"當指《飲馬長城窟行》和《傷歌行》，但稱"在五下"，不知何意？又於"長歌行"題旁校稱"於此篇在《傷歌行》下"，表明《長歌行》在《傷歌行》之下。案，九條本此處與各刻本均不同，不知底本情況如何。

2. 班婕妤《怨歌行》，與李善本合，五臣本作《怨詩行》。無標記本多有旁校，其一云："樂府一首，《音決》作之。"其二云："怨詩行一首，五言。五家作之。"其三云："《音決》'詩'字作'歌'字。"據此而知，《音決》題爲"樂府一首"，又作"怨歌行"，五臣本則作"怨詩行"，這表明五臣本作"怨詩行"，今陳八郎本正作"怨詩行"可證。

又欄外校記稱："《決》：或本更別有'爲君既不易'者，非也。"是證唐時有録"爲君既不易"之本。剛案，"爲君既不易"，乃曹植同題作，載《樂府詩集》卷第四十二，當爲好事者闌入。

3. 九條本陸機《樂府十七首》順序全同李善本，而與五臣本不同。

4. 九條本卷十二所録歐陽堅石《臨終詩》，無"臨終"類題，與李善本合，五臣本則有"臨終"類題。按照《文選》編輯體例，昭明原本應該是有的，九條本此處恰亦合於李善本，而不合於五臣本。據此看來，九條本的底本當屬李善本系統。

5. 九條本卷二十《奏彈劉整》前序，刪節與李善本同。

九條本所録自首"御史中丞臣任君稽首言"，至"前奴教子當伯已入衆又以錢"句，下接"寅第二庶息師利"，至"整便打息逸"句，下接"臣謹案新除中軍行參軍臣劉整"句，至"悉以法制從事。臣昉誠惶誠恐頓首頓首死罪死罪稽首以聞"止。此與《文選集注》及楊守敬古鈔本全同。案，刻本《文選》於"臣謹案"句前，即"整即主"句下注曰："昭明删此文大略，故詳引之，令與彈相應也。"並稱爲李善所注。按之《文選集注》，其實詳增此文者，乃五臣，而非李善。李善本乃與删節本一致。

據《文選集注》，在"教子當伯"句下，《集注》案語曰："今案，《鈔》、五家本此下云：'並已入衆。以錢婢姊妹弟温仍留奴自使。又奪寅息逡婢緑草，私貨得錢，並不分逡。'陸善經本省却此下至'息逡'。"此段爲《鈔》、五臣本所獨有，但李善本無。又據案語似陸善經本亦有此段，但以下"寅第二庶息師利"至"整便打息逡"句，陸善經本無。李善本及五臣、《鈔》均有。"息逡"句以下，李善本完全省略，五臣本却保留了"息逡"以下自"整及整母並奴婢等六人"句至"整即主"段。以下，李善本録自"臣謹案"至"悉以法制從事"句止，《集注》案語則説："今案，五家本此下云：'婢采音不款偷車龍牽，請付獄測實，其宗長及地界職司，初無糾舉，及諸連逮，請不足申盡。'"據《集注》案語，李善本所録與昭明原本相同，補足者，是五臣，而非李善。今九條家本一同昭明原本，亦有可能抄自李善，不能明也。

6. 九條本陸機《挽歌》三首，順序全同李善本，九條本於第三首"流離親友思"欄上注語稱"'流離'□，五家置'重阜'上。"考慮到九條本多引《文選集注》，且又稱五臣爲五家，故此語當爲《集注》案語。如是，則唐時《文選》，《挽歌》已分李善、五臣之别。

陸機《挽歌》三首，"重阜何崔嵬"，《集》案："《音决》、五家、陸善經本以此篇爲第三也。"九條本此處同李善本。

第二，九條本與李善本（尤刻）相合的討論。

通過對九條本與早期寫鈔本及刻本的比較，可以證明九條本多合於李善本。除了上一節所説分類篇目等以外，九條本中有一些獨具特徵可以證明其與刻本淵源關係的字，亦多合李善本。但九條本是古李善本（以《文選集注》爲代表）向刻本李善本轉變時期的產物，因此出現有不少九條本與古李善本和尤刻本均不同的字例，這個現象恰恰可以用來判斷九條本與李善本的關係，其所出現諸異同，均可以找出發生訛變的原因而得出合理解釋。九條本出現的諸種情況，大致可以分出以下幾類：

1. 九條本與尤刻同，皆合古李善本正字例。
2. 九條本與尤刻皆誤之字例。
3. 九條本與古鈔本同，但似爲誤字，尤刻不誤例，兼釋尤本不誤的原因。
4. 九條本與古鈔本同，不誤，不與尤刻本同，尤本誤例。
5. 九條本與古鈔本不合，古鈔本誤例。
6. 九條本與古鈔本及刻本均不合例。
7. 九條本與古鈔本、尤本不合，而合於五臣本例。
8. 九條本與古鈔本、五臣本合，而不合於監本、尤本。

詳細討論如下（以下引文底本爲《文選集注》）：

1. 九條本與古鈔本（指日本所藏相應各篇之古鈔本）、監本、尤本同，皆合古李善本正字。

（1）《蜀都賦》"蹴蹈蒙籠"，《集》案稱："《鈔》、五家、陸善經本'蹴'爲'獵'。"剛案，九條本、尤本作"蹴"。又朝鮮本作"蟄"，是五臣亂以善字。

（2）《蜀都賦》"邛杖傳節於大夏之邑"，《集》案稱："五家本'杖'爲'竹'。"剛案，西園寺本、九條本、尤本作"杖"，同李善本。朝鮮本、陳八郎本、奎章閣本作"竹"。

（3）鮑照《擬古三首》"晚節從世務"，《集》案："五家本'世'爲'時'。"古鈔本、九條本、監本、尤本作"世"，奎章閣本、兩五臣本作"時"。

（4）鮑照《代君子有所思一首》"蟻壤漏山河"，《集》案："五家本'河'爲'阿'。"古鈔本、九條本、監本、尤本作"河"，奎章閣本、兩五臣本作"阿"。奎章閣本校：'善本作'河'字。"

2. 九條本與尤刻本皆誤字而同，顯示早期由正確向訛誤的變化。

（1）《蜀都賦》
"樣輕舟"，《集》案："五家本'樣'作'漾'。"九條本、尤本作

"艤"。高步瀛引《廣韵》四"紙"説："'樣'同'艤','艤'字亦俗。"引各家考辨，謂"樣"與"漾"同。據此，尤本、九條本均從俗字之寫本，李善原作"樣"，與五臣作"漾"有異。

（2）同上，"贏金所過"，《集》案："《音决》、五家本'贏'爲'籯'。"九條本、尤本作"籯"，同五臣本（朝鮮正德年間刻五臣本作"籯"字）。

（3）鮑照《苦熱行》

"生軀陷死地"，《集》案："五家、陸善經本'陷'爲'蹈'也。"九條本、尤本作"蹈"。案，敦煌寫本伯2524號作"陷"。

（4）鮑照《代君子有所思一首》

"笙歌侍明發"，《集》案："五家、陸善經本'侍'爲'待'。"九條本及各刻本均作"待"。剛案，古鈔本"侍"左半"亻"旁上有一短撇，似爲日文注音符，若是，則古鈔本作"侍"。

（5）江文通《雜體詩三十首》之《王侍中懷德》

"嚴風吹苦莖"，《集》案："五家、陸善經本'苦'爲'枯'。"九條本、尤刻均作"若"。案，明州本、朝鮮正德本、陳八郎本作"枯"，明州本校稱："善本作'若'字。"明州本是據刻本李善本特徵出校，不能代表古寫本階段李善本特徵。據《集注》，李善原作"苦"，訛爲"若"，可見九條本是訛誤之後字。據《集注》案語，古本《文選》僅有"苦""枯"之異，李善本作"苦"，五臣本作"枯"，九條本出現"若"字，則是由"苦"字訛變。由此可見九條本較古鈔本要晚，但比尤刻本要早。

（6）《七啓》

"吾子倦世"，《集》案："諸本'子'下有'整身'二字。"古鈔本無"整身"二字，九條本、尤刻本有。案，六家本的明州本及五臣本的陳八郎本有，而九條本、尤刻本有此二字，明是後人以五臣亂善。《集注》引《鈔》曰："古本無此'整身'兩字。"則見《文選鈔》有"整身"二字，李善本應無，九條本有"整身"二字，顯示已與古李善本不同。此條九條本與五臣本同，似亦可解釋爲九條本底本爲五臣本，然考慮九條本多處與李善同，且此特徵尤刻本亦同九條本，故可視爲九條本時已以五臣亂善。

(7) 同上,見《七啓》

"振輕綺之飄飆",《集》案:"五家本'飄飆'爲'飄飄'。"剛案,明州本、陳八郎本作"飄飆",九條本、尤刻本亦作"飄飄",是後人以善亂五臣。

3. 九條本與古鈔本同,但似誤,而尤刻不誤。

卷九《吳都賦》

"而吾子言蜀都之富禹同之有瑋其區域",《集》案:"五家本'吾'爲'公'。"剛案,古鈔本、九條本、尤本、朝鮮正德本、陳八郎本均作"吾"。《集注》案語又稱:"《鈔》《音決》'瑋'爲'偉'。"古鈔本、九條本作"偉",尤本、朝鮮本、陳八郎本作"瑋"。此似尤本保留李善原貌,而古鈔本、九條本則訛。實則應是尤本可能據五臣本改,因爲早於尤本的五臣作"瑋"。

4. 九條本與古鈔本同,不誤,與尤本不同,尤本誤例:

(1) 江淹《雜體詩三十首》之《潘黃門述哀》

"述哀",古鈔本、九條本同。案,尤刻作"悼亡",是後世誤改。胡克家《考異》:"袁本、茶陵本'悼亡'作'述哀',案,二本是也。後《擬郭璞遊仙》注云:'已見《擬潘黃門述哀詩》,可證。'"明州本、陳八郎本作"述哀"。

(2) 同上,《劉太尉傷亂》

"飲馬出城豪",《集》案:"諸家本'豪'爲'濠'。"九條本作"豪"。案,明州本、陳八郎本及尤刻本均作"濠",是尤刻已失李善原貌。古鈔本此字因是複印件,"豪"左半有一豎,似作三點水,但亦可能爲日文假名標記,故疑不能明。

(3)《爲顧彥先贈婦》

"翻飛游江汜",《集》案:"《鈔》、《音決》、陸善經本'浙(游)'爲'浙'。"九條本作"游",尤刻本作"浙"。據案語,似《鈔》《音決》和陸善經本作"浙",李善與五臣均作"游",然據《集注》引李周翰注說:"言歡沉難起,心亂誰理,是願借歸鴻之翼,共飛浙江水之涯,以見所思也。"則五臣亦作"浙"。《集注》又引《鈔》曰:"《説文》云：江東至會稽山陰爲浙江。"案語稱："案，江，浙江，發源東陽、新安之間，不與岷山江相涉，自錢塘入於海。《史記》：秦始皇過丹陽至錢塘臨浙江是也。汜，水決復入也。彥先家在吳，故顛翻飛於浙江汜也。"據此，可知五臣、陸善經、《鈔》、《音決》皆作"浙江"解。胡克家《考異》説："善但引'江有汜'爲注，而不注'浙江'，是'江有汜'連文，非'浙江'連文，蓋亦作'游'，與五臣無異，傳寫誤也。"《文選集注》、九條本爲李善原貌，尤刻則據別本校改爲"浙"矣。

又，奎章閣本、明州本、朝鮮本、陳八郎本作"游"，明州本校稱："善本作'浙'。"此皆是刻本階段之李善、五臣特徵，與古寫本無關。

（4）陸士衡《挽歌三首》

"捻轡頓重基"，《集》案："五家、陸善經本'捻'爲'結'。"九條本作"結"，尤刻本作"結"，是後人以五臣亂善。

（5）《始出尚書》

謝玄暉"始出尚書省"，《集》案："《音決》、五家、陸善經本'書'下有'省'字。"九條本、尤本有"省"，是後世李善本已從五臣本。又，古鈔本無"省"，則見古鈔本尚留李善原貌。

（6）謝朓《和王著作八公山詩》

"日隱澗疑空"，"疑"字，古鈔本、九條本同，監本、尤本作"凝"，誤。

5. 九條本與古鈔本不合，古鈔本誤例。

謝朓《直中書省》

"乘此得蕭散"，《集》案，"《鈔》、五家、陸善經本'乘'爲'因'。"九條本、尤本作"乘"，古鈔本作"因此得蕭散"，似又合於五家本。又，尤本"得"作"終"。案，奎章閣本校稱："善本作'乘此終蕭散'一句。"是監本與尤本相合，則見"終"字非尤袤所改。

6. 九條本與古鈔及刻本均不合。

（1）謝朓《和王著作八公山詩》

"日隱澗疑空"，《集》案："《音決》'澗'爲'磵'。"九條本作

"磵"，同《音決》。古鈔本、尤本、奎章閣本、朝鮮本、陳八郎本作"澗"。

（2）沈休文《和謝宣城》

"憂來命綠樽"，《集注》案："《音決》'綠'爲'醁'。"九條本作"醁"，同《音決》。

7. 九條本與古鈔本、尤本不合，而合於五臣本。

沈休文《和謝宣城》

"憂來命綠樽"，"樽"字，九條本及奎章閣本、兩五臣本作"罇"，古鈔本、監本、尤本作"樽"。

8. 九條本與古鈔本、五臣本合，而不合於監本、尤本。

（1）沈休文《冬節後至丞相第詣世子車中作一首》

"詣世子車中作"，古鈔本、九條本、兩五臣本有"作"字，監本、尤本無。

（2）《直學省愁臥》

"直"，古鈔本、九條本、兩五臣本有，監本、尤本無。

（3）江淹《雜體詩·古離別》

"古離別"，古鈔本、九條本、奎章閣本、兩五臣本作"古別離"，奎章閣本校："善本作'離別'。"監本、尤本作"古離別"。

第三，五臣本從善字證。

1. 《蜀都賦》"於是乎金城石郭"，《集》案稱："五家本無'乎'字。"剛案，九條本、尤本有。又，朝鮮本有，則五臣本亦以善字闌入。

2. 同上"蹴蹈蒙籠"，《集》案稱："《鈔》、五家、陸善經本'蹴'爲'獵'。"剛案，九條本、尤本作"蹴"。又朝鮮本作"蹙"，是五臣亂以善字。

3. 謝朓《直中書省》"聊恣山泉賞"，《集》案："五家本'賞'爲'響'。"剛案，九條本、尤本作"賞"，奎章閣本、朝鮮本、陳八郎本均亦作"賞"，是五臣本已改從善本。

4. 《代君子有所思一首》"西出登雀臺"，《集》案："《鈔》、《音決》、五家本'出'爲'上'也。"案，古鈔本、九條本及各刻本均作"出"，是後世五臣本已據善本校改。

此附例説明在寫本向刻本轉變過程中，不獨李善本字發生訛變，五臣本亦然，其中變化情形多種多樣，只能就具體變化進行分析。總體説來，《文選》原貌自產生之初就在傳寫中發生訛變，至於唐代，無論李善本、五臣本，其他如《文選鈔》、《文選音決》、陸善經本均不能一致，而唐代所存之敦煌寫本，以及日本藏寫鈔本，亦如此，這是因爲每種鈔本在抄寫時都會發生變化，直至刻本階段，文本基本定型，再發生的多是校工和刻工的訛誤，而李善和五臣的基本特徵，則不像寫本階段容易混亂了。

以上關於九條本研究意見，根據九條本與《文選集注》及相關刻本的校勘，故將校文附後。

九條本與《文選集注》及相關刻本校記
（以下引文爲《文選集注》）

卷八《三都賦》

《蜀都賦》

1. "鋭氣飄於中葉"，《集》案："《音決》'飄'爲'剽'。"九條本、尤本及朝鮮本作"剽"。

2. "日往菲薇"，《集》案："《音決》、五家、陸善經本'薇'爲'薇'。"九條本、尤本作"薇"。朝鮮本作"薇"。

3. "於是乎金城石郭"，《集》案："五家本無'乎'字。"九條本、尤本有。又，朝鮮本有，則五臣本亦以善字闌入。

4. "邛杖傳節於大夏之邑"，《集》案："五家本'杖'爲'竹'。"九條本、尤本作"杖"，同李善本。朝鮮本作"竹"。

5. "贏金所過"，《集》案："《音決》、五家本'贏'爲'籯'。"九條本、尤本作"籯"，同五臣本。朝鮮本作"籯"。

6. "蹴蹈蒙籠"，《集》案："《鈔》、五家、陸善經本'蹴'爲'獵'。"九條本、尤本作"蹴"。又朝鮮本作"蹙"，是五臣亂以善字。

7. "樣輕舟"，《集》案："五家本'樣'作'漾'。"九條本、尤本作"艤"。高步瀛引《廣韵》四"紙"説："'樣'同'艤'，'艤'

字亦俗。"引各家考辨，謂"樣"與"漾"同。據此，尤本、九條本均從俗字之寫本，李善原作"樣"，與五臣作"漾"有異。

卷九

《吳都賦》

"而吾子言蜀都之富禹同之有瑋其區域"，《集》案："五家本'吾'爲'公'。"古鈔本、九條本、尤本、朝鮮正德本、陳八郎本均作"吾"。《集注》案語又稱："《鈔》《音決》'瑋'爲'偉'。"剛案，古鈔本、九條本作"偉"，尤本、兩五臣本作"瑋"。此似尤本保留李善原貌，而古鈔本、九條本則訛。實則應是尤本可能據五臣本改，因爲早於尤本的五臣作"瑋"。

此例還可以有一種判斷：古鈔本、九條本可能最合昭明原貌，《集注》編者所見本可能是訛誤後形成的特徵。即是說，昭明原本作"偉"，故李善、五臣均作"偉"字，後訛有"瑋"字本，如《鈔》《音決》，後人遂將李善、五臣均校改爲"瑋"。

卷第四十七

曹子建《贈徐幹》

"積久德俞宣"，《集》案："《鈔》'俞'爲'愈'。"九條本作"逾"。旁注"愈"。剛案，明州本、陳八郎本作"愈"，明州本校稱："善本作'逾'。"尤刻本作"逾"。據《集注》案語，《文選》原無"逾"字，"逾"當是後人所改。又，五臣本作"愈"，是後世刻本以《鈔》亂五臣。

卷四十八

陸士衡《答長淵一首》

1. "答長淵一首"，《集注》缺題，九條本作此"答長淵一首"，奎章閣本、朝鮮本作"答賈謐一首"，尤本作"答賈長淵一首"。

2. "崇替有徵"，《集》案："五家、陸善經本有'其一'也。"九條本及各刻本均有。

3. "靡邦不泯"，《集》案："陸善經本'泯'爲'淪'。"九條本及刻本均作"泯"。

4. "魯公戾止"，《集》案："陸善經本'戾'爲'莅'也。"九條本及刻本作"戾"。

5. "如玉之闌"，《集》案："《鈔》、五家、陸善經本'之'爲'如'。"九條本作"如爛"。奎章閣本、明州本、兩五臣本作"如蘭"，奎章閣本校稱："善本作'之'字。"尤刻本作"之蘭"。案，此條九條本同五臣本。

《爲顧彥先贈婦》

"翻飛游江汜"，《集》案："《鈔》、《音決》、陸善經本'浙'爲'浙'。"剛案，九條本作"游"。又，案語中前"浙"字當作"游"。據案語，似《鈔》《音決》和陸善經本作"浙"，李善與五臣均作"游"，然據《集注》引李周翰注説："言歡沉難起，心亂誰理，是願借歸鴻之翼，共飛浙江水之涯，以見所思也。"則五臣亦作"浙"。《集注》又引《鈔》曰："《説文》云：江東至會稽山陰爲浙江。"案語稱："案，江，浙江，發源東陽、新安之間，不與岷山江相涉，自錢塘入於海。《史記》：秦始皇過丹陽至錢塘臨浙江是也。汜，水決復入也。彥先家在吳，故顛翻飛於浙江汜也。"據此，可知五臣、陸善經、《鈔》、《音決》皆作"浙江"解。案，胡克家《考異》説："善但引'江有汜'爲注，而不注'浙江'，是'江有汜'連文，非'浙江'連文，蓋亦作'游'，與五臣無異，傳寫誤也。"《文選集注》、九條本爲李善原貌，尤刻則據別本校改爲"浙"矣。

奎章閣本、明州本、兩五臣本作"游"，明州本校稱："善本作'浙'。"尤刻本作"浙"，是後世以《鈔》、《音決》、陸善經本亂善。

卷五十六鮑明遠《樂府八首》

《東武吟》

1. "腰鐮刈葵藿"，《集》案："《音決》'腰'爲'要'也。"九條本、五臣本作"腰"，尤本作"胥"。剛案，敦煌寫本伯2524號作"要"。

2. "空負百年怨"，《集注》引《音決》説："或爲'冤'，非。"九條本作"怨"。剛案，敦煌寫本作"冤"。案，"怨""冤"字形相近，故譌爲"冤"。

《苦熱行》

"生軀陷死地"，《集》案："五家、陸善經本'陷'爲'蹈'也。"九條本、尤本、五臣本作"蹈"。剛案，敦煌寫本伯2524號作"陷"。

繆熙伯《挽歌詩》

"形容稍歇滅"，《集》案："《音決》'稍'爲'銷'。"九條本作"稍"。

陸士衡《挽歌三首》

1. "捻響頓重基"，《集》案："五家、陸善經本'捻'爲'結'。"九條本作"結"。剛案，尤刻本作"結"，是後人以五臣亂善。

2. "哀響沸中闈"，《集》案："《音決》'闈'爲'闆'也。"九條本作"闈"。

荆軻《歌》

"丹祖送於易水上"，《集》案："陸善經本'祖'下有'道'字。"九條本無。

劉越石《扶風歌》

1. "歸鳥爲我旋"，《集》案："五家、陸善經本'歸'爲'飛'。"九條本、尤本作"歸"。朝鮮本作"飛"。

2. "資糧既乏盡"，《集》案："陸善經本'既乏盡'爲'既已乏'也。"九條本、尤本、朝鮮本皆作"既乏盡"。是僅有陸善經本作"既已乏"。

卷五十九

謝玄暉《始出尚書一首》

1. 謝玄暉"始出尚書"，《集》案：《音決》、五家、陸善經本'書'下有'省'字。"九條本、尤本有"省"，是後世李善本已從五臣本。又，古鈔本無"省"，則見古鈔本尚留李善原貌。

2. "乘此得蕭散"，《集》案："《鈔》、五家、陸善經本'乘'爲

'因'。"九條本、尤本作"乘"。又，古鈔本作"因此得蕭散"，似又合於五家本。又，尤本"得"作"終"。案，奎章閣本校稱："善本作'乘此終蕭散'一句。"是監本與尤本相合，則見"終"字非尤袤所改。

謝朓《直中書省》

"安得凌風翰"，《集注》無案語，奎章閣本作"陵"，校稱："善本作'凌'字。"古鈔本、九條本、尤本作"凌"，朝鮮本作"陵"。

"聊恣山泉賞"，《集》案："五家本'賞'爲'響'。"九條本、尤本作"賞"，奎章閣本、兩五臣本亦作"賞"。

《和王著作八公山詩》

1. "仟眠起雜樹"，《集》案："《音決》、五家、陸善經本'仟'爲'阡'。"古鈔本、九條本作"阡"，奎章閣本、朝鮮本作"仟"，陳八郎本則作"阡"。此字或爲後人以當時所見之善本校改陳八郎本，是陳本保留五臣原貌，抑後人校改，疑不能明。

2. "日隱澗疑空"，《集》案："《音決》'澗'爲'磵'。"九條本作"磵"，同《音決》。古鈔本、尤本、奎章閣本、兩五臣本作"澗"。又"疑"字，古鈔本、九條本同，監本、尤本作"凝"，誤。

沈休文《和謝宣城》

1. "晨趨朝建禮"，《集注》無校，奎章閣本"朝"作"游"，校稱："善本作'朝'字。"兩五臣本作"游"，九條本、尤本作"朝"。

2. "憂來命綠樽"，《集》案："《音決》'綠'爲'醁'。"九條本作"醁"，同《音決》。古鈔本及刻本均作"綠"。又"樽"，九條本及奎章閣本、兩五臣本作"罇"，古鈔本、監本、尤本作"樽"。

《冬節後至丞相第詣世子車中作一首》

1. "詣世子車中作"，古鈔本、九條本、兩五臣本有"作"字，監本、尤本無。

2. "高車塵未滅"，《集》案："《音決》'車'爲'軒'。"古鈔本、九條本及刻本均作"車"。

《直學省愁臥》（今《集注》佚此篇）

"直"，古鈔本、九條本、兩五臣本有，監本、尤本無。

卷六十一

鮑明遠《擬古三首》

"晚節從世務",《集》案:"'五家本"世"爲"時"。"古鈔本、九條本、監本、尤本作"世",奎章閣本、兩五臣本作"時"。

《代君子有所思》

1. "西出登雀臺",《集》案:"《鈔》、《音決》、五家本"出"爲"上"也。"案,古鈔本、九條本及各刻本均作"出",是後世五臣本已據善本校改。

2. "笙歌侍明發",《集》案:"五家、陸善經本"侍"爲"待"。"九條本及各刻本均作"待"。剛案,古鈔本"侍"左半"亻"旁上有一短撇,似爲日文注音符,若是,則古鈔本作"侍"。

3. "蟻壞漏山河",《集》案:"五家本"河"爲"阿"。"古鈔本、九條本、監本、尤本作"河",奎章閣本、兩五臣本作"阿"。奎章閣本校:"善本作"河"字。"

江文通《雜體詩三十首》

《集注》於《雜體詩三十首》下錄李善注所引《序》文:"李善曰:《雜體詩序》曰:'關西鄴下,既已罕同,河外江南,頗爲異法,今作卅首詩,學其文體。雖不足品藻泉流,庶無乖商榷。'"《集》案:"《音決》、陸善經本有序,因以載之也。"據《集注》案語,李善、五臣本不載序文,今五臣本全錄序文及李善本刪節序文,皆後人所爲。古鈔本、九條本全錄,亦當爲後人所增。《文選考異》卷六"雜體詩序曰"條:"袁本、茶陵本有'並序'二字在前,'雜體詩三十首'下無此五字,其以下全載序作正文,乃五臣從文通集取之添入耳。袁本有校語云'善序與此同,仍簡略,更不錄',可爲顯證。茶陵本不著校語,大誤。尤所見得善注之真,最是。"李善注引序乃李善所爲,並非李善底本錄序。此似說明昭明原本無序,古鈔本、九條本已爲後人抄寫時增益,各本則或全錄如五臣本,或簡錄如李善注引,似以第二種爲合理。

《古離別》

"古離別",古鈔本、九條本、奎章閣本、兩五臣本作"古別離",奎章閣本校:"善本作"離別"。"監本、尤本作"古離別"。

《李都尉從軍》

"結髮不相見",《集》案:"五家、陸善經本'髮'爲'友'。"奎章閣本、兩五臣本作"友",奎章閣本校:"善本作'髮'字。"古鈔本、九條本、監本、尤本作"髮"。

《王侍中懷德》

"嚴風吹苦莖",集案:"五家、陸善經本'苦'爲'枯'。"九條本作"若"。剛案,明州本、朝鮮正德本、陳八郎本作"枯",明州本校稱:"善本作'若'字。"尤刻作"若"。據《集注》,李善原作"苦",訛爲"若",是九條本亦是訛誤之後字。又,古鈔本作"枯"。

《嵇中散言志》

"潛志去世塵",《集》案:"五家本'世'爲'俗'。"九條本作"世",同李善本。明州本、陳八郎本作"俗",明州本校:"善本作'世'字。"

《潘黃門述哀》

"述哀",古鈔本、九條本同。剛案,尤刻作"悼亡",是後世誤改。胡克家《考異》說:"袁本、茶陵本'悼亡'作'述哀',案,二本是也。後《擬郭璞遊仙》注云:'已見《擬潘黃門述哀詩》,可證。'"明州本、陳八郎本作"述哀"。

《陸平原羈旅》

"徂沒多拱木",《集》案:"五家本'沒'爲'役'也。"九條本作"沒",從李善本。明州本、陳八郎本作"役",明州本校稱:"善本作'沒'字。"

《左記室詠史》

1. "何用苦心魂",《集》案:"五家、陸善經本'用'爲'爲'。"九條本作"用"。明州本、陳八郎本作"爲",明州本校:"善本作'用'字。"

2. "王侯貴片義",集案:"五家、陸善經本'義'爲'議'。"九條本作"議"。案,明州本、陳八郎本、尤本均作"議",諸家無校,是後世已以五臣亂善。

《張黃門苦雨》

"爕爕涼葉奪",《集》案:"《音決》、五家本'奪'爲'脫'。"九條本作"奪"。案,明州本、陳八郎本及尤刻本均作"奪",是後世以五臣從善。

卷第六十二

《劉太尉傷亂》

"飲馬出城豪",《集》案:"諸家本'豪'爲'濠'。"九條本作"豪"。案,明州本、陳八郎本及尤刻本均作"濠",是李善原貌已失,九條本猶守李善原貌。

《郭弘農遊仙》

1. "崦山多靈草",《集》案:"《音決》'山'爲'嵫'。"九條本作"山"。

2. "朱霞入窗牖",《集》案:"《鈔》、《音決》'霞'爲'椒'。"九條本作"霞"。

《孫廷尉雜述》

1. "孫廷尉",古鈔本、九條本同《集注》作"孫"。剛案,明州本及尤刻誤作"張廷尉",陳八郎本不誤。

2. "卓然凌風矯",《集》案:"《鈔》'然'爲'爾'。"九條本作"然"。

3. "亹亹玄思清",《集》案:"《鈔》'清'爲'得'。"九條本作"清"。

《殷東陽興矚》

"蕙色出喬樹",《集》案:"《鈔》、五家、陸善經本'蕙'爲'惠'。"九條本作"蕙"。

卷六十三

《離騷經》

1. "騷一",剛案,九條本作"騷上",尤刻本同作"騷上"。按李善卷一注例,舊卷既改,故原書紀卷之甲乙等並除,今五臣本卷第十

六、十七均標卷"騷上"、"騷下"，與九條本同，《集注》標"騷一"者，當是李善所改。尤刻既爲李善本，應從李善注例作"騷一"，而不應作"騷上"。

《集注》不録《離騷序》，《集》案："《音決》案："《序》不入，或並録後序者，皆非.'今案，此篇至《招隱》篇，《鈔》脱也。五家有目而無書。陸善經本載《序》曰（略）。"據此，是昭明原書無《序》，陸善經本録入，但非昭明原貌。《集注》稱五臣本只有存目，故《集注》不録五臣注，然今五臣本有注，則見《集注》所依之五臣本有闕。九條本載《序》，與陸善經本同，或從陸善經本。據《音決》案語，是昭明原本無《序》，九條本有《序》，已非昭明原貌。

2. "衆皆競進以貪婪兮"，《集》案："陸善經本無'衆'字。"九條本有。

3. "汝何博謇而好修兮"，《集》案："《音決》'汝'爲'女'，陸善經本'謇'爲'蹇'。"

九條本作"汝"、"謇"。《四部叢刊》本校："五臣作'蹇'。"是後世刻本以陸善經亂五臣。

4. "周論道既莫差"，《集》案："陸善經本'既'爲'而'。"剛案，九條本作"而"。尤刻亦作"而"，是後世以陸善經亂善。九條本亦以陸善經亂善。

5. "周流天余乃下"，《集》案："陸善經本'天'下有'乎'字。"九條本無。古鈔本作"天乎"。尤本作"周流乎天"。

卷六十八

曹子建《七啓》

1. "並命王粲作焉"，《集》案："陸善經本'粲'下有'等並'二字。"九條本無。古鈔本有"並"字。

2. "隱居大荒之庭"，《集》案："陸善經本'居'爲'於'。"九條本作"居"。

3. "背洞溪"，《集》案："《鈔》、《音決》、陸善經本'溪'爲

'豁'。"九條本作"溪"。

4. "廢人事之紀經"，《集》案："《鈔》'紀'爲'大'也。"九條本作"紀"。

5. "未之思乎，何所規之不通也"，《集》案："《鈔》'未'爲'末'。又'規'爲'見'。"九條本作"未""規"。

6. "演聲色之妖靡"，《集》案："陸善經本'妖靡'爲'姣麗'。"九條本作"妖靡"。

7. "論變巧之至妙"，《集》案："陸善經本'至妙'爲'妙藝'。"九條本作"至妙"。剛案，諸本皆同。又尤刻本"巧"作"化"，明州本校說："善本作'化'。"據《集注》和九條本，此字原作"巧"，無異文，後人訛爲"化"而強分李善、五臣之别。

8. "敷道德之弘麗"，《集》案："陸善經本'麗'爲'美'。"九條本作"麗"。

9. "吾子倦世"，《集》案："諸本'子'下有'整身'二字。"九條本有"整身"。剛案，明州本、陳八郎本有，尤刻本亦有，是後人以五臣亂善。又，《集注》引《鈔》曰："古本無此'整身'兩字。"則見李善本此處與古本相同，九條本則非古本。古鈔本無"整身"二字。

10. "寒芳苓之巢龜"，《集》案："《鈔》'苓'爲'靈'。陸善經本'寒'爲'宰'。"九條本作"寒""苓"。剛案，明州本、陳八郎本作"搴芳蓮之巢龜"，《集注》引《音決》説："寒如字。或作'搴'，居輦反。非。"是作"搴"者爲或本，非五臣。又，《集注》所引各本亦無"苓"作"蓮"者。李善注曰："'苓'與'蓮'同。"據此五臣此字當是後人誤改。

11. "於是盛以翠樽，酌以雕觴"，《集》案："五家本'以'爲'此'。"九條本作"以"。剛案，明州本、陳八郎本均作"以"。

12. "予甘藜藿"，《集》案："《鈔》'藜'爲'梨'。"九條本作"藜"。

13. "彫以翠緑"，《集》案："《音決》'彫'爲'雕'。"九條本作"彫"。

14. "九流之冕"，《集》案："《鈔》、《音決》、五家本'流'爲

'旒'。"九條本作"流"。剛案，明州本、陳八郎本作"旒"。

15. "符采照爛"，《集》案："五家本'采'爲'彩'。"九條本作"采"。剛案，明州本、陳八郎本均作"采"，後人以五臣從善。

16. "予好毛褐"，《集》案："陸善經本'毛'爲'裘'。"九條本作"毛"。

17. "馳騁足用蕩思"，《集》案："《音決》'蕩'爲'盪'。陸善經本'用'爲'以'。"九條本同"蕩""用"。

18. "餝玉路之繁纓"，《集》案："五家本'路'爲'輅'。"九條本作"輅"。明州本、陳八郎本作"輅"，尤刻本作"路"。

19. "騰山赴壑"，《集》案："陸善經本'騰'爲'陟'。"九條本作"騰"。

20. "金埒玉菥"，《集》案："《鈔》、《音決》、陸善經本'菥'爲'厢'。"九條本作"菥"。剛案，明州本作"厢"，陳八郎本和尤刻本作"箱"，是後世於此字多有改變，已失原貌。

21. "變名異形"，《集》案："《鈔》、五家、陸善經本'名'爲'各'。"九條本作"名"。剛案，明州本、陳八郎本作"容"，明州本校説："善本作'名'。"案，《集注》案語爲"各"，當是"容"之訛。明州本、陳八郎本是。

22. "飛翩凌高"，《集》案："《鈔》、陸善經本'翩'爲'翼'。"九條本作"翩"。

23. "芳餌沉水，輕繳弋飛"，《集》案："陸善經本無'水''繳'二字。"九條本有。

24. "覿游女於水濱"，《集》案："《音決》'覿'爲'覩'。"九條本作"覿"。

25. "宴婉絶兮我心愁"，《集》案："諸本'宴'爲'嬿'。"九條本作"宴"。剛案，明州本、陳八郎本作"嬿"，音注爲"宴"。

26. "臨洞庭"，《集》案："諸本'洞'爲'彤'。"九條本作"洞"。剛案，明州本、陳八郎本作"彤"。

27. "振輕綺之飄飄"，《集》案："五家本'飄飄'爲'飄飄'。"九條本作"飄飄"。剛案，明州本、陳八郎本作"飄飄"。尤刻本亦作

"飄颻",是後人以善亂五臣。

28. "戴金摇之熠燿",《集》案:"《音決》'燿'爲'爍'。陸善經本'摇'爲'華'。"九條本作"摇""燿"。

29. "長裾隨風",《集》案:"五家本'裾'爲'袖'。"九條本作"裾"。剛案,明州本、陳八郎本作"袖"。

30. "飛聲激塵",《集》案:"《鈔》'飛'爲'悲'。"九條本作"飛"。

31. "形婿服",《集》案:"《鈔》'婿'爲'修'。《音決》、五家本爲'褙'。"九條本作"婿"。剛案,明州本、陳八郎本作"褙"。又,明州本、陳八郎本、尤刻本"服"下並有"兮"字,九條本亦有,《集注》無。

32. "揚羅袂",《集》案:"《鈔》《音決》'袂'而'衽'。"九條本作"袂"。剛案,《集注》案語中"而"當是"爲"之誤。

33. "是以雄俊之徒",《集》案:"《決》'俊'爲'雋'。"九條本作"俊"。

34. "辭未及終",《集》案:"五家本無'及'字。"九條本有。剛案,明州本、陳八郎均有"及"字,是後世以五臣從善。

35. "舉不遺才",《集》案:"《鈔》'遺才'爲'備德'。"九條本作"備才"。剛案,諸本均作"遺才",是九條本爲獨異之本。

36. "正流俗之華説",《集》案:"《音決》'正'爲'删'。"九條本作"正"。

37. "然主上猶以沈恩之未廣",《集》案:"陸善經本'未'爲'不'也。"九條本作"未"。

38. "而吕望所以投綸而逝也",《集》案:"《鈔》無'所以'兩字。"九條本有。

39. "韡哉言乎近者",《集》案:"《音決》、五家、陸善經本'韡'爲'偉'。"九條本作"韡"。剛案,明州本、陳八郎本作"偉",明州本校稱:"李善本作'韡'。"尤刻本作"韡"。

卷七十一

任彦昇《宣德皇后令》

1. "要不得不强爲之名，使荃宰有寄"，《集》案："《鈔》曰：'之'下有'立'字。五家本'荃'爲'銓'。"九條本作"荃"，無"立"字。

2. "惟彼狡僮"，《集》案："五家本'僮'爲'童'。"九條本作"僮"。

傅季友《爲宋公修張良廟教》

"若乃神交圯上"，《集》案："諸本'圯'爲'圮'。"九條本作"圯"。剛案，"巳""己"二字，古人書法往往致混，末筆或出頭或不出頭，即如《集注》，稱諸本並作"圯"，然引《鈔》及五臣注並作"圮"。又《集注》正文作"圯"，善注則作"圮"。詳參諸本，似案語誤，當爲："諸本'圮'爲'圯'。"似李善作"圮"，諸本作"圯"。案，今江蘇省睢寧縣古邳鄉有"圯橋"，是張良受書之處，則作"圯"字爲是。

又，六臣本稱"李善本作'交神'"，據《集注》，實則李善作"神交"，是後世傳寫誤而分李善、五臣也。

《爲宋公修楚元王墓教》

"甘棠且猶勿剪"，《集》案："《鈔》'勿'爲'未'。"九條本作"勿"。

王元長《永明九年策秀才文》

1. "水旱有待其無遷"，《集》案："五家、陸善經本'其'爲'而'。"九條本作"其"。

2. "朕式昭前經"，《集》案："《鈔》、五家、陸善經本'昭'爲'照'。"九條本作"昭"。剛案，據《資暇錄》，李善本不諱，五臣本諱改，似李善原本應作"照"，五臣本或作"昭"，《集注》亦盡非原貌也。

卷七十三

曹子建《求自試表》

1. "使邊境未得稅甲"，《集》案："《音決》、五家本'稅'爲'脫'。"九條本作"脫"。剛案，尤刻本作"稅"，陳八郎本作"脫"。

2. "今陛下以聖明統業"，《集》案："五家本'業'爲'世'。"九條本作"世"。剛案，陳八郎本作"世"，尤刻本亦作"世"，是後人以五臣亂善，則九條本或亦亂善後所爲。

3. "淵魚未懸於釣餌者"，《集》案："五家、陸善經本'釣'爲'鈎'。"九條本作"鈎"。

4. "怒釣射之術或未盡也"，《集》案："陸善經本'術'下有'遒'字。"九條本無。

5. "言不以賊遺於君父"，《集》案："五家本'以'爲'能'。"九條本作"以"。剛案，陳八郎本作"以"。

6. "使得西屬大將軍"，《集》案："陸善經本'使'爲'若'。"九條本作"使"。

7. "必乘危躡險"，《集》案："五家本'躡'爲'□'。"案，《集注》案語五家本此字殘，據六臣本稱"五臣作'蹈'"，是其字當爲"蹈"，陳八郎本作"蹈"可證。九條本作"蹈"，尤刻本作"躡"。

8. "雖未能禽權馘亮"，《集》案："《音決》、五家本'禽'爲'擒'。"九條本作"禽"。陳八郎本作"擒"。

9. "以滅終身之愧"，《集》案："《鈔》'身'爲'年'。"九條本作"年"。剛案，尤刻、陳八郎本均作"身"。

10. "徒榮其軀而豐其體"，《集》案："《音決》'體'爲'肌'。"九條本作"體"。

11. "名稱垂於竹帛"，《集》案："五家本'稱'爲'績'。"九條本作"稱"。剛案，陳八郎本作"績"，尤刻本作"稱"。

12. "臣竊感先帝早崩"，《集》案："《鈔》、五家本無'臣'字。"九條本有。剛案，陳八郎本有。

13. "是以效之齊楚之路"，《集》案："五家本'楚'爲'秦'。"九條本作"秦"。剛案，陳八郎本作"秦"，尤刻本作"楚"。

14. "熒燭末光"，《集》案："五家本'熒'爲'螢'。"九條本作"熒"。剛案，陳八郎本作"螢"。

曹子建《求通親親表》

1. "夫天德之於萬物可謂弘廣矣"，《集》案："五家本'謂'爲

'□'。"剛案，《集注》案語此字殘，九條本作"謂"，與李善同。陳八郎本作"謂"。

2. "恩昭九親"，《集》案："《鈔》、五家、陸善經本'親'爲'族'。"九條本作"親"。剛案，陳八郎本作"族"。

3. "伏自惟省無錐刀之用"，《集》案："《鈔》、五家、陸善經本'伏'上有'臣'字。"九條本有"臣"。剛案，陳八郎本有，尤刻本亦有，當是後人以五臣亂善，九條本亦然。又，尤刻本此句作"臣伏自思惟豈無錐刀之用"，又不同。

4. "必有慘毒之懷"，《集》案："《鈔》'毒'爲'悽'。"九條本作"毒"。

卷七十九

任彥昇《奏彈曹景宗》

1. "涉安啓土"，《集》案："《鈔》、五家本'涉'爲'沙'。"九條本作"涉"。剛案，《鈔》注説："《史記》云：'涉安侯以單于太子除侯。'今言'沙安'，未詳其義。"是原本應作"涉"。陳八郎本作"沙"，但明州本作"涉"無校。

2. "使蝟結蟻聚水草有依"，《集》案："《鈔》'使'上有'致'字，五家、陸善經本爲'故'。"九條本有"故"字。剛案，明州本、陳八郎本、尤刻本均有"故"字，則九條本此字亦或出於後人所改。

3. "而退師延頭"，《集》案："《鈔》、五家本'頭'爲'頸'。"九條本作"頸"。剛案，尤刻本亦作"頸"，同上例。

4. "不有嚴刑誅賞安置景宗即主"，《集》案："陸善經本'置'爲'寄'。"九條本作"置"。剛案，刊本校説："五臣本無'景宗即主'一句。"明州本有此句，校稱："善本有'景宗即主'一句。"陳八郎本此句作"不有嚴刑謀賞安置景宗"，無"即主"二字。九條本同李善本。

《奏彈劉整》

1. "欲傷害侵奪分前奴教子當伯"句，《集》案：《鈔》、五家本此下云：'並已入衆，以錢婢姊妹弟温仍留奴自使，又奪寅息逡婢綠草，私貨得錢，並不分遼。'陸善經本省却此下至'息遼'。"九條本此句下作"已入粢又以錢寅第二庶息師利"，較李善本多出"已入粢又以錢"六字，無五家本文字，此段全同於尤刻本，於此可見九條本與尤刻是同一系統，否則不應如是巧合。亦可見九條本後出，所抄斟酌於各家，但略有出入。

2. "整便打息遼"句，《集》案："五家本此下有'整及整母並奴婢等六人（至"如法所稱整即主"）'。"剛案，《集注》所載李善本此句下刪略，五家本全出，九條本同李善本。但尤刻本却從五臣本，當是後人又據以補入。

沈休文《奏彈王源》

"武秋之後無聞晉"，《集》案："五家本'聞'爲'聲'。"九條本作"聞"。剛案，《集注》"晉"前脫一"東"字，九條本有。又，陳八郎本作"聞"。明州本亦作"聞"，且無校語。

楊德祖《答臨淄侯箋》

1. "修死罪"，《集》案："《鈔》、陸善經本'死罪'下又有'死罪'兩字。"九條本有。剛案，尤刻本、明州本均有，當是後人所改。陳八郎本無，則保留原貌。

2. "非夫體通性達"，《集》案："《鈔》'通'爲'道'也。"九條本作"通"。

3. "若乃不忘經國之大美"，《集》案："陸善經本'美'爲'義'也。"九條本作"義"，則是從陸善經本。尤刻本、陳八郎本、明州本均作"美"。

繁休伯《與魏文帝箋》

"時都尉薛訪申子"，《集》案："《鈔》'車'上有'弟'字。陸善經本'車'爲'弟'也。"九條本作"弟"。剛案，《集注》誤作"申"，注文則作"車"。又，尤刻本、陳八郎本、明州本均作"車"。

陳孔璋《答東阿王箋》

1. "音義既遠，清辭妙句，焱絶煥炳"，《集》案："《鈔》'音'爲'指'。又，《鈔》《音決》'焱'爲'炎'。"九條本作"音""焱"。

2. "然東野巴人",《集》案:"五家、陸善經本'然'下有'後'字。"九條本有"後"。剛案,尤刻、陳八郎本、明州本均有"後",是尤刻亦爲五臣所亂。

卷八十五

嵇叔夜《與山巨源絶交書》

1. "口不論人吾每師之",《集》案:"五家本'吾'上有'過'字。"九條本有。剛案,陳八郎本、明州本有,尤刻本亦有,是後人以五臣亂善。

2. "幸賴大將軍保持之耳",《集》案:"《鈔》、陸善經本無'賴'字。又陸善經本無'耳'字。"九條本同李善。

3. "人倫有禮""自惟至熟",《集》案:"《鈔》、陸善經本'禮'爲'體'。又《鈔》'惟'爲'省'。"九條本同李善。

4. "推案盈機",《集》案:"《鈔》'推'爲'堆'也。"九條本作"堆"。剛案,陳八郎本、明州本及尤刻本均作"堆",是後人以《鈔》亂諸本也。

5. "而當與之共事",《集》案:"陸善經本'而'爲'所'。"九條本作"而"。

6. "萬機纏其心",《集》案:"五家本'萬機'爲'機務'。"九條本作"萬機"。剛案,陳八郎本、明州本作"機務"。尤刻本亦作"機務",是後人以五臣亂善,李善注引《尚書》猶作"萬機"。

7. "此以足下度内耳",《集》案:"陸善經本'似'下有'在'字。"剛案,《集注》此句無"似"字,九條本作"此似足下度内耳",則《集注》"以"字或當爲"似",故案語所以稱。陳八郎本作"似"。明州本校稱:"善本無'似'。"其實李善、五臣原本均有"似"字,尤刻本已脱。

8. "必不能堪所不樂",《集》案:"五家本'堪'下有'甚'字。"九條本"堪"下有"其"字。剛案,尤刻本有"其"。據此,五臣本原作"甚",字形訛爲"其",或反之;後人則以五臣亂善。又,尤本脱"必"字。

9. "令轉於溝壑"，《集》案："《鈔》'轉'下有'死'字。"九條本無。

10. "今但願守陋巷"，《集》案："《鈔》'守'下有'其'字。又'巷'爲'廬'。"九條本同李善。

11. "此最近之可得言耳"，《集》案："《鈔》'耳'爲'爾'。"九條本作"可得而言耳"。

12. "若吾多困"，《集》案："五家本'困'上有'病'字。"九條本有"病"字。剛案，陳八郎本有"病"，尤刻本亦有"病"字，此乃後人以五臣亂善。

孫子荆《爲石仲容與孫皓書》

1. "稜威奮代罙入其阻"，《集》案："五家本'稜'爲'積'，'罙'爲'彌'。"九條本作"稜""彌"。剛案，明州本、陳八郎本作"稜""彌"，明州本校"彌"稱："善本作'罙'字。"尤刻本同《集注》。又，《集注》"代"字當是"伐"字之誤。

2. "小戰江由"，《集》案："五家本'由'爲'介'字。"九條本作"介"。剛案，明州本、陳八郎本作"介"，尤刻本亦作"介"，則是後人以五臣亂善。

3. "韓并魏從"，《集》案："《鈔》、五家、陸善經本'從'爲'徙'。"九條本作"徙"。剛案，明州本、陳八郎本作"徙"，尤刻本亦作"徙"。

4. "蟬蛻内向"，《集》案："《鈔》'向'爲'服'。"九條本作"附"。剛案，明州本、陳八郎本作"附"，同九條本。明州本校稱："善本作'向'字。"尤刻本作"向"。

5. "六軍精練"，《集》案："《鈔》《音決》'練'爲'鍊'。"九條本作"練"。

6. "崇城遂卑"，《集》案："五家本'遂'爲'自'。"九條本作"遂"。剛案，明州本、陳八郎本作"自"，校稱："善本作'遂'字。"尤刻本亦作"自"，是尤刻本以五臣亂善，且與九條本不同，則其亂或又在九條本之後。

7. "指麾風從"，《集》案："《鈔》'風從'爲'從風'。"九條本作"風從"。

8. "游龍曜路哥吹盈耳",《集》案:"陸善經本'曜'爲'躍','吹'爲'笑'。"九條本同李善本。又九條本"哥"作"歌"。

9. "忽然一旦身首橫分",《集》案:"五家本'然'爲'焉'。"九條本作"焉"。剛案,明州本、陳八郎本作"焉"。明州本校稱:"善本作'然'字。"尤刻作"然"。

10. "引領南望",《集》案:"《鈔》'領'爲'頸'。"九條本作"領"。

趙景真《與嵇茂齊書》

1. "安白""及關而嘆",《集》案:"陸善經本'安'爲'至','關'爲'郊'。"九條本同李善本。

2. "況乎不得已者哉",《集》案:"《鈔》'已'爲'志'。"九條本作"已"。

3. "涉沙漠",《集》案:"《鈔》《音決》'涉'爲'造'。"九條本作"涉"。

4. "踦嶇交錯",《集》案:"《鈔》'踦嶇'爲'徙倚'。五家本爲'崎嶇'。"九條本作"崎嶇"。剛案,明州本、陳八郎本作"崎嶇",尤刻本同《集注》。

5. "良不可度",《集》案:"《鈔》'良'爲'諒'。"九條本作"良"。

6. "顧景中原""激情風烈",《集》案:"《鈔》、陸善經本'景'爲'影','烈'爲'厲'。"九條本同李善本。

7. "誰能不慎邑者哉",《集》案:"五家本無'邑'字。"九條本有,作"悒"。剛案,明州本、陳八郎本均作"悒",尤刻亦作"悒",則見尤刻"邑"改爲"悒",五臣本增"悒",均後人所爲。九條本已作"悒"字,可見出於李善本之後。

8. "豈能與吾同丈夫之憂樂者哉",《集》案:"《鈔》'丈'上有'大'字。"九條本有。剛案,明州本、陳八郎本、尤刻本均有,是後人以《鈔》亂諸本。

9. "永離隔矣",《集》案:"《鈔》'永'爲'遠'。"九條本作

"永"。諸本並同李善。

卷八十八

陳孔璋《檄吳將校部曲文》

1. "則洞庭無三苗之虛",《集》案:"五家、陸善經本'虛'爲'墟'。"九條本作"墟"。剛案,明州本、陳八郎本作"墟",尤刻本亦作"墟",是後世以五臣亂善。

2. "終於覆滅",《集》案:"《鈔》'於'爲'用'。"九條本作"用",似從《鈔》。諸本均作"於"。

3. "而丹徒之刃以陷其匈",《集》案:"陸善經本'其'爲'於'。"九條本作"其",同李善本。

4. "似若無前",《集》案:"五家本'前'爲'敵'。"九條本作"敵",同五臣本。剛案,明州本、陳八郎本作"敵",尤刻本亦作"敵",是後世以五臣亂善。

5. "今者枳棘剪扞",《集》案:"五家、陸善經本'扞'爲'刊'。"九條本作"刊"。剛案,明州本、陳八郎本作"刊",明州本校稱:"善本作'扞'。"尤刻本作"扞",是九條本此字從五臣。

6. "皇中羌懟",《集》案:"《鈔》《音決》'皇'爲'凰'。"九條本作"凰"。剛案,明州本、陳八郎本及尤刻本均作"凰",是後世以《鈔》《音決》亂善及五臣。

7. "舉事來服",《集》案:"陸善經本'事'爲'衆'。"九條本作"事"。

8. "悉與丞相參圖策畫,折衝諸難,芟敵褰旗,靜安海內",《集》案:"諸本'策畫'爲'畫策','褰'爲'搴'。又五家本'諸'爲'討'。"九條本作"畫策""諸""搴"。剛案,明州本、陳八郎本及尤刻本作"畫策""討""搴",是後世以五臣亂善,九條本僅一"諸"字保存李善原貌。

9. "耽學好古"及"皆宜應受多福",《集》案:"《鈔》'學'爲'藝'。又無'宜'字。"九條本同李善本。九條本"應"作"膺"。

10. "誅在一人與衆無忌",《集》案:"《鈔》'人'下有'違者'

二字也。"九條本無。剛案，諸本皆無"違者"二字。

鍾士季《檄蜀文》

1. "攝統戎車"，《集》案："陸善經本'車'爲'重'。"九條本作"車"。

2. "百姓士民安堵樂業"，《集》案："陸善經本'樂'爲'舊'也。"九條本作"樂"。

司馬相如《難蜀父老》

1. "難"，剛案，九條"難"獨立爲一類。《集注》亦然。然《集注》將"難"字置於《檄蜀文》末句"咸使知聞"下，或讓讀者誤以爲《檄蜀文》中文字。九條本"咸使知聞"一句，抄寫正好在一行結尾，而標類之"難"字，亦置於轉行之頂部，不明者可能會以"難"字屬上行，此或即刻本中脱"難"類標名的原因。且九條本卷前目錄中"難"單標一類。

2. "僕常惡聞若説"，《集》案："《鈔》'常'爲'尚'。陸善經本無'常'字。"九條本同李善本。

3. "故曰非常之先"，《集》案："五家本'先'爲'原'。"九條本作"元"，當是"先"字形訛。剛案，明州本、陳八郎本作"原"，尤刻本亦作"原"，是後世以五臣亂善。

4. "躬腠胝無胈"，《集》引陸善經注曰："一本無'腠'字。"剛案，九條本有，此例見陸善經本亦有校語。

5. "德洋恩普"，《集》案："陸善經本'洋'下有'而'字。"九條本無。

6. "四面風德"，《集》案："陸善經本'四'爲'回'。"九條本作"四"。

7. "天子之亟務也"，《集》案："五家本'亟'爲'急'也。"九條本作"急"。剛案，明州本、陳八郎本作"急"，明州本校稱"善本作'亟'"。尤刻本作"亟"。

8. "遷延而辭避"，《集》案："陸善經本'遷'上有'因'字也。"九條本無。

卷九十一

顏延年《三月三日曲水詩序》（《集注》此篇多殘破，略檢數處以校之）

"奐衍都内"，《集》案："五家本'内'爲'會'。"九條本作"内"。剛案，明州本、陳八郎本均作"會"，明州本校稱："善本作'内'字。"

王元長《三月三日曲水詩序》

1. "其獨適者已"，《集》案："《鈔》、五家本'已'上有'而'字。"九條本有"而"。剛案，明州本、陳八郎本此句均作"其獨適者也"，明州本校"也"稱："善本作'已'字。"是後世五臣本已經訛脫"而"字。

2. "序倫正俗"，《集》案："陸善經本'序'爲'厚'。"剛案，九條本作"厚"。尤本作"厚"，是從陸善經本，而非李善原貌。

3. "甌牘"，《集》案："《鈔》、五家'甌'爲'軌'。又，《鈔》、《音決》、五家本'牘'爲'躅'。"九條本同李善。

4. "封山紀石"，《集》案："《鈔》、五家本'石'爲'□'。"九條本作"石"。

5. "綱惟宿置"，《集》案："《鈔》、五家本'綱'爲'緹'也。"剛案，尤本作"緹"，從五家本，已非李善本原貌。九條本作"經"。

6. "徐鑾警節"，《集》案："陸善本'鑾'爲'鸞'。"九條本作"鑾"。

卷一百十三

潘安仁《夏侯常侍誄》

1. "頃之選爲太子僕"，《集》案："《鈔》、陸善經本'選'上有'以'字。"九條本無。

2. "慨焉嘆曰"，《集》案："五家、陸善經本'焉'爲'然'。"九條本作"然"，旁注"焉"字。明州本、陳八郎本作"然"，尤刻本作"焉"。

3. "入侍帝闈"，《集》案："五家本'闈'爲'闥'。"九條本作

"闍"，旁注"闡"。明州本、陳八郎本作"闍"，尤刻作"闡"。

《馬汧督誄》

1. "若夫偏師裨將"，《集》案："《音決》'師'爲'帥'。"九條本作"師"。

2. "群氐如蝟毛"，《集》案："五家本'氐'爲'羌'。"九條本作"羌"。剛案，明州本、陳八郎本作"羌"，尤刻本作"氐"。

3. "將穿響作"，《集》案："陸善經本'穿'下有'堑'字。"九條本無"堑"，但有"城"字。剛案，明州本有"城"，校稱："善本無'城'字。"陳八郎本及尤刻均無，是陳八郎本此處保留五臣原貌。

4. "全數百萬之積"，《集》案："五家、陸善經本'萬'下有'石'字。"九條本有。剛案，明州本、陳八郎本、尤刻本均有"石"字，是尤刻本此處從五臣本。

5. "嗟乎妒之期善"，《集》案："五家、陸善經本'期'爲'欺'。"九條本作"欺"。剛案，明州本、陳八郎本、尤刻本均作"欺"，尤刻本此處從五臣本。

6. "貪婪群狄"，《集》案："《鈔》、五家、陸善經本'貪婪'爲'婪婪'。"九條本作"婪婪"。剛案，明州本、陳八郎本、尤刻本均作"婪婪"，尤刻此處從五臣本。

7. "馬生爰發"，《集》案："《鈔》'爰'爲'桓'。"九條本作"爰"。

8. "萁芊空虛"，《集》案："《鈔》、《音決》、五家本'芊'爲'稈'。"九條本作"稈"。剛案，明州本、陳八郎本、尤刻本均作"稈"，尤刻此處從五臣本。

顏延年《陽給事誄》

1. "幽并騎弩"，《集》案："《鈔》'并'爲'燕'。"九條本作"并"。

2. "立乎將卒之間"，《集》案："《鈔》'卒'爲'帥'。"九條本作"率"。剛案，尤刻本作"卒"，明州本、陳八郎本作"率"。明州本校稱："善本作'卒'字。"據《集注》案語，似"率"字爲後起字，並爲五臣本所承襲。"率"義同"帥"，似從"帥"轉來。

3. "罷困相保",《集》案:"五家本'罷'爲'疲'。"九條本作"疲"。剛案,尤刻本作"罷",明州本、陳八郎本作"疲"。明州本校稱:"善本作'罷'字。"

4. "佻身飛鏃",《集》案:"《鈔》'佻'爲'挑'。"九條本作"佻"。

5. "末臣蒙固",《集》案:"《鈔》《音决》'蒙'爲'朦'。"九條本作"蒙"。

6. "寔命陽子",《集》案:"《鈔》'寔'爲'實'。"九條本作"寔"。

7. "卒無半叔",《集》案:"諸本'叔'爲'菽'。"九條本作"菽"。剛案,明州本及尤刻本作"菽",陳八郎本作"叔"。是尤刻以五臣亂善,陳八郎本則以五臣從李善。

卷一百十六

蔡伯喈《陳太丘碑文》

1. "兼資九德",《集》案:"《鈔》'資'爲'咨'。"九條本作"資"。

2. "禁固廿年",《集》案:"《鈔》《音决》'固'爲'錮'。"九條本作"錮"。剛案,陳八郎本、尤刻本均作"固"。

3. "大位未躋",《集》案:"《鈔》'未'爲'不'。"九條本作"未"。

4. "爲士作呈",《集》案:"《鈔》、五家本'呈'爲'程'。"九條本作"程"。剛案,陳八郎本作"程",尤刻本亦作"程",是後世刻本已以五臣亂善。

5. "河南尹",《集》案:"陸善經本無'尹'字。"九條本有。

王仲寶《褚淵碑文》

1. "可謂婉而章",《集》案:"陸善經本'章'上有'成'字。"九條本無。剛案,陳八郎本有,尤刻亦有,是後世以陸善經本亂善及五臣。

2. "心明通亮",《集》案:"陸善經本'明'爲'期'。"九條本作"明",旁注"期"字。

3. "永鑒崇替",《集》案:"五家本'鑒'爲'監'。"九條本作"監"。剛案,尤刻本作"鑒"。

4. "餐東野之秘寶",剛案,李善注謂"野"當作"抒","抒",古"序"字也。五家亦注稱"野"當爲"序",此云"野"者,當爲書寫之誤也。九條本此字亦作"野",亦證九條本並非最古之本。又,胡克家《考異》説茶陵本"野"作"杼",校云五臣作"野",亦作"序",皆後人所改。尤刻本、陳八郎本均作"野"。

5. "以侍中、司徒録尚書事",《集》案:"陸善經本'以'下有'爲'字。"九條本無。

6. "柳莊疾棘",《集》案:"《音决》'棘'爲'亟'。"九條本作"棘"。

7. "志隆衡館",《集》案:"《鈔》、陸善經本'隆'爲'降'也。"九條本作"隆"。

俄藏敦煌寫本 Φ242 號《文選注》發覆

　　1914 年至 1915 年沙俄人奧登堡組織"俄國新疆考察隊",從中國敦煌盜走了大批文物,藏於俄羅斯聖彼得堡亞洲研究中心,其中有一部分《文選注》寫本具有非常珍貴的文獻價值。由於歷史的原因,這批材料没有向世人公布,因此研究者僅從該所公布的目録略知一二,至於詳細情況則不得而知。1993 年 12 月,上海古籍出版社與俄羅斯科學院東方學研究所聖彼得堡分所合作,雙方同時出版《俄藏敦煌文獻》,這批材料首次向世人公布,從而促進了敦煌學的深入研究。該文獻中的《文選注》引起了中國學術界的關注,筆者曾在友人上海古籍出版社鄭明寶先生幫助下,有幸先睹爲快,并作了一個簡單的介紹,後作爲《〈文選〉版本叙録》的一部分,發表在北京大學中國傳統文化研究中心所編《國學研究》第五卷中。四川大學羅國威先生則著有專文,比較詳細地研究了其中的 Φ242 號《文選注》寫本的文獻價值[①]。案,俄藏《文選》敦煌寫本有孟 01451 號左思《吴都賦》、孟 01452 號起自束廣微《補亡詩》迄曹子建《上責躬應詔詩表》、孟 02859 號張景陽《七命》、孟 02860 號任彦昇《王文憲集序》等。此著録號在新出版的《俄藏敦煌文獻》中重新編録,其中本文要討論的孟 01452 號著録爲 Φ242 號,故本文亦使用新編號。

　　Φ242 號《文選注》是一個不同於李善注和五臣注的注本,筆者在《〈文選〉版本叙録》中,曾根據它與李善本相似的注例認爲它是依據於李善注,又加以闡釋文義的注本,但經過詳細的對比和分析,又獲得了新的結論,即認爲這個注本並非在李善之後,相反它是産生在李善之前,並爲李善作注所依據的初唐注本。如果是這樣的話,這個注本的價值就完全不一樣了,它將有助於我們了解由曹憲到李善的《文選》學

[①] 見羅國威《俄藏敦煌本 Φ242 號〈文選注〉的文獻價值》,載《古籍整理研究學刊》1998 年第 2 期。

傳承和發展的脈絡，同時還昭示了李善的《文選》注也是在前人注釋的基礎上開展的事實。這對於進一步深入開展《文選》學研究，具有非同尋常的重要意義。因此本文擬對 Φ242 號《文選注》略加分析，就上述問題作一個初步的研究，希望能够引起進一步的討論。

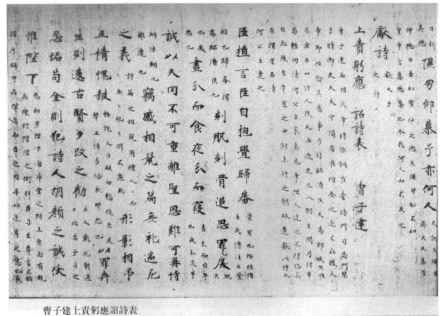

曹子建上責躬應詔詩表

圖41　俄藏 Φ242 號《文選》殘卷

　　Φ242 號《文選注》自《補亡詩》末首"明明后辟"始至《上責躬應詔詩表》"馳必輦轂"句注文"謂天子"止。葉十一二行，行大字十三四字不等，小字雙行，行十九字。書法工整，爲典型的初唐寫經體。存目爲束廣微《補亡詩》（殘）、謝靈運《述祖德詩》二首、韋孟《諷諫詩一首並序》、張茂先《勵志詩一首》、曹子建《上責躬應詔詩表》（殘）。與傳世《文選》版本不一樣，此卷是六臣之外的注文，這很應引起《文選》研究者的注意。從現存史料看，六臣之外，尚有公孫羅、許淹等；此外，唐開元時期又有馮光震、蕭嵩、陸善經、王智明、李玄成等人，都曾注過《文選》。但此卷注者究爲何人，很值得研究。經與現存諸刻本相校，我們發現寫本具有的一些特徵，顯示出它是出自李善之前的注本，如果這個結論可信的話，則此本對研究初唐《文選》學以及李善和五臣作注的來源，是一個極珍貴的材料。以下我們從正文和注文兩個方面進行分析。

從正文看，此卷多有與諸刻本不同的字，顯示出寫本底本是獨立於李善和五臣所用本之外。如"達人遺自我"（謝靈運《述祖德詩》）的"遺"，"連物辭所賞"（同上）的"連"，"顓衣朱黻"（韋孟《諷諫詩》）的"顓"，"於昔君子"（同上）的"昔"，"如彼東畝"（張華《勵志詩》）的"東"，"則犯詩人胡顔之誡"（曹植《上責躬應詔詩表》）的"誡"等，諸刻本分別作"貴""惠""黼""赫""南""譏"。這些異字，注者偶有校語，如"遺"字，校稱"作貴勝"，注文也是按照"貴"字解釋。除此之外，寫本還多使用俗體字、異體字，特徵與六朝及唐初寫本相同。此卷如"綱""罔"寫作"罓"，"耽"寫作"妉"，"辭"寫作"辝"，"雅"寫作"疋"等。以"罓"字爲例，寫本中曹植《上責躬應詔詩表》"重以天罓不可重離"句，正文寫作"罓"，注文却寫作"綱"，説明編注者所據底本的正文作"罓"，但這是一個漢魏間流行的通用字，所以注者作注的時候又用"綱"字解釋。按"罓"爲東漢時通用字，《曹全碑》有"續遇禁罓"句，今人陳直先生《漢書新證》説，"罓"爲東漢時通用假借字。又案，《方言》卷十一"蠅蟲"條郭璞注："齊人又呼社公，亦言罓工。"《廣雅疏證》卷十下"釋蟲"稱："罔與罓同。"① 則見"罓"確是當時流行的通用字，但此字至唐時已不多用，故注者遂用"綱"字解釋②。這個事實表明，寫本注者所據底本當是唐以前寫本，與唐人如李善、五臣所據本略有不同，如果是這樣的話，則此寫本的文獻價值珍貴可知。

寫本的抄寫年代，可據文中避諱字作一些推斷。此本於"世""民"皆缺筆，無論正文、注文，無一例外，但高宗以後不諱，如"治""照""隆""基"等，證明寫本當在太宗朝。太宗朝的寫本，毫無疑問在李善注之前了，這就帶來了一個問題，即李善作注是否參考了這個寫本，以及李善本與這個寫本到底有没有關係呢？我們不妨從正文

---

① 按《廣雅疏證》引郭璞注作"罔"，故《疏》云"'罔'與'罓'同"。
② 徐俊教授説此字唐時仍爲習用字。

和注文兩方面進行分析比較，正文比較的結果如表：

表 28

寫卷	監本	尤本	奎章閣本	陳八郎本	朝鮮刻本
達人遺自我		貴	貴	貴	貴
展季救魯民		人	人	人	人
連物辭所賞		惠	惠	惠	惠
萬邦咸震懾（以上《述祖德詩》）		震	振	振	振
孟爲元王傅傅子夷王	傅、傅	傅、傅	傅、×	傅、×	傅、×
顈衣朱襮		黼	黼	黼	黼
至乎有周		于	于	于	于
非緜王室	緜	緜	由	由	由
阤此嫚秦	阤	阤	陁	陁	陁
惠此黎民	民	民	人	人	人
垂烈于後	于	于	於	於	於
廼及夷王		廼	乃	乃	乃
剋奉厥緒	次	緒	緒	緒	緒
是放是驅	是放	是放	田獵	田獵	田獵
腧腧諂夫		瑜	瑜	瑜	瑜
追欲從逸	縱	縱	樂	樂	樂
臨照下土		照臨	臨照	臨照	臨照
征邐由近		正	正	正	正
殆其怙茲	茲怙	茲怙	怙茲	怙茲	怙茲
昔靡不練		時	時	時	時
秦繆以霸	繆	繆	穆	穆	穆
於昔君子（以上《諷諫》）		赫	赫	赫	赫
天迴地遊		游	游	游	游
日與月與	與	與	歟	歟	歟
先民有作	民	民	人	人	人
出般于遊	般	般	盤	盤	盤
蒲盧縈繳		蒲盧	蒲蘆	蒲蘆	蒲蘆

續表

寫卷	監本	尤本	奎章閣本	陳八郎本	朝鮮刻本
末枝之妙		伎	伎	伎	伎
研精妧道		耽	耽	耽	耽
如彼東畝		南	南	南	南
水積成淵		川	川	川	川
載瀾載清	瀾	瀾	潤	潤	潤
淵不辞盈		川	川	川	川
勉尔含弘		爾	志	志	志
川廣自源（以上《勵志》）	自	自	其	其	其
抱畳歸藩		疊	疊	疊	疊
不可重離		罹	罹	罹	罹
誠以天罓		網	網	網	網
則犯詩人胡顔之誡		譏	譏	譏	譏
尸鳩之仁（以上《上責躬應詔詩表》）		鳲	鳲	鳲	鳲

以上是寫卷與幾個刻本比較的結果，我們發現它與李善本相近而與五臣本却相差甚多。在四十處比較中，和李善本相同的有十八處，而和五臣相同的僅有三處①。從這個結果看，寫卷與李善本相近，而和五臣本則有較大的距離。除了這二十多處外，其餘的或屬俗字、通假字、避諱字，或屬異文。寫卷中有一些可能是誤字，如"昔靡不練"的"昔"，可能就是誤讀了"時"的篆字所致。但也有刻本誤讀了寫本的，如"勉尔含弘"的"尔"，五臣本作"志"，從文意看，作"尔"更好一些，這是因草書形近所誤。從正文的比較看，李善本應該是與寫卷有關係的。

次從注文看，這一寫卷的注釋很有特點。首先是有規範嚴謹的體例，校、注具備；其次是注釋出典，指明原來的出處。在不足六篇作品

----

① 此處所用五臣本爲朝鮮正德年間刻本，另一五臣本，南宋紹興三十一年陳八郎刻本僅有兩處相同，另一處則同於李善本，這是因爲陳八郎本有些地方參據了李善本的緣故。

中，注者共引二十三種典籍，經、史、子、集都有。其中有許多是佚失已久的典籍，如李登《聲類》、張揖《古今字詁》、呂忱《字林》、丘淵之《新集錄》（當即兩《唐志》所記丘深之《晉義熙以來新集目錄》，兩《唐志》避"淵"作"深"）和江邃《文釋》等。尤其是江邃《文釋》，本卷所引諸條，均不見清人的輯佚，可見寫本的文獻價值彌足珍貴。毫無疑問，寫本這種注釋體例與李善注是非常近似的。

其實，不僅注釋的體例相近，許多地方注文也基本相同，以下是注文比較的結果：

表 29

正文	寫卷	尤刻本	備注
中原昔喪亂（《述祖德詩》）	中原謂雒陽，晉懷帝、愍帝時有石勒、劉聰至（按"至"當作"王"）彌等賊破雒陽，懷帝歿於平陽。	《晉中興書》曰：中原喪亂，中宗初鎮江東，中原謂洛陽也。晉懷、愍帝時，有石勒、劉聰等賊破洛陽，懷帝歿於平陽。	
迭彼大彭	應劭曰：《國語》：大彭、豕韋為商伯。大彭亦殷之霸國，與豕韋迭霸，亦彭城縣是其封也。事出《春秋》。	應劭曰：《國語》曰：大彭、豕韋為商伯。迭，互也。言豕韋與大彭互為霸於商也。	剛案：奎章閣本"迭互也"三字置於句末。《四部叢刊》本同。
我邦既絕厥政斯逸	應劭曰：言絕豕韋之後，政教逸漏，不迪王者也。臣瓚案：逸，放也。《管子》曰：令而不行，謂之放也。言王不用我，故政教逸也。	應劭曰：自絕豕韋之後，政教逸漏，不由王者。臣瓚曰：逸，放也。《管子》曰：令不行，謂之放。顏師古曰：瓚說是也。	剛案：奎章閣本無"顏師古曰"四字。《四部叢刊》本同。
五服崩離	離，散也。崩，潰也。應劭曰：五服，甸服、綏、要服、荒服。	應劭曰：五服謂甸服、侯服、綏服、要服、荒服也。墜，失也，真魏切。善曰：《論語》：子曰：邦分離析。"宗周"已見《西征賦》。	剛案：奎章閣本無"墜失也真魏切"六字。無者是。案此六字是釋下句"宗周以墜"之文，不應夾在此處，當是後人據顏師古《漢書注》補入。

續表

正文	寫卷	尤刻本	備注
腧腧諂夫	如淳曰：腧腧，自媚貌。	如淳曰：腧腧，目媚貌。	
諤諤黃髮	張揖《字詁》云：諤諤，語聲，正直之貌。黃髮，言老者。	《史記》曰：不如周舍之咢咢。咢與諤同。諤諤，正直貌。黃髮，老人髮落更生黃者。	
既藐下臣 追欲從逸	《廣疋》：藐，小也。逸，愈逸也。應劭曰：藐，遠也。言疏遠忠賢之輔，追情欲從逸遊也。臣瓚案：藐，陵藐也。	應劭曰：藐，遠也。言疏遠忠賢之輔，追情欲縱逸遊也。臣瓚曰：藐，陵藐也。善曰：《儀禮》曰：凡自稱於君，士大夫則曰下臣。	
彌彌其逸 岌岌其國 （以上《諷諫詩》）	應劭曰：彌彌，由稍稍也，罪過茲甚也。岌岌，欲毀壞意也。鄧曰：岌，相調岌之岌。	應劭曰：彌彌，猶稍稍也，罪過滋甚也。岌，欲毀壞之意。師古曰：岌岌，危動貌，音五荅切。又鄧展曰：岋，《孟子》曰：天下殆哉，岌乎！司馬彪以爲岌岌危也。	剛案：奎章閣本無"師古曰"以下注文。又《漢書》顏注：音五合反。
大儀斡運 天回地游	大儀，天地也。斡，轉也。言天左回地右游轉也。皆出自《白虎通》。地亦游從。按《考靈曜》稱，地有四游，冬至地上行，北而西三萬里；夏至地下行，南而東，又三萬里，春秋二分，是其中矣。地恒移動，而人不知，譬如閉舟而行，不覺舟之運也。	大極，太極也。以生天地謂之大。娍形之始，謂之儀。鄭玄曰：極中之道，淳和未分之氣也。斡，轉也。《春秋元命苞》曰：天左旋，地右動。《河圖》曰：地有四游，冬至地上行，北而西三萬里；夏至地下行，南而東三萬里，春秋二分是其中矣。常動不止而人不知，譬如閉舟而行，不覺舟之運也。	

續表

正文	寫卷	尤刻本	備註
養由矯矢獸號于林	《淮南子》稱，楚恭王遊林中，有白猨緣木而喜。王使左右射之。猨騰躍避矢，不能中也。於是養由基撫矢而呼猨，猨乃抱木而長號。何者？誠在於心而精通於猨。	《淮南子》曰：楚恭王遊於林中，有白猨緣木而矯。王使左右射之，猨騰躍避矢，不能中。於是使養由基撫弓而呼猨，猨乃抱木而長號。何者？誠在於心而精通於物。	剛案：奎章閣本李善注作：養由已見《幽通賦》。案《幽通賦》"養流涕而猿號兮"句注正引《淮南子》。然注文作：楚有白猨，王自射之。則搏矢而顧，使養由基射之。始調弓矯矢，未發而猨抱樹號矣。其注與尤刻本此處注文不同。
蒲盧縈繳神感飛禽	按江遂釋，蒲盧一名蒲且，楚人也。善弋射，著《弋射書》四篇。《汲冢記》云，有雙鳧飛而遇於庭，蒲且弋一鳧而中之，餘一鳧雖離弋，亦隨而自下焉。《幽通賦》曰：精通靈而感物，神動氣以入微，此之謂也。或爲淳于越。此言者言由至心，言學亦如此。	蒲盧，舊説云即蒲且也。已見《西京賦》。《汲冢書》曰：蒲且子見雙鳧過之，其不被弋者亦下，故言感也。	剛案：《西京賦》"蒲且發弋高鴻"句李善注引《列子》説："蒲且子之弋，弱矢纖繳，射乘風而振之，連雙鶬於青雲也。"
土積成山歊蒸鬱冥	歊，氣邑雲上貌。孫卿子曰：積水成渕，吞舟之魚生焉；積土爲山，豫章之木出焉。又按《尸子·勸學》稱：土積成丘，則柟梓豫章出焉；水積成川，則吞舟之魚生焉。夫學之積也，亦有出也。亦出江遂《文釋》。	荀卿子曰：土積成山，風雨興焉；水積成川，蛟龍生焉。種善德而神明自得，聖心備焉。《尸子》曰：土積成岳，則梗柟豫章出焉；水積成川，則吞舟之魚生焉。夫學之積也，亦有所出也。傅毅《顯宗頌》曰：蕩蕩川瀆，既瀾且清。張揖《字詁》曰：歊，氣上出貌。	

續表

正文	寫卷	尤刻本	備注
洪由纖起	纖，細也。《老子》云：高以下爲基。洪，大也。言成人之體，乃猶始學之時，皆由初。萬物皆然，非猶學。	《老子》曰：高必以下爲基。又曰：合抱之木，生於毫末。	
川廣在源 成人在始	《國語》曰：韓獻子見趙武，初冠，曰：成人在，始之哉，敬之哉！	《禮記》曰：王者之祭川也，皆先河而後海，或源也，或委也。鄭玄曰：始於一勺，卒於不測。《論衡》曰：自源發流，安得不廣。《國語》曰：晉趙武冠，見韓獻子，獻子曰：戒之，此謂成人，成人在，始興善，敬之哉！	剛案：奎章閣本無"興善敬之哉"五字。
實累千里	案，《戰國策》稱，段干越謂韓相新成君曰：昔王良弟子馬千里之馬，而京父謂曰：馬非千里之馬也。王良弟子曰：馬取千里，而子云非，何也？京父曰：子墨牽長，夫墨牽於事，萬分之一也，而累千里之行。今臣雖不肖，背於秦亦萬分之一也，願君留意焉。	凡言物之大必資於小，故此言若輕於小，亦累於大。《戰國策》段干越謂韓相新城君曰：昔王子良弟子駕千里之馬過京父之弟子，京父之弟子曰：馬，千里之馬也，服，千里之服也，而不能取千里，何也？曰：子繮牽長，故繮牽於事，萬分之一也，而難千里之行。今臣雖不肖，於秦亦萬分之一也，而相國見臣不擇者是繮牽長也。千里之馬，繫以長索，則爲累矣，人雖有容貌，不修德，如千里馬也。	

續表

正文	寫卷	尤刻本	備注
復禮終朝天下歸仁	孔子言：一日復禮。則天下歸仁焉。	《論語》：顏淵問仁，子曰：克己復禮爲仁。一日克己復禮，天下歸仁焉。孔安國曰：復，反也，身能反禮，則爲仁也。馬融曰：一日猶見歸，況於終身。	剛案：奎章閣本及《四部叢刊》本均作：《論語》子曰：一日克己復禮，天下歸仁焉。與寫本相同。
隰朋仰慕予亦何人（以上《勵志詩》）	《史記》云：隰朋，齊大夫，慕管仲德，曰：吾知管仲之德矣，隰朋恥不如皇帝，言慕德高也。今我何人，而不及之。	《莊子》曰：管仲有病，桓公往問之：仲父之病，病矣，寡人惡乎屬國而可？對曰：隰朋可，其爲人也，愧不若黄帝，而哀不己若者。朋慕管之德，華言隰朋猶慕德，我是何人，而不慕乎？	
抱釁歸藩	釁，罪也。案，杜預《左氏傳注》云：釁，瑕也。歸藩，謂爲臨淄侯也。	《植集》曰：植抱罪徙居京師，後歸本國，而《魏志》不載，蓋《魏志》略也。杜預《左氏傳》注曰：釁，兆也。謂罪萌兆也。	
五情愧赧	案，《説文》曰：赧，面慚，從赤，皮聲。五情，喜怒哀樂怨也。	《文子》曰：昔者，中黄子曰：色有五章，人有五情。《説文》曰：赧，面慚也。	
則違古賢夕改之勸	出《大戴禮》：朝過夕改，君子與之。	曾子曰：君子朝有過，夕改則與之；夕有過，朝改則與之。	
伏惟陛下	應劭曰：陛下者，升堂之階，王者必有執兵陳於階陛之側，群臣與至尊言，不敢指斥，故呼在陛者而告之，因卑以達尊之意。若今稱陛下、閣下、侍者、執事，皆此類也。	應劭曰：陛，升堂之階，王者必有執兵陳於階陛之側，臣與至尊言，不敢指斥，故呼在陛者而告之，因卑以達尊之意也。若稱殿下、閣下、侍者、執事，皆此類也。	剛案：此文又見蔡邕《獨斷》。

續表

正文	寫卷	尤刻本	備注
七子均養者尸鳩之仁（以上《上責躬詩表》）	尸鳩，鸕鴿貌也。言均調而養，從小至大。《詩》云：尸鳩在桑，其子七兮。《毛傳》曰：尸鳩之慈。朝從下上，暮從上下。	《毛詩》曰：鳲鳩在桑，其子七兮。毛萇曰：鳲鳩之養其子，旦從上下，暮從下上，其均平如一。	

從上表可見寫卷與李善注基本相合，這表現在三個方面：一是注文大致相合，二是釋典出處基本相合，三是釋典出處不同，但引文基本相同。韋孟《諷諫詩》的注文基本相合，可以解釋爲這兩個注者可能都依據了《漢書》顏師古注（事實上寫本沒有使用顏注，詳見下文），因爲《漢書·韋賢傳》選錄此詩，在今本《漢書》（中華書局點校本）裏，應劭、臣瓚、如淳等都爲之作注，而這也基本都被寫本和李善注所引用，因此在這一首詩中寫本和李善注文基本相合，還很難說是誰依據了誰。但是，在另外的三首詩中，李善也與寫本相合，就不能說是巧合了。雖然謝靈運的《述祖德詩》、張華的《勵志詩》和曹植的《上責躬詩表》唐以前可能也有注本，但二人的注解在所有的篇目中都基本相合，而且互相之間又不參考，只是同時依據了相同的底本，這個說法是很難說得通的。因此，我們有理由認爲這兩個注本有一個曾經參考並依據了另一個本子。我們的結論當然是李善依據了寫本，只要認真分析表中的對比結果，就不難得出這個結論。首先，從寫卷的注文看，注者往往說明了依據的出處，比如《勵志詩》"蒲盧縈繳神感飛禽"句和"土積成山歊蒸鬱冥"句都使用了江邃《文釋》，這表明江邃《文釋》是一個詩文選本，對所選詩文都作過比較詳細的注釋。在後一句中，注者稱："亦出江邃《文釋》。"這表明前一句注釋所引《汲冢記》和《幽通賦》也都是《文釋》的原文。再看後一句，《文釋》所引爲《荀子》和《尸子》二書，同樣的，李善注這兩句除了《幽通賦》外，都與《文釋》引書相同。這很難說是巧合，而只能說是李善參考了寫本的注，因爲假使寫本參考李善注，它完全不必說是出自《文釋》。《文釋》不過是一般

的選注本，如果要僞造出處的話，最好當然是直接稱引原典。除了《文釋》以外，寫本還依據有其他的注本，如丘淵之的《晉義熙以來新集目錄》等，證明寫卷的注者使用過多種前代的選本。使用了多種前代的選本，結果仍然與李善注相合甚多，這只能說明李善曾經參考過寫卷的注釋，而不是寫卷參考了李善，因爲不可能寫本所引的書都與李善相同。從這些事實看出寫卷的注例，凡所參考前代選本的地方都加以說明，而李善却只注明典故本身的出處，而不注明所使用的前人注本。

可以證明李善參考了寫本的證據，除了上述以外，又如《勵志詩》"隰朋仰慕予亦何人"句注，寫本引《史記》作爲出典，查《史記》，並無此段文字，實出《莊子》，李善注釋確當，但顯然是對寫本所作的改正。又如《上責躬詩表》"則違古賢夕改之勸"句注，寫本說此典出自《大戴禮》，李善則引曾子原話。案，此典出《大戴禮·曾子立事篇》，引文即曾子所言，寫本和李善注都不錯。不過細究起來，寫本的這種注例頗類先生的講稿，目的是告訴學生這個成詞典出何處，而李善則是嚴格的引經據典注例。寫本的這個注例應該是貫穿於全書的，從現在所見的這幾篇殘文看都是如此。如《諷諫詩》"國自豕韋"句注稱"事出《左傳》"；同篇"迭彼大彭"句注稱"事出《春秋》"；《勵志詩》"大儀斡運"句注稱"皆出《白虎通》"；同篇"土積成山"句注稱"亦出《文釋》"等。以李善注與寫本相校，可以看出李善在許多地方都對寫本注例作了補充和修改，因此李善注比寫本要完整，也更準確一些。這都表明李善注確較寫本後出。

上表中還有一例很可說明問題。曹植《上責躬詩表》"抱釁歸藩"句，寫本用杜預《左傳注》，解"釁"爲"瑕"。案，《左傳·桓公八年》"讎有釁（《十三經》本作"舋"）"句，杜預注："釁，瑕隙也。"用瑕隙來解釋。瑕隙即是罪，《左傳·宣公十二年》"觀釁而動"句，杜注即釋爲罪，孔穎達《正義》說："釁訓爲罪者，釁是間隙之名，今人謂瓦裂龜裂比爲釁。既有間隙，故爲得罪也。"這個解釋應該是合於曹植原意的。但我們注意到，李善却用"兆"來解釋，兆者，謂罪萌兆也。不論這個解釋是否確切，李善却因此而留下了參據寫本的痕迹。

李善稱此注出自杜預，但《左傳》中並無這條注文，事實上它出自賈逵的《國語注》。《文選》卷二十四陸機《答賈長淵詩》"黃祚告釁"句，李善注引賈逵《國語注》説："釁，兆也，言禍有兆。"查《國語·魯語》"惡有釁，雖貴罰也"句，韋昭注曰"釁，兆也"。當是韋昭引用的賈逵注。由此可見此注原出賈逵《國語注》，並非出自杜預的《左傳注》。李善之所以誤作杜注，正見其參考寫本時的工作情形：李善不同意寫本的注釋，故引賈逵注以作糾正，但却不注意誤將賈注當作了杜注。

值得注意的是《上責躬詩表》"伏惟陛下"句注，寫本和李善注都引了應劭的話，這段文字還出於蔡邕的《獨斷》。蔡邕和應劭大致同時而稍前，但寫本和李善作注都引應劭而不引蔡邕，這也是李善依據寫本的一個證明。

從以上的分析看，寫本早於李善應該是成立的，那麼早於李善的《文選》注本，其體例嚴謹，並爲李善所參考依據的，應當是什麼人所作的呢？我們知道李善的老師是曹憲，照道理李善應該依據他的老師而不可能是別的什麼不知名的人，因此起先我們曾懷疑這是曹憲的注本。案，據《舊唐書·儒學傳》記，曹憲著有《文選音義》，甚爲當世所重。當時江淮間爲《文選》學者，都本之於曹憲，可見初唐江淮間的《文選》學都出自曹憲。《舊唐書》的這個説法是值得注意的，它只説江淮間《文選》學本於曹憲，而没有提及的其他地方比如長安一帶，很可能就出自蕭該。據《隋書·蕭該傳》記載，蕭該自荆州陷落，與何妥同至長安，隋開皇初年拜國子博士。其撰《漢書音義》及《文選音義》，咸爲當時所貴。可見蕭該注《文選》時在長安。既稱"咸爲當時所貴"，則蕭該的《文選》學應該在長安產生過影響。不過史書於蕭該的《文選》學闕文，不知他是否以之教授過學生。不管怎樣，兩《唐志》對蕭該的《文選音義》十卷都加以著錄，則見蕭該的書在當時是有流傳的。今見五臣本《文選》頗多與李善不同，因此曹道衡先生就懷疑他們用的是蕭該的本子，所以與李善注本來就是兩個系統。江淮之間的《文選》學既然都出自曹憲，李善又是曹憲的學生，故懷疑他所依據的這個寫本出自曹憲也應該是説得過去的。曹憲的《文選音義》

共有幾卷，史書闕文，但據兩《唐志》所著錄的諸家《文選音》看來，都是十卷本，如蕭該、公孫羅、許淹等，從這個情況看，曹憲的《文選音義》也應該是十卷本。如果是這樣的話，《音義》本就應該是單獨成書，而不是與《文選》卷數配合的。但從這個寫本的情況看，似乎是三十卷本，因爲它在《文選》中作注，與《文選》卷數相配。依據《文選》原書作注的有李善六十卷本和五臣的三十卷本，此外，與李善同時的公孫羅也是六十卷本。所謂六十卷本者，是將蕭統原書的三十卷本一分爲二，因此在李善本中，《述祖德詩》《諷諫詩》和《勵志詩》都在第十九卷，而《上責躬應詔詩》在第二十卷，但在五臣本中，這四篇並不分卷，都在第十卷。反觀寫本，情形正與五臣本相同，這四首詩隸屬同一卷，《上責躬應詔詩》與前三首合在一起，没有分卷，因此可以判斷這是一個三十卷本。如果是這樣的話，這個三十卷注本就不太可能是曹憲的《文選音義》了。此外，據《舊唐書·儒林傳》，曹憲大約死於太宗貞觀年間（627—650），卒年是105歲，以他這個年齡，恐也没有精力再爲《文選》作注。從這些方面考慮，這個寫本又不像是曹憲的《文選音義》。雖然如此，觀此體例分明，注釋頗爲精當，又是能爲李善作依據的注本，不會没有來歷，它與曹憲也不會没有一點關係，但具體情況如何，還有待進一步研究。

寫本除了與李善注有許多相似處外，還有許多地方的串解以及字詞的解釋都與五臣注相合，可以判定五臣本也曾經參考過這個寫本。比如《述祖德詩》"龕暴資神理"句，寫本釋"龕，勝也"，五臣注釋亦同。又如同詩"貞觀丘壑美"句，寫本注："貞，正；觀，見也。謂正見丘壑之美。"五臣注爲："貞，正；觀，見也。言如此正見丘壑之美。"又如《諷諫詩》"五服崩離"句，寫本注："離，散也；崩，潰也。應劭曰：五服，甸服、綏、要服、荒服。"五臣注爲："五服，甸服、綏、要、荒等服。言崩壞離散，周之宗社，從此而墜。"這些解釋都可見出五臣是依據了寫本，不過變换了些説法而已。五臣在釋典解詞上，有很多地方參考了李善，這是大家都共知的事實，其實除了李善以外，其他如公孫羅的《文選鈔》等也都曾爲五臣所參考①，今據此敦煌寫卷，則又知五臣還曾參考過這一個注本。

從以上的分析足以見出這一寫卷的珍貴，它第一次讓我們知道了李善注釋《文選》其實是借鑒了前代注本的，因此對李善的工作以及對其工作的評價又有了新的認識。除此之外，這個寫卷的注釋本身也非常具有價值。從現存的幾殘葉看，注者基本上將原文的用典和語源注解了出來，毫無疑問爲後來人的進一步注解奠定了基礎。不僅如此，注釋者還進行過一些校勘，如謝靈運《述祖德詩》第一首"達人貴自我"的"貴"，寫卷作"遺"，但注文用"貴"，又有校語："作貴勝。"説明所依底本作"遺"，但注者認爲作"貴"更好。這些都看出這個寫本並非一般的注釋，而是具有非常規範嚴謹的注例的。此外，注釋者對作品中的錯誤也作了訂正。如《述祖德詩》"展季救魯民"句，寫本注説："展季，謂柳下惠，依書傳，柳季無救魯民之文，其先展喜春秋僖公時却齊師，疑爲喜也。"這就糾正了謝詩的用典錯誤。又如同詩"弦高犒晉師"句，寫本注説："弦高以牛十二頭犒秦師，無晉師之文，此亦爲誤。案，僖卅二年，此秦伯使孟明等三師（案，當爲"帥"）伐鄭，鄭商人弦高將市於周。"糾正原詩之誤同上例。對於這些，李善雖沒有明確糾誤，但釋典則分別引了展喜救魯和弦高犒秦師的本事，可以看出是受到了寫本的影響。

當然，寫本也有不太嚴謹之處，一些釋典引文似可商榷。如《述祖德詩》引丘淵之《新集錄》所載謝靈運小傳，就不如李善引沈約《宋書》更爲準確妥當。此外，寫本的注者也有不解語詞而注錯的地方。即如此條，注者根據謝靈運説孟顗"丈人蔬食好善，故生（案，當作"升"）天在前，作佛須智慧，丈人故在運後"，遂稱孟顗是謝靈運丈人。案，"丈人"一詞在漢魏六朝時期有指長者，也有指親屬關係，但在這裏當指長者。寫本注者誤讀"丈人"一詞，説明這個詞語在當時

---

① 參見周勛初先生《〈文選〉所載〈奏彈劉整〉一文諸注本之分析》，載《文選學新論》，中州古籍出版社，1997 年。

的使用比較混亂①。但總的看來,作爲早期的《文選》注本,不僅注釋的内容爲李善、五臣所依據,更重要的是其發凡起例,也影響了李善、五臣,並爲其進一步完善各自體例奠定了基礎,這是應該充分肯定的。

---

① 關於"丈人"一詞在漢魏六朝的使用情况,可參考《顔氏家訓·風操篇》以及王利器注引惠棟《松崖筆記》和錢大昕《恒言録》。參見王利器《顔氏家訓集解》,上海古籍出版社,1980年,第95—97頁。

論韓國奎章閣本《文選》的文獻價值

（一）奎章閣本的基本價值

六家本《文選》的產生，是宋代《文選》學的產物。《文選》在隋唐之間，因曹憲的傳授而成爲一門專學。傳其學者有公孫羅、許淹、李善等，其中以李善最爲著名。李善在高宗顯慶三年（658）九月完成了六十卷本《文選注》，並上給高宗皇帝。其後，在玄宗開元六年（718），呂延祚組織呂延濟、劉良、張銑、呂向、李周翰五人，重新爲《文選》作注，並將李善的六十卷重又恢復到三十卷，世稱五臣注。這兩種注本在唐代都產生了極大的影響，但從呂延祚的上表以及唐玄宗給呂延祚的敕文看，唐人對李善注有些微詞。因此，有唐一代似乎比較重視五臣注，而對李善注有所批評。所以説，李善注和五臣注的優劣之爭，在唐代已經開始了。至於晚唐，李匡乂在《資暇録》中曾針對唐人重五臣輕李善的情況進行了批評，這説明李善注的價值已開始被人認識了，大約產生在這一時期的《文選集注》，以李善注本爲底本，也説明了這個情況。但從刻本的情況看，最早的《文選》刻本仍是五臣本，即五代時毋昭裔所刻本，而李善刻本要到北宋仁宗天聖年間（1023—1032）才由國子監刊刻。五臣和李善兩種注本刊刻後，基本滿足了讀書人的要求，但同時也給他們帶來了麻煩，因爲兩種注本分開使用，實在不方便。正是在這個背景之下，有人便試着將五臣本與李善本合并在一起，這也就是後世所稱的"六家本"或"六臣本"。所謂"六家本"，即五臣注在前，李善注在後；"六臣本"則相反，是以李善注居前，五臣注居後。這不同的順序反映了對這兩種注本的不同態度：六家本表明人們重視五臣注，六臣本則表明人們重視李善注。六家本產生在前，六臣本則是後來在六家本基礎之上重新改變了順序而成就的本子。那麽六家本到底產生在何時呢？從有關的記載看，最早的六家本是朱彝尊所稱在王氏賜書堂所見北宋徽宗崇寧五年

（1106）鏤版，政和元年（1111）畢工的蜀廣都裴氏刻本①。這個刻本似乎僅有朱氏見到，據章鈺《錢遵王〈讀書敏求記〉校證補遺》"五臣注文選"條引馮柳東説，他在清曹溶静惕堂處也見到過。他説："六臣注《文選》，予嘗見曹倦圃侍郎藏本，每卷首有'宋崇寧五年鏤版至政和元年畢工'字一行，墨光如漆，紙堅白無痕，蓋宋代蜀箋。"似乎王氏藏本後來遞傳至曹溶處。但馮柳東所見的這個宋本並不是北宋原本，而是南宋嘉定二年（1209）翻刻本。馮柳東説："是本遇宋諱皆缺筆，首尾有'嘉定二年成都裴氏鏤版印賣'字一行，是爲南宋蜀本。"看來北宋崇寧五年本，除了朱彝尊外，再未有人見過，這的確是一個疑點。從馮柳東所説看，我們懷疑朱彝尊在王氏賜書堂所見之本，其實就是馮柳東在曹溶處所見到的本子，這樣的話，到底有没有北宋的刻本就更加值得懷疑了。即使如朱氏所稱廣都本刻於北宋崇寧年間，它其實也並不是最早的六家合并注本。在奎章閣本没有發現之前，關於六家本的最早合成，的確在中國找不到有關的記載了。

奎章閣本《文選》，據白承錫教授説，刻於朝鮮世宗十年（1428）②，其底本是北宋哲宗元祐九年（1094）秀州（今浙江嘉興）州學本。奎章閣本書末載有秀州州學於元祐九年二月所寫的跋，略云："秀州州學今將監本《文選》逐段詮次，編入李善並五臣注，其引用經史及五家之書，並檢元本出處對勘寫入。凡改正舛錯脱剩約二萬餘處。二家注無詳略，文意稍不同者，皆備録無遺。其間文意重疊相同者，輒省去留一家，總計六十卷。元祐九年二月　日。"據此，我們可以知道秀州州學此本是第一次將五臣與李善合并，時間是北宋元祐九年二月。其次，合并本對所據五臣和李善兩個底本進行了校勘，糾正錯誤達兩萬多處。第三，原五臣、李善二本文意重疊相同者，合并本僅留一家的編例始於此本。今見各合并本"善同五臣某注"或"五臣某同善注"之例都從此而來。第四，由此知後來六家本（如崇寧五年開始刊刻，政和

---

① 《曝書亭集》卷五十二，《四部叢刊》本。
② 白承錫《韓國"文選學"研究概述》，載《中外學者文選學論集》，中華書局，1998年，第1174頁。

元年完成的廣都裴氏刊本、明州本)、六臣本(贛州本、建州本)都從秀州州學本而出。

奎章閣本提供的秀州州學跋，使我們知道了第一個六家合并注本産生的準確時間及合并的過程，這對《文選》學研究具有重要的文獻價值。據此我們可以對六家本、六臣本確立研究的依據，並能描述該版本系統的演變綫索。我們大概的結論是，秀州本之後産生了廣都裴氏刻本，又在北宋末南宋初産生了明州州學本①。南宋以後由於李善注的價值受到學人重視，對其評價已超過五臣注，因此以李善注爲主要依據的六臣本就應時産生了。六臣本以李善注在前，五臣注在後，但它並非是重新編纂的本子，而是在原來六家本的基礎之上改變順序，即將六家本中五臣注在前、李善注在後的順序改爲李善注在前、五臣注在後的順序②。現在所見最早的六臣本，大概是刻於紹興三十二年（1162）③ 的贛州州學本。贛州本之後，又有建州本，即《四部叢刊》影宋本④。這個綫索的梳理，都是依靠奎章閣本所提供的秀州本的依據而得到的。

奎章閣本所提供的秀州本，除説明了六家本産生的具體時間外，它還提供了兩個國内早已失傳的《文選》版本，即平昌孟氏所刻五臣注本和國子監刻李善注本。平昌孟氏本，未見有著録，但它具有非常珍貴的文獻價值。它的來歷，據秀州本書末所附天聖四年（1026）沈嚴《五臣本後序》説，孟氏本之前，二川、兩浙先已有五臣注印本，但是"摹字大而部帙重，較本粗而舛誤夥"，所以孟氏乃"訪精當之本，命博洽之士，極加考核，彌用刊正，小字楷書，深鏤濃印"，刻成新的五臣注本。從沈嚴的《序》可以知道孟氏本刻成於天聖四年，在此之前二川、兩浙已有印本，但部帙重，不便携帶，且頗多舛誤。我們知道最

---

① 現存明州本是南宋紹興二十八年（1158）遞修本，其底本當刻於北宋時。
② 參見斯波六郎《文選諸本的研究》（李慶譯，《文選索引》第一册，上海古籍出版社，1997 年）及拙文《文選版本叙録》（《國學研究》第五卷，北京大學出版社，1998 年）。本書收入。
③ 見杜信孚、漆身起《江西歷代刻書》，江西人民出版社，1994 年。
④ 張元濟《涵芬樓燼餘書録》（商務印書館，1951 年）稱建州本是慶元（1195—1200）以後所刻，但傅增湘《藏園訂補邵亭知見傳本書目》（中華書局，1993 年）僅稱是南宋刻本，故此書刊刻時間尚有爭議。如依張元濟所定時間，建州本應該是出自贛州本的。

早的五臣注本是蜀毋昭裔所刻，後板片由其子毋守素帶至中原，因此，這二川、兩浙刻本應該都是從毋氏刻本而來。但在流傳過程中，轉多訛誤，所以孟氏又訪精當之本，請人考校，重新刊刻。因此孟氏此本比二川、兩浙本更爲可靠。比如據沈嚴說，舊本成公綏《嘯賦》脱"走胡馬之長嘶，回寒風乎北朔"，又屈原《漁父》脱"新沐者必彈冠"句，孟氏本都據史傳加以訂正。這也就是說，《嘯賦》和《漁父》這兩句是孟氏本獨有的特徵，其他的五臣注本如果也有這兩句，應該是從孟氏本所出。查現存兩種五臣注本，即南宋陳八郎本和朝鮮正德刻本，前者脱略這二句（說明陳八郎本的底本有可能是根據二川、兩浙本），後者正與孟氏本相同，可見朝鮮本的底本正從孟氏本所出。

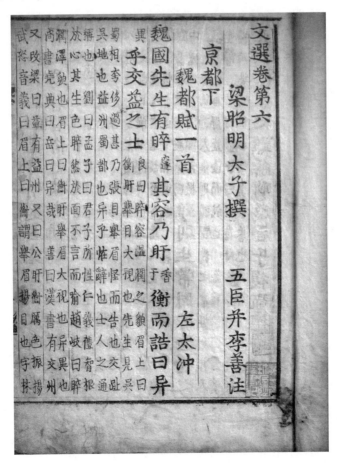

圖42　朝鮮活字本《文選》卷第六

秀州本提供的國子監刻李善注本，國內也早已失傳。現存中國國家圖書館和臺北故宮博物院的兩殘本，都是遞修本，與國子監初刻本有較大差異。根據文獻記載，《文選》李善注的刊刻，最早在北宋景德四年（1007）八月。《宋會要輯稿·崇儒》四之三記："景德四年八月，詔三館秘閣直館校理，分校《文苑英華》、李善《文選》，摹印頒行。……李善《文選》校勘畢，先令刻板，又命官覆勘。未幾，宮城火，二書皆盡。至天聖中，監三館書籍劉崇超上言：李善《文選》援引該贍，典故分明，欲集國子監官校定净本，送三館雕印。從之。天聖七年（1029）十一月板成，又命直講黄鑑、公孫覺校對焉。"景德四年詔印的李善《文選》，至大中祥符年間（1008—1016）才告完成。王應麟《玉海》卷五四引《實錄》說："景德四年八月丁巳，命直館校理校勘《文苑英華》及《文選》，摹印頒行。祥符二年（1009）十月己亥，命太常博士石待問校勘。十二月辛未，又命張秉、薛映、戚綸、陳彭年覆校。"又據宋程俱《麟臺故事》卷二："大中祥符四年（1011）八月，選三館秘閣直官、校理校勘《文苑英華》、李善《文選》，摹印頒行。"景德四年詔印的《文選》，至祥符四年八月才得以印行。然而此書雕板後不久即遭火厄，這就是《宋會要輯稿》所說的："宮城火，二書皆燼。"關於這次宮城之火，沈括《補筆談》記："祥符中，禁中火。"又宋江少虞《宋朝事實類苑》卷三十一記："大中祥符八年（1015），榮王宮火延燔。"可見起火是祥符八年的事。至天聖年間劉崇超才又上言重新校勘刻印。以上是史書所記有關李善注《文選》刊刻的材料，於天聖年間所刻《文選》，僅有天聖七年（1029）十一月板成的記載，至於何時開始校勘，何時上呈皇帝，都没有交代。這一重要的版刻材料，備載於秀州本。秀州本書末附有天聖年間校勘、雕造、進呈的年月及各主事官名單，略云：天聖三年五月校勘了畢。校勘官有公孫覺、賈昌朝、張逸、王式、王植、王畎、黄鑑。天聖七年十一月雕造了畢。校勘印板有公孫覺、黄鑑。天聖九年進呈。進呈者有藍元用、皇甫繼明、王曙、薛奎、陳繼堯、吕夷簡。從天聖三年至天聖九年，前後共費時五年，可見國子監刻李善注《文選》的質量是很高的。而這些材料史書闕載，同時記載這些材料的秀州州學本也在中國失傳，甚至沒有著録，今幸得奎章閣本存世，使得如此重要的《文選》版刻史料公之於學界，解決了《文選》版刻中至關重要的問題，這是值得我們慶幸的。

（二）奎章閣本的參考價值

以上所述非常清楚地説明了奎章閣本的文獻價值，在這一個本子身上同時具有三個版本特徵，即它完全可以作爲三個失傳版本使用，這當然是非常珍貴的了。首先談談它作爲第一個六家本所具有的文獻價值。作爲第一個六家本的秀州本，它確定了六家本的合并體例。所謂六家本，前文已作説明，即以五臣注在前，李善注在後，這個順序的實質是以誰爲底本的問題。六家本以五臣在前，説明它是以五臣注爲主。《文選》的五臣注和李善注具有很大的不同，除了兩家具有不同的體例等外，即在對原文的斷句理解方面也存有差異，具體表現爲兩家斷句不同，下注的位置不同。這一點我在《文選版本叙録》第三節《秀州本》中引《西京賦》"天梁之宫，寔開宫闈"一段中已加以説明。這樣的例證是遍布全書的，比如《東京賦》"今舍純懿而論爽德/以《春秋》所諱而爲美談/宜無嫌於往初，故蔽善而揚惡，只吾子之不知言也"一段，五臣注本（朝鮮正德刻本和陳八郎本）以上述五句爲斷，但李善本（清胡克家刻本）却分斷在三處。李善與五臣的這種不同，在合并時就産生了麻煩，顯然編者只能保留一種。六家本以五臣爲主，當然只能保留五臣的斷句。我們看到秀州本正是依據五臣本斷句下注。由於李善是分斷在三處，其原注文就有三處"善曰"，秀州本也便在五臣注文之下，按照李善注文原貌，照録三個"善曰"。這三處"善曰"儘管表明了李善注本原文是分斷在三處，但這三處各在哪一個地方，却頗費查尋。

此外，李善本與五臣本在文字上也有許多歧異，即如上引《東京賦》幾句，其中"宜無嫌於往初"的"往初"，是李善用字，五臣作"故舊"，又"故蔽善而揚惡"的"故"字，五臣本無。對這些歧異，秀州本都加以説明，如在"故舊"之下小字注"善本作'往初'"。因此秀州本正文保留了五臣本原貌，其在歧異處加注，則保留了李善本的原貌。不過有些明顯是五臣本錯誤的地方,秀州本也往往依據李善本。如卷六十陸機《弔魏武帝文》"機答之曰"一句爲五臣本所無,如果不補上,則下文容易混爲上文中的"客曰",所以秀州本依據李善本補上,並加案語稱"五臣本無此一句"。

　　以上是秀州本依據五臣本進行合并所確定的體例,但我們也看到秀州本的卷數却是依據的李善本,全書分爲六十卷,而不是五臣本的三十卷。這當然是六家合并注文之後,字數太多,只能采用分卷的原因。正如後來的《文選集注》,集録了李善、五臣、陸善經及《文選音決》《文選鈔》,只好將全書分爲一百二十卷。秀州本既依李善本分卷,則其分卷體例,即如各卷首子目、行款,乃至全書分類等,也勢必要依據李善本。這事實上是説,六家本儘管以五臣注爲主,但全書的編輯合纂却依據的李善本。比如"賦",李善本卷一子目"賦甲"二字,李善注説:"賦甲者,舊題甲乙,所以紀卷先後,今卷既改,故甲乙並除,存其首題,以明舊式。"秀州本依據李善注,僅存"賦甲"二字,以明舊式,而没有像五臣本那樣全部保留。又如"論",據日本所藏古抄三十卷本《文選》,蕭統原本分别作"論上""論中""論下",分别列於卷二十六、二十七和二十八,五臣本如陳八郎本、朝鮮正德刻本都是如此。但秀州本却依李善本在卷五十一到五十五分别作"論一""論二"以至"論五"。以上例證都説明秀州本的編輯體例的確依據李善本,除此以外,秀州本在文體分類上也依據李善本。《文選》的文體分類一直是一個有爭議的問題,按照傳世的李善本,如南宋尤袤刻本和清胡克家刻本,都只有三十七類,缺"移"和"難"兩類。其中經清儒考證,認爲"移"應該獨立爲文體,於是又有人持三十八類説法。與李善本不同,五臣本却不脱"移""難"二體,因此又有人持三十九類説法。由於五臣本傳世少,且自宋以後,世重李善而貶五臣,所以學者多相信李善而不信五臣,所以多持三十七類或三十八類説法。除了五臣本不被學者看重外,還因爲在李善本和五臣本以外,六家本和六臣本也都脱"移""難"二體,因此在不明了《文選》版本源流情況的人看來,有這麽多版本都是三十七類,可見五臣本不可相信。其實這是一種誤識,究其實,三十七類的依據也只出自李善一家,而六家本的秀州本恰恰又在編纂上依據了李善本，所以它的分類也只能是三十七類。秀州本是最早的六家本，其後的廣都裴氏本、明州本都從秀州本所出，當然也是三十七類了。至於六臣本，又是在六家本的基礎上調整了一下順序，其基本體例仍然依據六家本，所以與六家本一樣是三十七類①。

上述這些合并本的特徵，是秀州本創立的，現在所能見到的幾種六家本如宋明州本、明袁褧覆刻宋廣都裴氏本，都保留了這些特徵，因此，秀州本爲我們深入研究六家本和六臣本奠定了基礎。後出的六家本如廣都裴氏本、明州本，六臣本如贛州本、建州本從秀州本所出，從這些特徵可以得到證明，但這些後出之本，也都做了一些勘訂工作，對秀州本中一些明顯的錯誤作了改正。如卷六十賈誼《弔屈原文》"誼追傷之，因以自喻，其辭曰"句李善注，秀州本漏掉了"善曰"二字，明州本則據體例補上。

六家合并注本在當時的出現，是應了士子讀書的要求的，將五臣注與李善注合并在一起，當然便利於學習。沈嚴批評二川、兩浙所刻五臣注本，一個重要的理由便是川、浙刻本模字大，部帙重，這都是從學習的角度提出的。後來雖然由平昌孟氏改爲"小字楷書，深鏤濃印"，但五臣注與李善注兩部書分開，仍然不便於携帶，因此秀州州學便想出了將二書合并在一起的主意。這的確是對讀書人的便利，比如今天儘管有了鉛印，與綫裝書相比減輕了部帙，但讀《文選》，仍然覺得六家合并注本比較便利。但是六家本在合并時是有不少難度的，由於六家本以五臣本爲底本，即將五臣注置於前面，李善注置於後面，這兩家注文必須區分清楚，不能混淆，事實上要做到這一點並不容易。五臣注比較簡單，在每一段注文中，原文一般只有五臣中的某一家，且都標明爲"某曰"，清楚明白；但是李善注就比較複雜了，由於李善注例是先引前人注解，若出己注，再以"善曰"分別。比如《二京賦》，李善用薛綜注，他在《西京賦》篇題後"薛綜注"下解釋他的這一體例說："舊注

---

① 關於《文選》分類的討論，參見拙作《論〈文選〉"難體"》（《浙江學刊》1996年第6期）和《〈文選〉三十九類説補證》（《文獻》1998年第3期）。後一篇參本書《下篇》所收，題爲《〈文選〉三十九類説考辨》。

是者，因而留之，並於篇首題其姓名。其有乖繆，臣乃具釋，並稱臣善以別之。他皆類此。"根據這一體例，《二京賦》以薛綜注爲依據，在薛綜注之後再加上自己的注，用"善曰"以示區別。但是在單李善注本中，李善所引舊注僅薛綜一家，所以不需要特別標明"薛綜曰"以與"善曰"區分，讀者閱讀的時候對"善曰"之前的薛綜舊注是很清楚的。然而在六家合并本中，由於彙集了六家的注，每一家都必須標明，所以編者對李善原先沒有標明的薛綜注，一一加上"綜曰"字樣。這樣一來，六家本中的各家注文往往會混在一起。爲了便於説明問題，我們將上引《東京賦》的李善本和六家本引在這裏。先看李善本：

今舍純懿而論爽德　《爾雅》曰：純，大。懿，美也。爽，差也。今公子反舍四帝純大懿美之德，而專論説爽差之過失者也。善曰：《國語》曰：實有爽德。賈逵曰：爽，貳也。以《春秋》所諱而爲美談　《春秋》諱國之惡，今公子反以爲美談也。善曰：《公羊傳》曰：大惡諱之，小惡書之。又云：魯人至今以爲美談也。宜無嫌於往初，故蔽善而揚惡，只吾子之不知言　宜之言義也。無，猶不也。只，是也。今公子之義，不嫌於蔽國之善，揚國之惡，是公子不知言也。善曰：《説苑》，楚文侯曰：邑中豪好蔽善而揚惡，可親問之。《論語》，子曰：不知言，無以知人也。毛萇《詩傳》曰：只，適也。

以上是李善注的體例，在"善曰"之前都是薛綜舊注，讀者一看就明白，但在六家本中又是怎樣的情形呢？兹以秀州本所載同一段注文爲例：

今舍純懿而論爽德，以《春秋》所諱而爲美談，宜無嫌於故舊善本作往初，蔽善而揚惡，祇章移吾子之不知言也　向曰：爽，差也。先生以爲公子之意稱西京之盛，宜不嫌於故舊，理當陳飾美事以成其言。且《春秋》諱國惡，今公子舍四帝純懿之德，不述取元成差爽之過以談，是蔽善揚惡，反似嫌於故舊，是不知言也。　綜曰：純，大。懿，美也。爽，差也。今公子反舍四帝純大懿美之德，而專論説爽差之過失者也。　善曰：《國語》曰：實有爽德。賈逵曰：爽，貳也。　綜曰：《春秋》諱國之惡，今公子反以爲美談也。　善曰：《公羊傳》曰：大惡諱之，小惡書之。又雲：魯人至今以爲美談也。　綜曰：宜之言義也。無，猶不也。只，是也。今公子之義，不嫌於蔽國之善，揚國之惡，是公子不知言也。善曰：《説苑》，楚文侯曰：邑中豪好蔽善而揚惡，可親問之。《論語》，子曰：不知言，無以知人也。毛萇《詩傳》曰：祇，適也。

在六家本中，李善原有的注例已經看不出了，那麼文中的薛綜注到底是李善所引呢？還是六家本編者所引呢？由於編者没有説明合并的體例，讀者就不十分清楚了。不過《二京賦》還比較好辨一些，因爲李善明言此賦使用了薛綜注，凡知道李善這一注例的人，一般不會弄錯，但在其他一些文章中，情形就不一樣了。因爲李善廣引前賢注，再以"善曰"申以己意，這在單李善注本中不會有麻煩，但合并時就不一樣了，合并者往往將李善所引的前賢注文混入五臣注中去。比如下例：

盤善本作般字紛紛其離此尤兮，亦夫子之故也良曰：言屈生盤桓于亂時，不能避去，遂及此罪，亦屈生自爲之故也。盤桓，不進貌。紛，亂。離，及。尤，罪也。夫子謂屈生也。李奇曰：般，久也。紛，亂也。應劭曰：般，音班。或曰般桓不去，紛紛構讒意也。犍爲舍人《爾雅注》曰：尤，怨人也。李奇曰：亦夫子不如麟鳳翔逝之，故罹此咎。善曰：言般桓不去，離此怨尤，亦夫子自爲之故，不可尤人也。（賈誼《弔屈原文》）

在這段注文中，五臣劉良的注只到"夫子謂屈生也"，以下都是李善注引文，但秀州州學合并時，只從"善曰"斷開，而將此之前的注文（自"李奇曰"下至"故罹此咎"）全都歸入五臣注中。這種錯誤的特徵，後來的六家本、六臣本基本保留下來，不過在有些地方也曾試圖作些改動。比如同篇"世謂隨夷爲溷，謂跖蹻爲廉"句注：

向曰：卞隨、伯夷，皆古之貞介士也，盜跖、莊蹻，皆盜賊之人也，言人皆反以貞介爲溷濁，盜賊爲廉清者，喻棄賢用不肖。服虔曰：殷之賢士卞隨。韋昭曰：夷，伯夷也。溷，濁也。《史記》：隨字作伯。李奇曰：跖，魯之盜跖。蹻，楚之莊蹻。

這一段注文，李善僅引服虔等人注，自己没有加注，所以未出"善曰"，這在李善本中不是問題，但在六家本中就有問題了，因爲僅據此注看不出是李善注文，完全變成五臣注了。所以明州本就在服虔之前加上"善曰"二字，表示以下是李善注文。不過明州本加上了"善曰"，却將"服虔"二字删去，又增加了新的錯誤。

秀州本既以五臣本爲底本，一切斷句都應依據五臣本，但從奎章閣本提供的秀州本看，在許多地方斷句却依李善本。比如卷六十陸機《弔魏武帝文》"夫日蝕由乎交分，山崩起乎朽壤，亦云數而已矣"句，這是李善本的斷句，五臣本如宋杭州猫兒橋鍾家刻本（朝鮮正德刻本亦同杭州本）却分爲三個斷句。奇怪的是秀州本此處不依五臣本，而依據李善本，在"而已矣"下列舉了"向曰""銑曰""濟曰"三條注文。又如同篇"吾於衣裘，可別爲一藏，不能者，兄弟可共分之。既而竟分焉。亡者可以勿求，存者可以勿違，求與違不其兩傷乎"句，杭州鍾家刻本在"既而竟分焉"下斷開，置李周翰注。但是秀州本却依李善本，在"不其兩傷乎"下，依次列李周翰、吕向和李善注。這樣的變例除了在這一卷中多處出現，在其他各卷也多有存在。這種現象的出現，只能是秀州州學所爲，不可能是奎章閣本的刊刻者所爲。因爲現存的明州本，這種情況與秀州本完全相同。現存的明州本是一個遞修本，於南宋高宗紹興二十八年（1158）刊行，就是説起碼在紹興二十八年之前，這種情形就存在了，當然不可能是刊於朝鮮世宗十年（1428）的奎章閣本主持者所能做的了。問題是秀州本既然依據五臣本，爲什麽會在許多地方又依據李善本呢？難道僅僅是因爲主持合并的人馬虎嗎？看來這個問題是值得研究的。

（三）奎章閣本彌補失傳文獻的價值

秀州本的文獻價值，還表現在它保留了已經失傳的國子監本和平昌孟氏本上。前文已經介紹，國子監本刊刻於天聖年間，但原本現已失傳，存於中國國家圖書館和臺北故宫博物院的兩殘本（即天聖明道本），只是一個遞修本，它的價值當然不如原本。其次遞修本僅是殘本，中國國家圖書館所藏爲二十一卷，且各卷多有殘缺，臺灣所藏爲十一卷，也多有殘缺，依目前的條件，充分利用還是有困難的，即使能够將兩本合璧，但殘缺過多，也很難作爲完整的底本。就這個意義上説，秀州本保存的國子監本原本，可以彌補這個缺憾，這對當前《文選》的整理和校勘具有非常重要的價值。以國子監原本與中國國家圖書館藏天聖明道本相比，二者基本相合，可證秀州本保存的李善注本就是國子監原本。

以卷十九宋玉《高唐賦》爲例，秀州州學加校勘異同的案語（即在正文中注明"善本作某字"）共十八處，完全合於天聖明道本，説明秀州本李善注底本就是國子監本。不過在案語以外，也還存有一些差異。即以此篇爲例，二本不同處有五例，即"風止雨霽，雲無處所"的"所"，天聖明道本脱；"翕湛湛而弗止"的"止"，天聖明道本作"上"；"雕鶚鷹鷂，飛揚伏竄"的"鷂"，天聖明道本作"鷁"；"於是調謳"的"於"和"王將欲往見之"的"之"，天聖明道本並脱漏。天聖明道本脱漏的"所""於"以及"止"作"上"很明顯是一個錯誤，"之"字有無都無害大意，但有"之"字更準確些。至於"鷂"作"鷁"，當是形誤所致。從這幾處異同看，國子監原本比遞修本要更可靠些。除了正文以外，注文更有許多歧異。首先是音注，由於秀州本依據五臣本，所以注音也依據五臣。其體例是在正文中加注音（這與李善在注文中注明不同），當五臣與李善同時爲某字注音時，秀州本往往保留五臣而棄李善。如卷十八潘岳《笙賦》"援鳴笙而將吹，先嗢噦以理氣"句，五臣分別在"嗢"下注"烏没切"，在"噦"下注"紆月切"，李善則置於注文中，稱："嗢，於忽切。噦，紆月切。"但在秀州本中却只保留了五臣的注音，删去了李善注音。這是因爲二家注音相同，只需保留一家注音就可以了。其次是天聖明道本往往有脱文、衍文，如同篇"晉野悚而投琴"句，秀州本注是："善曰：子野，師曠字，晉人，故曰晉野。"天聖明道本却脱去"人故曰晉野"五字。又卷三十一江淹《雜體詩・阮步兵詠懷》"青鳥海上游，鷽斯蒿下飛"句注，天聖明道本李善注衍出"適我騰躍上不過數仞而翱翔蓬蒿之間此亦飛"十九字。此外天聖明道本在遞修時恐有誤斷，如江淹《雜體詩・潘黄門述哀》，天聖明道本作"潘黄門悼亡"。案，江淹《雜體詩》選三十家詩，取其最有特色的作品作爲模擬對象，所取題目有的按照原題，如阮籍《詠懷》、左思《詠史》等即是；有的則不限於某一首具體作品，而是以某一類作品爲題，如擬陸機詩，取題《羈宦》，即包含了陸機所有赴洛以後哀嘆宦遊的作品。據李善的注，引詩有《贈顧彦先》《赴洛道中作》《從梁陳詩》《答張士然詩》等，江淹即以"羈宦"爲題，模擬所有這些作品，並不是説他專門模擬陸機題爲《羈宦》的詩，事實上陸機也沒有題爲《羈宦》的詩。這樣的例子還有，如擬張協《雜詩》而題《苦雨》，擬陶淵明田園詩而題《田居》，擬謝靈運山水詩而題《游山詩》等。江淹擬潘岳詩，也是此意。潘岳善寫哀辭，所以《文心雕龍·才略》説潘岳"賈餘於哀誄"。在潘岳這類作品中，又以《悼亡詩》最爲著名，所以李善注江淹此詩多引《悼亡》爲證。這大概是天聖明道本遞修時據此而改動。其實在江淹擬郭璞《游仙詩》中，李善注"道人讀丹經，方士煉玉液"句説："道人、方術之士，已見《擬潘黄門述哀詩》。"① 説明江淹擬潘岳詩應作《述哀》，這大概是天聖明道本據李善注誤斷題目。今見日本天理圖書館藏《文選集注》卷六十一殘卷，此詩正作"潘黄門述哀"可證。②

秀州本保存的國子監本，應該説比較接近李善注原貌。以之與唐寫本《文選集注》相較，二者相合處遠遠超過了尤刻本。比如《吴都賦》，尤刻本衍出的注文和脱漏的注文比比皆是。如"婺女寄其曜，翼軫寓其精。指衡岳以鎮野，目龍川而帶坰"句注，秀州本李善注爲：

　　劉曰：越，楚地，皆割屬吴，故言婺女翼軫，寄曜寓精也。善曰：《漢書》云：越地，婺女之分野；楚地，翼軫之分野。《周禮》曰：正南曰荆州，其鎮衡山。《漢書》，南海有龍川縣。《爾雅》曰：林外曰坰。

對比《文選集注》的李善注：

　　劉逵曰：楚，越地，皆割屬吴，故言婺女翼軫，寄曜寓精也。善曰：《漢書》曰：越地，婺女之分野；楚地，翼軫之分野。《周禮》曰：正南曰荆州，其鎮衡山。《漢書》，南海有龍川縣。《雅》曰：林外謂之坰也。

二本僅有個别字不同。再看尤刻本李善注：

　　婺女，越分。翼軫，楚分，非吴分，故言寄曜寓精也。善曰：《漢書》曰：越地，婺女之分野；楚地，翼軫之分野。《周禮》曰：

---

① 唐寫本《文選集注》作"已見《述哀詩》"。
② 《日本天理圖書館善本叢書漢籍之部》第二卷《文選·趙志集·白氏文集》，東京：八木書店，昭和五十五年（1975），第263—266頁。

正南曰荆州，其鎮衡山。《漢書》，南海有龍川縣。《南越志》，縣北有龍穴山，舜時有五色龍，乘雲出入此穴。《爾雅》曰：林外謂之坰。

注文中加點字都是與《文選集注》和秀州本不同的地方，可見尤刻本與李善注原貌相差較大。這種例證並不是少數，傅增湘先生曾以日本古抄無注本《文選》和天聖明道本與清胡克家刻本校勘，胡刻本與天聖明道本不同處比比皆是，足可説明問題。尤刻本除了存有大量的衍文和脱文外，還有與李善後來規定的注例不一致的地方。李善的注例之一是，凡同卷再見或異篇再見等，並云已見上文，從省之例。如《蜀都賦》"營新宮於爽塏，擬承明而起廬"句，秀州本李善注稱"爽塏已見上文。承明已見《西都賦》"。但尤刻本却具引注文，與李善注例不統一。不過這個問題還有待討論，這種情況到底是後人的改動呢，還是李善未定本之前的面貌呢？因爲在敦煌寫本《西京賦》中，也有多處該從省而未省略的地方，因此有人懷疑它是李善未定本之前的注本，也即唐人李匡乂《資暇録》所説"三注、四注"的本子。如果是這樣的話，尤刻本的底本也許便出自李善的未定本，這些未從省的注文，又並非尤袤所爲。

秀州本保存的平昌孟氏本，國内早已失傳，且不見有著録，因此秀州本保存的孟氏本填補了這個空白，它將蜀毋昭裔以後的五臣本刊刻綫索連綴了起來。同時秀州本保存的五臣本實物，不僅爲研究五臣本的源流演變提供了依據，也爲研究六家本，甚至是李善本都提供了評判的依據。國内現存的五臣本有兩種，一種是南宋紹興三十一年（1161）刊刻的陳八郎本，此本有抄配，但基本上還是完帙；另一種是南宋初年刊刻的杭州猫兒橋河東岸開箋紙馬鋪鍾家刻本，僅存二十九、三十兩卷。這兩個本子存有不少差異，不是出自同一系統。據陳八郎本所載江琪的木記説，該本是他以古本與監本"參校考正"而成。所謂古本，應該是五臣注古寫本，監本則是國子監刻李善注本。這樣説來，陳八郎本雖稱五臣本，但有些地方也據李善本作過修正，這就是陳八郎本往往具有李善本特徵的原因。雖然如此，陳八郎本的主體仍然是五臣本，而且是以比較早的古寫本作基礎的。比如卷九成公綏《嘯賦》，據平昌孟氏本所載沈嚴《跋》説，古本此賦脱"走胡馬之長嘶，迴寒風乎北朔"二句，孟氏本則據史傳補上。陳八郎本此賦正脱此二句，與沈嚴所言古本相合，如果是這樣的話，陳八郎本的價值是極其珍貴的了。這説明陳八郎本與平昌孟氏本的底本相同，但平昌孟氏本據史傳等作了許多修訂，而陳八郎本則據李善本作了修訂，從而使得這兩個版本都改變了原貌。但相對説來，平昌孟氏本更多地保留了五臣注特徵，而陳八郎本由於參據了李善本，五臣本特徵就不那麽純粹了。比如秀州本卷四十六《王文憲集序》"時司徒袁粲有高世之度，脱落風塵"句的"風塵"二字，平昌孟氏本如字，校記稱："善本作塵俗。"國子監本、尤刻本都作"塵俗"，朝鮮正德年間刻五臣注本作"風塵"，但陳八郎本不從五臣本作"風塵"，却從李善本作"塵俗"。又如卷五十八《褚淵碑文》"廢昏繼統之功，戡亂寧民之德"句的"戡"字，平昌孟氏本如字，校記稱："善本作龕字。"此字朝鮮正德刻本與杭州貓兒橋本都同平昌孟氏本，只有陳八郎本作"龕"，同於國子監刻李善注本①。這些例證都説明平昌孟氏本基本保存了五臣本特徵，是可以信任的。

　　與平昌孟氏本一樣可以信任的還有杭州貓兒橋鍾家刻本，只可惜這個本子僅存兩殘卷。以這現存的兩個殘卷與平昌孟氏本相校，二者基本相同。從二本的刊刻時間看，只能是杭州本從平昌孟氏本所出。因此秀州本保存的這個平昌孟氏本，是可以作爲杭州本使用的。

　　以上我們從幾個方面論述了奎章閣藏六家本《文選》的文獻價值，從這一個版本可以得到三個在中國早已失傳的《文選》版本，並且依據它能够解決許多《文選》版本研究中懸而未決的問題，這些都是古籍版本研究中所罕見的現象，所以説奎章閣本彌足珍貴。我認爲當前中國《文選》學界最迫切的任務，便是趕緊將奎章閣本影印行世，這對於中國《文選》版本的整理和研究，對於漢魏六朝文學古籍的整理研究，都是十分必要的。

---

① 此字尤刻本却作"戡"，同五臣本，這是因爲尤刻本也多參據五臣本的原因。

論《文選》所收陸機《挽歌》三首

——兼論宋本《樂府詩集》《陸士衡集》的編輯與《文選》的關係

（一）陸機《挽歌》的原貌

陸機《挽歌》，現存完整的共有三首，載於《文選》卷二十八，此外，郭茂倩《樂府詩集》卷二十七《相和歌辭》也收録了同樣三首。從内容看，三首當爲組詩，"卜擇考休貞"寫卜擇葬地，"流離親友思"寫親友送殯，"重阜何崔嵬"假亡者之辭寫死後墓中感受。如此讀來確像是一組構思完整的作品。然而李善注本《文選》與五臣注本、六臣注本《文選》對這三首詩的著録順序却不一樣，如尤袤刻本李善注《文選》以"流離親友思"置於第三首，在"重阜何崔嵬"之後，五臣注宋陳八郎本、六臣注宋明州本及《四部叢刊》影宋建州本，都以"流離親友思"置於第二首，而以"重阜何崔嵬"置於第三首。那麽哪一種注本正確呢？從文義看，似乎六臣注本順序更合理些。清胡克家《文選考異》卷五在"流離親友思"下説："袁本、茶陵本此一首在'重阜何崔嵬'一首之前。案，尤所見不同，以文義訂之。當倒在上，且此句與第一首末句相承接，尤非，二本是也。"[①] 袁本即指明袁褧翻刻北宋廣都裴氏本。茶陵本指元陳仁子刻本，二本與《四部叢刊》本一樣，都是六臣注系統[②]。胡氏所言即根據文義所下的判斷。在他之前，孫志祖《文選考異》卷二亦稱："'流離親友思'接第一首末句，六臣本是。"[③] 這都是將《挽歌》三首視作組詩。

[①] 影印清胡克家刻本《文選》附録，中華書局，1977年，第924頁。

[②] 細言之，袁本爲六家本，即五臣注在前，李善注在後；茶陵本、《叢刊》本爲六臣本，即李善注在前，五臣注在後。這是兩種不同的刻本系統。

[③] 孫志祖《文選考異》，《叢書集成初編》本，中華書局，1985年，第55頁。

前人的判斷是正確的，以上陸機《挽歌》三首不僅是組詩，而且是標題爲"王侯挽歌"的組詩。其實陸機創作的《挽歌》原本是有標題的，而且不止一組，另一組標題爲"庶人挽歌"。證據如下。

陸機《挽歌》除《文選》所收三首外，唐宋以來的類書如《北堂書鈔》《初學記》《太平御覽》及宋人吳棫《韵補》都有收錄。《太平御覽》卷五百五十二"挽歌"條錄陸機三首，其一是"魂衣何盈盈，旒旐何習習。父母拊棺號，兄弟拊筵泣。靈輀動轇轕，龍首矯崔嵬。挽歌夾轂唱，嘈嘈一何悲。浮雲中容與，飄風不能回。淵魚仰失梁，征鳥俯墜飛"。其二即"卜擇考休貞"首，從"中闈且勿喧，聽我薤露詩"起至"出宿歸無期"；其三即"重阜何崔嵬"首①。又同卷"蒭靈"條下引："陸機《士庶挽歌辭》曰：埏埴爲涂車，束薪作蒭靈。"② 在這四首詩中，《文選》僅收二、三兩首，説明陸機創作《挽歌》並不僅《文選》中的三首。《太平御覽》之外，初唐時所編的類書《北堂書鈔》和《初學記》更是收錄在先。《北堂書鈔》卷九十二"魂衣何盈盈，旒旐何習習"下注引："陸機《庶人挽歌辭》云：死生各異方，昭晰神色襲。貴賤禮有差，外相盛已極。魂衣何盈盈，旒旐何習習。念彼平生時，延賓陟此幃。賓階有鄰迹，我降無登輝。陶犬不知吠，瓦鷄焉能飛。安寢重丘下，仰聞板築聲。"③ 此詩的"魂衣何盈盈，旒旐何習習"兩句與《太平御覽》所引相同，其實是不同的兩首詩。今人金濤聲點校的《陸機集》（中華書局1982年版）誤將兩首相混。《北堂書鈔》同卷"孤魂雖有識"下又注引："陸機《王侯挽歌辭》云：孤魂雖有識，良接難爲符。操心玄茫内，注血治鬼區。"又同卷"悲風激行軌，仰靈結流藹"下注引"陸士衡《王侯挽歌辭》：素驂仁靈車"一首④。案，此即《文選》所載"流離親友思"詩。《初學記》卷十四也記錄了兩首

---

① 《太平御覽》，《四部叢刊三編》景宋本，中華書局1960年據上海涵芬樓複製重印，1995年，第2500頁。
② 同上書，第2498頁。
③ 《北堂書鈔》，影印清光緒十四年（1888）南海孔氏刊本，中國書店，1989年，第352頁。
④ 同上書，第352頁。

《挽歌》，一是《死喪第八》"託萬鬼鄰"條下注引"陸機《王侯挽歌辭》曰，昔居四人宅，今託萬鬼鄰"①。案，此即下引"重阜何崔嵬"首；一是《挽歌第十》"晉陸機《挽歌》詩"條下注引"中闈且勿喧"至"出宿歸無期"首和"重阜何崔嵬"一首②。除此之外，宋人吳棫《韵補》卷五"繮"字和"役"字分別注引有兩首《挽歌詩》，其一爲："五常侵軌儀，夕氣牽徽墨，隨和乏良聘，枝驂或鳩毒。"③ 其二爲："在昔良可悲，魂往一何戚。念我平生時，人道多拘役。"④

從以上各家類書、韵書及《文選》所引陸機《挽歌》看，去其重複，共得九首，當然，這並不一定就是陸機《挽歌》詩的總數。從這九首詩看，主要是《王侯挽歌》和《庶人挽歌》兩類。在以上引書裏，除《韵補》沒有注明《挽歌》的類屬外，其餘的都曾點出過。這說明陸機《挽歌》的確是以"王侯"和"庶人"爲題所創作的組詩。那麽在這九首《挽歌》中，哪些是《王侯挽歌》，哪些是《庶人挽歌》呢？據以上各書所記，《王侯挽歌辭》有《北堂書鈔》所引的"孤魂雖有識"和"素驂仵輬軒"兩首。"孤魂"首，《文選》未選，"素驂"首即《文選》中的"流離親友思"。此外還有《初學記》所引的"昔居四人宅"，此詩即《文選》中的"重阜何崔嵬"。《庶人挽歌辭》則有《北堂書鈔》所引的"死生各異方"首，和《太平御覽》所引的"埏埴爲塗車"首，這兩首都未入《文選》。

從以上敘述可見，《文選》所選三首《挽歌》，其第二、第三首都是《王侯挽歌辭》。至於第一首（"卜擇考休貞"），從詩中"聽我薤露詩"一句看，知此詩爲《薤露》詩系統（南宋葉廷珪《海録碎事》卷二十一即題爲《薤露詩》），亦屬王侯挽歌。《樂府詩集》卷二十七《相和歌辭》引崔豹《古今注》說："《薤露》《蒿里》，泣喪歌也。本出田横門人，橫自殺，門人傷之，爲作悲歌。言人命奄忽，如薤上之露，易晞滅也。亦謂人死魂魄歸於蒿里。至漢武帝時，李延年分爲二曲，《薤

---

① 〔唐〕徐堅等著，《初學記》，中華書局1962年點校本，1987年重印，第358頁。
② 同上書，第363頁。
③ 〔宋〕吳棫《韵補》，影印宋刻本，中華書局，1987年，第102頁。
④ 同上書，第103頁。

露》送王公貴人，《蒿里》送士大夫庶人。使挽柩者歌之，亦謂之挽歌。"① 由是知"卜擇考休貞"首是《王侯挽歌辭》，屬於《薤露》詩傳統，而《庶人挽歌辭》則屬《蒿里》詩傳統。這樣，《文選》所收錄的陸機三首《挽歌》，都是《王侯挽歌》，是同一組詩。既然爲同一組詩，孫志祖、胡克家之説，即以"流離親友思"一首居第二的順序是正確的。由此，可以説明在這一點上，六臣本比尤刻李善注更合於原貌。

（二）《樂府詩集》的編輯與《文選》的關係

著録陸機三首《挽歌》的，除了《文選》，還有《樂府詩集》和《陸機集》，考察它們對三首《挽歌》著録順序的異同，可以見出三書之間的關係。就《樂府詩集》的著列看，它同於尤刻本，即以"流離親友思"置於末首，而《陸機集》相反，以該詩列爲第二首，順序同於六臣本。那麼《樂府詩集》《陸機集》與兩種《文選》注本有着怎樣的關係呢？

據傅增湘《宋本樂府詩集跋》，《樂府詩集》刻於北宋末而成於南宋初②，關於它的編輯，曹道衡先生推測郭茂倩從北方避難逃到南方，不可能携帶很多書籍，因此有些作品如陸機、陶淵明等只能在李善本《文選》中轉録③。這一推測是合理的，這不僅因爲《樂府詩集》與李善注本《文選》在轉録《挽歌》的順序上一致，還因爲陸機《挽歌》原不止這三首，作爲樂府歌詩總集的《樂府詩集》理應收集齊全的，但却收録了與《文選》相同的三首。這就説明郭茂倩當時依據的是《文選》，而且是李善注本《文選》。不過這李善本《文選》又不可能是尤袤刻本，因爲郭茂倩早於尤袤，不可能見到尤刻本。就目前所掌握的材料看，尤刻本是現存最早的李善注本之一④，清胡克家曾據以校刻行

---

① 〔宋〕郭茂倩《樂府詩集》，中華書局點校本，1979年，第396頁。
② 傅增湘《藏園群書題記》，上海古籍出版社，1989年。
③ 曹道衡《樂府詩二題》，《齊魯學刊》1995年第1期。
④ 中國國家圖書館另有北宋天聖、明道間刻本，殘。其中載有《挽歌》的第二十八卷恰亦亡佚，所以無可考見它所著録的《挽歌》順序。

世。一般認爲尤刻本之前無單行的李善注本，尤刻本亦從六臣注本中摘出李善注（見胡克家《文選考異》及斯波六郎《文選諸本的研究》）。其實這是一個錯誤認識，近年來中日學者都著文提出反對。的確，在尤刻本之前已有單李善注行世，一者有北宋天聖明道本作證，二者，除了郭茂倩所用李善注本在尤袤之前外，尚有更爲直接的内證。如尤刻《文選》卷十九《洛神賦》題下有李善注引"《記》曰"一段文字，其爲各本《文選》所未有，如北宋天聖明道間本、南宋明州本、贛州本，以及明袁褧覆北宋廣都裴氏本均無此《記》之注文，所以胡克家《文選考異》認爲是尤袤取世傳小説《感甄記》所爲。劉躍進根據從北宋天聖明道間本以來各本《文選》均於"恨人神之道殊，怨盛年之莫當。抗羅袂以掩涕兮，泪流襟之浪浪"下有"此言微感甄后之情"注解的情形，提出胡克家的判斷是錯誤的，即"感甄説"絶非尤袤所加①。躍進先生的看法是正確的，因爲更有力的證據是早於尤袤的姚寬（1105—1162）在《西溪叢語》中就引用過這一條注文，這足以證明此注非尤袤所加，尤刻必有底本。

（三）《陸士衡集》的編輯與《文選》的關係

從《樂府詩集》著列《挽歌》的順序同於尤刻看，其書應是屬於尤刻李善注這一系統。與《樂府詩集》不同，《陸機集》却以"流離親友思"置於第三首，恰與六臣注《文選》相同。那麼《陸機集》與六臣注《文選》又有什麽樣的關係呢？

陸機有集，在其生前便有記載了。陸雲在給陸機的信中就說他曾"集兄文爲二十卷"②，《北堂書鈔》卷一百《論文二十》"若江漢之潢"條引葛洪《抱朴子》説："吾見二陸之文百許卷，似未盡也。"③ 這是説陸機集生前已由陸雲編成二十卷，後葛洪又見有百許卷（包括陸雲作品），但《隋書·經籍志》僅著録有十四卷，注稱："梁四十七卷，

---

① 劉躍進《從〈洛神賦〉李善注看尤刻〈文選〉的版本系統》，《文學遺産》1994 年第 3 期。
② 《全晉文》卷一百二，中華書局影印本，1985 年，第 2045 頁。
③ 《北堂書鈔》，第 380 頁。

《錄》一卷，亡。"這説明陸機作品至梁時已有散佚，而至唐時散佚更多。然兩《唐志》著錄又作十五卷，尤其《舊唐書·經籍志》乃據毋煚《古今書錄》及《開元內外經錄》而成，其所著錄主要是開元以前書，其時代當與魏徵撰《隋書·經籍志》時相近，則十四卷與十五卷的區別，或爲誤記，或在魏徵之後又增輯一卷而成。但這十五卷本至宋晁公武《郡齋讀書志》著錄，又變爲十卷，可以想見《陸機集》由唐至宋又經散佚而漸失原貌了。現在通行的《陸機集》多源於南宋慶元庚申（1200）徐民瞻刻本。徐民瞻《晉二俊文集序》説："每以未見其全集爲恨，聞之鄉老曰：'士衡有集十卷，以《文賦》爲首，士龍集十卷，以《逸民賦》爲首。'雖知之，求之未遂。"後徐氏知華亭縣事，於新淮西撫幹林姓處得《士衡集》十卷，又於秘書省鍾姓處得《士龍集》十卷。這説明當地鄉老所傳也是十卷本，則隋唐以來的十四卷本和十五卷本早已失傳。《四庫全書總目提要·陸士龍集》説："《隋書·經籍志》載云集十二卷，又稱梁十卷，《錄》一卷，是當時所傳之本已有異同。《新唐書·藝文志》但作十卷，則所謂十二卷者已不復見。至南宋時，十卷之本又漸湮沒。慶元間，信安徐民瞻始得之於秘書省，與機集並刊以行，然今亦未見宋刻，世所行者惟此本。考史稱雲所著文詞凡三百四十九篇，此僅錄二百餘篇，似非足本，蓋宋以前相傳舊集，久已亡佚，此特裒合散亡，重加編輯，故敘次頗爲叢雜。"由此可見徐刻《陸雲集》雖亦十卷，與《新唐志》合，其實仍非唐本而是後人重加編輯；至於徐刻《陸機集》十卷自然更是"裒合散亡，重加編輯"之本了。清錢培名刻《小萬卷樓叢書》，跋《陸士衡集》説："集中殘篇斷簡，雜出不倫，大要出《藝文類聚》《初學記》諸書，而不無掛漏，疑亦北宋人捃摭而成。"但從明陸元大翻宋本《陸士衡集》（《四部叢刊》本）著錄的《挽歌》看，《陸士衡集》主要是據《文選》搜輯而成。因爲《陸士衡集》所收《挽歌》僅《文選》所載三首。事實上，《北堂書鈔》《太平御覽》於三首之外還錄多幾首，如果《陸士衡集》編者參考這兩種類書的話，是不會遺漏的。

從《陸士衡集》著列的《挽歌》順序看，它所依據的應是六臣注本《文選》系統，與《樂府詩集》的依據李善本不同。説《陸士衡集》

依據的是六臣本系統，還有一力證，即該集所收《樂府十七首》順序也完全同於六臣本。案，尤刻本陸機《樂府十七首》順序是：《猛虎行》《君子行》《從軍行》《豫章行》《苦寒行》《飲馬長城窟行》《門有車馬客行》《君子有所思行》《齊謳行》《長安有狹邪行》《長歌行》《悲哉行》《吳趨行》《短歌行》《日出東南隅行》《前緩聲歌》《塘上行》；而六臣本（包括五臣本）順序却與此不同。自《齊謳行》開始，六臣本的順序分别是《日出東南隅行》《長安有狹邪行》《前緩聲歌》《長歌行》《吳趨行》《塘上行》《悲哉行》《短歌行》。這種差别尤袤也看出來了，尤刻《文選》卷末附有尤袤《李善與五臣同異》，在卷二十八中尤袤說："自《齊謳行》至《塘上行》史（案，"史"應作"十"）篇，五臣與善本倫次不同。"① 胡克家《文選考異》說尤氏於此"失著校語"是不對的，這是因爲胡克家没有見到尤袤《李善與五臣同異》的緣故②。

（四）從《挽歌》三首異文看《文選》早期版本情況

從作品排列的順序判斷各版本間的傳承關係應該是可信的。因爲刻書者一般不會改動作品的順序，但可能校改文字。因此，雖説《樂府詩集》依據李善注本，但校其文字，發現許多處竟同六臣本。如第一首"夙駕警徒御"，尤刻本"警"作"驚"，《樂府詩集》此處同六臣本的明州本。又"中闈且勿喧"，尤刻本"喧"作"讙"，明州本作"誼"，則《樂府詩集》同明州本。第三首（"流離親友思"），《樂府詩集》全同尤刻，但第二首（"重阜何崔嵬"），《樂府詩集》更近於明州本。如"壙宵何寥廓"，尤刻本"壙宵"作"廣霄"，明州本同《樂府詩集》作"壙宵"；"人往有返歲"，尤本"返"作"反"，明州本同《樂府詩集》作"返"；"妍骸永夷泯"，尤本"妍骸"作"妍姿"，明州本則同《樂府詩集》。不過若將《樂府詩集》此首與《太平御覽》比較，便會

---

① 見中華書局 1974 年綫裝影印本。
② 尤袤此《考異》，對李善與五臣在各卷的異同都詳爲注明，其間便包括陸機三首《挽歌》排列順序的差異，足證尤刻有單行李善注本作底本。

發覺它更近於《御覽》。如"磅礴立四極","磅礴"同於《御覽》,而尤本、明州本均作"旁薄";"穹崇效蒼天",全同《御覽》,尤本、明州本並作"穹隆放蒼天";"金玉昔所佩",全同《御覽》,尤本、明州本"昔"並作"素"。至於"壙""返",亦並同《御覽》。也有不同於《御覽》處,如"昔居四民宅",《御覽》"民"作"人";"昔爲七尺軀",《御覽》"軀"作"體";"妍骸永夷泯",《御覽》"妍骸"作"形體"等。這一情況說明《樂府詩集》依據的底本雖爲李善注,但與尤刻本尚有許多差異。

事實上,《樂府詩集》成書早於尤本,它所依據的李善注本,也只能是尤刻本的底本,而不可能是尤刻本。尤刻本與其底本恐也不會完全一致,因爲每一次刻書,大都要參校他本而作一些改動。比如姚寬所見的《文選》,從其《洛神賦》題下有"記曰"一段文字看,應與尤刻本相同,因爲其他任何宋刻都未見有這一注文。但姚寬又引潘岳《閒居賦》"房陵朱仲之李"句李善注稱:"朱仲李未詳。"而尤刻本却赫然注出王逸《荔枝賦》及《荆州記》的出處,是尤刻本又不同於姚寬所見之本了。這兩條注文明袁褧覆宋本無,僅作"周文朱仲未詳",倒與姚寬所見合。所以胡克家《考異》説這是尤袤增改之誤。又,尤本這兩條注文下還有三十二字注文,乃引顔之推《顔氏家訓》文字,其中有的內容與正文無關,所以胡氏《考異》説是"必或記於旁而尤誤取以增多者"。這種情形或爲尤袤所爲,或尤袤仍有所本,但兩次刻本便產生許多異同却是事實。又如同爲尤刻本,淳熙八年(1181)的初印本與後印本又有許多不同。如中華書局1974年影印尤刻本是初印本之一,在卷五十九《頭陀寺碑文》"曜慧日於康衢,則重昏夜曉"句下,有注文"《法華經》曰,慧日大聖尊久乃説是法",共十四字,但胡克家刻本却脱此十四字。胡刻本的底本曾屢經修補,肯定是後期印本。它與尤刻是同一種版本,且前後相差時間也不會太大(都爲宋本),文字差異却有不少,説明僅以文字同異來判斷各版本間的傳承關係是不够的。不僅如此,從現在所能見到的唐宋時寫本、鈔本及各刻本《文選》看,五臣注和李善注的文字差別並不是固定的,往往此一李善注本中的歧字並不同於另一李善注本,反而和五臣注本或六臣注本相同。反之亦是。

比如《西京賦》，尤本"途閣雲曼"和"長風激於別隯"兩句中的"途""隯"二字，五臣注本的宋陳八郎本、六家本的明州本並作"連""島"。明州本於"連"下有校記云："善本作'途'。"同樣，尤袤《李善與五臣同異》注"途閣"説："五臣作連閣。"這説明宋人所見的李善注本和五臣注本的確有這樣的差異，而"途"和"隯"字確是李善本中字。但是敦煌寫本永隆本《西京賦》（此本是唐高宗永隆年間〈680—681〉弘濟寺僧所寫，爲李善注本）這兩個字却作"連""島"，不同於李善而同於五臣，與宋刻校記正相反。這都説明僅據文字同異來判斷各版本間的源流關係是不準確的。

　　與《樂府詩集》情况相似，《陸機集》雖據六臣本《文選》，但《挽歌》詩中歧字有同明州本，有同尤本。同於明州本的如"帷衽曠遺影"，"衽"，明州本校記説"善本作'袵'字"，尤本是；同於尤本的如"揮涕涕流離"，"涕涕"，明州本作"泪泪"；又"悲風徹行軌"，"徹"字明州本作"鼓"；"廣宵何寥廓"，"廣"，明州本作"壙"；"妍姿永夷泯"，"妍姿"，明州本作"妍骸"。看來從文字校勘上，《陸機集》更近李善注本。但這還不能説《陸機集》依據的是尤本系統，因爲在六臣注系統中還有一種依違於李善注本和五臣注本之間的版本，這就是《四部叢刊》影宋本（1987年中華書局重印）。此本正文或據李善本，或據五臣本，文中校記常出現"善作某""五臣作某"的字樣，可見編刻者參據了兩種不同的《文選》版本。如上引諸歧字"衽""涕""徹""廣"等，都合於《四部叢刊》本。此外，關於三首《挽歌》的著錄順序，《陸機集》亦同於《四部叢刊》本。由此可見《陸機集》的編輯整理可能是依據的此本。《四部叢刊》影宋本據張元濟《涵芬樓燼餘書錄》（商務印書館1951年版）稱："審其字體，當爲建陽刊刻，避寧宗嫌諱，則必在慶元以後也。"案，涵芬樓此本據稱得自端方，缺三十至三十五卷，影印時以他本配補。從影印本看，無任何藏印及題跋，則端方之前的遞藏情况就不清楚了。除涵芬樓此本外，傅增湘亦收得一本，題稱南宋建本，書中有明陳淳藏印，爲臨清徐坊舊藏[①]。此書從王

[①] 見傅增湘《藏園訂補郘亭知見傳本書目》，中華書局，1993年。

文進《文祿堂書影》①看，本是明陳淳之物，後歸季振宜，又入汪士鐘藝芸書舍，最後輾轉至徐坊而又入傅增湘之手。傅增湘先生藏書後全部捐贈北京圖書館，今《北京圖書館古籍善本書目》所載宋刻本六十卷，當即此書，但年代僅注宋刻本。又周叔弢曾藏有與此相同版本的一卷（卷五），後亦捐贈北圖。但周氏《自莊嚴堪善本書目》亦僅注稱宋刻本②。因此張元濟所稱慶元以後刻本是否可信，尚有待確證。不過即使建本《文選》刻於慶元以後，也不能排除在它之前有底本的可能。據傅增湘《藏園群書經眼錄》説，他的藏本較涵芬樓完全，一卷不缺，且刻印時代亦稍早③。這樣看來，刻於慶元年間的《陸士衡集》有可能依據的是建本或建本祖本的六臣注《文選》。

附記：此文在《文學遺產》1996年第1期發表後，又讀《文選集注》，見卷五十六載陸機《挽歌》三首順序同於尤刻本。在"重阜何崔嵬"首下，《集注》編案稱："今案《音決》、五家、陸善經本以此篇爲第三也。"《文選集注》的底本是李善注本，説明"重阜何崔嵬"首居第二的順序即是李善本原貌，而當時的五臣本、陸善經本和《文選音決》却以之置於第三。是李善注本和五臣注本等著錄《挽歌》的順序原就有不同。

又：《文選集注》於《挽歌三首》注引陸善經説"《集》曰：王侯挽歌"。此處的《集》，當指《陸機集》，可見本文所論確屬事實。

---

① 1937年北平文祿堂影印本。
② 周叔弢《自莊嚴堪善本書目》，天津古籍出版社，1985年。
③ 傅增湘《藏園群書經眼錄》，中華書局，1983年。

主要參考文獻

《文選》之部

《文選》,李善注(殘),北宋天聖明道本,中國國家圖書館藏

《文選》,李善注(殘),北宋天聖明道本,臺北故宮博物院藏

《文選》,李善注,南宋淳熙八年(1181)尤袤刻本,北京:中華書局,1974年綫裝影印本

《文選》,李善注,元張伯顏刻本,中國國家圖書館藏

《文選》,李善注,何焯手批真迹本,上海師範大學圖書館藏

《文選》,李善注,清嘉慶十年(1805)胡克家刻本,北京:中華書局,1977年影印本

《文選》,五臣注,(存卷第二十九),宋杭州貓兒橋河東岸開箋紙馬鋪鍾家刻本,北京大學圖書館藏

《文選》,五臣注,(存卷第三十),宋杭州貓兒橋河東岸開箋紙馬鋪鍾家刻本,中國國家圖書館藏

《文選》,五臣注,南宋紹興三十一年(1161)建陽崇化書坊陳八郎刻本,臺北"國家"圖書館藏,1981年綫裝影印本

《文選》,五臣注,朝鮮正德四年(1509)刻本,日本東京大學東洋文化研究所藏

《古鈔本五臣注文選》卷第二十,日本東方文化學院用東京三條氏藏鈔本影印卷軸本,昭和十二年(1937)十一月五日發行

《文選》,五臣、李善注,朝鮮刻本,韓國首爾大學奎章閣藏

《文選》,五臣、李善注,南宋紹興二十八年(1158)刻本,日本

足利學校遺蹟圖書館後援會，1975 年影印本

《文選》，五臣、李善注，明袁褧覆北宋廣都裴氏刻本，中國社會科學院文學研究所藏本

《文選》，六家注，南宋廣都裴氏刻本，臺北故宮博物院藏

《文選》，李善、五臣注，存五十三卷，南宋紹興三十二年（1162）贛州州學刻宋元遞修本，臺北"國家"圖書館藏

《文選》，李善、五臣注，南宋建州刻本，《四部叢刊》影印本

《文選》，汲古閣刻本，中國社會科學院文學研究所圖書館藏

《唐寫文選集注殘本》，羅振玉編，1918 年影印本

《文選集注》（殘），《京都帝國大學文學部影印舊鈔本》第三至第九集，1935—1942 年，北京大學圖書館藏

《文選集注》（《求自試表》殘葉），中國國家圖書館藏

《文選集注》（卷第四十八），天津藝術博物館藏

《文選集注》殘卷，日本《思文閣古書資料目錄・善本特集》第十九輯，第二〇二號，2007 年

《唐鈔文選集注彙存》，周勛初整理，上海：上海古籍出版社，2000 年影印本

《文選》殘二十一卷，日本室町初寫本，楊守敬影寫，臺北故宮博物院藏

《文選》殘二十一卷，日本九條家舊藏鈔本，日本昭和年間照相本，臺灣大學圖書館藏

《文選》殘二十一卷，日本九條家舊藏鈔本，日本昭和年間照相版。

《文選》殘二十一卷，日本九條家舊藏，日本早稻田大學圖書館藏據照相複印本

《文選》，傅增湘過錄，楊守敬鈔本，中國國家圖書館藏

敦煌本《文選注》，細川家永青文庫藏，日本天理圖書館藏本

《文選》敦煌寫本，《鳴沙石室古籍叢殘》第六冊，羅振玉編，1917 年影印本

《文選》敦煌寫本，《敦煌秘籍留真新編》，臺灣大學，1947 年

《文選》敦煌寫本，《敦煌寶藏》，黃永武主編，臺北：新文豐出版公司，1982 年

《文選》敦煌寫本，《敦煌吐魯番本文選》，饒宗頤編，北京：中華書局，2000 年

《文選》敦煌寫本，《俄藏敦煌文獻》，俄羅斯科學院東方學研究所聖彼得堡分所，俄羅斯科學出版社東方文學部，上海古籍出版社編，上海：上海古籍出版社，1993—1997 年

《文選》敦煌寫本，《英藏敦煌文獻》，成都：四川人民出版社，2008 年

《文選序》寫本，《吐魯番考古記》，黃文弼撰，中國科學院，1954 年

《文選》寫鈔本，《羅雪堂先生全集》，第六編，第十三至十八冊，臺北：大通書局

《文選》卷二寫本，日本冷泉家藏，冷泉家《時雨亭叢書》第七期第八十三卷，日本朝日新聞社，2008 年 12 月

《文選》卷二，宮內廳書陵部藏（《管見記》紙背），《鎌倉時代語研究》第 7 輯，東京：武藏野書院，昭和五十九年（1984）五月三十日發行

《文選》卷三，寫本，日本大東急記念文庫藏

《文選》卷第七，鈔本，北京大學圖書館藏

《文選》卷第二十六，日本觀智院元德二年鈔本，《天理圖書館善本叢書・漢籍之部》，東京：八木書店，1980 年

《文選》卷第二十七，唐初寫本，上野精一氏舊藏敦煌殘卷，日本慶應大學斯道文庫藏膠卷

《猿投神社藏文選序》影寫本，《訓點語と訓點資料》第十四輯，日本京都大學文學部編，日本訓點語學會，昭和三十五年（1960）十月一日發行

《猿投神社藏正安本文選序》，《訓點語と訓點資料》第十四輯，日本京都大學文學部編，日本訓點語學會，昭和三十五年（1960）十月一日發行

《猿投神社藏正安本文選》卷第一，《訓點語と訓點資料》第十六輯（日本昭和三十六年四月二十日發行），第十八輯（日本昭和三十六年十月十日發行），第二十一輯（日本昭和三十七年四月十日發行），日本京都大學文學部編

古代文獻

（按照文獻首字的漢語音序排列）

書目之部

A

《愛日精廬藏書志》，清張金吾撰，《清人書目題跋叢刊》四，北京：中華書局，1990 年影印本

B

《百川書志》，明高儒藏並撰，曹琰校，《觀古堂書目叢刻》本

《拜經樓藏書題跋記》，清吳壽暘纂，清道光二十七年（1847）海寧蔣氏刊本

《寶禮堂宋本書錄》，清潘宗周藏並編，江蘇廣陵古籍刻印社，1984 年

《抱經樓藏書志》，清沈德壽撰，《清人書目題跋叢刊》四，北京：中華書局，1990 年影印本

《皕宋樓藏書志》《續志》，清陸心源撰，北京：中華書局，1990 年影印本

《碧琳琅館藏書記》，清方功惠藏並編，1933 年國立北平圖書館傳抄江安傅增湘藏綠絲欄鈔本

《碧琳琅館書目》，清方功惠撰，1932 年國立北平圖書館傳抄東方圖書館藏舊鈔本

C

《藏書紀事詩》，清葉昌熾撰，北京：古典文學出版社，1958 年

《藏園訂補邵亭知見傳本書目》，清莫友芝撰，傅增湘訂補，北京：

中華書局，1993年

《晁氏寶文堂書目》，明晁瑮撰，北京：古典文學出版社，1957年鉛印本

《傳是樓宋元本書目》，清徐乾學撰，《叢書集成續編》本

《傳忠堂書目》，清周星詒藏並編，羅振常重編，1936年上虞羅振常蟫隱廬石印本

《粹芬閣珍藏善本書目》，沈知方撰，上海：世界書局，1934年鉛印本

D

《帶經堂書目》，清陳徵芝藏，陳樹杓編，清宣統三年（1911）順德鄧實《風雨樓叢書》鉛印本

《澹生堂藏書目》，明祁承㸁撰，馬用錫校，清光緒十八年（1892）徐氏鑄學齋刊本

F

《豐順丁氏持静齋書目》，清丁日昌藏，江標編，《江刻書目三種》本

G

《古書經眼錄》，王頌蔚撰，1925年鮮溪王氏刊《寫禮廎遺著》本

《古越藏書樓書目》，清徐樹蘭撰，清光緒三十年（1904）崇實書局石印本

《故宮善本書目》，清張允亮撰，故宮博物院，1934年排印本

《顧廣圻書目題跋》，清顧廣圻撰，北京：中華書局，1993年影印本

《國史經籍志》，明焦竑撰，《叢書集成初編》本

H

《海源閣書目》，清楊紹和撰，《江刻書目三種》本

《海源閣宋元秘本書目》，楊保彝撰，1931年山東省立圖書館叢刊第二種

《紅雨樓書目》，明徐𤊹撰，北京：古典文學出版社，1957年鉛印本

《黃丕烈書目題跋》，清黃丕烈撰，北京：中華書局，1993 年影印本

J

《稽瑞樓書目》，清陳揆撰，《叢書集成初編》本

《汲古閣珍藏秘本書目》，清毛扆撰，《叢書集成初編》本

《季滄葦藏書目》，清季振宜撰，《叢書集成初編》本

《佳趣堂書目》，清陸漻撰，清光緒二十九年（1903）葉德輝《觀古堂書目叢刻》本

《鑑止水齋藏書目》，清許宗彥撰，1930 年鉛印本

《蔣香生所藏善本書目》，清蔣鳳藻撰，鈔本

《絳雲樓書目》，清錢謙益撰，陳景雲注，《叢書集成初編》本

《結一廬書目》，清朱學勤撰，清光緒二十九年（1903）葉德輝《觀古堂書目叢刻》本

《近古堂書目》，明佚名撰，陳景雲注，《叢書集成初編》本

《舊山樓書目》，清趙宗建撰，北京：古典文學出版社，1957 年鉛印本

《舊唐書·經籍志》，後晉劉煦等撰，中華書局標點《二十四史》本

《郡齋讀書志》，宋晁公武撰，文淵閣《四庫全書》本

K

《開有益齋讀書志》《續志》，清朱緒曾撰，北京：中華書局，1993 年影印本

L

《廉石居藏書記》，清孫星衍撰，《叢書集成初編》本

《楝亭書目》，清曹寅撰，《叢書集成續編》本，臺北：新文豐出版公司，1988 年

《菉竹堂書目》，明葉盛撰，清道光六年（1826）劉氏味經書屋鈔本

《邵亭知見傳本書目》，清莫友芝撰，民國間江安傅氏雙鑑樓鉛印本

M

《脈望館書目》，明趙琦美撰，《涵芬樓秘籍》第六集，1924 年

《鳴野山房書目》，清沈復粲撰，潘景鄭校訂，北京：古典文學出版社，1958 年鉛印本

N

《南雍志經籍考》，明梅鷟撰，仁和吳氏雙照樓刊本

《內閣書目》，明張萱等撰，《叢書集成初編》本

P

《滂喜齋藏書記》，清潘祖蔭撰，北京：中華書局，1990 年影印本

《滂喜齋宋元本書目》，清潘祖蔭撰，《叢書集成續編》，臺北：新文豐出版公司，1988 年

《培林堂書目》，清徐秉義撰，1915 年《二徐書目合刻》本

《平津館鑒藏書籍記》，清孫星衍撰，清光緒十一年（1885）德化李盛鐸木樨軒刻本

《濮陽蒲汀李先生家藏書目》，明李廷相撰，清光緒十一年（1885）德化李盛鐸木樨軒刻本

《曝書亭書目四種》，清朱彝尊藏並編，清宣統元年（1909）番禺沈氏刊本

Q

《錢遵王讀書敏求記校證》，清章鈺輯，《清人書目題跋叢刊》四，中華書局，1990 年

《秦漢十印齋藏書目》，清蔣鳳藻撰，鈔本

《清學部圖書館善本書目》，清繆荃孫編，《古學彙刊》第一集，1912 年上海國粹學報社排印本

《清吟閣書目》，清瞿世瑛撰，1918 年仁和吳氏雙照樓鉛印本

《求古居宋本書目》，清黃丕烈撰，清光緒二十九年（1903）葉德輝《觀古堂書目叢刻》本

R

《日本國見在書目錄》，[日] 藤原佐世編，清光緒十年（1884）遵義黎氏輯《古逸叢書》單行木刻本

S

《善本書室藏書志》，清丁丙撰，清光緒十年（1884），北京：中華書局，1990年影印本

《上善堂宋元板精抄舊抄書目》，清孫從添撰，清刊本

《士禮居彙抄書目》，清黃丕烈撰，鈔本

《世善堂藏書目錄》，明陳第撰，《叢書集成初編》本

《述古堂藏書目》，清錢曾撰，《叢書集成初編》本

《四庫簡明目錄標注》，清邵懿辰撰，邵章續錄，中華書局上海編輯所，1959年

《四庫全書總目》，清紀昀等撰，北京：中華書局，1983年影印本

《四庫全書總目提要補正》，胡玉縉撰，王欣夫輯，中華書局上海編輯所編輯，1964年

《四明天一閣藏書目錄》，清佚名撰，《叢書集成續編》本，臺北：新文豐出版公司，1988年

《宋史·藝文志》，元脫脫等撰，中華書局標點《二十四史》本

《宋元本書目行格表》，清江標撰，清光緒二十三年（1897）刊本

《宋元舊本書經眼錄》，清莫友芝撰，清同治十二年（1873）獨山莫氏刊本

《隋書·經籍志》，唐魏徵等撰，中華書局標點《二十四史》本

《遂初堂書目》，宋尤袤撰，《四庫全書》本

《孫氏祠堂書目》，清孫星衍撰，《叢書集成初編》本

T

《天祿琳琅書目》，清于敏中等撰，《四庫全書》本

《天祿琳琅書目續目》，清彭元瑞等撰，臺北廣文書局影印本

《鐵華館藏集部善本書目》，清蔣鳳藻藏並編，1930年瑞安陳氏刻本

《鐵琴銅劍樓藏書錄》，清瞿鏞撰，北京：中華書局，1990年影印本

《鐵琴銅劍樓藏書目錄》，清瞿鏞撰，清光緒丁酉年（1897）誦芬室校刊本

《鐵琴銅劍樓宋元本書目》，清瞿鏞撰，江標輯，清光緒十四年（1888）江氏師無邑室刻《江刻書目三種》本

W

《萬卷精華樓藏書記》，清耿文光撰，《山右叢書初編》本，太原：山西人民出版社，1986年

《萬卷堂書目》，明朱睦㮮撰，清光緒二十九年（1903）葉德輝《觀古堂書目叢刻》本

《文瑞樓藏書目錄》，清金檀編，《叢書集成初編》本

《文淵閣書目》，明楊士奇等撰，《叢書集成初編》本

X

《孝慈堂書目》，清王聞遠撰，清光緒二十九年（1903）葉德輝《觀古堂書目叢刻》本

《新唐書·藝文志》，宋歐陽修等撰，中華書局標點《二十四史》本

《徐氏家藏書目》，明徐𤊹撰，鈔本

Y

《雁影齋讀書記》，清李希聖撰，羅振常編訂，1932年上海蟬隱廬景印本

《也是園藏書目》，清錢曾撰，上虞羅氏《玉簡齋叢書》本

《儀顧堂題跋》《續跋》，清陸心源撰，北京：中華書局，1990年影印本

《怡府書目》，清允祥藏並編，1936年北平圖書館傳抄德化李盛鐸舊鈔本

《宜稼堂書目》，清郁松年藏並編，鈔本

《藝風堂藏書記》《續記》，清繆荃孫撰，清光緒二十六年（1900）刊本

《藝芸書舍宋元本書目》，清汪士鐘撰，《叢書集成初編》本

《唫香仙館書目》，清馬瀛撰，潘景鄭校訂，北京：古典文學出版社，1958年鉛印本

《楹書隅錄》，清楊紹和撰，北京：中華書局，1990年影印本

《元西湖書院重整書目》，元胡師安編，《叢書集成續編》本，臺

北：新文豐出版公司，1988 年

Z

《鄭堂讀書記》，清周中孚撰，北京：中華書局，1993 年影印本

《知聖道齋書目》，清彭元瑞撰，《叢書集成續編》本，臺北：新文豐出版公司，1988 年

《直齋書錄解題》，宋陳振孫撰，上海：上海古籍出版社，1987 年

《中興館閣書目輯考》附《續目》，宋陳騤撰、張攀續，近人趙孟彤輯，《中國歷代書目叢刊》本

學術文獻之部

D

《東塾集》，清陳澧撰，清光緒壬辰年（1892）刊本

F

《非石日記鈔》，清鈕樹玉撰，王頌蔚輯，《叢書集成初編》本

J

《經史避名彙考》，清周廣業撰，臺北：明文書局，1981 年

《敬孚類稿》，清蕭穆撰，合肥：黃山書社，1992 年

《敬齋古今黈》，元李治撰，北京：中華書局，1995 年

P

《曝書亭集》，清朱彝尊撰，《四部叢刊》本

W

《文選考異》，孫志祖撰，《叢書集成初編》本

《文選筆記》，許巽行撰，《文淵樓叢書》本

《文選古字通疏證》，薛傳均撰，清光緒間《益雅堂叢書》本

《文選紀聞》，余蕭客撰，《碧琳琅館叢書》本

《文選箋證》，胡紹煐撰，揚州：江蘇廣陵古籍刻印社，1990 年影印本

《文選舉正》，陳景雲撰，稿本，中國國家圖書館藏

《文選集釋》，朱珔撰，清光緒元年（1875）涇川朱氏梅村家塾刻本

《文選李注補正》，孫志祖撰，《叢書集成初編》本

《文選理學權輿》，汪師韓撰，《叢書集成初編》本

《文選旁證》，梁章矩撰，清光緒八年（1882）吳下重刻本

《選學膠言》，張雲璈撰，嘉慶二年稿本，北京大學圖書館藏

《揅經室三集》，阮元撰，《四部叢刊》本

Y

《義門讀書記》，何焯撰，北京：中華書局，1987年

Z

《竹汀先生日記鈔》，清錢大昕撰，何元錫編，《晉石廠叢書》本

現代文獻

（按照作者姓氏首字的漢語音序排列）

書目文獻

A

[日] 阿部隆一：《阿部隆一遺稿集》第一卷《宋元版篇》，日本慶應義塾大學附屬研究所斯道文庫編，東京：汲古書院，1993年

B

北京圖書館：《中國版刻圖錄》，北京：文物出版社，1961年增訂影印暨鉛印本

C

曹之：《中國古籍版本學》，武漢：武漢大學出版社，1992年

[日] 長澤規矩也、川瀨一馬：《善本影譜》，日本昭和七年（1932）日本書志協會東影印暨鉛印本

[日] 長澤規矩也：《中國版本目錄學書籍解題》，梅憲華、郭寶林譯，北京：書目文獻出版社，1990年

陳乃乾：《測海樓舊本書目》，1932年北平富晉書社鉛印本

D

[日] 島田翰：《古文舊書考》，深縣王雨藻玉堂北平鉛印本，1927年

鄧邦述：《寒瘦山房鬻存書目》，上海：商務印書館，1951年

鄧邦述：《群碧樓善本書錄》，1930年群碧樓鄧氏家刻本

［日］帝國大學圖書館：《帝國大學圖書館和漢書目》，明治二十四年（1911）出版

［日］東方文化學院京都研究所：《東方文化學院京都研究所漢籍目錄》，昭和十三年（1938）三秀舍主鉛印本

［日］東方文化研究所：《東方文化研究所續增漢籍目錄》，昭和十六年（1941）開明堂鉛印本

［日］東京大學東洋文化研究所：《東京大學東洋文化研究所漢籍分類目錄》

［日］東京大學總合圖書館編：《東京大學總合圖書館漢籍目錄》，東京堂出版，1995年

［日］東洋文庫：《岩崎文庫和漢目錄》，昭和九年（1934）版

董康：《書舶庸譚》，北京：中華書局，2013年

杜信孚：《明代版刻綜錄》，揚州：江蘇廣陵古籍刻印社，1983年

F

傅增湘：《藏園群書經眼錄》，北京：中華書局，1983年

傅增湘：《藏園群書題記》，上海：上海古籍出版社，1989年

傅增湘：《故宮善本書影》，1928年北平故宮博物院圖書館影印本

傅增湘：《雙鑑樓善本書目》，1929年江安傅增湘藏園刻朱印本

G

［日］宮内省圖書寮：《圖書寮漢籍善本書目》，昭和五年（1930）東京筑池活板製造所鉛印本

故宮博物院：《故宮善本書影初編》，1927影印本

故宮博物院：《故宮已佚書籍書畫目錄四種》，1934年第3版

故宮博物院：《重整内閣大庫殘本書影》，1933年北平故宮博物院影印本

顧志興：《浙江藏書家藏書樓》，杭州：浙江人民出版社，1987年

H

何澄一：《故宮所藏觀海堂書目》，1932年北平故宮博物院圖書館

鉛印本

黃裳：《黃裳書話》，北京：北京出版社，1996 年

J

蔣汝藻：《傳書堂善本書目》，民國間鈔本

京師圖書館：《京師圖書館善本書目》，1916 年編印本

［日］靜嘉堂文庫：《靜嘉堂文庫漢籍分類目錄》，昭和五年（1930）東京單式印刷株式會社鉛印本

K

奎章閣：《奎章閣圖書韓國本綜合目錄》（修正版），漢城：保景文化社，1994 年

L

雷夢水：《書林瑣記》，北京：人民日報出版社，1988 年

李盛鐸：《木樨軒藏書題記及書錄》，北京：北京大學出版社，1985 年

李玉安、陳傳藝：《中國藏書家辭典》，武漢：湖北教育出版社，1989 年

林申清：《明清藏書家印鑒》，上海：上海書店出版社，1989 年

劉承幹：《嘉業堂善本書影》，1929 年吳興劉氏影印本

陸志鴻：《敦煌秘籍留真新編》，1947 年臺灣大學照相版本

倫明撰，雷夢水校補：《辛亥以來藏書紀事詩》，上海：上海古籍出版社，1990 年

羅偉國、胡平：《古籍版本題記索引》，上海：上海書店出版社，1991 年

M

繆荃孫、董康：《嘉業堂藏書志》，民國間鈔本

N

［日］內閣記錄局：《內閣文庫圖書目錄》，明治三年（1890）內閣記錄局鉛印本

P

朴現圭：《臺灣公藏韓國書籍聯合書目》，臺北：文史哲出版社，

1991 年

Q

［日］慶應義塾大學附屬研究所斯道文庫：《慶應義塾大學附屬研究所斯道文庫收藏等目録》，昭和六十二年（1987）出版

瞿鳳起：《虞山錢遵王藏書目録彙編》，上海：古典文學出版社，1958 年

瞿啓甲：《鐵琴銅劍樓宋金元本書影》，丁祖蔭識語，1922 年瞿氏鐵琴銅劍樓影印本

S

［日］澀江全善、森立之：《經籍訪古志》，上海：廣益書局，1916 年排印本

上海博物館：《中國書畫家印鑒款識》，北京：文物出版社，1987 年

上海新四軍歷史研究會印刷印抄分會：《歷代刻書概況》，北京：印刷工業出版社，1991 年

［日］神奈川縣立金澤文庫：《國寶〈文選集注〉と唐物玩味》，2009 年

［日］神田喜一郎：《敦煌秘籍留真》，日本昭和十三年（1938）小村寫真製版所京都影印暨鉛印本

沈知芳：《粹芬閣珍藏善本書目》，1934 年世界書局鉛印本

［日］石井光雄：《石井積翠軒文庫善本書目》，川瀨一馬編，1942 年

蘇精：《近代藏書三十家》，臺灣傳記文學出版社，1983 年

T

陶湘：《涉園所見宋版書影》，1937 年影印本

W

王謇：《續補藏書紀事詩》，北京：書目文獻出版社，1987 年

王文進：《文禄堂訪書記》，1942 年仿宋字鉛印本

王肇文：《古籍宋元刊工姓名索引》，上海：上海古籍出版社，1990 年

王重民：《敦煌古籍叙錄》，北京：中華書局，1979年

X

［日］新見正路：《賜蘆書院儲藏志》鈔本，東京大學藏

Y

嚴寶善：《販書經眼錄》，杭州：浙江古籍出版社，1994年

楊立誠、金步瀛：《中國藏書家考略》，杭州：杭州青白印刷社，1929年

楊守敬：《留真譜初編》《二編》，臺北：廣文書局，1972年

楊守敬：《日本訪書志》，清光緒二十三年（1897）鄰蘇園自刻本

姚名達：《中國目錄學史》，上海：上海書店，1984年

葉德輝：《觀古堂藏書目》，1915年葉氏觀古堂鉛印本

葉德輝：《書林清話》，北京：中華書局，1957年

葉德輝：《郋園讀書記》，1928年上海澹園鉛印本

葉景葵：《杭州葉氏卷庵藏書目錄》，1953年合衆圖書館印行

［日］佚名：《古梓寫留真譜》，日本昭和間攝影本

佚名：《嘉業堂藏書樓善本書目》，稿本

佚名：《舊京書影》，民國間攝影本

佚名：《宋元書式》，1930年影印本

Z

張鈞衡：《適園藏書志》，臺北：廣文書局，1968年影印本

張乃熊：《芹圃善本書目》，臺北：廣文書局，1969年影印本

張元濟：《涵芬樓燼餘書錄》，上海：商務印書館，1951年

張元濟：《張元濟傅增湘論書尺牘》，北京：商務印書館，1983年

周叔弢：《自莊嚴堪善本書目》，天津：天津古籍出版社，1985年

周退密、宋路霞：《上海近代藏書紀事詩》，上海：華東師範大學出版社，1993年

論著

C

曹道衡、傅剛：《蕭統評傳》，南京：南京大學出版社，2001年

曹道衡：《漢魏六朝文學論文集》，桂林：廣西師範大學出版社，1999 年

陳新雄、于大成： 《昭明文選論文集》，臺北：木鐸出版社，1980 年

D

丁福保：《文選類詁》，北京：中華書局，1990 年

[日] 東野治之：《正倉院文書と木簡の研究》，東京：塙書房，1977 年

F

范志新：《文選版本論稿》，南昌：江西人民出版社，2003 年

范志新：《文選版本擷英》，貴陽：貴州人民出版社，2004 年

[日] 芳村弘道：《唐代の詩人と文獻研究》，中國藝文研究會，2007 年

傅剛：《〈文選〉版本研究》，北京：北京大學出版社，2000 年

傅剛：《〈昭明文選〉研究》，北京：中國社會科學出版社，2000 年

[日] 富永一登：《文選李善注の研究》，東京：研文出版，1999 年

G

[日] 岡村繁：《文選の研究》，東京：岩波書店，1999 年

高步瀛：《文選李注義疏》，曹道衡、沈玉成點校，北京：中華書局，1985 年

H

洪業、聶崇岐、李書春等：《文選注引書引得》，上海：上海古籍出版社，1990 年

黃侃：《文選黃氏學》，臺北：文史哲出版社，1977 年

黃侃：《文選平點》，上海：上海古籍出版社，1985 年

J

金少華《古抄本〈文選集注〉研究》，浙江大學出版社，2015 年

L

李景溁：《昭明文選新解》，臺北：暨南出版社，1992 年

李清志：《古本鑒定研究》，臺北：文史哲出版社，1986 年

李詳:《選學拾瀋》, 鈔本, 東京大學圖書館藏
李致忠:《古書版本學概論》, 北京: 書目文獻出版社, 1990 年
李致忠:《宋版書叙錄》, 北京: 書目文獻出版社, 1994 年
劉復、李家瑞等:《宋元以來俗字譜》, 北京: 文字改革出版社, 1957 年
劉文典:《三餘札記》, 合肥: 黃山書社, 1990 年點校本
羅國威:《敦煌本〈文選注〉箋證》, 成都: 巴蜀書社, 2000 年
羅振鋆、羅振玉:《增訂碑別字》, 北京: 文字改革出版社, 1957 年
駱鴻凱:《文選學》, 北京: 中華書局, 1989 年影印本

M
馬向欣:《六朝別字新編》, 北京: 書目文獻出版社, 1995 年

N
那志良:《鉢印通釋》, 臺北: 臺灣商務印書館, 1980 年

Q
喬衍琯、張錦郎:《圖書印刷發展史論文集續編》, 臺北: 文史哲出版社, 1979 年
[日] 清水凱夫:《新文選學:〈文選〉の新研究》, 東京: 研文出版, 1999 年
邱棨鐊:《文選集注研究》, 臺灣文選學研究會, 1978 年
屈守元:《文選導讀》, 成都: 巴蜀書社, 1993 年

R
饒宗頤:《文轍》, 臺北: 學生書局, 1981 年

S
[日] 森野繁夫:《文選雜識》(1—5), 東京: 第一學習社, 1981—1986 年
[日] 狩野充德:《〈文選音決〉の研究——資料篇》,《廣島大學文學部紀要》第 47 卷, 1988 年
[日] 斯波六郎:《文選李善注所引尚書考證》, 東京: 汲古書院, 1982 年

[日] 斯波六郎：《文選諸本の研究》，斯波博士退官紀念事業會，昭和三十二年（1957）

孫毓修：《中國雕板源流考》，上海：商務印書館，1924 年鉛印本

W

王國維：《五代兩宋監本考》，《王國維遺書》本，上海：上海古籍書店，1983 年

王立群：《現代文選學史》，北京：中國社會科學出版社，2003 年

魏淑琴等：《中外昭明文選研究論著索引》，長春：吉林文史出版社，1988 年

X

謝康等：《昭明太子和他的〈文選〉》，臺北：學生書局，1971 年

Y

嚴紹璗：《漢籍在日本的流布研究》，南京：江蘇古籍出版社，1992 年

陽海清主編：《版本學研究論文選集》，北京：書目文獻出版社，1995 年

葉程儀：《文選李善注引尚書考》，臺北：正中書局，1975 年

游志誠：《昭明文選學術論考》，臺北：學生書局，1996 年

俞紹初、許逸民：《中外學者文選學論著索引》，北京：中華書局，1998 年

Z

張秀民：《中國印刷術的發明及其影響》，北京：人民出版社，1961 年

趙昌智、顧農：《第八屆文選學國際學術研討會論文集》，揚州：廣陵書社，2012 年

趙福海、陳宏天等：《昭明文選研究論文集》，長春：吉林文史出版社，1988 年

趙福海：《文選學論集》，長春：時代文藝出版社，1992 年

趙福海：《昭明文選與中國傳統文化》，長春：吉林文史出版社，2001 年

鄭州大學古籍所：《中外學者文選學論集》（上下），北京：中華書局，1998 年

鄭州大學古籍所：《文選學新論》，鄭州：中州古籍出版社，1997 年

［日］中村宗彥：《九條本文選古訓集》，東京：風間書屋，日本昭和五十八年（1983）

中國文選學研究會：《中國文選學——第六屆文選學國際學術研討會論文集》，北京：學苑出版社，2007 年

論文

C

程毅中，白化文：《略談李善注〈文選〉的尤刻本》，《文物》，1976 年第 11 期

［日］池淵質實：《九條本文選校勘記》（一），廣島大學《中國學研究論集》，2001 年

［日］池淵質實：《九條本〈文選〉研究序說》，廣島大學《中國學研究論集》，2001 年

D

［日］大島正二：《唐代南方音の一樣相—李善〈文選〉音注に反映せる江都字音について—》，《北海道大學文學部紀要》26—1，1977 年

［日］東野治之：《平城京出土木簡所見の文選李善注》，《萬葉》76，1971 年

［日］東野治之：《〈文選集注〉所引の〈文選抄〉》，《神田喜一郎博士追悼中國學論集》，二玄社，1986 年

F

［日］芳村弘道：《和刻本の〈文選〉について—版本から見た江戶明治期の〈文選〉受容—》，立命館大學《學林》34，2002 年

［日］芳村弘道：《静嘉堂文庫所藏古抄無注本〈文選〉卷十殘卷校記》，立命館大學《學林》44，2007 年

G

［日］岡村繁：《文選集注と宋明版行の李善注》,《加賀博士退官記念中國文史哲學論集》,講談社,1979 年

［日］岡村繁：《細川家永青文庫藏〈敦煌本文選注〉について》,東北大學《集刊東洋學》14 期,1965 年

［日］岡村繁：《永青文庫藏敦煌本〈文選注〉箋訂》（上）,《久留米大學文學部紀要》3,國際文化學科編,1993 年

［日］岡村繁：《永青文庫藏敦煌本〈文選注〉箋訂》（下）,《久留米大學文學部紀要》11,國際文化學科編,1997 年

［日］岡井慎吾：《文選集注の零片につきて》,《書志學》1—4,書志學社,1933 年

［日］關靖：《金沢文庫本舊抄〈文選集注〉第百十六卷の発見に就いて》,《書志學》4—1,書志學社,1935 年

J

［日］金學主：《朝鮮古活字本〈文選〉の研究》,武庫川女子大學《武庫川國文》41,1993 年

P

潘重規：《日本藏〈文選集注〉殘卷綴語》,臺灣《"中央"日報》,1975 年 1 月 12 日,第 10 版

Q

邱榮鐊：《今存日本之〈文選集注〉殘卷爲中土唐寫舊藏本》,臺灣《"中央"日報》,1974 年 10 月 30 日,第 10 版

S

［日］森野繁夫、富永一登：《文選集法所引「鈔」について》,《日本中國學會報》29,1977 年

［日］森野繁夫：《文選李善注について—集注本李注と板本李注との關係—》,《日本中國學會報》29,1979 年

［日］森野繁夫：《五臣注文選について》,廣島大學《中國中世文學研究》1984 年

［日］山崎誠：《式家文選學一斑—文選集注の利用—》,《國文學

研究館資料紀要》15，1989 年

［日］山崎誠：《文選卷二宮内庁書陵部蔵〈管見記〉紙背影印翻刻並に解説》，《鎌倉時代語研究》7，1984 年

［日］神田喜一郎：《新らしい文選學》，《世界文學大系月報》74，筑摩書屋，1963 年

施廷鏞：《故宮圖書記》，《圖書館學季刊》第 1 卷第 1 期，1926 年

施廷鏞：《天禄琳琅查存書目》，《圖書館學季刊》第 1 卷第 3 期，1926 年

［日］狩野充德：《文選集注所引音决撰者についての一考察》，《小尾博士退休記念中國文學論集》，第一學習社，1976 年

T

［日］藤井守：《文選集注に見える陸善経注について》，《廣島大學文學部紀要》，1977 年

W

汪誾：《明清蟬林輯傳》，《圖書館學季刊》第 7 卷第 1 期（1933 年）、第 8 卷第 4 期（1934 年）

吴哲夫：《故宫善本書志》，臺北《故宫圖書季刊》，第 4 卷第 2 期，1973 年

X

西脇常記：《ドイツ將來のトルファン漢語文書》，京都大學學術出版會，2002 年 7 月

［日］小林芳規：《九條本文選に殘存せゐ上代訓読語について》，《訓點語と訓點資料》32

新美寬：《新獲文選集注斷簡》，《東方學報》，京都大學人文科學研究所，1937 年

徐俊：《敦煌吐魯番本〈文選〉拾補》，2011 年揚州《文選》學國際學術討論會論文

Y

袁同禮：《清代私家藏書概略》，《圖書館學季刊》，第 1 卷第 1 期，1926 年

Z

張月雲：《宋刊〈文選〉李善單注本考》，臺北《故宮學術季刊》，第 2 卷第 4 期，1985 年

［日］中村宗彥：《本邦古鈔本〈文選〉卷一管見》，《大谷女子大學紀要》16—2，1981 年

朱錫庚：《李善注文選諸家刊本源流考》，載《雅言》第 7 卷，1943 年

［日］佐竹保子：《九條本〈文選〉の識語の檢討》，《東北大學中國語學文學論集》4，1999 年

主要人名索引*

（按照人名首字的漢語音序排列）

B

伯希和　127，145，288，335，336

C

蔡邕　37，517，520

曹憲　6-10，23，112，113，115，121，129，334，372，373，378，399，508，520，521，524

曹植（曹子建，子建）　63，113，115，119，121，128，129，145，157，164，167，169，265，280，281，335，336，350，392，393，398，400，401，407，476，484，491，495，508，509，510，518，519

長澤規矩也　47，51

晁公武　8，14，15，37，38，41，44，209，283，315，316，544

陳景雲　38，47，181，209，283，299，310，314，315，346，413，417，419

成公綏（成公子安）　162，163，211，218，256，301，304，330，335，365，527，537

D

島田翰　24，31，74，175，398

董康　129，280，281，319，378，379，400，401，405

---

* 索引只列正文頁碼，不包括序、總論、參考文獻和後記。後同。

F

范曄　115，198，225

服虔　152，533

傅增湘（沅叔）　70，75，78，79，81，93，98，99，101，104-107，130，131，175-177，193，195，215，226，227，270，275，295，303，307，309，312，313，317，320，405，407，526，537，542，547，548

G

高步瀛（閬仙）　125，128，130，136，180，244，293，307，309，320，355，405，407，412，413，415-417，420，421，423，425，433，435，438，440-444，446，457，460，461，463，479，483

公孫羅　7，8，10，23，24，29，112，113，115，169，170，282，320，334，372，373，375，376，398，509，521，524

顧廣圻（顧千里）　56，57，85，95，131，176，201，233，234，261，273，308，311

H

何焯（何義門）　22，30，52，54，59，60-61，69，71，78，79，100-102，122，124，154，279，310，311，346，350，417，425，439，443

胡克家　30，32，38，39，55，57，66，67，69，74，85，96，97，118，122，128，131，134，136，141，148，150，154，155，157-159，162，181，191，196，198，201-204，209，233-235，237，240，241，243-245，249-252，260，261，273，275，276，283，293，295，299，300，307，310-312，314，346，350，353，354，365，411-425，428，433，435，437-444，447，457，460，473，480，481，485，489，507，529，530，537，539，542，543，545，546

黃丕烈（黃蕘圃）　50，52，53，56，57，59，68，77，78，95，96，99，102，103，193

黃山　340

黄裳　98，215，304

黄廷鑑　59

黄文弼　165，322

黄永武　145，161，164，336，358

黄虞稷　10

黄志祥　135

黄宗羲　100

J

吉川幸次郎　178，320，472

季振宜（季滄葦，滄葦）　19，50，51，54，75，79，89，90，95–101，104，106，215，303，548

江琪　132，206，210，211，257，286，299–301，304，316，317，537

江淹　116，118，124，167，210，270，300，348，480，482，535，536

蔣鳳藻　38，69–71，73，85，101，104，106，206，211，301

L

黎庶昌　22，72，130，175，307，398

李邕　151，268，289，425，428，429

李周翰　8，38，40，185，220，258，337，461，480，485，524，534

劉盼遂　126

劉師培　128，151，153，267，288，338

劉孝標　49，62，158，181，209，283，299，314，315

劉歆　181，283，299，314，315

陸機（陸士衡）　145，156，159，181，190，204，252，268，295，329，334，337，349，350，353，354，392，395，396，400，456，476，477，481，484，486，520，530，534–536，539–545，547，548

陸善經　26，29，113，114，129，158，166–171，205，210，282，284–287，296，300，312，320，352，353，355，372，373，375，398，399，405，445，446，459，461，477–507，509，530，548

陸雲（陸士龍）　191，201，233，240，543，544

呂向　8，38，40，50，158，225，233，524，534

呂延濟　8，10，13，38，40，203，372，426，524

呂延祚　8，9，14，15，17，38，40，90，91，115，119，221，260，304，334，524

呂夷簡　10，189，255，263，528

羅振玉　10，128，129，145，146，151，153–155，167，168，195，267，280，281，288，319，320，336，338，340，378–380，387，392，398–401，403，405–407

M

馬端臨　46

毛晉　22，55，59，69，86，88–90，97，100，105，192–194，205，211，233，241，250，301

繆荃孫　56，61，77，104

P

潘重規　168，281，383，399

裴松之　49

彭元瑞　19，20，54，90，91，221，260

平昌孟氏　117，120，131，132，211，214，215，218，220，253，256，257，259，262，264，265，301，302，304，317，319，526，531，534，537，538

Q

錢謙益　45–48，55，59，96，102

錢曾（錢遵王）　45，48，49，51，53，56，73，92，95，96，99，100，102，192，211，217，298，301，303，398，525

R

饒宗頤　128，135，150，162，184，279，289，292，306，355，361–363，365

任昉　37，150，151，214，302，306

阮籍　535

阮元　43，70，86，97，100，192，193，240，241

S

三條公爵　182，298，305，313

三要野衲　27

澀江全善　26，374–376

森立之　24，26，129，130，167，168，170，175，176，178，308，309，313，322，325，374–376，378，379，384，399，405，411

僧玄興　24

上野氏　33，313，322，392

上虞羅氏　32，94，281

神田喜一郎　128，133，155

沈嚴　117，120，211，217，218，220，225，255–258，301，317，318，526，527，531，538

石井積翠　386，390，391，397，402，408，465

狩谷卿雲　29，375，376

司馬相如　115，129，191，209，240，283，284，299，300，312，315，319，349，426，503

斯波六郎　128，131，133–136，141，169–171，181，190，194，201–204，225，226，234，237，240，241，249，251，259，260，273–277，282，289，294，295，320，379，472，526，543

斯坦因　128，145，162，335

孫星衍　48，55，68，85，96，104，190，261

T

唐藩　21，53，63，70，79，80，233

藤原佐世　22，169，282，373，376

W

王念孫　413，414，416，419，425，439

王應麟　158，189，210，254，283，316，528

王重民　151，153，156，158，163，267，288，338，343，363，365

毋昭裔　18，37，85，116，117，120，141，218，256，262，315，317，

318, 524, 527, 537

X

蕭該　6-8, 10, 111, 112, 121, 334, 372, 399, 520, 521

蕭統（昭明太子）　5, 6, 8-10, 14, 23, 25, 26, 29, 37, 40, 43, 44, 58, 61, 111, 117, 127, 134, 137, 141, 148, 163, 179, 180, 182, 199, 209, 211, 283, 284, 295, 299, 302, 304, 307, 309, 315, 316, 318, 319, 321, 323, 324, 326, 328-331, 334, 372, 373, 375, 409-412, 429, 521, 530

謝惠連　171, 181, 209, 282, 300, 392, 474

謝靈運　116, 145, 159, 205, 210, 300, 335, 353, 354, 392, 509, 510, 518, 522, 536

許淹　7-10, 112, 113, 115, 334, 372, 373, 399, 509, 521, 524

薛綜　146, 148, 149, 152, 220, 221, 223, 244, 258, 268, 269, 274, 277-280, 290-296, 422, 423, 433, 452, 531-533

Y

顏師古　278, 292, 432, 433, 513, 518

顏延年　145, 160, 162, 177, 395, 396, 401, 474, 475, 504, 505

揚雄　152, 155, 267, 270, 372, 380, 458

楊守敬　22, 26, 71, 72, 106, 130, 132, 175-178, 222, 281, 307-310, 313, 320, 322, 325, 378, 379, 398-400, 405, 411, 412, 465, 477

葉德輝　41, 56, 74, 75, 85, 104, 194

尤袤　14, 16, 39, 41, 62, 72, 78, 85, 95, 100, 105-107, 119, 131, 141, 148, 155, 159, 163, 181, 182, 190, 198-202, 204, 205, 222, 223, 233, 234, 237, 243-245, 249, 250, 252-254, 261, 265, 267, 269, 273, 276, 291, 293, 295, 296, 298, 310, 311, 314, 315, 319, 338, 345, 350, 353, 365, 424, 425, 440, 447, 475, 481, 487, 530, 537, 539, 542, 543, 545-547

袁褧　16, 18-22, 25, 28, 31, 48, 60, 63, 66, 70, 72, 76, 85, 90-94, 96, 97, 131, 141, 155, 202, 221, 223, 225, 234, 238,

243，249，257，260，275，276，293，314，346，354，531，539，543，546

Z

張伯顏　17，20，21，27，30，32，43，50，53，55，63-65，67，68，70，73，79，85，90，94，101，104，190-192，194，233，238，240，241，276

張元濟　75，76，79，99，104，106，132，210，222，227，396，398，401，526，547

趙孟堅　88，89，97

趙孟頫　16，69，87

鄭樵　13，46

鍾會　129，167，209，283，284，299，300，315，320，405

周勛初　10，134，383，386，387，401，405-407，521

朱駿聲　365，459

朱睦㮮　41，42，94

朱遂翔　98，215，304

朱卧庵　69，193

朱學勤　54，60，80，102

朱彝尊　40，50，52，92，93，216，217，255，264，524，525

鄒陽　183，184，192，225，241，259，305，306，318

左思（左太冲）　63，145，164，167，336，508，535

主要書名索引

(按照書名首字的漢語音序排列)

B

八千卷樓書目 68
跋文選南宋贛州本 65,199,253
抱經樓藏書志 65,66,101,193
北京圖書館古籍善本書目 227
北宋本李善注文選校記 195
北宋本文選殘卷校正 135
北堂書鈔 362,540,541,543,544
皕宋樓藏書志 66,69,70,100,105,193
碧琳琅館藏書記 65,105
碧琳琅館書目 64,65,105

C

藏園訂補邵亭知見傳本書目 73,75,80,98,99,101,105,193,217,526,547
藏園群書經眼錄 70,78,79,93,99,104,106,195,226,227,548
藏園群書題記 79,176,215,303,317,542
晁氏寶文堂書目 43
初學記 352,362,540,541,544
傳是樓宋元本書目 51,52,95,99
傳忠堂書目 69

D

大唐新語 112,114

帶經堂書目　59

澹生堂藏書目　42，46

東方文化學院京都研究所漢籍目錄　32

東方文化研究所續增漢籍目錄　33

敦煌本文選斠證　135，150，162，279，289，355，361

敦煌本文選注箋證　135

敦煌秘籍留真新編　128，155

敦煌新出唐寫本提要　153，267，288，338

敦煌遺書最新目錄　161，164，358

G

古籍宋元刊工姓名索引　215，303，317

古書版本學概論　214，303，317

故宮善本書目　20

故宮善本書影初編　73，93，98

故宮善本書志　91，92，217

故宮所藏觀海堂書目　71，398

故宮圖書記　19，91，94

故宮已佚書籍書畫目錄四種　107

關於文選集注零片　386

觀古堂書目叢刻　41，44，52，60，102，103

H

黃蕘圃先生年譜　99，103

J

稽瑞樓書目　58

汲古閣説文訂自序　194

汲古閣珍藏秘本書目　100，192

季滄葦藏書目　50，51，95-97

嘉業堂藏書志　80，223

鑑止水齋書目　57，102

江刻書目三種　61

江西歷代刻書　40，86，223，345，526

蔣香生先生所藏善本書目　106

絳雲樓書目　47，96

結客少年場行　145，159，335，353，354

結一廬書目　60，102

近古堂書目　47

進集注文選表　8，91，115，119，221，260，304，334

K

奎章閣圖書韓國本綜合目錄　132，221

L

楝亭書目　53

M

鳴沙石室古籍叢殘　128，145，146，151，153，155，267，288，336，338

鳴野山房書目　58

牧齋書目　47

N

南宋淳熙貴池尤氏本文選序　192，193，240

内閣書目　15，16

P

培林堂書目　52

濮陽蒲汀李先生家藏書目　41

曝書亭集　40，92，216，255，524

曝書亭書目四種　50

Q

千頃堂書目　10

芹圃善本書目　77，105，132

秦漢十印齋藏書目　69–71，106

清人書目題跋叢刊　49，60，65，86，95，101，103，193，199

清學部圖書館善本書目　61，104

清吟閣書目　55，56
求古居宋本書目　56，103
求通親親表　63，167，393，496
求自試表　129，167，280，281，393，400，401，406，495
全唐文　60
群碧樓善本書錄　76，77
群玉詩集　77

R
日本國見在書目錄　22，23，113，115，169，182，282，320，373，376，379
日本永青文庫藏純注本　115

S
善本舊籍總目　73，98
善本書室藏書志　68
史記　80，115，152，157，245–248，312，331，350，415，418，425，458，460，461，481，485，497，514，517，519，533
士禮居叢書　50，56
士禮居彙抄書目　52，56，99
述古堂藏書目　48，49，53，95，96
雙鑑樓善本書目　73，78，79，195
四部叢刊　5，75，76，85，92，106，128，148，152，178，184，193，202，204，223，227，238，249，252，255，256，259，260，269，270，274–279，283，285，289，291，294，296，306，310，311，314，315，337，345，358，411，432，473，474，491，513，517，524，526，539，540，544，547
四庫全書簡明目錄　15
四庫全書總目　3，4，7，8，10，16，38–40，44，130，131，233，250
四庫全書總目提要　16，233，237，544
遂初堂書目　6，14，39，200，237，250，253

T

天理圖書館善本叢書漢籍之部　182，183，536

天禄琳琅録外書目　20，22

天禄琳琅書目（前編）　8，16，17，19，20，51，86，88-90，93，94，97，98，100，101，105，193，217，237，257

天禄琳琅書目後編（續編、續目）　19，20，54，81，88，91，97

天禄琳琅現存書目　19-21，90

鐵琴銅劍樓藏書目録　61，63，106，192，240

W

文瑞樓藏書目録　48

文獻通考　17，46，86

文心雕龍　9，133，134，198，329，331

文選鈔　23，24，29，113，121，169，170，205，245，270，282，284，285，287，296，355，373-375，398，434，437，452，453，463，479，483，521，530

文選導讀　134，151，307，311，312，372

文選集釋　122

文選考異　38，39，85，96，122，131，136，141，181，191，196，199，201，203，209，233，234，237，240，243，245，249，252，254，273，283，293，295，299，300，310，314，346，350，354，365，411-418，420-425，433，435，441，447，460，488，539，543，545

文選理學權輿　122

文選旁證　122

文選平點　38，112，124，125，130，176，181，209，283，299，310，314，320，415，436

文選序　26，92，127，165，166，179-181，192，193，209，221，240，260，283，299，304，309，313，315，319，321-327，330-332，409，410

文選音義　6-10，23，111-113，122，314，334，372-374，398，399，520，521

文選諸本的研究　128，131，136，141，169，171，190，201，225，226，
　234，237，249，275，282，289，294，320，379，526，543
吳都賦　26，63，145，164，167，270，292，335，336，367，371，372，
　412，413，441，480，484，508，536

X

西都賦　150，180，243，268，289，304，310，355，410-413，416，
　417，419，422，426，427，429，435，473，537
西京賦　26，114，128，145，146，148-152，158，166，180，192，220，
　221，223，241，243，244，249，258，267，268，270，272，273，
　275，279，280，288-292，294，295，304，309，324，325，336，
　410-412，414-419，421-429，432，472，515，529，531，537，547
嘯賦　145，162，163，211，218，223，225，256，258，301，304，329，
　330，335，336，363，365，366，527，537

Y

移書讓太常博士　38，181，191，209，240，283，299，310，314，315
藝文類聚　116，118，291，330，342，343，348，352，355，356，360，
　362，363，365-367，544
玉海　9，14，118，189，210，254，262，282，283，316，528

Z

昭明文選學術論考　92，135，191，240，313
直齋書錄解題　13，14，40，73，75，80，194，548
自莊嚴堪善本書目　73，75，80，194，548

主要詞語索引

（按照詞語首字的漢語音序排列）

C

茶陵本　48, 61, 64, 65, 76, 79, 85, 96, 131, 141, 155, 159, 162, 196, 198, 201, 203, 223, 233, 234, 243, 245–248, 275, 288, 293, 312, 346, 354, 365, 412, 414–418, 420–425, 428, 433, 438–444, 457, 480, 488, 489, 507, 539

鈔本　17, 23, 26, 29, 32, 33, 43, 50–56, 60, 64, 70, 71, 74, 80, 86, 87, 99, 102, 106, 118, 119, 121, 126, 127, 129, 130, 135–137, 141, 145, 151, 156, 164, 166, 167, 170, 171, 173, 175–177, 179–184, 202, 206, 209, 234, 245, 249, 254, 266, 267, 276, 277, 280, 294, 298, 305–313, 315, 321–328, 330–332, 334–337, 343, 349, 350, 352, 357, 359, 375, 376, 379, 380, 382, 383, 385, 387, 397, 401, 406, 409, 411–415, 417, 418, 420, 421, 429, 430, 432, 437, 438, 451, 464, 465, 467, 471–473, 476–484, 486–492, 546

朝鮮正德刻本　527, 529, 530, 534, 538

陳八郎本　85, 96, 98, 100, 117, 131, 132, 135, 141, 148, 152, 154, 156, 163, 165–167, 181, 184, 185, 191–194, 204, 206, 209–211, 213–215, 221, 240, 241, 252, 253, 257, 269–271, 277–279, 285, 286, 292, 296, 298–302, 304, 306, 311, 312, 315–317, 319, 334, 337–346, 349, 351, 354, 356–359, 361, 363, 367, 368, 415–418, 421–425, 432–436, 438–447, 452, 457, 475,

476，478-482，484，487，489，490，492-507，511，512，527，529，530，537-539，547

G

觀智院本　182，245，313，464

廣都本　85，90，223，255，257-259，525

廣都裴氏刻本　17，40，90-92，101，117，193，216，217，237，255，260，264，524，526

國子監本　85，131，135，147，190，192，194，198，201-205，220，221，223，237，241，243-245，249-253，257，260-262，264-266，298，301，309，317，319，338，365，534-536，538

H

杭州本　98，132，156，161，198，210，211，213-216，221，226，257，301-305，317-319，338，344，345，534，538

杭州貓兒橋鍾家刻本　334，534，538

胡刻本　62，141，159，171，176，184，192，198，199，202，203，209，234，241，243，249，250，269，273-277，280，282-284，288，289，294，299，306，307，311，320，354，415，417，424，428，473，474，537，546

J

汲古閣本　32，38，61，63，71，75，86，112，130，181，191-194，201，233，237，238，240，241，250，251，253，288，309，311，319，412，414

建州本　81，85，117，152，198，205，206，209，210，213，214，218，220，223，226，227，238，241，257，259，260，264，270，291，299，301，302，311，312，345，346，526，531，539

九條家本　178-180，209，291，309，310，320，324，326-328，409，464，465，477

K

奎章閣本　117，120，131，132，198，205，206，210，211，214-216，218，225，226，255，256，264-267，269-271，274，278，279，285，

286, 292, 295, 302, 309, 311, 317–319, 337, 345, 354, 358, 367, 368, 463, 465, 478, 481, 482, 484, 485, 487–489, 511, 513–517, 524–526, 529, 533, 534, 538

L

李善本　13, 18, 26, 30, 39, 52, 86, 94–97, 99, 100, 112, 113, 117, 119, 120, 132, 147–149, 152, 154–156, 159, 165, 181, 182, 189, 191, 199, 200, 202–205, 209–211, 214, 220, 221, 225, 237, 240, 241, 244, 248–250, 252, 253, 257–260, 262, 263, 265, 266, 268–273, 275, 276, 278–280, 282, 284–296, 298–302, 304, 308, 312, 314–320, 323–325, 327, 328, 334, 337, 339, 342–346, 349, 350, 352, 354, 356, 357, 360, 368, 371, 372, 399, 411, 412, 416–418, 420–424, 434–437, 443, 445–448, 452, 453, 456, 460–464, 473, 475–479, 481, 483, 486, 488, 489, 491, 492, 494, 495, 497, 498, 501–504, 508, 510, 512, 521, 524, 529–534, 537, 538, 542, 544, 547, 548

李善注本　16, 30, 39, 60, 67, 71, 78, 85, 86, 95, 96, 99, 100, 103, 113, 117, 118, 128, 130, 131, 137, 141, 152, 163, 175, 179, 181, 189, 191, 199, 201–205, 210, 220, 225, 233, 234, 240, 241, 244, 245, 250, 252–255, 257, 259–262, 266–268, 273–277, 280, 286, 298, 301, 307, 313, 316, 317, 320, 324, 334, 337, 338, 364, 365, 376, 411, 429, 460, 461, 520, 524, 526, 528, 529, 532–534, 537–539, 542, 543, 545–548

六臣本　14, 16, 18, 19, 29, 30, 39, 41, 42, 46, 85, 86, 94, 100, 112, 120, 131, 132, 141, 148, 149, 152, 156, 159, 166, 181, 184, 191–194, 199, 201–204, 209, 210, 213, 214, 220, 223, 225, 234, 237, 238, 240, 241, 243, 248–250, 252, 253, 255–257, 259, 260, 264, 273–279, 293, 296, 299–302, 306, 309, 311, 312, 314, 319, 353, 358, 423, 442, 473, 495, 496, 524, 526, 530, 531, 533, 539, 542, 545, 547

六臣注　13, 15–18, 20–22, 24, 25, 27, 29–32, 40–43, 46–52,

55–59, 61, 64, 66–68, 74–76, 79–81, 85–89, 92, 95–101, 103, 104, 106, 113, 115, 120, 126, 128, 129, 141, 147–149, 152, 168, 178, 189, 193, 199, 203, 227, 233, 234, 237, 240, 243–245, 249, 250, 252–255, 260, 261, 276, 279, 307, 337, 345, 376, 378, 525, 539, 543, 544, 546–548

六臣注本　13, 20, 31, 41, 85, 96, 97, 103, 120, 141, 168, 189, 203, 233, 234, 237, 249, 250, 252, 253, 255, 260, 261, 279, 307, 345, 376, 539, 543, 544, 546

六家本　13, 16, 19, 78, 85, 86, 94, 96, 97, 100, 101, 120, 132, 141, 149, 189, 192–194, 199, 204, 216, 217, 220, 223, 225, 226, 234, 241, 251–255, 257, 259, 260, 262, 264, 270, 285, 293, 301, 304, 314, 317–319, 358, 420, 447, 451, 465, 479, 524–526, 529–533, 537–539, 547

M

明版　18–22, 29, 30, 47, 53, 90, 94, 95, 97, 102, 107, 171, 282

明袁褧刻本　16, 18–22, 25, 28, 60, 72, 76, 91, 94, 97, 141, 155, 234, 238, 243, 249

明州本　19, 21, 24, 27, 41, 60, 73, 74, 78, 79, 81, 90, 97, 98, 103, 107, 117, 131, 141, 148–150, 152, 154–156, 159, 171, 181, 192, 198, 199, 201–204, 209, 210, 214, 217, 218, 220, 222, 223, 225, 226, 241, 243, 245, 246, 249, 251–254, 256–260, 264, 278–280, 282, 291, 299–302, 310–314, 345, 411, 415, 416, 418, 420, 422–425, 432–436, 438–447, 456, 475, 479–481, 484, 485, 489, 490, 492–494, 497–506, 526, 531, 533, 534, 539, 543, 545–547

P

裴氏本　19, 22, 48, 91–93, 217, 221, 234, 243, 250, 252, 260, 264, 293, 354, 531, 539, 543

平昌孟氏本　5, 132, 256, 265, 304, 319, 526, 534, 537, 538

S

三條家本　182，183，249，298，305，464

宋版　16，19–21，29，47–49，85，90，91，94–97，102，103，107，261，276

T

天聖明道本　131，190，194，196，198，200，201，203，204，223，241，257，262，265–267，270，275，276，291，345，534–537，543

W

五臣本　26，38，39，42，46，85，94，100，112，115，117，119，120，132，147，148，152，154–157，159–161，165，170，178，181，182，184，192，194，205，206，210，211，213，214，217，220，221，225，227，237，241，247–250，253，255–260，262，265，266，270，273，278，282，284–287，290，294，296，298–302，304，310–313，315–319，334，337，339，342–346，348，350，352–354，356，357，360，364，368，372，398，399，412，414，418–421，423，424，434，435，437，439，447，452–454，461–464，473，475–491，495，497–499，501，502，504，505，512，520，521，524，526，529–531，533–535，537–539，545，547，548

五臣注　5，8–10，13–17，19，23，26，33，37–39，42，43，46，49，50，63，73，85，86，90，92，95–97，99–101，106，113，115，117，119，120，122，127，129–132，135，137，141，147–149，152，154，157，158，161，163，165，167，170，175，181–185，189，191，193，194，198，199，203，206，209–211，214–218，220，223–226，233，234，240，241，244，249，252，253，255–259，262，264–266，270，271，274，275，277–279，283，284，286，287，293，298–307，311–313，315–319，329，331，334，337，338，340，344，345，350，355，368，373，398，413，418–420，425，445，451，458，459，464，465，472，473，491，495，508，521，524–527，529–531，533，537–539，546–548

五臣注本　5，7，9–11，26，42，73，85，95–97，99，100，106，113，

115, 120, 131, 147, 148, 163, 167, 184, 199, 206, 210, 211, 216, 218, 225, 249, 253, 256, 257, 259, 266, 271, 278, 284, 298, 300, 301, 307, 313, 315–318, 334, 337, 338, 368, 413, 451, 464, 473, 526, 527, 529, 531, 538, 539, 546–548

X

寫本　38, 113–115, 121, 127–130, 135, 141, 143, 145, 151, 153, 155–157, 159–162, 164–166, 168, 171, 175, 176, 182, 183, 192, 202–205, 210, 211, 243, 249, 253, 255, 256, 259, 260, 267, 269–271, 273, 275, 277, 279–281, 284–289, 291, 292, 296–298, 300, 301, 305, 309, 317, 319, 320, 322, 324, 330, 331, 334, 336–340, 342, 343, 346, 349, 350, 354, 360–363, 368, 371, 376, 378–380, 383, 397, 400, 406, 409, 410, 422, 423, 425, 428–430, 432, 435–438, 440, 441, 446–449, 452, 456, 461–466, 472, 479, 481, 483–486, 508–510, 512, 513, 517–522, 536, 537, 546, 547

秀州本　117, 120, 131, 132, 198, 217, 218, 220, 221, 223, 225, 226, 255–260, 264–266, 270, 285, 301, 318, 319, 345, 354, 456, 526, 528–538

Y

永隆本　135, 145–152, 158, 192, 202, 220, 241, 243, 244, 249, 258, 266–271, 273–280, 283, 284, 288–297, 416, 422–425, 429, 472, 547

尤刻本　39, 59, 62, 77, 86, 95–97, 100, 119, 131, 141, 148, 150, 152–154, 157, 181, 198–206, 209–211, 221, 233, 237, 243, 244, 249–253, 257, 260–262, 265–267, 269, 270, 272–280, 283–285, 289, 292, 294, 299–301, 309, 310, 323–328, 338–342, 344–346, 350, 352, 354, 356, 365, 368, 411, 414, 421, 423, 424, 452, 461–463, 465, 475, 477–481, 484–486, 490, 492–507, 513, 515, 536–538, 542, 543, 545, 546, 548

元版　17, 19–21, 85, 90, 91, 94, 95, 100, 102–104, 107, 175, 182

Z

張伯顔本　21，30，32，63，70，73，79，104，190-192，194，233，240，241，276

後記（第一版）

本書是我在博士後研究報告基礎之上修改而成。1996年，我從中國社會科學院研究生院畢業之後，有幸來到北大中文系隨袁行霈先生做博士後研究工作，因以《文選》版本作爲研究課題。選取這個題目出於以下幾個考慮：一是因爲我在做博士論文時已經查閱了一些版本，作過簡單的叙錄，具有一定的基礎，這對於在兩年内順利完成博士後研究課題，是一個基本保證；其次，版本研究是《文選》研究的基礎工作，《文選》學中許多長期以來爭論不休的問題，都與版本没有弄清楚有關係，《文選》學研究要進一步深入，取得突破，必須要研究《文選》版本；第三，《文選》版本研究其實包含有許多重要内容，但長期以來被狹隘地僅僅理解爲李善注是否從六臣本中抄出這一個問題，而且關於這個問題的基本結論，竟是一個錯誤結論，却影響深遠，一直爲學術界盲目地遵從。以上這些考慮，得到了袁行霈先生的首肯和支持，他又進一步從研究的最終學術目的、學者的研究格局等方面提出指導性意見，確保這一研究具有科學性和理論性。兩年來的學習和工作，對我來説是一次非常愉悦的研究經歷，除了在研究過程中獲得愉快外，我更從袁行霈先生那裏獲得了許多寶貴的指教和啓迪。先生的守正求新，一絲不苟的學風和態度，將是我今後的研究所要堅持的方向。

應該説研究《文選》版本，對我來説是有點力不從心的，一是因爲兩年的時間太緊張，根據我現在的研究經驗，如果要全面研究《文選》版本，將存在的問題大致展開並獲得初步結論，最少也要五年以上。除了版本比較分散，難於集中利用外，還因爲散藏於海内外公、私兩處的大量寫鈔本，更難於覓見。比如藏於日本國内的一些珍貴寫鈔本，以我目前的條件，尚難加以利用。據榮新江先生見告，德國所藏吐魯番文獻，有一較爲重要的《文選》寫卷，可惜我現在未能見到，類似的事例還有不少。此外，本書完稿交出版社以後，本人又陸續得到幾種寫鈔本，如日本天理圖書館和天津藝術博物館所藏《敦煌本文選注》殘卷、天津圖書館藏《文選集注》殘第四十八卷等，已不及寫入本書，這是非常遺憾的事。近幾年來，國內的《文選》研究受到了越來越多學者的關注，並且取得了很好的成績。有的大學專門成立了"昭明文選研究所"（如長春師範學院），有的大學開設了"文選學"專題課，並以之指導研究生（如河南大學），有的雜誌則開設了研究專欄（如《鄭州大學學報》《遼寧大學學報》等）。還有許多學者開始輯錄整理《文選》文獻，如南京大學周勛初教授在日本京都大學影印《文選集注》基礎之上，重加搜輯成《唐抄文選集注彙存》，將由上海古籍出版社出版；四川師範大學屈守元教授以耄耋高齡在完成《文選導讀》《昭明文選雜述及選講》後，又在繼續《文選李善注疏證》的工作；福建師範大學穆克宏教授點校《文選旁證》工作已經完成；而一直從事《文選》研究的著名學者饒宗頤先生正在把他搜集的《文選》寫鈔本交中華書局印行出版。鄭州大學在完成了《中外學者文選學論集》和《中外學者文選學論著索引》之後，正在組織人員進行《文選》彙注的工作。即如本人目前也以全力從事"文選學史"的研究。這些都是當代"文選學"研究深入開展的標誌，一個新的具有高質量的"文選學"研究熱潮正在興起，這是一個令"文選學"研究者高興的事。

　　本人才疏學淺，實難擔荷《文選》版本研究這樣一個需要多方面學術功力的重任，因此書中存有錯誤是難免的。雖然在許多具體問題的討論時，我曾多次得到袁行霈先生的指導，並且我的博士導師曹道衡先生也一如既往地隨時予以指教，但恐仍然有不少錯謬存在，所以我本人是非常惶恐地期待着讀者的批評、指正！

　　博士後報告完成以後，曾得到傅璇琮、倪其心、孫欽善、費振剛、曹道衡、袁行霈諸位先生的審查，提出了非常寶貴的意見，在此表示誠摯的感謝！此次論文的出版得到了吴同瑞先生、程郁綴先生、喬征勝先生的幫助，又蒙曹道衡師賜序，袁春澍（行霈）師題籤，一并在這裏致謝！

本課題於1997年獲博士後研究基金資助，部分内容曾在《文史》《國學研究》《文獻》《文學遺産》《中華文史論叢》《中國典籍與文化論叢》《唐研究》《浙江學刊》等雜誌發表，謹向給予本研究支持的國家博士後管理委員會及各學術雜誌表示誠摯的感謝！

1999年6月12日作者附記於北大四公寓，
2000年4月24日二校於北大

後記（第二版）

　　《〈文選〉版本研究》原是我的博士後課題，2000年經過修改後交由北京大學出版社出版，距今竟不覺已十多年了。一本專書的版本研究，關注的人並不多，能够出版，實在是得益於北京大學中國傳統文化研究中心的資助。此書據説當時僅印了3000册，因爲擔心出版效益不好，所以我也一直未向出版社打聽銷售的情况。不過，近幾年學術界的朋友以及我的學生不斷説想讀這本書，但市場已售罄，不曾想這樣的專書也有人閲讀，説明中國的學術格局還是有所改變了。應該説在20世紀80年代末之前，《文選》版本研究並未引起中國學者的重視。當時的中國學術界對《文選》還不甚了解，甚至有的大學教師，對此書竟然一無所知，我曾遇到有學者向我提及《文選》是不是當代某偉人的《文選》這樣的問題。至於《文選》版本，則更缺乏全面系統研究。時至今日《〈文選〉版本研究》不僅得到了學術界重視，而且成爲學術熱點。而在我和學術界朋友，包括海外漢學家的交往過程中，他們對我的認識也多是關於《文選》版本的研究。如此想來，心下不免有些感慨。

　　1993年我考入中國社會科學院研究生院隨曹道衡先生讀博士研究生，先生爲我定下了《〈昭明文選〉研究》的題目，隨着對"選學"學習和研究的深入，發現有許多問題往往與版本有關，不解決版本的問題，則理論上的討論很難深入。於是決定先調查版本，寫出叙録，所以應該説，本書中的"版本叙録"部分，其實比博士論文寫作還早。那時的版本研究，條件還是很艱苦的，没有像現在這麽多的檢索工具書以及電子文獻可以使用，好在北京好的圖書館多，一些主要的版本和目録等文獻，都可以查閲到。回想當年，一個人騎上單車從研究院所在地（東四環東面的西八間房）到北海公園邊上的中國國家圖書館文津館，路上需一個多小時，特別是冬天下雪的時候，天空飄着雪花，冷風迎面吹來，想着一天看書的收穫，心下還是熱熱的。如今想來，那竟成爲美好的回憶了！

　　1996年我博士畢業，隨即進入北京大學中文系隨袁行霈老師開始博士後研究工作，因爲撰寫博士論文時已經對《文選》版本有了較爲深入的了解，也調查、搜集了較多的資料，於是在袁老師的指導下，將博士後題目定爲《〈文選〉版本研究》。入北大後，除了利用國內的圖書館，還在學術界朋友幫助下，見到了一些很難得見的版本和寫鈔本，尤其是藏於日本的寫鈔本，也陸續有幸得見。而敦煌寫本，也僅在讀博士期間能見到我國臺灣黃永武先生主編的《敦煌寶藏》；當時則借上海古籍出版社影印俄藏敦煌文獻的東風，能夠得以利用。學者的文獻搜集有許多故事，大多數是感人的，但也有許多是含着辛酸的。比如我在1995年來北京大學圖書館看書的時候，管理員問我：「《文選》到處都有，你爲什麼還非要來北大看書？」因爲北大圖書館藏了幾種稀見的版本，如五臣本殘第二十九卷、陳八郎本的心矩齋鈔本、日本京都大學影印的《文選集注》等，外間均沒有。這位管理員不至於不懂版本，却這樣發問，可能如他所說，是要拒掉一些打着版本研究名義來看書的人。這樣的初衷應該可以理解，但圖書館管理員似乎忘記圖書館的性質是什麼了，還有誰閑來無事會到圖書館去查看古書版本呢？我看了一周的書後，另外一位管理員更說了一句讓我目瞪口呆的話：「你這麼看把我們北大的書都看完了！」

　　當然，也有許多令人感動的故事，比如在中國國家圖書館文津館和位於中關村大街上的主館，那裏的善本室工作人員温和親切，不厭其煩地一本一本幫我提取善本書，閱覽室裏來自全國各地的學者埋首在桌前燈下，他們則在一旁默默地「關照」着所有人，這種情景是如此之温馨，令人感動。在故宮博物院圖書館看書，則是另一種經歷。經章宏偉教授介紹，我得以去故宮博物院圖書館看書一周，每天從故宮北門進去，行走在窄窄而幽深的宮內小石徑上，兩旁矗立着高高的紅墻，滲透着的是威嚴和古老歲月的寂寞。高高的墻，窄窄的路，孤單的行人，斑駁的紅色，多少年後，我的腦際仍然清晰地保留着這個畫面。故宮博物院圖書館還遵行着宮內的制度，當我遞上介紹信，坐在閱覽臺前靜靜地等待時，兩位研究人員（都是具有高級職稱的研究員）已騎着自行車去地宮裏幫我取書，取完書回來，當着我的面打開藍色的包袱皮，將我要借閱的書一冊一冊清點給我。每天的四點半鐘，他們準時前來收書，再一冊一冊清點好，騎車送回地宮。

看書的故事很多，我還清楚記得在搜集具體資料時給予我幫助的人。比如在讀博士期間，中華書局正準備出版《中外文選學論文集》，許逸民先生得知我要研究《文選》，特許我閱讀尚未出版的文稿；鄭州大學中文系的俞紹初先生，也特將鄭大中文系資料室藏的韓國奎章閣本《文選》影印本和我國臺灣"中央"圖書館影印的綫裝陳八郎本借我查閱；1995年從韓國來蘇州大學求學的金淵洙博士專門代我在韓國購得奎章閣本《文選》影印本；我的同學，上海古籍出版社的鄭明寶先生知道我需要敦煌寫卷中的《文選》殘卷，特別幫我複印當時尚未出版的《俄藏敦煌文獻》中的資料。再如日本立命館大學芳村弘道教授，訂交多年，承他好意相助，這麼多年來時時會將日本有關《文選》的新材料郵寄給我。這樣的情誼真是令人難以忘懷！日本廣島大學的陳翀教授（日本九州大學博士），近年來亦不斷提供新材料和新研究成果，這些都是令人感動的故事！如今隨着文獻的電子化以及圖書館職能的變化，查找文獻似乎不像當年那樣艱難了，但是從這些故事裏，我們應該知道，當時查找文獻如何艱難，而一點點發現又是如何不易。比如我在研究《文選》分類的問題時，需要查閱楊守敬過錄的日本殘抄二十一卷本，當時沒有這個條件，幸好在北京圖書館查到了傅增湘在清版《文選》上的過錄，因爲不是鈔本，所以不能逐字逐句對校，那麼關於傅增湘過錄中沒有"難"的標目的問題，就不知是傅增湘漏錄，還是原本沒有了，這樣在判斷時就難免有些遲疑。又比如九條家本《文選》，當時手裏只有中村宗彥的《九條本文選古訓集》，雖然曾在臺灣大學圖書館見到過照相版，但只是匆匆閱覽一個上午，很難就具體問題展開討論。這樣的問題很多，許多資料都是一點點搜集和整理的，而在沒有最後搜集完全之前，早期的研究難免會和後來的觀點產生偏離。所以學術界朋友看到2000年出版的《〈文選〉版本研究》，向我提出批評，有些是個人研究粗疏所致,有些確實是因當時的條件所致,事實上,在後來一些學術討論場合和論文寫作中已經做出了修正。比如《文選集注》的藏印問題,我最先根據邱啓錫先生《文選集注研究》中的資料記載,相信田氏是北宋藏書家田偉,但在文章發表後不久就發現了潘重規先生發表在《"中央"日報》上訂正邱氏觀點的文章。但文章已經發表,而此一小修訂似又不足以重寫文章,後來雖然在不同場合中加以説明,但還是有不少學者根據2000年版《〈文選〉版本研究》進行批評,而批評的材料其實正是我最先提出使用的潘重規先生的文章。版本研究的確處處容易出錯,任何一種版本或材料,只要没見過,僅憑理校,是非常容易出錯的,尤其是我們這一代學者,學養根基不深,經史子集難以做到融會貫通,憑集部閲讀的一點體會,要討論更深入的學術問題,有時便有捉襟見肘之窘。

我這些年在日本、美國、韓國以及我國臺灣多次跑圖書館查閲圖書,都被他們認真負責的服務態度所折服。在臺北故宫博物院圖書館,我希望借閲南宋廣都裴氏刊本《文選》,按照他們的規定,應該在一周前提出申請,但考慮我時間短暫(2000年我在位於高雄市的實踐大學交流任教,利用春假去臺北看書),遂破例爲我提取。在日本的東洋文庫,我想複製《文選集注》楊守敬和田潛的跋,曾經提前預約過了,但管理員忘記此事,没有報備,他反復向我致歉,並在第二天就將複製好的材料免費寄送給我。而在大東急記念館,我需要拍攝敦煌寫本《吴都賦》的照片,他們也按照規定迅速幫我複製拍攝。這些都與我之前的查書經歷形成比較强烈的對比。

2003年我赴日本東京大學文學部任教,爲期兩年半,日本所藏豐富的文獻,真讓我如入寶藏。我利用日本東京各大學圖書館及内閣圖書館(現名公文書館)等便利,查閲、複製了與《文選》相關的文獻資料,以前没有辦法見到的文獻,都一一閲覽並複製,同時我對日本學者關於《文選》學的研究,也有了一定了解,這要感謝東京大學文學部的研究生們(我爲他們開設一門"中日《文選》學比較研究"的選修課),這些成果其實是師生共同努力的結果。他們幫我翻譯日本學者的研究,我幫他們分析日本學者的研究實績和得失,這讓不懂日語的我,能够對日本學者的研究有比較深入的了解。在日本調查材料基礎上，我先後撰寫了幾篇有關日本重要《文選》鈔本的論文，如猿投神社藏弘安、正安本《文選》殘卷，宫内廳藏《文選》殘卷，九條本《文選》，冷泉家藏《文選》殘卷等。關於這些寫鈔本研究，日本學者開展得很深入，他們從語言、文獻、《文選》學諸方面都作過深入討論，但是中國學者似乎還没有這方面系統研究，因此，我這些研究，也算是表達了中國學者對這些寫鈔本的意見。

　　《文選集注》一直是我感興趣的文獻，我在日本期間多方搜集相關材料，對其最初發現、流傳和整理的情況作了仔細研究。《〈文選集注〉的發現、流傳與整理》最初寫成於 2003 年 9 月 17 日，但一直没有急於發表，只是在不同場合作過報告，公布了我所發現的一些材料，以及我的觀點，直到 2011 年經過多次修訂發表在《文學遺產》第 5 期上。這是我迄今爲止較爲滿意的《文選》研究的文章，我認爲我解決了一些問題，提供了一些新材料，對《文選集注》的發現、流傳及重新搜求、整理的過程，作了清楚的梳理。比如學術界一直以爲《文選集注》的發現最早見於森立之的著録，而我在東京大學圖書館查到了新見正路的《賜蘆書院儲藏志》，提出新見正路才是最早著録的人。又如我在石井積翠的《石井積翠軒文庫善本書目》裏查到他所藏的《文選集注》一殘葉書影（"萬里結髮不相見"），是爲中日學者皆未嘗留意者，可拾《文選集注》之遺①。文獻研究的樂趣，非同道者不可理解。一篇文章前後修改近十年，其文獻調查漸漸深入和不斷修正過程中的痛苦和快樂，也非别人所能理解和體會。

　　從 1993 年開始接觸《文選》學，迄今整整二十年了。二十年中學術界許多前輩對我都有提攜之恩，如王運熙先生、傅璇琮先生、許逸民先生、俞紹初先生、周勛初先生等。香港的饒宗頤先生也曾對我的研究有所褒獎，我對他們一直心存感激。當然，給予我直接幫助的是我的導師曹道衡先生和袁行霈先生，他們引導我開展學術研究，並給予提攜和

---

① 石井積翠藏此殘片近時已經發現並售出，周勛初先生《唐鈔文選集注彙存》修訂本亦收入。

幫助，讓我在學術研究的道路上前行而不覺得孤單。曹道衡師不幸於2005年仙逝，每一念及，不禁愴然涕下。猶憶先生在時，每有疑難，隨時即可向先生問學，而先生解難析疑，如庖丁解牛，恢恢然其遊刃有餘，令人神往，令人信服！說到興趣盎然時，先生不禁提高聲調，隨口舉出文獻材料加以申說發覆，這情景至今歷歷在目——然而我却再無法向先生問道了！

感謝康達維教授爲拙作賜序，康達維教授是美國著名漢學家，他是第一位將《文選》譯成英文的西方學者，對《文選》研究精深，受到學術界的推重。他的序讓拙作生輝不少，特此致謝！

承范子燁教授兄命，以此書列入《中古文學研究》叢書，除了2000年内容外，又增加了幾篇後來撰寫的文章。如前所說，這二十年來隨着文獻的不斷出現和搜集、整理，二十年前所使用的某些文獻和研究的觀點，需要有所修訂，故本書對舊文盡可能作了些修改，但修改其實難以做到全盡，故書中可能會出現一些前後抵牾的地方，敬希讀者提出寶貴意見，以待日後再作修訂。

傅　剛
2013年12月27日於選齋

後記（增訂本）

　　拙作《〈文選〉版本研究》，2000 年在北京大學出版社初版，至今 20 餘年了。20 多年來，中國的《文選》學研究得到了健康發展，無論研究内容、方法、觀念，乃至材料，都產生很多可喜的變化。《文選》學自唐代建立以後，已經有一千多年了，是中國古代集部中唯一成爲專學者。傳統《文選》學研究主要集中在李善注清理上，至於清代達於頂峰。清人繼承了唐代以來的《文選》學傳統，除了對《文選》從小學到辭章上開展全面研究，也對李善注作清理，總結歸納李善注的方法、傳統，辨别異同，考校真僞訛變。清代以前的《文選》學還是較爲鬆散的，清代則表現爲系統性、科學性，這與有清一代學術建構是相符的。清代《文選》學的領域劃分細致，研究目的明確，發表的研究著作多是專門學問，學術特徵鮮明，自清初何焯以來，如陳景雲、余蕭客、汪師韓、孫志祖、許巽行、張雲璈、胡克家、朱珔、梁章鉅、薛傳均、胡紹煐等，校勘、音韻、訓詁、辭章、評點等，皆專門而深入。諸家皆長於經史之學，而專研《文選》。蓋清人認識到《文選》誠爲唐宋以前古辭章，其文句奇奧，字辭古雅，在清代皆爲探研古代經史不可缺失的材料，以《選》證經、證史，是他們的一個學術目的。《文選》所錄七百多篇賦、詩、文，可以考見三代兩漢以迄南北朝文章之變，時代遷序。《文選》之文，涵蓋深厚廣博，經、子、史、集，無不關聯，而清人追求學問淵博深綜，《文選》最能騁其材力，這也是《選》學在清代何以昌盛的原因。張之洞《書目答問》說："國朝漢學、小學、駢文家皆深《選》學。"原因就在這裏。但清代的《文選》學在版本上並未有太多的專門研究，胡克家約請顧廣圻主持校勘，所作《文選考異》，主要是校勘學成果。有一些版本的意見，也多出於藏書家的題記，沒有系統而專門的研究。這大概因爲清代珍貴的《文選》版本，或藏於宮內，或分藏於不同私家，調查不易，更難以集中進行比勘。因此，《文選》版本研究並沒有成爲傳統《選》學的內容。

版本研究的開拓，實始於日本學者斯波六郎博士。斯波博士共調查了三十三種《文選》版本，又利用了日本所藏多種古寫本，寫成《文選諸本研究》，成爲近代《文選》版本研究的開山之作，也將《文選》版本研究納入《文選》學范疇。《文選》版本研究之所以能夠在斯波六郎手裏完成，當然與近代以來圖書館建設有關。一些珍貴版本得以集中收藏，一般學者能夠加以利用，這爲版本研究提供了必要的條件。雖然如此，當斯波六郎時代，仍然不能盡數調查《文選》諸版本。他的三十三種版本，宋刻本只有六臣注的贛州本和《四部叢刊》影宋本。至於李善注本，最早的只是明翻元張伯顏本，他甚至連胡克家用過的尤刻本也沒有見過。作爲他李善注研究結論的依據，竟然只是胡刻本，而這個胡刻本也與中華書局1977年影印本以及中華書局1974年影印尤袤原刻本不完全相同，這自然會影響到他結論的準確性。斯波博士遇到的這種局限性，對中國學者來說，更有過之。中國在1949年以前，雖然已經建立了公衆圖書館，但都還在建設之中，制度並不甚完備，學者的利用還有許多局限。此外，一些重要版本或爲私人收藏，或流落在境外，這都不利於開展版本研究，因此中國學者這方面的研究甚少是可以理解的。

衆所周知的原因，《文選》在1919年"五四"以後受到衝擊，影響直到20世紀80年代中期。改革開放以後，中國的《文選》學得到了解放，從1988年長春師范學院召開第一屆國際《文選》學討論會以後，《文選》學逐漸展開並得到了長足的發展。但版本研究並沒有成爲主流，雖然也有零星幾篇論文出現。1993年，本人撰寫博士論文《〈昭明文選〉研究》，開始對版本進行系統調查和研究。我先後調查了十六種日本古寫本、八種宋刻本、兩種韓國覆刻自中國的宋本，又對歷史上公私藏書中的《文選》書錄作清理，撰成《文選版本敘錄》。這是中國學者第一次有系統地開展《文選》版本研究工作。1996年我的博士論文提交答辯，因篇幅過大，遵照導師意見，將版本內容從博士論文中抽出，準備畢業後繼續研究。1996 年 7 月，我進入北京大學中文系從事博士後研究，徵得導師袁行霈先生同意，以"《文選》版本研究"爲題，完成博士後報告。2000 年，《〈文選〉版本研究》在北京大學出版社出版，這是中國《文選》學中第一部版本研究專著。自 2000 年以來，《文選》版本研究隨着《文選》學的深入開展，也得到了快速發展，已然開闢成爲《文選》學的專門領域。這個專學的發生，當然與學術研究條件日益完善有關，但也與我的工作分不開，這還是令我十分欣慰的。

回想 20 世紀 90 年代做版本研究，材料都是一個個圖書館跑，一本本書翻查，與今日电子文献普及的情况完全不同。辛苦是自然的，我在第二版《後記》中描述過。但一個學者不經過這樣的圖書資料辛苦的查找過程，學者之路總覺得是有遺憾的。當代年輕學者坐擁電子資料之便，是不可想象的了。但我希望雖然有電子資料之便，學者仍然要下笨功夫，一點一點磨礪自己。磨礪浮躁之性，鍛煉沉著之氣，學術更需要涵養和蘊藉。

本書 2000 年由北京大學出版社初版，恩師曹道衡先生賜序。2014 年應中國社會科學院文學研究所范子燁教授之邀，我對初稿作了一些修訂，又增加了幾篇 2000 年以後所寫有關日本藏寫鈔本的文章，收入他主編的《中古文學研究》叢刊，由世界圖書出版公司出版，承著名漢學家、《文選》翻譯家、研究家，美國國家人文與科學學院院士、華盛頓大學教授康達維先生賜序。2018 年，北京大學出版社馬辛民編審表示可由他們再版，北京大學中文系杜曉勤教授表示全力支持，因又對書稿作修訂和補充，交給北京大學出版社出版。對於馬辛民、杜曉勤二位先生的慷慨幫助，在此表示誠心感謝！責編王應女史，不厭因我慵懶疏略帶來的煩難，細心又耐心審校，前後督促，令我感動，特此致謝！書稿由我博士研究生沈相輝博士審校一過，他正忙於出站，不辭辛勞，細心審讀，改正了不少錯誤，在此一併致謝！本書先後由恩師曹道衡先生和康達維先生作序，今版仍將他們的序放在書前，既感謝長輩學者對自己的鼓勵，也讓讀者了解他們關於《文選》的意見。書中文稿前後幾次修改，語辭和材料有矛盾不一的地方，比如九條本、楊守敬過録二十一卷本，初稿時未見原本，所撰敘錄便與得到原本後的研究文章不同，此次雖盡力訂正，希望能够彌補周全，但仍然力有不逮，錯謬在所難免，敬祈讀者察諒，並請批評指正！

傅　剛
2023 年 5 月 22 日後記

圖書在版編目(CIP)數據

《文選》版本研究/傅剛著. —增訂本. —北京:北京大學出版社，2023.6
ISBN 978-7-301-33981-7

Ⅰ.①文…　Ⅱ.①傅…　Ⅲ.①文選–版本–研究　Ⅳ.①G256.22

中國國家版本館CIP數據核字（2023）第079847號

書　　　名	《文選》版本研究（增訂本） 《WENXUAN》BANBEN YANJIU（ZENGDINGBEN）
著作責任者	傅　剛　著
責任編輯	王　應
標準書號	ISBN 978-7-301-33981-7
出版發行	北京大學出版社
地　　址	北京市海淀區成府路205號　　100871
網　　址	http://www.pup.cn　　新浪微博:@北京大學出版社
電子信箱	dj@pup.cn
電　　話	郵購部 010-62752015　發行部 010-62750672 編輯部 010-62756449
印　刷　者	北京中科印刷有限公司
經　銷　者	新華書店
	650毫米×980毫米　16開本　39.75印張　591千字 2000年9月第1版　2023年6月第3版　2023年6月第1次印刷
定　　　價	140.00元

未經許可，不得以任何方式複製或抄襲本書之部分或全部內容。
版權所有，侵權必究
舉報電話: 010-62752024　電子信箱: fd@pup.pku.edu.cn
圖書如有印裝質量問題，請與出版部聯繫，電話: 010-62756370